제4의 대전환

거대한 역사의 순환과 새로운 전환기의 도래

제4의 대전환

닐 하우 지음 | 박여진 옮김

THE FOURTH TURNING IS HERE

한국경제신문

윌리엄에게 그리고
수십 년간 함께해온 우리의 모든 시간에 이 책을 바친다.
더러는 과거였고 더러는 아직 오지 않은 시간에.

서문

이 책은 수십 년 동안 연구돼온 현대사 이론과 미국의 미래를 예측한 작업이다. 윌리엄 스트라우스(William Strauss)와 나는 1980년대 후반부터 미국의 현대사와 미래에 관한 연구를 시작했고, 1991년 《세대: 미국 미래의 역사(Generation: The History of America's Future)》를 공동으로 출간했다. 우리가 가장 최근에 출간한 저서는 1997년에 나온 《네 번째 전환기: 미국의 정책(The Fourth Turning: An American Policy)》이다. 이 책이 나온 지 어느덧 26년이 흘렀다.

놀랍게도 26년 동안 우리의 접근 방식에 대한 독자들의 관심은 꾸준히 증가했고, 책이 쇄를 거듭할 때마다 독자 수도 점점 늘었다. 많은 이가 미국의 역사 흐름이 우리가 1990년대 처음 제시한 미국의 미래와 맞아떨어진다는 사실을 확인했다.

2008년, 대공황 이후 최악의 경제침체가 시작되면서 전 세계에 국제금융위기가 닥쳤을 때 우리의 연구가 새로운 주목을 받기 시작했다. 국제금융위기가 닥친 시기가 우리가 책에서 미국이 '위기의 시대'에 진입할 것이라고 예측했던 시기와 거의 일치했기 때문이다. 또 다른 변화는 2013년에 찾아왔다. 미디어에서 새로운 밀레니얼 세대의 등장을 선언했는데, 이 역시 우리가 이미 단언한 대로 단순히 Y세대의 복제가 아닌 전혀 새로운 세대였다. 또 다른 위기는 2016년(도널드 트럼프가 공화당을 장악한 해)과 2020년(글로벌 팬데믹)에 찾아왔다. 이 두 해는 만연한 포퓰리즘, 당파주의, 불신, 제 기능을 하지 못하는 사회 등 우리가 위기의 시대 초반에 일어날 것이라고 제시했던 많은 일이 일어나며 혼란스러웠다.

지난 몇 년 동안, 오늘날 미국의 현주소를 토대로 미래를 예측하는 이론을 다시 정립해달라는 요구가 쇄도했다. 이 책은 그 이론을 제시하기 위해 쓴 책이다. 이번에는 공동집필이 아니라 혼자서 책을 썼다. 오랜 세월 함께 연구했던 동료 스트라우스가 2007년 가을, 우리가 예측했던 위기의 시기가 막 시작되려는 시점에 세상을 떠났기 때문이다.

이 책을 쓰면서 가장 중요한 목표는 독자들의 질문에 답하는 일이었다. 네 번째 전환기(Fourth Turning, 또는 위기의 시대)는 언제 시작됐는가? 그 시대는 어떻게 진화했는가? 지금은 어느 방향으로 흘러가고 있는가? 어떻게 끝날 것인가? 나는 지난 역사에서 유사점을 도출하기 위해 과거의 네 번째 전환기 역사를 다시 살펴봤고, 이 시기가 끝나면 미국과 세계는 무엇이 달라질지에 관한 다양한 시나리오를 검토했다. 우리의 세대 연구 방식을 유지하면서, 객관적 사건과 주관적 인식이 상호작용하는 오늘날 세대가 '네 번째 전환기'를 어떻게 경험할지도 알아봤다. 역사가 인간의 삶 초기에 세대를 형성하기도 하지만, 세대 역시 성장하면서 역사를 형성해나간다.

나이 든 독자들은 대부분 오늘날 네 번째 전환기가 어떻게 끝날지에 집중할 것이다. 하지만 상대적으로 젊은 독자들은 전환기 이후에 무엇이 가장 크게 변할지 그리고 네 번째 전환기 이후의 세계에서 어떻게 하면 성숙하고 책임감 있게 살아갈 수 있는지에 더욱 관심이 클 것이다. 따라서 이 책에서는 네 번째 전환기 이후 10년간 우리가 겪게 될 '첫 번째 전환기(the First Turning)'도 깊이 살펴볼 예정이다. 이 책을 다 읽기 전에, 나는 독자들에게 21세기 속으로 깊숙이 들어가게 될 미국의 미래를 상상해보라고 제안할 것이다.

우리 연구를 처음 접하는 독자들을 위해 역사와 세대에 관한 내용도 간략하게 소개한다. 물론 우리의 초기 연구를 다시 확인해도 좋지만, 이미 우리의 책을 다 읽은 이들이라면 꼭 그 부분을 읽지 않아도 된다. 우리가 제시한 패러다임에 익숙한 독자들을 위해 예전 책에는 수록할 수 없었던 새로운 역사 연구와 사회과학 연구 내용을 상당 부분 실었다. 이 연구에는 이 시대 새큘럼을 복잡한 자연 생태계로 이해하는 방법이 포함된다. 삶의 단계 길이가 달라지는 이유와 이에 따라 세대의 길이가 어떻게 달라졌는지, 오늘날 세계의 새큘럼(즉, 미국 외 지역에서 동시에 일어난 세대 리듬)이 언제 처음 시작됐는지도 포함된다.

이 책에서 저자를 칭하는 '우리'라는 표현은 다소 모호한 면이 있다.

이 표현은 그저 편의를 위한 것이다. 책의 전반부에서 실제로 시간의 계절성과 세대의 원형을 이야기할 때는 스트라우스와 나를 함께 지칭하는 표현이지만, 후반부에서는 대체로 나를 지칭하는 표현이다.

사전 준비를 모두 마쳤다면 이제 이 책을 시작해도 좋다. 하지만 여러분의 여정을 돕기 위해 몇 가지 내용을 덧붙이려 한다.

첫 번째는 위기에 관한 것이다. 이 책은 미국이 역사적인 위기의 시대 한복판을 지나고 있다고 말한다. 이는 모든 상황이 우리의 통제권을 완전히 벗어나지는 않는다고 하더라도 상당 부분 통제권에서 벗어날 확률이 매우 높다는 사실을 의미한다. 급격하게 찾아올 불확실성 때문에 어쩌면 우리는 두려움에 압도될 수도 있다. 현대 서구 사회에서 완전히 통제할 수 없는 상황이란 곧 재앙을 향해 치닫는 일을 의미하는 경우가 허다하기 때문이다.

나는 이 책을 통해 독자 여러분에게 오래됐지만, 낙관적인 원칙을 제시함으로써 두려움에 압도될 필요는 없다는 사실을 알리고 싶다. 자연 생태계에 존재하는 수많은 주기적인 시스템과 마찬가지로, 인류가 오랜 세월 번영하려면 인간의 집단 사회생활에도 갑작스러운 계절의 변화와 급진적 불확실성이 필요하다. 블레즈 파스칼(Blaise Pascal)은 이런 말을 했다. "역사에는 이유를 알 수 없는 이유들이 존재한다."

두 번째 이야기는 세대와 관련한 것이다. 이 책은 각 세대가 역사적 인과관계의 주체며, 현대 세계에서 세대의 형성이 사회적 변화의 속도와 방향을 주도한다는 사실을 이야기한다. 이 사실을 이해하고 나면 흔히 한 세대 또는 다른 세대를 '좋다'거나 '나쁘다'의 잣대로 판단하려 든다.

이런 식으로 세대를 판단하려는 태도는 지양해야 한다. 독일의 위대한 학자이자 구세계(Old World, 아시아·아프리카·유럽을 지칭하는 말 – 옮긴이) 세대들을 수도 없이 역사의 저울 위에 올려놓았던 레오폴트 폰 랑케(Leopold von Ranke)는 이렇게 말했다. "신 앞에서 모든 인류의 세대는 동등하게 정당화되는 듯 보인다. 어떤 세대에게 진정한 도덕적 위대함이 있다면 다른 모든 세대도 마찬가지다." 사실 모든 세대가 그래야만 한다. 이 책에서도 다루겠지만, 처음 등장해 두각을 드러내는 모든 세대는 그 시대의 사회에 꼭 필요한 존재다.

마르셀 프루스트(Marcel Proust)는 "우리가 미래라 부르는 것은 과거가 우리 앞에 드리우는 그림자다"라고 말했다. 이 말은 미래가 어떤 방식으로든 과거에 따라 결정된다는 의미로 이해하는 데 그리 어렵지 않다. 이해하기 어려운 부분은 그 방법이다. 비결은 '그림자'에서 벗어나는 것이다. 즉, '우리가 미래라 부르는 것'과 관련된 경직된 습관과 기만적 희망에서 벗어나 더 깊은 패턴을 분별하는 것이다.

언뜻 보면 이 깊은 패턴들은 암울하고 용납할 수 없게 보이기도 한다. 하지만 시간을 가지고 깊이 생각해보면 전혀 다른 결론에 도달한다. 즉, 이 패턴들이 우리를 바로잡고 회복시켜준다는 사실을 깨닫게 된다. 어쩌면 우리 자신이 만든 선의의 의도에서 우리를 구해줄지도 모른다.

• PART 2 •

역사는 겨울의 정점을 향해 가고 있다

• PART 3 •
머지않아 봄이 올 것이다

1

지금은 겨울이다

✕

역사의 한복판을 통과하고 있을 때, 역사는 전혀 역사처럼 보이지 않는다.

존 가드너(John W. Gardner)

낡은 미국이 무너지고 있다. 새로운 미국은 여전히 건설 중이며, 아직 그 형태가 보이지 않는다.

불과 십여 년 전만 해도 이 낡은 미국은 건강하지는 않아도 제 기능은 하고 있었다. 2000년대 중반 대부분 유권자는 같은 뉴스를 읽고 정부를 신뢰했으며, 두 정당은 큰 문제에 협의했고, 의회는 연간 예산안을 통과시켰으며, 대부분 가정은 조국의 미래에 여전히 희망을 품고 있었다.

그러다가 국제금융위기(GFC)가 닥쳤다. 포퓰리즘이 만연하고 팬데믹이 전 세계를 휩쓸었다. 건강한 민주주의가 있었다면 이 세 가지 악재를 견딜 수 있었겠지만, 그러지 못했다. 이 악재들로 우리의 민주주의가 휘청거리며 무너지기 시작했고, 수십 년 동안 썩어가던 기둥과 대들보가 드러나기 시작했다.

여론조사기관들은 정치 전반에 걸친 미국인의 실망감이 어느 정도인지 가늠하느라 악전고투하고 있다. 미국 유권자 79퍼센트가 "미국이 무너지고 있다"[1]는 사실에 동의했다. 76퍼센트는 "미국이 민주주의를 상실하고 있다"[2]는 사실을 걱정했다. 62퍼센트는 "미국은 지금 위기다"[3]라는 사실에 공감했다(25퍼센트만이 이 사실에 동의하지 않았다). 국민 행복지수와 국민의 자부심(미국인이어서 무척 자랑스럽다[4])은 사상 최저치로 떨어졌다.

설상가상, 이 붕괴로 가장 기본적인 업무조차 수행하지 못하는 무능하고 노쇠한 미국의 민낯이 드러났다. 더 이상 안정적인 전기 공급이나 상점에 충분히 비축된 분유도 장담하지 못하게 됐다. 거리에서나 국경에서 법을 집행하는 법도 잘 모르게 됐다. 노숙인을 위한 최소한의 보호나 탈세를 일삼는 과두정치(寡頭政治)에 대한 최소한의 제재도 보장하지 못하게 됐다. 동맹 민주주의 국가들로부터 평화적인 군대 철수도, 한 대통령에서 다음 대통령으로의 평화로운 권력 이양도 기대할 수 없게 됐다.

한때 미국에서 당연하게 여겨졌던 공중보건도 극복하기 어려운 문제가 돼버렸다. 막강한 부와 과학에도 불구하고 미국의 코로나 사망자 수는 전 세계에서 가장 가난하고 불안정한 국가들과 동등한 수치를 기록했다. 미국의 평균 기대수명은 이미 2014년 이후부터 계속 감소하고 있으며, 2020년에는 아프리카와 유럽, 태평양에서 대규모 전쟁 사상자를 냈던 1943년보다 더 낮은 수치로 떨어졌다.[5] 이 수치는 2021년에도 7개월 연속 하락했다.

이러한 무능함은 더욱 심각한 변화를 초래했다. 첫째, 서로에 대한 신뢰는 물론 지도자에 대한 신뢰가 가파르게 감소했다. 대중의 신뢰가 없다는 말은 공적인 진실이 없거나 코미디언이자 방송인인 스티븐 콜버트(Stephen Colbert)가 말한 "트루시니스"[6](Truthiness, 사실 여부에 상관없이 믿고 싶은 것을 진실로 인식하려는 성향 - 옮긴이) 그 이상의 실체가 없다는 의미다. 신뢰의 공백을 메우기 위해 온갖 음모론이 쏟아져 나오고 국가의 결속력을 이야기하는 담론에 전쟁 찬미론이 뒤죽박죽 섞여 들었다.

사회심리학자 조너선 하이트(Jonathan Haidt)는 지난 10년간 미국이 걸어온 길을 성경에 나오는 바벨탑[7]에 빗대어 설명한다. '마치 조물주가 스위치를 끈 것처럼, 모두가 서로 다른 언어로 이야기하고 공동의 프로젝트에 협력하기를 거부하기 시작했다.'

또 다른 변화는 오직 결과만을 중시하는 리더들의 처참한 운영 실패다. 목표를 파악하지 못하고, 권한을 제대로 수행하지 못하며 결과를 내지 못한 리더들은 해야 할 일을 끊임없이 번복하고 재정의하면서 집단내에 경멸감만 불러일으켰다. 중요한 기능을 이행하기 위해 악전고투하는 기관들은 성공 가능성이 거의 없는 거대한 새 프로젝트를 떠맡고 있다. 이제 미 국방부는 기후변화에, 연방준비제도(Fed)는 인종차별 문제에, 질병통제예방센터(CDC)는 육아 문제에 집중하고 있다.

기이하게도 다른 기관들 역시 핵심 업무를 수행하는 것이 금지되다시피 했다. 연방 주류·담배·총기단속국(ATF)은 연간 총기로 사망하는 아동의 수가 교통사고로 사망하는 아동 수보다 많음에도 불구하고 총기 등록청의 업무를 제대로 유지하지 못하고 있다(오직 미국과 예멘만이 이말도 안 되는 곤경에 처해 있다). 메디케이드(Medicaid, 1965년 존 F. 케네디 대통령 재임 당시 도입한 공공의료보험제도로 소득이 빈곤선의 65퍼센트 이하인 극빈층에게 연방정부와 주州정부가 공동으로 의료비 전액을 지원하는 제도 - 옮긴이)가 이 제도에 지원할 자격이 없는 가난한 사람들에게 일반적인 의료 서비스를 제공하는 의사에게 지원금을 주지 않아서 결과적으로 미국인들은 가장 비싼 방식으로 의료비를 지불하게 됐다. 대학의 등록금 상승 속도를 늦추기 위해 연방정부는 처음에는 학자금대출 보조금을 지급했다가 이후 대출금 대부분을 탕감하는 조치를 했다. 이 두 조치로 미국 대학교의 등록금 상승 속도는 그 어느 때보다도 빠르게 치솟을 것이고, 미래 미국의 중산층은 빚더미 위에 올라앉게 될 것이다. 연방정부는 대학 학위를 취득하지 않을 미래의 납세자들에게 가져온 수십억 달러를, 이미 수십억 달러의 기부금을 쌓아두고 있는 명문 대학들에 제공하고 있다.

한 신문 헤드라인은 이렇게 묻고 있다. "국가가 아무리 멍청해져도 여전히 살아남을 수 있는가?"[8] 또 다른 헤드라인은 구독자에게 더욱 직설적인 질문을 던진다. "국가가 더 이상 돌이킬 수 없는 지점을 지났다는 것을 어떻게 알 수 있는가."[9]

무능한 통치, 대중의 신뢰 하락, 대중의 준법정신 저하 등은 모두 악순환의 고리에 맞물려 서로에게 영향을 미친다. 그 한 증상이 공공장소에서 아무렇지 않게 쏟아내는 분노의 증가다. 비행기, 식당, 병원, 경찰서 등 공공장소에서 무질서가 전염병처럼 번지고 있다. 운전 중 분노로 인한 사망자 수가 증가하고 있으며, 다수를 향한 무차별 총격 사망 사건도 늘고 있다. 지난 20년간 여론조사기관에서 조사한 "부정적 경험" 또는 "미국인의 슬픔 지수"[10] 역시 증가하고 있다. '사랑'이 아닌 '증오'의 언어를 담은 대중가요 가사[11]가 늘고 있다. 이런 현상들과 관련해 두려움, 혐오 그리고 특히 분노를 다룬 신문 헤드라인[12] 역시 늘고 있다.

최근 이러한 붕괴에 대한 미국의 대응은 최상의 시나리오를 가정하더라도, 장기적 문제를 악화하는 것을 선호하는 경향을 보였다. 그렇다.

2007~2009년 금융위기와 2020~2021년 팬데믹에 대처하는 두 정당의 통화정책과 금융정책은 가지지 못한 자들을 보호하고 더 심각한 경기침체를 피하게는 했다. 하지만 이들 정책은 광범위한 낙수효과 방식(대기업과 부유층의 부를 먼저 늘려주면 경기가 부양돼 중소기업과 저소득층에게 혜택이 돌아간다는 이론 – 옮긴이)으로 이루어졌다. 즉, 수익률곡선(채권의 수익률, 즉 금리를 만기가 짧은 채권부터 긴 채권 순으로 나열해 연결한 곡선 – 옮긴이)을 평평하게 만들고 시장 변동성을 완화해 부유층의 부의 가치를 끌어올린 것이다. 또한, 대규모 적자지출을 감행하는 바람에 연방준비제도의 부채 비율은 과거 전쟁 상황에서나 볼 수 있을 법한 수준까지 증가했다. 정책입안자들은 마치 내성이 생긴 중독자처럼 스스로를 막다른 곳으로 몰아넣었다. 지금 미국은 아무리 경제 상황이 악화하더라도, 연방준비제도가 더 이상 완화정책을 펼칠 수 없고 의회가 돈을 빌릴 수 없는 암흑의 시기를 견디고 있다.

이 과정에서 역기능이 심화한다. 부채 피라미드가 커진다. 저축은 투기로 몰린다. 시장은 인수합병 등의 통합에 집중한다. 경쟁력은 약화한다. 생산성 성장은 둔화한다. 한때 미국인들이 막연하게만 걱정하던 '소득과 부의 불평등 확산'은 이제 경제학자 앤 케이스(Anne Case)와 경제학자이자 노벨상 수상자인 앵거스 디턴(Angus Deaton)이 말하는 "절망사"[13]가 전염병처럼 퍼지는 상황으로 구체화됐다. 즉, 마약중독·알코올중독·자살 등으로 인한 미국 저소득층 중년의 사망률이 증가하는 상황에 처한 것이다.

더욱이 모든 어려움에도 불구하고, 임금 외에 주어지는 부가 혜택이라고는 전혀 없는 긱 경제(gig economy, 정규직이 아닌 계약직 또는 임시직 고용 경향이 커지는 경제 상황 – 옮긴이) 상황에서 젊은 노동자들은 상위 계층으로 이동할 수 있다는 희망을 점점 잃어가고 있다.

밀레니얼 세대와 X 세대(1960년 이후에 출생)의 절반만이 자신들의 부모가 30대나 40대에 벌었던[14] 소득보다 더 높은 소득을 올리고 있다. 아버지보다 돈을 더 많이 버는 젊은 남성은 절반 미만이다.[15] 그리고 이 두 그룹 모두 자신들이 경제적으로 부모만큼 잘살고 있다고 생각하는[16] 경우는 더 적었다. 가장 소득이 낮은 층은 아예 포기하고 독립하지 않는다. 가장 부유한 사람들은 소수만을 위한 최고의 학교, 최고의 직업, 최고의 삶을 누리기 위해 시시포스처럼 지칠 때까지 일하고 또 일한다.

불과 얼마 전까지만 하더라도 미국인이 된다는 것은 규칙을 어기고 위험을 감수하고 관습을 깨더라도 시간이 지나면 모든 것이 더 나아진다고 믿는 개인주의자가 된다는 의미였다. 여전히 나이 든 대다수 미국인에게는 적용되는 말이다. 하지만 다수의 젊은 층 국민에게는 그렇지 않다. 정부, 이웃, 직장, 가족의 광범위한 쇠퇴에 큰 충격을 받은 오늘날의 젊은 세대는 안전한 피난처를 찾고 있다. 밀레니얼 세대는 위험이 아닌 안전을 추구한다. 즉흥성보다는 계획성을 추구한다. 모두에게 자유로운 시장이 아니라 규칙이 보장되는 평등한 커뮤니티를 원한다.

기성세대는 수십 년 동안 제한 없는 개인의 성장과 그리 많은 것을 요구하지 않는 정부에 만족하며 살아왔다. 그들은 '민주주의'에 애착이 대단히 강한데, 그들에게 민주주의라는 말은 말 많고 탈 많은 비토크라시(Vetocracy, 스탠퍼드대학교 교수 프랜시스 후쿠야마가 미국의 양당정치를 비판하며 만든 용어로, 상대 정파의 정책과 주장을 모두 거부하는 극단적인 파당정치를 의미한다 – 옮긴이)를 의미한다. 모든 것이 논의되지만 실제로는 그다지 진전이 없다. 교착상태, 로비, 규제 검토, 소송 등으로 포괄적인 정책 변경은 늘 거부당하고 있다. 결과적으로 정치 혜택을 가장 많이 받은 노년층은 지금 누리고 있는 것을 그대로 유지한다.

반면 젊은 세대는 민주주의에 염증을 느낀다. 오늘날 미국의 30대가 "반드시 민주주의체제에서 살아야 한다"[17]는 말에 동의할 가능성은 60대의 절반에도 미치지 못한다. 젊은이들 가운데 민주주의가 국가 운영 방식으로 "나쁘다" 또는 "매우 나쁘다"[18]라고 생각하는 비율이 낮지만 빠르게 증가하고 있다(젊은 층의 약 4분의 1로, 노년층의 두 배에 달하는 수치다). 이렇게 생각하는 젊은 층 대다수는 군부 통치를 선호한다. 민주주의를 경화증 내지는 무능함으로 연관 짓는 젊은 층이 증가하고 있다. 미국이 업무를 수행하기 위해 신뢰하는 기관은 국방부와 구글이다. 상황이 이렇다 보니 많은 사람은 궁금할 따름이다. '이제 지체하지 말고 일을 진행할 때가 되지 않았는가?'

세대 간의 차이는 극명하다. 오늘날 미국의 리더들을 포함한 기성세대는 대부분 풍요로운 환경에서 자랐다. 그들에게 중산층은 늘 성장하고 있었고, 대부분이 접근 가능한 영역이었다. 그들이 가장 자주 들었던 말은 '풍요'였다. 그들은 엄청난 국가적 위기에 대한 기억이 거의 없지만, 그런 기억에 사로잡힌 윗세대가 만든 강력한 제도들을 누리며 자랐다. 오늘날 젊은 세대는 풍요로움이 감소하는 상황에서 자랐다. 그들에게 중산층은 항상 줄어들고 있으며, 거의 접근 불가능하다. 젊은 층이 성인이 돼서 가장 자주 듣는 말은 (2008년 이후 사용량이 급증한) "불안정성(precarity)"[19]이다. 그들은 강력한 제도의 존재를 기억하지 못한다. 그들은 강력한 제도의 부재로 인한 위기를 두려워하며, 더러는 그런 제도를 기대하며 자랐다.

국제적으로 미국은 적에 대한 경계심이 더욱 강해졌고, 우방국에 대해서는 덜 호의적이고, 모두를 더욱 경계하게 됐다. 2008년 닥친 국제

금융위기가 그 전환점이었다. 그때까지만 해도 세계화는 거스를 수 없는 듯 보였고, 전 세계 생산량에서 국제무역이 차지하는 비중은 거의 매년 확장됐다. 하지만 금융위기 이후 국제무역은 위축됐고[20] 무역장벽은 강화됐으며[21] 국내 생산이 해외 생산을 대체했다. 2008년 전까지만 하더라도 세계적으로 민주주의 국가의 수는 증가 추세였다. 하지만 금융위기 이후에는 독재정치 국가 수가 늘고 있다.[22] 이 중 네 국가(중국·러시아·이란·북한)는 핵무장을 하고, 명백한 반서방 축을 형성하고 있다. 그중 러시아는 최근 2차 세계대전 이후 처음으로 유럽의 한 국가를 침공했다.

국내적으로도 모든 것이 안으로 굽고 있다. 사람들은 마을과 공동체와 가족을 지키기 위해 주위에 장벽을 쌓고 있다. 기성세대는 자녀와 손주들을 위해 더 많은 시간과 돈을 쏟아붓는다. 젊은 세대는 위험을 기피하고 덜 움직이며,[23] 최대한 가족 가까이 머문다.[24] 미래를 저당 잡혀 집을 사기보다는 자격증을 취득하며[25], 결혼을 늦게 하고 오직 비슷한 계층끼리만[26] 결혼하는 비율이 높아지고 있다.[27]

소득과 교육수준의 상관관계는 (인종이나 민족과의 상관관계보다는 덜하지만) 점점 더 밀접해지고 있다.[28] 그러다 보니 교육은 건강과 장수와 더욱 밀접한 상관관계[29]를 갖게 됐다. 1930년에 태어난 미국인 중 가장 부유한 사람 5분위는 가장 가난한 사람 5분위보다 평균 5년 정도 더 오래 살 것으로 예측됐다[30]. 1960년에 태어난 사람들의 경우 평균수명의 격차는 13년까지 확대된다. 모두가 자신이 어느 쪽에 속하고 싶은지 잘 알고 있다. 그리고 최선을 다해 그쪽에 속하려고 노력한다.

장기적으로 미래를 계획하는 시간의 범위도 지나치게 줄어들고 있다. 미국 젊은이들은 꿈을 미루거나 포기한다. 지난 10년 동안 우리는 출산율이 감소[31]하고, 젊은 층의 주택 소유 비율이 줄어들고,[32] 젊은이들이 주축이 되는 스타트업 역시 감소[33]하는 모습을 지켜봤다. 젊은이들이 더 나은 미래에 품는 희망은 점점 줄고, 기성세대가 더 좋았던 과거에 품는 애착은 점점 커진다. 할리우드에서는 옛날 영화의 후속작을 끝도 없이 만들어내고 있다. 광고주들은 슈퍼볼 경기 때 향수를 자극하는 광고로 도배한다. 의회는 '근로' 노인복지에 연방 지출 비중이 점점 늘어나는 것을 감히 건드리지도 못하는 상태다. 유명한 거물들은 영원한 독점을 자축한다. 워런 버핏(Warren Buffett)은 "범접할 수 없는 해자 (적의 접근을 막기 위해 성 둘레를 파서 물을 채워놓은 곳 – 옮긴이)로 둘러싸인 성"[34]에 투자하려 한다. 피터 틸(Peter Thiel)은 "경쟁은 패자들이나 하는 것"[35]이라고 말한다.

개인의 정체성 역시 민족, 젠더, 종교, 지역, 교육, (당연히) 정당 등과 같은 자기 지시적 요새로 구획화되고 있다. 각각의 정체성은 자신이 '실제 경험한 현실'에 따라 저마다의 서사를 만들어낸다. 자신이 고립돼 있고 취약하다고 느끼는 미국인이 점점 늘어나면서 진정한 다양성을 포용하기는 더욱 어려워지고 있다. 우리는 생각이 같은 집단에 둘러싸여 외부인을 배척하고 검열한다. 기업은 자기 회사의 브랜드를 사용하는 고객 집단을 만들고, 유명인은 열렬한 팬층을 만들고 기린다. 우리는 사실이 아니지만 사실 같은 뉴스에 몰입하며, 영화 〈앵커맨2〉에서 윌 페렐의 매혹적인 제안, "사람들이 들어야 할 뉴스가 아니라 그들이 듣고 싶어 하는 뉴스를 제공하면 어떨까?"[36]에 대부분 굴복한다. 우리는 사회전반에 걸친 객관적인 기준들은 거의 인정하지 않고, 국가 규범을 집행하는 위임기관들만 마지못해 인정한다.

시민의 삶은 옛 공화국의 흔적을 찾아볼 수 없을 정도로 붕괴했다.

이제 정치는 단순히 서로 대조적인 정책을 제시하는 수준을 넘어 상호 배타적인 세계관을 지닌 두 정당이 독점하고 있다. 정치과학자 릴리아나 메이슨(Lilliana Mason)의 강렬한 표현을 빌리자면, 이들은 감성적인 브랜드 정체성을 통해 가장 먼저 지지자들을 끌어모으고 그다음에야 정치적 이슈를 통해 지지자들의 마음을 얻는 "거대 정당"[37]이다. 전문가들은 이 두 정당을 단순히 파란색과 빨간색으로 지칭한다. 색을 이용한 구분은 본능적인 집단 충성심을 불러일으키기 위한 적절한 장치다. 각 진영은 서로 다른 가치를 추구하고, 서로 다른 생활 방식을 적용하며, 서로 다른 브랜드를 구매한다. 여기에 서로 다른 공동체에 거주하는 현상이 점점 추세가 되고 있다. 미국 유권자의 선택은 주나 카운티를 따라 점점 더 일방적으로 기울고 있다. 투표로 선출된 양 정당의 대표는 서로 거의 대화하지 않으며, 친목을 도모하거나 어떤 주제를 두고 논의하는 일은 훨씬 줄어들고 있다. 이 시점에서는 서로 이야기할 것이 사실상 거의 없다.

국가 차원에서 보면 양 정당이 경쟁력을 가지고 있는 한, 의회는 교착 상태에 머문다. 수십 년 전과 비교했을 때, 새롭고 중요한 법률은 거의 제정되지 않았다. 정상 절차에 입각한 예산안 발표는 거의 버려지다시피 했다. 특별 '합의'안에 따라 승인된 막대한 세금 및 지출 계획안만이 저항 속에 제정된다. 백악관의 행정명령은 국가 리더십으로 간주된다. 주(州)정부 차원에서 주지사직이나 입법부를 장악하는 정당은 의사결정에서 상당한 재량권을 가진다. 이러한 장악력에 굴복하는 주들이 점점 많아지자 양측 지지자들은 반대 진영이 연방 차원의 모든 통제권을 장악할 경우, 국가적으로 발생할 수 있는 결과에 불안해하고 있다.

아무리 작은 지역 선거라 할지라도 모든 선거는 이제 전국적인 문제가 됐다. 그리고 모든 전국 선거는 미국의 운명을 가르는 전환점으로 간주된다. 양쪽 진영의 유권자 대다수는 반대편 정당이 선거에서 이기면 국가에 지속적인 피해[38]가 이어질 것이라고 말한다. 유권자 절반은 정치란 옳음과 그름 사이의 투쟁[39]이라고 말한다. 유권자 3분의 1은 정치적 목적을 이루기 위해서라면 폭력도 정당화될 수 있다[40]고 말하며, 3분의 2는 향후 선거 결과에 따라 폭력이 발생할 수도 있다[41]고 예측한다.

대통령 선거가 끝나면 승리자들은 국가의 변혁을 위해 열성적으로 준비한다. 패배자들은 선거가 사기였다고 외치고, 시위대를 조직하고, 저항을 준비하거나 (악명 높은 사례처럼) 쿠데타를 시도하기도 한다. 정당성은 어디에도 없다. 승자가 우아하게 추구하지도, 패자가 관대하게 부여하지도 않는다. 양 진영의 열혈 정치인들은 저마다 자신들이 직접적인 민의(民意)의 대변자라고 주장한다. 포퓰리스트는 이전에 공화국을 감독했던 노련한 관료들과 달리 공정한 규칙을 유지하는 척하지 않는다. 그들은 국가 공동체가 어떻게 생각하거나 느껴야 하는지를 완전히 새롭게 규정하려면, 정의(Justice)에도 완전히 새로운 규칙이 필요하다고 말한다.

이러한 흐름이 미국에만 국한된 일이라고 믿고 싶을지도 모른다. 이 흐름이 어느 날 홀연히 나타났으니 언젠가 홀연히 사라질 것이라고 믿고 싶을 것이다. 하지만 그렇지 않다.

오늘날 대부분 선진국과 신흥시장에서도 동일한 흐름 즉, 경제적 불평등이 심화하고 있다. 세대 이동성과 사회적 이동성의 감소, 국가 장벽 강화, 소셜미디어를 무기로 앞세운 민족주의 및 종교의 종파주의 심화 등이 진행되고 있다. 유권자는 더욱 권위적인 정부를 요구하며, 실제로 그런 정부를 만들어가고 있다. 카리스마 넘치는 포퓰리스트들이 남유럽, 중부유럽, 라틴아메리카, 남아시아, 동아시아 등지에서 권력을 확장하거나 이미 장악했다.

국제 설문조사에 따르면, 민주주의 자체에 대한 불만이 점차 커지고 있다. 학계에서 "민주주의의 세계적 후퇴"[42]라 부르기도 하는 이 불만의 목소리는 젊은 세대의 주도하에 미국에서뿐 아니라 전 세계에서 확산되고 있다. 최근 민주주의의 미래를 위한 케임브리지대학 센터(Cambridge University Centre for the Future of Democracy)에서는 국제 설문조사 자료를 포괄적으로 분석한 뒤 다음과 같이 결론 내렸다. "우리는 전 세계적으로 민주주의에 대한 젊은 세대의 불만족도가 높아지고 있다[43]는 사실을 발견했다. 이들의 불만족도는 절대적인 수치뿐 아니라 비슷한 삶의 수준을 누리는 나이 든 세대와 비교했을 때도 꾸준히 증가하고 있다." 부유한 국가들, 특히 영어권의 부유한 국가들에서[44] 이러한 세대 흐름이 가장 먼저 진행되고 있다.

미국은 한 가지 측면에서 독보적인 특징을 보인다. 한때 더 나은 삶을 기대했던 탓인지 미국인들은 지금 방식대로 흘러가는 미국의 전망에 대단히 비관적이다. 미국인 4분의 1만이 조국이 옳은 방향으로 나아가고 있다[45]고 말한다. 미국인 3분의 1만이 미국 최고의 전성기가 올 것[46]이라고 말한다. 미국인 3분의 2는 자녀들이 자라 성인이 되면 지금보다 경제적으로 "더욱 악화"할 것[47]이라고 한다. 3분의 2는 미국이 "국가적 쇠퇴의 조짐"[48]을 보인다는 사실에 동의한다. 25년 전만 하더라도 이렇게 생각하는 사람은 4분의 1에 불과했다.

이미 미국인들은 오래된 시민 질서가 무너지는 광경을 목격하면서 비관론 그 이상의 비관론을 갖게 됐다. 그들은 피할 수 없는 두 가지 결론에 도달한다. 첫째, 생존과 회복을 위해 국가는 사라진 질서를 대체할 새롭고 강력한 질서를 만들어야 한다. 둘째, 그 새로운 질서는 국가를 불가피하게 전제정치로 밀어 넣을 '다른 쪽'이 아닌, 현재의 무력한 상태를 구해줄 '우리 쪽'에서 정해야 한다.

공포 대부분에 약간의 희망이 뒤섞인 분위기 속에서 정치참여도가 모든 척도로 봤을 때 급증하고 있다. 미국 투표율은 100년 만에 가장 높은 수치를 기록[49]하고 있다. 선거운동에 개인의 기부와 자원봉사가[50] 폭발적으로 늘고 있다. 헌법을 이해하는 능력 등의 시민 문해력은 수십 년간 감소하다가 최근 들어 가파르게 상승하고 있다.[51] (한 주제에 관해 강한 감정을 느끼는) 당파성과 (모든 정당인이 모든 주제에 관해 같은 방식으로 이해하고 느끼는) 당파적 동질성[52] 성향을 측정한 지수가 역사상 가장 높은 수준에 도달했다.

정치적 행동 관점에서 봤을 때 우리는 낱낱의 개인이 모인 국가가 아니라 집단으로 한 방향을 향해 나아갈 준비가 된 당파적 국가가 되고 있다. 공개적 발언을 할 때도 우리는 겹겹의 모호한 표현 대신 완곡한 진심을 담은 어법을 사용한다. 모호함은 오해를 불러일으킬 수 있기 때문이다. 이제 우리는 이쪽인지 저쪽인지를 명확히 밝혀 발언한다. 사람들이 선호하는 리더십 스타일은 엘리트 테크노크라트(technocrat 과학 지식이나 전문 기술을 보유해 사회나 조직의 의사결정에 중요한 영향력을 행사하는 사람 - 옮긴이)에서 솔직하게 이야기하는 모든 사람으로 옮겨가고 있다. 다시 말하면, 대중이 선호하는 리더십 스타일이 다양한 선택지와 미묘한 차이를 논하는 사람보다는 최종 결론이나 확실한 보장을 말하는 사람으로 바뀌고 있다는 의미다.

에이브러햄 링컨(Abraham Lincoln)은 1858년 미국이 "분열된 집안"이며 이러한 분열 현상은 "위기가 닥치고 그 위기가 지나갈 때까지" 지속될 것이라고 예측했다. 위기가 지나간 후 "미국 정부는 … 완전한 이쪽이 아니면 완전한 저쪽이 될 것[53]"이라고 했다. 그때와 마찬가지로 오늘날 미국은 거대한 두 정당 간의 싸움으로 분열됐으며, 각 당은 저마다의 목표만을 추구하고 상대 당의 목표에서는 멀어지는 방향으로 새로운 공화국의 형태를 갖추려 하고 있다. 그때와 마찬가지로 오늘날 미국은 정치 지도자를 향한 폭력의 언어와 위협이 증가하고 있다. 그때와 마찬가지로 오늘날 미국에서 타협의 분위기는 점점 사라지고 있다.

어쩌면 이런 현상은 가장 불길한 징조를 나타내는 것일 수도 있다. 대부분 미국인에게는 민주주의의 생존 그 자체가 자신의 편을 지키는 것보다 중요하지 않을 수도 있다. 2022년 미국의 중간 선거가 있기 전에는 유권자의 71퍼센트가 "민주주의가 위협받고 있다[54]"는 사실에 동의했지만, 이것이 미국이 직면한 가장 큰 문제라는 사실에는 겨우 7퍼센트만이 동의했다.

실패의 대가는 영구적 소외라는 사실을 감지한 양 정당은 위기 상황에 대비해 방해물을 없애고 승리할 준비를 하고 있다. 이제 모든 수단과 방법이 등장하고 있다. 특정 정당에 유리하도록 불공정하게 선거구를 조작하는 게리맨더링(gerrymandering), 선거법 왜곡, 소환, 탄핵, 융단폭격처럼 퍼붓는 필리버스터, 대법원 점거, 극단적인 경우에는 연방 탈퇴나 분리 독립까지 동원하고 있다.

하지만 이러한 투쟁 양상과는 무관하게 미국은 통치 조직의 대대적 개편을 준비하고 있다. 언론은 엉뚱한 곳에 초점을 둔 질문만 던지고 있다. 그들은 어느 쪽이 이길 것인가에만 집중한다. 민주당이냐 공화당이냐? 파란색(민주당 진영)이냐 빨간색(공화당 진영)이냐? 좌파냐 우파냐? 하지만 이는 가장 중요한 질문이 아니다. 사실 새로운 정권은 필연적으로 두 가지를 조화시켜야 한다. 여기서 가장 중요한 질문은 '미국은 한 정권의 붕괴와 또 다른 정권의 도래에 수반될 트라우마에 준비돼 있는 가?'다.

　모든 조각은 제자리에 있다. 현 상태가 지속 가능하리라고 생각하는 유권자는 거의 없다. 정당에서 열정적으로 활동하는 중도주의자는 거의 없다. 그리고 최근의 비상사태(특히 팬데믹)를 겪으면서 미국의 중앙정부는 이미 재건에 필요한 정책들을 시험하고 있다. 이제 미국 정부는 가정과 기업에 보편 소득을 지급하고, 개인이나 기업이 받은 대출금에서 이자를 감면하거나 일시 중지시키고, 개인 은행 계좌를 동결하거나 제재하고, 국가 간 무역을 중단하고, 기업이 영업을 계속하게 하거나 중단하도록 강제하는 조치를 취할 수 있다. 또한 연방준비제도를 통해 기업이나 산업별로 신용을 할당하고, 공공기관이나 민간의 신용을 달러로 수치화할 수 있다. 소셜미디어의 가짜 뉴스에 대한 검열조차 이제 정부의 권한 내에 있다.

　조만간 어떤 일이 계기가 돼 이러한 파괴적 국면을 벗어나고 건설적 국면에 진입할 것이다. 그렇다면 어떤 일이 그 계기가 될 것인가? 거의 모든 긴급 상황이 계기가 될 수 있다. 그리고 어떤 긴급 상황이 됐든 그 상황은 곧 닥칠 것이다. 2022년 《콜린스 영어사전》에 "퍼머크리시스(permacrisis)"라는 단어가 새로 등재됐다. 이 단어는 "연이은 큰 위기로 인해 불안정하고 불안한 상태가 장기간 지속되는 것"을 의미한다.

　어쩌면 그 계기는 연이은 금융시장의 붕괴가 될 수도 있고, 경기침체가 될 수도 있으며, 팬데믹이 될 수도 있다. 이러한 위기를 계기로 정책의 마비나 정당의 대변동이 이어질 가능성이 있다. 또한 미국 내 혼란을 감지한 다른 강대국이 미국의 국가 간 조약 의무이행 능력을 의심해 시험하려 들 수도 있다. 아니면 단순히 미국 내 분열로 인해 경제 붕괴에서 국제적 혼돈 사태에 이르기까지 모든 것이 망가지는, 재앙 같은 국가 실패 시나리오에 봉착할 수도 있다. 2000년으로 거슬러 올라가 생각해보면 이런 가능성은 상상조차 할 수 없었다. 하지만 지금은 모든 가능성이 충분히 고려된다. 2020년 선거철 이후 실시한 여론조사에 따르면, 미국인 절반 가까이가 미국의 내전이 임박했다고 생각했다.[55]

그렇다. 역경에 직면한 구시대의 미국은 붕괴하고 있다. 하지만 동시에 미국은 중대하고도 불연속적인 단계로 접어들고 있다. 구정권의 모든 역기능은 상상조차 할 수 없는 방식으로 재통합될 것이다. 시민사회의 공백은 채워질 것이다. 아직 이르고 낯설지만, 다음에 들어설 차기 미국 공화국을 환영한다.

1997년, 《네 번째 전환기(The Fourth Turning)》에서 스트라우스와 나는 미국이 집단적 무관심과 정치적 표류의 한복판에서 개인주의가 팽배해지는 '해체(Unraveling)' 시기를 지나고 있다고 말했다. 우리는 그 시대가 10년 동안 더 지속될 것으로 예측했다. 그 이후는 어떻게 될 것인가? 우리는 클린턴(Bill Clinton) 정권 말기의 미국인들이 "폭포를 향해 가고 있다"[56]고 생각했고, 그 생각에 서로 동의했다.

우리가 예측한 시기와 거의 비슷한 시기인 2008년 가을, 전 세계가 경제적 혼란을 겪으면서 해체기는 막을 내렸고, 한 세대에 걸친 폭포의 시대가 열렸다. 이제야 미국인들은 자신들이 그 시대를 살고 있으며, 지금 통과하는 폭포는 연속적인 폭포가 아닌 불연속적인 폭포라는 사실을 깨달았다. 미국은 준비해야 한다. 역사는 훌륭한 영화감독처럼 가장 아찔한 급강하를 가장 마지막에 남겨둔다.

이 집단 이동을 마친 2030년대 초반 즈음이 돼서야 미국은 이 폭포가 자신들을 어디로 데리고 왔는지, 그 과정에서 무엇을 얻고 무엇을 잃었는지, 이 변화가 사람들을 어떻게 변화시켰는지 정확히 판단할 수 있을 것이다. 하지만 현재의 관점에서도 폭포의 대략적인 방향과 궤적을 예측할 수 있다.

역사의 계절

역사가는 시간의 흐름에서 반복되는 패턴을 알아내고 사회적 경험의 자연스러운 리듬을 찾아낼 때 보람을 느낀다.

현대 역사의 중심에는 놀라운 패턴이 있다. 지난 500년 내지 600년 동안 영미권 사회는 20년 정도를 주기로 새로운 시대 즉, 새로운 전환기를 맞이했다. 매 전환기가 시작되면 사람들이 자기 자신, 문화, 국가, 미래를 생각하는 방식도 달라진다. 각 전환기는 네 차례에 걸쳐 발생하는데, 네 개의 전환기가 순환하는 주기는 인간의 수명과 비슷하게 약 80년에서 100년 정도에 걸쳐 진행된다. 이 단위를 고대인들은 '새큘럼(saeculum)'이라고 불렀다. 새큘럼의 네 주기를 합치면 역사 주기의 리듬이 생기는데, 계절로 치면 봄, 여름, 가을, 겨울과 비슷하다. 각각의 시기는 재생, 성장, 엔트로피, 창조적 파괴를 겪는다.

- 첫 번째 전환기는 고조기(High)다. 새로운 시민 질서가 확립되고 낡은 가치관이 붕괴하는 시기로, 제도는 강화되고 개인주의는 약화되는 상승의 시기다.
- 두 번째 전환기는 각성기(Awakening)다. 시민 질서가 새로운 가치

관에 공격받는 시기로, 정신적 활동이 열정적으로 이루어지는 격변의 시기다.

- 세 번째 전환기는 해체기(Unraveling)다. 낡은 시민 질서가 무너지고 새로운 가치체계가 자리 잡는 시기로, 개인주의가 강화되고 제도가 약화되는 침체의 시기다.

- 네 번째 전환기는 위기의 시기(Crisis)다. 가치체계로 인해 낡은 시민 질서가 새로운 시민 질서로 대체되는 시기로, 격변이 일어나는 중대한 시기다.

전환기마다 각 시기를 특징지을 수 있는 고유의 분위기가 만들어진다. 그리고 사람들은 항상 이러한 분위기 전환에 놀라곤 한다.

최근 새큘럼에서 미국의 첫 번째 전환기는 트루먼, 아이젠하워, 케네디 대통령의 시기다. 2차 세계대전이 끝난 뒤, 미국이 그토록 자신감 넘치고 탄탄한 제도를 갖추는 동시에 사회 순응적이고 유연한 체제를 갖추게 되리라고는 아무도 예상하지 못했다. 하지만 미국은 그렇게 했다.

두 번째 전환기는 1960년대 중반 대학가에서 일어난 여러 시위에서 시작해 1980년대 조세저항운동까지 걸쳐 일어난 의식혁명(Consciousness Revolution) 시기였다. 케네디가 암살된 지 몇 달 만에 미국이 개인적 자유의 시대를 맞이하고, 이전과는 전혀 다른 담론이 오가며, 전혀 다른 사고방식을 하는 문화적 분수령을 맞이할 것이라고 예상한 사람은 아무도 없었다. 하지만 미국은 그런 시대를 맞았다.

세 번째 전환기는 문화 전쟁(Culture Wars, 1990년대 미국의 보수적 가치관과 진보 및 자유주의적 가치관 사이에 있었던 충돌 – 옮긴이) 시기였다. 이 시기는 1984년 로널드 레이건(Ronald Reagan)의 캠페인 "미국의 아침" 캠페인

(Morning in America, 레이건의 선거운동 모토로, 미국의 경제회복과 국가안보에 대한 성공적 정책을 강조한 슬로건 – 옮긴이)에서 시작해 닷컴버블에서 정점을 맞았다가 9·11테러 이후 중동에서 벌어진 전쟁으로 소멸했다. 초창기 '레이건 혁명'을 둘러싼 열띤 논쟁이 벌어질 때만 해도, 미국이 흡사 서커스를 방불케 하는 유명 인사들, 소란스러운 문화 전쟁, 정처 없이 표류하는 시민의 시대로 접어들 것이라고 예상한 이는 아무도 없었다. 하지만 그런 일은 일어났다.

네 번째 전환기는 현재 밀레니얼 위기라고도 불리며, 2008년 국제금융시장의 붕괴로 시작돼 중산층의 위축, 도널드 트럼프(Donald Trump)의 "MAGA"(Make America Great Again, 미국을 다시 위대하게 – 옮긴이)의 부상과 세계를 강타한 팬데믹, 강대국 전쟁에 대한 새로운 공포 등이 진행된 시기로, 지금까지 이 시기가 이어지고 있다. 2008년 존 매케인(John McCain)에 맞선 버락 오바마(Barack Obama)의 선거운동이 벌어질 때만 해도, 미국이 암울한 비관주의와 권위적 포퓰리즘, 광적인 당파주의 시대로 접어들 것이라고는 아무도 예상하지 못했다. 하지만 그런 일은 일어났다. 지금 진행 중인 이 시기는 앞으로 약 10년이 더 남았다.

이 주기를 주도하는 것은 사회적 세대다. 거의 비슷한 주기로 전환기를 맞은 이들, 젊었을 때 이런 전환기의 영향을 받으며 자랐고, 훗날 중년의 리더와 부모가 돼 전환기에 영향을 미치는 세대들이다. 일반적으로 각 전환기는 뚜렷한 세대 원형을 드러내는 성인(어린이에서 성인이 되는 시기)과 관련이 있다. 그러므로 세대 원형성도 네 개의 전환기와 마찬가지로 네 개가 있다.

- 예언자 세대(A Prophet generation): 위기의 시대 이후 점점 제멋대

로 구는 아이로 자라 각성기에 도전적인 젊은이가 된다. 원칙을 만들어가는 도덕적 중년이 된 후 다음에 닥쳐올 위기의 시기를 관장하는 초연하고 통찰력 있는 노년기에 접어든다. 예를 들어, 베이비붐 세대(Boomers, 1943~1960년 사이에 태어난 세대)가 있다.

- 노마드 세대(A Nomad generation): 각성기에 제대로 보호받지 못하는 어린이로 자라 각성기 이후의 세계에서는 소외당하는 젊은이가 된다. 위기의 시대에 실용성을 중시하는 중년 리더가 되고 위기의 시기 이후에는 강인한 노인이 된다. 예를 들어, X 세대(1961~1981년에 태어난 세대)가 있다.

- 영웅 세대(A Hero generation): 각성기 이후 보호를 많이 받는 어린이로 자라다가 위기의 시기 이후 팀 단위로 일하기를 좋아하는 성취도 높은 젊은이로 성장한다. 자신감 넘치는 중년이 돼 다소 거만한 모습을 보이다가 다음 각성기를 주재하는 적극적이고 강한 노인이 된다. 예를 들어, G.I. 세대(G.I.는 Government Issue의 약자로, 2차 세계대전에 참전한 병사들이나 2차 세계대전의 직접적 영향을 받은 사람을 일컫는 말이다 - 옮긴이)와 밀레니얼 세대(1982~2005년 정도에 태어난 세대)가 있다.

- 예술가 세대(An Artist generation): 위기의 시대에 과잉보호를 받는 어린이로 자라 위기의 시대 이후 감수성이 풍부한 젊은이로 성장한다. 각성기에 우유부단한 중년이 됐다가 각성기 이후 공감 능력이 풍부한 노인이 된다. 예를 들어, 침묵 세대(A Silent generation, 1925~1942년에 태어난 세대)와 미디어에서 흔히 Z 세대로 불리는 홈랜드 세대(Homelanders, 2006~2029년에 태어났거나 태어날 세대)가 있다.

보다시피 모든 전환기는 각각 삶의 단계에 접어든 특정 세대 그룹과 연결된다. 예를 들어, 해체기에 예술가 세대는 항상 노년기에 접어들고, 노마드 세대는 늘 성인이 된다. 전환기에는 대체로 성인이 되는 새로운 세대에게 특별한 관심이 쏟아진다. 다들 이 새로운 젊은 원형, 살아 있는 미래의 잠재력인 이 세대가 다음 전환기의 분위기를 미리 보여준다고 생각하기 때문이다.

옳은 생각이다. 새롭게 등장한 세대는 다음 전환기 분위기의 예고편과도 같다. 하지만 전환기의 새로운 분위기와 마찬가지로 새로운 세대의 독특한 개성은 늘 사람들을 깜짝 놀라게 한다.

1945년, 유럽전승기념일(5월 8일 - 옮긴이)과 대(對)일전승기념일(8월 15일)의 축하 분위기가 막 피어날 무렵, 첫 번째 전환기 즉 고조기에 미국인들은 뉴딜정책에 투표하고, 댐과 항구를 건설하고, 세계의 절반을 정복하기 위해 조직된 대규모 청년 조직에 익숙했다. 이때만 해도 체제를 변화시키기보다는 '체제 내에서 일하기'를 선호하는 예의 바르고 신중한 새로운 세대가 등장하리라고는 아무도 예상 못했다. 하지만 침묵 세대가 바로 그런 세대였다.

마틴 루서 킹 주니어(Martin Luther King Jr.)가 워싱턴 D.C.에서 시위대를 이끌었을 때는 각성기가 시작될 무렵이었다. 이때만 해도 미국인들은 착실한 젊은 세대에 익숙했다. 두웝 음악(가스펠에서 유래한 보컬 하모니와 간단한 악기 연주로 이루어진 일종의 R&B 장르의 음악 - 옮긴이)을 듣고, 징집에 응하고, 시민권과 같은 대의명분에 진지하면서도 평화롭게 참여하는, 사회화가 잘된 젊은이들 말이다. 새로운 세대가 열정을 행동으로 옮기길 좋아하는 규칙 파괴자가 될 것이라고는, 그들이 기존 제도를 무너뜨리고 새로운 문화를 창조하리라고는 아무도 예상하지 못했다. 하지만 베이비붐 세대는 바로 그런 세대가 됐다.

영화 〈새로운 탄생〉[57]이 나오고 1년 후, 애플(Apple)이 "1984년은 '1984'년 같지 않을 겁니다"(전자의 1984는 그해 미국이고, 후자의 1984는 조지 오웰의 소설 《1984》에 묘사된 시기다 – 옮긴이)라는 광고 문구를 외치던 해, 해체기가 시작되던 그 무렵 미국인들은 더욱 깊은 가치와 삶의 내적 의미를 분주히 추구하며 살아가는 도덕적인 젊은이들에게 익숙했다. 새로운 여피족(도시에 사는 젊은 전문직 종사자 – 옮긴이)의 허세를 비웃고 물질적 풍요를 갈구하며, 독립적인 성향의 새로운 세대가 등장하리라고는 아무도 예상하지 못했다. 하지만 X세대가 바로 그런 세대였다.

20년이 지난 뒤, TV에서 서바이벌 시리즈가 절정의 인기를 누리던 시기에 대침체(Great Recession, 2009년 9월 서브 프라임 사태 이후 미국과 전 세계가 겪은 경제침체기 – 옮긴이)가 시작되고, 밀레니얼 위기가 싹트고 있었다. 이때 미국인들은 개인적인 위험을 기꺼이 감수하고 자기 자신을 승자나 패자로 구분하는 예리하고 자기 주도적인 세대에 익숙했다. 안정성, 타인과의 유대, 공동체를 열망하고, 팀으로 움직이길 좋아하는 놈코어(normcore, normal과 hardcore의 합성어로, 평범함을 표방하지만 평범하지 않은 패션을 추구하는 트렌드를 의미한다 – 옮긴이) 세대가 등장할 줄은 아무도 몰랐다. 하지만 밀레니얼 세대가 바로 그런 이들이었다. 아니 어쩌면 그렇게 돼가고 있는 이들이라는 표현이 더 정확할지도 모른다.

이전에도 이런 일이 있었다

2차 세계대전 이후, 지난 새큘럼 동안 국가 분위기와 세대별 노선에도 많은 변화가 있었다. 그렇다면 이전 새큘럼에도 이러한 일이 있었을까?

그렇다. 그것도 아주 많이.

　가장 최근의 세 번째 전환기이자 가을에 해당하는 시기, 미국의 분위기가 어땠는지 살펴보자. 당시에 문화 전쟁이 있었다. 아마 이 책을 읽는 대다수 독자는 냉전(1991년) 종반부터 국제금융위기(2008년) 사이에 일어난 많은 일을 기억할 것이다. 그 시대를 법이나 규제에 얽매이지 않는 시대(1996년 클린턴 대통령이 "큰 정부의 시대는 끝났다"[58]고 선언한 해) 내지 신중한 태도를 강요당하지 않는 시대("그냥 해Just Do It" 1990년대 나이키의 상징적인 슬로건)로, 더러는 개인의 자유와 다양성이 새롭게 존중받던 시대로 좋은 기억을 가진 이들도 있을 것이다. 또 어쩌면 무서울 정도로 급증하는 폭력적인 범죄, 어두워지는 팝 문화, 중산층을 보호했던 노조와 공공 프로그램의 급속한 붕괴 등으로 더욱 혼란스럽고 잔인했던 시대로 암울하게 기억하는 이들도 있을 것이다.

　이 모든 것의 최전선에는 사회화되지 않은 새로운 세대가 있었다. 그들은 자기중심적인 실용주의를 그대로 드러내는 "나 자신을 위해 일한다"는 새로운 신념을 좋아하고, 중년에 접어든 히피 세대의 위선적 도덕주의에 반기를 든, X세대라고 불린 이들이다. 한편 모든 어른은 '아이가 타고 있어요' 스티커를 부착해가며 새로운 세대를 보호하기 위해 최선을 다했고, 이 아이들이 자라면 '어린이 보호구역' 표시가 있는 학교에 보냈다.

　베스트셀러 작가 존 나이스비트(John Naisbitt, 《메가트렌드(Megatrends)》[59])와 앨빈 토플러(Alvin Toffler, 《권력이동》[60])가 강조했듯, 그 무렵 세상은 점점 더 복잡하고, 다양하고, 분산되고, 첨단기술이 쏟아지고, 자기중심적인 시대가 돼가고 있었다. 미국은 더 자유롭고, 더 거칠고, 덜 통제받는 시대 다시 말하면, 세계화와 재정적자, 빈곤 수준의 저임금, 우발적인 전쟁 등

큰 문제에 그 누구도 진정한 책임을 지지 않는 시대를 맞이했다. 대다수 미국인은 개방적인 분위기에 동조했으며, 이런 분위기를 주도하는 리더에게 투표했다. 격렬하게 저항하며 책임자들을 비난하는 사람은 지극히 소수였다. 하지만 시간이 지나면서 대부분 미국인은 진정한 리더가 없는 국가가 어떤 결말로 치달을지 심각하게 걱정했다.

역사적 유사점을 찾으려면, 이 세 번째 전환기의 마지막 시점부터 지난 세 번째 전환기까지 약 80~100년을 거슬러 올라가야 한다. 2000년대 초반에 80대 노인이었던 이들은 어린 시절의 기억이 1918년 1차 세계대전 휴전기념일과 1929년 주식시장 대폭락 사태 사이에 걸쳐 있을 것이다. 전쟁 승리가 주는 도취감은 안타깝게도 오래 가지 못했다. 더 나은 미래에 대한 초기 낙관론은 재즈 시대의 허무주의와 높은 이상에 대해 팽배해지는 냉소주의에 굴복했다. 이민자들이 사는 빈민가에서는 우두머리 행세를 하는 이들이, 미국 중심부에서는 극우단체 KKK가, 대도시에는 마피아가, 미들타운 전역에는 미국 정신의 수호자들이 거드름을 피우며 다녔다. 노조는 위축됐고 정부는 약화됐으며 유권자의 정치참여는 감소했다. 새로운 기술의 등장(자동차, 라디오, 전화기, 주크박스, 자판기)으로 시장의 역동성이 바뀌면서 사람들의 삶은 새로운 방식으로 복잡하고 분주해졌다.

비행기 조종사(여기서 말하는 비행기 조종사는 barnstormers로, 서커스처럼 화려한 곡예 비행 기술을 선보이는 이들이다 – 옮긴이)와 밀주업자가 많았던 잃어버린 세대에게 "너에게 달렸다"라는 말이 자조적인 구호로 새롭게 부각했다. 이들의 위험한 쾌락은 언론에서 "미국의 섹스 시간"[61]이라는 표현을 공공연히 사용할 정도로 두드러졌으며, 특히 당시 품위를 중요시하던 중년 집단에 큰 충격을 줬다. 이 중년층 대다수는 1890년대 젊은 시절에 번영과 안일함이 공존했던 복잡한 문화의 폐해를 도덕적으로 비판하던 '지친 급진주의자'였다. 격동의 1920년대는 술, 마약, 가족, 품위 등 타협할 수 없는 문화적 이슈들을 중심으로 양극화가 뚜렷하게 일어난 시기였다. 반면 부모들은 새로운 세대의 자녀들을 걸스카우트나 보이스카우트 등에 보내며 보호하려고 애썼다(이 어린이들은 자라서 2차 세계대전에 참전하며 "가장 위대한 세대"로 불리게 됐다).

어디선가 들어본 이야기 같지 않은가?

이제 또다시 긴 시대(80~90년)를 거슬러 올라가 또 다른 세 번째 전환기 마지막 시기를 살펴보자.

1920년대에 80대였던 노인들은 어린 시절이었던 1840년대 후반과 1850년대를 쉽게 기억할 수 있을 것이다. 당시 미국은 큰 변화와 기회주의, 폭력, 교착상태에 빠진 시민사회 등이 혼재하며 요란한 새 시대로 이행하는 중이었다. 멕시코 전쟁을 떠들썩한 승리로 마쳤지만, 영토 확장을 축하하는 환호성은 그리 오래 가지 않았다. 이민자들이 대거 도시로 유입되면서 도시 인구가 늘어났고 도시 범죄도 급증했으며 유권자들은 국수주의 정당에 표를 몰아줬다. 금융 투기가 붐을 일으켰고, 철도·통신·증기로 가동하는 공장 등 새로운 기술이 등장했으며, 면화 수출이 대폭 증가하면서 전국적으로 "전능한 달러"[62]를 추앙하는 분위기가 불처럼 번졌다. 이런 분위기에 가장 열렬히 가담한 사람은 대담한 젊은 층이었던 도금 세대(Gilded Generation, 마크 트웨인과 찰스 더들리 워너가 쓴 《도금 시대》에서 유래했다 - 옮긴이)였다. 이들은 대학을 포기하고, 금을 캐기 위해 6연발 산탄총을 들고서 서부의 살인 범죄가 빈번하게 일어나는 마을로 갔다. "뿌리내리거나 죽거나"가 이 젊은 층의 새로운 신조였다.

이 불안한 기운을 감당할 수 없었던 두 정당(휘그당과 민주당)은 서서히 붕괴되고 있었다. 노예제 확장의 타당성을 둘러싼 논쟁이 남부 사람들과 노예제도 폐지론자들 사이에서 팽팽하게 맞붙었다. 이들 대다수는 1930년대와 1940년대 초반에 도덕 개혁, 영성주의, 이상적인 공동체, 기타 젊은 층 주도의 개혁운동에 참여했던 중년의 강신론자였다. 한편 새롭게 부상한 어린 세대는 불과 10년 전까지만 하더라도 천방지축인 모습에 혀를 찼던 유럽인들이 깜짝 놀랄 정도로, 엄격한 규율 아래 자라고 있었다.

어디선가 들어본 이야기 같지 않은가?

시계를 1760년대로 되돌려 또 다른 시대를 살펴보자. 프랑스와 인도 전쟁이 영국에 유리하게 결론 나면서 한 세기에 걸친 분쟁이 종식되고, 영국은 식민지 개척 기회를 확보했다. 하지만 영국이 온건한 조세정책으로 전쟁 비용을 회수하고 규제를 통해 새로운 위험 요소를 억제하려 하자, 식민지 주민들의 불만이 여기저기서 터져 나왔다. 유럽에서 온 이민자, 애팔래치아산맥을 넘어온 이주민, 식민지무역분쟁 등이 한꺼번에 급격하게 증가했다. 감옥에 가는 채무자들이 늘어나자 중년층은 벤저민 프랭클린(Benjamin Franklin)이 말한 "백인의 야만성"**63**(White Savagery, 벤저민 프랭클린이 동생 존 프랭클린에게 보낸 편지에서 사용한 용어로, 식민지에 있는 젊은 세대의 무절제하고 이기적이며 사회 규칙을 무시하는 태도를 지칭한 말 – 옮긴이)에 대한 불만을 터트렸다. 나이 지긋한 연설가들(이들 대다수는 1740년, 대각성의 시기에 피 끓는 연설가였다)은 시민의식을 일깨우고 절약을 강조하는 대중운동을 조직했다. 이 시대 어린이들은 부패한 영국 학교 대신 관리감독이 잘되는 식민지의 교회 학교를 다닌 최초의 세대였다. 그러다가 식민지 주민들은 점차 서로를 혐오하며 양분됐다. 하나는 영국 왕실을 옹호하는 진영이었고, 또 다른 하나는 왕실에 반대하는 진영이었다.

이 이야기 또한 익숙하지 않은가?

각각의 세 번째 전환기가 끝날 때마다 미국인들은 자유방임주의적 '개인주의'(1840년대에 처음 대중화된 표현)에 입각해 자아를 추구하는 정신을 기리고 존중했지만, 다른 한편으로는 사회분열, 권위에 대한 불신, 사회통제 능력을 벗어난 경제와 기술의 급속한 변화를 초조해했다.

이 각각의 시대에 미국은 오랜 위협이었던 제국주의 독일, 제국주의 뉴스페인(멕시코 포함), 제국주의 뉴프랑스를 상대로 승리를 거뒀다. 하지만 이러한 승리는 오래된 국가의 방향성을 잃게 만들었다. 더 정확히 말하자면, 시민 공공의 목적을 박탈하는 결과로 이어졌다. 1991년 소비에트연방의 몰락과 마찬가지로, 최근 세 번째 전환기 초반에는 불안한 분위기가 만연했다.

이 시대마다 공격적인 도덕주의가 조국의 미래에 대한 논쟁을 암울하게 만들었다. 문화 전쟁이 격화되고, 정치권에서는 거친 말들이 오가고, 국수주의가 견고해지고, 범죄·이민·약물남용 등에 대한 비판이 거세졌다. 어린이들은 점점 더 과잉보호를 받았다. 기존 정당에 대한 사람들의 관심은 줄고, 제3의 새로운 대안 정당에 관심이 급증했다.

이 각각의 시대마다 미국인들은 개인의 가치를 깊이 존중했지만, 부패한 시민의 생활에는 새로운 적개심을 갖게 됐다. 수십 년 동안 안전하다고 여겼던 제도들이 갑자기 불안하게 생각되기 시작했다. 한때 목숨 걸고 나라를 지키던 이들은 모두 은퇴했거나 세상을 떠났다. 중년이 된 그들의 자녀들은 국가를 이끌기보다는 국가에 훈수 두는 일에 더 관심을 가졌다. 그리고 새로운 젊은 층에게 국가는 더 이상 중요하지 않았다. 모든 레스퍼블리카(res publica, 개인적인 것을 뜻하는 res privata와 반대로, 공적인 제도·법·권위 – 옮긴이)가 해체되는 듯 보였다.

이 세 번째 전환기마다 미국인들은 폭포를 향해 표류하는 감정을 느꼈다. 그리고 결과적으로, 정말로 그랬다.

1760년대에는 미국독립혁명이 일어났고, 1850년대에는 남북 전쟁(시민 전쟁)이, 1920년대에는 대공황과 2차 세계대전이 있었다. 이 모든 해체기 뒤에는 뼈를 깎는 위기의 시기가 뒤따랐고, 그 뒤에 미국 사회는 완전히 새로운 형태로 변화했다.

변화는 번번이 예고 없이 찾아왔다. 1773년 11월, 1860년 10월, 1929년 10월, 미국인들은 변화가 얼마나 임박했는지 알지 못했으며, 심지어 그 변화가 얼마나 혁신적인지도 알지 못했다.

변화 이후 사회는 약 20년 정도 격동의 시기를 거쳤다. 처음에는 사람들도 사기가 꺾이고 멍한 상태였다. 시간이 흐르면서 사람들은 파벌을 만들기 시작했다. 마침내는 대다수의 희생을 요구하는 긴급 상황이 발생했고, 시민들은 자기 자신보다는 공동체를 우선시하는 태도로 응답했다. 리더는 이끌었고, 사람들은 리더를 신뢰했다. 새로운 사회계약이 생기면서 사람들은 이전에는 극복하지 못했던 어려운 도전 과제들을 극복했고, 위기를 이용해 자기 자신과 조국을 더 높은 수준으로 끌어올렸다. 1790년대에 미국은 세계 최초로 거대한 민주공화국을 만들었다. 1860년대 후반, 전멸했다가 재집결한 그들은 국가를 더욱 확장된 자유와 평등을 보장하는 새로운 국가로 만들어나갔다. 1940년대 후반, 그들은 개인적이고 독창적이며 권위에 복종하지 않는, 역사상 가장 프로메테우스 같은 초강대국을 건설했다.

네 번째 전환기는 역사의 위대한 불연속성이다. 한 시대가 막을 내리고 또 다른 시대가 시작되는 시기다. 하지만 네 번째 전환기에 접어든 오늘날의 미국을 바라보며 반드시 명심해야 하는 사실이 있다. 기류 변화의 신속성과 영속성은 오직 회고할 때만 평가할 수 있으며, 절대 예측할 수 없다. 결과론적으로 보면, 지금은 너무도 분명해 보이는 미국의 극적인 서사가 당시에는 전혀 가늠할 수 없이 모호했다.

미국독립혁명이 있던 위기의 시대에 조지 워싱턴(George Washington) 장군은 초반부터 자신의 부대가 패배할 것으로 생각했다. 심지어 꽤 늦은 시기인 1780년대 중반까지만 하더라도 거의 모든 미국의 건국자는 방대하고, 결집하지 않으며, 고집 센 시민들을 제대로 통치하지 못하는 미약한 식민지 연맹의 무능함을 개탄했다.

남북 전쟁이 있던 위기의 시대에는 남북 양측 모두에게 결정타가 될 전투에서 사망자가 급속도로 증가했지만, 뚜렷한 승자는 나오지 않았다. 1864년, 재선거 직전에 링컨 대통령은 (다수의 참모들과 함께) 자신이 선거에서 "크게 패배할 것"이라고 예측[64]했으며, 선거 이후 반대 진영이 자신의 업적을 모조리 해체할 것이라고 여겼다.

대공황과 2차 세계대전이 있던 위기의 시대도 살펴보자. 경제공황 앞에 '대'자가 붙은 이유가 있다. 1940년대 말, 경제침체와 뉴딜정책이 10년 동안 이어지던 그때, 미국인들은 경기침체가 아직 끝나지 않았다고 믿었다. 실업률은 다시 두 자리로 치솟았고, 디플레이션도 여전히 위협적이었으며, 채권 수익은 최저를 기록하고 있었다. 돌이켜보면, 프랭클린 루스벨트(Franklin Roosevelt) 대통령의 정치적 업적은 기념비적이다. 하지만 2차 세계대전이 절정에 달하기 전까지는 아무도 그가 남긴 유산이 어떤 힘을 발휘할지 알지 못했다. 마치 링컨이 죽음을 앞두고서야 업적을 인정받은 것처럼 말이다.

마찬가지로 현재 위기의 시기를 맞은 미국이 무엇을 성취할지, 무엇을 성취하지 못할지는 아직 알 수 없다. 하지만 기본적인 역사의 패턴은 반복된다.

이제, 최근 맞이한 네 번째 전환기의 시작인 2010년대를 살펴보자. 그리고 이를 1930년대 네 번째 전환기가 시작하던 시기와 비교해보자. 유사한 점이 눈에 띌 것이다.

두 시기 모두 대규모 국제경제위기가 암울한 그림자를 드리웠고, 그에 따라 경제가 심각하게 위축됐다. 두 시기 모두 부채로 자금을 조달하며 거품이 부풀었고, 이 거품이 터지면서 재무 상태가 위기에 빠졌다. 두 시기 모두 디플레이션에 대한 공포와 만성적인 불완전고용, 만성적인 자본 부족을 동반했다. 두 시기 모두 기존의 재정정책과 중앙은행의 정책에 대응하지 못했다. 2010년대 경제를 설명하는 데 자주 사용되는 "구조적 장기침체"[65], "부채 디플레이션"[66] 같은 용어는 사실 유명한 경제학자들[앨빈 한센(Alvin Hansen)과 어빙 피셔(Irving Fisher)]이 1930년대에 처음 만든 말이다.

두 시기 모두 불평등 지표가 사상 최고치를 기록하며 시작되면서 사회적 특권, 경제적 특권이 가장 중요한 정치적 의제가 됐다. 두 시기 모두 지도자들은 검증되지 않은 수많은 연방정책을 다양하게 시도했다. 뉴딜 기간 동안 알파벳 이름으로 된 기관과 프로그램들이 일일이 헤아리지 못할 정도로 많이 생겼다(AAA, NRA, WPA, CCC, TVA, PWA). 대침체기와 코로나 팬데믹 시기에도 마찬가지였다(ARRA, TALF, TARF, QE, QT, CARES, PPP, ARP). 1930년대 정책 조치들은 오늘날과 마찬가지로 이해하기 어려웠다. 예를 들어, AAA(Agricultural Adjustment Act, 농업조정법)에 따라 농장주와 농민을 '살리기' 위해 돼지를 죽이고 목화를 갈아엎는다든지, NRA(National Industrial Recovery Act, 국가산업부흥법)에 따라 소비를 '증진'하기 위해 임금을 동결한다든지 하는 정책들 말이다.

두 시기 모두 좌파와 우파 할 것 없이 포퓰리즘이 새로운 동력을 얻어 활개쳤다. 카리스마 넘치지만, 정치에는 문외한인 이들이 하룻밤 사이에 선거구를 확보하는 일도 허다했다. 두 시기 모두 정당들의 정체성이 뚜렷해지고, 유권자는 양극화됐으며, 투표율은 상승했다. 10년 전에는 정당들이 문화 전쟁에서 이기는 데 초점을 두었지만, 1930년대 중반과 2010년대 중반에는 더욱 실질적인 부분 즉, 주요 정치권력을 얻는 데 더 집중했다.

두 시기 모두 결혼을 미루는 사람들이 늘었고, 출산율이 떨어졌으며, 비혼 동거를 택한 성인의 비율이 증가했다. 두 시기 모두 가족의 결속력은 더욱 강해졌고, 옛날 배우인 프랭크 캐프라(Frank Capra)가 등장하는 추억의 영화에나 나올 법한 대가족 주거 형태가 흔해졌다. 두 시기 모두 젊은 층은 폭력 범죄 감소와 온건한 대중문화 선도에 앞장섰으며, 단체 가입이나 집단 활동에 높은 열의를 보였다.

‘공동체’라는 말은 1930년대 20대가 가장 좋아하는 단어였고, 2010년대의 20대도 이 단어를 좋아했다. 두 시기에 사람들이 좋아했던 또 다른 단어로는 ‘안전’과 이와 유사어인 ‘안보’, ‘보호’ 같은 말들이 있다. 뉴딜 프로그램은 이 세 단어를 모두 광고했다. 최근 가장 비용이 많이 들어간 정부 계획에도 이 단어들이 사용됐다. 2010년대 기업들은 고객들에게 ‘안전한 느낌’을 혜택으로 제공하기 시작했다. “조심해(Stay safe)”라는 말은 흔한 인사말이 됐다. 전 세계적으로 경제적 안정을 약속하는 정당은 늘고[67] 경제적 성장을 약속하는 정당은 줄었다[2019년 유럽의회 선거를 앞두고 주요 정당들이 가장 보편적으로 내세운 신조는 “(국민을) 보호하는 유럽”이었다]. 두 시기 모두 오래된 진리가 사실로 드러났다. ‘개인으로서 위험을 덜 감수하기 시작하면 집단으로서 위험을 더 감수하게 된다.’

두 시기 모두 세계적으로 권위 있는 선동이 대세가 됐다. 민족주의를 상징하고 표현하는 말들이 점점 더 많은 군중을 자극해, 진짜 지지자든 가짜 지지자든 지지자로 만들었다(2017년, 30개국의 정부가 온라인 여론을 조작하기 위해 키보드 부대를 동원했다[68]). 지식인들은 종교, 인종, 민족 등의 문제에 불평을 쏟아내는 정치운동을 지지했다. 파시즘 언어와 상징이 유럽에서 인기를 끌었고, 러시아의 한 독재자는 자신을 반파시즘 지도자라고 선언했다. 애국심은 보복과 동일시됐다. 2017년 중국에서 개봉한 영화 〈특수부대 전랑2〉[69]는 "중국을 화나게 하는 자, 누구든 죽는다"[70]는 마케팅 문구를 앞세운 덕분에 중국에서 개봉한 영화 중 가장 높은 수익을 올렸다.

두 시기 모두 경제 글로벌리즘은 빠르게 후퇴했다. 수십 개의 국가에서 국경의 장벽을 새로 세우거나 확장했다. 민주주의 강대국 위주로 국제 정세를 좌지우지했던 대규모 동맹관계는 약화됐다. 오늘날 점점 더 대중의 인기를 얻고 있는 정치 모델인 '독재자'들의 활동 무대가 더욱 넓어졌다. 그들은 무서운 면책권을 등에 업고 교묘하게 움직였다.

무엇보다도 이 두 시기에 미국과 대다수 국가의 사회적 우선순위가 같은 방향으로 바뀌었다. 개인에서 집단으로, 사적인 권리에서 공공의 이익으로, 새로운 이상 추구보다는 기존의 이상을 수호로, 기관 공격에서 기관 창설로, 규모에 맞추기에서 규모 확장으로, 믿음을 통한 구원에서 행동을 통한 구원으로, 양심을 따르는 반대자들에서 수치심을 따르는 군중으로 바뀌었다.

앞으로 무슨 일이 생기는가

역사의 계절로 보면, 지금은 겨울이다. 네 번째 전환기는 길고 고단할 수 있다. 짧지만 폭풍우가 거셀 수도 있다. 칼바람이 쉴 새 없이 몰아칠 수도, 온화한 날씨가 계속 이어질 수도 있다. 자연의 겨울과 마찬가지로, 역사적 주기의 겨울은 조금 일찍 찾아올 수도, 조금 늦게 찾아올 수도 있다. 하지만 자연의 겨울과 마찬가지로 피할 수는 없다. 겨울은 반드시 온다. 이번 겨울이 찾아왔듯이.

2008년, 미국은 네 번째 전환기에 접어들었고, 이후 15년 동안 위기의 시대를 보내고 있다. 각 전환기는 세대의 길이와 비슷한 20~25년 정도인데 이번 전환기는 유독 길어질 가능성이 크다. 따라서 우리는 이 네 번째 전환기가 10년 정도 더 지속할 것으로 예측한다.

그렇다면 이 시기의 남은 기간에 우리는 무엇을 기대할 수 있는가? 그리고 그다음은 어떻게 될 것인가? 이 책에서 우리는 이 질문들의 답을 구하기 위해 노력할 것이다. 그리고 역사적 기록에서 그 증거를 찾을 것이다. 미국 역사에서 이전에 있었던 네 번의 새큘럼과 미국의 선조인 영국 혈통 국가에 있었던 세 번의 새큘럼, 미국 이외에 다른 여러 현대 사회에서 있었던 새큘럼을 살펴볼 예정이다.

우선, 다음 사항을 미리 들여다보자.

네 번째 전환기의 초기 단계에 전형적으로 벌어지는 현상이 있다. 초기에 변화를 촉발하는 사건, 시민들의 신뢰감 하락의 심화, 점점 강해지는 당파성, 열성적인 신념의 부상, 국가의 정책과 우선순위를 재구성하기 위한 다양한 시도 등이 전형적인 현상이며, 이 모든 현상이 이미 일어났다. 네 번째 전환기의 후반에는 더욱 다사다난한 단계들이 남아 있다.

모든 네 번째 전환기마다 어떤 사회적 힘이 이 시기가 끝나기 전에 국가를 거대한 어려움에 빠뜨린다. 그 어려움이 다른 모든 문제를 끌어들일 수도 있고, 대다수 미국인을 동원할 수도 있다. 그 어려움은 단발적이고 긴급한 시험이나 위협일 수도 있다. 다만 우리는 그 어려움이 무엇인지 아직 알지 못한다. 역사적으로, 이 어려움은 항상 미국과 다른 나라와의 전쟁 결과나 미국 내 여러 집단 간의 전쟁 결과 또는 두 가지 모두와 깊은 관련이 있었다.

어쩌면 전쟁은 불가피한 것이 아닐 수도 있다. 하지만 설령 그렇다 하더라도, 전쟁은 국가의 생존을 위협한다. 전쟁은 오늘날 대다수 미국인이 경험하지 못한 국방의 의무와 희생을 요구한다. 오래된 사회질서와 정책의 잔재는 쇠약해진다. 그리고 전쟁이라고 하는 문제가 해소될 즈음 미국은 소득·계층·인종·국가·제국에 대한 새로운 이해를 바탕으로, 새로운 집단 정체성을 갖게 될 것이다. 밀레니얼 세대가 부상하면서 시민 구성원으로서 유대감이 더욱 강화될 것이며, 시민들에게는 제공하는 것이 더 많아지는 동시에 요구하는 것도 더욱 많아질 것이다.

어쨌든 미국은 2030년 중반에 미국독립혁명과 남북 전쟁 그리고 대공황과 2차 세계대전 같은 비상사태에 버금가는 크나큰 역사적 관문을 통과할 것이다.

재앙이 닥칠 가능성은 크다. 반란이나 내전이 일어날 수도 있고, 지역별로 분열할 수도 있으며, 독재 통치에 굴복할 수도 있다. 만약 전쟁이 일어난다면, 그 결과에 많은 것이 달려 있기 때문에 위험과 노력이 최대치가 되는 전쟁 즉, 전면전이 될 가능성이 크다.

모든 네 번째 전환기마다 파괴의 기술은 발달하고, 이를 사용하려는 인류의 의지도 강해졌다. 남북 전쟁 기간에 양측이 서로를 파괴할 기술이나 수단이 있었다면, 분명 그 기술을 사용해 상대를 파괴했을 것이다. 2차 세계대전 기간에 미국은 젊고 유능한 인재들을 등용해 이러한 기술을 발명했고, 발명하자마자 즉각 사용했다. 밀레니얼 위기 기간에 미국은 가공할 만한 파괴 기술을 갖게 될 것이고, 같은 기술을 가진 적들과 충돌할 것이다.

하지만 네 번째 전환기가 끝날 무렵, 미국은 새로운 위대함을 성취할 특별한 기회를 가질 수도 있다. 이 기회로 말미암아 미국은 국가의 장기적인 문제를 해결할 수 있을 뿐 아니라, 국제적인 문제해결에 앞장설 수도 있다. 이 역시 네 번째 전환기의 역사적 흐름이었다.

예를 들어, 미국 남북 전쟁은 미국의 여러 주를 통합하고, 노예제도를 폐지하고, 민주주의에 입각한 민족주의를 전 세계로 확산시켰다. 뉴딜과 2차 세계대전은 미국을 역사상 가장 풍요롭고 공정한 사회로 만들었고, 다른 여러 국가의 발전을 도울 정도로 강해졌으며, 남은 20세기 내내 민주주의를 굳건히 지킬 수 있었다.

약 10년 안에 그러니까 2030년대 중반 무렵에, 미국은 겨울에서 벗어나 봄의 시기에 진입할 수 있을 것이다. 다시 첫 번째 전환기가 시작되는 것이다. 이 봄의 기류에 누군가는 기쁘고, 누군가는 불쾌할 것이다. 개인주의는 약화하고 공동체는 2000년경보다 더욱 강력해질 것이다. 대중의 신뢰는 견고해지고, 기관과 제도의 효율성은 높아지며, 국가에 대한 낙관주의가 팽배해질 것이다. 하지만 문화는 활기를 잃고, 사회적 양심은 약화되며, 사회나 조직에 순응해야 한다는 압박이 더욱 강해질 것이다. 네 번째 시기가 잘 마무리된다면, 미국이 맞이하는 다음 시대는 황금기 내지는 황금기처럼 느껴지는 시대가 될 것이다. 이 봄의 시기에 미국의 가장 큰 관심사는, 겨울 끝 무렵에 허둥지둥 간신히 만든 엉성한 기틀에 새로운 질서를 부여하고 완성하는 일이다.

질서의 완성은 필연적으로 새로운 긴장감을 조성하며, 2050년 즈음에는 또 다른 계절, 여름으로 진입할 것이다. 하지만 아직 겨울도 끝나지 않은 현재 상황에서는 머나먼 이야기다.

대공황의 늪에 깊이 빠져 있던 시기, 루스벨트 대통령은 이런 말을 했다. "인류 역사에는 신비스러운 순환이 있습니다. 어느 세대는 풍요롭고 어느 세대는 큰 책임을 걸머집니다. 오늘날 미국은 운명과 마주하고 있습니다."[71]

인류 역사의 순환은 아직 신비의 영역으로 남아 있다. 하지만 어느 날 우연히 그 영역을 마주하더라도 놀랄 필요는 없다. 왜 그런 순환이 생기는지, 무엇이 그런 순환을 만드는지, 그 순환이 어떤 모습인지, 그리하여 어디로 가고 있는지 등을 전부 무지의 영역에 잠재워둘 필요도 없다. 오히려 그렇게 해서는 안 된다. 오늘을 살아가는 지금의 세대들도 각자의 운명을 마주해야 하기 때문이다.

내일의 기억

"더 멀리 되돌아볼수록, 더 멀리 내다볼 수 있다."[72] 윈스턴 처칠(Winston Churchill)은 말했다. 그는 인류 역사의 사건들이 일직선이 아니라 불가피하게 모퉁이를 돌아서 벌어진다는 사실을 잘 알고 있었다. 앞으로 어떤 일들이 벌어질지 파악하려면, 과거에 일어났던 일들을 다시 살펴보는 것 외에는 방법이 없다.

그런 일들을 인식 가능한 패턴으로 추출해 역사의 순환을 이해하는 것이 이 책을 쓴 주요 목표 중 하나다. 또 다른 목표는 이 방식을 다음 수십 년 후에 적용해, 미국과 다른 세계가 통과하게 될 미래의 시나리오를 살펴보는 일이다. 그 과정에서 우리는 여러 사건을 외부에서만 보지 않을 것이며, 위에서 아래로만도 보지 않을 것이다. 내부에서 외부로 즉, 사건을 직접 경험하는 세대들의 관점에서 볼 것이다. 이 책을 읽는 독자들은 모두 이 세대 중 한 세대에 포함된다. 여러분의 자녀나 부모님 또한 우리가 살펴볼 세대 중 한 세대다.

이 책은 총 3부로 구성돼 있다. 1부에서는 우리가 이야기하는 순환의 관점을 살펴보고, 우리의 방식과 기법을 설명한다. 1부 2장에서는 역사의 계절 순환을 현대 관점에서 설명한다. 즉, 계절은 언제 시작되는지, 누가 가장 먼저 알아차렸는지, 각 계절은 어떻게 작용하는지를 이야기한다. 3장에서는 새큘럼 시간을 통해 역사의 순환 주기를 견인하는 세대와 세대의 특징을 살펴본다. 4장에서는 역사학자와 사회과학자가 발견한 또 다른 여러 '장기 주기'를 살펴본다. 예를 들어, 이들이 알아낸 정치·경제·인구·이주·범죄·문화 등의 주기를 살펴보고, 이 주기가 새큘럼의 계절성과 놀라울 정도로 일치한다는 사실도 설명할 것이다. 5장에서는 복잡한 사회시스템으로서의 새큘럼 즉, 복잡한 시스템 이론의 관점에서 새큘럼을 살펴보고 역사의 우연성, 변칙적인 주기의 등장, 미국 외 다른 나라에서 증가하는 '글로벌 새큘럼'의 증거 등을 깊이 들여다볼 예정이다.

2부에서는 향후 10년 정도에 일어날 가능성이 있는 일들을 예상해본다. 2부 6장에서는 이전에 있었던 네 번째 전환기의 역사와 공통적인 흐름을 살펴본다. 7장에서는 지금 미국에서 진행되고 있는 네 번째 전환기 즉, 밀레니얼 위기 상황을 깊이 들여다보고, 이 전환기가 어떻게 절정의 '에크피로시스'(Ekpyrosis, 그리스어로 우주의 대화재를 의미한다. 이 용어에 대한 자세한 설명은 후반부에 나온다-옮긴이)에 도달할 것인지, 그리고 어떻게 해소할 것인지를 고찰한다. 8장에서는 앞으로 남은 밀레니얼 위기의 기간에 극적으로 변할 수 있는 사회적 분위기와 방향을 논한다. 9장에서는 각기 다른 세대의 관점에서 향후 10년의 변화를 살펴본다. 또한, 2020년대 후반에 각 세대를 기다릴 상황이나 세대의 역할도 생각해본다. 우리의 주된 관심사는 네 번째 전환기가 완성되는 동안 이 시기를 보낼 네 세대, 노년의 베이비붐 세대, 중년의 X 세대, 성인이 돼가는 밀레니얼 세대, 어린 홈랜드 세대다.

3부에서는 더 나아가 겨울 시기를 보내고 맞이할 봄의 시기를 살펴본다. 3부 10장에서는 첫 번째 전환기에 미국이 어떻게 변화할지, 각 세대가 2030년대 후반과 2040년대, 2050년대 초반에 어떻게 대처해야할지 예측해본다. 이 장은 다가오는 여름 시기 앞에서 잠시 멈춰 서서, 지금 보면 다소 엉뚱해 보이고 논란의 여지도 있는 질문을 하나 던지며 마무리한다. '미국과 세계는 다시 새로운 황금기를 맞이할 수 있을까?' 에필로그에서는 역사의 각 계절에서 우리가 얻을 수 있는 기본적인 교훈을 성찰한다.

이제, 이 책의 핵심 논제를 다룰 1부를 시작할 준비가 갖춰졌다. 1부에서는 현대사회의 사회적 변화가 강력한 주기의 역학을 따른다는 내용을 이야기한다. 하지만 본격적으로 1부를 시작하기에 앞서 잠시 한 걸음 뒤로 물러서서 시간과 역사를 바라보는 우리의 뿌리 깊은 선입견 몇 가지를 성찰해볼 필요가 있다.

현대를 살아가는 우리 대부분은 시간이 흐르면서 생기는 사회적 변화가 어느 정도 진보하거나 개선될 것이라고 무심결에 생각한다. 우리는 역사를 다른 관점에서 잘 보지 못한다. 사실 이 부분은 매우 주목할 만하다. 역사를 이해하는 패러다임으로서의 진보는 꽤 최근에 생긴 혁신적인 개념이기 때문이다. 이 혁신이 생기기 전, (우리가 아는 한) 거의 수천 년 동안 인류에게는 사뭇 다른 패러다임인 '순환' 개념이 지배적이었다.

여기서 잠시, 역사를 바라보는 방식에 대한 역사를 살펴보자. 이 과정에서 얻을 수 있는 중요한 교훈은, 역사를 진보적인 것으로 이해해야 한다고 여겼던 그 시점부터 문명사회는 눈에 띄게 순환적 패턴으로 행동하기 시작했다는 사실이다.

이 부분은 꽤 역설적이다. 사회적 '신념'의 관점에서 봤을 때 시간의 수레바퀴라는 말의 기원은 꽤 강력하다. 옛 선조들에게는 매우 강력한 개념이었다가 현대사회에 들어서는 그 개념이 매우 약해지고 있다. 하지만 사회적 '행동'의 관점에서 봤을 때 수레바퀴라는 말은 옛 선조들에게는 매우 약한 개념이었다가 현대사회 들어 점점 더 중요하게 인식되고 있다. 이 역설은 이 장의 마지막 부분에서 다시 이야기하겠다.

현대 시간의 수레바퀴

기독교의 죽음의 천사(Grim Reaper)에서 힌두교의 피에 젖은 칼리(Kali)에 이르기까지 인류는 오래전부터 시간을 어둡게 봤다. 우리는 시간이 필연적으로 소멸과 죽음에 이르게 한다고 생각한다. 시간의 흐름은 우리에게 익숙한 모든 것을 소멸시킨다. 아침에 커피 한잔을 마시며 누리는 소소한 즐거움부터 웅장한 건축물, 종교, 정치에 이르기까지 그 모든 것을 말이다. 고대 그리스 시인인 아이스킬로스(Aeschylos)는 이렇게 말했다. "시간과 시간의 흐름은 모든 것에 공평하다."[73]

수천 년 동안 사람들은 시간과 변화에 관한 두려움을 깊이 성찰했고, 시간을 이해하는 세 가지 방식 즉, 카오스 시간, 순환적 시간, 선형적 시간을 만들었다. 카오스 시간 개념은 소수의 궤변론자나 학자들만 관심을 가졌을 뿐 대중적으로 널리 퍼진 적은 없었다. 두 번째 개념인 순환적 시간은 고대문명에서 지배적인 관점이었으며, 전근대적 사회에서도 여전히 지배적이다. 세 번째 관점인 선형적 시간은 비교적 최근인, 지난 몇 세기 동안 현대 서구 사회 특히 미국에서 대두된 개념이다.

카오스 시간은 역사에 특정 패턴이 없다. 사건들이 무작위로 연달아 발생하며, 소용돌이처럼 이어지는 사건에 질서를 부여하려는 노력은 무의미하다. 이는 어린아이에게 처음 생긴 직관과 비슷해서 통제나 이해의 범주를 벗어난 자연 세계의 변화처럼 보인다. 카오스 시간은 어쩌면 미래에 대한 우리의 안일함에 구멍을 내고 싶어 하는 농담꾼의 생각인지도 모른다. 패턴이 없는 시간은 동양의 철학에서 "앎 너머의 앎"이라고 하는 궁극의 영적 목표가 되기도 한다. 불교는 공간, 시간, 자아의 의미에 대한 집착을 의식적으로 끊어낼 때 열반에 오른다고 가르친다.

카오스 시간의 단점은 시간의 파괴적 맹목성에 대한 우리의 불안을 해결하지 못한다는 점이다. 우리에게 일어나는 대부분 일은 예측할 수 없다. 다만 우리가 알고 싶은 것은 '합리적으로 예측했을 때 시간이 흐르면 세상이 어떤 방식으로 변화할까?'다. 사회는 공동의 미래에 대한 합의 없이는 제 기능을 할 수 없다. 어떤 일이 벌어질지, 어떤 일이 벌어져야 하는지에 대한 어느 정도의 확실성은 있어야 한다. 이런 이유로 카오스 시간을 완전히 수용하는 사회나 종교는 없다. 심지어 불교조차 열반에 이르지 못한 사람은 업보라고 하는 순리를 따라야 한다고 믿는다.

이제 순환적 시간을 살펴보자. 이 개념은 선사 시대부터 알게 모르게 뿌리내렸으며, 거의 모든 전통사회의 무수한 삶의 리듬에 깊숙하게 박혀 있다. 노래하고, 춤추고, 자고, 일어나고, 곡물을 재배하고, 수확하고, 사냥하고, 잔치를 벌이고, 임신하고, 출산하고, 죽는 모든 곳에 이 개념이 존재했다. 고대인들이 이러한 삶의 리듬을 행성의 주기적 사건(자전, 음력, 양력, 12궁의 움직임)과 연결하면서 순환적 시간은 공식적 개념이 됐다.

순환 개념은 반복과 사례를 통해 카오스에 대한 두려움을 극복하게 했다. 즉, 태초의 신이 시간의 첫 순환기에 그랬던 것처럼 농부나 사냥꾼, 부모가 유구히 순환하는 시간 속에서 적절한 때에 적절한 행동을 할 수 있게 만들었다. 결국 거대한 순환은 왕국과 예언의 존속 기간, 영웅과 주술사의 출현, 인간의 노화, 세대, 문명화 등을 구분하는 이정표로 사용됐다. 순환적 시간은 끝이 없지만 동시에 끝없이 완성되고 새로워지며, 현대사회의 절기를 기리는 정성스러운 의식(추석·추수감사절·새해 등 - 옮긴이)을 통해 돌아간다.

카오스 시간과 달리, 순환적 시간은 설명적이고 규범적이다. 순환적 시간은 한 개인이나 세대가 자신의 행동을 이전 시대와 비교하는 척도를 제공했고, 이로 인해 고대사회에 확고한 도덕적 기준이 정립됐다. 순환을 믿는 사람들은 자연의 유구한 순환으로 생기는 신성한 재창조 과정에서 인류학자 뤼시앵 레비브륄(Lucien Lévy-Bruhl)이 말한 "신비에의 참여(participation mystique)"[74]에 동참할 수 있다.

이 개념의 힘은 수많은 고대사회가 되풀이되는 시간을 기리며 만든 거대한 기념물(석상, 피라미드, 단층 피라미드 형태의 건축물인 지구라트, 해시계처럼 사용한 태양석, 거석상)을 통해 전승됐다. 또한, 이 개념은 'time(시간)'이라는 단어 자체의 어원에도 뿌리내렸다. time의 어원을 살펴보면, 빛나는 하늘의 존재(deity신적 존재·divine신성한·day낮·diurnal하루 등과 같은 어원)를 의미하는 인도-유럽 언어의 어원에서 유래했으며, 규칙적인 천체의 주기와도 밀접한 연관이 있다. 'Period(기간)'의 원래 의미는 '행성 주기'인 '궤도(orbit)'다. 'Annual(연간)'이라는 말은 'annus'에서 왔는데, 이 말의 어원은 '순환·주기(circle)'다. 'Hour(시간)'는 '태양 주기'를 의미하는 고대 그리스어인 'horos'에서 왔다. 'Year(년)' 역시 horos가 어원이며 'Month(달)'는 'moon'에서 유래했다.

순환을 떠나서는 시간이라는 개념을 설명조차 할 수 없으며, 측정도 할 수 없다. 21세기 물리학자들은 행성의 규칙적인 궤도나 세슘 원자의 규칙적인 진동 등과 같은 자연의 순환 주기를 참조하는 것 외에는 시간을 정량화하는 다른 수단을 여전히 찾지 못하고 있다.

분명한 점은 주기적 시간이 오늘날 우리의 삶에도 지속적으로 영향을 미친다는 사실이다. 우리는 각종 앱을 통해 (그 어느 때보다도 정확하게) 삶의 리듬을 매일 확인하고 점검한다. 우리는 여전히 달력에 의존하고, 종교적 기념일과 절기를 기념하며, 이따금 부모와 조부모의 삶의 주기를 자신의 삶의 주기와 곰곰이 비교해보기도 한다.

하지만 현대를 살아가는 우리 중 그 누구도 순환적 시간을 고대인들처럼 중요하게 여기지 않는다. 그 이유는 간단하다. 이 신성한 순환은 현대를 살아가는 우리가 가장 소중하게 여기는 특권 즉, 자유와 가능성이 열린 미래, 선조들과는 다르고 더 낫기를 바라는 미래를 박탈할 수도 있기 때문이다. 순환적 시간은 우리가 독창성, 창의력, 진보라고 생각하는 것들에 여지를 거의 주지 않는다.

"전통사회에서 삶의 중요한 모든 행위는 신이나 영웅을 통해 처음 드러났다. 사람들은 이 패러다임 같은 선례를 무한히 반복할 뿐이다. 이러한 경향은 역설적으로 보일 수도 있다. (현대인의 관점에서 보면) 그 시대 사람들은 자기 자신의 진정한 모습을 버리고, 오직 다른 존재의 행동을 모방하고 반복하는 것에 만족했기 때문이다."[75] 종교학자 미르체아 엘리아데(Mircea Eliade)의 말처럼, 청동기 시대의 전사들은 헥토르나 아킬레우스를 모방하는 것보다 더 나은 그 무엇을 열망하지 않았다. 하지만 현대인들은 더 높은 것, 남들과는 다른 것을 열망한다.

그렇다면 대안은 없을까? 세 번째 개념인 선형적 시간을 살펴보자. 이 개념에서 시간은 독창적이고, 방향성이 있으며, (보통) 명확한 시작과 명확한 끝이 있는 발전적인 이야기다.

고대 세계에도 이따금 등장하는 선형적 시간 개념은 세속적인 기원도 있고, 영적인 기원도 있다. 세속적 영역을 예로 들면, 인류에게 진보적 문명을 선사한 불의 신 프로메테우스를 향한 아테네인들의 경외감이나 하나의 세계 도시를 꿈꾼 로마제국을 생각해볼 수 있다. 더욱 결정적인 것은 서구 사회에 유일신 종교가 생기고 확산하면서 운명의 수레바퀴에 묶인 삶 그 이상의 삶을 살 수 있다는 희망이 싹텄다. 페르시아교, 유대교, 기독교, 이슬람 우주론 모두 개인의 시간과 역사적 시간이 한 방향으로 진행되는 드라마라고 하는 새로운 개념을 신속하게 받아들였다. 시간은 은총에서 타락하면서 시작된다. 잇따른 시련과 실패로 힘겹게 나아가다가 신이 개입하고, 구원과 신의 왕국에 재진입하면서 끝이 난다.

선형주의가 뿌리내리기까지는 수백 년이 걸렸지만, 뿌리내린 이후에는 세상을 바꿨다. 중세 유럽에서 초기 기독교 신학자들이 제시한 단방향 시간은 상대적으로 난해한 개념이어서 엘리트 성직자들만 이해가 가능했다. 하지만 16세기에 접어들어 종교개혁이 일어나고 복음이 인쇄물로 널리 퍼지면서 선형 이론은 급격히 발달했고, 대중도 참여하기 시작했다. 처음에는 유럽의 평범한 사람들이 예수의 두 번째이자 마지막 재림의 징표를 추측하기 시작했고, 그 재림이 언제, 어떻게 일어날지를 추측하며 그 추측에 따라 제각기 새로운 종파를 만들기 시작했다. 두 세기 후 계몽주의는 기독교의 선형 개념을 받아들여 이를 세속적 믿음, 즉 역사학자 칼 베커(Carl Becker)가 "18세기 철학자들의 천국"[76]이라고 말했던 과학·경제·정치의 무한한 발전에 대한 믿음을 뒷받침하는 데 사용했다.

19세기 후반, 산업혁명이 기세 좋게 진행되면서 역사를 진보적이라고 인식하는 서양의 도그마도 정점에 달했다. 종교적 신조, 실증주의 도그마, 진화론에 입각한 과학 등 그 무엇 하나 이를 의심하지 않았다. 1902년 판《케임브리지 현대사(Cambridge Modern History)》에는 이런 설명이 실렸다. "역사를 기록하는 관점에서 인간 사회의 진보를 과학적 가설로 받아들일 수밖에 없다. 이 진보는 필연적으로 어떤 목표를 향해 진행돼야 한다."[77] 액턴 경(Lord Acton)은 훗날 빅토리아 시대의 지배적인 관점에 관해 이렇게 말했다. "섭리가 곧 진보다. 진보를 믿지 않는 것은 신의 통치를 의심하는 행위다."[78][79]

영국 최초의 신세계 정착지는 급진적 칼뱅주의와 급진적 계몽주의의 전초지가 됐다. 당연히 미국은 진보적인 선형주의의 가장 극단적인 표현 방식을 구현하려고 했다. 최초의 유럽 탐험가들은 이 신대륙, 새로운 아틀란티스, 엘도라도 또는 유토피아가 인류를 새롭게 변화시키고 역사의 종지부를 찍을 진정한 기회라고 생각했다. 끊임없이 신대륙으로 밀려들어온 이민자들 역시 자신들을 '새로운 예루살렘'의 건설자, 혁신적인 '이성의 시대'의 창시자, '신이 선택한 땅'의 수호자, '명징한 운명'에 헌신하는 개척자로 여겼다. 자연스럽게 미국에 예외주의 도그마가 생겨났다. 즉, 이 나라와 국민은 어떻게든 퇴보의 위험에서 벗어났다는 믿음이 생긴 것이다.

이 과정에서 선형 시간 개념은 순환 시간 개념을 억누르는 성과를 이뤄냈다. 오래전 순환 시간은 카오스 시간을 정복했다. 하지만 최근 몇 세기 동안, 정복자였던 순환 시간은 역으로 쇠사슬과 족쇄에 묶였다. 억압은 초기 기독교인들이 시작했다. 그들은 절기를 따르는 이교도를 뿌리 뽑고, 전통적 순환 시간 개념을 비난하고, 비선형적인 모든 것, 즉 연금술이나 점성술 같은 신비주의 분야의 모든 학문을 탄압했다. 성 아우구스티누스(Saint Augustine)는 오직 "악인만이 사방으로 쏘다닌다"[80]고 경고했다(시편 12:8절에 '악인이 사방으로 쏘다니고the wicked walk in every side'에서 비롯된 표현 - 옮긴이). 근대에 접어들면서 공격은 더욱 거세졌다. 종교개혁은 이교도의 명절을 다시 공격하기 시작했을 뿐 아니라(봄의 축제인 5월제 기둥을 부러뜨리는 등) 시계, 달력, 일기장 등 사람들이 시간을 선형적 목적을 위한 이성적 수단으로 사용하게 하는 도구들을 널리 퍼트렸다. 사람들은 이 도구를 통해 발견하고, 부유해지고, 신성해지고, 권력을 가졌다.

그 과정에서 서구 사회는 자연 순환의 모든 물리적 징표를 완전히 제거하기 위해 기술을 활용하기 시작했다. 그들은 인공조명으로 수면 주기를, 냉난방 시스템으로 계절 주기를, 냉장고로 농업 주기를, 첨단 의학으로 휴식과 회복 주기를 바꿀 수 있다고 믿었다. 승승장구한 선형주의는 서양 문화, 특히 미국 문화 스타일을 만들었다. 순환적 시간이 지배하던 이전 시대 사람들은 인내심, 의식, 부분과 전체의 연관성, 자연을 관통하는 시간이 지닌 치유의 힘을 소중하게 여겼다. 오늘날 우리는 빠름, 성상파괴주의(iconoclasm), 전체를 부분으로 해체하는 것, 자연을 넘어서는 시간 분석 능력 등을 중요하게 여긴다.

순환적 시간을 믿는 이들은 계절 변화에 따라 네 가지 패턴의 변화를 해석하는 경향이 있다. 반면 선형적 시간을 믿는 이들은 진보, 반대, 승리의 세 가지 패턴으로 해석하는 것을 선호한다. 사분법은 우리가 받아들여야 하는 것을 받아들이게 했다. 삼분법은 앞으로 일어날 일을 대비하게 했다. 오늘날 서양의 상상력은 여전히 삼분법에 따른 진보가 지배적이다. 5세기 전, 종교개혁을 전파하던 이들은 '무죄·사악함·구원'을 이용해 임박한 '종말', 말 그대로 모든 비밀이 드러나는 시간의 끝을 예언했다. 21세기 전문가들도 그때와 똑같이 "역사의 종말"[81], "호모데우스"[82](Homo Deus, 신이 된 인간 – 옮긴이), 초인류적 "특이점"[83](인공지능이 비약적으로 발전해 인간의 지능을 뛰어넘는 시점 – 옮긴이)을 이야기한다.

이제 순환적 시간을 초월하기 위한 이 모든 노력의 성과를 평가해보자. 놀랍게도, 동원된 모든 지성과 자원을 고려할 때 '우리는 이 모든 것을 실패로 평가해야 할 것이다.' 현대사회는 발전한 기술과 그 어느 때보다도 합리적 형태를 갖춘 사회조직으로, 한때 우리를 괴롭혔던 오래된 자연 순환과 사회 순환을 무마시키겠다고 약속했다. 하지만 기껏해야 없앤 주기를 새로운 주기로 대체하는 데 지나지 않았다. 예를 들어, 강을 정비하거나 산업을 발전시킨다고 해서 홍수나 전쟁 같은 자연 순환 주기가 사라지지 않았다. 단지 원래의 주기를 덜 빈번하게 그리고 더 파괴적으로 만들었을 뿐이다.

대체로 진보는 완전히 새로운 주기를 다양하게 계속 만들어낸다. 비즈니스 주기, 금융 주기, 건축 주기, 선거 주기, 패션 주기, 여론 주기, 예산 주기, 범죄 주기, 권력 주기, 교통 주기 등을 생각해보라.

선조들은 이런 것들을 전혀 몰랐다. 단순히 달력을 확인하고 자연 상황을 관찰한 후 행동 방식을 바꾸는 방향으로 결정이 나면, 조상 대대로 내려온 점진적인 방식으로 바꿔나갔다. 낮이 길어지면 아침에 좀 더 일찍 일어나고, 기후가 변하면 이동하는 삶에 익숙했다.

선형적 시간을 믿는 현대인들은 자연에 적응하는 습관을 버렸다. 그것도 아주 열심히. 자연 세계에 계속 재적응할 필요가 없다는 점이 현대사회의 매력이긴 하다. 현대인은 환경과 조화를 이루는 능력을 무력화함으로써 완전히 새로운 주기를 만들거나 기존에 존재하던 주기를 강화한다. 우리는 완벽하게 돌아가는 차를 만들고, 공장을 짓고, 도시나 주를 건설한다. 이것이 제 기능을 전혀 하지 못할 때까지.

현대에서 가장 중요한 주기는 대중의 분위기에 따라 변하는 주기다. 안타깝게도 이 주기는 기간이 길어서 이를 인지하는 데 오랜 시간이 걸린다. 사람들은 뉴스 주기나 주택시장 주기 같은 단기 변동을 훨씬 더 빠르게 파악한다. 이러한 단기 변동은 마치 해변에 와 부서지는 파도 같다. 모르려야 모를 수가 없다. 반면, 장기적인 변화인 대중의 분위기 변화를 인지하려면 인내심이 필요하다. 이러한 장기 변동은 밀물과 썰물 같다. 밀물과 썰물은 서서히 밀려왔다 밀려가면서 육지의 모양을 바꾸지만, 넘실거리는 파도에 가려 잘 보이지 않는다.

그렇다면 대중의 분위기가 변화하는 것은 왜 중요할까? 현대사회는 원칙적으로 민주주의 사회기 때문이다(적어도 고대사회보다는 훨씬 더 민주적인 사회다). 현대사회에서 한 국가가 발전하려면, 정치는 자신들의 삶이 발전하고 있다고 생각하는 시민들의 자발적인 참여를 이용할 수밖에 없다. 프랑스의 정치학자이자 역사가인 알렉시 드 토크빌(Alexis de Tocqueville)이 1830년대에 미국을 여행한 후 처음 이야기한 대로, 민주공화국에서 대중의 합의는 절대군주들이 꿈도 꾸지 못할 만큼 강력한 힘을 발휘한다.

그렇다면 이러한 변화는 왜 주기적으로 생기는가? 가장 근본적으로 보면 상대적으로 변하지 않는 인간의 생애 주기에 직접적인 영향을 받기 때문이다. 이 메커니즘을 이해하려면 현대사회에서 벌어지는 일을 생각해봐야 한다. 이제 막 사회 구성원이 된 이들은 집단의 우선순위, 즉 중요하지만 간과됐던 우선순위의 영향을 받는다. 그 우선순위는 평화 기원일 수도 있고 전쟁일 수도 있으며 정의나 부, 신성함일 수도 있다. 예측 가능한 기간인 10년이나 20년 내지 30년 정도가 지나면 이들이 사회의 지도자나 부모 역할을 하게 된다. 이런 역할을 하게 된 이들은 새로운 우선순위, 즉 새로운 선형 궤도에 맞춰 사회 방향을 변화시킬 권한이 자신들에게 있다고 생각할 것이다. 아니면 최소한 그렇게 변화시켜야 한다고 생각할 것이다. 다른 집단이 이 궤도를 대체하거나 수정하거나 아예 뒤집기 전까지는 이 궤도가 우세할 것이다.

이 역학 관계, 즉 새로 부상하는 사회 구성원이 처음에는 역사의 영향을 받아 형성됐다가, 이후 이들이 역사를 형성하는 이 관계는 다소 유동적이다. 젊은 구성원이 많아질수록 나이 든 구성원은 사회에서 벗어나게 된다. 어느 시기에는 두 집단이 사회 통치 업무를 같이할 때도 있다. 다소 복잡할 수도 있다. 하지만 이러한 역학 구조가 행동과 반응, 혁신과 보완이라고 하는 장기적이고 정기적인 주기를 만드는 과정은 전혀 복잡하지 않다.

앞에서도 이 장기적인 주기를 언급한 바 있다. 이 책에서는 이 장기적 주기를 새큘럼이라고 부른다. 한 새큘럼은 대략 80~100년으로 인간의 수명과 비슷하며, 네 가지 기본적인 분위기나 계절로 나뉜다. 사회의 역동성을 추진하는 새로운 사회집단은 세대고, 세대 주기는 약 18~25년이다.

역사의 장기적 주기에는 다소 역설적인 면이 있다. 장기 주기라는 용어와 관점은 굉장히 오래됐는데, 주기에 따른 사회 구성원들의 행동과 그 결과는 대단히 현대적이다.

이 책에서도 살펴보겠지만, 새큘럼이라는 용어의 기원은 2,000년 전으로 거슬러 올라간다. 심지어 세대(Generation)라는 용어와 개념은 더 오래전인 문명 초창기부터 사용됐다. 고대인들은 대부분 장기적으로 발생하는 주기 개념에 익숙했다. 마야문명의 박툰(baktun, 14만 4,000일)이나 픽툰(pictun, 288만 일), 힌두의 유가(yuga, 43만 2,000년), 바빌로니아와 그리스, 로마의 안누스 마그누스(annus magnus 위대한 해, 532년) 등은 모두 장기 주기다. 이 장대한 달력은 대체로 하나의 주기로 간주됐으며(얀트라 yantra, 차크라chakra, 만달라mandala), 더러는 두 주기(음과 양)로 구분되기도 했다. 하지만 가장 자주 사용된 주기는 사계절(또는 계절의 요소나 특성)에 맞춘 네 개의 주기다. 이 주기는 한두 번의 휴식기(solstice, 천문학에서 하지점과 동지점을 통틀어 이르는 말로 '지점'이라 해석되기도 한다 – 옮긴이)를 가지는데, 이 순환의 불연속 시점이 되면 사제나 신들이 주기를 다시 시작한다.

하지만 선조들이 이러한 대주기에 익숙했다 할지라도 이 대주기가 삶의 다른 주기들과 매우 유사하게 보였기 때문에 이에 대한 뚜렷한 증거를 목격할 가능성은 거의 없었다. 전통의 제약도 매우 강했다. 설령 새로운 열망을 품은 새로운 세대가 등장했다 해도(가령, 전쟁에서 큰 승리를 거두거나 큰 재앙을 겪은 후) 기성세대는 새로운 세대의 열망을 억압하곤 했다. 일식이나 왕의 죽음처럼 부자연스러운 사건이 일어나면, 사회는 팽창한 주기를 원래 자연의 주기 흐름으로 되돌리기 위해 정화 의식을 거행하곤 했다. 이 의식을 치르고 나면 시간이 다시 예전처럼 돌아간다고 믿었다.

현대사회에서는 정반대 상황이 벌어진다. 대다수는 역사의 장기 주기라는 개념을 낯설게 받아들인다. 우리가 사는 세상이 이해할 수도 통제할 수도 없는, 우리 스스로 만든 주기들로 가득 차 있다 할지라도 대다수는 역사의 주기에 지극히 회의적이다. 가장 중요한 점은 고대 선조들과 달리 현대인은 자녀와 손주 세대에게 물려줄 사회가 지금 자신들의 사회와 매우 다를 것이라는 생각에 극심한 스트레스를 받는다는 사실이다. 그리고 우리는 이유도 방법도 알지 못한다.

역사의 순환을 좀처럼 믿지 않는 미국은, 현재 역사상 가장 불길한 주기의 늪에 빠졌다. 대다수 미국인은 국가가 자신들이 원하는 대로만 움직인다고 믿고 싶어 할 수도 있다. 원하는 대로 되지 않으면, 근소한 투표 차, 거의 이길 뻔한 싸움, 불가능한 발명, 암살자가 쏜 운명의 총알처럼 단순한 우연으로 역사가 급격하게 다른 방향으로 바뀌었다고 상상한다.

의도와 우연에 대한 이 집착에서 벗어나려면 현대인들은, 특히 미국인은 더 근원적이고 단순한 힘이 작용할 가능성을 탐구해야 한다. 이러한 탐구야말로 과학의 심장이자 영혼이다.

이러한 정신을 지녔던 역사가 아서 M. 슐레진저 주니어(Arthur M. Schlesinger Jr., 그의 아버지와 더불어 뛰어난 역사가였다)는 미국의 정치 분위기가 세대교체에 따른 주기로 인해 달라진다고 말했다. 그는 주기 이론이 주기 그 자체가 설명하려는 현상과 인과적으로 독립적인 경우에만 의미가 있다고 명확히 밝힌다.

— 진정한 주기는 … 스스로 생겨난다.[84] 단기적인 재앙이나 외부 사건이
  주기를 결정할 수는 없다. 전쟁, 경제공황, 인플레이션 등이 사회 분위
  기를 고조시키거나 혼란스럽게 만든다 해도 주기 그 자체는 독립적이
  고, 자립적이며, 자율적으로 계속 진행된다. 이러한 자립성의 뿌리가
  인간의 자연스러운 삶 속에 깊이 박혀 있다. 조수, 계절, 낮과 밤, 심장
  의 수축과 이완 등 유기적 자연에는 순환 패턴이 있다.

이로써 슐레진저 주니어는 정치와 전쟁의 주기를 그가 말한 "인간의 자
연스러운 삶"으로 봤던 역사가, 철학자, 작가, 시인 등의 유구한 전통의
반열에 합류하게 됐다.

　이 역사가, 철학자, 작가, 시인 등은 이후 몇몇 장에서 다룰 예정이다.
이와 더불어 주기적 관점을 살펴보고, 우리의 방법과 용어를 설명하려
한다.

역사의 계절은
순환한다

THE
FOURTH
TURNING
IS HERE

2

시간의 계절

×

평화는 풍요를 만들고, 풍요는 교만을 만든다.
교만은 다툼을 낳고, 다툼은 전쟁을 일으킨다.
전쟁은 약탈을 야기하고, 약탈은 가난을 불러온다.
가난은 인내심을 낳고, 인내심은 평화를 불러온다.
그리하여 평화는 전쟁을 낳고, 전쟁은 평화를 낳는다.

장 드 묑(Jean de Meun, 13세기 사상가)

로마 시대 이전, 이탈리아는 가장 신비로운 고대문명 중 하나인 에트루리아(Etruria)문명의 본거지였다. 에트루리아문명의 기원은 정확히 알려지지 않았다. 다만 에트루리아인들이 이탈리아인과는 관련이 없다는 사실로 미루어볼 때 오늘날 튀르키예의 리디아에서 이주해온 이들로 추정된다. 에트루리아 언어는 그리스 알파벳으로 구성되기는 했지만 번역할 수 없는 언어들이 대부분이어서 문학작품 역시 거의 소멸했다. 현대 역사학자들은 에트루리아문명을 이해하기 위해 고대 연대기를 해석하고 무덤 유물을 면밀하게 조사하고 있다. 이렇게 얻은 단서로 미루어볼 때 에트루리아인들은 시간을 거스를 수 없는 운명으로 여겼다. 전설에 따르면, 어느 늙은 예언자가 그들의 문명이 10번의 생애 동안 지속될 것이고, 10번의 생애가 끝나는 시점에 에트루리아문명의 종말(finem fore nominis Etrusci)이 올 것이라고 예언했다.

이 예언이 나온 무렵으로 추정되는 기원전 9세기경, 에트루리아인들은 예언에서 말한 시점을 측정하기 위한 의식을 만들었다. 에트루리아에서 이 의식을 무엇이라고 불렀는지는 알 수 없지만, 로마인들이 이 의식을 수행할 시기에는 새큘럼이라 불렀다. 새큘럼에는 두 가지 의미가 있다. "인간의 긴 생애" 그리고 "자연의 한 세기"라는 뜻이다. 각 의미에 따르면, 새큘럼은 약 100년 정도다. 이 단어의 어원은 아마 라틴어 senectus(노인), serere(식물 등을 심다), sequor(추종하다)와 관련이 있거나 아니면 지금은 사라진 에트루리아어에서 온 것일 수도 있다. 우리가 새큘럼에 관해 알고 있는 내용 대부분은 바로(Varro, 왕성하게 활동한 학자이자 아우구스투스의 사서)와 기원후 3세기경 로마의 역사학자였던 센소리누스(Censorinus)를 통해 얻은 것이다. 이 무렵 에트루리아는 세력이 약해지고 있던 로마인들에게 아득한 기억으로만 남았다.

센소리누스는 저서 《생일 책(De Die Natale)》에서 "자연의 새큘럼"을 "태어나서 죽을 때까지 가장 긴 인간의 수명 길이"[1]로 정의했으며, 에트루리아인들이 이것을 어떻게 측정했는지 설명했다. 에트루리아인들은 새로운 도시가 세워진 해에 태어난 모든 사람을 파악했다. 이들 중 가장 오래 산 사람이 사망하면 첫 번째 새큘럼이 끝난 것으로 간주했다. 그러고 나서 첫 번째 새큘럼이 끝난 해에 태어난 모든 이를 조사해 그중 가장 오래 산 사람이 죽으면 두 번째 새큘럼이 끝난 것으로 간주했다. 이렇게 계속 새큘럼을 측정했다.

센소리누스는 에트루리아에서 여섯 번째까지 측정한 새큘러(평균 약 107년)를 수치화해 설명하면서도 이를 측정하는 데는 현실적인 어려움이 있었을 것이라고 말했다. 가장 오래 산 사람의 수명은 누가 측정했을까? 여성이나 노예도 측정 대상에 포함됐을까? 에트루리아의 여러 도시는 이러한 공통의 측정 방식에 어떻게 합의했을까? 센소리누스는 에트루리아 사제들이 특정 징후, 가령 번개나 혜성 같은 현상을 관찰해 날짜를 확인했을 것이라고 설명했다. 현재로서는 에트루리아 사람들이 인간의 자연 수명을 역사와 운명의 중심 단위로 여겼다는 사실 외에는 알려진 바가 거의 없다. 센소리누스는 새큘럼을 고대인들이 "안누스 마그누스"로 불렀던 개념과 동일시하기도 한다.

우연의 일치인지는 몰라도 결과만 놓고 본다면 에트루리아의 '10번의 새큘럼' 예언은 놀라울 정도로 정확한 것으로 판명됐다. 마지막 남은 에트루리아문명은 아우구스투스가 통치할 무렵 로마가 진격하면서 묻혀버렸는데, 이 시점은 에트루리아 0년에서 약 1,000년이 지난 후였다.

로마인에게는 자신들만의 신화에 입각한 예언이 있었다. 로물루스(Romulus)가 로마를 건국할 때 12마리의 독수리 떼를 봤는데, 그는 이것을 로마가 12단위의 시기 동안 지속할 징조라고 여겼다. 이런 이유로 (이 부분에서 에트루리아의 영향을 받은) 초기 로마인들은 12마리의 독수리가 12개의 새큘러를 의미한다고 여겼다. 이는 늙은 예언자가 로마의 왕이자 에트루리아 사람이었던 타르퀴니우스(Tarquin the Proud)에게 선물한 예언서 전집에서도 확인됐다. 이후 예언자의 예언서는 주피터 신전에 엄격하게 보관돼, 나라가 위기에 처하거나 불안한 상황일 때만 참고하도록 했다.

도시가 흥망성쇠를 거듭하면서 로마인들은 새큘럼을 운명의 주기를 측정하는 단위로 더욱 강하게 믿게 됐다. 전설에 나타나는 로마의 건국 시점에서 얼마 지나지 않은 기원전 753년, 로마는 '새큘러 게임'이라는 전통을 만들었다. 사흘 밤낮으로 펼쳐지는 이 행사는 현대 올림픽과 미국독립기념일 100주년 행사를 결합한 성대한 행사였다. 백년제인 '루디 새큘러레스(ludi saeculares)'는 100년마다 한 번씩 열렸기 때문에 대부분 로마 시민이 생의 어느 시점에 한 번쯤 볼 수 있었다. 기원전 2세기경, 최초의 로마 역사학자들은 역사 기록에 전쟁이나 새로운 법 제정 등을 설명할 때 새큘럼(또는 새큘러 게임)을 적용해 기록했다.

기원전 27세기, 아우구스투스가 제국을 세웠을 때 수십 년간 폭력과 내전이 빈번하던 공화정 말기에 대중은 더 나은 미래를 갈망했고 그 염원이 베르길리우스(Vergilius)의 시에 그대로 담겼다. 베르길리우스는 로마가 "젊음을 되찾고", 새로운 새큘럼 아우레움(saeculum aureum), 즉 새로운 황금기[2]를 맞을 수 있다는 시를 썼다. 아우구스투스 이후 황제들은 자신들의 등극이 퇴폐와 파멸로 쇠락해가는 거대한 제국을 되살리는 새벽 같은 시대 즉, 새로운 새큘럼을 선포하는 기점이 될 것이라고 주장하기도 했다. 로마제국 초기에 작가들은 자신들의 시대가 로마의 여덟 번째 새큘럼이라고 공공연히 언급했다. 수차례 내전을 거치고 100년 후, 로마의 시인 루카누스(Lucanus)와 유베날리스(Juvenalis)는 자신들이 아홉 번째 새큘럼에 살고 있다고 생각했다.[3]

그렇다면 로마인들은 왜 그토록 새큘럼에 매료됐던 것일까? 새큘럼은 단순히 100년을 주기적으로 가늠하는 특이한 방식이 아니었다. 센소리누스는 새큘럼이 단순한 시간 단위라는 가능성을 제기했다가 스스로 그 가능성을 일축했는데, 이는 로마인이 "시민의" 새큘럼(정확히 100년 단위의 시간)과 "자연의" 새큘럼[4](삶과 역사가 담긴)을 구분한다는 점에 주목했기 때문이다. 오히려 로마인들이 자신들의 삶을 관통하는 80~110년의 강력한 주기에 큰 영향을 받았다는 가설이 더욱 설득력 있는 설명이다. 공화정 시대에 이 주기는 로마가 가장 큰 위험에 처했을 때와 이후 새롭게 부흥했던 시기와 정확히 맞아떨어졌다. 로마가 심각하게 열세에 몰릴 뻔했던 웨이이와의 전쟁과 갈리아족과의 전쟁, 비참한 패배로 로마를 비탄에 빠지게 한 삼니움 전쟁(세 차례에 걸쳐 벌어진 삼니움과의 전쟁에서 로마는 결과적으로 승리했으나, 여기서 말하는 패배는 기원전 298에서 기원전 290년에 있었던 3차 삼니움 전쟁에서 로마 집정관이 삼니움 장군 에그니투스를 쫓다가 반(反)로마 연합 세력의 공격을 받아 전군 몰살당한 사건을 이야기한다 - 옮긴이), 게르만족, 킴브리족, 튜턴족의 침략에 맞선 필사적인 항전 등의 시기는 모두 새큘럼 주기와 일치했다. 로마는 멸망 직전까지 갔던 이 경험을 쉽게 잊지 않았다. 두 차례 전쟁에서 공화정을 이끌었던 집정관 마르쿠스 푸리우스 카밀루스(Marcus Furius Camillus, 웨이이 전쟁과 갈리아족과의 전쟁)와 가이우스 마르쿠스(Gaius Marcus, 게르만족과의 전쟁)는 각각 로마의 두 번째와 세 번째 건국자로 기록됐다.

로마제국 시기에도 내전이나 침략 전쟁 이후 주기적인 쇄신 기간, 즉 아우구스투스의 로마 건립, 1세기 후반 트라야누스(Trajanus) 통치하에 제국 회복 시기, 2세기 후반 세베루스(Severus) 통치하에 제국 회복 시기, 3세기 후반 디오클레티아누스(Diocletianus)와 콘스탄티누스(Constantinus) 통치하에 제국 회복 시기 등에는 새큘럼 주기가 새로 시작됐다. 기독교식 세례를 받은 최초의 로마 황제 콘스탄티누스는 임종 직전인 300년대 초에 새큘러 게임 행사를 거부했다. 이후 이 게임은 다시는 재개되지 않았다.[5]

로마인들은 고대인으로서는 흔치 않게 제국의 운명에 대한 역동적이고 야심 찬 비전을 포용했다. 그리고 그 비전을 추구하기 위해 끊임없이 혁신하고, 새로운 민족들과 어울리고, 다른 문화를 자유롭게 수용했다. 어쩌면 그래서 현대 역사 순환 과정의 맨 처음에 자리매김하게 됐는지도 모른다.

마침내 영원한 제국도 회복될 수 없는 위기를 맞닥뜨릴 운명에 처했다. 인류 역사상 가장 기괴한 우연의 일치로 꼽히는 로물루스의 독수리 점괘는 에트루리아 예언보다 더욱 정확하게 맞아떨어졌다. 로마 도시는 410년에 고트족에게 약탈을 당했는데, 이때는 로마의 전설적인 건국 1,200주년에서 정확히 38년 모자란 해로, 로물루스가 예언한 12마리의 독수리에 97년을 곱한 값이다. 몇 년 후, 항구도시 히포레기우스(Hippo Regius)의 주교 아우구스티누스(Augustinus)는 순환적 주기의 헛됨을 따르는 '인간의 도시'를 공격하며, '신의 도시'를 만들었다. 이것이야말로 실로 헛된 일이었다. 로마 서쪽의 마지막 황제는 476년 퇴위했는데, 이는 로마 건국 1,200년에서 28년 후였다.

에트루리아와 로마제국은 역사의 뒤안길로 사라졌지만, 새큘럼은 사라지지 않았다.

새큘럼의 재발견

로마가 몰락한 후 새큘럼이라는 개념은 서구 사회에서 대략 1,000년 정도 잠자고 있었다. 기독교 교리에 선형적 시간의 개념은 암묵적으로 남아 있었지만, 중세 성직자와 귀족들은 세상의 진보에 대해 그다지 관심이 없는 듯했다. 아우구스티누스의 기록물에서 새큘럼이라는 단어는 시간의 특정 길이로서의 의미를 잃어버린 채, 막연히 성서의 시간을 가리키는 표현으로 사용됐다. 예를 들어, "새큘러 새큘럼(saecula saeculorum)"은 "영원한 시대"를 의미하게 됐다.

그러다가 르네상스 시대에 이 모든 것이 바뀌었다. 유럽의 엘리트들이 스스로를 합리적이고 자기 주도적으로 미래를 설계하는 존재로 생각하기 시작한 것이다. 고전문학이 재발견되면서 인본주의자들은 그리스·로마 시대 시민들의 드높았던 열망을 다시 보게 됐다. 종교개혁이 일어나면서 일반인들은 그리스도의 재림이 임박했음을 알리는 사건들이 앞다퉈 일어나고 있다고 느꼈다. 천년의 사건이 닥치기 전 그들은 투쟁으로 개혁을 성취해야 했고, 일해서 재산을 모아야 했으며, 순교적인 자세로 이상을 추구해야 했고, 은총의 표징을 향해 기도해야 했다. 시간이 흐를수록 역사는 더욱 긴박해졌다.

크리스토퍼 콜럼버스(Christopher Columbus)가 항해를 하고, 레오나르도 다빈치(Leonardo da Vinci)가 그림을 그리고, 페르디난트(Ferdinand)와 이사벨(Isabel)이 국가를 건설하던 현대사회의 문턱에서 새큘럼이 서구 사회에 다시 진입했다. 이 단어는 로맨스에서 사용되는 언어로 퇴색해 여러 파생어를 낳으며 오늘날에도 사용되고 있다. 이탈리아어 secolo, 스페인어 siglo, 프랑스어 siècle 모두 새큘럼의 파생어다. 인본주의자들은 100명의 병사를 지휘하는 로마의 장군 계급을 의미하는 '센츄리오(centurio)'라는 단어에서 '센츄리아(centuria)'라는 단어를 만들어냈다. 원래는 100년을 의미하다가 머지않아 인간의 생애 주기라는 의미도 갖게 됐다.

1500년대는 최초로 100년이 1세기라고 선포하고, 세기 앞에 숫자를 붙여 세기 단위를 세기 시작한 시기다. 1517년, 데시데리위스 에라스뮈스(Desiderius Erasmus)는 "불멸의 신이시여, 우리 앞에 1세기가 열렸습니다!"[6]라고 외쳤다. 1580년대 그레고리력 개정에 따라 개신교 역사가들은 서양의 역사를 세기 단위로 분류하기 시작했다. 17세기에는 수필가와 작가들이 "스페인의 황금 세기"나 "루이 14세의 위대한 세기"처럼 세기라는 표현을 자연스럽게 사용하기 시작했다. 17세기 말에는 또 다른 세기의 탄생을 기리는 시적인 행사가 귀족들 사이에서 열렸으며, 영국 시인 존 드라이든(John Dryden)의 〈새큘러 마스크(Secular Masque)〉(세기의 가면, 1700년) 같은 시도 등장했다(옛 시대는 가고 새로운 시간이 시작되었네).[7] 프랑스대혁명 직전에는 또 한 세기가 저문다는 생각에 광적인 낙천주의와 암울한 비관주의가 생겨나기도 했다. 영국의 정치철학자 윌리엄 고드윈(William Godwin)의 말을 빌리자면, 이 시기는 쇠약해진 구제도(ancien régime, 앙시앵레짐)가 (고드윈의 바람대로) 인간의 불멸성을 성취[8]하는 "유구한 발전"의 새 시대[9]로 대체되는 시기였다.

나폴레옹 이후, 역사적인 세기의 의미가 낭만적인 분위기를 띠게 됐다. 독일의 교육학자 구스타프 뤼멜린(Gustav Rümelin)은 세기라는 단어 자체가 "신비롭고, 숭고하며 아득한 세월의 길이를 자연스럽게 측정하는 의미"[10]라고 했다. 미국 사상가이자 시인인 랠프 월도 에머슨(Ralph Waldo Emerson)은 각 세기를 "충만하고, 향기롭다"[11]고 묘사했다. 역사학자들 사이에서는 세기를 다른 그 무엇과도 비교할 수 없는 독창적인 내적 논리나 정신 내지 시대정신으로 생명력을 불어넣어 해석하려는 새로운 흐름이 생겨났다. 많은 이에게 세기는 정확한 숫자 개념을 초월한 어떤 '느낌'으로 와닿았다. 프랑스 학자 앙투안 오귀스탱 쿠르노(Antoine Augustin Cournot)는 1870년대를 관찰하며 이렇게 말했다. "고대 로마인들은 새큘러 게임을 열 때 엄밀하게 시간을 계산해서 정해두지 않았다. 우리가 페리클레스의 세기, 아우구스투스의 세기, 루이 14세의 세기를 말할 때 세기(siècle)는 100년 단위의 세기(century)가 아니라 로마인들이 사용하던 의미의 세기와 더 가깝다."[12] 여기서 쿠르노가 말한 세기(siècle)는 당연히 새큘럼을 의미한다.

19세기가 막바지를 향해 가던 무렵, '핀 드 시클(fin de siècle, 세기말)'이라는 문구가 '데카당스(decadence)'나 '디제너레이션(degeneration)' 같은 단어와 결합해 자주 사용됐다. ("핀 드 시클"이라는 제목의 연극이 1888년 파리에서 상영되면서 이 말이 인기를 끌었다.) 석학들은 새로운 에너지의 원천을 갈망하기 시작했다. 프랑스 철학가 앙리 베르그송(Henry Bergson)은 시간의 감옥에서 해방되기 위한 이 갈망을 "생명의 도약(élan vital)"이라고 표현했다. 다시 한번 서구 사회에서는 새큘러 달력을 시작해야 한다는 이야기가 오가기 시작했다. 프랑스 수필가 레미 드 구르몽(Rémy de Gourmont)은 1900년이라는 시한을 현대성 그 자체로 여겼다. "왕위를 생각하지 않을 때 세기를 생각하게 된다."[13]

유럽인들은 오래 기다릴 필요가 없었다. 대부분은 1914년의 평온한 몇 달을 한 세기의 끝으로, 사라예보 사건을 다음 세기의 시작으로 받아들였다. 머지않아 세기(siècle)라는 단어는 다시 전면에 나서 제복을 갖춰 입고 집단행동까지 하게 됐다. 베니토 무솔리니(Benito Mussolini)의 "파시즘의 세기"[14], 헨리 루스(Henry Luce)의 "미국의 세기"[15], 헨리 월리스(Henry Wallace)의 "평범한 이들의 세기"[16]처럼 말이다. 그로부터 수십 년이 지난 2000년, 사람들은 세기 초의 현대인들이 세기말 포스트모던의 탈대중적으로 변모하는 과정을 지켜보며, 또 다른 문명의 시대가 도래하는 것은 아닌지 궁금해했다.

한편, 20세기 중반부터 새큘럼은 단순히 길고 거대한 무정형의 사회적 시간 그 이상의 개념이 되기 시작했다. 새큘럼은 역사학자와 사회과학자가 명확하게 규정할 수 있는, 역사적 행위의 순환이라는 형태를 갖춰가기 시작했다. 전쟁과 평화의 주기가 그 처음이었다. 이탈리아 르네상스가 절정에 달한 지 거의 500년이 지난 뒤였다. 이제 그 패턴을 인지할 수 있을 정도로 주기가 반복해서 일어났다.

　여기에 가장 먼저 기여한 사람은 시카고대학의 역사학자 퀸시 라이트(Quincy Wright)였다. 그는 일찍이 미 상원이 국제연맹(League of Nations)을 비준하게 하려고 애썼지만, 헛수고였다. 라이트는 국제평화기구가 언젠가 전쟁을 쓸모없는 것으로 만들 날이 오기를 바랐다. 하지만 그는 누군가 전쟁을 종식시키기 전에 우선 학자들이 권력의 역학 관계를 이해해야 한다고 생각했다. 그래서 50개 이상의 개별 연구 자료를 집대성한 《전쟁 연구(Study of War)》를 집필[17]해 1942년에 완성했다. 미국이 1차 세계대전보다 훨씬 더 파괴적인 2차 세계대전에 막 가담할 무렵이었다.

　그는 저서에서 "전쟁이 약 50년 주기로 일어나며, 덜 가혹한 전쟁과 더욱 가혹하고 파괴적인 전쟁이 번갈아 일어난다"고 주장했다. 그는 이러한 패턴이 현대 미국과 유럽의 역사에서뿐 아니라 헬레니즘 시대와 로마 시대에도 반복됐으며, 자신보다 앞서 다른 이들도 이런 패턴을 발견했다고 밝혔다. 그는 이러한 패턴의 원인이 세대의 경험에 기인한다고 했다. "전사들은 다시는 전쟁터에서 싸우고 싶어 하지 않으며, 그들의 아들은 전쟁을 매우 혐오한다. 하지만 손자 세대는 전쟁을 낭만적으로 여기게끔 배운다."[18] 라이트는 이 외에도 전쟁 심리학에서 국제법에 이르기까지 다양한 주제를 이야기했지만, 훗날 학자들이 가장 크게 관심을 가진 것은 주기적 리듬에 관한 연구였다.

　라이트는 전쟁의 주기적 반복성을 발견했음에도, 합리적 의사결정을 통해 전쟁을 피할 수 있다는 믿음이 확고했다. 하지만 1970년 그가 사망할 무렵, 그의 희망은 자신이 이룬 학문의 강력한 통찰력에 힘없이 무너졌다. 가장 합리적인 의사결정자들, 케네디 대통령과 존슨 대통령을 보좌했던 '가장 유능하고 가장 똑똑한' 전문가들도 미국이 베트남 전쟁에 뛰어들어 침체하는 것을 막지 못했다. 베트남 전쟁은 라이트가 말한 주기에서 "덜 가혹한 전쟁" 사분면의 정점에서 일어났다. 그리고 그가 적극적으로 창설하고 싶어 했던 유엔은 무기력한 방관자가 됐다.

그의 책이 세상에 나온 지 몇 년 지나지 않아, 라이트의 시간표는 영국의 저명한 역사학자이자 그와 동시대 인물인 아널드 J. 토인비(Arnold J. Toynbee)로 인해 확증됐다. 토인비는 문명의 흥망성쇠 이론으로 유명한 《역사의 연구》에서 "전쟁과 평화의 주기"에 있는 "교대 리듬 (alternating rhythm)"[19]을 확인했다. 그는 르네상스 이후 유럽에서 약 1세기 간격으로 벌어진 "일반 전쟁"의 주기를 4세기에 걸쳐 확인했다. 토인비는 다섯 번에 걸친 이 주기[20]를 확인하고 각각의 날짜를 기록했다. 전쟁은 각 세기의 가장 결정적인 충돌에서 비롯됐다.

- 발단은 이탈리아 전쟁(1494~1525년)이었다. 이는 프랑스와 스페인, 신성로마제국이 이탈리아 북부의 부유한 공국을 두고 벌인 전쟁이다.
- 첫 번째 주기는 펠리페 2세의 제국 전쟁(1568~1609년)과 더불어 시작됐는데, 이는 유럽의 합스부르크제국과 스페인 황금기의 확장, 네덜란드제국의 팽창이 두드러진 시기다.
- 두 번째 주기는 스페인 왕위계승 전쟁(1672~1713년)과 더불어 시작됐다. 이 전쟁은 유럽을 지배하려는 프랑스 루이 14세의 끝없는 야욕으로 촉발됐다.
- 세 번째 주기는 프랑스대혁명과 나폴레옹 전쟁(1792~1815년)으로 시작됐다. 이 두 사건으로 19세기 후반 세계 정치의 판도가 만들

어졌다.

- 네 번째 주기는 1차 세계대전과 2차 세계대전(1914~1945년)으로 시작됐다. 두 전쟁은 궁극적으로 오늘날의 지정학적 판세를 형성한 국제 합의를 통해 마무리됐다.

토인비는 이 다섯 시기 외에도 고대 중국과 헬레니즘 역사에서 6세기에 걸쳐 일어난 비슷한 주기를 확인했는데, 이 주기 모두 문명 시대를 해체하던 시기에 시작됐다. 토인비는 "일반 전쟁"이 시작되고 다음 전쟁이 일어나기까지 간격이 평균 95년 정도 걸렸다고 했는데, 이는 수천 년에 걸쳐 반복된 "놀라운 우연"이었다.

토인비는 이러한 주기성의 기저에는 "세대 주기의 작용, 즉 신체적 생명력의 흐름과 맞는 리듬"이 있으며, 이는 "인간 정신에 지배력을 행사한다"는 개념이 자리 잡고 있다고 주장했다. 라이트와 마찬가지로, 토인비 역시 이러한 리듬을 "이전에 일어났던 전쟁에 대한 생생한 기억"이 점차 흐릿해지는 현상과 연관지었다. 토인비는 이렇게 설명했다. "이전 전쟁에 대한 생생한 기억 때문에 힘겹게 일군 평화를 깨트릴 일말의 조짐에 대한 심리적 저항감은 전쟁을 말로 들어서만 알고 있는 새로운 세대가 자라 사회권력의 중심이 되기 전까지 대단히 강력하게 형성된다."[21] 이후 "전쟁을 가볍게 경험한 후 평화에 익숙해진 세대가 그 자리를 대체할 때까지" 전쟁을 선호하는 현상이 생길 것이다. 라이트와 마찬가지로 토인비 역시 각 주기의 중간 시기에는 "추가 전쟁"이 덜 일어난다고 봤다.

토인비는 여기서 한 걸음 더 나아갔다. 그는 전쟁을 네 주기로 구분하고 큰 전쟁 이후에는 "숨 고르기" 시기가, 작은 전쟁 이후에는 "전적인 평화" 시기가 있다고 주장했다. 그는 이 네 시기 중간에는 전쟁이 일어나지 않는다고 암시하는 듯한 말도 했다. 하지만 이는 분명 잘못된 생각이다. 유럽과 미국의 역사에서는 25년마다 크고 작은 전쟁들이 일어났다. 역사학자 랜슬럿 패러 주니어(Lancelot L. Farrar Jr.)는 이를 확인하기 위해 토인비의 전쟁 4단계 주기 이론을 재구성해 "숨 고르기" 시기와 "보편적 평화" 시기를 이른바 "탐색 전쟁"[22] 시기로 대체했다. 역사학자 리처드 로즈크랜스(Richard Rosecrance)[23]도 이와 유사한 의견을 제시했다. 그 역시 전쟁의 양극화 시대와 권력 공백의 다극화 시대가 번갈아 나타나는 전쟁 4단계 주기를 제시했다. 로즈크랜스는 "서구 국제사회의 비극은 이러한 전쟁 주기가 몇 번이고 반복해서 일어났다는 사실이다"[24]라고 말했다.

몇몇 다른 역사학자와 사회과학자는 토인비의 주기 이론을 전쟁과 평화에 국한하지 않고, 보다 일반적인 이론으로 확장해 사회적 행위의 국제적 장기 파동을 제시했다. 테런스 홉킨스(Terence Hopkins)와 이매뉴얼 월러스타인(Immanuel Wallerstein)은 토인비의 주기가 15세기 이후 형성된[25] 서구 자본주의 세계 시스템의 파동 같은 경제 역학을 반영한다고 믿었다. 조지 모델스키(George Modelski)와 윌리엄 R. 톰프슨(William R. Thompson)은 이 장기 주기 시스템이 경제적 흐름을 포괄하기는 하지만 주기의 "규칙성과 반복성"[26]은 국제적인 지배력을 결정짓기 위한 국가 간 권력투쟁이 주도한다고 주장했다.

모델스키는 이 주기를 네 개의 4분의 1세기(25년) 단위로 나누었는데, 각 단계는 자연스럽게 엔트로피적 진행, 즉 무질서한 진행을 거쳐 마지막 단계에 이른다고 했다. 첫 번째는 '세계 권력(world power)' 단계로, 질서에 대한 사회적 요구와 정치적 공급이 모두 높다. 두 번째인 '탈정당화(delegitimization)' 단계에서는 질서에 대한 요구가 감소한다. 세 번째 '탈집중화(deconcentration)' 단계에서는 질서 공급이 감소한다. 이 주기는 질서에 대한 요구가 증가하면서 어느 시점에 절정에 달하고, 그렇게 되면 다시 질서가 생성되는 '국제 전쟁' 시대로 이어진다. 슐레진저 주니어와 마찬가지로 모델스키 역시 이 주기 시스템에는 규칙성이 내재해 있다고 봤으며, 이 속성을 "폐쇄성"이라고 지칭했다.[27] 또한, 이 주기 고유의 시기는 세대 변화에 따라 조절된다고 했다. "네 세대의 연결성이 전쟁과 평화 주기의 파동 길이를 어떻게 결정하는지 파악하는 것은 어렵지 않다."[28]

모델스키에 따르면, 마지막 단계인 국제 전쟁 단계는 단순한 인명 피해 규모가 아니라(설령 그 규모가 매우 크다고 해도) 낡은 국제정치구조가 소멸하고 새로운 국제정치구조가 생겼다는 보편적 인식으로 구분된다. 전 세계가 통과의례처럼 겪는 이 과정에서 신화가 만들어진다. "이 주기에 일어난 주요 사건들, 세계 전쟁과 각종 합의, 강대국의 각종 의례 및 의식, 쇠약해진 국가들 등이 국제정치 관례를 만든다. 이 관례는 세계 시류의 주요 지표가 된다."[29] 새로운 승자는 이제 "규칙을 정할 수 있으며", "황금기"를 즐기고 "존경과 찬사, 모방"[30]의 대상이 된다.

2020년, 톰프슨은 국제 장기 주기 논문을 발표했다. 그가 언급한 주요 날짜·권력·단계·전쟁은 모두 모델스키와 토인비의 이론과 일치했다. 하지만 톰프슨은 10세기까지 거슬러 올라가는 1500년 이전의 중국·몽골·제노바·베니스와 관련한 초기 주기를 덧붙였다. 또한, 인구통계학·기술·상업 등의 주기도 보완해 더욱 폭넓은 주기를 제시했다. 그는 논문에서 이렇게 말했다. "장기 파동은 경제, 문화, 지정학을 동시에 변화시킨다."[31]

현대의 장기 주기와 고대 시간의 수레바퀴와의 유사성을 주목해보자. 전쟁과 평화 또는 도시의 성장과 쇠퇴 등이 이원적으로 교대로 발생하는 것은 고대 중국 철학의 음과 양 그리고 고대 그리스의 사랑과 분쟁의 끝없는 갈등과 무척 닮았다. 네 번의 순환 단계는 자연의 계절과 닮아 있다. 성장 시기인 봄이 지나면 환희의 시기인 여름이 오고, 분열의 시기인 가을이 지나면 죽음과 재생의 겨울이 뒤따른다. 마지막 단계인 겨울은 스토아학파의 에크피로시스(Ekpyrosis, 불)나 카타클리스모스(kataklysmos, 홍수)를 떠올리게 하는데, 이는 정화와 시간의 끝을 의미하는 불이나 홍수가 거대한 불연속성을 만드는 과정과 비슷하다. 하나의 주기가 끝나고 새로운 주기가 시작되는 것이다.

여기서 핵심은 무엇인가? 라이트는 젊은 시절에 무엇을 주장하고, 노년기에 무엇에 저항했는가? 토인비는 모든 성숙한 문명의 '현대' 시대에 어떤 리듬이 파동을 일으킨다고 봤는가? 그것은 바로 에트루리아인들이 발견한 역사의 단위, 즉 자연의 새큘럼이다. 인간의 장기적인 삶의 박자에 맞춰 돌아가는 역사의 흐름이다.

새큘럼의 절정 단계는 전쟁, 격변, 혼란이 일어나는 4분의 1세기, 즉 25년이다. 초기 인본주의 학자들은 이를 '레볼루티오(revolutio)'라고 불렀는데 이 단어는 코페르니쿠스의 혁명적 지동설(revolutiones orbium coelestium)에서 유래한 말로, 회귀 가능한 천문학적 시간을 의미한다.

종교개혁과 더불어 '혁명(Revolution)'이라는 말은 (기독교의) 황금기, 낙원, 정의로의 회귀를 의미했다. 1세기 후 영국 정치철학자 토머스 홉스(Thomas Hobbes)는 개혁이라는 단어를 정치와 결부시켰고, 17세기 후반 영국의 명예혁명과 18세기 후반 미국과 프랑스를 포함한 대서양 국가들의 혁명을 거치면서 그 의미는 더욱 크고 새로운 무게를 지니게 됐다.

〈표2-1〉 전쟁과 정치의 현대 새큘럼

	1사분기	2사분기	3사분기	4사분기
라이트(1942년)	평화	작은 전쟁	평화	큰 전쟁
토인비(1954년)	숨 고르기	추가 전쟁	전적인 평화	전면전
로즈크랜스(1973년)	개입 감소	권력 공백	개입 증가	전쟁
패러(1977년)	탐색 전쟁	조정 전쟁	탐색 전쟁	패권 장악 전쟁
홉킨스-월러스타인 (1982년)	패권의 성숙	패권의 감소	패권의 부상	패권의 승리
모델스키(1987년)와 톰프슨(2020년)	세계 권력	탈정당화	탈집중화	국제 전쟁
자연	봄	여름	가을	겨울

하지만 혁명보다 더 좋은 단어는 '위기(Crisis)'다. 그리스어 Krisis에서 온 이 말은 결정적 순간이나 분리되는 순간을 의미한다. 병에 걸렸을 때 위기라는 말은 의사가 환자의 회복 또는 죽음을 알게 되는 순간이며, 전쟁에서 이 순간은 승리할지 패배할지를 결정짓는 순간이다. 토머스 페인(Thomas Paine)은 1776년, 선풍적인 인기를 끌었던 소논문 〈미국의 위기(The American Crisis)〉를 발표하며 이 단어를 정치혁명과 결부시켰다. 야코프 부르크하르트(Jacob Burckhardt)에서 클레멘스 폰 메테르니히(Klemens von Metternich)와 프리드리히 니체(Friedrich Nietzsche)에 이르기까지 19세기 사상가들은 이 단어를 카를 마르크스(Karl Marx)가 "역사의 급행열차"[32]라고 불렀던 주기적 전면전에 적용해 사용했다. 1차 세계대전 당시 독일의 역사가 게르하르트 마주어(Gerhard Masur)는 위기라는 단어가 보편적으로 "역사의 진행이 무시무시한 방식으로 급속하게 가속화되는 것"을 의미하며 "예측할 수 없는 힘과 차원의 경제적, 사회적, 도덕적 힘이 방출해 이전 상태로 복귀하는 것을 불가능하게 만드는

것"[33]이라고 설명한다.

위기는 한 새큘럼을 끝내고 새로운 새큘럼을 시작하게 한다. 하지만 만약 이 위기가 해당 주기에서 음과 양 중 '양'이나 사랑과 분쟁 중 '분쟁'이 최대치가 된다면 흥미로운 불균형이 발생한다. 주기의 극단적인 반대 상황 즉, 음이나 사랑이 최대치를 나타내는 것은 무엇일까? 만약 우리가 역사의 동지(冬至)를 찾아 설명할 수 있다면, 하지(夏至) 역시 찾아 설명할 수 있어야 한다.

중요한 단서는 모델스키의 2사분기 "탈정당화" 단계에 있다. 그는 이 단계를 "내적 쇄신"과 "시스템의 규범적 기틀의 활성화"[34] 시기라고 묘사했다. 즉, 시스템의 옳고 그름을 파악하는 시기인 것이다. 4사분기 시대가 정치적·사회적 제도의 외적 기틀을 쇄신하는 시기라면, 2사분기는 문화와 가치 등 내적 세계의 기틀을 다지는 시기다.

그렇다면 무엇이 이런 시대를 정의하는가? 40년 전, 종교 인류학자 앤서니 월리스(Anthony Wallace)는 전 세계에 걸친 연구를 진행하며 한 가지 의견을 제시했다. 그는 "재활성화 운동(revitalization movement)이란 더욱 만족스러운 문화를 구축하기 위해 사회 구성원들이 신중하고 조직적이며 의식적으로 노력을 기울이는 것"이라고 했다. 원래 이런 운동은 "만성적이고 심리적으로 예측 가능한 스트레스"에 대한 집단적 반응이다. 이 운동이 성공하면 "자연, 사회, 문화, 개성, 신체 이미지"에 대한 인식이 변해 완전히 새로운 "문화의 미로"가 만들어진다. 월리스는 이러한 운동을 토착주의 운동, 부흥 운동, 밀레니얼 운동, 메시아 운동 등으로 분류한 후 오늘날 모든 종교는 과거 여러 운동의 "예언적이고 황홀한 환상"이 경직화돼 남은 잔재라는 가설을 제시했다.

월리스는 이러한 재활성화 운동이 얼마나 빈번하게 일어나는지는 언급하지 않았지만 "인류 역사에서 반복되는 특징"이며 "아마 이러한 재활성화 운동의 순간에 참여하지 않은 사람은 거의 없을 것"[35]이라며 새 큘럼을 암시하는 말을 했다.

최근까지만 해도 학자들은 현대사의 이 '예언적이고 황홀한' 주기에 거의 관심을 가지지 않았다. 프린스턴대학의 사회학자 로버트 우스노우(Robert Wuthnow)는 "19세기 사회학자들의 모든 예측과 달리 종교 운동은 현대사회에도 살아남아 크게 번성했으며" 부흥 운동은 "균등하게 분포하지 않으며 모든 시간과 공간에 무작위로 일어난다"[36]는 내용의 도발적인 글을 썼다. 사실 적어도 르네상스 시대 이후부터는 이러한 운동이 일어나는 시점이 꽤 규칙적이었다. 다음은 정점을 기준으로 20년 주기로 일어난 운동들이다. 재활성화 운동이라고 하는 영혼 없는 문구는 서구 사회에서 인기를 끌었던 영적 각성 운동, 즉 '영혼의 각성'이나 단순히 '각성' 이미지로 대체됐다.

- 종교개혁 각성(1530~1540년대)은 아우구스티누스 수도회의 젊은 성직자 마르틴 루터(Martin Luther)가 불을 붙였으며, 서유럽 전체에 걸쳐 종교 분열과 사회적 격변을 일으켰다.
- 청교도 각성(1630~1640년대)은 개신교와 가톨릭의 무력 충돌을 일으켰고, 17세기 유럽의 종교 전쟁의 폭력적인 격돌로 이어졌다.
- 경건주의(Pietist) 각성(1740~1750년대)은 "경험으로 회귀"를 주장하는 반(反)계몽주의와 일부 지역에서 미국의 대각성을 포함한 부흥 운동의 시초로 이어졌다.
- 복음주의-유토피아적 각성(1830~1840년대)은 서구 사회 최초로 조직화된 종교의 경계를 완전히 벗어난 이상주의와 무정부주의에

영향을 미쳤다.

- 뉴에이지 각성(1960~1970년대)은 오늘날 전 세계의 40대 후반 내지
  는 그 이상 연령대 사람들 대부분에게 초창기 삶의 모습을 형성한
  문화적 분수령이다.

이러한 운동에는 많은 공통점이 있다. 모두 당대에 '낡은' 느낌을 주던
문화적·종교적 규범에 맞서며 도덕성에 대한 공격이 열정적으로 일어
났다. 또한, 모두 젊은 층이 주도했다. 모두 새로운 규범에 입각한 우선
순위(오늘날 우리가 '가치'라고 부르는)를 정했다. 그리고 모두 예측 가능한 시
점에 일어났다. 마지막 운동이 일어났던 시기와 그다음 운동이 일어난
시기는 새큘럼의 주기와 유사하며, 각각의 운동은 대략 두 위기의 시기
중간 지점에서 일어났다.

각성은 새큘럼의 또 다른 지점(至點, 하지와 동지)이다. 여름이 겨울의 반
대 지점에 있듯, 사랑이 분쟁의 대척점에 있듯, 각성은 위기의 반대 지
점에 있다. 각 각성 운동에는 운동의 방향과 반대되는 인과의 싹이 있
다. 새큘럼의 2사분기에는 점차 강해지는 안정감에 자신감이 생기고,
이 자신감은 무질서로 이어지는 사랑을 분출한다. 4사분기에는 점점 커
지는 불안에 두려움이 싹트고, 이 두려움은 질서를 재건하기 위한 분쟁
으로 분출된다. 그러므로 각성은 사회가 선조 때부터 무수히 지나온 여
정의 중간 지점에 왔음을 상기시키는 주기의 지표 역할을 한다. 우스노
우는 이렇게 말했다. "최소한 헤로도토스(Herodotos) 이후부터 종교적
불안의 시기는 … 변화의 조짐, 역사의 분수령으로 여겨졌다."[37]

인간의 경험에서 각성이 여름이고 위기가 겨울이라면, 과도기적 시
대도 필요하다. 봄 같은 시대라면 반드시 위기에서 각성으로 가는 과정

을, 가을 같은 시대라면 각성에서 위기로 가는 과정을 겪어야 한다. 두 새큘러 지점은 결국 서로의 필요에 따른 해결책으로 생긴 것이지만, 두 새큘러의 분점(分點, 춘분점과 추분점)은 반드시 서로 정반대 방향에 있다. 위기 이후의 시대가 따뜻하고 밝다면 각성 이후의 시대는 춥고 어둡다. 주기에서 봄이 합의와 질서, 안정성을 가져온다면 가을은 다툼과 분열, 불확실성을 가져온다.

위기에서 각성으로, 다시 위기로 바퀴가 굴러가듯 돌아가는 현대 역사는 놀라울 정도로 규칙적이다. 유럽의 경우, 한 주기를 제외한 모든 주기가 80~105년이다. 눈에 띄는 예외적 상황은 워털루 전투와 2차 세계대전에서 일본의 항복을 이끌어낸 대일전승기념일(VJ Day) 사이의 기간으로, 130년간 이어진 토인비 주기다.

유럽에서 예외적으로 긴 이 기간은 단순히 이례적인 상황일 수도 있다. 아니면 토인비가 두 개의 주기를 하나로 잘못 합쳤을 가능성도 있다. 역사학자들은 1815년에서 1914년 사이를 "유럽의 긴 19세기"라고 부르는데 이 시기에는 예외적으로 강대국 사이의 평화가 유지됐다. 하지만 평화는 중대한 사건으로 깨졌다. 1850년대 중반부터 1870년대 중반까지 독일, 프랑스, 이탈리아, 영국, 러시아, 발칸반도에 이르기까지 유럽의 국가 건설 전쟁이 폭발적으로 일어난 것이다. 여기에 유럽이 아닌 다른 지역의 큰 전쟁, 가령 미국의 남북 전쟁을 비롯한 다른 전쟁은 포함되지 않았다. 만약 이 시기를 위기의 시기로 간주하고 전쟁 이후 세기의 전환기를 각성의 시기로 간주한다면, 결과적으로 비정상적으로 짧은 주기(1815년부터 약 1870년까지)에 이어 정상 길이의 주기(1870년부터 냉전이 시작된 1950년경)가 이어진다. 따라서 예외적으로 긴 주기는 짧은 주기와 정상 주기를 합한 주기라고 볼 수 있다. 이 장 후반부와 5장에서 이러한 해석이 토인비의 주기보다 더 적합할 수 있다는 점을 제시하려 한다.

어느 쪽이든 불규칙한 주기가 있다는 것은 그리 놀라운 일이 아니다. 세계의 역사를 살펴본다는 것은 결국 다양한 여러 사회를 살펴본다는 의미다. 에트루리아의 여러 도시처럼 각각의 새큘러 주기는 약간씩 다를 수도 있고, (정치적으로나 문화적으로) 서로 간섭할 수도 있다. 현대화가 덜 된 사회는 새큘러 리듬에 더욱 저항할 수도 있다. 역사의 온갖 잡음 속에 완벽한 주기를 기대하기는 거의 힘들다.

역사가 어떻게 계절과 같은 주기를 규칙적으로 따르는지 궁금하다면, 다음 가설을 검증해볼 수 있다. 역사상 '잡음'이 가장 억제된 상황을 떠올려보자. 강대국이 주변에 없는 하나의 큰 사회가 수백 년 동안 외세의 개입이나 침략 없이 홀로 존재하는 상황을 상상해보라. 이 사회가 텅 빈 대륙에 불쑥 현대사회의 모습으로 태어났으며, 발전을 억압하고 저해하는 낡은 관습과 전통도 없다고 상상해보라. 마지막으로 완전히 현대적인 이 사회가 지구상 그 어떤 민족과도 비교할 수 없는 선형적 진보를 이루고 자연의 주기를 억누른 것으로 큰 명성을 얻었다고 상상해보라. 우리가 알고 있는 새큘럼대로 라면, 이 사회의 역사는 놀라울 정도로 정확하게 규칙적인 주기의 영향을 받지 않을까? 실제로 그랬다.

이 사회는 가설이 아니다. 이 사회는 바로 미국이다.

미국의 새큘럼

미국의 1달러 지폐 왼쪽의 문양을 살펴보면 둥근 원이 사면의 피라미드를 감싸고 있고, 그 위에 눈동자가 있다. 모든 역사를 한눈에 꿰뚫어 본다고 하는 '섭리의 눈(Eye of Providence)'이다. 피라미드 위에는 'annuit coeptis'라는 문구(신이 우리가 창조하는 일을 좋아하신다는 뜻이다)가 쓰여 있다. 이 문구는 아우구스투스의 '새큘럼 아우레움(saeculum aureum)', 즉 로마의 새로운 황금기를 찬미하는 베르길리우스의 시구절을 그대로 인용한 것이다. 피라미드 하단에는 '세기의 새 질서(novus ordo seclorum)'를 뜻하는 문구도 적혀 있다.

건국자들이 미국의 국가 인장을 디자인할 때 지폐에 새큘럼이라는 표현을 그대로 넣었지만, 이 문장에 담긴 메시지는 여전히 모호하다. 그들은 새큘럼을 기렸던 것일까? 아니면 새큘럼을 극복하고 승리했음을 선포한 것일까?

시간의 순환이라는 개념은 유럽인들이 미국에 처음 가져온 것이 아니다. 지평선 너머 흰 돛을 처음 본 아메리카 원주민의 선조들은 최소한 100번의 새큘럼을 목격했다. 신세계의 선조들은 구세계 사람들이 이미 알고 있었던 별의 주기와 계절의 주기에 아주 친숙했다. 십자가, 만자(卍), 테트라모프(tetramorphs, 네 명의 신적 존재), 사각형의 만다라 문양 등이 이를 말해준다. 종종 세대로 표현되는 인간 삶의 리듬은 선조와 후대를 이어주는 신성한 것으로 여겨졌다.

실제로, 유럽인들이 타고 온 커다란 배에 실려 있던 못이며 도끼, 성경, 계약서 등 수많은 짐 중 유일하게 가지고 내리지 않은 것이 시간의 순환 주기였다. 콜럼버스의 아메리카 대륙 발견은 서구의 현대성 탄생과 맞물리면서 불가피하게 유럽인들에게 미국이 궁극적인 시간 순환의 목적지, 전설의 나라, 신성한 새 예루살렘이라는 이미지를 심었다. 아메리카 원주민을 처음 만난 새 이주민들은 그들을 황금시대의 인디언으로 볼 것인지 역사의 종말을 상징하는 지옥의 악마로 볼 것인지를 선택했다. 대서양의 숲을 개척해 마을을 만들기 시작했을 때 그들이 추구한 것은 인류의 끊임없는 박탈의 수레바퀴에 대한 궁극적인 해답이었다. 이주민들이 보지 못했던 것, 실제로 도망치려 했던 것은 자연의 계절성에 대한 이교도의 체념이었다.

아메리카 원주민들에게 이러한 선형 시간의 침입은 비극적인 결과를 초래했다. 이주민과 원주민 문화 사이에 넘을 수 없는 거대한 장벽이 생겼다. 평화로운 공존의 기회를 없애버릴 장벽이었다. 이 침략으로 세계는 현대 역사상 가장 주목할 만한 경험의 도화선에 불이 붙었다. 전통에 적대적이고, 개발에 집착하며, 무한한 천연자원에 둘러싸인 '새로운 사회의 탄생'이었다. 유럽과 미국 모두 신기원이 진행되고 있음을 감지했다. 게오르크 헤겔(Georg W. F. Hegel)은 미국을 "미래의 땅, 우리 앞에 놓인 시대에서, 세계 역사의 짐을 스스로 드러나게 할 땅"[38]이라고 했다. 건국자들의 예감대로 '새큘러의 새로운 질서'가 생겨났다.

18세기까지 미국과 유럽의 새큘럼은 서로 비슷했다. 하지만 그 이후 미국의 새큘럼은 토인비가 확인한 유럽의 주기보다 훨씬 더 규칙적이고 뚜렷한 주기를 보였다.

앵글로 아메리칸의 위기

주기의 패턴을 가장 잘 보는 방법은 현재에서 시작해 과거를 보는 것이다. 진주만 공격(1941년)에서 섬터요새 공격(1861년)까지는 약 80년의 시차가 있다. 섬터요새 공격에서 미국의 독립선언(1776년)까지는 85년이다. 여기에 링컨 대통령의 유명한 연설이 있었던 게티즈버그 전투까지 2년을 더하면 '87년'이라는 계산이 나온다. 다시 거슬러 올라가면 87년은 미국의 독립선언에서 영국의 명예혁명이 절정에 달했던 시기까지의 기간이다.

이 새큘러 길이에 10년 정도를 더하면 영국 식민지 개척 역사에서 비슷한 패턴이 반복되는 것을 발견할 수 있다. 영국의 명예혁명(1688년)이 일어나기 정확히 100년 전, 엘리자베스 1세(Elizabeth I)가 스페인 함대를 상대로 큰 승리를 거뒀고, 그보다 103년 전에는 헨리 7세(Henry VII)가 장미 전쟁에서 승리를 거뒀다.

설령 이렇게 역사를 돌이켜보지 않는다 하더라도, 그 사건이 일어나고 있는 당시에 사람들은 자신들이 역사의 반복적인 흐름에 동참하고 있다는 사실을 알고 있었다. 1688년, 영국의 명예혁명을 지지하던 사람들은 그해가 엘리자베스 1세의 '위대한 1588년 승리' 100주년임을 주지시키며 군중을 모았다. 1776년, 토머스 페인은 마지막 왕인 스튜어트 왕의 죽음을 상기시키며 식민지 주민들을 들끓게 했다. 게티즈버그 전투에서 링컨은 "선조들이 이 땅에 무엇을 가져왔는지"를 일깨우며 군중에게 감동을 안겼다. 2차 세계대전 말, 수백만의 미국인은 루스벨트 대통령의 장례식에서 월트 휘트먼(Walt Whitman)이 링컨 대통령에게 바친 고별사 "오 선장님! 나의 선장님! 우리의 두려운 여정은 끝났습니다"[39]를 떠올렸다.

시간이 흐르면서 미국의 역사가들은 이렇게 반복적인 날짜를 중심으로 용어를 만들었다. 전쟁이 임박했던 1861년 겨울, 북부 연방과 남부 연맹은 이 전쟁이 "새로운 혁명"과 "새로운 독립선언"의 초석이 될 것이라고 발표했다. 1930년대, 미국 역사학자 찰스 비어드와 메리 비어드(Charles and Mary Beard)는 남북 전쟁이 "제2의 미국독립혁명"이 될 것이라고 선언[40]했다. 이 표현은 이후 수차례 재사용됐고 가장 최근에는[41] 미국 역사가 제임스 맥퍼슨(James McPherson)이 사용했다. 이와 비슷한 사례는 또 있다. 1970년대 역사학자 칼 데글러(Carl Degler)는 뉴딜을 "제3의 미국독립혁명"이라고 했다[42]. 그는 공화당이 남부에서 패배한 후 수십 년 동안 "피 묻은 셔츠를 흔들어라"(피 묻은 셔츠 캠페인은 남북 전쟁에서 죽은 군인들의 피에 복수하기 위해 감정적 호소를 했던 정치인들을 조롱하기 위해 사용된 19세기 미국의 선거 캠페인이었다. 주로 남북 전쟁을 정치적 이익을 위해 이용했다는 비난을 받은 공화당원에게 자주 사용되던 표현이다 – 옮긴이)라고 외쳤던 것과 마찬가지로, 민주당은 수십 년 동안 유권자들에게 "대공황의 교훈"을 성공적으로 상기시켰다고 지적했다. 브루스 애커먼(Bruce Ackerman)은 미국 헌법 역사에서 "한 번이 아니라 세 번의 건국 순간이 있었다. 1780년대 후반, 1860년대 후반, 1930년대 중반이 그 순간이다"[43]라고 말했다.

1780년대부터 따지면 지금 미국인은 세 번째 미국 공화국에 살고 있는 셈이다. 그렇다면 미국인은 또 다른 공화국을 준비해야 하는가? 20년 전, 정치과학자 월터 딘 버넘(Walter Dean Burnham)은 이렇게 예측했다. "현재 격변의 정치가 어쩌면 미국의 네 번째 공화국으로 이어질지도 모른다."[44] 최근 몇 년간 정치와 관련된 다양한 분야의 사람들은 이 "네 번째 공화국" 예언에 동조하고 있다.[45] 밀레니얼 위기가 시작된 지금 시점에서 우리는 네 번째 공화국이 생길 시기를 예측할 수 있다. 그 시기는 아마도 밀레니얼 위기가 끝나기 직전이나 직후가 될 것이다.

다음의 앵글로 아메리칸의 위기 목록은 익숙하다. 밀레니얼 위기를 제외하면, 영미의 위기 날짜에 대해서는 거의 논란이 없을 것이다. 밀레니얼 위기의 시기가 얼마나 지속될지는 아직 알 수 없다.

- 장미 전쟁 위기(1455~1487년, 절정 1485년): 집권 세력인 랭커스터(Lancaster) 가문(붉은 장미 문장)과 강력한 세력인 요크(York) 가문(흰 장미 문장)의 돌이킬 수 없는 갈등에서 시작됐다. 두 라이벌 가문

은 서로를 비난하고, 반역을 외치며 전쟁의 시작을 선포했고, 이후 25년간 영국을 전례 없는 자멸적 학살로 몰아넣었다. 수십 명의 최고위 귀족들이 학살당하고, 왕과 왕자들이 살해됐으며, 거대한 영토가 몰수됐다. 요크 가문이 승리한 타우턴 전투(The Battle of Towton, 1461)는 영국 땅에서 벌어진 모든 전투 중 가장 피비린내나는 전쟁이었다. 보스워스 전투(Battle of Bosworth Field, 1485)에서는 헨리 7세가 리처드 3세를 격파해 죽였고, 리처드 3세는 전쟁터에서 죽은 마지막 영국 왕이 됐다. 영국은 전통에 얽매인 중세 왕국에서 벗어나 근대적인 군주제 국가로 거듭났다.

- 스페인 함대 위기(1569~1597년, 절정 1588년): 신흥 개신교 국가였던 영국이 가톨릭 합스부르크 왕가의 거대한 압박을 느끼며 시작됐다. 그 압박은 강도가 점점 거세졌다. 엘리자베스 1세를 향한 암살 시도가 반복되고, 프랜시스 드레이크(Francis Drake)가 스페인 해적의 보물을 실은 배로 전 세계를 항해하고, 필립 시드니(Philip Sidney)가 스코틀랜드의 로우랜드에서 전투를 벌이다 영웅답게 전사하는 등의 엄청난 사건들이 이어졌다. 그러다가 영국의 '대공포'가 찾아왔다. 어느 날 여름, 스페인 함대가 영국을 침략했고 영국은 거의 기적에 가까운 승리를 거두었다. 이 승리를 기리기 위해 수십 년 동안 영국 교회 종탑에서는 종소리가 울렸다. 영국은 분쟁이 끊이지 않는 '이교도 국가'로 위기의 시대에 진입했지만, 제국의 중심부에서 빠르게 성장하는 강력한 상업 국가로 발돋움했다.

- 명예혁명 위기(1675~1706년, 절정 1691년): 영국의 대서양 식민지에

서 두 가지 재앙이 동시에 일어나며 시작됐다. 하나는 버지니아 일대에서 일어난 격렬한 반란인 베이컨 반란(Bacon's Rebellion)이고, 또 다른 하나는 뉴잉글랜드에서 앨곤퀸 인디언과 벌인 전투인 필립 왕(King Philip) 전쟁이다. 대량학살이 초래된 이 전투는 미국 역사상 가장 인명 피해가 컸던 치명적인 전투로 기록됐다. 이후 식민지 주민들은 더욱 거센 정치적 폭풍에 휘말렸다. 스튜어트 왕가(제임스 2세)의 독재 계획에 대한 저항, 윌리엄 왕을 지지하는 범식민지 전역의 명예혁명, 마지막으로 캐나다와 뉴프랑스 사이에 벌어진 10년간의 전쟁 등이 일어났다. 이 시련은 영국이 루이 14세를 상대로 승리를 거두며 마무리됐으며, 이후 스튜어트 왕가는 다시는 식민지를 지배하지 못하게 됐다. 역사학자 리처드 맥스웰 브라운(Richard Maxwell Brown)은 북아메리카 대륙의 영국 식민지에 대해 이렇게 말했다. "1670년에서 1700년까지를 미국 최초의 혁명기라고 해도 과언이 아니다."[46] 영어를 사용하는 아메리카 대륙, 무례하고 광신적이고 낙후된 식민지로 위기의 시대를 시작했던 이곳은 학문이 번성하고 풍요로움이 넘치는 안정적인 사회로 발전했다.

- 아메리카혁명 위기(1773~1794년, 절정 1788년): 위기는 보스턴 차 사건에 대한 의회의 대응이 새뮤얼 애덤스(Samuel Adams)의 통신연락위원회(미국 독립 전쟁 당시, 본국에 대한 불만을 처리하기 위해 도시나 식민지가 임명한 위원회 – 옮긴이)가 신중하게 준비해온 화약고(영국 정부의 무리한 과세정책과 동인도회사의 식민지 차 판매권에 대한 독점권, 보스턴 학살 등으로 식민지 주민들의 거센 반발 심리를 키웠던 일련의 사건들을 두고 애덤스 등이

반영국의 선전 도구로 이용했던 것을 의미한다 – 옮긴이)에 도화선을 당기며 시작됐다. 민병대의 무장에서부터 첫 전투에서의 사망자 발생, 독립선언서 서명에 이르기까지 일련의 사건들이 빠르게 진행됐다. 조지 워싱턴 장군이 퇴각한 후 1777년, 암울한 겨울을 보내던 애국주의자들은 반란이 실패해서 지도자들이 반역죄로 교수형을 당할까 봐 두려움에 떨었다. 이 전쟁은 미국이 요크타운에서 승리를 거두며 종결됐다. 하지만 1788년 헌법이 비준되기 전까지는 비상사태 분위기가 가라앉지 않았으며, 헌법이 비준된 뒤에야 '미합중국' 시민들은 국가가 무정부 상태로 해체되지 않으리라는 확신을 가지게 됐다. 1790년대 중반에 이르러 이 새로운 공화국은 마침내 안정과 번영의 시기에 접어들었다. 위기의 시대에 진입한 북아메리카는 아직 분열된 식민지 시민들의 충성심을 규합해 역사상 가장 야심 찬 공화국 민주주의 실험을 시작했다.

● 남북 전쟁 위기(1860~1865년, 절정 1864년): 위기의 시작은 링컨의 당선이었다. 남부의 몇몇 주는 링컨의 당선을 연방 탈퇴의 의미로 받아들였다. 그리하여 신대륙에서 벌어진 가장 폭력적인 전쟁이 촉발됐고, 이 전쟁은 미국에서 일어난 다른 모든 전쟁을 합한 것보다 더 많은 사상자를 냈다. 1862년 '노예해방선언'이 발표되면서 갈등은 고조됐고, 북부 연방의 승리는 곧 노예제도의 폐지를 의미한다는 사실이 극명해졌다. 갈등은 1864년 9월에 최고조에 달했다. 북부 연방이 압도적인 승리를 거두고 링컨의 재선이 임박한 시점이었다. 이듬해 4월, 성지주일(부활절 축일 바로 전 주일 – 옮긴이)에 로버트 E. 리(Robert E. Lee)가 항복했다. 닷새 후, 성금요일(부

활절 전 금요일 – 옮긴이)에 링컨이 암살당했다. 전쟁의 결과는 종교적 상징으로 더욱 무거워졌다. 하지만 전쟁이 이런 고통을 감수할 만한 가치가 있었을까? 역사학자 맥퍼슨은 이렇게 말한다. "1865년, 흑인과 북부인 중에 그 답을 의심하는 사람은 거의 없었다."[47] 남북 전쟁은 다른 위기와 달리, 비극적인 과정을 겪으며 낙관주의보다는 비관적인 분위기가 더욱 짙게 남았다. 남북 전쟁 이후 미국은 조직화된 농업 국가가 돼 위기의 시대에 진입했고, 전쟁의 상처를 입었지만 평등한 시민의 원칙에 전념하는 새로운 국가로 거듭났다.

- 대공황-2차 세계대전 위기(1926~1946년, 절정 1944년): 위기는 검은 목요일, 주식시장의 붕괴로 시작돼 미국 노숙자들의 판자촌인 후버빌(Hooverville), 은행들의 폐쇄, 무료 배급소에 길게 늘어선 실업자와 빈민자 줄 등으로 이어졌다. 루스벨트 대통령은 첫 임기 동안 자신의 당파를 주요 세력으로 끌어올렸고 이에 따라 그에게 등을 돌린 적대 세력도 만들었으며, 새롭게 번영하는 미국을 위해 연방정부의 권력을 확대하는 '뉴딜(New Deal)' 정책을 추진했다. 하지만 그의 두 번째 임기가 끝나도록 경제 불황은 해소되지 않았다. 그러던 중 일본의 진주만 공격으로 미국은 재결집했다. 몇 달 만에 미국은 역사상 전례 없는 대규모의 전쟁을 계획하고 추진하고 실행했다. 멀리 떨어진 두 대륙 사이에서 비장한 해군 전투로 정점에 달했던 비상체제 분위기는 독일과 일본 등의 항복과 예기치 않은 미국의 전후 호황으로 가라앉았다. 고립주의정책을 고수하던 미국은 위기의 시대에 진입해 산업화를 추진했고, 막강한 경

제력과 군사력, 민주적 제도, 마셜플랜(Marshall Plan)의 관대함을 바탕으로 놀라운 자유국가가 됐다. 새로운 경쟁 상대인 소련조차 부러워하는 세계적인 '초강대국'으로 부상했다.

- 밀레니얼 위기(2008~2033년?, 절정 2030년?)는 국제금융위기와 대침 체로 시작됐다. 지금까지 우리는 생활수준의 후퇴, 국제무역 침체, 포퓰리즘의 부상, 남북 전쟁 이후 가장 극심한 양극화현상을 목격 했다. 국가 분열, 강대국의 공격, 잇따른 경기후퇴 등의 전망에 휩 싸인 미국인들은 이 위기의 절정은 아직도 오지 않았으며, 그 에 너지만 축적되고 있다고 느끼고 있다.

앵글로 아메리칸의 각성

위기가 외부 세계를 재정비한다면, 각성은 내부의 정신세계를 재정립한 다. 위기가 집단의식을 고조시키고 공공의 공간을 재창조한다면, 각성 은 개인주의를 고양하고 개인의 공간을 재창조한다. 위기가 정치 질서 의 영역에서 새큘러 달력을 다시 시작한다면, 각성은 사회의 문화 영역 에서 새큘러 달력을 새로 시작한다. 오늘날 미국인들은 선거나 동맹을 이야기할 때, "전후" 또는 "1930년대(또는 1940년대) 이후…"라는 표현을 자주 사용한다. 음악이나 종교를 이야기할 때면 "1960년대(또는 1970년 대) 이후…"라는 표현을 자주 사용한다. 위기의 시대에는 노년층이 명령 을 내리고 젊은 층이 위대한 일을 실행하지만, 각성의 시대에는 노년층 (이전의 젊은 층)이 여전히 행동하는 주축이고 새로 젊은 층이 된 사람들이 명령한다.

2차 세계대전이 역사가들에게 전쟁 주기 연구에 학구열을 불붙인 것처럼 '의식혁명'은 문화적 격변의 주기가 반복되는 현상에 새로운 관심을 불러일으켰다. 1960년대와 1970년대 젊은이들이 추구하던 도전정신, 이상주의, 자율성은 과거 미국에서 있었던 유사한 사례에 대해 새로운 관심을 불러일으켰다. 누군가는 1890~1910년 사이의 부정부패, 추문폭로자(muckrakers), 선교사, 전투적인 페미니스트를 떠올렸다. 또 누군가는 '신초월주의자(New Transcendentalist)'라는 용어를 만들어내며 1830년대 젊은이들의 반란(초월주의)을 떠올렸다. 1970년대 역사학자 리처드 부시먼(Richard Bushman)은 1740년대의 신앙부흥 운동인 대각성 운동을 요약하며 이 "정신적 지진"을 "1960년대의 인권 시위, 대학가의 소요, 도시의 폭동 등을 합한 것"[48]이라고 했다.

대학가에서 일어난 소요를 고찰하던 몇몇 저명한 학자는 미국 역사의 초창기 각성의 시대를 떠올렸다. 버클리대학의 사회학자 로버트 벨라(Robert Bellah)는 이러한 소요가 "선과 악, 옳고 그름에 대한 도덕적 이해의 공통 기반"[49]을 주기적으로 갱신하게 한다고 했다. 브라운대학의 종교 역사학자 윌리엄 매클로플린(William McLoughlin)은 월리스의 이론을 인용해 이러한 소요를 "문화 활성화"의 시대로 설명하면서 이러한 시대가 "한 세대의 주기 정도"로 지속되고, "신념과 가치관을 깊이 재조정하며"[50] 끝난다고 했다. 매클로플린은 미국의 각성기를 다섯 시기로 구분한다. 첫 번째는 17세기의 청교도 각성 운동과 18세기의 신앙부흥 운동이며 두 번째와 세 번째, 네 번째 각성기는 각각 1820년대, 1890년대, 1960년대에 시작됐다고 설명한다.

그는 이 다섯 번의 각성기가 국가적 위기와 공생관계를 맺고 있다고 말한다. 각 각성 운동은 그 운동이 공격한 바로 그 "낡은 질서"가 제공한 안전함과 자양분을 토대로 무르익어 이후의 "새로운 질서"를 세우는 기초가 됐다.[51] 2000년, 노벨 경제학상 수상자인 경제 역사학자 로버트 포겔(Robert Fogel)은 매클로플린의 네 번의 각성 이론을 지지하는[52] 책을 썼다. 포겔은 한 번의 각성기에서 그다음 각성기까지 "대체로 100년 동안 지속되는 주기가 있다"고 말하며 (약 1960년경에 시작된) "네 번째 대각성기"[53]는 부흥의 단계를 지났지만, 여전히 대중의 태도를 형성하고 있다고 말한다.

매클로플린과 마찬가지로 포겔 역시 각각의 각성 운동이 40~50년 후에 일어난 시민의 정권교체에 직접적인 영향을 미쳤다고 강조한다. 몇몇 미국 사학자도 이와 비슷한 결론에 도달했다. 즉, 미국의 주기적인 각성 운동 시기의 부흥 운동이나 유토피아적 격변의 기저에는 미국 독립혁명, 남북 전쟁, 뉴딜의 이데올로기적 에너지가 자리 잡고 있다는 것이다. 종교 역사가 네이션 해치(Nathan Hatch)는 1740년대 역사를 이렇게 말했다. "1740년대 각성 운동의 경건한 정신이 미국독립혁명 시기 시민의 밀레니얼리즘의 주요 원천이었다는 사실을 의심하는 사람은 거의 없다."[54] 같은 맥락에서, 1830년대 부흥 운동과 노예폐지론이 링컨 공화당의 부상에 미친 큰 영향이나 1890년대 '사회복음주의' (social gospel, 19세기부터 20세기 초까지 활발했던 개신교 지식인들의 진보적 신학 운동 – 옮긴이)가 루스벨트의 개혁정책에 미친 영향을 의심하는 사람 역시 거의 없다.

미국의 네 번째 각성 운동인 '의식혁명'은 이제 역사가 됐다. 이 혁명이 미국의 네 번째 공화국에도 똑같이 영향을 미칠지는 아직 알 수 없다. 하지만 이미 무대는 마련됐다. 전문가들은 오늘날 기능장애와 붕괴로 치닫는 미국 정치의 거의 모든 이념적 발원지를 '1960년대'나 '1970년대'로 지적하곤 한다. 보수주의자의 관점에서 보면 그 시대는 미국을 혐오하는 좌파 세대와 포스트모던식 사고에 입각한 비판적 이론가들을 낳았으며, 결국 이들이 훗날 학계와 두뇌 집단, 주요 언론직을 장악했다. 진보주의자의 관점에서 보면, 그 시대는 새로 거듭난 복음주의자와 '탐욕이 좋은 것'이라 믿는 자유주의자 세대를 낳았고, 결국 이들이 훗날 교회와 비즈니스 로비, 군사를 장악했다. 정치과학자들은 유권자와 의회에서 나타나는 정치 양극화현상의 대부분이 1970년대에 시작됐거나 그 직후 나타났다는 데 동의한다.

그러므로 밀레니얼 위기의 해결책이 무엇이든, 이는 의식혁명이 촉발한 상반된 가치 의제들이 궁극적으로 어떻게 해결되는지에 대한 역사적 판단으로 해석할 수밖에 없다. 1960년대를 "위대한 혼란기(the Great Disruption)"라고 한 정치철학자 프랜시스 후쿠야마(Francis Fukuyama)는 역사적으로 볼 때 탈규범의 시대와 가치관 격변의 시대는 수십 년에 걸친 "사회적 재건"[55] 후에야 해결된다고 했다. 요컨대, 네 번째 전환기는 그러한 재건의 시기에 제도적 주춧돌을 만든다.

앵글로 아메리칸이 경험한 각성기의 정확한 날짜는 사람마다 다르게 생각할 수 있지만, 대부분 역사학자들은 대체로 다음의 시기에 공감할 것이다.

- 종교개혁 각성(1525~1551년, 절정 1537년): 이 각성은 영국에서 시작됐다. 마르틴 루터의 새로운 교리가 케임브리지대학의 젊은 종교개혁가들에게 활력을 불어넣으며 시작된 각성이다. 이를 기점으로 종교적·사회적 격변기인 25년의 서막이 열렸다. 유럽 대륙에서 이 각성은 농민 반란, 광신적 이단의 난립, 로마가 (스페인과 독일 등에 – 옮긴이) 약탈당하는 사건, 서유럽 전역에 걸친 가톨릭

의 붕괴 등을 촉발했다. 영국에서는 1533년 헨리 8세(Henry VIII)가 교황청과 공식적으로 단교할 때까지 그 열기가 끓어오르다가 윌리엄 틴들(William Tyndale)이 성경을 출간하고 가톨릭 반란을 억압하면서 열기는 절정에 달했다. 헨리 8세의 임기 마지막 몇 년 동안 잠시 주춤했던 각성 운동은 그의 아들이자 복음주의자인 에드워드 6세(Edward VI)에 이르러 다시 거센 바람을 일으켰다. 그러다가 에드워드 6세가 짧은 임기 동안 왕실의 파산, 만연한 인플레이션, 사회적인 혼란 등에 직면해 개혁의 속도를 늦추면서 그 열기는 비로소 가라앉았다. 이 각성 운동은 영국을 로마교회의 충실한 지지자에서 개신교 성직자와 교리, 전례를 완전히 갖춘 국가로 변모시켰다.

- 청교도 각성(1621~1649년, 절정 1640년): 유럽 전역에서 개신교 열풍이 급진적으로 거세지면서 시작됐다. 유럽 대륙에서는 보헤미아 지역에서 각성의 열기에 불이 붙었고, 이 불씨는 30년 전쟁에 불을 붙였다. 영국에서는 제임스 1세(James I)의 독단적인 통치를 규탄하는 항의문을 영국 하원에서 발표하면서 열기가 고조됐다. 제임스 1세의 아들(찰스 1세)이 통치하는 동안 개혁의 열기가 억압당하자 신학자 존 윈스럽(John Winthrop)은 '남은 자들'을 이끌고 아메리카 대륙의 뉴잉글랜드로 대이민을 주도했다. 국내에서는 청교도 열풍이 영국 내전, 찰스 1세의 처형, 크롬웰(Cromwell)의 짧은 공화정 통치로 이어졌다. 식민지에서는 청교도가 새롭게 정착하며 청교도의 도덕적 정통성을 강화했고, 이에 흥분도 점차 가라앉았다. 각성기에 접어든 영국은 미국 식민지를 단순히 위험 부담이

큰 상업 활동 지역 정도로만 여겼다. 영국은 신대륙에 교육수준이 높은 집단을 대거 이주시켰고, 특히 매사추세츠에 칼뱅주의 교도들의 새 예루살렘을 만들어 신자들이 구시대의 부패에서 벗어나 신앙을 돈독히 할 수 있는 공간을 조성했다.

- 대각성(The Great Awakening, 1727~1746년, 절정 1741년): 뉴저지와 펜실베이니아 일대에 고립된 종교의 부흥 운동이 그 시작이었다. 젊은 신학자 조너선 에드워즈(Jonathan Edwards)가 주도한 이 부흥 운동은 1730년대 후반 코네티컷 벨리로 퍼져나갔다. 이 각성 운동은 식민지 전역에 급속도로 전파됐고, 남부에서는 주로 글을 읽을 줄 아는 아프리카 노예들과 주인들에게도 전파됐다. 1741년 영국 출신의 복음주의자 조지 화이트필드(George Whitefield)가 미국 순회를 하면서 이 운동은 절정에 달했다. '새로운 빛'이 '오래된 빛'에 도전하면서 식민지 종교 집단이 갈라섰고, '신앙'을 중요시하는 감정적인 젊은 신자들과 '행위'를 옹호하는 완고하고 나이 든 신자들이 충돌했다. 1740년대 초반 대규모 모임과 '기도 콘서트'(1700년대 초부터 사용된 용어로, 기도 모임을 의미 – 옮긴이)가 열린 후 이 운동의 열기는 사그라들었다. 각성기에 접어들기 전 식민지 시대의 젊은이들은 나이 든 사람들을 "종교의 빙하기"라고 불렀다. 그러다가 전국을 순회하는 설교자들이 계급을 두둔하고, 지리적으로 한곳에 고착되어 있는 유럽의 관습에서 벗어나야 한다는 강연을 하면서 각성기가 도래했다.

- 초월적 각성(The Transcendental Awakening, 1822~1844년, 절정 1831

년): 덴마크 베시(Denmark Vesey)의 노예 반란과 찰스 피니(Charles Finney)의 복음주의 설교 그리고 앤드루 잭슨(Andrew Jackson)의 대통령 출마 결정으로 촉발됐으나 존 퀸시 애덤스(John Quincy Adams)의 '도둑 선거'(1824년 대통령 선거에서 6대 대통령 후보들 간의 치열한 경쟁이 있었다. 그중 앤드루 잭슨이 선거인단 투표에서 1위로 앞섰으나 과반수를 얻지 못해 연방 하원이 다시 선거를 진행했다. 이때도 잭슨이 애덤스보다 앞섰으나 애덤스와 다른 후보 클레이가 단일화하면서 애덤스가 당선됐다. 잭슨이 더 많은 표를 얻었음에도 불구하고 애덤스가 당선되자 잭슨 지지자들은 이 선거 결과를 부정했다−옮긴이)로 이내 좌절됐다. 초월적 각성 운동은 잭슨의 포퓰리즘과 합쳐져 흑인 노예였던 냇 터너(Nat Turner)의 반란, 노예제 폐지 운동과 기타 개혁 단체들의 설립, '괴물' 내셔널 뱅크(National Bank)를 상대로 한 민주당의 승리 등으로 절정에 달했다. 초월주의 철학 학파와 문학에 영향을 미친 뒤, 이 이상주의의 물결은 수많은 운동으로 이어졌다. 한 역사학자는 이 시기를 "종파주의의 전성기"라고 부르기도 했다. 수많은 운동에는 각종 신흥 예언 종교들(후기 성도 교회, 재림주의, 크리스천 사이언스 등), 영성주의자들의 단체, 유토피아적 공동체, 금주 운동, 특정 식습관을 추구하는 사람들도 있었고, 프리메이슨에 반대하는 안티메이슨과 민주당 급진파인 로코포코(Locofoco) 같은 음모론자들의 활동도 있었다. 밀러파(침례교의 윌리엄 밀러William Miller가 주도한 교파로, 1834년 내지 1844년에 예수가 재림한다는 사실을 믿었다−옮긴이)가 예언한 예수의 재림이 나타나지 않자 흥분도 가라앉았고, 경제가 되살아나면서 대중의 관심은 서부 개척으로 다시 쏠렸다. 미국은 자연법을 따르는 합리주의의 차분한 분위기에서 각성기에 접어들었고, 낭만적인 이상주의와 복음주의의 경건한 조류를 타고 본격적인 각성기가 열렸다.

- 세 번째 대각성(1886~1908년, 절정 1896년): 시카고의 헤이마켓 폭동 (Haymarket Riot)과 세계 각지에 있는 학생 선교사들의 운동에서 시작됐다. 격동의 1890년대는 농민 시위와 노동자들의 격렬한 시위로 시작됐다. 이 시기를 두고 헨리 스틸 코메이저(Henry Steele Commager)는 "문화적 분수령"[56]이라고 했고, 리처드 호프스태터 (Richard Hofstadter)는 그 시대를 살았던 이들에게 "불타는 듯한 경험"[57]을 했다고 표현했다. 부흥 운동가 윌리엄 제닝스 브라이언 (William Jennings Bryan)의 대통령 출마 이후, 젊은이들은 가난한 이들을 일으켜 세우는 '정착 노동자들', 부도덕한 기성 기득권 세력을 끌어내리는 추문폭로자인 '머크레이커(muckraker)', '신여성'에 환호하는 페미니스트 등으로 활동하며 미국을 뒤집어놓았다. 1907년 패닉에 빠졌던 경제가 빠르게 회복하면서 사회 분위기도 안정됐다. 하지만 그것도 잠시, 각성기가 시작되면서 근본주의, 오순절주의, 기독교 사회주의 등이 생겨났다. 진보적 개혁, 셔터쿼 순회강연(Chautauqua Circuit, 19세기 말부터 20세기 초반 미국에서 인기를 끈 교육 및 문화 강연으로 전국을 돌아다니며 지역 주민들에게 교육 기회를 제공했다 - 옮긴이), 그리니치빌리지, 미국흑인인권단체(NAACP), 세계산업노동자조합(Wobbly), 여성의 참정권과 금주를 위한 운동 등 새로운 개혁운동이 일어났다. 빅토리아 시대가 저물어갈 무렵 증기와 코르셋, 즉 산업화와 여성의 사회적 역할을 제약하고 억압했던 분위기에 젖은 채 각성기에 접어든 미국은 새로운 세기의 생기론

(vitalism, 모든 자연물 속에 영혼의 존재를 인정하는 사고방식 – 옮긴이), 이상주의, 모더니즘이 피어났다.

- 의식혁명(1964~1984년, 절정 1980년): 도시 폭동, 대학가의 시위, 베트남 전쟁에 반대하는 시위, 미국의 군사 산업화 구축에 격렬하게 반대하는 시위 등과 함께 시작됐다. 이 열기는 마약과 히피로 대변되는 반(反)문화 분위기 속에서 자라 1970년대에는 생활 방식과 가치관의 변화를 일으킨 뉴에이지 문화로 확장됐다. 이 무렵 열렬한 기독교인들이 주도한 복음주의도 극적으로 부활했다. 초기의 정치 이상주의는 시간이 지나면서 워터게이트 사건, 스태그플레이션, 마약과 범죄의 증가, 외교정책 실패, '불안'으로 대변되는 비관적 시대정신 등으로 퇴색했다. 그러다가 1970년대 후반에는 국가체제에 걸었던 희망이 개인의 경제적 자유를 향하게 되면서 세금과 각종 규제에 반대하는 운동이 확산했다. 1980년, 레이건이 카터에게 패배하면서 절정에 달했던 분위기는 깨졌다. 이 각성기는 1984년 레이건의 시대를 변화시킨 "미국의 아침"의 성공과 더불어 막을 내렸다. 한때 히피였던 이들은 여피족으로 성장했다. 미국은 무엇이든 만들 수 있지만, 문화에는 상상력이 결핍됐다는 평을 받으며 각성기를 맞았다. 하지만 이러한 평판은 역전됐다.

미국의 새큘럼

위기의 시대와 각성기 시대를 살펴보다 보면 영미권 역사를 관통하는 자연스러운 새큘럼 주기가 있다는 사실을 깨닫게 된다. 영국의 일부였을 때 미국은 세 번의 완전한 새큘럼을 겪었다. 각성기의 절정에서 40년이 지나고, 마지막 위기 전환기에서 15년이 지난 현재 미국은 여섯 번째 완전한 새큘럼 후반부를 지나고 있다.

미국 역사에서 강력한 두 차례의 진폭에 주목해보자. 한 위기의 절정부터 그다음 위기의 절정까지 처음 세 번의 주기는 각각 103년, 103년, 97년인데, 이는 고대 로마의 새큘럼과 대략 비슷하다. 네 번째 주기는 76년으로 가장 짧은데, 이 주기에는 고작 5년밖에 지속되지 않았던 위기 전환기가 포함돼 있다. 남북 전쟁 새큘럼에 무슨 일이 있었는지는 이후에 논의하겠다. 이 특별한 시기는 영미권 새큘럼에서 대단히 특이한 경우에 속한다. 그런데도 센소리누스가 정의한 자연의 새큘럼, 즉 인간 수명의 길이와는 상당히 근접한 길이다. 다섯 번째 새큘럼은 80년 동안 지속됐다. 여섯 번째 새큘럼은 86년 정도로 추정하는 것이 현재로선 최선이다.

5장에서는 1700년대부터 1900년대 중반까지 어째서 새큘럼이 짧아졌는지 그리고 오늘날에는 왜 다시 새큘럼이 길어지고 있는지를 설명할 것이다. 어떤 경우에도 복잡한 사회나 자연 시스템에서 정확한 주기를 기대할 수는 없다. 새큘럼은 행성의 궤도와 다르다. 오히려 계절의 순환이나 호흡 리듬과 비슷하다고 할 수 있다. 새큘럼의 주기성은 대략적일 뿐이다.

7장에서는 밀레니얼 위기가 끝날 것으로 짐작되는 시기를 논의해볼 것이다. 2030년대 초반, 더 정확히 추측하자면 2033년에 위기의 시대가 끝날 것으로 보이며, 절정은 이보다 몇 년 전인 2030년경으로 예상한다.

이 날짜는 앞서 살펴본 세계 시스템과 장기 주기 이론에 입각한 시간표와 거의 비슷하다. 톰프슨은 국제 장기 주기에 관한 2020년의 광범

새큘럼	위기의 절정부터 각성의 절정까지 기간	(절정 시기) 각성 (시대 전체)	각성의 절정부터 위기의 절정까지 기간	(절정 시기) 위기 (시대 전체)	한 위기 절정부터 다음 위기 절정까지 기간
후기 중세				(1485년) 장미 전쟁 (1455~1487년)	
튜더왕조	52년 →	(1537년) 종교개혁 (1525~1547년)	51년 →	(1588년) 스페인 함대 위기 (1569~1597년)	103년
신세계	52년 →	(1640년) 청교도 각성 (1621~164년)	51년 →	(1588년) 명예혁명 (1675~1706년)	103년
혁명	50년 →	(1741년) 대각성 (1727~1746년)	47년 →	(1788년) 미국독립혁명 (1773~1794년)	97년
남북 전쟁	43년 →	(1831년) 초월적 각성 (1824~1844년)	33년 →	(1864년) 남북 전쟁 (1860~1865년)	76년
강대국	32년 →	(1896년) 세 번째 대각성 (1886~1908년)	48년 →	(1944년) 대공황- 2차 세계대전 (1929~1946년)	80년
밀레니얼	52년 →	(1980년) 의식혁명 (1964~1984년)	50년? →	(2030년?) 밀레니얼 위기? (2008~2033년?)	86년?

위한 연구를 통해 최근 "미국의 국제 시스템"이 2030년 무렵의 "국제 전쟁" 단계에 가까워지고 있다[58]고 결론 내렸다. 장기 주기에 관해 많은 논문을 발표한 또 다른 학자 조슈아 골드스타인(Joshua Goldstein)은 "2020년대 후반"에 강대국 간의 전쟁[59]이 일어날 가능성이 매우 크다

고 언급했다. 이는 1980년대 국제 시스템 이론가들이 예측한 위기의 절정 시기인 2025년 내지 2030년과 매우 근접한 날짜다. 다시 말하면, 예측 날짜는 크게 변하지 않는다는 의미다.

지금까지 우리는 역사의 계절성을 전쟁과 평화의 주기나 세계 시스템의 역학, 되풀이되는 재활성화 운동 등 반복되는 패턴과 추상적인 사회적 발전 과정의 관점에서만 살펴봤다. 이러한 접근 방식은 새큘럼이 무엇인지를 설명하기에는 충분할지 몰라도 그 동기를 설명하기에는 충분하지 않다. 왜 사람들은 이런 방식으로 역사를 발전시켜야 한다고 생각하는가? 이러한 접근 방식은 타이밍을 설명하기에도 부족하다. 어째서 새큘럼은 50년이나 200년 주기가 될 수 없는가?

새큘럼이 무엇인지뿐 아니라 그 주기를 살아가는 사람들이 어떤 생각을 하는지를 이해하려면 객관적 역사와 주관적 경험을 결부시켜야 한다. 새큘럼의 외형적 타이밍을 넘어 새큘럼의 내부적 역학 관계도 알아야 한다. 역사를 안팎으로 볼 필요가 있다는 의미다.

헨리 키신저(Henry Kissinger)는 "역사는 국가의 기억이다"[60]라는 유명한 말을 남겼다. 이 말을 문자 그대로 받아들이면 당연히 말이 되지 않는다. 오직 인간 개인만이 기억을 가질 수 있고, 한 사람의 기억이 역사를 만드는 것은 아니기 때문이다. 하지만 동시대에서 비슷한 상호작용을 하며 산 비슷한 연령대의 사람들의 집단 기억은 어떨까? 사람들을 사회적 세대로 분류해본다면 어떨까? 키신저의 말을 역동적으로 바꿔본다면 이런 말이 될 것이다. 새로운 세대가 리더의 위치가 될 때마다 그 세대 고유의 집단 경험에 따라 국가의 역사를 재정의한다.

이제는 역사의 계절을 앞당기고 궁극적으로 그 시대를 지배하는 사회적 세대에 대해 살펴보자. 현대 역사는 위대한 정치가들, 그들이 만든 풍요로운 보물, 강한 군대, 강력한 법 등의 리듬에 맞춰 흘러가지 않았다. 현대사는 생물학적인 삶의 주기와 사회적 주기, 각 개인이 경험하는 삶의 주기에 따라 흘러갔다.

3

삶의 계절

이븐 할둔(Ibn Khaldun)은 14세기 이슬람 세계의 저명한 수학자로, 이탈리아 시인 프란체스코 페트라르카(Francesco Petrarca)와 동시대 인물이며 르네상스 초기를 겪은 사람이다. 그는 알 안달루스(Al-Andalus, 이베리아반도를 차지했던 중세 무슬림 세력 - 옮긴이)의 시기가 저물 무렵, 기독교 군대가 마지막 이슬람 왕조를 스페인에서 밀어내던 시기에 왕성하게 활동했다. 할둔은 폭넓은 독서와 다양한 여행, 왕족과 왕자들과 대화를 나누며 살았고, 당대의 참상을 목도했다. 10대 시절 그는 흑사병으로 조국 튀니지의 인구가 엄청나게 줄어든 상황을 목격했다. 철학자로 성장한 그는 1400년대 초반, 중동을 여행하던 중 젊은 정복자 티무르(Timur the Great)가 여러 도시를 정복하고 사람들을 학살하는 광경을 목격했으며, 그 와중에 티무르와 직접 만나기도 했다.

할둔은 깊은 학식과 폭넓은 경험을 토대로 역사 입문서《무깟디마 (Muqaddimah)》를 썼다. 정치학, 사회학, 경제학, 역사를 아우르는 놀랍고도 독창적인 책으로, 할둔의 이론은 엄격하게 순환적 관점을 바탕으로 하고 있다. 그는 한 왕국의 안전과 번영은 그 왕국의 아사비야(asabiyya), 즉 "집단 감정" 내지는 "사회적 응집력"[1]의 성장과 쇠퇴에 따라 함께 성장하고 쇠퇴한다고 말한다. 그렇다면 아사비야 주기의 원동력은 무엇일까? 바로 규칙적이고 예측 가능한 세대교체 주기다.

할둔에 따르면, 새로운 왕조가 들어서면 보통 100년에서 120년 정도 지속된다. 그는 이러한 왕조의 주기를 사람의 생명 주기와 비교하며, 이 주기를 다섯 단계로 나누었다.[2] 첫 번째 단계는 침략이나 반란과 같은 위기의 시기에 왕조가 탄생하는 것이다. 두 번째는 성장과 강화의 시기다. 세 번째는 관대함과 힘이 정점에 달하는 시기다(그는 이 정점을 사람이 기능적으로 절정에 달하는 중년 나이와 비교한다). 네 번째는 약화와 쇠퇴의 단계다. 다섯 번째는 소멸이다. 사회적 응집력이 강한 초기 단계는 다소 엉성하고 목가적인 풍습, 사람들이 잘 지키는 단순한 법, 명성에 대한 갈망, 적당한 풍요로움, 부의 균등한 분포 등이 특징이다. 시들어가는 아사비야 말기에는 세련되고 도시적인 풍습, 사람들이 잘 지키지 않는 복잡한 법, 돈에 대한 갈망, 막대한 부를 축적한 소수의 부유층 등이 특징이다.

할둔이 말한 왕조의 반복적인 순환 주기의 지속 기간과 리듬은 새큘럼의 리듬과 정확하게 일치한다. 그리고 인간의 장기적인 생의 주기와도 일치한다. 이 주기의 계절적 순환은 위기에서 시작해 위기에서 끝난다. 주기 중간의 변화율은 양수에서 음수로 전환되는 일종의 정점을 거친다.

하지만 할둔은 여기서 더 나아갔다. 그는 이 주기의 규칙성이 예측 가능한 세대의 변화가 주도한다[3]고 주장한다. 첫 번째 세대는 (왕국을) '세우고 구축한다.' 왕국 설립에 참여하기에는 너무 어렸던 두 번째 세대는 윗세대를 '모방'해 이전 세대가 이룬 것을 발전시킬 수 있는 성숙한 리더로 성장한다. 세 번째 세대는 왕국을 세운 첫 번째 세대를 직접 접하지 못한 첫 번째 세대다. 그들은 계획을 세우고 추진하는 일에 더 이상 관심이 없다. 이 세대가 리더가 되면 사회를 유지하기 위한 '전통과 규칙'을 만들려고 노력하지만, 왕조는 서서히 쇠퇴하기 시작한다. 네 번째 세대는 더 이상 왕조를 신경 쓰지 않으며, 심지어 첫 번째 세대의 집단 정신을 '경멸'하기까지 한다. 네 번째 세대 구성원은 자기 자신을 돌보고 다가올 다음 세상, 즉 아시비야가 소멸한 세상을 대비한다. 할둔은 이 세대를 '파괴자'라고 부른다. 그들은 왕국의 몰락을 주도한다.

할둔의 《무깟디마》는 사회 변화의 속도와 방향에 관한 통찰력으로 가득한 방대한 책이다. 마키아벨리에서 헤겔에 이르기까지 후대의 주요 사상가들은 아마도 이 책의 영향을 받았을 것이다. 현대 학자들은 모든 것을 아우르는 《무깟디마》의 방대함에 찬사를 보낸다. 토인비는 이 책을 "어떤 정신, 어떤 시대, 어떤 공간에서 만들어진 것보다도 가장 위대한 최고의 역사 철학"[4]이라고 말한다. 할둔이 예측한 것의 핵심은 사회적 신념과 행동의 주기다. 그리고 그 주기를 주도하는 것은 세대 간의 역학 관계며, 이 역학이 역사의 근본적인 규칙성을 설명하는 데 도움이 된다.

거듭 말하지만, 역사적 주기는 세대와 함께 가는 듯 보인다. 할둔이 슐레진저 주니어처럼 "내생적"이라는 표현을 사용하지는 않았지만, 그의 추론은 본질적으로 슐레진저 주니어와 같다. 세대의 리듬은 스스로 생성되며 무작위로 발생하는 사건들과 무관하다. 이 리듬은 인간 생의 주기와 맞물려 흘러가기 때문이다.

그렇다면 세대는 정확히 어떻게 만들어지는가? 그리고 세대와 역사 간의 양방향 상호작용에는 어떤 규칙이 작용하는가?

세대와 역사

세대가 생성되려면 반드시 한 가지 필요조건이 충족돼야 한다. 사회에는 사회 구성원의 삶의 단계에 맞는 사회적 역할이 반드시 있어야 하고, 각 역할은 구분이 뚜렷하고 합리적으로 잘 정의돼 있어야 한다. 대부분 사회는 이 필요조건을 충족하는 데 아무 문제가 없다. 대부분 사회에는 구성원의 삶의 단계에 맞는 역할이 있다. 그리고 다양한 사회에서 이러한 역할들은 대체로 공통점이 많다.

먼저 삶의 주기 초기부터 살펴보자. 어린이는 적어도 10대까지는 거의 모든 곳에서 (양육받고 가치를 인정받는) '성장'이 사회적 역할이 된다. 이 통과의례를 거친 어린이는 청년이 돼서 새로운 삶의 단계로 진입한다. 이 젊은 어른에게 부여되는 새로운 사회적 역할은 (조직에 소속되고 가치를 시험하는) '활력'이다. 그러다가 중년기에 접어들면 사회적으로 리더의 위치에 있을 자격이 있다고 인정받는다. 이 시기의 역할은 (조직을 관리하고 가치를 적용하는) '권력'이다. 그 이후 노년기에는 활동량은 줄어들지만, 멘토로서의 역할은 커진다. 노년층의 역할은 (조직의 자문을 맡고 가치를 전수하는) '권위'다.

다양한 사회에서 이 네 부분으로 이루어진 단순한 삶의 개요를 놀라울 정도로 비슷하게 수용했다. 힌두교에서는 인생의 네 단계를 의미하는 아슈라마(asrama)를 받아들였고, 고대 로마인들도 비슷한 개념을 수용했다. 고대 로마인의 중년에서 노년으로 넘어가는 마지막 단계(비릴리타스virilitas에서 세넥투스senectus로)는 권위 있는 평의회를 의미하는 유서 깊은 단어, '세나투스(senatus)'에 영감을 줬다.

이러한 삶의 단계는 연령대의 경계에 균등하게 분포한다. 예를 들어, 현대 미국에서 각 삶의 단계는 20년을 조금 넘는 길이다. 법적으로 성인이 되는 나이는 스무 살 직후다. 중년기는 40대 초반부터다. (미국에서 선출된 가장 젊은 대통령의 나이는 43세다.) 노년은 60대 중반부터로, 노령연금을 받고 64세부터는 원하든 원치 않든 '노인'이라는 호칭이 따라붙는다. 그리고 예전에는 수명이 길지 않았을 것이라는 통념과 달리 대다수가 60대와 70대를 살았다. 심지어 사망률이 높았던 전근대사회에서도 20대가 된 사람 10명 중 한 명은 80대 중반까지 생존했다.

이러한 인간 생애 주기의 보편성은 또 한 차례 시간의 계절 수레바퀴와 비교하도록 영감을 줬다. 카를 구스타프 융(Carl Gustav jung)은 "인생의 호(arc)는 네 부분으로 구분된다"[5]고 했다. 사회학자 대니얼 레빈슨(Daniel Levinson)은 이렇게 말한다. "은유적으로 말하면, 모든 사람은 1년의 계절과 인간 삶의 계절의 연관성을 잘 알고 있다."[6]

이렇게 성장과 쇠퇴를 반복하는 계절성 때문에 인간 삶의 주기 리듬역시 역사의 '자연스러운 세기'인 새큘럼의 리듬과 상당히 비슷해 보인다. 한 가지 중요한 차이는 있다. 인간 삶의 주기는 개인이 경험한 시간의 수레바퀴인 반면, 새큘럼은 사회 전체 내지 국가 전체가 경험한 시간의 수레바퀴다. 세대는 개인과 집단의 두 계절 주기의 교차점에서 만들어진다.

이 원리를 알아보자. 먼저 인생의 네 단계가 명확히 구분되고 엄격히 규정되는 전통사회가 있다고 생각해보자. 삶의 각 단계 구성원은 주어진 사회적 역할, 즉 성장·활력·권력·권위를 수행하려 노력하며, 이전에도 늘 이런 노력을 기울여왔다고 생각해보자. 여기서 세대라는 개념은 뚜렷하게 존재하지 않는다.

이제 이 사회가 갑자기 거대한 사건(사회학자 카를 만하임Karl Mannheim이 "결정적 순간"[7]이라고 말한)과 맞닥뜨렸다고 가정해보자. 가령 전쟁 같은 긴박한 상황이 이 사회 구성원 모두를 변화시키고, 이에 따라 각기 다른 삶의 단계에 있는 구성원의 대응 방식도 달라졌다고 생각해보자.

아이들의 반응은 아마도 어른에 대한 압도적인 경외심과 어른들의 삶의 방식을 닮고 싶다는 욕망일 것이다. 젊은 청년층은 적과 싸우기 위해 무기를 들고 목숨을 걸 것이다. 중년층은 군대를 조직하고 모든 노력을 집결시키기 위해 사회를 움직일 것이다. 노년층은 전략을 짜고 더 큰 목표를 세울 것이다. 이러한 경험은 사회적 역할에 따라 각기 다른 감정 각인을 남길 것이고, 각 집단 내부의 사회적 상호작용에 따라 그 차이는 더욱 뚜렷해질 것이다. 아이들은 서로의 두려움을, 청년들은 서로의 용맹함을, 중년층은 서로의 끈기를, 노년층은 서로의 지혜를 반영할 것이다.

만약 이 엄청난 사건이 성공적으로 해결된다면, 각 집단은 그 사건에 대한 기억으로 역사에서 고유한 지위를 가지게 되며 뚜렷한 세대별 페르소나도 형성하게 된다. 젊은이들은 집단 영웅으로 각인돼 훗날 신화가 될 수도 있다. 이 청년층이 중년이 돼 리더의 자리에 오르면, 이전 세대 리더보다 더 오만한 리더십을 보일 수 있다. 이들이 노년층이 되면 공공 보상을 더 많이 요구할 수도 있다. 한편 이 청년층을 잇는 다음 세대, 즉 대사건 당시 두려움에 떨던 어린이들은 생애 주기 각 단계에서 더욱 겸손한 페르소나를 보일 수 있다. 대사건 직후에 태어난 세대는 전쟁 승리 후 황금기를 누리는 아이들로, 세상을 더욱 희망차게 바라볼 것이다.

이 그림을 현대에 적용하려면, 2차 세계대전 이후 미국을 떠올리면 된다. 2차 세계대전은 당대를 살아가던 모든 이에게 엄청난 영향을 미쳤다. 당연히 사람들 삶의 단계에도 큰 영향을 미쳤다. 이 전쟁으로 선교사 세대인 노년층은 오랫동안 간직해온 비전의 옹호자가 됐고, 헨리 스팀슨(Henry Stimson), 조지 마셜(George Marshall), 더글러스 맥아더(Douglas MacArthur), 알베르트 아인슈타인(Albert Einstein) 등은 당대의 '현명한 노년층'으로 각인되면서 이전의 진보 세대와 구분됐다.

이 전쟁을 통해 중년층인 잃어버린 세대는 큰일을 해낼 수 있었고, 조지 패튼(George Patton)이나 해리 트루먼(Harry Truman) 등의 견실한 업적이 조명받았으며, 이전에는 정착이 더뎠던 또래집단이 튼튼히 뿌리내렸다.

전쟁의 승리로 2차 세계대전에 참전한 젊은 G.I. 세대 즉, 참전 용사들은 세계의 정복자라는 권한을 얻었고, '묻지 말라'는 사회적 덕목(케네디의 연설 중 "조국이 당신에게 무엇을 해줄지 묻지 말고, 당신이 조국을 위해 무엇을 할 수 있는지를 물어라"는 표현에서 나온 말-옮긴이)과 위대한 사회 팀워크로 명성이 드높아졌으며, 훗날 미국의 모든 세대 중 가장 장기 집권한 대통령을 낳은 세대가 됐다.

이 전쟁은 침묵 세대 아이들에게 신중함과 감수성을 길러줬고, 절차, 공정함, 예술적 표현에 평생 집착하는 페르소나를 안겨줬다.

2차 세계대전의 영향은 너무도 커서 세대 간 경계를 구분하는 데도 영향을 미쳤다. G.I. 세대에는 이 전쟁을 직접 본 거의 모든 이가 포함된

〈표3-1〉 미국의 세대와 2차 세계대전

세대	출생 연도	유명인	2차 세계대전과 세대와의 연관성
진보 세대	1843~1859년	우드로 윌슨	전쟁 전 노년층 (성공하지 못한 다자주의자)
선교자 세대	1860~1882년	프랭클린 루스벨트	노년층 리더: 원칙주의적 공상가
잃어버린 세대	1883~1900년	드와이트 아이젠하워	중년 장군: 실용적 관리자
G.I. 세대	1901~1924년	존 F. 케네디	떠오르는 성인 군인: '할 수 있다' 정신의 영웅들
침묵 세대	1925~1942년	마이클 두카키스	보호받는 어린이: 겸손한 협력자
베이비붐 세대	1943~1960년	빌 클린턴	전후 어린이 (전쟁 승리 후 태어난 아기)
X 세대	1961~1981년	버락 오바마	전후 어린이 (잃어버린 방향의 상징)
밀레니얼 세대	1982~2005년?	피터 부티지지	전후 어린이 (G.I.를 기억하는 마지막 성인)
홈랜드 세대	2006?~년?	프리아 퍼거슨	전후 어린이 (역사적 맥락에서만)

다. 반면 잃어버린 세대는 1차 세계대전에 참전했던 모든 군인을 포함하며, 침묵 세대에는 전쟁을 기억하기는 하지만 실제로 경험하지는 않은 10대와 아동이 포함된다. 1943년 무렵 초기 베이비붐 세대는 전쟁 승리 후 태어난 아기들이지만, 전쟁을 기억하기에는 너무 어렸다.

이후 태어난 세대들에게 전쟁 서사는 상징적으로 남았지만, 그 울림은 점차 희미해졌다. 1980년대와 1990년대, 대부분 참전 용사가 은퇴할 무렵, X 세대가 전쟁의 공동체의식을 잊었다는 비판을 들으며 성인이 됐다. 하지만 가족, 학교, 교회, 언론에서는 밀레니얼 어린이의 양육에서 옛 시민의 덕목을 강조했다. X 세대는 성인이 돼 G.I. 조(미국에서 가장 유명한 군인 완구 - 옮긴이)나 리벳공 로지(Rosie the Riveter, 2차 세계대전 당시 미국의 군수공장에서 일한 여성을 대표하는 문화적 상징으로 여성이 우람한 팔뚝을 드러내며 강인한 표정을 짓는 그림 – 옮긴이)를 접한 마지막 미국인이었다. 오늘날 홈랜드 세대 어린이들에게 2차 세계대전은 오로지 역사로만 존재하며, 그들이 2차 세계대전에 느끼는 거리감은 침묵 세대 어린이들이 남북 전쟁에서 느끼는 거리감만큼이나 멀다.

큰 사건과 그 사건의 여파가 역사의 페이지에서 흐릿하게 사라지면 어떻게 될까? 전통사회에서는 아무 일도 일어나지 않는다. 또 다른 큰 사건이 일어나지 않는 한 세대들은 서서히 사라진다. 21년이 지나면 그 사건의 영향을 받아 형성된 세대는 세 세대만 남는다. 42년 후에는 두 세대만, 63년 후에는 한 세대, 그것도 큰 사건 당시 어린 나이여서 직접 경험했다기보다는 기억만 하는 세대만 남는다. 그때쯤이면, 사회적 관성이 모든 이의 삶을 전통적 삶의 주기로 되돌려놓을 것이다. 사람들은 연령대별로 각기 삶의 단계에 따른 역할을 하겠지만, 그 역할을 하는 방식에서 세대별 뚜렷한 차이는 없을 것이다. 고대 서사시에서는, 시간의 장막이 내려오면 그것이 이야기의 끝이 된다.

하지만 현대사회에서는 큰 사건들이 상당히 규칙적으로 계속 일어난다. 그리고 이 사건 전과 후인 위기의 시기와 각성의 시기는 새큘럼의 절정기다. 영미권에서 5세기 동안 위기나 각성이 없이 50년, 즉 인간 삶의 단계 중 두 단계에 해당하는 기간이 그냥 지나간 적은 없었다. 따라서 모든 세대는 삶의 첫 두 단계 중 한 단계에서 위기의 시대나 각성기의 영향을 받아 형성됐으며, 삶의 주기 어느 시점에서 위기와 각성을 모두 경험했다.

지난 위기 이후 20세기 내내 미국에서는 이러한 현상이 뚜렷하게 나타났다. 2차 세계대전이 절정에 달했던 시기에서 약 40년 후로 가면 해당 새큘럼의 큰 사건인 전쟁 후 의식혁명 말기에 도달한다. 1940년대 초반부터 1980년대 초반까지 각 세대는 삶의 두 단계를 살았다. 이전에 활동했던 두 세대(잃어버린 세대와 선교자 세대)는 세상을 떠났고, 이전에 태어나지 않았던 두 세대(베이비붐 세대와 X세대)가 새로 등장했다.

이 각성기, 즉 규칙을 깨고, 영혼과 정신을 기리고, 집착적으로 사회적 규율을 무너뜨리려던 시기는 또다시 세대를 규정짓지만, 이전의 위기의 시대가 세대를 규정한 방식과는 전혀 다르다. 2차 세계대전 당시 65세 사람들은 도덕적인 공상가들이었지만, 의식혁명 당시 65세 사람들은 기존 체제의 완고한 수호자였다. 2차 세계대전 당시 45세가 척박한 삶을 일구는 중년의 실용주의자들이었다면, 의식혁명 당시 중년들은 중년의 '길'을 예의 바르게 안내하는 안내자였다. 2차 세계대전 당시 25세는 제복을 입은 군인이었지만, 의식혁명 때 20대는 '자신의 것에 충실한' 여피족이었다. 어린이들은 어떨까? 전쟁 당시 어린이들은 보호받던 '착한 모범생'이었지만 의식혁명 시기의 어린이들은 당시 부모가 일하러 나가면 혼자 집 문을 열고 들어와야 했던 이른바 '열쇠 아이'였다.

약 40년 정도마다 각 삶의 단계의 페르소나는 이전 세대가 확립한 페르소나와는 정반대가 된다. 이러한 리듬은 근대 이후 계속 이어졌다. 엘리자베스 1세 때 태어난 아이들이 45세가 됐을 때는 야심 찬 제국 건설자가 됐다. 여왕 통치 말기에 태어난 아이들은 신성함에 집착하며 자랐다. 두 세대 뒤, 명예혁명 때 태어난 미국 젊은이들은 변화보다는 팀워크를 선호했고, 대각성기에 태어난 젊은이들은 그 반대였다. 초월적 각성기의 젊은이들은 노인들의 열정에 불을 지피려 했고, 남북 전쟁 위기 시대의 젊은이들은 노인들의 열정의 불을 끄려 했다.

〈표3-2〉최근 세대와 각 세대의 역사적 위치

시대	1908~1929년	1929~1946년 (위기)	1946~1964년	1964~1984년 (각성)	1984~2008년
주요 사건	네 가지 자유① 1차 세계대전 금주령 스콥스 재판②	1929년 주식시장 대폭락 뉴딜 진주만 공격 노르망디상륙 작전	레빗타운④ 매카시즘⑤ 풍요로운 사회 리틀록 사건⑥	우드스탁 페스티벌 켄트주 사건⑦ 워터게이트 사건 세금 반란	페레스트로이카⑧ 문화 전쟁 닷컴버블 9 · 11 테러
노년기 진입 63~83세	**진보 세대** 우드로 윌슨 (대통령) 존 듀이 (철학자)	**선교사 세대** 프랭클린 루스벨트 (대통령) 더글러스 맥아더 (장군)	**잃어버린 세대** 드와이트 아이젠하워 (대통령) 노먼 록웰 (화가)	**G.I. 세대** 린든 존슨 (대통령) 로널드 레이건 (대통령)	**침묵 세대** 낸시 펠로시 (미 하원의원) 콜린 파월 (미 국무장관)
중년기 진입 42~62세	**선교사 세대** 허버트 후버 (대통령) 앤드루 볼스테이드 (미 하원의원)	**잃어버린 세대** 조지 패튼 (육군대장) 험프리 보가트 (배우)	**G.I. 세대** 존 F. 케네디 (대통령) 월트 디즈니 (제작자)	**침묵 세대** 랠프 네이더 (변호사) 우디 앨런 (영화감독)	**베이비붐 세대** G.W. 부시 (대통령) 오프라 윈프리 (방송인)
청년기 진입 21~41세	**잃어버린 세대** 알 카포네 (마피아) 스콧 피츠제럴드 (소설가)	**G.I. 세대** 로버트 오펜하이머 (이론 물리학자) 제임스 스튜어트 (배우)	**침묵 세대** 마틴 루서 킹 (목사) 엘비스 프레슬리 (가수)	**베이비붐 세대** 앤절라 데이비스 (사회활동가) 짐 모리슨 (가수)	**X 세대** 마이클 델 (기업인) 커트 코베인 (가수)
유년기 진입 0~20세	**G.I. 세대** 재키 쿠퍼 (배우) 《폴리애나》③	**침묵 세대** 셜리 템플의 《꾸러기 클럽》 (어린이 방송)	**베이비붐 세대** 제리 매더스 (배우) 벤저민 스폭 박사의 육아서	**X 세대** 테이텀 오닐 (배우) 《로즈메리의 아기》 (영화)	**밀레니얼 세대** 힐러리 더프 (가수) 《버니스 갱》 (TV 프로그램)

① 루스벨트가 말한 자유로 언론의 자유, 신앙의 자유, 결핍으로부터의 자유, 공포로부터의 자유 – 옮긴이
② 1925년 테네시주 법정에서 일어난 창조론 대 진화론 재판 – 옮긴이
③ 앨리너 포터가 1913년에 쓴 아동문학 – 옮긴이
④ 2차 세계대전 후 심각한 주택난을 예상해 만든 대규모 주거단지 – 옮긴이
⑤ 1950~1954년 미국을 휩쓴 일련의 반공산주의 열풍 – 옮긴이
⑥ 1957년 애칸소주 리틀록시 중학교에서 일어난 인종 갈등 – 옮긴이
⑦ 1970년 오하이오주 켄트대학교에서 대학생들의 베트남 전쟁 반대 시위에 군대가 개입해 네 명의 학생이 사망한 사건 – 옮긴이
⑧ 1980년대 후반 소련의 고르바초프 대통령이 시행한 개혁운동 – 옮긴이

흔히들 세대 차이를 처음 발견하면 이를 삶의 단계에 따른 차이로 해석하는 경우가 많다. "젊었을 때 진보주의자가 아니면 가슴이 없는 것이고, 중년에 보수주의자가 아니면 머리가 없는 것이다"[8]라는 말이 있다. 이 말은 에드먼드 버크(Edmund Burke), 프랑수아 기조(François Guizot), 벤저민 디즈레일리(Benjamin Disraeli), 윈스턴 처칠 등 다양한 정치인들이 했던 말이기도 하다. 이 관점에서 보면, 젊은이들의 관점은 언젠가는 '성장하겠지만', 아직은 일탈에 지나지 않는 것이다. 이러한 관점도 타당성이 있지만, 젊었을 때는 나이가 들수록 줄어드는 자유가 있다는 점도 생각해봐야 한다. 바로 이 자유를 가지고 새롭게 떠오르는 세대는 새로운 방향으로 나아갈 수 있으며, 새큘럼 또한 앞으로 계속 나아가게 한다.

하지만 이 새로운 방향은 기존에 부모 세대가 걸었던 길과는 전혀 다르다. 오히려 부모가 걸었던 길과 동떨어진 길을 걷게 된다. 자유주의자였던 부모는 종종 보수적으로 자녀를 양육하곤 한다. 설령 그 자녀들이 스스로 자신을 자유주의자로 여긴다 해도, 그것은 부모의 자유주의와는 전혀 다른 유형의 자유주의일 것이다. 그러므로 아이들이 어느 정도 나이가 되면 지금의 중년 리더들이 어렸을 때 지녔던 태도, 즉 삶을 대하는 자세나 노인을 대하는 태도, 정치·문화를 향한 태도와 비슷하리라는 전제는 틀린 것이다. 현대성이 처음 나타났던 수 세기 전으로 돌아간다 해도 자녀는 부모와 비슷하게 자라지 않았을 것이다.

이렇게 특정 세대 집단의 성향이 반대로 흘러가는 '방향'에 집중하면 규칙적인 타이밍이 생기는 '원인'을 파악할 수 있다. 스스로 물어보자. 외부 세계 개편에 주력하며 만족해하는 합리주의자들이 지배하는 국가에서 젊은이들은 과연 어떻게 행동할까? 그렇다. 그들은 내부 세계 재편에 집중하는 불만족스러운 도덕주의자가 돼 기성세대의 방식을 보상받으려 할 것이다. 그 반대도 마찬가지다.

세대교체는 과거의 리듬을 미래의 리듬으로 변화시킨다. 세대가 과거의 역사에 따라 '형성될' 뿐 아니라 미래의 역사를 '형성하는' 것도 이런 이유다. 세대는 사회적 변화의 속도를 조절한다. 개인적 삶의 경험과 사회적·정치적 흐름을 아우르는 더 넓은 역사적 내러티브 사이의 연결고리를 만든다.

세대와 역사 사이의 연결성이 그토록 강력하다면, 왜 사람들은 그 사실을 알지 못하는가?

사람들은 알고 있다. 역사가 기록되기 시작할 무렵, 사회적 시기의 보편적 기준을 정하는 것은 연도가 아닌 세대였다. 그리스 시인들은 에게해 신화를 시로 옮길 때 가이아, 우라누스, 크로노스, 제우스 등의 연이은 등장을 표현하기 위해 순차적인 세대를 사용했다. 히브리어 성경 중 '창세기'는 한 세대가 다음 세대를 낳고, 다음 세대가 또 그다음 세대를 낳는 서술 방식을 통해 시간을 가늠하게 했다.

고대 선조들에게는 세대라는 단어의 의미가 모호한 경우가 많았다. 인도-유럽어 어근에서 gen은 동사로는 "생기다" 또는 "생겨나다"는 의미 정도며, 명사로는 "생겨난" 새로운 것이다. 이를 사람에게 적용하면 두 가지 의미가 된다. 먼저 첫 번째 의미는 '가족 세대'다. 가족 세대는 동일한 생물학적 부모로 인해 생긴 모든 사람을 의미하며, "4세대" 같은 표현으로 사용될 수 있다. 또 다른 의미는 '사회적 세대'다. 동시대에 자연적으로나 사회적으로 생겨난 모든 사람을 의미한다. 사회적 세대는 또래집단 전체를 지칭한다. 가령 신약 성경에서 "믿음이 없고 비뚤어진 세대"라는 표현이나 시인 헤시오도스(Hesiodos)가 "황금 세대"나 "은 세대", "청동 세대"라는 표현을 사용한 사례를 볼 수 있다.

고대 작가들은 세대라는 말을 언급하기는 했지만, 구체적이고 정확하게 규정하려 애쓰지 않았다. 많은 사람이 부족이나 국가의 사회적 세대를 국가 지도자 개인의 세대와 혼용해서 사용하곤 했다. 그러다 보니 자연스럽게 사회적 세대와 가족 세대의 구분이 혼재돼 사용됐다. 또한, 그들은 뚜렷하게 두드러지는 사회적 세대를 그저 일시적인 현상 정도로만 여겼다. 신화적인 역사에서 어쩌다 보니 생긴 세대지만, 다시는 생기지 않을 세대로 여긴 것이다.

하지만 현대사회에 접어들면서 이러한 관념이 바뀌었다. 서구 사회는 세기라는 개념에 대해 말하기 시작했고, 새로운 또래집단에 대해 자의식적인 이야기를 하기 시작했다. 지식인들은 더 이상 리더와 리더를 따르는 사람들을 혼동하지 않았다. 그리고 새로운 세대의 등장을 기대하기 시작했다. 프랑스대혁명 직전, 사회적 세대 이론이 폭발적으로 확산했다. 파리의 모든 살롱마다 (일부는 토머스 제퍼슨의 말을 인용하기도 하면서) 각 새로운 세대의 길이와 자연권을 어떻게 규정할 것인지에 관한 논의가 활발하게 일어났다.

이후 150년간, 서구 최고의 지성인들이 세대라는 개념을 확대하고 구체화하기 위해 갖은 노력을 기울였다. 대부분은 현대사회에서 세대는 사회 변화의 속도를 조절하는 주체[9]라고 말한 오귀스트 콩트(Auguste Comte)의 의견에 동의했다. 존 스튜어트 밀(John Stuart Mill)은 세대를 "교육을 받고, 어린 시절부터 성장해 사회 구성원이 된 새로운 인간 집단"[10]으로 공식적으로 규정했다. 독일 역사학자이자 철학자인 빌헬름 딜타이(Wilhelm Dilthey)는 세대를 "공통의 어린 시절과 공통의 청소년기를 보냈으며, 삶에서 가장 왕성했던 시기가 부분적으로 겹치는 사람들 사이의 … 동시대적 관계"[11]라고 규정했다.

1차 세계대전 이후 카를 만하임, 호세 오르테가 이 가세트(José Ortega y Gasset), ("사회적 세대"라는 제목의 책을 통해 이 용어를 만든) 프랑수아 멘트레(François Mentré) 등의 사상가들과 다른 많은 이가 특별한 세대 이론[12]을 제시했다. 19세기의 사회과학자들은 '세대 효과'(또는 출생 코호트 효과)를 늘 고민하고 연구하기 시작했다. 최근 수십 년간 기업들은 '세대별 마케팅'을 활용하는 법을 터득했다. TV 광고, 정치 연설, 영화, 대중문화 등에서 세대에 관한 언급이 끊임없이 등장한다. 미국뿐 아니라 전 세계의 전문가들이 새로운 세대에 이름을 붙이기 위해 경쟁한다.

하지만 이렇게 홍수처럼 불어난 세대 자의식은 폭만 빠르게 넓어질 뿐 깊이는 깊어지지 못하고 있다. 우리가 규칙적인 사회적 주기를 더 많이 접할수록 주기라는 개념을 더 멀리하는 것처럼, 짐 모리슨(Jim Morrison)에서 커트 코베인(Kurt Cobain), 테일러 스위프트(Taylor Swift)에 이르기까지 팝 음악의 변천사를 더 많이 이야기할수록 세대라는 개념 역시 등한시되기 마련이다. 세대와 자연이나 역사와의 깊은 연관성보다는 세대와 팝 음악, 소셜미디어, 각종 기술 등과의 연관성이 훨씬 더 잘 받아들여지고 이해된다.

왜 현대인들은 세대의 참신함을 끝없이 찬미하는 것일까? 그 찬미가 무한한 진보에 대한 기대를 충족해주기 때문이다. 왜 우리는 시간의 수레바퀴에 저항하는 것일까? 시간이 그 환상을 무너뜨리기 때문이다. 현대성은 미래를 통제하지만, 세대는 사실 우리를 과거와 사회적 행위의 오래된 역학 관계에 묶어둔다. 세대의 변화는 진보의 방향을 안다고 주장하는 사람들 앞에서 수시로 폭발적으로 일어난다. 현대사회에서 각 세대의 새로운 리더들은 부모 세대가 남긴 과오의 그림자에서 벗어나려고 노력한다. 이 새로운 리더들은 자신들의 자녀가 그 그림자로 되돌아가기를 절대 원하지 않는다.

리더가 유토피아적 이데올로기를 가지고 있다면, 자신이 무한한 진보의 열쇠를 쥐고 있다고 생각해(프랑스대혁명이나 이탈리아의 파시스트처럼) 원년을 정해(각각 1792년과 1922년) 다시 시작할 것이다. 스탈린이나 폴 포트처럼 과거의 기억에 위협을 느껴, 혁명이 일어나기 전 성인이 된 세대 엘리트들을 청산하려 들 수도 있다. 조지 오웰(George Orwell)의 소설 《1984》에 나오는 빅 브라더의 정치 구호는 "과거를 지배하는 자가 미래를 지배한다"[13]와 "현재를 지배하는 자가 과거를 지배한다"다.

현대인들은 대부분 진보라는 개념을 어느 정도는 믿고 있다. 정도의 차이만 있을 뿐이다. 하지만 이런 희망은 늘 이런저런 사건들로 번번이 좌절된다고 해도 과언이 아니다.

세대 변화를 더 잘 이해해야만 그 변화에 무방비로 휘둘리지 않을 수 있다. 그래야만 윌리엄앤메리칼리지의 역사학자 앤서니 에슬러(Anthony Esler)가 "세대별 접근 방식이 전체 역사로 가는 왕도 중 하나를 보여줄 수 있다"[14]고 했던 의미를 이해할 수 있다. 하지만 이에 앞서 사회적 세대 그 자체를 면밀하게 살펴볼 필요가 있다. 정확히 세대를 어떻게 정의하고, 설명하고, 인식할 수 있는가?

세대 구분

"당신도 여기에 속한다. 당신들 모두는 동시대에 태어났다. 이 사실에서 벗어날 수는 없다. 원하든 원하지 않든, 당신은 그 일부다"[15] 소설가 토머스 울프(Thomas Wolfe)는 저서 《그대 다시는 고향에 못 가리》에서 잃어버린 세대를 향해 이렇게 말했다. 스콧 피츠제럴드, 어니스트 헤밍웨이(Ernest Hemingway), 맬컴 카울리(Malcolm Cowley) 그리고 1920년대의 다른 작가들과 마찬가지로, 울프에게 세대의 일원이라는 말은 젊은 나이에 이미 지쳐버린 냉소주의, 위험 감수, 폭음, 젠체하는 기성세대에 대한 경멸 등 다양한 매너리즘을 반영하는 의미였다. 울프 나이대 젊은 사람들은 도덕주의적인 중년과는 큰 차이가 있었으며, 새로운 차원으로 고지식한 어린이들과도 많이 달랐다. 여기에 속하려면 1차 세계대전이 일어나기 직전에 이미 성인이어야 했다. 공식적으로 규정한 바는 없지만, 사람들은 그냥 그렇게 '알고' 있었다.

게다가 시간이 흐르면서 이 세대 일원들이 점점 늙어가고 있다는 사실을 모두가 인지했다. 울프가 죽고 난 후 소설이 출판됐을 때(1940년), 그들은 더 이상 떠오르는 세대가 아니었다. 그는 이렇게 썼다. "이 나라에 '잃어버린 세대' 같은 것이 있다면 그건 아마도 1929년 이전에 사용하던 언어를 여전히 사용하고, 다른 언어는 알지 못하는 중년 이상의 남성들일 것이다. 이들은 분명 길을 잃었다."[16] 다시 말해 울프는, 자신의 세대를 삶의 고정된 단계에 있는 이들로 단순하게 지칭한 것이 아니다. 그는 시간이 흐르면서 삶의 모든 단계를 '관통하며' 나이 들어가는, '특정 집단 사람들'을 말한 것이다. 울프의 잃어버린 세대 문학가들은 자신들의 세대를 어떻게 규정하는지 정확히 설명하지 않았다. 하지만 그래도 질문은 해야 한다. 매 순간 사람들이 태어나는 이 세상에서 어떻게 사회적 세대를 구분하고 그들의 출생 연도의 경계를 정의할 수 있을까?

이 질문에 답하려면 가장 먼저 세대의 '길이'를 정해야 한다. 큰 사건 시나리오에서 봤듯이 역사는 나이에 따라 정해진 사회적 역할별로 다양한 또래집단에 고유한 특성을 부여한다. 따라서 한 세대의 길이(출생 연도를 기준으로)는 삶의 한 단계(나이를 기준으로)의 길이와 비슷해야 한다. 19세기 초반에는 평균 21년 정도를 한 세대의 길이로 봤다. 물론 역사의 굴곡과 큰 사건이 일어난 정확한 시점에 따라 세대의 길이는 다를 수 있다.

다음으로 이 길이를 실제 출생 연도에 적용하려면 세대의 근본적인 페르소나를 알아내야 한다. 세대마다 고유의 페르소나가 있다. 그 페르소나는 인간적이고 가변적인 창조물로 가족생활, 성역할, 제도, 정치, 종교, 생활 방식, 미래에 관한 태도를 포괄한다. 인간이 생각하고 느끼고 행동하듯 세대 역시 생각하고 느끼고 행동할 수 있다. 안전을 지향할 수도 있고 무모할 수도 있다. 개인주의일 수도 있고 집단주의일 수도 있으며, 경건할 수도 있고 세속적일 수도 있다. 인종·계급·국적 같은 사회적 범주와 마찬가지로 세대 역시 개인적인 예외를 많이 허용할 수 있으며, 그 경계가 모호할 수도 있다.

하지만 다른 사회적 범주와 달리, 세대에는 고유의 개인적 서사가 있다. 침묵 세대에게는 그들만의 공통 경험에 관한 평생의 이야기가 있으며 이는 모든 여성, 모든 히스패닉 사람, 모든 캘리포니아 주민과는 다른 결, 다른 방식의 이야기다. 이탈리아 역사가 주세페 페라리(Giuseppe Ferrari)의 말로 그 이유를 설명하자면, 모든 세대는 "태어나고, 살고, 죽기" 때문이다.[17] 세대는 특정 과거에 향수를 느끼고, 한정된 미래에 절박함을 표현하며, 자신들의 죽음을 이해할 수 있다.

살아 있는 진짜 세대의 페르소나를 규정하는 정해진 공식은 없다. 하지만 세 가지 속성을 살펴보면 페르소나를 파악하는 데 도움이 된다. 첫째는 역사에서 차지하는 세대 공통의 위치다. 둘째는 세대 공통의 신념과 행동이다. 셋째는 공통 세대의 구성원이라는 인식이다.

'공통의 위치'라는 말은 역사의 흐름과 사건들 연대기에서 그 세대가 어디에 위치하는가를 의미한다. 역사의 중요한 순간에 세대 구성원은 삶의 한 단계에 속해 있다. 가령 2차 세계대전 말기에 침묵 세대, G.I. 세대, 잃어버린 세대, 선교자 세대는 각각 아동기, 청년기, 중년기, 노년기 연령대에 딱 들어맞는다. 각 세대와 그 세대들의 삶의 단계가 딱 들어맞는 사례는 또 있다. 1920년대 후반(주식시장 대폭락 직전), 1960년대 초반, 1980년대 초반(문화적 격변의 시대 전후)에도 그랬다. 이러한 순간들은 세대의 용광로다. 또래집단 구성원이 만하임이 말한 "동일한 시간과 공간의 공동체"가 돼서 "구체적인 역사적 문제를 동일하게"[18] 맞닥뜨리는 것이다. 오르테가 이 가세트는 이 순간이 세대 구성원을 "생물학적으로나 역사적으로 동년배"[19]로 만드는 "날짜 지대(zones of dates)"라고 했다.

어느 순간이건 역사는 필연적으로 세대 내의 가장 나이 든 구성원과 가장 어린 구성원에게 다른 방식으로 영향을 미친다. 예를 들어, 베트남 전쟁은 1955년에 태어난 베이비붐 세대보다 1945년에 태어난 베이비붐 세대에게 더 큰 압박을 가했고, 2차 세계대전은 1910년에 태어난 G.I. 세대보다 1920에 태어난 G.I. 세대에게 더 큰 영향을 미쳤다. 하지만 세대에서 특정 연도에 태어난 집단이 더 나이 든 사람이나 젊은 사람을 끌어모아 역사적으로 같은 위치에 묶어두기도 한다. 작가 셰럴 머서(Cheryl Merser)는 저서 《어른들(Grown ups)》에서 자신을 포함해 1950년대에 태어난 미국인들은 "60년대를 70년대에 경험했다"[20]고 말한다. 머서에게 이 60년대의 경험은 머서의 또래집단과 더 나이 든 베이비붐 세대 구성원들을 하나로 묶어줄 만큼 진정성 있는 것이었다. 하지만 1950년대나 1980년대에 60년대를 경험한 사람은 없다.

세대는 철학자 훌리안 마리아스(Julián Marías)가 정의한 연속적인 출생 집단의 "사회적 지도"를 고려해 정확한 출생 연도에 따라 구분할 수 있다. 그는 이런 의견을 제시했다. "비유적으로 말하면 세대는 두 산봉우리 사이에 위치할 수 있으며, 그 세대가 어느 쪽 산봉우리에 속하는지 정하려면 분기점을 알아야 한다."[21] 이 분기점은 명확할 때도 있고 모호할 때도 있다. 때론 찰나의 순간이 인접한 두 세대를 분리하는 데 결정적 영향을 미치기도 한다. 현대 미국에서는 출생이 1분 늦어지면 6년 후 유치원생이냐 초등학생이냐가 갈린다. 이후에는 전쟁에 참전하느냐 마느냐를, 첫 직장에서 해고당하느냐 마느냐를 결정할 수도 있다.

'공통된 신념과 행동'은 한 세대 내 특정 연령대의 구성원이 더 일찍 태어난 사람이나 더 늦게 태어난 사람보다 서로 더 많이 공유하는 객관적 특성이다. 이러한 특성은 대부분 세대 이론가에게 이론의 토대가 된다. 콩트는 각 세대가 "특정 기본 개념에 만장일치의 합의"[22]를 이룬다고 했다. 딜타이는 "세대의 세계관"[23]이 그 세대 평생의 방향을 만든다고 말한다.

세대별 특성이 어떻게 다른지 보려면, 정치적 성향의 변화를 살펴보면 된다. 가령, 큰 정부에 평생 회의적이었던 공화당 성향의 잃어버린 세대와 기술주의 국가를 평생 지지했던 민주당 성향의 G.I. 세대 사이의 큰 간극을 생각해보라. 또는 공화당 성향의 X 세대와 민주당 성향의 밀레니얼 세대 사이의 큰 격차를 생각해보라. 한참 거슬러 올라가 살펴보면, 실제로 사람들의 투표 성향은 그들이 10대 후반과 20대 초반[24]에 인기 있었던 정당을 따라 크게 기운다.

자유로운 선택에 대한 태도도 생각해보자. 1950년대 젊은 침묵 세대가 결혼과 직업에서 안정을 추구했던 것과 달리 1990년대 X 세대가 결혼과 기업문화를 혐오했던 것을 생각해보라. 성역할의 격차도 생각해보

라. G.I. 세대에서 그 격차는 더 넓었고, 베이비붐 세대는 더 좁았다. 전반적인 삶의 목표도 생각해보라. 1960년대로 거슬러 올라가 보면, 베이비붐 세대 대학교 신입생 두 명 중 한 명은 "경제적으로 앞서나가는 것"보다 "삶에서 의미 있는 철학을 추구하는 것"이 더 중요하다고 답했다. 10년 후 X세대 신입생 두 명 중 한 명은 반대로 대답했다.[25]

한 세대의 모든 구성원을 아우르는 획일적인 특성은 없다. 그보다는 세대 내의 주요 흐름이 그 세대를 규정하는 데 도움이 되곤 한다. 밀레니얼 세대의 출생부터 지금까지의 흐름을 보면 그들은 위험을 회피하고 장기적 미래를 더 많이 생각한다. 밀레니얼 세대의 범죄율과 약물남용 비율은 줄어들고, 교육수준은 상승했다는 점에서 추정할 수 있는 내용이다. 이런 관점에서 봤을 때, 그들은 G.I. 세대와 비슷하고 베이비붐 세대와는 전혀 다르다. 동일한 지표로 관찰했을 때 베이비붐 세대와는 정반대기 때문이다.

세대 구성원이 공통으로 '인식하는 소속감'은 한 세대가 자신의 세대를 규정하는 방식이며, 어느 출생 연도 구성원이 포함되고 포함되지 않는지를 이해하는 방식이다. 소속감 인식은 세대에게 일종의 운명 같은 느낌을 준다. 마리아스는 이런 말을 한 적이 있다. "우리가 어느 세대에 속해 있는지 묻는 것은 결국 우리가 누구인지를 묻는 것과 같다."[26]

소속감 인식은 많은 여론조사기관에서 베이비붐 세대에 품어왔던 의구심에 확실한 답을 보여준다. 다시 말하면, 여론조사기관에서 정한 베이비붐 세대의 경계(1946~1964년 사이 출생한 사람)가 실제로는 몇 년 더 일찍 시작하고 일찍 끝나야 한다(1943~1960년 사이 출생한 사람). 실제로 X세대라는 말은 1961년에서 1964년 사이에 태어난 젊은 문인들이 스스로 지칭하는 용어로 처음 만들어 대중화시켰으며, 이 용어를 만든 목적은 베이비붐 세대와의 연관성을 부인하기 위해서였다.

심지어 더 이상 직접 물어볼 수 없는 과거 세대라 할지라도, 그들의 소속감 인식에 관한 증거 자료는 무수히 많다. 이러한 증거는 1890년대 후반에 태어난 잃어버린 세대의 유명인들을 그들보다 조금 더 나이 많은 작가들(랜돌프 본Randolph Bourne, T.S. 엘리엇T.S. Eliot, 에즈라 파운드Ezra Pound)과는 연결 고리를 찾아도 그들보다 조금 어린 세대 작가들(존 스타인벡John Steinbeck, 랭스턴 휴스Langston Hughes, 위스턴 휴 오든Wystan Hugh Auden)과는 연결 고리를 찾지 않는 근거가 된다.

여러분이 여러분 세대에 속한다고 말한다고 해서 그 세대에 호의적이라는 의미는 아니다. 독일의 문학 사학자 율리우스 피터존(Julius Peterson)에 따르면, 모든 세대에는 이른바 지시하는 구성원과 지시받는 구성원, 억압받는 구성원[27]이 있다. 지시하는 구성원은 세대의 전반적인 분위기를 조성하고, 지시받는 구성원은 지시를 따르고 형성되는 분위기를 정당화하며, 억압받는 구성원은 분위기를 따르지 않거나 드물게 평생 그러한 분위기를 공격하며 산다. 물론 억압받는 구성원은 저항하는 중에도 자신들의 세대가 삶에 미치는 영향력을 확인한다.

어쩌면 세대의 자기 인식에서 가장 중요한 점은 방향성이다. 오르테가 이 가세트는 이런 글을 썼다. 각 세대는 "특정 순간에 특정 속도와 방향을 가지고 우주로 쏘아 올려진 생명이 있는 미사일과도 같으며, 이 미사일은 미리 정해진 주요 궤적을 따른다."[28] 만하임은 각 세대가 "본질적인 운명"[29]이라고 말했다.

일부 세대에게는 이러한 운명 의식이 압도적일 수도 있다. 전후 G.I. 세대의 결속력과 토머스 제퍼슨의 혁명 이후 세대의 결속력에는 그들이 만들고자 했던 미래에 대한 원대하고도 보편적인 합의가 반영돼 있다. 하지만 어떤 세대에게는 이 운명 의식이 약할 수도 있다. X 세대는 성인이 됐을 때 자신들 세대에 대한 기대가 거의 없었으며, 이러한 사실이 그들 세대의 집단적 페르소나의 일부가 됐다. 워싱턴과 아이젠하워 세대들 역시 X 세대와 비슷했다.

세대는 집단적으로 자신들의 운명을 선택할 수 있다. 하지만 개인이 부모나 민족, 조국을 선택할 수 없는 것처럼, 자신의 세대 역시 선택할 수는 없다. 마르틴 하이데거(Martin Heidegger)에 따르면, 세대에 속한다는 것은 같은 시기, 같은 공간에 "우리 자신을 세상에 던지는 것"이며, 그리하여 우리의 전망과 선택지를 만들어가는 것이다. 이에 관해 그는 이렇게 말했다. "한 세대에 속해 살아가는 운명적 행위가 인간 존재의 드라마를 완성한다."[30]

세대 파노라마

2013년, 〈타임(Time)〉은 밀레니얼 세대를 표지에 실으면서[31] 미국에서 이제 막 성인이 된 새로운 세대의 물결에 관해 그해 폭발적으로 늘어난 언론 논평(엔그램Ngram으로 측정한)(엔그램은 언어와 문자 분석에 사용되는 통계 도구다 – 옮긴이)의 대열에 합류했다. 대부분 기사는 그들을, 어린 시절 과잉보호를 받고 응석받이로 자랐다가 경기가 침체한 상황에서도 쾌활함을 잃지 않는 '특별하고', '결속력 있는' 젊은이들로 묘사했다.

23년 전, X 세대가 등장했을 때도 미국은 새로운 세대에 비슷한 관심을 보였다. 아직 X 세대라는 명칭이 생기기 전이었지만 〈타임〉 표지에 X 세대가 등장했다.[32] 그로부터 1년 후, 더글러스 코플랜드(Douglas Coupland)의 《X 세대(Generation X)》라는 소설이 출간되면서 X 세대라는 명칭이 생겼다. 이번에는 이 새로운 세대에 대한 평이 달랐다. 그들은 방임돼 홀로 자란 아이들이었고, 아이러니와 무관심 속에서 힘든 시기를 보냈다.

다시 23년 전인 1967년, '사랑의 여름'(Summer of Love, 1967년 여름의 사회 현상으로 히피 차림을 한 사람들 약 10만 명이 헤이트애시베리에 운집한 일 - 옮긴이)으로 돌아가 보자. 이때도 미국은 새로운 세대에 매료됐다. 이번에는 대담하고 이상적인 젊은이들, '요구'가 '세대 격차'를 만든 세대였다. 예상대로 〈타임〉은 베이비붐 세대를 커버에 실었다.[33]

또다시 시간을 20년이 조금 안 되는 시점으로 거슬러 올라가 보자. 회색 정장 차림의 젊은 침묵 세대가 불안의 소용돌이에 휘말려 있었다. 또는 1930년대로 돌아가 보면 급진주의적인 G.I. 세대가 있다. 또다시 휴전의 날(Armistice Day)과 소외된 젊은이들, 즉 잃어버린 세대로 돌아가 보자. 하지만 이번에는 그들을 파리에서 볼 수 있다. 작곡가 버질 톰슨 (Virgil Thomson)의 말대로 그들은 "나는 맛있는 음식이 있는 곳에서 굶어 죽고 싶다"[34]를 택했기 때문이다.

여기에 핵심이 있다. 미국인들은 매 20여 년을 주기로 새롭게 등장한 세대에 화들짝 놀란다. 미국인들은 바로 직전 세대와는 전혀 다른 방식으로 행동하는 젊은이들이 주축이 돼 공론화된 사건이나 상황에 충격을 받는다. 이러한 현상은 주로 새로운 세대 구성원 중에 가장 나이가 많은 구성원이 20대 후반 또는 30대 초반일 때 발생한다.

이러한 사건들의 평균 주기는 매우 중요하다. 평균 주기인 21.5년은 인간 삶의 한 단계와 한 세대의 평균 길이에 매우 근접하다.

이 모든 사실에 비추어봤을 때, 18세기 초부터 미국인이 가장 인상적인 세대를 만나 '놀라는' 주기에는 일종의 리듬이 있다. 그렇다면 무슨

〈표3-3〉 성인 연령이 되는 미국 세대

성인이 되는 미국 세대	세대가 처음 감지된 해
각성 세대	1734년: 에드워드의 노샘프턴 교회 부흥
자유 세대	1755년: 워싱턴의 월더니스 전투
공화파 세대	1776년: 제퍼슨의 독립선언
타협 세대	1804년: 루이스 클라크 탐험
초월 세대	1831년: 터너의 봉기와 게리슨의 해방자
도금 세대	1849년: 캘리포니아 골드러시
진보 세대	1876년: 에디슨과 웨스팅하우스 국제박람회
선교자 세대	1896년: 윌리엄 제닝스 브라이언의 포퓰리스트(인민주의자) 개혁운동
잃어버린 세대	1918년: 파리의 도우보이즈(Doughboys, 1차 세계대전 병사)와 문화지식인
G.I. 세대	1935년: CCC(민간자원보존단)과 WPA(공공산업진흥청)의 젊은 집단
침묵 세대	1951년: 침묵 세대로 불리는 한국 전쟁 시대 청년들
베이비붐 세대	1967년: 히피들이 '사랑의 여름'을 기리다
X 세대	1991년: 코플랜드의 냉소적인 소설 《X 세대》 출간
밀레니얼 세대	2013년: 〈타임〉 커버에 경기침체기의 밀레니얼 세대가 등장

일이 벌어지기에 약 22년마다 놀라는 것일까? 새로운 집단이 태어나 삶의 아동기를 채우고, 그 이후 세대는 삶의 단계에서 한 단계씩 뒤로 이동한다. 가장 최근 우리를 놀라게 한 2013년의 밀레니얼 세대를 기준으로 본다면, 다음에 놀랄 세대는 약 2030년대 중반에 부상할 홈랜드 세대가 될 것이다. 홈랜드 세대에 관해서도 할 이야기가 많다. 그들이 Z 세대와 구별되는 이유를 비롯해 홈랜드 세대에 관한 다양한 이야기는 다음 장에서 다룰 예정이다. 이 세대들의 등장은 단순한 사건들의 나열에 지나지 않을 수도 있지만, 사건들 자체만 놓고 본다면 각 사건이 뚜렷하게 구분되는 세대의 젊은 페르소나를 반영한다는 사실을 알 수 있다. 역사에서 고유의 위치를 차지하고, 고유의 세계관을 지니며, 고유의 본질

적 운명 의식을 지닌 세대들의 페르소나 말이다.

미국에 속한 사람은 미국 세대에 속한다. 대부분 우리 선조와 후손도 마찬가지일 것이다. 모든 역사는 여러분과 그들의 집단 일대기의 연속에 지나지 않는다.

〈표3-4〉의 영미권 세대 흐름은 역사학자들이 지난 100년간 미국 세대에 관해 쓴 내용을 확증한다. 대부분 역사가는 대략 비슷한 시기에 비슷한 세대의 흐름이 진행된다는 사실을 확인했다.[35]

이 표에 언급된 세대들은 얼마나 오랜 기간에 걸친 세대일까? 전체적으로 570년의 기간을 24세대로 나누었으며 세대의 평균 길이는 24년이다. 미국 독립 전쟁 이전과 전쟁 기간에 태어난 14세대의 평균 길이는 25년이다. 이후 세대 길이는 21년으로 짧아졌으며, 이는 인간 삶의 한 단계 길이와 일치한다.

세대의 출생 연도는 위기의 시기와 각성의 시기가 일어나는 새큘럼 주기와도 일치한다. 표에서 연도를 비교해보면 각 세대의 첫 출생 연도는 거의 위기의 시기나 각성의 시기가 시작될 무렵이나 끝날 무렵에서 불과 몇 년 전이라는 사실을 알 수 있다. 따라서 표에 언급된 모든 세대의 선두 집단이 유아기에 등장해 이제 막 사회를 알아갈 무렵이 되면 사회는 위기의 시기나 각성의 시기에 진입하는 시점이다. 이처럼 각 세대의 선두 집단이 성인이 되는 시점에 사회는 다음 시기에 진입하기 직전 시기다.

마지막으로, 각 새큘럼 내에서 반복해 생기는 패턴도 찾을 수 있다. 첫 번째 세대가 성인이 돼 각성기를 맞으면, 두 번째 세대는 각성기에 어린 시절을 보낸다. 그리고 세 번째 세대가 성인이 돼 위기의 시기를 맞으면, 네 번째 세대는 위기의 시기에 어린 시절을 보내게 된다. 역사

세대	출생 연도	유명인(남성)	유명인(여성)	구성원의 성인기 또는 시기	원형
아서 왕 세대	1433~1460년	헨리 7세(왕)	엘리자베스 우드빌(여왕)	장미 전쟁 위기	영웅
인본주의 세대	1461~1482년	토머스 모어(사상가)	요크 왕가의 엘리자베스		예술가
종교개혁 세대	1483~1511년	존 녹스(신학자)	앤 불린(왕비)	종교개혁 각성	예언자
보복 세대	1512~1540년	프랜시스 드레이크(탐험가)	엘리자베스 1세(여왕)		노마드
엘리자베스 세대	1541~1565년	윌리엄 셰익스피어(극작가)	메리 허버트(작가)	스페인 함대 위기	영웅
의회 세대	1566~1587년	존 윈스럽(정치인)	앤 하친슨(종교인)		예술가
청교도 세대	1588~1617년	찰스 1세(왕)	한나 다스틴(정착가)	청교도 각성	예언자
기사도 세대	1618~1647년	나새니얼 베이컨(식민지 개척자)	메리 디어(종교인)		노마드
명예혁명 세대	1648~1673년	로버트 카터(상인)	한나 다스틴(정착자)	명예혁명 위기	영웅
계몽주의 세대	1674~1700년	캐드월러더 콜든(의사)	메리 머스그로브(상인)		예술가
각성 세대	1701~1723년	조너선 에드워즈(목사)	엘리자 루커스 핑크니(사업가)	대각성	예언자
지유 세대	1724~1741년	조지 워싱턴(대통령)	머시 오티스 워런(작가)		노마드
공화국 세대	1742~1766년	토머스 제퍼슨(대통령)	돌리 매디슨(영부인)	미국독립혁명 위기	영웅
타협 세대	1767~1791년	앤드루 잭슨(대통령)	엘리자베스 캐디 스탠턴(운동가)		예술가
초월 세대	1792~1821년	에이브러햄 링컨(대통령)	메리 디어(종교인)	초월주의 각성	예언자
도금 세대	1822~1842년	율리시스 그랜트(대통령)	엠마 골드먼(운동가)		노마드
진보 세대	1843~1859년	우드로 윌슨(대통령)	메리 카셋(화가)	남북 전쟁 위기	예술가
선교자 세대	1860~1882년	프랭클린 루스벨트(대통령)	엠마 골드먼(운동가)	3차 대각성	예언자
잃어버린 세대	1883~1900년	해리 트루먼(대통령)	도러시 파커(작가)		노마드
G.I. 세대	1901~1924년	존 F. 케네디(대통령)	캐서린 헵번(배우)	대공황-2차 세계대전 위기	영웅
침묵 세대	1925~1942년	조 바이든(대통령)	샌드라 데이 오코너(법조인)		예술가
베이비붐 세대	1943~1960년	누트 깅그리치(정치인)	힐러리 클린턴(정치인)	의식혁명	예언자
X 세대	1961~1981년	제프 베이조스(기업인)	카멀라 해리스(부통령)		노마드
밀레니얼 세대	1982~2005년?	마크 저커버그(기업인)	테일러 스위프트(가수)	밀레니얼 위기	영웅
홈랜드 세대	2006?~냉?	제이컵 트럼블레이(배우)	지아나 브라이언트(배우)	–	예술가

에서 이 네 가지 위치는 세대의 원형인 예언자, 노마드(유목민), 영웅, 예술가와 관련이 있다. 영미 역사를 통틀어 예외는 단 한 번이었다(미국 남북 전쟁 시기에 영웅이 생략됐다). 이 한 번의 예외를 제외하면, 이 원형은 늘 같은 순서대로 나타났다.

이러한 패턴이 반복되기 때문에 미국은 늘 모든 위기의 시기나 각성의 시기마다 동일한 세대 구성을 갖는다. 다시 말하면, 삶의 네 단계에 진입하는 동일한 원형 집단을 갖게 된다는 말이다.

그렇다면 역사에서 차지하는 세대의 위치에 따라 예측 가능한 원형은 무엇일까? 그리고 왜 이 원형들은 개인과 역사 사이의 상호작용의 중심에 있는 것일까? 이 질문에 답하려면 고대의 네 가지 기질설과 그 기질설에 따른 위대한 신화들을 살펴야 한다.

원형과 신화

대부분 고대문화는 시간을 네 부분으로 나눠 사계절을 구분했을 뿐 아니라, 자연과 인간에게 작용하는 다른 대부분 힘도 네 부분으로 나누었다. 이로 인해 네 가지 기본 원소, 힘, 신, 동물, 질병, 기질 등이 생겨났다. 이 네 개의 단위에 속하는 각각의 항목은 대체로 사계절과 연관된다. 그리고 계절과 마찬가지로, 네 개를 두 개씩 묶은 두 쌍의 항목은 상반되는 것으로 간주했다. 건강이나 행복은 늘 이 네 가지 항목의 균형과 연관이 있다.

20세기 초 이 분야에 관한 전면적인 연구가 이루어졌을 때, 이러한 패턴의 정확한 순서는 구조 인류학자들에게 풍성한 연구 주제를 제공했다. 예를 들어, 고대 그리스인은 네 가지 원소(불, 물, 공기, 흙)가 각각 그 기본적인 특성(뜨거움, 축축함, 건조함, 차가움)과 함께 계절이나 신, 유머, 체액, 기분과 관련이 있다고 생각했다. 이 중 유머와 기분은 현대까지도 유럽 의학을 지배할 만큼 강력했다. 또한, 쾌활한(sanguine), 다혈질의(choleric), 우울한(melancholic), 침착한(phlegmatic) 등의 다채로운 단어를 만들기도 했다.

1920년대, 유럽의 새로운 세대 심리학자들이 무언가를 발견했다. 이러한 기분들은 당시 심리학자들이 연구 중이던 성격유형과 사고방식 유형(Denkformen)에 관한 새로운 이론과 매우 가까웠다. 가장 눈에 띄는 사람은 카를 구스타프 융으로, 그는 헤라클레이토스(Heracleitos) 같은 고대 시인과 철학자들에게 영감을 받았음을 인정하며, 네 가지 심리 유형(사고, 직관, 감정, 감각)[36]을 제시했다. 에리히 아디케스(Erich Adickes), 에두아르트 슈프랑거(Eduard Spranger), 에른스트 크레치머(Ernst Kretschmer) 등 유럽의 몇몇 철학자와 언어학자도 저마다 자신만의 네 가지 이론을 제시하며 이 분위기에 동참했다.

최근 수십 년간 융의 네 가지 이론은 그 유명한 마이어스-브리그스(Myers-Briggs)의 "성격유형 지표"[37]를 포함해 네 가지를 기준으로 하는 다양한 심리학 이론과 치료 이론에 영감을 줬다. 요즘 서점에는 융의 원형을 연상시키는 제목(왕, 전사, 마법사, 연인, 내 안의 영웅 깨우기 등)의 자기 계발서가 넘쳐난다. 현대인의 페르소나는 오래전으로 거슬러 올라가 네 가지 부족의 원형, 즉 '족장, 광대, 주술사, 사냥꾼'[38]으로 분류할 수 있다고 제안한 윌리엄 어윈 톰프슨(William Irwin Thompson)처럼 성격 원형을 통해 역사를 해석하는 작가들도 있다.

이러한 원형은 일반적으로 개인의 성격에 적용되지만, 세대에 확대 적용할 수도 있다. 개인과 마찬가지로 세대는 어린 시절 받았던 보

〈표3-5〉 기질과 원형

고전적 기질	쾌활한 (외향적, 낙천적)	다혈질의 (감정이 풍부한)	우울한 (내향적, 비관적)	침착한 (감정을 절제하는)
신과 관련	프로메테우스	디오니소스	아폴로	에피메테우스
계절과 관련	봄	여름	가을	겨울
헤라클레이토스의 네 기질	축축한	뜨거운	건조한	차가운
주덕	절제	지혜	정의	용기
아디케스의 세계관	전통적인	불가지론적인	독단적인	혁신적인
슈프랑거의 삶 유형	이론적인	미적인	종교적인	경제적인
크레치머의 기질	무감각한	과도하게 예민한	우울한	경조증 (조울증보다 약한)
융 학파의 기능	합리적	직관적	감정적	감각적
마이어스-브리그스 성격유형	직관적 사고	감각적 인지	직관적 감정	감각적 판단
톰슨의 사회적 기능	우두머리(왕)	광대(예술가)	주술가(예언자)	사냥꾼(병사)
무어-질레트의 남성 유형	왕	연인	마법사	전사
일반적 원형	영웅	예술가	예언자	노마드

살핌과 성인이 돼서 직면하게 되는 어려움에 따라 그 특성이 만들어진다. 페르소나 역시 개인과 마찬가지로 세대는 융이 말한 집단 무의식에 따라 이미 정해진, 제한된 역할에서만 선택할 수 있다. 히포크라테스(Hippocrates)는 제 역할을 제대로 수행하는 사람이라면 반드시 네 가지 기질(다혈질, 담즙질, 우울질, 점액질 – 옮긴이)이 균형을 이루어야 한다고 생각했다. 역할을 제대로 수행하는 현대사회도 마찬가지다. 방향성을 가지고 나아가는 사회는 네 가지 원형을 순차적으로 모두 경험해야 한다.

고대 그리스인들이 생각했던 네 가지 기질과 각 기질에 상응하는 계절의 순서는 세대가 중년에 진입할 때의 역사적 순서와 일치한다. 중년은 세대가 사회의 방향성에 맞춰 최대한 힘을 발휘하는 시기다. 영웅 세대는 새큘럼에서 봄의 시기에, 예술가 세대는 여름(각성기)에, 예언자 세대는 가을에, 노마드 세대는 겨울(위기)에 중년에 진입한다. 기질, 원형, 연중 계절, 새큘럼의 계절 이 모든 것이 맞아떨어진다.

하지만 완전한 원형이 되려면 성격과 계절 그 이상의 것이 필요하다. 원형에는 서사가 있어야 한다. 다행히 고대인들은 서사가 아주 풍부했다.

누구에게나 익숙한 줄거리부터 시작해보자. 시작은 놀랍고도 겸손한 출생이다. 이후 안온한 어린 시절을 보내다가 일찌감치 초인적인 힘이 발견된다. 그러다 악의 세력에 맞서 싸우다가 승리해서 명성이 드높아진다. 그리고 마지막에는 필연적으로 지나친 오만함 때문에 배신을 당하거나 영웅적 희생과 죽음을 맞게 된다. 아마 이런 서사 구조는 헤라클레스, 오르페우스, 아르고 황금 대탐험, 베오울프, 롤랜드(영웅 서사시 – 옮긴이), 슈퍼맨, 이오섬의 소년들(이오섬에서 벌어진 전투에서 활약한 이들로, 영화 〈아버지의 깃발〉로도 만들어졌다 – 옮긴이) 등의 이야기에서 접해본 사람이 많을 것이다.

융은 이러한 '영웅 신화'를 다양한 시대와 문화에서 반복해서 생기는 원형의 가장 강력한 표현 방식이라고 봤다. 슈퍼맨 같은 몇몇 영웅 신화는 순수 우화지만, 2차 세계대전 참전병들에 대한 기억처럼 역사적 사실에 뿌리를 둔 신화도 있다. 하지만 시간이 흐를수록 우화와 사실 사이의 구분은 점점 흐릿해져서 원형 자체의 원초적인 윤곽만 남는 경우가 대부분이다. 모든 영웅을 한데 묶어놓고 보면, 기본적으로 두 부류로 나눌 수 있다. 상반된 헤라클레스와 오르페우스처럼 영웅은 물리적으로 강력한 힘을 지닌 존재일 수도 있고, 영적으로 특별한 존재일 수도 있다. 다시 말하면, 영웅은 외부 세계를 향할 수도 있고 내면을 향할 수도 있다. 조셉 캠벨(Joseph Campbell)은 저서 《신화의 힘》에서 이렇게 말한다. "사람의 행위에는 두 가지가 있습니다. 하나는 육체적 행위로 영웅

이 전장에서 용감하게 활약하거나 사람의 생명을 구하는 것입니다. 또 다른 하나는 정신적 행위로 영웅이 영적인 삶의 범위를 초월하는 체험을 한 후 신성한 통찰력을 얻어 귀환하는 것입니다."[39]

세속적인 영웅-왕과 영적인 영웅-예언자는 같은 신화에 등장하는 경우가 많다. 하지만 같은 신화에 등장할 때 두 영웅의 나이가 비슷한 경우는 드물다. 대체로 영웅들의 삶의 단계는 동떨어져 있다. 전설 속에서 위험한 모험을 시작하는 젊은 왕이 처음 만나는 존재는 주로 주술이나 종교의식을 집행하는 노인이거나 신성한 존재, 노파 또는 캠벨이 말한 '주술사'다. 즉, 영적인 통과의례를 거쳐 노년에 접어든 후 비밀스러운 힘에 다가갈 수 있는 존재들이다. 때론 이런 존재들이 다스 베이더나 사악한 여왕처럼 치명적인 적이 될 수도 있다. 하지만 대체로 나이 든 예언자들은 젊은 영웅을 보호하고 보살핀다.

서양 문화에서 젊고 대담한 영웅과 지혜롭고 나이 든 예언자가 만나는 장면을 생각해보자. 여호수아와 모세, 아르고나우타이와 켄타우로스 케이론, 아서 왕과 멀린, 파르치팔과 구어네만즈 등을 떠올릴 수 있다. 서양 문화가 아니더라도 이러한 조합은 흔히 볼 수 있다. 힌두 신화에서 젊은 왕 라마는 늙은 은둔자 아가스티아를 만난다. 이집트 신화에서는 오시리스의 아들 호루스가 모든 것을 다 아는 토트를 만난다. 나바호족 신화에서는 임무를 수행하는 젊은 태양의 신들이 괴팍한 거미 여인에게 엄청난 비밀을 듣게 된다.

이 젊은 영웅 신화가 우리 문명사회에 깊숙이 자리 잡은 이유는 세속적인 세계(왕의 영역)가 기존의 인식을 뛰어넘어 재정의되는 시기, 다시 말하면 위기의 시기에 무슨 일이 벌어지는지 설명해주기 때문이다.

다른 유형의 신화, 가령 젊은 예언자와 늙은 왕이 등장하는 신화는 정반대다. 이런 신화에서는 왕국이 아니라 종교가 만들어진다. 이런 신화들은 무정부 상태나 위험 요소들로 위협받는 왕국이 아니라 영혼을 죽이는 거대한 힘의 지배에 억눌린 왕국을 떠올리게 한다. 이 신화들은 젊은이들의 (용기가 아닌) 통찰력을, 노인들의 (지혜가 아닌) 우월함을 이야기한다.

젊은 예언자가 등장하는 신성한 신화(우르의 아브라함, 이집트의 모세, 로마 제국 이전의 예수)에서 예언자와 더불어 중요한 역할을 하는 사람의 모습을 떠올려보면 대략 40대가량의 나이로, 막대한 부를 축적하고 합리주의를 추종하며, 가치관 없이 권력만 추구하는 인물(함무라비, 파라오, 본티오 빌라도)이다. 영웅 신화는 궁전이 있는 도시에서 끝나지만 예언자 신화는 그곳에서 시작한다. 불교 신화에서 젊은 싯다르타는 왕족이 살던 호화로운 쾌락의 궁전에서 탈출한다. 페르시아 신화에서 젊은 조로아스터는 세속적인 카비스(kavis)와 카르판에 도전한다.

이러한 예언자 신화는 나이 들어가는 영웅의 원형을 보여주는데, 융은 이를 의식적인 자아의 반대 개념으로 '그림자'라고 지칭했다. 영웅은 자신의 눈이 아니라 젊은 예언자의 생생한 비전을 통해 보여진다. 신화에서 이렇게 반복되는 분위기는 세대를 막론한 스트레스와 적대감의 일종이다. 이처럼 젊은 예언자의 신화는 젊은이의 양심(또는 판단 성향)과 노인의 권력(또는 부패)에 대한 교훈을 가르치며 각성의 시대를 이야기한다.

노마드와 예술가를 떠올리게 하는 신화는 웅장하기보다는 개인적이다. 대체로 이런 이들은 삶에서 상대적으로 덜 중요한 단계인 어린 시절이나 중년에 접어드는 시기에 나타나기 때문이다. 영웅 신화와 예언자 신화에 비해 노마드나 예술가 신화는 왕조나 종교의 흥망성쇠보다는 인간관계를 주로 이야기한다. 고대인들이 이들 신화에 상대적으로 관심이 적었던 것도 이 때문이다. 이런 신화들은 대부분 최근 몇 세기 전까지만 하더라도 문자로 기록되지 않았으며, 주로 어린이를 위한 동화나 우화로만 소개됐다.

그렇다 하더라도 이 원형들은 서로를 거울처럼 반영하는 삶의 그림자 주기를 구체화한다. 노마드는 버려진 채 홀로 남겨진 어린 시절을 보내다가 성인이 돼서는 느리고 단순하며 사회 환경을 포용하려 애쓰며 살게 된다. 예술가는 부모의 보호 아래 예민한 어린 시절을 보내다가 성인이 돼서는 사회 환경을 더욱 신속하고 복잡하게 만들고 아름답게 꾸미려고 노력하며 산다.

신데렐라처럼 미움받던 아이가 살아남기 위해 기지와 지혜를 발휘할 수밖에 없는 삶을 살다가 어려움을 극복하고 성공한다는 이야기들이 있다. 이런 이야기에는 〈알라딘〉, 〈헨젤과 그레텔〉, 〈피노키오〉, 〈잭과 콩나무〉 등이 있다. 주인공의 미래는 둘 중 하나다. 파멸하거나 부유해지거나. 이런 이야기에서 부모는 대체로 무능하거나, 가난하거나, 결핍이 있거나, 악하다. 자녀의 관점에서 보면, 이는 각성의 시기다. 중년의 노마드가 등장하는 이야기에서는 어느 정도 나이가 있는 노련한 모험가가 (여전히) 혼자 모험을 다니다가 크나큰 도전 과제를 만난다. 이렇게 출생이 불분명한 낭인이나 용병이 등장하는 고전 모험 이야기들을 떠올려보자. 〈스타워즈〉의 한 솔로도 여기에 속한다.

이와 반대되는 아동 신화는 예민하고 모범적인 아이가 잘 보호받으며 자라는 이야기다. 〈네덜란드 꼬마(The Little Dutch Boy)〉에서 거대한 둑이 무너지는 것을 막기 위해 작지만 제 역할을 해내는 어린 소년 이야기나, 다정하고 연약하며 의인화된 동물들 이야기(밤비, 피터 코튼테일, 위니 더 푸)가 여기에 속한다. 이들 이야기에서는 세대를 아우르는 관계가 조화롭게 어우러진다. 어린이의 관점에서 보면 〈네덜란드 꼬마〉처럼 어른의 세계가 위기의 시대라는 사실까지는 아니더라도 〈곰돌이 푸 다시 만나 행복해(Christopher Robin)〉에서처럼 위기의 가능성은 인식할 수 있다. 중년에 접어든 예술가가 등장하는 이야기에서는 선의를 가진 어른들이 (여전히) 타인을 기쁘게 해주려고 노력하지만, 사회적 기대에 갇힌 느낌을 받는다. 신데렐라 이야기를 뒤집어서 어른의 관점에서 생각해보자. 친절한 요정 할머니나 무심한 아버지가 보일 것이다.

이 네 가지 원형 신화에서 우리는 두 세트의 상반된 기질과 두 세트의 반전된 삶의 주기를 볼 수 있다. 이 같은 원형 신화 속 질서는 시대와 문화를 막론하고 반복돼 나타난다. 왜 그럴까? 한 문화권에서 어떤 사건이나 이야기는 그것이 인간사의 지속적인 흐름을 반영하지 않는 한 신화로 승격되지 않는다.

이 연속성은 또한 삶의 주기에서 원형적 위치가 멀리 동떨어진 아주 늙은 세대와 아주 젊은 세대 사이에서 자주 언급되는 유사성을 설명하기도 한다. 다시 말하면, 한 세대의 그림자가 삶의 단계에서 2단계 나이가 많다면(또는 어리다면) 그 세대의 원형과 일치하는 원형은 삶의 단계가 4단계 많은(또는 어린) 세대다. 조부모와 손자 사이의 친밀함은 부모와 자식 사이의 긴장감만큼이나 보편적인 정서다.

철학자 루이스 멈퍼드(Lewis Mumford)는 이러한 패턴을 잘 요약해 설명한다. "역사적으로 모든 세대가 아버지에게 반기를 들고 할아버지와 친해진다는 사실은 거의 보편적 진리에 가깝다."[40]

원형 신화가 보여주는 것도 바로 이 점이다. 여러분 세대는 여러분을 만든 세대와 비슷한 것이 아니라 여러분을 만든 세대를 만든 세대와 공통점이 훨씬 더 많다. 바꿔 말하면, 원형은 자신들 같은 원형을 만드는 것이 아니라, 자신들 같은 원형의 그림자를 만든다.

원형과 역사

이러한 원형 신화들의 각 원형은 자신들과 반대되는 원형이 논리적으로 필요하다는 사실을 보여준다. 각 원형은 자기 원형의 그림자에 대응하며 삶의 초기 단계에 나타난다. 그러려면 각 세대는 자기 세대보다 삶의 단계가 2단계 어린 세대에게 지배적인 영향력을 발휘해야 한다.

이 중요한 교차순환 관계는 거의 모든 사회에 존재한다. 이런 관계가 생기는 이유는 새로운 중년 세대가 어린이와 관련된 제도의 통제권을 갖게 되고, 새로운 어린 세대는 세상에 대한 첫인상을 갖게 되기 때문이다. 설령 어린이의 생물학적 부모는(한 세대의 길이가 평균 20~25년이라고 가정했을 때) 이전의 두 사회적 세대에 균등하게 분포돼 있다고 해도, 더 나이든 부모 집단이 지배적인 역할을 하게 된다.

베이비붐 세대의 부모는 G.I. 세대와 침묵 세대였지만 1950년대 학교, 커리큘럼, 언론 등에 더 큰 영향력을 발휘한 것은 G.I. 세대였다. X 세대는 침묵 세대와 베이비붐 세대가 양육자였지만 1970년대부터 짐 헨슨(Jim Hensons), 로버트 리즈(Robert Reeds), 빌 코즈비(Bill Cosby) 등 침묵 세대가 X 세대 아이들의 분위기를 조성했다. 1990년대에는 교육부 장관 빌 베닛(Bill Bennett), 힐러리 클린턴, 스티븐 스필버그(Steven Spielberg) 등 베이비붐 세대가 밀레니얼 세대 아이들의 분위기를 만들었다. 그리고 오늘날 중년이 된 X 세대는 이제 홈랜드 세대 아이들에게 지나치게 감상적이고, 가족 친화적인 TV 프로그램 같은 분위기를 선보이고 있다.

삶의 단계가 하나 올라가면, 이 패턴이 반복된다. 어린 세대가 성장하는 동안, 노년층에 접어든 노인 세대는 젊은 성인(청년)의 세계에서 정치적 통제권을 갖게 된다. 젊은 세대가 군대에 갈 나이가 되면 그 세대의 교차 주기 그림자 세대가 전쟁을 선포할 만큼 최고의 힘을 갖게 된다.

미국 역사상 한 세대의 국가 지배력은 그 세대의 첫 번째 집단이 통상 65세 무렵에 도달했을 때 절정에 달하는데, 이때 보병의 연령대는 평균 42세(또는 삶의 단계에서 2단계)가 어리다. G.I. 세대는 (선교자 세대가 선포한) 2차 세계대전에 참전했고, 침묵 세대는 (잃어버린 세대가 선포한) 한국 전쟁에, 베이비붐 세대는 (G.I. 세대가 선포한) 베트남 전쟁에, X세대는 (침묵 세대가 선포한) 사막의 폭풍(Desert Storm, 걸프전 당시 다국적군의 작전명 – 옮긴이)에, 밀레니얼 세대는 (베이비붐 세대가 선포한) 테러와의 전쟁에 참전했다.

이러한 교차 주기 관계는 미국 역사 전반에 걸쳐 일어났다. 각성 세대인 벤저민 프랭클린(예언자 원형)은 토머스 제퍼슨(영웅 원형)의 공화당 분위기에 영향을 미쳤고, 제퍼슨은 링컨(예언자 원형)의 초월주의에 영향을 미쳤다. 그 사이에는, 조지 워싱턴(노마드 원형)이 속한 자유 세대가 대니얼 웹스터(Daniel Webster, 예술가 원형)의 타협정책 분위기를 조성했고, 웹스터는 이후 율리시스 그랜트(노마드 원형)의 도금주의에 영향을 미쳤다.

그림자 세대에 대한 각 원형의 반응은 우호적일 수도 있고, 적대적일 수도 있다. 루크 스카이워커(영화 스타워즈 주인공 – 옮긴이)가 아버지에게 양면적 감정을 가졌던 것처럼, 우호적 반응과 적대적 반응이 같이 생기는 경우도 많다. 지금껏 봤듯 각 원형은 나이 들고 권력을 장악할수록 젊은 세대가 자신들과 경쟁할 여지를 거의 주지 않는다. 또한, 나이가 들수록 사회가 점점 자신들의 힘을 필요로 하지 않는다는 사실을 깨닫는다. 대부분 부모는 중년이 되면 자신들이 양육하는 새로운 세대의 '집단적 페르소나가 자신들의 페르소나를 거울처럼 답습하기보다는 자신들의 성격과 조화를 이룰 것'이라는 기대를 품고 양육한다. 하지만 훗날 그 결과에 놀랄 때가 많으며, 주로 달갑지 않은 쪽으로 놀라곤 한다.

G.I. 세대 소아과 의사인 벤저민 스폭(Benjamin Spock)은 2차 세계대전

직후 "우리는 이상적인 아이들이 필요하다."[41]라고 말했다. 그를 지지하는 사람들은 그의 지침대로 베이비붐 세대를 키웠지만, 훗날 지나치게 자기애가 강해진 결과물에 분노했다.

침묵 세대 작가 주디 블룸(Judy Blume)은 의식혁명이 절정에 달했을 때 "아이들을 늘 보호해야만 한다는 관념이 싫다"[42]고 발언했고, 그를 따르는 사람들은 블룸의 지침대로 X 세대를 키웠다. 그리고 훗날 많은 이가 지나치게 경직된 결과물에 불만을 쏟아냈다.

클린턴 전 대통령은 1996년 연두교서에서 밀레니얼 세대 아이들에게 "좋은 가치관과 좋은 시민의식"[43]을 가르치기 위해 교복을 입자는 의견을 옹호했다. 그리고 그를 따랐던 많은 이가 친사회적 결과물에 실망했다.

이러한 교차 주기 그림자 관계의 주요 결과를 보면, 과잉보호와 과소보호 패턴이 반복해서 나타난다. 위기의 시기에는 노마드 부모가 주도하는 가정에서 예술가 아이들을 과잉보호하고, 각성의 시기에는 예술가 부모가 주도하는 가정에서 노마드 아이들을 과소 보호한다. 그다음 위기의 시기에는 영웅 부모가 주도하는 가정에서 예언자 자녀의 자유를 확대한다. 이후 각성의 시기에는 예언자 부모가 주도하는 가정에서 영웅 자녀의 자유를 제한한다.

이렇듯 강력한 교차 주기 현상은 신화에서 다양한 원형을 이야기할 때 왜 항상 정해진 순서를 따르는지를 설명한다. 신화에서 원형은 시간의 계절성에 따른 유일한 순서대로 진행된다. 다시 말하면, 영웅, 예술가, 예언자, 노마드의 순서대로 원형이 진행된다.

이제 현대 미국 역사 전반에 걸친 이전 세대를 살펴보자. 세대마다 원형을 표시하고 당시에 다른 사람들이 대체로 그들을 어떻게 바라봤는지를 설명하는 수식어를 적었다.

〈표3-7〉에서 우리는 오늘날 우리에게 익숙한 생의 주기 페르소나를 확인할 수 있다. 시간이 흐를수록 세대도 나이가 들기 때문에 세대의 이야기는 대각선으로 진행된다. 따라서 인접한 세대는 겹치기도 한다. 19세기 프랑스 철학자 프랑수아 멘트레는 이러한 세대의 연속성을 "지붕의 기와"[44]로 멋지게 표현했다.

이 대각선을 세대 원형의 연속성으로 볼 수도 있다. 각 대각선 원형은 2단계 떨어진 옆 원형에 그림자를 반영하고, 4단계 떨어진 원형과 일치한다. 선교자 세대에서 우측으로 4단계 이동하면 '급진적인 학생'과 '추문폭로자'라는 수식이 따라붙은 첫 번째 세대, 젊은 베이비붐 세대를 만날 수 있다. 잃어버린 세대에서 우측으로 네 칸 옆으로 가면 1990년대 언론에서 '새로운 잃어버린 세대'라 불렀던 X세대가 나온다.

각 세대는 나이가 들수록 삶의 다른 단계에 접어들며, 세대의 페르소나도 새로운 사회 역할에 적응해야 한다. 20대 중반의 예언자나 영웅 세대는 어떤 면에서는 아직 사회의 바깥에 머물러 있으며 어른의 역할을 할 준비를 하고 있다. 그런데 60대 후반의 예언자나 영웅 세대는 정치 및 공동체 리더로서 그리고 가정의 리더로서 사회를 이끌어나간다. 각 원형의 행동 방식과 다른 사람들이 그 원형을 인식하는 방식은 40년에 걸쳐 극적으로 변화한다. 젊었을 때는 신선하고 전도유망해 보이던 원형이 완전히 자리 잡고 나면 진부하고 억압적으로 보일 수도 있다.

어린 아서 왕과 어른이 된 아서 왕을 생각해보라. 또는 젊은 멀린(마법사로 아서 왕의 조력자 – 옮긴이)과 성숙한 멀린을 떠올려보라. 성숙기에 접어든 세대는 개인과 마찬가지로, 가능성에 머물렀던 세상이 현실이 되면서 세상을 다르게 보게 된다. 성숙한 세대는 자손들에게서 자신들 원형

〈표3-6〉 생의 주기와 세대 원형

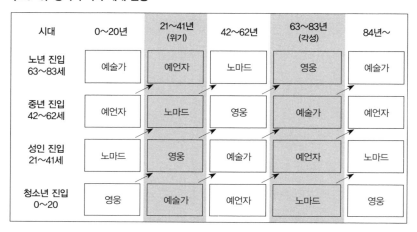

시대	0~20년	21~41년 (위기)	42~62년	63~83년 (각성)	84년~
노년 진입 63~83세	예술가	예언자	노마드	영웅	예술가
중년 진입 42~62세	예언자	노마드	영웅	예술가	예언자
성인 진입 21~41세	노마드	영웅	예술가	예언자	노마드
청소년 진입 0~20	영웅	예술가	예언자	노마드	영웅

〈표3-7〉 최근 세대와 각 세대의 원형

시대	1908~1929년	1929~1946년 (위기)	1946~1964년	1964~1984년 (각성)	1984~2008년
주요 사건	• 네 가지 자유 • 1차 세계 대전 • 금주령 • 스콥스 재판	• 1929년 주식 시장 대폭락 • 뉴딜 • 진주만 공격 • 노르망디 상륙 작전	• 레빗타운 • 매카시즘 • 풍요로운 사회 • 리틀록 사건	• 우드스탁 페스티벌 • 켄트주 사건 • 워터게이트 사건 • 세금 반란	• 페레스트로이카 • 문화 전쟁 • 닷컴버블 • 9·11 테러
노년 진입 63~83세	진보 (예술가) 공감 능력	선교자 (예언자) 통찰력	잃어버린 (노마드) 강인한	G.I. (영웅) 강한	침묵 (예술가) 공감 능력
중년 진입 42~62세	선교자 (예언자) 도덕적인	잃어버린 (노마드) 실용적인	G.I. (영웅) 자신감 있는	침묵 (예술가) 우유부단한	베이비붐 (예언자) 도덕적인
성인 진입 21~41세	잃어버린 (노마드) 소외감	G.I. (영웅) 팀플레이	침묵 (예술가) 예민한	베이비붐 (예언자) 반항적인	X 세대 (노마드) 소외감
청소년 진입 0~20세	G.I. (영웅) 보호받는	침묵 (예술가) 압박감	베이비붐 (예언자) 멋대로인	X 세대 (노마드) 방치된	밀레니얼 (영웅) 보호받는

제4의 대전환

의 그림자를 마주함으로써 그 세대의 집단적 실패와 결점을 직면해야 한다. 고대 그리스인들은 원형이 그림자를 촉발하는 성향을 '대극의 반전'(enantiodromia, 에난티오드로미아는 자아의식이 한편으로 치우치면 무의식에서 그 반대 극이 똑같이 강력하게 형성돼 자아의식을 사로잡는 현상을 말한다 – 옮긴이)이라고 불렀다. 대극의 반전은 모든 자연 현상이 극단으로 치달을 때 정반대의 성향이 생겨 주기 전반에 걸쳐 평형을 유지하려는 경향을 말한다.

하지만 이 주기는 한 세대 내에서가 아니라 여러 세대에 걸쳐야만 나타난다. 각 세대의 근본적인 원형은 변하지 않고 지속한다. 사회학자 J. 츠비 나멘위르스(J. Zvi Namenwirth)와 찰스 비비(Charles Bibbee)는 이렇게 말한다. "가치지향은 한 세대가 평생 사는 동안 크게 변하지 않는다. 한 세대가 초기 단계에 헌신한 가치관은 무덤까지 함께 가는 경우가 많다."[45]

이러한 리듬에 다양한 범주의 역사적 사례를 채워 넣으면 네 가지 유형의 세대 주기가 나타난다. 봄의 새큘러에 태어난 예언자 원형을 시작으로, 네 가지 유형의 세대 주기는 다음과 같다.

- 예언자 세대는 위기의 시기 이후 점점 제멋대로 구는 어린이로 자라고, 각성기에 도전적인 젊은 전사로 성장하며, 도덕적인 중년의 덕목을 기르다가 다음 위기의 시기를 관장하는 냉철하고 통찰력 있는 노인이 된다.
- 노마드 세대는 각성기에 제대로 보호받지 못한 채 어린 시절을 보내다가, 각성기 이후에는 소외된 청년으로 성장하고, 위기의 시기에 실용성을 중시하는 중년의 리더가 된 후, 위기의 시기 이후에는 강인한 노인이 된다.

- 영웅 세대는 각성기 이후 점점 더 보호받는 어린이로 자라고, 위기의 시기에 팀워크를 중시하는 성취도 높은 젊은 성인이 되며, 중년에는 자신감이 넘쳐 오만함을 드러내다가, 다음 각성기를 주재하는 참여적이고 강한 노인이 된다.
- 예술가 세대는 위기의 시기에 과잉보호를 받는 어린이로 자라고, 위기의 시기 이후에는 예민한 젊은이로 성장하다가, 각성기에 우유부단하고 자유로운 중년이 되며, 각성기 이후 공감 능력이 좋은 노인이 된다.

이 네 가지 유형을 이전에도 본 기억이 나는가? 그렇다. 아주 여러 번 봤을 것이다.

심지어 고대에도 이 주기는 사제나 시인이 쓴 가장 오래된 서사에서도 몇 차례씩 강하게 언급되곤 했다. 히브리 성서와 호메로스(Homeros)가 쓴 책을 보면 12세기경에 일어났으리라 추정되는 신화화된 사건들이 언급된다.

탈출기(출애굽기)는 기본적으로 네 세대에 걸친 이야기다. 첫 부분은 모세와 아론의 예언자 동료들이 파라오에 맞서 백성들을 해방시키는 이야기다. 두 번째 부분은 금송아지를 숭배하는, '믿음이 약한 자들'을 신이 심판하고 고난을 겪게 하는 내용이다. 세 번째는 가나안 정복에 성공한 여호수아의 충직한 군인들 이야기다. 네 번째는, 정체를 알 수 없는 상속자 세대(판관)가 "너희가 일구지 않은 땅에, 너희가 세우지 않은 성읍들"(여호수아 24:13 – 옮긴이)을 즐기다가 분열의 시대가 시작되고 쇠퇴한다.

《일리아드》와 《오디세이》도 이와 비슷하다. 그리스의 주요 지도자들이 네 가지의 세대 유형을 구체적으로 보여준다. 첫 번째는 네스토르

(Nestor, 현명한 노인) 세대로, 원정대의 '지혜롭고 머리가 흰' 지도자다. 두 번째는 전쟁이 가장 치열했던 시대를 지나 유능하고 영민한(하지만 저주 받은) 장군 아가멤논 세대다. 세 번째는 승리를 거머쥔 젊은 전사들 오디세우스, 아킬레우스, 아이아스, 디오메데스 세대다. 마지막 네 번째는 텔레마코스 세대로 훗날 성인이 됐을 때 멘토의 도움을 받아 아버지의 왕국을 물려받는다.

고전문학에는 도발적이고도 다양한 세대 주기 이야기가 아주 많다. 옛 시인과 역사가들은 영웅에서 비롯된 정치적 주기에 초점을 둔 반면, 신화는 예언자에서 비롯된 종교적 주기에 집중했다. 기원전 2세기, 로마가 급속도로 성장하던 시기의 작가 폴리비오스(Polybios)는 세대의 연속성에 따라 규칙적으로 일어나는 정치체제의 변화[46]를 명시적 이론으로 제시한 유일한 고대 작가일 것이다. 하지만 당시에는 그의 생각에 즉각 동조하는 이들이 없었다.

그의 이론이 완전히 자리 잡은 것은 근대, 더 정확히 말하면 이슬람 르네상스 말기 몇십 년 동안이었다. 앞에서 살펴본 바와 같이 할둔은 세대 이론을 더욱 상세하게 소개했다. 그는 네 세대의 리듬에 따른[47] 사회적 응집성과 해체 이론을 상세히 설명했다. 그의 분석적 현실주의 연구는 사회학, 인구학, 경제학에 큰 영향을 미친 선구자적 연구로 인정받고 있다.

19세기와 20세기, 유럽이 자연 세기와 세대에 매료되면서 새로운 버전의 네 부분으로 된 세대 주기 이론이 등장했다. 그중 하나는 1859년, 에밀 리트레(Émile Littré)가 제안했다.[48] 이어 1874년 이탈리아 역사가 주세페 페라리가 또 다른 주기를 제시했다.[49] 독일의 언어학자 에두아르트 벡슬레르(Eduard Wechssler)는 1930년 자신의 개인 성격유형 이론을 세대의 연속성에 적용했다.[50] 토인비의 4단계 "물리적 세대 주기"[51] 이론은 1954년에 등장했다. 오르테가 이 가세트의 제자인 마리아스는 스승의 세대 이론을 이어 받아 연구했으며, 1968년 이를 네 분야의 이론으로 발전시켰다.[52]

1950년대, 하버드대학의 저명한 사회학자 탤컷 파슨스(Talcott Parsons)는 "AGIL 이론"(적응Adaption, 목표 달성Goal attainment, 통합Integration, 유지Latency - 옮긴이)으로 널리 알려진[53] 건강한 사회적 기능의 4단계 이론을 제시했다. 이 이론에서 A 단계는 사회가 경제개발을 추구한다(초점: 상업). G 단계에서는 사회가 공공의 행동을 추구한다(초점: 정치권력). I 단계에서는 사회적 응집성을 추구한다(초점: 명성). L 단계에서는 가치를 추구한다(초점: 도덕적 설득). 이후에는 이 주기가 반복된다. 파슨스는 AGIL 주기가 발생하는 특정 시기를 제시하지는 않았지만, 이러한 흐름은 이 책에서 언급한 (노마드에서 시작하는) 세대 원형의 연속성이나 (세 번째 전환점에서 시작하는) 전환기의 연속성을 명확히 반영한다.

고인이 된 역사학자이자 정치철학자 새뮤얼 헌팅턴(Samuel Huntington)은 미국 역사에서 일어나는 사회적 변화를 설명하기 위해 반복적으로 일어나는 네 분야의 "IvI"(기관Institutions vs 이상Ideals)[54]를 제시했다. 헌팅턴의 주기성은 새큘럼과 일치하며 세대를 명시적으로 구분하지는 않지만, 직접 언급하고 있다. 그의 이론에서 첫 번째 세대는 제도를 구축한다. 두 번째 세대는 도덕적 실패를 인지하면서도 제도를 완성해나간다(헌팅턴은 이러한 태도를 '위선'이라고 말한다). 세 번째 세대는 새로운 이상을 제시하고, 네 번째 세대는 현실적 실패를 인지하면서도(헌팅턴은 이러한 태도를 '냉소적'이라고 말한다) 그 이상들을 실험한다. 좀 더 최근에는 모델스키가 전쟁과 평화의 계절적 장기 주기를 사회적 변화의 4단계 모델로 보완해 설명했다. 모델스키는 이 주기의 근간이 되는 "세대 메커니즘"[55]

〈표3-8〉 네 가지 유형의 세대 주기

	예언자	노마드	영웅	예술가
구약성경	모세 (예언자다운)	황금 송아지 (믿음이 없는)	여호수아 (영웅다운)	판관 (관료적인)
호메로스	네스토르 (현명한)	아가멤논 (저주받은)	오디세우스 (오만한)	텔레마코스 (공손한)
폴리비오스	포퓰리스트	무정부주의	왕다운	귀족적인
할둔	무시하는	경멸하는	설립하는	존경하는
페라리	혁명적인	반동주의적인	조화로운	준비하는
벡슬레르	유기적 (신화, 주기)	개인적 (서사, 소용돌이)	기계적인 (과학, 피라미드)	수학적인 (수사학적, 원뿔)
토인비	전쟁 선포	싸우기엔 너무 늙은	참전	싸우기엔 너무 젊은
마리아스	반사적	관습에 반대	시작	순응주의
파슨스	도덕적 설득	상업	정치적 권력	명망
헌팅턴	도덕적	냉소적	제도적	위선적
모델스키	규범적	경쟁적	건설적	적응적

을 건설적·적응적·규범적·경쟁적 단계로 설명한다.

이 모든 이론과 모델과 이야기에는 놀라우리만치 유사한 패턴이 있다. 용어는 다르지만, 원형의 기본적인 순서(영웅에서 예술가, 예언자, 노마드로 이어진다)는 늘 일관되게 동일하다는 것을 알 수 있다.

나멘위르스는 역사적 문제가 무엇이든 "문제가 순차적으로 완전히 해결되려면 4대에 걸친 완전하고도 연속적인 세대가 필요하다"라고 말한다. 이어서 그는 우리 현대인들에게 "그러므로 이러한 세대의 연속성은 시간의 수레바퀴를 잘 보여준다"[56]고 설명한다. 지역과 시대를 막론하고 이 시간의 수레바퀴를 굴리는 세대 주기를 미국만큼 잘 보여주는 곳은 없다. 이제 미국을 살펴보자.

4

미국 역사의 계절

×

역사의 반복을 막으려는 노력은 쓸데없다.
반복을 막으려는 시도를 불가능하게 만드는 것이 인간의 본성이기 때문이다.

마크 트웨인(Mark Twain)

역사가 쥘 미슐레(Jules Michelet)와 야코프 부르크하르트는 르네상스를 "인간 세계의 재발견"[1]이라고 했다. 르네상스는 서구 사회가 근대로 진입하는 문턱이었다. 이 시대는 인본주의 예술과 건축의 시대로, 인간이 만물의 척도임을 보여준 시기였다. 새로운 군주가 대포, 전함, 소총, 대규모 보병으로 무장한 채 약한 경쟁 상대를 짓밟으며 권위를 강화하고 중앙집권화하던 독재국가 건설의 시기였다. 상업 활동이 활발해지고, 인구 증가가 가속화되고, 해외 탐험이 봇물 터지듯 일어나 국제적인 제국이 탄생한 시기기도 했다.

동양(중국)으로 가는 항로가 개척되고 헤아릴 수 없이 많은 궁전이 생겨났지만, 공허함은 사라지지 않았다. 이제 인간사와 세속적인 문제들이 전면에 드러났다. 하지만 신과 신성한 것들은 어떻게 됐을까? 근대성의 탄생은 아직 절반밖에 완성되지 않은 상태였다. 나머지 절반은 40~50년이 지난 후에야 도래했다.

근대성의 분신은 종교개혁의 의로운 불길과 그에 수반된 이교도, 개혁, 박해 속에서 나타났다. 종교개혁은 세속적인 성직자와 지배자들이 더 이상 관심을 두지 않게 된 신성함을 개인의 관점에서 추구하며 그 개념을 재정의했다. 신자, 구세주, 말씀 사이의 중재자를 제거함으로써 신앙과 양심을 완전히 근대적으로 재정의했다. 르네상스가 중세의 세속적인 질서를 무너뜨리고 재건했다면, 종교개혁은 중세의 종교 질서를 무너뜨리고 재정의했다. 르네상스가 역사적 시간을 부와 행복을 향한 세속적 진보로 재정의했다면, 종교개혁은 역사적 시간을 거룩함과 구원을 향한 영적 진보로 재정의했다. 이 두 가지가 일어나고 난 후 서양의 역사관과 미래관은 더 이상 예전과 같지 않았다.

이러한 변화에 활력을 불어넣은 것은 유럽의 주목할 만한 두 세대였다. 첫 번째는 영웅 원형을 구체화한 세대로, 15세기 중반에 20년에 걸쳐 태어난 이들이다. 가장 널리 알려진 이들은 합리주의, 정복, 실용적 발명 등을 떠올리게 하는 사람들로, 피렌체의 '위대한' 로렌초 데메디치(Lorenzo de Medici) · 러시아의 '위대한' 이반 3세(Ivan III) · 스페인의 페르디난트와 이사벨 같은 통치자들, 산드로 보티첼리(Sandro Botticelli) · 레오나르도 다빈치 · 도나토 브라만테(Donato Bramante) 같은 예술가들, 콜럼버스 · 바스쿠 다가마(Vasco da Gama) · 아메리고 베스푸치(Amerigo Vespucci) 같은 탐험가들이 이 세대에 속한다. 또 다른 세대는 약 40년 후 태어나 예언자 원형을 구체화한 세대다. 유럽에서는 마르틴 루터, 장 칼뱅(Jean Calvin), 울리히 츠빙글리(Ulrich Zwingli), 윌리엄 틴들, 카를 5세(Emperor Charles V), 이그나티우스 로욜라(Ignatius Loyola), 테레사 데헤수스(Teresa de Jesús) 등이 열정과 자기도취, 판단주의 등으로 이름을 널리 알렸다.

근대성은 여러 세대 원형의 엄청난 충돌에서 생겨났다. 첫 번째 영웅 세대는 자연을 지배하는 인간 힘의 외형적 화려함을 찬양했지만, 이 세대의 예언자 그림자는 (루터가 성인이 돼서 로마에 갔을 때 말했듯) 이 오만한 쇼의 '악취 나는' 부도덕함에 반발하며, 인간을 다스리는 신의 권능에 입각한 내면의 불을 찬미했다. 이 최초의 주기를 시작으로 다른 주기가 뒤따르면서 현대 역사의 운율적인 리듬을 만들었고, 서구 사회는 오늘날까지 지속되고 있는 세대 간의 대조적인 모습에 매혹되고 있다.

미국 주기의 기원

서구 사회에서 나타난 현상만 놓고 본다면, 현대의 세대 주기는 1400년대 후반 서구 유럽에서 시작됐다고 볼 수 있다. 하지만, 미국 세대 주기의 기원은 좀 더 정확하게 특정할 수 있다.

먼저 장소는 영어권 북미 사회의 발전을 오랫동안 지배해온 본거지, 영국제도다. 시기는 1485년, 젊고 대담한 귀족 헨리 튜더(Henry Tudor)가 마켓 보스워스(Market Bosworth)에서 리처드 3세를 물리치고 죽인 날이다. 이 사건으로 장미 전쟁이 종식되고 영국은 역동적인 '새로운 군주제'를 확립했다. 승리를 거둔 튜더 1세는 영국을 근대적인 행정 주권 원칙이 있는 나라로 탈바꿈시키기 시작했다. 49년 후, 헨리의 아들은 개혁을 열망하는 동료들의 열정을 모아 로마 교회에 도전했다. 그는 로마 교회의 막강한 영적 권위와 어마어마한 세속적 부를 몰수했다. 그리하여 영국에 종교적 정당성에 관한 근대적 원칙을 갖춘 '개혁된' 국교회를 만들었다.

유럽의 다른 국가들과 마찬가지로, 영국은 역사를 뒤바꾼 두 세대가 중세에서 벗어나려고 적극적으로 노력했다. 이 두 세대는 각각의 원형 그림자다. 첫 번째 세대는 헨리 7세와 탐험가 존 캐벗(John Cabot)이 속한 영웅 세대이자 아서 왕 세대로, 이들은 정치적 기반을 마련했다. 이 세대는 영국 최초의 왕이 생각했던 방식으로 새로운 왕조를 설립하려고 노력했다. 두 번째는 헨리 8세와 종교개혁자 존 녹스(John Knox)가 속한 예언자 세대이자 개혁 세대로, 이들은 종교적 기틀을 마련했다. 이 세대는 최초의 기독교인이 상상했던 방식으로 새로운 교회를 설립하려고 노력했다.

이후 2세기에 걸쳐 영웅 세대와 예언자 세대가 번갈아 등장하며 새로운 미국문명을 만들었다.

- 윌리엄 셰익스피어가 속한 엘리자베스 세대는 (1600년경) 대서양 연안에 최초로 영국 정착촌을 만든 영웅 세대를 탄생시켰다.
- 존 윈스럽이 속한 청교도 세대는 (1640년경) 최초로 아메리카 대륙으로 대이주를 했던 예언자 세대를 배출했다.
- 로버트 카터 1세(Robert Carter I)가 속한 명예혁명 세대는 (1690년경) 혼란스러운 식민지 후방 지역을 안정된 지역사회로 변모시킨 영웅 세대를 배출했다.
- 조너선 에드워즈가 속한 각성 세대는 (1740년경) 구세계에서 벗어나 신세계의 사회적 문화적 독립을 선언한 예언자 세대를 탄생시켰다.
- 토머스 제퍼슨이 속한 공화국 세대는 (1790년경) 미합중국을 설립

한 영웅 세대를 탄생시켰다.

미국의 세대 주기가 영국에 뿌리를 두고 있다고 해서 미국인의 조상이 지구상의 작은 모퉁이에 뿌리를 두고 있다는 말은 아니다. 오늘날 미국의 수천만 가족의 혈통을 추적하려면 대부분 영국이 아닌 다른 지역에서 시작되는 이야기부터 해야 할 것이다.

아메리카 원주민에게 이 이야기는 3만 년 전, 아시아인들이 최초로 베링해협을 가로지르는 육로를 걸어와 빙하가 사라지고 흔적만 남은 터에 부족을 세운 이야기부터 시작될 것이다. 아프리카계 미국인들에게 이 이야기는 약 500년 전 중앙아프리카의 왕국들에서 시작해 포로, 노예, 노예 매매, 신세계로 이어지는 아프리카 서해안과 서인도제도 사이의 치명적인 중간 항로 이야기로 이어질 것이다. 이후 수많은 이민자에게 이 이야기는 지구 곳곳을 가로지르는 이야기가 될 것이다. 섀넌(Shannon) 지역을 따라 난 감자 농장부터 양쯔강의 논에 이르기까지, 우크라이나의 북적이는 유대인 마을부터 스웨덴의 불모지 란스캅(landskap)에 이르기까지, 멕시코의 계절 농장 노동자부터 인도차이나반도의 선원들에 이르기까지, 이야기는 전 세계 각지를 통과할 것이다.

오늘날 미국은 인종이 매우 다양하지만, '역사의 주기성'은 영국 이민자들로부터 시작됐다. 훗날 미합중국이 될 식민지문명을 개척하고 주도했던 이들 말이다. 제임스타운(Jamestown)과 플리머스(Plymouth)가 세워지고 2세기가 넘도록 아메리카 원주민들은 문명 정착지의 경계 바깥에 남겨졌다. 식민지 개척자들과 함께 살면서 1776년까지 전체 인구의 5분의 1을 차지했던 아프리카계 미국인은 미국 사회에 큰 영향을 미쳤다. 하지만 이들 대다수는 노예제도가 엄격히 지켜지던 남부의 네 개 식민지에 살았다.

이 외에 다른 인종의 기원은 상대적으로 최근의 일이다. 백인 식민지 지배자들 중 앵글로·색슨 이주민들이 오랫동안 식민지를 지배했다. 1700년경, 플리머스 농장이 만들어진 후 거의 한 새큘럼에 달하는 동안 자유 식민지 주민의 약 93퍼센트의 조상은 영국이나 스코틀랜드, 얼스터 스코틀랜드 사람이었다. 두 새큘러가 지난 1790년경에도 이 비율은 여전히 80퍼센트대에 달했고, 나머지 절반 이상은 영국과 역사 및 종교적으로 얽힌 독일이나 네덜란드 혈통의 사람들이었다. 1830년대 후반까지 미국의 주민은 거의 전적으로 북유럽인과 개신교도[2]였다. '미국식' 정치 논의는 대부분 영국의 관례를 중심(관습법, 권리장전, 배심원 제도)으로 이루어졌고, 영국의 언어는 영국보다 미국에서 더 표준어로 사용하게 됐다.[3]

이러한 인종의 다양성은 1840년대 미국에 도금 세대 이민자들이 대거 유입되면서 변화의 물결을 타기 시작했다. 이 이민자들과 다른 이민자들은 이미 역사적 모멘텀을 확보한 앵글로 아메리칸 세대의 주기를 밀고 당겼다. 마치 행성의 궤도를 따라 도는 새로운 위성들처럼, 이 새로운 이민자 물결은 이제 막 이주해온 소수 이민자와 기존 거주민 모두의 사회적 궤도에 영향을 미쳤다. 이 주기의 기원과 직접 연관이 있지는 않지만, 아프리카계 미국인과 비앵글로 이민자들 이야기는 주기의 리듬과 밀접한 관련이 있다. 1739년 스토노 반란(Stono Uprising, 사우스캐롤라이나 식민지에서 시작된 노예 반란—옮긴이)부터 1831년 냇 터너 반란(사우샘프턴에서 일어난 노예 반란—옮긴이)에 이르기까지, 인권운동가 윌리엄 에드워드 버가트 듀보이스(W.E.B. Dubois)가 20세기 초 짐 크로(Jim Crow)의 폭력에 저항하라고 호소했던 것부터 1960년대의 길고 뜨거웠던 여름에 이르기까지(1963년 버밍햄, 앨라배마 등에서 발생한 인권운동을 포함한 크고 작은 인권운동과 폭력 충돌을 의미 – 옮긴이), 미국에서 가장 크게 일어난 인종적 불안과 소요 사태는 각성기 및 예언자 원형이 등장한 시기와 일치한다. 새로운 인종(1850년대 독일과 아일랜드의 가톨릭교도, 1910년대 유대인과 이탈리아인과 폴란드인, 1990년대 히스패닉 계열과 아시아인)의 유입 증가는 노마드 원형의 증가와 일치한다. 시민권이 새롭게 정의되는 시기에 소수자를 포괄하거나 배척하는 결정적 순간은 항상 위기의 시기와 영웅 원형의 증가와 일치했다.

종교적, 정치적, 경제적 자유를 찾는 이민자들이 선호하는 국가로서의 미국의 존재는 역사의 한 단위를 정하는 세대의 등장에서 중요한 역할을 했다. 영국을 포함한 대부분 구대륙에서 각 세대의 의미 있는 구성원은 엘리트, 즉 전통을 깨고 사회적 역할을 재정의하는 권한을 지닌 사람들로 제한되곤 했다. 하지만 제임스타운 건설과 메이플라워호 상륙 이후 신대륙은 스스로 통행권을 사거나 빌릴 수 있는 사람이라면 누구에게든 훨씬 더 많은 자유를 보장했다. 그 이후로 세대 변화의 가능성은 미국이 전 세계의 이민자들에게 여전히 매력적인 국가로 남아 있는 이유가 됐다. 종교적 관용, 국가의 독립성, 남성을 위한 참정권, 노예해방, 여성과 소수인종의 완전한 시민권 등 일련의 단계를 거쳐온 미국은 점차 더 많은 사람에게 세대 발전의 '꿈'을 주는 국가가 됐다.

요즘은 아무리 혜택받지 못하는 사람이나 최근에 이민 온 사람이라 해도 사회적 역할을 주기적으로 재정의하는 과정에 동참할 수 있으며, 이런 이유로 세대 주기의 변화가 지속하는 과정에도 동참할 수 있다. 초기 이민자들이 만든 사회와 그 이후 이민자들이 일군 사회 덕분에 미국은 세계에서 세대 주기가 가장 명확한 사회가 됐다.

미국 역사의 원형

아서 왕 세대부터 오늘날의 홈랜드 세대에 이르기까지 앵글로 아메리칸 혈통에서 약 25세대가 이어져 내려왔다. 그중 처음 여섯 세대는 순수 영국인이었다. 이후 네 세대는 식민지 시대 사람들로 여전히 영국 사회와 정치의 영향을 크게 받은 이들이었다. 11세대(1701~1723년에 태어난 각성 세대)에 이르러서야 이름, 생년월일, 페르소나 등이 영국과는 확연히 구분되는, 최초의 미국 세대가 됐다. 각성 세대 구성원은 대부분 미국에서 태어난 이들이었으며, 늦게나마 미국 국가와 성조기를 접하게 된 최초의 세대였다. 따라서 오늘날의 홈랜드 세대 어린이들은 중세 이후부터 전체적으로 보면 25번째 세대지만 미국 혈통으로만 보면 15번째 세대다.

이전 장에서 역사가 세대를 어떻게 형성하는지를 살펴봤다. 이제는 이 세대들이 미국 역사를 어떻게 만들어갔는지를 알아보기 위해 세대를 다시 한번 살펴볼 예정이다. 같은 원형에 속하는 모든 세대는 삶의 같은 단계에서 비슷한 전환점에 접어든다는 사실을 상기해보자. 남북전쟁 새큘럼에 유일한 예외가 딱 한 번 있었는데, 이 시기에는 영웅 원형이 없었다. 5장에서 더 깊이 살펴보겠지만, 이 예외적 기간에 도금 세대는 젊은 시절에는 노마드 원형에서 출발해 중년과 노년에 (불완전한) 영웅 원형으로 변화하며 혼합적인 집단 페르소나를 만들었다.

이제, 이러한 세대들이 미국 역사를 어떻게 형성했는지 다시 고찰해보자. 각 원형과 역사 사이의 연관성을 더 잘 파악하기 위해 각 원형에서 유명한 사람들을 추려보고, 그들 삶의 주기에 드러나는 공통적인 서사를 알아볼 것이다.

성인이 돼서 가장 열정을 드러낸 **예언자 세대** 사람들(조너선 에드워즈,

윌리엄 로이드 개리슨, 윌리엄 제닝스 브라이언)과 그들이 노년이 됐을 때 원칙에 입각해 주어진 책무를 다했던 것(새뮤얼 랭던Samuel Langdon이 벙커힐 전투에서 병사들에게 했던 냉철한 연설, 게티즈버그에서 링컨이 했던 연설, 루스벨트가 '노변담화'에서 했던 연설 등)을 기억할 것이다. 이들은 어린 시절에는 제멋대로 굴다가도 어른이 돼서 부모가 되면 보호자 역할을 한다. 이들의 주요 관심 분야는 비전, 가치관, 종교 영역이다. 이들 중 가장 잘 알려진 리더는 존 윈스럽과 윌리엄 버클리 경, 새뮤얼 애덤스와 벤저민 프랭클린, 제임스 폴크와 에이브러햄 링컨, 허버트 후버와 프랭클린 루스벨트 등이다. 이들은 원칙을 중시하는 도덕주의자로, 인간의 희생을 중요시하며, 의로운 전쟁을 벌인다. 삶의 초기에 제복을 입고 전투에 임한 경험은 거의 없으며, 삶의 후반부에 뛰어난 행실보다는 뛰어난 언변으로 사람들의 마음을 움직였다.

노마드 세대는 성인이 되는 과정에서 지옥 같은 시절(팩스턴 보이즈: 펜실베이니아주의 공격적인 개척자들 – 옮긴이, 미주리주 게릴라, 주류 밀수업자 등)을 겪다가 중년에는 실무형 리더십을 발휘한 이들로 기억된다(대니얼 모건Daniel Morgan, 스톤월 잭슨Stonewall Jackson, 조지 패튼을 생각해보라). 이들은 어린 시절에 제대로 보호받지 못하고 자라다가 성인이 돼서는 과잉보호하는 부모가 된다. 이들의 주요 관심사는 자유, 생존, 명예다. 이들 중 가장 유명한 리더로는 너새니얼 베이컨(Nathaniel Bacon)과 벤저민 처치(Benjamin Church), 조지 워싱턴과 존 애덤스, 율리시스 그랜트(Ulysses Grant)와 그로버 클리블랜드(Grover Cleveland), 해리 트루먼과 드와이트 아이젠하워가 있다. 이들은 노련하고 좀처럼 속이기 어려운 현실주의자들이며, 문제 상황과 적대 세력을 일대일로 직면하는 과묵한 전사들이다. 이들 중에는 교수형을 실행한 두 명의 대통령(명령을 받아 교수형을 집행한 워싱턴과 개인적으로 명령한 클리블랜드)과 마녀를 처형한 식민지 총독대행 한 명(윌리엄 스토튼william Stoughton), 생사를 가르는 전장에서 군대를 이끌었던 몇몇 지도자가 있다. 워싱턴, 그랜트, 아이젠하워는 군인의 명성을 기반으로 재선에 성공한 미국 대통령이다.

영웅 세대는 성인이 돼서 성공을 거두고(명예혁명, 요크타운, 노르망디상륙작전) 노년기에는 세속적 성취를 한 세대로 기억된다(위트레흐트조약과 식민지 노예법, 루이지애나 매입과 증기선, 아폴로 달 착륙과 주간고속도로). 어린 시절에 부모의 보호를 받고 자란 이들은 어른이 돼서는 방임형 부모가 된다. 이들의 주요 관심 영역은 공동체, 부, 기술이다. 이들 중 유명한 리더로는 식민지 지배자였던 거던 솔톤스탈(Gurdon Saltonstall)과 피터르 셔일러(Pieter Schuyler), 토머스 제퍼슨과 제임스 매디슨, 알렉산더 해밀턴(Alexander Hamilton)과 존 마셜, 존 F. 케네디와 로널드 레이건이 있다. 이들은 낙천적이면서도 합리적인 제도 구축자다. 이들은 공공사업의 적극적인 옹호자였으며 중년에 물질적인 성공을 거뒀고, 노년이 돼서도 시민의 힘과 역량을 잃지 않고 명성을 유지했다.

예술가 세대는 조용한 청년 시절을 보내다가(1800년 통나무집 정착민, 1880년 대초원 농장, 1960년 새로 생긴 교외의 거주자) 중년에는 원만한 합의를 이끌어내는 유연한 리더십을 발휘한 이들로 기억된다(휘그당의 '타협', 진보적인 '좋은 정부', 워터게이트 이후 '절차적 민주주의'). 과잉보호를 받으며 어린 시절을 보내다가 부모가 돼서는 자녀를 과소 보호한다. 이들의 주요 관심 영역은 다원주의, 전문성, 적법 절차다. 이들 중 가장 잘 알려진 리더로는 식민지 지배자였던 윌리엄 셜리(William Shirley)와 캐드워더 콜든(Cadwallader Colden), 존 퀸시 애덤스와 앤드루 잭슨, 시어도어 루스벨트(Theodore Roosevelt)와 우드로 윌슨(Woodrow Wilson), 존 매케인과 조 바이든이 있다. 이들은 공정성, 포용성, 공정한 경쟁의 장의 옹호자다. 정치 협상 기술이 뛰어나며, 체제를 수정하기보다는 물려받은 체제를 끊임없이 개선해나간 것으로 유명하다.

이 네 가지 원형은 미국의 역사에 균형과 자정 기능을 제공해왔다. 만약 우리가 선조들에게 물려받은 유산이 이보다 많거나 적었다면 현재 미국은 지금보다 더 가난했을 것이다.

각 세대의 원형은 10년마다 나타나지만, 한 세대가 특정한 해 내지 10년 동안 미치는 영향은 해당 세대가 어떤 삶의 단계에 있느냐에 따라 크게 달라진다. 노년기에 접어드는 원형이라면 그 영향력이 지배적일 것이다. 중년에 접어드는 원형은 영향력이 점차 증가할 것이다. 청년이 돼가는 원형은 사회의 장기적 방향의 초기 지표 역할을 하며 늘 긍정적으로만 평가되지는 않을 것이다. 노년기를 지났거나 아동기에 접어드는 원형은 영향력이 약해질 것이다. 사회를 떠나는 노년기 세대는 종종 후회와 함께, 사회가 잃어버리고 놓치게 될 것에 대한 초기 지표 역할을 할 것이다.

개별적으로 살펴본 각 세대의 신념과 행동은 사회 전체 그림의 일부일 뿐이다. 역사적으로 더욱 중요한 것은 이 모든 세대가 함께 나이가 들어가면 사회에 무슨 일이 생기는가 하는 문제다. (멘트레의 비유를 다시 빌자면) "지붕 위의 기와"[4]처럼 시간이 겹치고, 목표가 수정되고, 효과가 상호 보완될 것이다. 각 세대는 나이가 들어감에 따라 모두 함께 새로운 원형 '집단'을 형성한다. 이 집단은 정부기관부터 경제, 문화, 가족의 삶에 이르기까지 사회 전반의 모든 것을 바꾼다.

〈표4-1〉 역사의 원형들

원형	영웅	예술가	예언자	노마드
세대	아서 왕 세대 엘리자베스 세대 명예혁명 세대 공화국 세대 – G.I. 세대 밀레니얼 세대	인본주의자 세대 의회 세대 계몽주의 세대 타협 세대 진보 세대 침묵 세대 홈랜드 세대	종교개혁 세대 청교도 세대 각성 세대 초월 세대 선교자 세대 베이비붐 세대	보복 세대 기사도 세대 자유 세대 도금 세대 잃어버린 세대 X 세대
어린 시절 평판	착함	얌전함	씩씩한	못된
성인이 돼가면서	권한이 있는	불만족스러운	정당화하는	동떨어진
성인이 됐을 때 주요 화두	외부 세계	상호 의존성	내부 세계	자급자족
청년	구축	개선	반영	경쟁
중년의 변화	진취적에서 자신감으로	순응주의에서 실험적으로	무심함에서 판단적으로	위험 감수에서 지친 상태로
노년기의 리더십 스타일	대학생 같은 아량이 넓은	다원론적인 우유부단한	원칙적인 판단적인	독단적인 실용적인
노년기의 평판	강한	예민한	비전이 있는	강한
노년기의 대우	보상받는	호감 있는	존경받는	버려진
양육받은 방식	엄한	과잉보호	편안한	과소 보호
양육하는 방식	편안한	과소 보호	엄한	과잉보호
긍정적 명성	합리적인 이타적인 유능한	전문가다운 개방적인 배려심 있는	원칙적인 의지가 굳은 창의적인	통찰력 있는 실용적인 효율적인
부정적 명성	경솔한 순종적인 오만한	순응적인 복잡한 우유부단한	나르시시즘적인 고집 센 융통성 없는	필사적인 교양 없는 무모한
주요 관심사	공동체 부 기술	예술과 문학 전문가 적법 절차	가치관 비전 종교	생존 명예 자유

미국 역사의 전환점

'전환기'는 특징적인 사회적 분위기가 있는 시대로, 전환기마다 사람들이 자신들에 대해 느끼는 방식과 다른 사람을 대하는 방식이 달라지며 이러한 변화가 그 시대에 그대로 반영된다. 전환기는 세대 집단이 나이가 들어감에 따라 생긴다. 앞에서 살펴본 바와 같이 사회는 약 20년마다 한 번씩 모든 세대가 삶의 다음 단계에 진입하면서 사회적 전환기를 맞는다. 원형과 세대 집단과 마찬가지로, 전환기는 한 새큘럼에 네 번씩 찾아오며 항상 같은 순서로 진행된다.

자연의 사계절과 마찬가지로, 역사에서는 네 번의 전환기가 반드시 필요하다. 각성과 위기의 시기는 새큘럼의 지점(하지와 동지)이고, 고조와 해체의 시기는 새큘럼의 분점(추분과 춘분)이다.

사회가 각성기나 위기의 시기로 넘어갈 때, 예기치 못한 사회적 변화로 새로운 분위기가 만들어진다. 각성기는 어떤 사건들이 문화적 삶에 격변을 촉발하면서 시작되며, 위기의 시기는 사건들이 사회적 삶에 격변을 촉발하며 시작된다. 해체기나 고조기는 새로운 방향의 통합으로 나타난다. 해체기는 각성기가 해소됐다는 인식에서 시작하며, 새로운 문화적 사고방식이 확고하게 자리 잡는다. 고조기는 위기의 시기가 해소됐다는 사회적 인식에서 시작되며 새로운 시민체제가 확고히 자리 잡는다.

새로운 전환기로 접어드는 관문은 1929년 '주식시장 붕괴'처럼 명확하고 극적일 수도 있고, 1984년 "미국의 아침"처럼 미묘하고 점진적일 수도 있다. 전환기는 새로운 세대의 아이들이 태어나기 시작하고 약 2~5년 후 또는 기성세대에서 가장 나이 많은 구성원이 중년이나 노년기에 접어들고 2~5년 후에 나타난다. 그 후 전환기를 거쳐 각각의 새

〈표4-2〉 앵글로 아메리칸 새큘럼의 전환기

	첫 번째 전환기 (고조기)	두 번째 전환기 (각성기)	세 번째 전환기 (해체기)	네 번째 전환기 (위기의 시기)
세대 진입				
노년 중년 청년 유년	노마드 영웅 예술가 예언자	영웅 예술가 예언자 노마드	예술가 예언자 노마드 영웅	예언자 노마드 영웅 예술가
새큘럼				
중세 후반			프랑스에서 퇴각 (1435~1455년)	장미 전쟁 (1455~1487년)
튜더 왕조	튜더 르네상스 (1487~1525년)	종교개혁 (1525~1551년)	편협함과 순교 (1551~1569년)	스페인 함대 위기 (1569~1597년)
신세계 (신대륙)	메리 잉글랜드① (1597~1621년)	청교도 각성 (1621~1649년)	반작용과 복구 (1649~1675년)	명예혁명 (1675~1706년)
혁명	제국의 아우구스투스 시대 (1706~1727년)	대각성 (1727~1746년)	프랑스와 인도 전쟁 (1746~1773년)	미국독립혁명 (1773~1794년)
시민 전쟁	호감의 시대② (1794~1822년)	초월적 각성 (1822~1844년)	멕시코 전쟁과 할거주의③ (1844~1860년)	남북 전쟁 (1860~1865년)
강대국	재건과 도금 시대 (1865~1886년)	3차 대각성 (1886~1908년)	1차 세계대전과 금주령 (1908~1929년)	대공황과 2차 세계대전 (1929~1946년)
밀레니얼	미국 고조기 (1946~1964년)	의식혁명 (1964~1984년)	문화 전쟁 (1984~2008년)	밀레니얼 위기 (2008~2033년?)

① 초가집, 시골 여인숙 등 목가적 삶을 지향하는 유토피아적 개념 – 옮긴이
② 나폴레옹 전쟁의 여파로 미국인들 사이에서 국가 통합을 향한 목적과 열망이 반영된 시대 – 옮긴이
③ 관료제의 특성상 구성원이 소속 기관만 생각하고 다른 부서를 배려하지 않는 편협한 태도 – 옮긴이

로운 원형이 삶의 다음 단계로 이동한다. 이들이 새로운 삶의 단계를 거치고 거의 막바지에 이르면, 현재의 삶이 지루하게 느껴지고 뭔가 대체할 만한 새로운 것을 원하게 된다. 그래서 2~5년이 지나면 교체가 시작된다.

네 차례의 전환기는 성장, 성취, 엔트로피, 죽음(그리고 재탄생)이라고 하는 네 가지의 사회적 순환으로 구성된다. 봄에 해당하는 고조기에는 약속의 시대에서 사회를 강화하고 구축하며 응축한다. 여름에 해당하는 각성기에는 행복의 시대에서 꿈꾸고, 놀고, 실험한다. 가을에 해당하는 해체기에는 불안의 시대에서 거두고, 소비하고, 다각화한다. 겨울에 해당하는 위기의 시기에는 생존의 시대에서 집중하고, 투쟁하고, 희생한다. 따라서 새큘럼이 변할 때, 인간의 긴 생애는 반드시 그 사회의 가장 세속적인 욕망과 영적인 욕망을 직면하게 된다.

20년 내지 25년마다(또는 일반적인 용어로 '한 세대에 한 번') 사회는 새로운 새큘럼의 계절 등장에 놀란다. 마치 새로운 세대의 등장에 놀라는 것처럼 말이다. 이는 느닷없이 찾아온 첫 무더위가 여름의 시작을 알리거나 첫 눈보라가 겨울의 시작을 알리는 방식과 비슷하다. 우리는 역사가 자연처럼 순환한다는 사실을 잊곤 한다.

2장에서 우리는 이미 두 번째 전환기와 네 번째 전환기, 즉 각성의 시기와 위기의 시기를 살펴봤다. 여기서는 네 차례의 전환기에 무슨 일이 일어나는지 간략히 살펴볼 예정이다. 그리하여 전체적인 새큘럼이 변화하는 동안 사회적 분위기가 어떻게 달라지는지 들여다볼 것이다. 현대 앵글로 아메리칸의 새큘럼은 지금까지 예닐곱 번의 전환기가 반복됐다. 역사적 기록을 통해 우리는 다음과 같은 유형학을 구성할 수 있다.

첫 번째 전환기

'고조기'는 공동체 생활에 르네상스 시대를 열어준다. 새로운 시민 질서가 자리 잡으면 사람들은 위기의 시기를 뒤로 제쳐두고, 집단적 성취를 즐기고 싶어 한다. 사회의 근본적인 문제들은 위기의 시기에 영향을 받지 않은 채 그대로 남아 있다.

충직한 희생은 필요하지 않은 시대지만, 사회는 여전히 질서와 합의를 요구한다. 최근(위기의 시기) 겪었던 집단 생존에 대한 두려움이 힘과 성장, 미래 투자에 대한 열망으로 바뀌고, 이러한 열망은 다시 경제적 번영과 제도적 신뢰, 정치적 안정의 시대를 양산한다. 이 시대 대중의 거대 담론은 목표가 아닌 수단에 관한 것이다. 가장 큰 욕구는 안전이다. 삶은 친근하고 동질적인 분위기로 향하며, 공공장소는 단조롭지만 안전하다. 사회적 동기부여 장치로서의 수치심(다른 사람이 나를 인정해준다면 내가 나 자신을 평가할 필요는 없다는 생각)이 최고조에 달한다. 젠더 구분이 극에 달하고 육아 방식은 더욱 관대해진다. 최근 위기의 시기에서 원치 않는 여파가 지속되지 않는 한 전쟁이 일어날 가능성은 희박하다.

마침내 시민의 삶은 완전히 통제되는 듯 보이지만 더 고차원적인 목표는 없다. 사람들은 모든 것을 다 할 수는 있지만 아무 느낌도 없는 무감각한 사회를 걱정한다.

2차 세계대전 이후 고조기의 미국은 폭력 범죄율이 사상 최저치를 기록했고, 국가적 자신감은 최고조에 달했다. 남북 전쟁 이후 산업화로 급격히 변하던 이 시대는 빅토리아 시대의 가족적 관습이 토대가 되고 있었으며, 센테니얼 엑스포의 기계 전시장에서 육중한 크기로 돌아가는 터빈들과 그 사이로 분주하게 움직이던 다채로운 색상의 치마를 입은 여성들로 대변된다. 19세기 초, 기하학적인 격자 배치의 도시는 정점에 달한 호감의 시대에서 조직화된 공동체의 분위기를 반영했다. 이런 분위기를 반영하듯 워싱턴 이후 구두 투표(찬반 또는 지지하는 사람을 크게 외쳐 목소리가 큰 쪽이 이기는 방식의 투표로, 발성 투표라고도 한다 – 옮긴이)로 재선에 성공한 유일한 대통령(1820년 제임스 먼로James Monroe)이 나오기도 했다. 활기찼던 1710년대에는 산업과 근면을 칭송하는 분위기 속에서 아마산업과 해운업을 찬미하는 시들이 쏟아져 나왔다.

나이 든 미국인들은 미래를 향한 낙관적 분위기에 휩싸인 1963년경을 기억할 것이다. 10년 안에 달에 착륙하고, 빈곤이 사라질 것이라는 낙관론. 월트디즈니가 만든 투모로우랜드(Tomorrowland)는 방문객에게 움직이는 스카이워크, 미래 분위기가 물씬 풍기는 음악, 단란한 핵가족 등 친근한 미래를 선보였다. 이 시대 공상과학 소설도 황금기를 누렸으며, 최첨단 우주선, 은하간 이동, 무한한 과학적 발전, 사회공학을 통한 평화와 번영 등으로 가득한 책들이 쏟아졌다. 물론, 핵전쟁을 피할 수 있다는 가정하에 나온 내용이 대부분이다.

두 번째 전환기

'각성기'는 고조기의 도덕적 안일함과 사회 및 문화 전반에 만연한 목적 없는 통제에 대한 맹렬한 반발로 찾아온다. 이제 외부 세계는 내부 세계에 비해 하찮게 느껴진다. 사회는 과학보다 영혼을, 사물보다 의미를 찾기 시작한다. 처음에는 고조기에서 추진되던 제도가 여전히 급격한 속도로 진행될 수 있으며, 여기에 공동체보다 개인을 중시하는 젊은 세대가 미치는 영향력은 다소 미미할 수 있다. 하지만 시간이 흐를수록 유토피아적 실험으로 구체화되곤 하는 새로운 개념과 의제들이 기존 질서에 대한 사회의 신뢰를 조금씩 갉아먹는다. 사람들은 진보에 사회적 규율이 필요하다는 사실을 더 이상 믿지 않는다. 유권자들은 더 이상 공동의 목표를 중심으로 결집하지 않는다. 단기적인 개인의 변화를 향한 뜨거운 열망이 장기적 사회비용에 대한 경각심을 덮어버리고, 위험을 선호하는 생활 방식에 대단히 관용적인 분위기가 형성된다. 공공질서가 혼탁해지고 범죄와 약물남용이 증가한다. 젠더 구분이 약해지고, 양육 방식은 보호와 제도를 최소화하는 방향으로 흘러간다. 젊은 성인이 된 청년들은 가치관을 재정립하는 데 집중하고, 제도 및 기관에 필요한 리더십은 기성세대에게 맡겨버린다. 전쟁은 서툰 분위기에서 치러지고 이후 나쁜 기억으로 남게 된다.

결국 열망이 식고 나면 오래된 문화체제는 완전히 신뢰를 잃어버리고, 공동체는 흩어지고, 제도는 위계화되고, 정치는 '가치관'의 분열로 혼란에 빠진다.

오늘날 대다수 미국인은 1970년경 대학가와 도심을 지배하던 이런 분위기를 기억할 것이다. 이보다 앞선 시기의 미국인들은 1900년경 이리 운하를 따라 그리니치빌리지를 (복음 전파로) 불붙게 한 시기나 거의 한 세기 전 코네티컷 밸리에서도 비슷한 분위기를 경험했다. 이 모든 시대에 열정적인 개혁가들은 사람들의 안전이나 번영을 위해 싸운 것이 아니라 거짓 우상, 악한 신념, 부도덕성, 사회적 억압에서 해방되기 위해 싸웠다. 그들의 목표는 의식혁명 기간에는 '기술주의'를 전복하는 것이었고, 진보의 시대에는 '신뢰를 빙자한 음모'를 무너뜨리는 것이었으며, 앤드루 잭슨 시대에는 '괴물이 된 메이슨가(家)'와 '괴물이 된 은행'을 파괴하는 것이었다.

지난 각성기(1964~1984년) 동안 미국이 그렸던 미래를 생각해보라. 이시기 초반에는 TV 프로그램 〈스타 트렉〉이 방영됐는데, 이는 디즈니의 투모로우랜드에서 크게 벗어나지 못했다. 그러다가 서서히 변하기 시작했다.[5] 이 흐름이 〈2001 스페이스 오디세이〉, 〈시계태엽 오렌지〉, 〈슬리퍼〉, 〈스타워즈〉, 〈미지와의 조우〉, 〈E.T〉 등으로 2001년까지 이어졌다. 모두 과학과 합리주의, 국가의 권위, 중산층의 도덕성 등을 초월하는 신비주의적 미래나 초자연적 미래를 그린 작품이었다.

세 번째 전환기

'해체기'는 각성기에 풀려난 자유 문화의 힘을 사회가 전반적으로 포용하면서 시작된다. 새로운 도덕 의제가 자리 잡고, 사람들은 새롭게 찾은 개인의 자유에 만족감을 느낀다. 대중은 실용주의, 자립정신, 자유방임에 안착한다.

개인의 만족도는 높지만 문화 분열, 금융 호황, 시민의식 약화, 가치관을 둘러싼 격렬한 논쟁 등으로 대중적 신뢰는 약화한다. 공공 영역에서는 '나 우선' 생활 방식이 우세하게 자리매김하면서 덜 안전해도 더 재미있다는 인식이 팽배해진다. 사회적 동기부여자로서의 죄책감(내가 나 자신을 인정하는 한 나에 관한 다른 사람의 판단은 중요하지 않다는 생각)이 절정에 달한다. 젠더 역할의 차이가 가장 좁아지고, 가정은 안정화되며, 어린이를 위한 새로운 보호 장치가 마련된다. 도덕 논쟁이 격렬해지면서 수단이 아닌 목적을 화두로 하는 대중의 거대 담론이 오간다. 중대한 공적 행위는 점점 불가능해지고, 지역사회 문제는 미뤄진다. 의로운 열정으로 전쟁이 일어나지만, 후속 조치는 뒤따르지 않는다.

결국 냉소적인 소외감은 점차 우울한 비관주의로 굳어진다. 사람들은 무언가를 느낄 수는 있지만 집단적으로 어떤 행위를 실행하지는 않는다.

레이건에서 시작해 G. W. 부시로 끝난 최근의 문화 전쟁 시대의 분위기는 당시 미국인들에게는 새로운 것으로 보였지만 역사적 맥락으로 봤을 때 새로운 것은 아니었다. 1차 세계대전 이후, 미국은 범죄, 음주, 이민, 정치적 부패, 서커스 재판(정치적·사회적 주요 논쟁이 돼 대중의 관심을 받는 재판으로 스콥스 재판이나 오렌서 법정 소송 등이 이른바 서커스 재판으로 불린다-옮긴이)의 홍수 속에 금주, 여성참정권, 근본주의 등의 논의가 오갔다. 1850년대 역시 도덕적 의로움, 바닥난 인내심, 다양한 유형의 독불장군 태도 등이 서서히 들끓기 시작했다. 역사학자 데이비드 도널드 (David Donald)에 따르면 이 시기는 "미국의 모든 정권의 권위가 바닥으로 떨어진"[6] 10년이었다. 1760년대에 접어들면서 식민지들은 정신적으로는 활기를 되찾았지만, 폭력과 폭동, 부패한 공무원 등으로 휘청거렸다.

밀레니얼 시기로 접어들 때 미국이 그리던 미래상을 떠올려보라. 두뇌 집단 전문가들은 정치적·사회적 권위가 무의미해진 세상에서 개인의 선택권이 무한대로 늘어나고, 월드와이드웹(World Wide Web)이 등장하면서 물질적 가치 자체가 무의미해진 세상을 논했다. 사람들은 새로운 선택지에 환호하거나 생존을 위한 장비를 챙겼다. 미래는 〈매드맥스〉의 무정부 상태, 〈블레이드 러너〉의 사회 붕괴, 〈터미네이터〉의 처단, 〈매트릭스〉의 음모 그리고 끝도 없이 쏟아져 나오는 좀비 묵시록 같은 이미지가 범람하는 세상이었다.[7]

네 번째 전환기

위기의 시대는 이전에 무시했거나 미뤄왔지만, 현재는 심각해진 갑작스러운 위협에 대응하며 시작된다. 명확하고 현존하는 위험은 삶의 복잡함과 어지러움을 걸러내고 한 가지 단순한 명제만 남긴다. 국가 공동체가 반드시 승리해야 한다는 사실.

처음에는 새로 부상한 긴급한 위험이 해체기 사회의 불신과 대중의 무력함에 크게 영향을 미치지 않는다. 하지만 시간이 흐르면서 사람들은 새로운 시도를 하는 공권력을 점점 더 지지하게 되고, 결국 공권력의 성공은 더 많은 것을 정당화하게 된다. 지도자가 통치하고, 긴급 상황이 선포되고, 수십 년 동안 변하지 않았던 법과 관습이 신속하게 폐기된다. 시민 한 명 한 명에게 더 많은 혜택이 주어지면서 그에 따른 희생도 점점 더 많이 요구된다. 국가적 위험에 대한 집착은 정신적인 호기심을 쇠퇴하게 만든다. 새로운 시민 질서가 점점 더 까다로워지고, 개인이 위험을 감수하는 비율과 범죄 및 약물남용 비율이 줄어든다. 가족은 강화되고 젠더 구분은 더욱 광범위해지며, 양육 방식은 숨이 막힐 정도로 보호하는 방식을 추구하게 된다. 젊은이들은 물질적 성취에 집중하고 가치관은 노인 세대에게 맡긴다. 전쟁은 결연한 의지로 치러지며 최대한의 결과를 추구하는 방향으로 흐른다.

네 번째 전환기가 끝날 무렵, 분위기는 피로감과 안도감, 국가가 성취한 것에 대한 자부심으로 바뀐다. 1948년 이후 여러 차례 실시한 설문조사에서 미국 역사가들은 네 번째 전환기의 절정에서 늘 세 사람을 미국 역사상 "가장 효율적인" 리더로 꼽는다.[8] 그 셋은 링컨, 루스벨트, 워싱턴(보통 순서도 이대로다)이다.

집단과 권위를 향한 새로운 신뢰를 바탕으로 리더는 계획을 세우고, 사람들은 희망을 품고, 사회는 평화와 안보를 향해 나아간다.

오늘날 미국인 중에서 대공황과 2차 세계대전을 개인적으로 기억하는 사람은 미국인 중 4퍼센트 미만을 차지하는 침묵 세대와 G.I. 세대뿐이다. 하지만 이러한 시대적 분위기는 남북 전쟁과 미국독립혁명, 더 거슬러 올라가서는 식민지 시대와 영국 역사에 이르기까지 미국 역사가 주요 관문을 통과할 때마다 주기적으로 반복됐다. 지난 위기의 시기를 거치면서 미국이 생각하는 미래의 개념은 이데올로기, 권위, 기술이 강화된 더욱 강한 공동체의 비전으로 바뀌었다. 이 강력하고도 새로운 세계는 디스토피아적인 어두운 면도 있었지만[9](《멋진 신세계》,《동물 농장》,《1984》) 무서운 위협으로부터 시민을 보호하는 슈퍼히어로(〈벽 로저 스〉, 〈제국의 종말〉, 〈슈퍼맨〉, 〈캡틴 아메리카〉, 〈원더 우먼〉)도 넘쳐났다. 밀레니얼 위기가 시작되면서 미국인들은 전환점의 주기를 완전히 다 겪었다. 오늘날 미국인들은 〈헝거게임〉, 〈엘리시움〉, 〈더 서클〉 같은 영화나 〈핸드 메이즈 테일〉, 〈블랙 미러〉 같은 드라마, 그 외 다양한 소설에서 강력하지만 억압적인 공동체[10]를 다시 만나고 있다. 소외된 채 영웅과 거리가 먼 주인공들은 1930년대부터 줄곧 대중 판타지를 장악하고 있는 마블과 DC에서 엄선한, 세상을 구하는 슈퍼히어로로 대체되고 있다.

세대와 마찬가지로 각 전환기가 새큘럼의 또 다른 끝에서 반대의 원형과 어떻게 균형을 이루는지 주목해보자. 동지는 동지와 균형을 이루고, 춘분은 춘분과 균형을 이룬다.

각성기에 개인은 공동체에서 벗어나고 사회 내부의 다양하고 주관적인 목표를 추구한다. 위기의 시기에 개인은 다시 공동체와 연결되고 사회 외부의 객관적인 하나의 목표를 추구한다. 고조기에 책임감 있는 개인은 목적의식이 있는 사회를 위해 활동하고 심지어 악한 사람들도 사회의 건설 업무에 활용된다. 해체기에 책임감 있는 사회는 목적의식이 있는 개인을 위하며, 심지어 선한 사람들조차 협조를 이끌어내거나 어느 방향으로 이끌기 힘들다.

각 전환기는 역사에 나름의 공헌을 해왔다. 각 전환기는 저마다의 해결책을 제시하지만 시간이 지나면 또 다른 문제와 불안을 만들었다. 이렇게 네 번의 전환기는 거대한 시간의 수레바퀴를 굴리면서 문명사회

〈표4-3〉 사회적 분위기에 따른 네 전환기

전환기	첫 번째 (고조기)	두 번째 (각성기)	세 번째 (해체기)	네 번째 (위기의 시기)
가족	강함	약해짐	약함	강해짐
양육	느슨함	과소 보호	엄격함	과잉보호
젠더 역할의 격차	가장 큼	좁음	가장 적음	넓음
이상	안정됨	발견됨	논쟁적	옹호됨
제도	강화	공격	부식	기초를 다짐
문화	순수한	열정적인	냉소적인	실용적인
사회구조	단합된	분열된	다양한	구심점이 있는
세계관	단순한	난해한	복잡한	단순화하는
사회적 우선순위	공동체의식 최대	개인주의 부상	개인주의 최대	공동체 부상
사회 추진력	수치심	양심	죄책감	오명
가장 필요한 것	효과적인 일하기	내적 세계 개편	옳다고 생각하는 일하기	외적 세계 개편
미래 비전	밝아지는	도취하는	어두워지는	긴급한
사회질서의 공급	증가하는	높은	감소하는	낮은
사회질서의 수요	높은	감소하는	낮은	증가하는
전쟁	복구적	논쟁적인	결론 나지 않는	전면적

에 주기적으로 새로운 활력을 불어넣고, 인간의 모험에 추진력을 부여해왔다. 역사의 사계절을 특징짓는 사회 분위기를 살펴보다 보면 이런 질문이 생길 수도 있다. 만약 새큘럼이 존재하지 않았다면 역사는 어떻게 됐을까?

혼돈의 시간 속에서 역사는 특정한 패턴이 없었을 것이다. 사회는 무작위로 방향성 없이 흘러갔을 것이다. 어느 순간에든 가속되거나, 멈추거나, 전복되거나, 종말을 맞이했을 것이다. 10년 동안의 분위기가 이후 또 다른 10년의 분위기로 이어질 수도 있다.

예를 들어, 1950년대 분위기가 1970년대로 이어진 것이나 1940년대 분위기가 1960년대로 이어진 것을 생각해보라. 위기의 시기와 각성의 시기가 조금의 빈틈도 없이 곧장 이어질 수도 있다.

선형적 시간에서도 역사는 패턴을 가질 수 있지만, 그 패턴은 장기적이고 방향성 없는 흐름일 뿐이다. 20년 단위로 볼 때 한 단위는 이전 단위보다 모든 면에서 더 많은 것을 생산할 수도, 더 적게 생산할 수도 있다. 미국의 고조기인 1920년대부터 선을 그어보면 정치 및 사회적 연대가 계속 성장하는 미래를 예측할 수 있다. 1990년대부터 미국의 고조기까지 선을 그어보면 정반대의 미래를 예측할 수 있다. 즉, 사회를 조각조각 분열시킬 원심력을 볼 수 있다. 정점도, 평준화도, 반전도 없을 것이다.

순환하는 시간에서 사회는 항상 경로를 수정하며 진화한다. 보통 이 순환은 발전적인 나선형이지만 때때로 쇠퇴의 나선형이 되기도 한다. 사람들은 항상 과거의 잘못을 고치고, 현재의 넘치는 부분을 바로잡아, 가장 필요한 것이 제공되는 미래를 만들려고 노력한다. 그렇게 할 때 하나의 문명이 지속하고 번영할 수 있다.

평행 리듬

이 책 첫 번째 장에서 우리는 역설을 이야기했다. 자연의 순환 주기를 제거하려던 현대성의 목표가 오히려 현대성 자체의 다양한 사회적 순환 주기를 만들었다는 역설 말이다. 사회적 순환이 완료되려면 대체로 몇십 년이 걸린다. 지난 세기 동안, 저명한 역사학자와 사회과학자들이 슐레진저 경과 슐레진저 주니어 두 사람과 함께 주기론에 합류했다. 슐레진저 주니어는 이 주기를 "인류 역사에서 썰물과 밀물처럼 번갈아 나타나는 패턴"[11]이라고 말했다.

그렇다면 이 주기는 무엇을 보여주는가? 주기에는 정치, 전쟁, 범죄, 경제, 가족, 젠더 역할, 출산율, 문화 등 흥미로운 모든 흐름과 흐름에 반하는 흐름이 전부 담겨 있다. 이 주기의 기간은 어떻게 되는가? 대부분 한 새큘럼 내지 반 새큘럼이다. 한 새큘럼 동안 지속되는 주기는 대체로 사계절의 단계로 구분된다. 정치적 재편 주기나 경제학자들이 말하는 K-파동(니콜라이 콘드라티예프가 제시한 주기로 콘드라티예프 파동이라고도 한다 - 옮긴이)처럼 반 새큘럼 동안 지속하는 주기는 한 새큘럼에 비해 두 배로 빠른 비트를 치듯, 촘촘하게 얽혀 있다. 이러한 주기는 왜 생기는가? 대부분 학자는 정확한 답을 내놓지 못하고 있다. 슐레진저 주니어나 토인비, 모델스키처럼 인과관계를 자주 말하는 학자들은 주기가 어떻게 작동하는지 정확히 설명하지는 않지만, 세대의 변화는 자주 암시한다.

어쩌면 주기 이론가들이 더 많이 주목받지 못한 이유는 학계의 주류 학자들이 새롭게 발견된 주기를 단순히 고립된 특수성으로 평가했기 때문인지도 모른다. 대부분 학자는 사회적 주기를 찾지도, 우연히 발견한 주기의 원인을 깊이 고민하지도 않는다. 전문가들이 관심을 두지 않는 한, 역사의 계절이 아무리 집요하고 설득력 있게 드러나도 우리는 눈치채지 못한다. 새큘럼은 마치 에트루리아 무덤에 새겨진, 아무도 해독할 수 없는 언어로 된 유일한 기록처럼 아무도 귀담아 들어주지 않은 채 그냥 남아 있다.

여기에서 우리는 가장 잘 알려진 주기 이론 몇 가지를 요약했다. 그리고 우리는 어쩌면 이 주기들이 서로 무관하지 않을 수도 있다고 제안한다. 어쩌면 이 주기들은 인간의 긴 생의 리듬에 맞춰 뛰는, 현대의 위대한 해의 새큘럼 계절을 반영하고 있는지도 모른다.

정치

미국 정치 주기 이론에서 가장 유명한 사람은 아서 M. 슐레진저 경이다. 슐레진저 경은 헨리 애덤스가 정치의 주기적 리듬에 관해 우연히 발언한 내용에 착안해 미국독립혁명 이후 "진보"와 "보수" 시대[12] 사이에 불규칙한 진동이 존재한다는 사실을 발견했다. 이후 그의 아들 슐레진저 주니어가 이 이론을 더욱 발전시켜 "공적 에너지"와 "사적 관심"[13]으로 시대를 재분류했다.

슐레진저 주니어가 제안한 주기는 다음의 새큘럼과 일치한다. 공적 에너지 시대는 각성기와 위기의 시기와 많이 겹친다. 사적 관심의 시대는 고조기와 해체기와 많이 겹친다. 따라서 슐레진저 주니어가 제안한 주기는 두 차례의 변화가 있는 주기다. 이는 사실 놀라운 일이 아니다. 위기의 시기와 각성의 시기에는 둘 다 공적 에너지의 확실한 재확인이 필요하기 때문이다. 위기의 시기에는 권위를 세워 사회적 생존을 보장하고, 각성기에는 권위를 무너뜨려 사회의 정의를 추구한다. 고조기나 해체기에는 그럴 필요가 없다.

슐레진저 주니어의 주기는 정확하지 않으며, 만약 그의 주기(한 시기당 약 15년)[14]가 그렇게 빠르지 않았다면 새큘럼 주기와 다소 밀접했을 것이다. 그래도 슐레진저 주니어는 예외적으로 긴 주기를 설정했고, 덕분에 1980년대까지는 새큘럼 주기와 비슷한 주기를 유지했다. 최근에는 슐레진저 주니어의 빠른 주기 시간표가 다시 어긋나기 시작했다. 그의 추정에 따르면, 1990년대 미국은 거대한 정부의 새로운 활동이 대대적으로 이루어질 시기였다. 하지만 물론 그런 일은 일어나지 않았다. 하지만 시간을 떼어놓고 보면, 미국 정치의 기본적인 리듬에 관해서는 슐레진저 주니어가 옳았다. 권위주의 정부는 죽지 않았다. 다만, 위기의 시기가 돌아오기를 기다리며 잠시 숨을 고르고 재충전의 시간을 가지며 동면하고 있었을 뿐이다.

미국 정치의 주기 이론에서 두 번째로 유명한 이론은 정당 재편 주기다. 전후 초반 유명한 정치 과학자들(V.O. 키 주니어V. O. Key Jr, 월터 딘 버넘, 제임스 L. 선드퀴스트James L. Sundquist 등)이 제안한 주기는 새큘럼과 완벽하게 일치한다. 40년마다 (항상 위기의 시기나 각성의 시기에) 정치를 새롭게 '재편하는 선거'가 치러지고, 이로 인해 '새로운 정당체제'가 생겨난다. 버넘에 따르면, 이러한 선거는 1788년(연방주의자-공화당), 1828년(잭슨 민주당), 1860년(링컨 공화당), 1896년(맥킨리 공화당), 1932년(뉴딜 민주당), 1968년·1972년·1980년(닉슨-레이건 민주당)에 있었다. 1970년, 버넘은 이 자료를 근거로 "우리는 여섯 번째 정당체제로 가고 있다"[15]라고 했다.

버넘은 이러한 주기가 "놀라울 만큼 정확한 규칙성"을 가지며 정치적 변화가 불연속적이라는 사실을 강조한다. 그는 "파괴적인 변화"가 균형을 깨트리기 전까지 정치 전체 시간의 "5분의 4는 체제를 유지하는 상태에 있다"고 말한다. 슐레진저 주니어는 버넘의 재편성 주기가 자신의 주기와 일치하지는 않지만, 그가 제시한 규칙성은 인정하며 이렇게 말했다. "지난 125년 동안 재편 주기는 약 40년 정도였다."[16] 이러한 주기를 유발하는 요인은 무엇일까? 정치과학자 폴 앨런 벡(Paul Allen Beck)은 세대 간 인과관계를 말한다. 정권이 재편되는 시기에 자란 아이들은 성인이 돼서 정권 재편을 외면하는 반면, 정상적인 정치 시기에 자란 아이들은 성인이 돼서 정치 재편을 추구한다는 것이다. 그 결과 삶의 두 단계마다 한 번씩 정권 재편이 일어난다.[17]

앨런 벡은 성인이 된 예언자 세대와 영웅 세대, 즉 정상 정치 시대에 어린이였다가 각성기와 위기의 시기에 정치 재편을 주도하는 세대의 중요성을 지적한다. 이들은 정치적으로 약한 세대인 노마드 및 예술가 세대에 비해 정치적으로 지배적인 세대라고 할 수 있다. 훗날 이러한 지배적 원형은 국가의 리더가 됐을 때 훨씬 더 큰 영향력을 발휘한다. 이를 이해하기 위해 1861년 이후에 태어난 18명의 미국 대통령을 모두 떠올려보라. 그들은 지배적인 세 세대 (선교자 세대, G.I. 세대, 베이비붐 세대) 와 약한 세 세대 (잃어버린 세대, 침묵 세대, X 세대) 이렇게 여섯 세대에 포함된다. 이들 중 지배적인 세대에 속한 대통령은 14명이고, 약한 세대에 속한 대통령은 4명뿐이다. 어쩌면 이 네 명의 대통령(트루먼, 아이젠하워, 오바마, 바이든)도 미국에서 가장 영향력 있는 대통령으로는 꼽히지 않을 수도 있다.

슐레진저 주니어와 버넘의 주기는 지배적인 주기와 후퇴 주기가 번갈아 나타나며 반 새큘럼 동안 지속한다. 따라서 둘 다 온전한 한 새큘럼의 계절적 특성 내에서 재해석한다면 더욱 깊이 있는 해석이 가능하다.

각성기의 공적 에너지는 위기의 시기 에너지와 같을 수 없다. 1960년대에 있었던 '신좌파' 급진주의자들의 시위는 그들의 부모 세대의 '구좌파' 뉴딜정책을 재현한 것이 아니며, 1990년경의 '추문폭로 저널리즘'은 링컨이 연방을 구하기 위해 벌인 투쟁과 성격이 다르다.

어떤 공적 에너지는 정부의 권위를 약화하고, 어떤 공적 에너지는 정부 권위를 강화한다. 같은 이유로 고조기의 사적 관심이 해체기의 사적 관심과 같을 수 없다. 고조기에서 사적 관심은 효율적으로 보이는 공적 기관에 협조하기를 원하지만, 해체기에 사적 관심은 실패한 듯 보이는 공적 기관으로부터 달아나고 싶어 한다.

새큘럼을 통해 우리는 유권자의 행동을 더 깊이 이해할 수 있다. 당파적 연대와 투표율이 상승하는 시기는 일반적으로 위기의 시기에 시작된다. 선거운동이 덜 격렬하고 차분한 분위기에서 치러지더라도 고조기 내내 연대와 단결이 지속된다.

이와는 반대로 당파가 분열되고 투표율이 떨어지는 시기는 대체로 각성기에 시작된다. 이러한 추세는 제3당이 지지를 얻고 선거운동이 과격하고 치열해지는 해체기까지 지속된다. 1970년에서 1990년 사이 투표 참여율의 급격한 하락은 1900년에서 1920년 사이 하락률과 비슷하다.[18] 1992년 로스 페로(Ross Perot)의 유권자 점유율은 1856년 공화당 이후 가장 큰 득표율을 보였던 1912년 불 무스 당(Bull Moose, 진보당) 이후 제3당으로서는 가장 큰 수치였다. 그리고 이 모두가 해체기였다.

각성기에 유권자들은 필요성과 신뢰가 점점 떨어지는 국가적 권위와 멀어지려 한다. 이와는 대조적으로 위기의 시기에 유권자들은 필요성과 의존도가 점점 높아지는 국가적 권위를 재건하려 한다. 위기의 시기에 중대한 선거들은 하나의 정당체제를 구축하거나 강화하는 정도에 따라 재편 선거라고 불릴 수도 있다. 정치 여론조사원 새뮤얼 루벨(Samuel Lubell)의 유명한 공식에 따르면, 이러한 선거들은 해와 달의 시대를 연다. 활기차고 지배적인 다수당은 태양처럼 행동하고, 수동적이고 억압된 소수당은 태양의 그림자를 반영하기만 한다.[19] 태양 정당의 사례는 1790년대 연방주의 당원, 1860년대 공화당 당원, 1930년대 민주당 당원을 들 수 있다.

미국은 최근 위기의 시대에 접어들었고, 관련 지표들은 예상한 방향으로 변화하고 있다. 2016년 이후 유권자 투표 참여율은 지난 100년간 볼 수 없었던 수치[20]로 치솟았고, 국가 정당의 당파심은 통상적 기준을 넘어섰으며,[21] 제3당은 점점 더 설 자리를 잃고 있다. 오늘날처럼 양극화현상이 두드러진 시기에 제3당으로 간 표가 버려지면 적대적인 당이 승리할 가능성이 커지기 때문이다. 아직 어느 한 정당이 유리한 상황은 아니지만, 정치 재편이 이미 시작됐을 수도 있다. 이 부분은 7장에서 살펴볼 예정이다. 그리고 잘 따져보면, 미국의 '네 번째' 공화국은 미국의 '일곱 번째' 정당 체제의 부상 시기와 일치해야 한다.

외교

미국의 외교정책보다 더 무작위적인 정책은 없다고 생각하는 사람도 있을 것이다. 그렇다면 전 세계의 전쟁과 외교 사건을 설명할 수 있는 패턴은 없을까? 대부분 외교 연구가의 생각이 비슷했다가 달라진 계기가 된 것은 1952년, 정치과학자이자 전쟁학자 퀸시 라이트의 제자였던 프랭크 L. 클링버그(Frank L. Klingberg)가 "역사적 기류의 변화"를 발견[22]하면서였다. 클링버그는 단순한 '사건'과 그 사건에 대한 사회적 '반응'은 명백히 다르다고 말했다. 그는 도발이 일어났을 때 미국 내 지배적인 분위기가 '내향적'으로 기우는 중인지 '외향적'으로 기우는 중인지에 따라 미국의 대응도 달라진다고 주장했다.

클링버그가 제시한 주기는 두 차례의 변화가 일어나고 47년간 지속되는 주기로, 새큘럼의 타이밍과 대략 비슷하다. 대체로 클링버그가 말한 내향적 시기는 평균 20년 지속되는데, 이는 각성기와 위기의 시기와 겹친다. 그가 말한 외향적 시기는 평균 27년 지속되며, 이는 고조기와 해체기와 겹친다.

각성기나 위기의 시기에 사람들이 사회의 내적 변화에 몰두할 때, 즉 뉴딜정책에서 진주만 공격 전까지 또는 구정 공세(베트남 전쟁에서 설 연휴에 휴전 중이라고 생각했던 시기에 베트남이 공세를 한 사건 – 옮긴이) 이후 '물병자리의 시대'(the Age of Aquarius, 1969년 팝 그룹 피프스 디멘션5th Dimension이 발매

해 큰 인기를 끈 음반 제목-옮긴이)에 미국은 내향적 사회가 된다. 고조기나 해체기에 사람들이 외부적 문제에 집중할 때, 즉 포함외교(강대국이 함대 등을 포함한 무력을 동원해 약소국을 굴복시키는 외교 방식-옮긴이)나 매니페스트 데스티니(manifest destiny, 명백한 운명이라는 뜻으로 1840년대 미국의 영토 확장주 의를 정당화한 말-옮긴이), 국제연합 구축 등이 있는 시대에 미국은 외향적 사회가 된다. 남북 전쟁과 재건 시대처럼 변칙적인 시대 동안, 클링버그 의 주기는 정상적인 새큘럼의 리듬에서 완전히 벗어난다.

클링버그는 '세대의 경험', 특히 정권을 만들어가는 과정에서 외교정 책의 실패나 과잉을 바로잡으려는 지도자의 욕구를 언급하며 자신의 주기를 설명한다.[23]

가령 1920년대와 30년대, 중년의 잃어버린 세대는 우드로 윌슨의 민 주주의 정책처럼 미국의 무분별한 행위가 반복될 위험이 있는 정책에 반대했다. 하지만 중년의 G.I. 세대는 잃어버린 세대의 경고를 무시했 다. G.I. 세대는 1930년대의 값비싼 정책 실수(무역전쟁, 고립주의, 유화정책) 를 피하려고 전쟁 이후 광범위하게 '팍스 아메리카나'를 구축했다. 중년 이 된 침묵 세대는 이러한 제국의 야망을 곤혹스러워했다. 1970년대 초 에 의회에 진출한 침묵 세대는 미 국방부와 CIA의 통제 불능 상태가 된 '개입주의'를 필사적으로 견제하려 했다. 그다음 세대는 침묵 세대의 제 한적인 파월 독트린(Powell Doctrine, 미 국방장관이었던 콜린 파월의 군사 전략 원 칙으로, 가능한 한 무력 개입을 피하되 국가 이익을 위해 개입이 불가피한 경우 압도적인 군사력을 동원해 속전, 속결로 승리를 결정짓는다는 전략-옮긴이)을 크게 생각하지 않았다. 1990년대 중반 세르비아 폭격과 9·11테러 이후 아프가니스탄 과 이라크 침공을 결정한 베이비붐 세대 외교관과 장군들은 미국의 '베 트남 전쟁 증후군'에 관한 기억을 간절히 지우고 싶어 했다.

가장 최근에 미국이 가장 내향적으로 돌아서기 시작한 시점을 2005년이나 2006년으로 잡는다면(이라크 전쟁에 대한 대중의 지지가 급감한 시기), 클링버그의 주기로 계산했을 때, 미국이 완전히 외향적으로 전환하는 시기는 2020년대 중반으로 유추할 수 있다. 앞에서 살펴본 바와 같이 이 시기는 국제 장기 주기 이론가들의 예측과 맞아떨어진다. 심지어 러시아가 우크라이나를 침공하기 전에도, 여론조사에 따르면 미국 대중은 점점 더 개입주의 성향이 돼가고 있었다.

외교정책은 종종 전쟁으로 이어진다. 그리고 의심할 여지없이, 영미 역사에서 중요한 모든 전쟁은 전환기에 일어났다.

고조기의 전쟁은 모두 이전 위기 시대의 여파였다. 미국독립혁명을 재확인한 1812년의 전쟁이 그랬고, 2차 세계대전 이후 국제 정세의 현상태 유지를 재확인한 한국 전쟁이 그랬다. 이러한 전쟁들은 대체로 교착상태에 빠지는 경향이 있다. 인내심은 강하고 열정은 약하기 때문이다.

각성기의 전쟁들은 모두 사회를 사로잡은 열정적 신념에 휩싸여 있었다. 1745년 루이스버그(Louisbourg)를 공격한 술 취한 부흥주의자들이 그랬고, 1960년대 후반 베트남 전쟁에 반대하는 대규모 시위가 그랬다. 가장 유명한 사건은 17세기, 잉글랜드 내전으로 왕이 참수형을 당하고 (금방 해산된) '성자 의회'(Parliament of Saints, 크롬웰이 자신의 말에 순종적인 신앙인들을 의회에 앉혀 생긴 의회 — 옮긴이)가 생긴 일이었다. 국내 혼란으로 군사적 결정이 내려지고, 각 전쟁은 논란을 불러일으켰으며, 전쟁이 끝난 후에는 안 좋은 기억만 남았다.

해체기의 전쟁은 대개 화려한 승리로 끝나고 당시에는 잠시 인기를 끈다. 퀘벡 점령부터 쿠웨이트 점령까지 모두 그랬다. 하지만 전쟁이 근

〈표4-4〉 전쟁과 전환기*

첫 번째 전환기	두 번째 전환기	세 번째 전환기	네 번째 전환기
앤 여왕 전쟁 1812년 전쟁 한국 전쟁	영국 *내전* 피쿼트 전쟁 조지 왕 전쟁 2차 세미놀 전쟁 미국-스페인 전쟁 베트남 전쟁	프랑스-인디언 전쟁 멕시코-미국 전쟁 1차 세계대전 걸프 전쟁 아프가니스탄 전쟁	*장미 전쟁* *잉글랜드-스페인 전쟁(스* *페인 무적함대)* 필립 왕 전쟁 베이컨의 반란 윌리엄 왕 전쟁 명예혁명 미국독립혁명 남북 전쟁 2차 세계대전

* 1675년 후 미국 전쟁만 해당되며, 총사망자가 1,500명을 넘는 경우.
1675년 이전(이탤릭체 표기) 잉글랜드·영국 전쟁만 해당되며, 총사망자가 2만 5,000명을 넘는 경우.

본적인 사회 분위기를 바꾸지는 못한다. 열정은 크고 인내심은 부족하기 때문이다.

위기의 시대 전쟁은 모두 자원이 많이 소모되며 중대한 결과로 이어진다. 이 시기 전쟁은 최대한의 사회적 합의와 노력을 요구했다. 위기의 시대 전쟁은 또한 치명적이었다. 이 시기 전쟁의 총사상자는 (인구 대비) 다른 시기의 전쟁을 모두 합한 것보다 많았다. 국내 전선(후방)의 결속력이 높으며, 전쟁의 결과는 왕조·국가·제국의 재정립으로 이어진다.

여기서 한 가지 시사점은 각성기와 위기의 시기에 사회는 대체로 내향적이라는 것이다. 그런데 그렇지 않은 경우, 즉 사회가 외향적인 경우 전쟁은 극단적으로 일어나곤 한다. 각성기에 전쟁은 극단적으로 격렬하고, 위기의 시기에 전쟁은 극단적으로 효율적이다.

경제

1930년, 스탈린은 경제학자 니콜라이 콘드라티예프(Nikolai Kondratieff)

를 체포해 시베리아로 유형을 보냈다. 그의 죄명은 시장경제의 장기적 파동을 제시함으로써 가장 선형적인 현대 이데올로기인 마르크스-레닌주의에 감히 도전한 것이었다. 콘드라티예프는 강제수용소에서 사망하자마자 많은 경제 역사가에게 숭배의 대상이 됐다. 오늘날 그의 이름은 "K-파동(K-cycles)"이라고 하는 유명한 경제학 이론[24]에 남았다. 일부 파동은 15세기까지 거슬러 올라가 적용되며, 모두 40~55년을 주기로 한다.

K-파동은 세부적인 측면에서(특히 지정학적 위치에서) 매우 다양하지만, 대부분은 영미권 새큘럼과 근접하게 일치한다. 파동의 절정은 고조기와 해체기 끝 무렵이고, 저점은 각성기와 위기의 시기 끝 무렵이다. 이 패턴은 오늘날 미국이 2007~2009년 대침체 직전에 시작돼 2020년대 후반에 끝날 것으로 예측되는 장기침체기 파동에 있음을 보여준다.

여기에서도 양방향 추세만으로는 온전한 한 새큘럼의 계절성을 제대로 설명할 수 없다. 고조기에는 대체로 임금과 생산성이 완만하지만 빠르게 증가한다. 각성기에는 급성장하는 경제가 적어도 한 번 이상 급락을 겪는데(1970년대 중반, 1890년대 중반, 1830년대 후반, 1730년대 중반), 이는 전쟁 후 경제성장의 황금기가 끝나는 현상으로 암울하게 해석될 수 있다.

해체기에 경제는 다시 활기를 띠며 성장이 가속되지만, 부채와 대출이 증가하고, 균형이 덜 잡힌 성장이며, 투기성 불황 및 호황에 취약한 경향이 있다. 대체로 국제금융위기가 부채 정리의 소용돌이를 촉발하며, 이로 인해 국가는 위기의 시대로 접어든다. 2008년과 1929년에 각각 명확한 사례가 있었다. 그리고 1857년, 1772년, 1670년대 중반(찰스 2세가 수차례 채무불이행을 해서 유발된)의 경제위기 역시 그 직후에 이어진 위기의 시대에 촉매 역할을 했을 수 있다. 위기의 시대에는 경제공황, 침체, 회복, 인플레이션, 전쟁, 전시체제 등이 연달아 발생하며 경제가 흔들린다. 위기의 시대 끝 무렵에는 뉴노멀 경제가 재탄생한다.

경제의 변화와 더불어 공적 기관도 비슷한 방식으로 다음 시기에 접어든다. 고조기에 정부는 계획적 개입과 규제 역할을 한다. 1610년대 왕실 무역 특허, 1800년경 해밀턴주의자와 제퍼슨주의자가 각각 촉진한 상업과 도시계획, 1870년대 산업 및 서부 확장에 대한 공화당의 지원, 1950년대 군사복합단지 등을 생각해보라. 이 게임의 법칙은 저축과 투자를 장려하고, 젊은 층을 선호하며, 생산자(지주 농부·상업회사·산업 신탁·조합)를 보호하려 노력하는 것이다.

각성기에는 경제에서 공공의 역할을 뒷받침하던 대중의 합의가 무너지기 시작한다. 해체기에는 공적 통제가 약해지고, 기업인 정신, 위험 감수, 시장의 창조적 파괴 등이 우세해진다. 이 시기 게임의 새로운 법칙은 대출과 부채를 장려하고, 노년층을 선호하며, 개인 소비자를 보호하려 애쓰는 것이다. 위기의 시기에는 국가의 적극적인 역할에 대한 대중적 합의가 다시 고개를 든다.

기술혁신 및 금융혁신을 연구하는 경제사학자들은 주기의 유사한 타이밍을 자주 보게 된다. 경제사학에서 가장 유명한 학자 중 하나로 손꼽히는 카를로타 페레즈(Carlotta Perez)가 제시한 S형의 혁신 곡선은 두 차례의 연속적인 K-파동 기간에 펼쳐진다.[25] 첫 번째 파동기에는 가속화가 일어난다. 즉, 각성기에는 새로운 기술 패러다임이 '폭발'하고, 해체기에는 스타트업과 새로운 실험의 '광란'이 일어난다. 두 번째 파동기에는 속도가 둔화한다. 즉, 위기의 시기는 독점, 규제, '성숙함' 등으로 요약되고, 이후 고조기는 수익은 좋지만 창의적이지 못한 지배력이 광범위하게 영향을 미친다.

가장 최근의 각성기(1960년대) 이후 페레즈의 사례 중 가장 눈에 띄는 부분은 디지털 기술과 통신 분야다. 이전의 각성기(1890년대)에서 가장 눈에 띄는 분야는 철강, 전기, 자동차, 대량생산이다. 또 다른 새큘럼으로 거슬러 올라가면(1820년대) 증기기관과 철도가 가장 두드러진다. 각각의 장기 파동은 우리의 물질적 삶을 서서히, 엄청나게 발전시켰다. 하지만 시간이 흐르면서 이 파동은 문화, 사회, 정치적 흐름의 리듬에 따라 기복이 심해졌다.

불평등

2013년에 출간된 베스트셀러 《21세기 자본》에서 프랑스 경제학자 토마 피케티(Thomas Piketty)는 현대 시장 자본주의가 시간이 흐를수록 불평등을 심화한다[26]고 말했다. 그런데 그는 한 가지 눈에 띄는 예외 때문에 이러한 장기 흐름이 깨졌다는 점을 인정한다. 1930년대부터 1970년대까지 약 40~50년 사이에 대부분 서구 사회에서 불평등이 감소한 것이다. 이 시기는 경제학자들에게 매우 잘 알려진, 대공황 시기다.

이 시기 불평등 감소의 원인을 파악하기란 어렵지 않다. 이 시대는 금융위기, 전면전, 높은 세금, 징벌적 인플레이션, 금융 압박과 더불어 시작됐으며, 이 모든 요인이 합해져 재벌로부터 부를 빼앗는 결과로 이어지는 경우가 많았다. 전쟁을 겪고 나면 정부는 빈곤층과 노동계급의 소득을 높이기 위해 주요 노동층을 위한 조치 및 완전고용, 사회복지 관련 법안을 마련했다. 미국에서 소득과 부의 불평등은 1914년과 1929년에 두 차례 정점에 달했고, 대공황 기간에 감소했다가 1940년대에 급속히 줄었으며, 1970년대 어느 시기까지 점진적 하락세를 이어갔다. 그러다가 그 이후 불평등은 다시 증가하기 시작했다. 오늘날에는 전후 고조기의 대압착(Great Compression, 1930~1950년대 미국에서 증세 등 강력한 조세정책으로 소득격차 및 임금격차가 급격히 좁아진 현상–옮긴이) 시기가 미국 중산층의 황금기였다고 말한다.

그런데 이 시기가 피케티의 말처럼 고립된 예외적 시기일까? 스탠퍼드대학의 경제사학자 발터 샤이델(Walter Scheidel)의 생각은 다르다. 샤이델은 저서 《불평등의 역사》(2017)에서 평온하고 특별한 사건이 없는 번영의 시대에는 거의 항상 불평등이 증가한다는 피케티의 주장이 옳다고 말한다. 하지만 그는 몇백 년 전 자본주의가 등장한 이후뿐 아니라 수천 년 전 도시문명이 부상한 이후에도 늘 그래왔다는 점을 지적한다.

샤이델의 의견대로라면 언제 불평등이 감소하는가? 오직 폭력적이고 충격적이며 (대체로) 치명적인 격변 과정을 거친 후 필연적으로 따르는 사회 재건 시기에만 가능하다. 다시 말해, 기원전 5000년 이후, 고대 우르문명과 에리두문명부터 현대의 파리와 상하이에 이르기까지 문명을 폭넓게 보면 한 가지 보편적인 규칙이 작용한다는 사실을 알 수 있다. 불평등은 대체로 (점진적으로) 증가해왔으며, 위기가 닥쳤을 때만 (급격하게) 감소한다는 점이다. 샤이델이 말하는 (불평등의) 역사적 평등화 기제[27]는 요한계시록에 나오는 네 기수, 즉 전염병, 반란, 국가의 실패, 전쟁과 비슷하다.

현대 새큘럼의 계절 규칙으로 보면, 이는 위기의 시대와 뒤이어 찾아오는 고조기에 해당한다. 미국의 남북 전쟁은 그 기간은 짧았지만, 부유층의 부를 파괴하거나 가치를 떨어트렸고, 남부에서는 노예를 해방함으로써 불평등을 대거 해소했다. 애퍼매턱스(Appomattox, 미국 버지니아주 애퍼매턱스시 인근에 위치한 마을로 남북 전쟁 최후의 전투인 애퍼매턱스 코트하우스 전투가 벌어진 장소–옮긴이) 이후 20년 동안은 미국 내 이민자와 산업화의 물결에도 불구하고 불평등은 안정화됐다. 경제사학자 피터 린더트(Peter H. Lindert)와 제프리 윌리엄슨(Jeffrey G. Williamson)은 미국독립혁명에 관해 1770년대 후반과 1780년대 경제 상황이 최소한 대공황과 맞먹을 정도로 무너졌지만, 제퍼슨 대통령의 지휘하에 경제성장이 재개된 후에도 생활수준의 평준화가 지속됐다고 결론지으며 이렇게 썼다. "남북 전쟁, 1차 세계대전, 2차 세계대전 때 그랬던 것처럼, 혁명의 시기와 초기 국가 건설 시기에는 고임금 직종의 사람들이 저임금 직종의 사람들보다 더 고통을 겪었다."[28]

한편, 미국의 각성기와 해체기는 늘 도시화, 상업화, 법적 소송, 국제무역, 지대추구(경제 주체가 면허 취득 등을 통해 독과점적 지위를 얻으면 차액지대 같은 초과 소득을 얻을 수 있는데, 경제 주체가 지대를 얻기 위해 정부를 상대로 경쟁을 벌이는 행위 – 옮긴이)가 상승하는 시기였다. 1760년대 후반과 1850년대 후반, 1920년대 후반, 2000년대 초반에 이러한 추세는 불평등을 최고치 내지 최고치에 가까운 수준으로까지 심화했다. 고조기는 소득과 계급의 평등을 추진하고, 각성기에는 이런 흐름이 바뀐다. 해체기는 불평등이 심화하고, 위기의 시기에는 이런 흐름이 바뀐다. 2008년 금융위기 이후 불평등 추세는 엇갈리고 있다. 부유층 중 상위 1퍼센트와 5퍼센트의 소득 비중은 시장 친화적인 연방준비제도의 정책 때문에(지금은 이 정책이 바뀔 수도 있지만) 이전보다 훨씬 더 큰 폭으로 증가하고 있다. 반면 저소득 가구의 경우, 지난 10년간 특히 팬데믹 기간에 안전망이 확대되면서 (인구조사국에서 조사한 모든 수당 및 지원금 소득을 포함하면) 빈곤율이 사상 최저치로 떨어졌다.[29]

불평등을 연구하는 경제학자들 사이에서 피케티만큼이나 널리 언급되는 브랑코 밀라노비치(Branko Milanovic)는 불평등에 관한 모든 단방향 이론(항상 증가하거나 항상 감소하는)이 틀렸을지도 모른다고 말한다. "매우 단순한 방식으로 시간의 흐름에 따른 불평등을 생각할 때 찾을 수 있는 것은 주기적 패턴이다." 그는 이어서 이렇게 설명한다. "사실 불평등의 증가는 종종 파괴적인 힘으로 작용해 궁극적으로 불평등을 감소시킨다 … 고도의 불평등은 결국 지속 불가능해지지만, 스스로 불평등이 감소하는 것이 아니라 전쟁이나 사회적 분쟁, 혁명 등과 같은 과정을 거쳐 줄어든다."[30] 말라노비치는 이 말을 통해 '네 번째 전환'을 언급하고 있다.

공동체

"당신은 1962년도에 어디에 있었습니까?" 오늘날 수백만 미국인의 잃어버린 순수의 시대에 대한 향수를 불러일으키는 블록버스터 영화 〈청춘 낙서〉의 포스터에 담긴 질문이다. 그렇다면 도대체 1962년은 무엇이 특별한 해일까?

사회학자이자 블록버스터 학술서 《나 홀로 볼링(Bowling Alone)》[31]으로 유명한 로버트 퍼트넘(Robert Putnam)은 그 이유를 제시한다. 그의 방대한 자료에 따르면, 1962년은 자원봉사자, 이방인에 대한 신뢰도, 공동체 참여도, 정치참여도, 가족 유대감 등의 평균 지표가 1910년대까지 거슬러 올라가 살펴본 평균 지표 중에 사상 최고치를 기록한 해[32]다. 1960년대 중후반이 되자 이러한 사회적 신뢰 지표들은 이미 하락하기 시작했다. 1962년은 대다수 미국인이 상승 추세가 계속 이어질 것이라고 생각했던 해였다. 그러다가 1973년 이 영화가 나오면서 사람들은 추세가 반전됐다는 사실을 알게 됐다.

이러한 사실은 사회과학자들 사이에서 거의 이견이 없다. 버넘은

1965년 이후 사회적 신뢰도의 감소가 "여론조사가 기록된 이래로 최대"[33]라고 말한다. 퍼트넘의 업적 중 가장 빛나는 부분은 그가 조사한 지표의 무궁무진한 다양성[34]이다. 친구의 수, 가족과 보내는 시간, 조직 내 구성원 등 명확한 지표부터 1인당 변호사의 수(증가), '우리'보다 '나'라는 표현의 사용 빈도(증가), "대부분 사람은 정직하다"는 데 동의하는 비율(하락), 아무도 보지 않는 상황에서 정지 신호에 완전히 정지하는 비율(하락), 국가 정치에 대한 정보 습득(하락), 삶의 중요한 가치로 '애국심' 같은 가치보다는 '돈'이나 '자기 성취'를 꼽는 비율(증가) 등 시사적인 내용에 이르기까지 광범위하다.

퍼트넘은 이러한 변화를 주도하는 요소는 대체로 세대라고 말한다. 즉, 1960년대에서 1990년대로 넘어오면서 모든 연령대의 모든 사람이 갑자기 개인주의적이 된 것은 아니라는 의미다. 오히려 나중에 태어난 젊은 집단이 이전에 태어난 나이 든 집단의 동일한 연령대였을 시기와 비교했을 때 개인주의적인 성향이 강했다. 그리고 시간이 지남에 따라 모든 연령대에서 나중에 태어난 집단이 일찍 태어난 집단을 대체했다. 베이비붐 세대 스스로도 퍼트넘의 세대 평가에 대체로 동의한다. 1987년 실시된 한 설문조사에 따르면,[35] 베이비붐 세대는 자신들보다 부모 세대가 "사회에 관심이 있는 시민이었으며 지역사회에서 다른 사람을 돕는 일에 적극적이었다"는 사실에 동의하는 사람이 그렇지 않은 사람보다 두 배 이상이었다. 베이비붐 세대는 또한 "공동체 활동에 참여도가 줄면서" 국가 상황이 더욱 악화했다는 데 압도적으로 동의했다.

퍼트넘은 가장 최근 새큘럼에서 각성기와 해체기의 사회적 신뢰도가 급격하게 하락한 만큼 1920년대 후반에서 1960년대 초반(위기의 시기와 고조기)의 신뢰도 상승세도 그에 못지않게 두드러졌다고 말한다. 따라서 그의 전반적인 관점은 주기를 토대로 한다고 볼 수 있다. 책에서 그는 이렇게 설명했다. "깊이 들여다보면 미국의 역사는 '단순한 쇠퇴'가 아니라 시민참여의 증가와 감소, 즉 붕괴'와' 재건의 역사다."[36] (작은따옴표는 퍼트넘의 표기)

퍼트넘은 공동체의 성장이 주로 1910년에서 1940년 사이에 태어난, 즉 G.I. 세대와 침묵의 세대로 대변되는 미국의 "오랜 시민 활동 세대"에 의해 주도적으로 이루어졌다고 말한다. 개인주의의 부상은 처음에는 베이비붐 세대부터 시작해 그다음에는 X 세대로 이어졌다. 퍼트넘은 이 두 세대를 "얽매이지 않은 연속적인 두 세대"[38]라고 말한다.

그렇다면 사회적 신뢰와 시민참여 측면에서 본 이전의 주기는 어땠을까? 어떤 세대가 이를 주도했을까? 퍼트넘은 자신이 조사한 풍부한 20세기의 자료에서 벗어나기를 꺼리며 이 질문에 대한 추측은 거의 하지 않는다. 하지만 그는 국가가 위기에 처한 시기나 전시 상황에서 공동체 구축의 필요성이 그 대답의 일부가 될 수 있다고 말한다. 그는 "1945년 정점에 달했던 국가 통합 의식과 애국심이라고 하는 전시 시대정신이 시민의식을 강화했다"[39]고 말하면서 이전 시대에도 그랬을지 모른다고 설명한다.

이전 시대의 설문조사 자료는 분명 제한적이지만, 공동체 구축과 해체 주기가 실제로 새큘럼의 리듬에 맞춰 일어났음을 보여주는 명백한 징후가 있다. 사회학자 시다 스코치폴(Theda Skocpol)에 따르면, 시민들의 자원봉사 참여도와 형제회 등 남성 조직 가입자 수는 미국독립혁명과 남북 전쟁 기간 직후[40]에 급격하게 증가했다.

미국 초창기 수십 년 동안 일어난 일을 관찰한 이들이 언급하고 정리한 자료를 살펴보는 것도 도움이 된다. 미국 민주주의에 관해 19세기에 쓰인 유럽의 가장 유명한 두 권의 개론서는 알렉시 드 토크빌의 《미국의 민주주의》와 제임스 브라이스(James Bryce)의 《미연방(The American Commonwealth)》이다. 이 책들은 저자들이 각각 1831년과 1883~1884년에 미국을 방문한 후 집필됐다. 이즈음에 미국의 고조기와 각성기가 정점에 달했다. 두 저자는 미국의 낙관주의와 공동체 정신 그리고 두드러지는 이데올로기 갈등이 없는 점을 높이 평가했다. 그러나 이후 수십 년에 걸쳐 두 저자는 편지와 에세이를 통해 시장 중심적인 미국의 무례함, 사회적·정치적 분열의 확산 등을 이야기하며 미국에 대한 비관적인 의견을 내놓았다. 1855년에 토크빌이 쓴 글이나 1910년에 브라이스가 쓴 글을 보면, 이들이 앞서 언급한 두 책을 쓴 사람이라고 생각하기 어려울 정도다.

공동체의 주기 변화와 더불어, 미국인이 사회 전반에 대한 자신들의 태도를 표현하는 데 사용하는 이상이나 은유도 변한다. 고조기에 사람들은 소속되길 원하고 각성기에는 도전하길 원하며, 해체기에는 분리되길 원하고 위기의 시기에는 결집하기를 원한다.

소수인종이나 소수민족 사이에서 이러한 태도는 집단의 발전을 위한 주요 전략을 만드는 데 큰 역할을 한다. 애퍼매턱스 이후 새큘럼에서 영향력 있는 흑인 지도자의 이미지는 부커 T. 워싱턴(Booker T. Washington)(순응)에서 W. E. B. 듀보이스(도전)로, 마르쿠스 가비(Marcus Garvey)(분리)로 발전해왔다. 대일전승기념일 이후 새큘럼에 가장 선봉에 서 있던 아프리카계 미국인 단체들은 인종평등회의(순응)부터 블랙 팬서(도전)로, 네이션 오브 이슬람(미국에서 이슬람 선교활동을 하는 집단-옮긴이)(분리)으로 동일한 과정을 밟았다.

이러한 변화는 종교, 민족, 소수인종에게 중대한 영향을 미쳐왔다. 앞서 언급했듯 각성기는 (노예제도 종식 전과 후로) 흑인들의 저항과 폭력적 인종차별이 증가했던 시기다. 해체기는 분리주의와 이민에 반대하는 정당과 법규의 시대였다. 위기의 시기는 소수민족이 지역사회 전체로 폭넓게 흡수되곤 했던 시대였다. 고조기는 소수민족이 새로운 공동체 개념인 '융합의 도가니'에서 주류가 될 수 있던(또는 될 수 없던) 시대였다.

따라서 위기의 시기와 고조기 모두 새롭게 정의된 평등한 시민 공동체에 누가 포함되는지 또는 누가 배제되는지 관점으로 설명될 수 있다. 명예혁명 기간과 그 후에는 영국 백인 개신교도들이 공동체에 포함됐고 나머지는 모두 배제됐다. 미국독립혁명 기간과 그 이후에는 다른 서유럽 백인 개신교도들이 포함됐다. 미국 남부에서는 여전히 흑인들이 배제됐지만, 북부에서는 전쟁 복무로 빠르게 해방됐다. 남북 전쟁 기간과 그 후에는 아일랜드 가톨릭 신자들이 포함됐다. 흑인들은 또다시 전쟁 복무 덕분에 모든 곳에서 해방됐지만, 1870년대와 1880년대 남부에서 활발했던 흑인들의 시민참여 활동은 1890년대와 그 이후 완전히 배제됐다.

2차 세계대전 기간과 그 후, 유럽인과 다수의 유럽계 미국인이 공동체에 포함됐다. 흑인들은 남부를 떠나 연방정부에서 백인과 동일한 임금을 받은 것이 큰 영향을 미쳐 전쟁 동안 경제적으로 급부상하며 공동체에 포함됐다. 이들은 1964년 민권법이 제정되고, 미국의 고조기 후반에 시민권 운동이 절정에 달하면서 정치적으로도 입지를 다지며 공동체에 포함됐다. 1940년부터 1970년까지 흑인의 소득, 주택 소유, 투표율은 (백인과 비교했을 때 상대적으로) 급증했으나 그 이후로는 크게 증가하지 않았다.

퍼트넘의 시간표대로라면 지금쯤 미국의 공동체는 방향을 바꾸고 있어야 한다. 그리고 실제로 지난 10년간 미국이 다시 위기의 시대를 겪으면서 그가 말한 공동체 지표가 다시 힘을 얻고 있음을 보여주는 조짐이 있다. 미국인들이 당파성이 강한 정당에 몰리면서 투표율과 정치참여율이 증가하는 것이 그 예다.[41] 아직 연방 차원까지는 아니더라도, 지역 및 주 차원의 활동들이 주목받고 있다. 퍼트넘은 밀레니얼 세대가 자원봉사에 참여하는 비율이 부모 세대가 같은 연령대일 때보다 훨씬 더 높다는 점을 희망적인 징표로 보고 있다. 그러나 그는 이렇게 말한다. "밀레니얼 세대가 시민의식은 높지만 사망 시점이 가까워지는 조부모 세대와 오랜 세월 시민의식이나 애국심이 결여됐던 부모 세대를 만회하려면 큰 과제를 해결해야 한다."[42]

가족과 젠더

1963년, 여성의 사회적 지위가 바닥을 치고 있을 때 베티 프리단(Betty Friedan)은 《여성성의 신화》에서 여성 인권의 역사는 미국의 제도권 삶을 휩쓸고 지나갔다가 간격을 두고 다시 격랑과 소용돌이 속에서 밀려드는, 끊임없는 해일과 같다고 했다. 이 해일의 간격은 새큘럼을 따른다. 대중적 관점에서 본 페미니즘은 각성기에 폭발적으로 분출한다. 해체기에는 용인되는 젠더 역할의 격차가 가장 좁아진다. 위기의 시기에는 남성 권력의 효과(와 여성성의 도덕성)가 다시 이상화된다. 고조기에는 용인되는 젠더 역할의 격차가 가장 넓게 벌어진다. 이후 이 주기는 반복된다.

인생 주기도 전환기와 마찬가지다. 예언자 세대는 늘 공적인 생활에서 남성 동료들과 동등하게 경쟁하며 규율을 깨는 열정적인 여성들로 가득하다. 앤 허친슨(Anne Hutchinson)(이교도)부터 수전 B. 앤서니(Susan B. Anthony)(사회개혁가)에 이르기까지, 엠마 골드만(무정부주의자)부터 오프라

윈프리(영감을 주는 유명 인사)에 이르기까지 모두 예언자 세대에 포진돼 있다. 영웅 세대는 전형적인 남성성 위주의 합리적 리더십(토머스 제퍼슨이나 존 F. 케네디)을 선호하며, 젠더 역할의 공적 영역과 사적 영역의 구분을 재확인한다.

수 세기에 걸쳐 노마드 원형의 젊은 여성은 젠더 차이를 없애는 '가르손느'(garçonne, 짧은 머리와 바지 차림의 여성 – 옮긴이) 스타일을 선호한 반면, 예술가 원형의 젊은 여성은 볼륨을 강조해 여러 겹으로 된 치마나 높이 부풀린 머리 모양 등 젠더의 대조를 명확히 드러내는 스타일을 선호했다. 이 두 원형이 중년에 접어들면 자신들의 방식을 바꾸려고 애쓴다. 즉, 노마드 원형은 젠더 차이를 확대하려 하고, 예술가 원형은 축소하려 한다. 새뮤얼 홉킨스 애덤스(Samuel Hopkins Adams)의 소설 《불타는 청춘(Flaming Youth)》(1923)[43]에 등장하는 잃어버린 세대 신여성들은 훗날 1930년대에 결혼과 존경을 택했다. 드라마 〈페이튼 플레이스〉[44]에 등장하는 침묵 세대 주부들은 훗날 1970년대에 새로운 직업을 찾고, 이혼한 뒤 호칭을 미세스(Mrs)에서 미스(Ms)로 바꾸는 이들도 많았다.

프리단은 2차 세계대전 직후 젊은 여성들이 공적인 자리에서 물러나[45] 가정으로 되돌아오는 현상을 목격하면서 이러한 계절적 리듬을 어느 정도 염두에 두고 있었다. 다른 연구자들 역시 이전 위기의 시대에서 비슷한 현상을 관찰했다.

젠더 역할에서 계절적 변화는 가족이라고 하는 제도의 변화와 관련이 있다. 고조기에는 가족이 안정감을 느끼고 자녀 양육 방식이 더욱 관대해진다. 미국의 고조기 이전에 자유방임형 가족의 황금기는 1870년대였다. 가족 역사학자 메리 케이블(Mary Cable)은 이 시대를 "벤저민 스폭 박사가 있던 1950년대"[46]에 비유했다. 각성기에는 가족과 성별에 관한 고정된 규칙과 역할이 새로 부상한 세대로부터 공격받으며, 아이 양육 방식은 과소 보호로 변한다. '자유연애'나 '열린 결혼'(배우자의 혼외 연애를 인정하고, 이를 불륜으로 여기지 않는 결혼의 형태 – 옮긴이) 같은 용어는 1960년대에 처음 나온 말이 아니라 1830년대와 1840년대 뉴욕 북부의 유토피아적 공동체에서 처음 사용한 용어다. 해체기에는 가족이 위기감을 느끼고 자녀 양육 방식이 점점 더 보호 방식으로 바뀐다. 1990년대 이전에 가족 비관주의가 심했던 시기는 1920년대로, 10년간 '잃어버린 가족'(가족의 붕괴나 변화 – 옮긴이)에 대한 히스테리가 극 심했던 시기다.

오늘날, 가족은 소중한 존재, 신뢰하는 제도로 다시 대접받고 있다. 밀레니얼 세대 젊은 성인들은 전례 없이 대가족 구성원의 일원으로 살아가고 있으며, 부모에게 정기적인 도움과 조언을 구하며 산다. 밀레니얼 세대는 원할 때 스스로 가족을 꾸리기 원하는 사람의 비율이 압도적으로 높다(고등학교 졸업반을 대상으로 한 설문조사에서는 약 70퍼센트 이상이 원하는 시기에 가족을 꾸리는 것이 "대단히 중요하다"고 답했다)[47]. 설령 가족을 꾸리기에 이상적인 시기에서 몇 년 늦어지더라도[48] 말이다. 이들은 기성세대만큼이나 "가족과 자녀"가 "인생에서 중요한 의미"[49]라고 생각하는 경향이 있다. 밀레니얼 세대의 아이들에게는 이미 시간을 집중적으로 투자하고 더 많이 보호하는 방식의 양육이 이루어졌으며, 이러한 양육 방식은 점점 과해져서 홈랜드 세대 아이들에게는 숨이 막힐 지경까지 이루어지고 있다. 청년을 대상으로 한 설문조사에 따르면, 가족 내 이상적인 젠더 역할에 관해서는 밀레니얼 세대가 X 세대나 베이비붐 세대가 그 나이 때 생각했던 것보다[50] 더욱 분리돼야 한다고 생각하는 경향이 있다.

인구 통계

전쟁·전염병·기근이 시작되면 출산율이 떨어지고, 평화와 번영의 시대가 시작되면 출산율이 늘어난다. 전통사회에서 이러한 패턴이 나타나는 이유는 생물학적 법칙과 가용 천연자원(특히 경작지) 때문이다. 현대사회에서는 이러한 패턴이 새큘럼의 리듬에 영향을 받는다. 특히 다시 활기를 띠게 된 가족생활과 고조기에 발생한 젠더 역할의 분리 폭이 넓어진 것이 주요 원인이다.

지난 5세기 동안 네 번째 전환기마다 일반적인 추세에 비해 출산율이 감소했다. 따라서 예술가 세대는 대체로 출산이 둔화되는 '베이비 버스터(baby buster)' 세대다. 오늘날 미국 역사상 가장 낮은 출산율[51]의 결과인 홈랜드 세대 아이들이 바로 그 예다. 1930년대 침묵 세대도 마찬가지다. 이들 역시 전례 없는 출산율 둔화 시기에 태어났다. 반면 고조기에는 상대적으로 출산율이 증가한다. 다시 말하면, 예언자 세대는 대체로 '베이비붐' 세대다. 지난 고조기에 베이비붐 세대는 당연히 놀라운 출산 '붐'의 결과였다. 그리고 출산율이 10년마다 감소하던 19세기의 선교자 세대와 초월 세대는 안정적인 출산율의 결과였다.

(노마드 세대가 태어나는) 각성기와 (영웅 세대가 태어나는) 해체기는 이러한 둔화와 붐의 등락 폭이 적은 편이다. 1960년대 후반과 1970년대에는 출산율이 급락해 X 세대에게 '베이비 버스터'라는 별명이 붙었다. 하지만 1980년대에는 출산율이 급속히 회복됐고[52] 밀레니얼 세대가 태어나면서 이들에게는 '에코붐(echo boom)' 세대 또는 '작은 베이비붐' 세대라는 별명이 붙었다.

미국으로 오는 이민자의 수 역시 새큘럼의 리듬에 맞춰 변한다.[53] 각성기에는 이민자가 증가하고, 해체기에는 절정에 달했다가 위기의 시기에는 감소한다. 이민자의 증가세는 지정학적 이동성의 용이성, 대중의 관용도 증가, 다원주의적 사고방식을 지닌 지도자, 느슨한 사회통제 등과 맞물려 있다. 이 시기에 제대로 숙련되지 않은 노동자의 대거 유입은 임금 불평등을 확대하고 고용주가 부를 축적하게 한다. 해체기에 나타나는 이민자 축소 현상은 종종 자국민의 갑작스러운 반발로 촉발되는 경우가 많다(1850년대, 1920년대, 2000년대). 그 이후 이민자의 감소는 국가를 보호하려는 공격적인 새로운 시도들과 맞물려 있다. 위기 시기가 닥쳤을 때 이민은 미국인 유권자들에게는 내키지 않는 일이고, 새로운 기회를 찾는 외국인에게는 덜 매력적으로 인식되는 경우가 많다. 위기 시대의 극단적인 예를 들자면, 1930년대는 미국 역사상 평균 이민자 수가 마이너스를 기록한 유일한 10년[54]이다.

수 세기에 걸쳐 미국으로 온 이민자 대부분은 10대이거나 젊은 성인들이었다. 그러므로 해체기에 이민 온 노마드 원형 세대는 항상 상대적으로 큰 규모의 이민자 세대다. 자유 세대(스코틀랜드-아일랜드 이민자 물결), 도금 세대(서유럽과 아일랜드계 가톨릭), 잃어버린 세대(남유럽과 유럽, 중국), X 세대(라틴아메리카와 동아시아)가 여기에 해당한다.

잃어버린 세대와 마찬가지로 X 세대는 자신들보다 나이가 많건 적건 모든 미국인에게 평생 이민자로 남는 경향이 있다. 1960년에 전형적인 이민자는 노년층이었다. 미국 나이로 55세에서 74세 이민자 수가 그 어떤 젊은 연령대 이민자층보다 많았다. 이들은 잃어버린 세대였다. 2010년까지 전형적인 이민자는 젊은 층이었다. 20세에서 40세(2020년에는 30세에서 50세) 이민자가 가장 많았다. 이들은 X 세대였다.

잃어버린 세대 뒤를 이은 G.I. 세대 이민자 수는 급격히 감소했다. 1920년대 초 미국이 이민자들에게 이민의 벽을 높인 것과 1930년대 대공황의 영향이었다. X 세대의 뒤를 이은 밀레니얼 세대 역시 이민자 수가 감소했다. 대침체 이후 미국의 순 이민자 비율은 2008년 이전 20년 동안 인구 대비 이민자 비율의 절반을 조금 넘는 정도로 감소했다.[55]

정반대 사례도 있다. 예술가 원형 세대는 위기의 시대에 자라 고조기에 성인이 되는데, 이들은 상대적으로 규모가 적은 이민자 집단을 형성한다. 예를 들어, 침묵 세대는 오늘날까지도 미국 역사상 가장 수가 적은 이민자 세대로 남아 있다. 1970년대에 교외에 자리 잡은 젊은 성인부터 2020년대 요양 보호를 받는 노년층에 이르기까지, 이 위대한 시민권 세대는 동일한 인종 집단, 즉 주로 미국에서 태어난 백인이 균등하게 분포한 집단이다.

현대의 젊은 홈랜드 세대 즉, 가장 최근의 예술가 세대 역시 이민자 비율이 적은 세대가 될 것인지를 말하기에는 아직 이르다. 하지만 순수 이민자 비율이 지금처럼 계속 낮은 상태거나 지속적으로 낮아지는 추세라면 미래에 그렇게 될 가능성이 크다.

사회적 무질서

각성기에는 범죄율과 사회 무질서에 대한 불안감이 증가하다가 해체기에 절정에 달하고 위기의 시기에 감소한다.

"이 도시에서 선량한 시민이 제대로 무장하지 않고 밤늦게 돌아다니는 일은 이제 위험해 보인다."[56] 1749년 〈뉴욕 가제트(New York Gazette)〉 신문은 이렇게 개탄했다. 이후 해체기마다 이런 불평과 불만이 쏟아져 나왔다. 떠들썩했던 49개의 금광 도시부터 알 카포네(Al Capone)의 갱단이 설치던 도시 시카고와 파블로 에스코바르(Pablo Escobar)의 전성기를 다룬 드라마 〈마이애미 바이스〉에 이르기까지 모두 미국의 이미지를 폭력 범죄의 도시로 만드는 데 일조했다. 범죄율이 절정에 달할 때마다 범죄를 막으려는 공권력의 노력도 점점 커졌다. 1760년대에는 폭력적인 제재를 의미하는 '린치(lynch)'라는 용어가, 1850년대에는 '자경단'이라는 용어가, 1920년대에는 '지맨'(G-Man, Government Man의 약어로 FBI 등 정부 요원을 지칭하는 말 – 옮긴이)이라는 용어가, 1990년대에는 '삼진 아웃'(범죄자가 범죄를 반복해서 저지르면 더욱 엄한 처벌을 적용한다는 의미 – 옮긴이)이라는 용어가 생겨났다. 궁극적으로 대중의 반응에는 대중이 원하는 효과가 담겨 있다. 해체기 후기나 위기의 시기 초반에 폭력과 시민의 무질서 지표들은 하락하고, 일반적으로 이 추세가 다음 고조기 내내 지속된다.

미국의 범죄수준과 흐름에 관한 권위자이자 오하이오주에 있는 응용 범죄학연구센터(Criminal Justice Research Center)의 공동 책임자인 역사학자 랜돌프 로스(Randolph Roth)는 새큘러 리듬과 거의 일치하는 패턴을 확인했다.

로스는 피해자와 아무 관계가 없는 성인이 저지른 살인에 관한 역사적 개론서인《미국의 살인(American Homicide)》에서 수 세기 동안 일반적인 폭력 범죄는 감소 추세였으며[57] 그 예로 17세기의 살인 범죄율이 20세기의 그 어느 때보다도 높았다고 지적한다. 그러나 로스는 이러한 감소 추세와 더불어 살인 범죄율이 큰 폭으로 증가하고 감소했던 시기도 언급한다. 살인 범죄율이 감소했던 시기는 대체로 위기의 시기 이후 수십 년, 즉 고조기였다. 1720~1730년대, 1810~1820년대, 1880~1890년대, 1940~1950년대에 살인 범죄율이 감소했다. 살인이 증가했던 시기는 대체로 각성의 시기 이후 수십 년, 즉 해체기였다. 1750~1760년대, 1840~1850년대, 1910~1920년대, 1970~1980년대가 여기에 해당한다.

그렇다면 이러한 등락의 원인은 무엇일까? 그는 지역별로 이러한 변화를 면밀하게 살펴본 결과 살인 범죄율의 증감이 사회적 신뢰도의 기본 지표와 반비례[58]한다는 사실을 발견했다. (이 부분에서 로스는 메릴랜드대학의 범죄학자 게리 라프리Gary LaFree의 연구를 일부 인용한다.) 사람들이 정부가 안정적이고 합법적이며 사회적 계층구조가 공정하다고 믿을 때 살인을 덜 저지르며, 그 반대의 경우는 살인을 더 많이 저지른다. 단순한 애국심은 사회적 신뢰를 측정하는 꽤 좋은 지표이며, 로스는 애국심을 토대로 자신의 가장 유명한 지표인 '국가적 영웅 이름을 딴 새로운 주(州)의 비율'을 관찰했다. 수십 년 동안 이 비율이 증가하면 살인율은 하락하고, 이 비율이 감소하면 살인율은 증가한다.

약물남용 추세는 대체로 이러한 범죄의 흐름을 반영하거나 조금 앞서 나간다. 실제로 1인당 알코올 소비 지표는 놀라울 정도로 규칙적인 주기를 따른다. 고조기에는 1인당 알코올 소비량이 증가하기 시작하다가 각성기 중반이나 끝 무렵에 정점에 달하고, 대중의 비난이 점점 증가하는 가운데 해체기에 감소하기 시작한다. 미국 역사상 알코올 소비량이 가장 급격히 감소한 시기는 2차 대각성 끝 무렵으로, 1830년 정점에 달했던 알코올 소비량(1인당 연간 15리터)은 남북 전쟁 직전에 3분의 1까지 떨어졌다. 두 번째로 급격히 감소한 시기는 1900년에서 1910년 사이로, 그다음 각성기가 끝날 무렵이었다. 이후 금주령이 실시되면서 알코올 소비량은 더 감소했다.[59]

최근 새큘럼에서 1인당 알코올 소비량은 1960년에 증가하기 시작해 1980년에 정점을 찍고 2000년대 초반까지 감소했다. 다른 향정신성 물질(대부분 각성제, 마취제, 환각제)도 비슷한 추이를 보인다.[60] 예일대학의 의학 역사학자 데이비드 무스토(David Musto)는 80년 주기를 언급하며 이렇게 말했다. "1890년대와 1970년대 미국에서 자란 사람은 마약을 사용하고 용인하는 사회라는 이미지를 갖게 될 것이다. 1940년대에 자란 사람(어쩌면 2000년대에 자란 사람도)은 마약을 단호히 거부하는 사회 이미지를 갖게 될 것이다."[61]

남용되는 모든 약물이 이 패턴을 따르지는 않지만, 특히 특정 물질이 무해하다는 인식이 자리 잡으면 그 물질은 사회에 도입된다. 담배도 그랬다. 흡연율은 대공황 기간에 모든 연령대에서 급격하게 증가했다가 미국의 고조기에 정점을 찍고, 담배의 유해성이 알려진 후 감소하기 시작했다. 최근 마약성 진통제의 과다 복용 증가도 비슷한 패턴을 따른다. 1990년대 후반 모든 연령대에서 합법적으로 마약성 진통제가 처방돼 사망률이 증가했으며, 이후 2010년대에는 불법 사용과 합성 제조 등으로 치명적인 결과를 초래했다.

모든 세대를 통틀어 청소년기에 가장 많은 범죄를 저지르고, 위험하다고 알려진 약물을 사용하기 시작한다. 그러나 일부 청소년 세대의 약물남용과 범죄율이 다른 세대 청소년보다 크게 증가하기도 한다. 일반적으로 젊은 예언자 세대의 사회적 역기능 행위가 증가하는 동안, 노년의 영웅 세대는 이를 지켜만 본다. 젊은 노마드 세대는 어린 시절 약물 및 범죄가 증가하는 사회에 익숙해졌다가, 훗날 성인이 돼서 사회성이 '부족'하다는 평판을 듣는다. 젊은 영웅 세대는 도덕적인 노년의 예언자 세대의 위협으로 이 비율이 줄어든다. 젊은 예술가 세대는 어린 시절 이러한 반전에 익숙해지고 훗날 사회화가 '지나치게' 됐다는 평판을 듣는다.

종교와 문화

가치관 지향에 있어서 새큘럼은 내면의 정신이나 신념에 집중하는 시기(각성기)와 세속적 발전이나 일에 집중하는 시기(위기의 시기) 사이를 규칙적으로 오간다. 저명한 역사가들은 미국 역사에서 이러한 패턴을 오랫동안 발견해왔으며, 에드먼드 모건(Edmund Morgan) 역시 이러한 패턴을 관찰했다. "1740년대 미국을 주도하는 지식인은 주로 성직자로 신학에 대해 고민했다. 1790년대 주도적인 지식인은 정치인이었으며 주로 정치를 고민했다."[62]

은유적으로 말하자면, 이는 내부에서 외부로의 변화다. 1930년대는 외부에 집중한 시기였다. 그 정점이라고 할 수 있는 1939년 '뉴욕세계박람회'는 방대한 규모의 기술과 환경을 변화시키는 인류의 힘을 기리는 행사였다. 한편 미국인은 교회 설교에 흥미를 잃어가고 있었다. 젊은 G.I. 세대는 부모 세대와는 정반대로 선교 사업에 대한 열정이 급격히 식었다. 성직자들은 이러한 현상을 "30년대의 종교적 공황"[63]이라고 부르기도 했다. 역사가들이 "종교적 공황"이라고 부르는 또 다른 유일한 시기는 모건이 언급한 1780년대와 1790년대다. 종교 역사가 시드니 알스트롬(Sidney Ahlstrom)은 국가 건설이 한창이던 이 혁명적인 시기에 관해 이렇게 썼다. "미국 종교 역사상 그 어느 때보다 … 교회의 활력이 저조했다."[64]

이와 반대로 1970년대는 내부에 집중한 시기였다. 뉴에이지의 선구자 매릴린 퍼거슨(Marilyn Ferguson)은 "더 높은 의식"을 향한 첫걸음[65]인 "내면을 향한 항해"를 시작하자고 촉구했다. 강렬한 '예수 운동'(Jesus Movement, 반체제적인 히피들이 기존의 교리에서 벗어나 변화를 추구했던 운동 – 옮긴이) 역시 번창하면서 새롭게 변화하고 점점 성장하며 거듭나는 종교를 알렸다. 그렇다면 기술에 대한 열정은 어땠을까? 대단치 않았다.

1970년 봄, 첫 번째 지구의 날에 젊은 베이비붐 세대는 "작게 생각하기"를 선언하며 자동차를 재판에 회부해 유죄 판결을 내리고 쇠망치로 부수는 퍼포먼스를 벌였다.[66] 2년 후, 아폴로 달 탐사 계획은 대중의 관심이 시들해지고 연방정부의 예산안 우선순위가 바뀌면서 중단됐다.

각성기에는 젊은 예언자 세대가 정치 및 권위적인 가족체제에 도전하면서 문화가 재편성된다. 예를 들어, 각성기가 시작될 즈음에 대학생 시위 참가자가 늘고 시위도 격렬해지곤 한다. (존 윈스럽과 같은 해에 태어난) 토머스 홉스는 1640년대 영국 왕실에 대항했던 대학생 시위를 "반란의 핵심"[67]이라고 말하기도 했다. 그 이후로도 1740년대, 1830년대, 1880년대, 1960년대에 대학가[68]에 격렬한 시위의 물결이 거세게 일었다.

또 다른 뚜렷한 지표는 반문화적인 유토피아 성향의 코뮌이다. 미국 역사에서 이 패턴은 각성기(특히 1840년, 1900년, 1970년)에 압도적으로 밀집돼 있다. 정치 과학자 마이클 바컨(Michael Barkun)은 이러한 현상을 두고 이렇게 말한다. "어느 정도 예측 가능한 리듬을 지닌 유토피아 주기가 존재한다는 사실을 강력히 보여준다."[69]

그러나 반 새큘럼만 앞뒤로 이동해보면, 영웅 세대 젊은이들이 문화를 추진하는 방향은 매우 다르다는 사실을 알 수 있다. 1970년대 자연으로의 회귀를 추구했던 휠러 랜치(Wheeler Ranch) 지역의 히피들이 있는가 하면, 더 거슬러 올라가면 1930년대 댐 건설 프로젝트에 참여했던 시민보호협회 청소년회가 있다. 젊은 목사 제임스 대븐포트(James Davenport)의 광적이고 허세 가득했던 부흥회부터 더 거슬러 올라가면 1689년 보스턴에서 스튜어트 왕정에 반대하며 혁명을 조직했던 젊은 목사 코튼 매더(Cotton Mather)의 냉철한 효율성도 있다. 또한 1780

년대 후반에 '푸블리우스(Publius)'라는 가명으로 〈연방주의자 논집(The Federalist Papers)〉을 쓴 낙천적이고 젊은 합리주의자부터 1830년대 랠프 월도 에머슨이 묘사한, 건설적인 일을 추구하기 위해서가 아니라 "잔소리 하거나 기도하거나, 설교하거나, 반대하려고"[70] 모인 "미친 남자들, 미친 여자들, 수염 기른 남자들, 덩커파(Dunkers, 독일에서 생긴 침례교의 한 종파로 침례 병역 등을 거부한 종파 – 옮긴이), 머글톤파(Muggletonians, 영국의 로도윅 머글톤과 존 리브가 창설한 프로테스탄트의 종파 – 옮긴이), 커밍아웃한 사람들(여기서 말하는 1830년대의 커밍아웃은 성정체성을 드러내는 것이 아니라 기존 조직에서 탈퇴하거나 정치개혁을 주장하는 이들을 의미한다 – 옮긴이), 불평하는 자들, 토지균분론자들, 제7일 안식일 재림파, 퀘이커교도들, 노예폐지론자들, 칼뱅주의자들, 유니테리언파(삼위일체 교리를 거부하고 예수의 신성을 부인하는 기독교 교파 – 옮긴이), 철학자들… 등 칼을 품고 태어난 젊은이들"[71]도 있다.

내적 목표와 외적 목표가 번갈아 나타나는 현상, 특히 젊은이들이 이 목표를 번갈아 추구하는 현상은 다른 새큘러 흐름에도 확연히 영향을 미친다. 각성기에는 가족과 정치의 권위에 대항하는 분위기 때문에 공동체 결속이 약해지고, 느슨한 사회적 규범과 더 높은 수준의 사회적 무질서를 선호하게 된다. 훗날, 해체기에는 법을 어기는 행위에 엄격해지고, 법을 어기는 것은 개인의 실패로 간주해 더욱 가혹한 처벌을 받아야 한다는 인식이 팽배해진다. 위기의 시기에는 가족의 권위와 정치적 권위가 강화되면서 공동체 유대감이 회복되고, 더 강한 규제와 더 낮은 수준의 사회적 무질서를 선호한다. 이후 고조기에는 법을 어기는 행위에 관대해지고, 법을 어기는 것은 사회적 실패로 간주해 처벌이 약해진다.

예언자 세대는 죄책감에 기인해 내린 선한 선택(올바른 삶의 방식이나 가치관)이 더 나은 세상을 만든다고 믿는 경향이 있다. 영웅 세대는 수치심으로 인해 내린 선한 사회적 선택(건전한 공동체나 시스템)이 더 나은 세상을 만든다고 믿는 경향이 있다. 사회학자 루스 앵스(Ruth Engs)에 따르면, 지난 세 차례의 각성기는 앵스가 "깨끗한 생활 운동 주기"[72]라고 말한 주기가 절정에 달했을 때와 일치했다. "깨끗한 생활 운동 주기"는 음식, 약물, 옷차림, 언어, 성생활, 여가 등에서 양심에 따라 사는 방식을 말한다. 청년층의 개혁운동이나 천년왕국을 믿는 종파에서 기원한 이 운동은 설립 주체의 나이가 들어갈수록 요구 조건이 더욱 까다로워진다. 위기의 시기에 이 운동은 쇠퇴하기 시작하고, 고조기에는 젊은 세대에 미치는 영향력이 미미해진다.

이렇듯 사회적 분위기의 주기적 변화는 사회가 주기적으로 문화에 다시 활기를 불어넣고 풍성하게 하는 방식을 보여준다. 시간이 흐를수록 위기의 시기는 생각과 감정을 표현하는 사회적 틀을 완전히 바꾼다. 고조기에는 문화가 신생 시민 질서에 대한 공론을 낙관적으로 반영하지만 상투적이다. 새로운 흐름은 낭만주의나 '비트닉'(Beatnick, 1950년대 청년 중심으로 이루어진 반문화운동으로, 비트닉이라는 말은 이 운동의 주도층이었던 잭 케루악Jack Kerouac이 재즈의 리듬인 비트beat를 다양한 의미로 활용하면서 생긴 이름이다-옮긴이)의 언저리에서, 다시 말하면 애매한 비판만 있고 그 비판조차 사회적 합의에 정면으로 도전하는 일이 거의 없는 분위기에서만 생긴다.

각성기가 되면, "예술을 위한 예술은 배부른 자의 철학"[73]이라고 한 중국의 혁명적인 극작가 차오위(曹禺)의 말대로, 시민 질서는 급진적 문화 실험을 장려하거나 최소한 허용할 만큼 충분히 안정되고 번영한다. 새로운 규범, 새로운 스타일, 새로운 방향은 이제는 지칠 대로 지쳐 보이는 옛 관습을 공격하고 밀어내기 시작한다. 해체기에 새로운 문화는 번성하고, 자유롭게 펼쳐지고, 세분화되고, 다양화된다. 시간이 지나면서 위기의 시기 이후의 관습과 제도가 약해지고, 이 시기에 주요하게 부상했던 문화 주제들은 더 이상 독창적이지 않고 패러디나 표절처럼 느껴진다.

다음에 오는 위기의 시기 초반에 문화적 혁신은 이제 (적어도 젊은이들에게는) 단순한 오락거리에 지나지 않는다. 대신 문화적 메시지는 점점 중대해지는 당파적 정치 의제나 경제 의제가 강탈해 간다. '이 예술이 내게 무엇을 말해주는가?'라는 질문보다 '이 예술은 내가 누구 편에 있다고 말해주는가?'가 더욱 중요해진다. 오늘날 이 질문은 소셜미디어에서 취소 문화(Canceling, 자신과 의견이 다른 사람의 소셜미디어 팔로우를 취소한다는 데서 비롯된 말로, 자신과 의견이 다른 상대를 비하·비난·인신공격 등으로 괴롭히는 행위다. 의견이 다른 대상을 설득하는 대신 빠르게 '손절'하는 문화에서 생겨났다−옮긴이), 욕설, 개인정보 유출 등을 통해 검열될 수 있다. 위기의 시기 후반에는 새로운 대중의 목표를 위해 문화적 메시지가 정화되고 검열된다. 사회에서 가장 재능 있는 예술가들이 새로운 시민 질서를 지지하기 위한 프로파간다를 만들기 위해 동원된다.

위기의 시기 이후 새로운 체제는 문화적 활동이 다시 선량하고 보기 좋은 목표를 달성할 수 있도록 새로운 환경을 조성한다. 하지만 시간이 지나면서 이러한 목적은 점점 파괴적으로 변해 궁극적으로는 각성기의 새로운 비전이 자리 잡을 교두보를 마련한다.

모든 형태의 문화는 이러한 패턴을 반영한다. 지난 세 번의 새큘럼 동안 음악 스타일을 생각해보라. 계절 순서로 보면 항거에서 벗어남으로써 다시 조화로 흘러간다. 각성기에는 영가와 복음성가, 그다음에는 래그타임(1900년대 초 미국 흑인들이 연주한 피아노 재즈−옮긴이)과 초기 블루스가, 좀 더 최근에는 소울, 록, 민중가요가 유행했다. 해체기는 음유시인들이 나왔고 그다음에는 블루스와 재즈가, 더 최근에는 컨트리음악, 랩, 그런지, 얼터너티브 록이 유행했다. 위기의 시기에는 캠핑하며 부르는 노래와 행진곡이 나왔고 그다음에는 스윙과 빅밴드가, 아주 최근에는 장르 간 융합 음악과 소셜미디어를 활용한 음악이 나왔다. 고조기에는 발라드와 피아노곡들이 나왔다. 더욱 최근에는 크루너(작고 부드럽게 부르는 창법의 음악 – 옮긴이), 뮤지컬, 작은 무대 공연, 빈티지 록이 유행했다.

건축과 패션도 생각해보라. 고조기에는 광범위하고 기능적인 스타일을 추구하면서도 자신감 넘치는 남성성(및 대형 구조물)과 절제미를 더한 여성성(및 규격화)을 조합한 낭만적인 분위기를 추구한다. 각성기에는 자연, 민속, 전원, 원시적 모티브로 돌아가며 기존의 관습적 사회규범과 새로운 금욕주의적 생활 방식을 결합한 온화한 분위기가 생겨난다. 해체기는 스타일, 시대, 젠더 등을 의도적으로 혼합하고 모순되게 교차시키는 가장 절충적인 시기다. 네 번째 전환기는 궁극적으로 합리적이고 고전적인 것, 균형과 품위에 새로운 관심을 품게 되는 시기다.

모든 전환기마다 문화적 혁신이 있지만, 어떤 전환기에는 다른 전환기에 비해 특정 미디어가 더 빛을 발하기도 한다. 각성기는 유독 음악이 창의적인 시기였다. 고조기와 해체기는 셰익스피어와 존 밀턴(John Milton) 이후 문학이 가장 발전한 시기였다. 지난 세 번의 새큘럼에서 해체기는 미국 문화가 전 세계적으로 가장 큰 영향을 미친 시기였다. 왜 그럴까? 아마도 이때가 미국으로 온 이민자가 가장 많았던 시기고, 최근 각성기의 결실을 수출할 수 있는 시기기 때문일 것이다. 1850년대와 1920년대만큼 유럽에서 미국 작가들이 눈부신 명성을 누렸던 시기는 없을 것이며, 1990년대만큼 책, 저널, 뉴스, 영화, 소프트웨어, 비디오게임 등 모든 미국의 대중문화 분야에 대한 전 세계의 수요가 많았던 시기도 없을 것이다. 밀레니얼 위기의 시기에는 미국 대중문화의 매력이 그 빛을 잃어가고 있는 듯 보인다.

더 넓게 보면, 지금 위기의 시기의 남은 기간에 미국의 문화적 흐름은 새큘럼의 패턴을 계속 따라갈 것으로 예측할 수 있다. 지난 10년 동안 교회나 성당에 나가는 사람 수와 종교적 소속감은 급격히 감소했으며, 일부 지표에서는 전례 없는 감소를 암시하는 징후[74]가 나타나 또 다른 종교적 공황을 예고하기도 한다. 반면 기술과 정치를 통한 인류의 변화는 점점 더 많은 관심을 받고 있으며, 특히 떠오르는 세대에서 큰 관심을 보이고 있다. 대학에서는 STEM(과학Science, 기술Technology, 공학Engineering, 수학Mathematics – 옮긴이) 전공이 인문학 전공을 빠르게 대체하고 있다. 불과 반 새큘럼 전만 해도 의욕적인 젊은이들은 철학과 언어를 가르치는 인문학 교수들을 동경했지만, 지금은 로켓을 만들고 행동 알고리즘을 개발하는 기술 기업의 유명한 CEO를 동경한다.

고인이 된 사회학자 겸 종교학자 로버트 벨라(Robert Bellah)는 미국의 실험 역사는 개인의 "변화(conversion)"와 공공의 "약속" 사이의[75] 동요와 긴장으로 설명할 수 있다는 유명한 통찰력을 보였다. 이 동요는 여전히 우리에게 남아 있다.

정치, 사회, 문화를 관통하는 이 리듬은 절대 멈추지 않는다. 계속 선형적으로 추론만 한다면 우리는 느닷없이 나타난 이 이름에 번번이 놀랄 것이다.

새로운 세대가 성인이 되면 그 구성원은 자신들이 속한 사회의 미래 궤적을 완전히 꿰뚫고 있다고 생각한다. 그리고 한동안은 그들의 생각대로 흘러간다. 그러나 그들이 늙고 더 새로운 세대가 성인이 될 즈음에서야 이 궤적이 필연적으로 새큘럼을 따라 구부러진다는 사실을 이해하게 될 것이다. 그들은 자신들이 젊었을 때 예측했던 그 직선이 결국에는 미래로 이어지지 않는다는 사실을 깨닫게 될 것이다. 알고 보니 그 선은 큰 호에 접하는 하나의 선에 지나지 않으며, 그 호를 이해하려면 어느 정도 시간이 필요하다는 사실을 깨닫게 될 것이다. 이러한 사실을 깨달으면서 각 세대는 나이가 들수록 더욱 현명해질 것이다.

5

우연성, 복잡성, 세계 역사

$$\times$$

아무 일도 일어나지 않는 수십 년이 있고,
수십 년의 일이 일어나는 몇 주가 있다.

블라디미르 일리치 울리야노프(Vladimir Ilyich Ulyanov, 레닌 추정)

"여우는 많은 것을 알지만, 고슴도치는 큰 사실 하나를 안다."[1] 이사야 벌린(Isaiah Berlin)이 1953년 러시아문학에 관한 에세이를 쓰며 고대 그리스 시인의 말을 인용한 표현이다. 이 에세이는 출간된 후 많은 관심을 받았는데, 사람들이 톨스토이나 푸시킨에 관심이 있어서가 아니라 사람들의 사고방식을 관찰하는 벌린의 근본적인 구분 방식에 매료됐기 때문이다.

세상을 하나의 핵심 사상을 중심으로 구성하는 것이 더 나은가? 아니면 서로 무관한 여러 다양한 사상에 열린 태도를 갖는 것이 더 나은가? 고슴도치처럼 서로 다르게 보이는 것들 사이의 모든 연결 고리를 보는 것이 더 나은가? 아니면 여우처럼 각각의 실체를 명확하게 보는 것이 더 나은가?

이러한 구분은 태초부터 논의됐다. 또한, 이러한 구분은 사람들이 일반적인 역사 이론을 접할 때 자주 묻는 질문의 틀을 만드는 편리한 방법이기도 하다. 폭넓고 다양한 사회적 흐름에 관해 하나의 동일한 설명을 하는 우리의 '대 년(Great Year)' 주기는 부인할 수 없이 고슴도치의 관점을 따른다. 따라서 여우처럼 세상을 보고 싶어 하는 사람들이 이 모든 것이 실제로 어떻게 돌아가는지 이해하기 위해 더 깊이 파고들고 싶어 하는 것도 당연하다.

프랭클린 루스벨트는 "인간사에서 벌어지는 일에는 강력한 주기가 있다"고 선언한 후, 이 주기가 "세대"에 따라 움직이며 이는 "신비로운" 현상[2]이라는 두 가지 의견을 덧붙였다. 이 책 앞부분에서 우리는 세대에 관해 논의했다. 이 장에서는 몇몇 '신비'를 명확히 밝혀볼 예정이다.

특히, 아래 질문을 깊이 생각해볼 것이다.

- **자유의지와 우연성** 역사적 주기는 어떻게 자유의지와 양립할 수 있는가? 더 진지하게 생각해보자면, 역사적 주기가 무작위로 일어나는 사건들과 단계적인 기술적 발견의 명백한 중요성과는 어떻게 양립할 수 있는가?
- **복잡한 시스템으로서 역사의 계절성** 새큘럼은 살아 있는 '복잡한 시스템'이다. 이 말은 자연의 복잡성에 관한 이론 연구가 점점 더 많아지고 있다는 의미다. 이 복잡한 시스템은 어떻게 작동하는가? 어떻게 형성되는가? 그 목적은 무엇인가?
- **주기의 길이와 변칙성** 새큘럼의 시기와 주기는 무엇이 결정하는가? 과거에는 이 시기가 어떻게 변해왔으며, 미래에는 어떻게 변할 것인가? 남북 전쟁이나 위기의 시기 같은 새큘럼의 이상 현상

은 왜 생기는가?

- **세대와 세계 역사** 미국이 최초의 현대적 사회였는지는 몰라도, 지금은 다른 수많은 사회가 현대적이다. 만약 국제 역사가 새큘럼의 시간표에 맞춰 점진적으로 흘러간다면, 미국을 포함한 세계의 미래에는 어떤 의미가 있는가?

자유의지와 우연성

현대사회에 사는 우리는 본능적으로 예측 사회과학의 통찰력을 거부한다. 우리는 스스로 자기 운명의 주인이라고 생각하며, 원하는 것은 무엇이든 자유롭게 선택할 수 있다고 여긴다. 그래서 우리의 미래 행동은 필연적으로 예측 불가능하다고 생각하는 경우가 많다.

그런데 이러한 사고방식에는 한 가지 중대한 결함이 있다. 실제로 우리가 내리는 선택들은 이미 통계적으로 그 가능성이 높게 예측된 행동이어서 이 개념이 성립하지 않는다. 다시 말해 우리의 행동은 통계적으로 예측 가능한 경향을 보인다. 뭔가 유별난 욕망을 자유롭게 실행에 옮기면, 우리 자신이 자유롭게 행동할 수 있는 것 아니냐고 생각하는 이도 있을 것이다. 그렇다면 그런 욕망은 정말 예측 불가능할까? 기업과 정치 정당들은 그렇게 생각하지 않는다. 그들은 언제 사람들이 특정 제품을 구매하고 싶어 할지, 언제 특정 부류의 후보자에게 투표하고 싶어 할지를 예측하는 패턴을 찾아내느라 수십억 달러를 쏟아붓는다. 그들은 대부분 사람이 6월에는 수영복을, 12월에는 스노모빌을 사고 싶어 한다는 사실을 알고 있다. 경기 불황이 끝난 직후에는 휴가를 줄이고 싶어 하지만 립스틱은 더 많이 구매하고, 대통령 선거가 끝난 후에는 원외 정당에 표를 던지는 사람이 많다는 사실을 알고 있다.

비단 전문가만 이런 종류의 예측 정보를 아는 것은 아니다. 우리 모두 알고 있다. 사람들 대부분은 가족, 친구, 이웃이 어떤 상황에 어떻게 반응할지 어느 정도 정확하게 예측할 수 있다는 데 동의할 것이다. 그런데 사실 우리는 예측 가능성을, 보증할 수 있다는 개념과 동일시하곤 한다. 다시 말하자면, 우리는 누군가 어떤 일을 한다고 '믿을 수 있다'는 개념과 동일시한다. 이러한 예측 가능성이 사람들의 자유를 부인하는 것일까? 그렇다고 보기는 힘들다. 사실, 진정한 자유의 관점에서 봤을 때 예측할 수 없는 사람이나 사회가 존재한다면 오히려 두려운 일이다. 철학자 데이비드 흄(David Hume)은 선한 행동이나 악한 행동을 보상이나 처벌로 대응하는 도덕 자체가 자유의지에 모순된다고 주장했다. 사법제도는 우리의 행동이 예측 가능한 범위를 벗어나지 않고 각각의 사람이 보상이나 처벌에 예측 가능한 방식으로 대응[3]할 것이라는 사실을 전제로 한다.

요컨대, 지금으로부터 10년 후의 사회 분위기나 구성원의 행동 방식이 어떻게 변할지를 예측한다고 해서 그 누구의 자유도 무효가 되지 않는다는 말이다. 또한 사람들이 기본적으로 예측 가능한 사회과학이 없을 것으로 생각하는 10년 후에도 이 사실이 변하지 않으리라는 의미다.

역사의 순환 주기가 자유의지를 침해하지 않는다 해도 골치 아픈 질문들은 여전히 많이 남는다. 운, 기회, 사고 모두 이 질문의 영역에 속한다. 어쩌면 가장 많이 연상되는 단어는 '우연성'이 아닐까 싶다. 우연성은 다른 모든 사건에 영향을 미치는 다양한 사건을 의미한다. 새큘럼이 어떻게 우연성과 공존할 수 있는가? 증기선과 기관차를 누가 예측할 수 있었을까? 검은 목요일에 일어난 주식시장 폭락 사태를 누가 예측할 수 있었을까? 진주만 기습 공격은 어떤가? 리 하비 오즈월드(Lee Harvey Oswald, 존. F. 케네디 암살범 - 옮긴이)가 쏜 총알의 정확성은 누가 예측할 수 있었을까? 마이크로칩의 발명은 어떤가? 이 모든 우연들이 우리의 삶에 형언할 수 없이 큰 영향을 미쳤다. 이런 일들을 예측할 수 있는 사회 변화 이론이 있을까?

답은 간단하다. 새큘럼은 이 우연한 사건들을 예측하지도 부인하지도 않는다. 역사에는 늘 무작위로 벌어지는 사건들이 있다. 모든 새큘럼이 강조하는 것은 사고 그 자체가 아니라 사고에 대한 사회의 '대응'이다. 이를 이해하려면 중요한 '사건' 하나를 골라 그 사건이 일어난 시기 새큘럼의 다른 편 끝으로 이동한 뒤 그 사건의 영향력이 어떨지 생각해보면 된다. 예를 들어, 워터게이트 사건(1972년)을 40년 전으로 돌려놓고 생각해보자. 1934년이었다면 미국이 대통령 선거에서 압도적인 승리를 거둔 막강한 대통령을 무너뜨리려는 20대의 젊은 두 기자를 인정했을까? 그럴 가능성은 희박하다. 또는 경제 대공황(1929년)을 40년 뒤에 두고 생각해보자. 1974년경의 베이비붐 세대가 발랄하게 유니폼을 입고, 거의 군사사업에 가까운 공공사업 프로그램에 참여해 연방정부를 위한 거대한 댐 건설사업과 다리 건설사업에 참여했을까? 다시 한번, 그럴 가능성은 매우 적다.

역사는 늘 불꽃을 일으킨다. 어떤 불꽃은 잠깐 타오르다 사라지기도 하고 어떤 불꽃은 미미한 크기에 비해 거대한 불길을 만들기도 한다. 불꽃이 한 방향으로만 일어난다고 생각하는 것은 사회적 분위기의 변화가 한 방향으로만 흘러간다고 생각하는 것과 같다.

클링버그가 지적했듯[4] 외국의 도발에 대한 미국 대응의 역사는 극과 극이다. 예를 들어, 1차 세계대전과 2차 세계대전에서 미국의 참여도를 비교해보라. 두 전쟁 모두 막대한 인명 살상을 초래한 외국의 공격 행위(루시타니아호 격침으로 인한 침몰과 진주만 공격)가 먼저 일어났다. 1차 세계대전은 의회가 2년을 기다리고, 추가 도발도 인내심 있게 견딘 끝에 거센 정치적 반대를 무릅쓰고 전쟁을 선포했다. 2차 세계대전은 의회가 단 한 표의 반대표만 내놓은 가운데 표결 바로 다음 날 전쟁을 선포했다. 1차 세계대전은 금주법, 노동권 폭력 사태, 선동 재판 등 논란이 많던 이슈에 논쟁의 불을 붙였다. 2차 세계대전은 국민이 한 치의 흐트러짐 없이 총동원된 전쟁이었다. 두 전쟁 모두 승리로 끝났다. 1차 세계대전이 끝난 뒤, 전쟁터에서 집으로 돌아온 병사들은 도덕적 비난과 온갖 규제에 직면했고, 2차 세계대전이 끝난 뒤에는 넉넉한 혜택과 환호 가득한 퍼레이드 행렬과 마주했다. 두 전쟁 모두 미국의 세계적인 영향력을 강화했다. 그러나 1차 세계대전 이후 미국의 영향력은 순식간에 사라졌고, 2차 세계대전 이후 미국의 영향력은 향후 20년에 걸쳐 더 공고하게 다져졌다.

네 번째 전환기 후반에 접어들면 세대의 힘은 외부에서 발생한 사건들에 집중돼 단결된 국가적 대응을 이끌어낸다. 아돌프 히틀러(Adolf Hitler)와 도조 히데키(東條英機)가 세계적인 위협이 됐을 때, 미국은 결정적 행동을 취했다. 권력을 쥔 자기중심적인 예언자 세대와 성인이 된 팀 중심의 영웅 세대 가운데, 명령을 내리는 원형 세대가 지배하고 명령을 받는 원형 세대가 전장에 나섰다. 그 결과, 비상사태가 발발하자 세대 간 협동이 극대화됐다. 노년층의 예언자 세대 리더들은 대결에서 물러나지 않았다. 실제로 새뮤얼 애덤스, 존 브라운, 제퍼슨 데이비스, 프랭클린 루스벨트 모두 국가의 분위기를 고조시킬 목적으로, 위기를 조장하거나 조장하는 데 일조했다는 비난을 받고 있다.

새큘럼의 과도기에서 어떤 전쟁도 젊은 층이 일으킨 각성 운동의 물결을 피해 가지는 못한다. 베트남 전쟁 기간에 명령을 받는 원형 세대는 노년층이었고, 명령을 내리는 원형 세대는 젊은 층이었다. 젊은 예언자 세대는 자신들을 지배하는 기관과 제도의 도덕적 공허함에 맞섰다. 한편 노년층의 영웅 세대는 자신들이 희생할 상황을 없애기 위해 모든 노력을 기울였다. 필요하다면 국가가 '총과 버터'(국가 예산에서 안보를 위한 프로그램과 사회보장을 위한 프로그램을 상징적으로 의미하는 용어 - 옮긴이)를 확보할 수 있는 기술과 풍요로움을 동원했다. 그 결과 세대 간 반목이 극대화됐다. 1960년대 후반에는 두 세대 모두 전쟁에서 각자의 역할을 불편해했고, 서로의 행동에 불만을 품었다.

앞서 봤듯, 역사는 우리에게 전쟁이 당시의 전환기 분위기를 반영하곤 한다는 사실을 가르쳐준다. 네 번째 전환기의 전쟁은 가장 광범위한 의미로 정의되며 명확한 결과를 얻기 위해 싸운다. 이는 만약 일본이 진주만을 공격하지 않았다면, 미국은 추축국(2차 세계대전 당시 독일, 일본, 이탈리아를 중심으로 한 진영 - 옮긴이)에 전면전을 선포하기 위해 또 다른 도발 요인을 찾았을 것이라는 사실을 시사한다. 다른 도발이 더 나은 결과를 낳았을지 더 나쁜 결과를 낳았을지(가령, 얄타회담에서의 양보 없이 유럽에서의 승리)는 알 수 없다. 새큘럼은 좋은 결과나 나쁜 결과를 확언해주지 않는다.

역사적 무작위성의 또 다른 핵심 요소로 여겨지는 기술을 생각해보자. 기술이 우리의 삶을 정기적으로 변화시킨다는 사실은 누구도 부인하지 못한다. 그러나 우리는 이 인과관계의 방향에 대해 종종 착각한다. 많은 이가 새로운 기술이 향후 새로운 10년이나 새로운 세대를 형성한다고 생각한다. 하지만 실제 그 인과관계의 화살표는 역방향으로 향할

수도 있다. '새로운 10년이나 새로운 세대가 그 기술이 사용되는 방식을 만들 수도 있다.'

이 부분을 구체적으로 살펴보기 위해 미국의 고조기로 돌아가 보자. 당시에는 느리고 덩치 큰 '메인 컴퓨터'가 군대나 기업의 통제를 연상시켰다. 당시 G.I. 세대에게 컴퓨터는 그런 기능을 하는 대상이었다. 컴퓨터는 리더들이 정보를 처리한 후 모든 사람에게 명확하게 지시를 내릴 수 있도록 도와주는 장치였다. 대공황 이후 G.I. 세대가 정보에 접근하고 소통하는 방식은 늘 이 A-프레임 스키마, 즉 윗선에서 누군가 결정을 내리면 사회는 그 결정에 따라 행진하는 방식이었다. 심지어 1960년대 후반에도 대다수 기술 전문가들은 미국에 그런 컴퓨터가 몇 대 이상 필요하리라고는 상상도 하지 못했다.

당연히 각성기에 이 모든 것이 바뀌었다. 1970년대에 베이비붐 세대가 성인이 되면서 이른바 마이크로칩혁명으로 인해 사회가 개인주의적으로 변모하는 상황은 피할 수 없는 듯 보였다. 1977년, 애플이 '개인용 컴퓨터'를 개인에게 처음 판매하기 시작했다. 1984년, 새로운 정보 패러다임은 한 편의 광고로 요약될 수 있다. 광고에서는 한 여피족 운동선수가 아버지의 TV 화면에 망치를 던졌다. 이후 10년 동안 베이비붐 세대는 '월드와이드웹(www)'을 통해 '개인의 선택'을 강화했다. 이후 25년 사이에 X 세대가 성인이 됐고, 미국의 모든 대통령은 마이크로칩과 인터넷이 개인에게 큰 힘을 실어주고 있으며, 모든 독재자와 권위적 기관들은 위태롭게 될 것이라고 거론하곤 했다.

최근 10년 동안, 또 다른 세대(밀레니얼 세대)가 성인이 된 지금 미국은 한 주기를 완전히 한 바퀴 돈 듯 보인다. 그리고 다시 한번 신비하게도 흐름이 바뀌었다. 소수의 기업이 플랫폼을 독점한 '소셜미디어'가 모든 사람을 매일매일, 24시간 내내 이어주면서 사회는 집단화되는 듯 보인다. 정보기술의 새로운 도구인 빅데이터와 인공지능이 어디에나 있는 센서와 '스마트센서 칩'에 연동되면서 다시 한번 중앙집중식 통제의 위협을 가하는 듯 보인다. 외국의 독재자와 권위주의자들은 더 이상 디지털 기술을 두려워하지 않는다. 두려워하기는커녕 총체적인 감시, '락다운(lockdown)' 통제, 연출된 공포 등 디지털 기술의 하향식 기능에 푹 빠져 있다.

이러한 패턴은 궁금함을 불러일으킨다. 이 새로운 기술이 과연 우리를 변화시킬까? 아니면 그저 우리가 원하는 것을 우리가 원할 때 제공하는 것일까? 종종 맞춤형 기술 자체는 국가의 분위기를 따라가곤 한다.

1910년대와 1920년대만 해도 자동차, 전화기, 라디오 등 새로운 기술은 미국인의 삶을 개인화하는 동시에 분열시키는 발명품으로 여겨졌다. 이 발명품들은 부자와 가난한 자를 구분하고, 개인의 사생활을 강화하고, 사람들이 휴가 때 어디든 갈 수 있도록 해줄 것이라고 생각했다. 그리고 한동안은 실제로 그랬다. 그러다가 2차 세계대전의 군 호송차와 선전 도구와 더불어 이 발명품들은 통합된 시민의 목표를 상징하게 됐다. 1950년대에 이르러서는 이 발명품들이 중산층의 삶의 방식을 표준화하는 데 일조했다. 그리고 그 무렵 TV가 합세해 월터 크롱카이트(Walter Cronkite)와 에드 설리번(Ed Sullivan)이 온화한 목소리로 통합의 메시지를 전달했다.

1970년대에는 이 모든 기술이 인간성을 빼앗는 상징으로 치부돼 공격받았다. 1990년대, 해체기에는 공격이 멈췄다. 오히려 미국은 이 기술의 틀을 깨고 '나답게 되는' 도구로 사용하기 시작했다. 이 시대에 오프로드 SUV 자동차, 휴대폰, 수백 개의 채널이 있는 케이블TV 등의 인기도 상승했다. 그리고 오늘날 새로운 전환기를 맞으면서 이러한 기술들은 또다시 새로운 패러다임에 적응 중이다. 자동차는 중앙집중시스템을 장착하고, 자동차부터 휴대폰, TV에 이르기까지 사실상 거의 모든 전자 기술이 하나의 디지털 네트워크로 연결되고 있다. 우리는 우리의 모든 말과 행동을 모니터한 데이터를 토대로, 경로를 탐색하고 광고와 영화를 선택하는 AI를 신뢰한다. 하지만 인공지능 스피커가 추적할 수 있으니 말과 행동을 조심해야 한다.

요약하자면, 기술적 발견 그 자체는 예측에 어긋나는 것인지도 모른다. 이런 면에서 보면 기술은 외부에서 무작위로 발생한다고 볼 수도 있다. 그러나 이러한 발견이 우리의 삶을 변화시키는 장치와 기반 시설에 활용되는 방식은 외부적이지도, 무작위적이지도 않다. 이 방식은 사회의 우선순위에 따라 달라진다. 따라서 다시 주기 문제로 돌아가 생각해야 한다. 만약 사회의 우선순위를 예측하기 어렵다면, 기술이 사회 구성원의 삶에 적용되는 방식도 예측하기 어렵다.

복잡한 시스템으로서의 역사적 계절성

17세기부터 자연의 주기나 다른 어떤 주기를 언급할 때면 항상 태양 주위를 도는 행성의 궤도처럼 단순한 물리적 시스템에 빗대어 생각하곤 했다. 물리적 시스템의 타이밍은 늘 정확하고, 중력의 원인 또한 정확하게 파악하고 설명할 수 있다. 그런데 사회적 행동의 주기는 대략적인 타이밍만 존재한다. 그리고 무엇이 그 주기를 유발하는지는 전혀 알 수 없는 경우가 대부분이다. 그렇다면 역사의 모든 주기에 관해 우리는 어떤 논의를 할 수 있을까? 역사는 자연의 일부이지 않은가?

시스템 이론(시스템의 성질은 각 요소의 상호 연관으로 생겨났으며, 각각 요소의 성질과는 다르다. 시스템 이론에 따르면 세계의 현상들은 서로 연관돼 있으며, 사회와 생태계 같은 조직체는 모두 살아 있는 시스템이다 - 옮긴이)은 이러한 질문에 유용한 관점을 제공한다. 시스템 이론에 따르면, 자연의 시스템에는 기본적으로 네 가지 유형이 있다. 단순함, 복잡함, 어려움, 혼돈. 이 모두 자연의 일부다. 그러나 우리가 무엇을 보느냐에 따라 자연을 이해하는 방식이 달라진다.

이 서로 다른 시스템 유형을 설명하기 위해 금융 저널리스트 마이클 루이스(Michael Lewis)의 말을 빌려 비유를 해보자.[5] 자동차 키는 단순하다. 어떻게 작동하는지 쉽게 알 수 있고, 언제 사용해야 하는지도 즉각 알 수 있다. 그런데 자동차 키 그 자체는 복잡하다. 자동차 키는 수천 가지의 부품으로 이루어진다. 나는 그 모든 부품이 어떻게 작동하는지는 정확히 모르지만, 엔지니어나 정비사는 잘 알고 있으며, 자동차가 내 명령에 반응하지 않아도, 엔지니어나 정비사는 이를 고치는 방법을 잘 안다는 사실을 나는 알고 있다.

반면 뉴욕의 일상적인 교통 상황은 파악하기 어렵다. 아무도 뉴욕의 교통 상황 이면에 얽히고설킨 인과관계를 알지 못한다. 어느 한 블록의 정체가 다른 블록의 정체와 관련이 있다는 사실은 알지만, 정확히 어떻게 연관돼 있는지는 알지 못한다. 또한, 교통정체 타이밍은 대략 가늠만 할 뿐이다. 따라서 이 지긋지긋한 교통정체를 해결하는 방법은 그저 추측뿐이다. 마지막으로 허리케인 경보가 울린 직후 마이애미의 교통 상황을 생각해보자. 우리는 이 상황을 '혼돈'이라 부를 수 있을 것이다. 여기서는 원인과 타이밍 모두 알 수 없다. 혼돈이 완전한 무작위성으로까지 진행되면 사실상 이는 더 이상 시스템이 아니다.

이 비유를 적용해보면, 역사의 주기는 복잡한 유형의 시스템이라고 보는 것이 가장 적합하다는 결론을 내릴 수 있다. 일반적으로 시스템이 복잡하려면, 두 가지 기본적인 특성이 필요하다. 첫째, 비선형적인 규칙에 따라 상호작용하는 다양한 부분으로 구성돼야 한다. 비선형적 상호작용이 많다는 것은 지금 당장 모든 부분에서 일어나는 일을 아는 것만으로 시스템의 미래를 예측하는 것은 불가능하다는 의미다. 둘째, 분석적으로 예측할 수 없음에도 대략적이지만 안정적인 패턴을 관찰할 수 있어야 한다. 가령, 전체 시스템 방식에서의 주기를 관찰할 수 있어야 한다. 복잡계 과학(complexity science, 완전한 질서나 완전한 무질서가 아닌, 그 사이에 존재하는 계로써 수많은 요소로 구성돼 있으며, 그 요소들의 상호작용에 따른 집단 성질이 나타나는 현상을 연구하는 과학 – 옮긴이)에서는 이렇게 안정적인 패턴을 "끌개(attractors)"라고 부르기도 한다. 이 패턴이 정확한 시작 조건과 상관없이 나타나는 경향이 있기 때문이다. 이러한 패턴은 시스템의 '긴급 속성'으로 간주된다.

따라서 역사의 가장 높은 주기는 가장 낮은 주기와 공통점이 많다. 이 주기에는 비선형적이고 인과관계 요인이 '대체로 알려지지 않은' 복잡계 시스템에서 '대략 알려진' 예측성이 있다.

기상학에서 종의 진화에 이르기까지 이러한 시스템을 연구하기 위해 기계학습 알고리즘을 이용하는 복잡성 이론가들은 일반적으로 미지의 예측 가능성이 있는 세계에 편안함을 느낀다. 물론 우리 대부분은 그렇지 않다. 하지만 그래야 한다. 우리 주위의 자연 환경에는 복잡한 시스템이 도처에 존재한다. 심장이 뛰고, 꽃이 피어나고, 참새가 털갈이하는 것을 생각해보라. 단순히 숨을 쉬는 행위에는 혈액의 화학작용, 신경 신호, 호르몬 균형, 근육의 작용 등 수백 가지의 생리적 피드백이 연관된다. 그 누구도 이 생리적 피드백의 정확한 타이밍을 조정하거나 예측할 수 없다. 하지만 숨을 쉬는 모든 단계가 적절한 순서에 따라 적절한 타이밍에 이루어져야 한다. 그렇지 않으면 인간은 금방 죽을 것이다.

새큘럼도 마찬가지다. 역사는 규칙적이지만 엄밀하게 똑같지는 않은 밀물과 썰물을 따라 흘러간다. 모델스키는 긴 주기에 관한 연구(그는 이를 '크로노매크로폴리틱스chronomacropolitics'라 칭했다)를 자연 주기 연구(크로노바이올로지chronobiology)에 비유했다.[6] 설령 겨울이 조금 일찍 오거나 늦게 오더라도 낙엽이 지고, 새가 이동하고, 강이 어는 순서는 예측할 수 있다. 고대 선조들은 그 원인을 분석적으로 파고들려 하지 않았다. 현대의 생물학자들처럼 나뭇잎이 싹을 틔우는 생화학적 반응을 하나하나 규정하지 않았다. 그들은 자연과 사회의 반복적인 흐름을 총체적인 관점에서 하나의 복잡한 시스템으로 봤고, 덕분에 현대인들보다 앞으로 일어날 일을 직관적으로 더 잘 알 수 있었다.

가장 친숙한 복잡계 시스템을 생각하면 자연의 생명이 가장 먼저 떠오를 것이다. 단순히 복잡하기만 한 시스템으로, '인간이 아닌' 자동차를 생각해보자. 그런데 교통의 흐름은 '인간' 운전자가 탄 수많은 자동차가 복잡하게 얽혀 있기 때문에 항상 복잡한 시스템이라 할 수 있다.

복잡계 이론가들은 우리가 이런 방식으로 생각하는 데는 그럴 만한 이유가 있다고 믿는다. 대부분 무생물 복잡계 시스템은 일시적이다. 이 시스템은 잠깐 나타났다가 이내 사라진다. 예를 들어, 끓기 직전에 냄비를 순환하고 대류하는 기포를 생각해보라. 그렇다. 기포들은 꽤 복잡한 시스템을 형성한다. 하지만 기포를 그대로 두면 이 시스템은 오래 가지 않는다. 빠르게 완전한 무작위 상태가 되거나(물이 완전히 끓기 시작하면서 수증기가 되고) 완전히 비활성화 된다(누군가 불을 꺼서 물이 식으면 거품도 사라진다).

그렇다면 이제는 모든 생물의 복잡계 시스템을 생각해보자. 세포기관들로 구성된 하나의 세포, 세포와 기관으로 구성된 동물 또는 동물로 구성된 하나의 사회도 모두 복잡계 시스템이다. 생물의 복잡계 시스템은 놀라운 능력을 갖추고 있다. 바로 환경의 변화에 따라 복잡성을 유지하기 위해 스스로 조절하는 능력이다. 이론가들은 이런 능력을 "자기 조직 임계성(self-organized criticality)"이라고 부른다. 살아 있는 시스템이 이 능력을 갖추는 것은 지극히 당연한 일이다. 살아 있는 모든 것에 완전한 무작위성이나 완전한 비활동은 죽음을 의미하기 때문이다. 인간 사회를 포함한 살아 있는 모든 복잡계 시스템의 세계를 보면, 질서와 변화 사이에 편재하는 균형에 감탄하지 않을 수 없다. 살아 있는 시스템은 이 임계점이나 균형을 적극적으로 추구한다. 무작위성이 너무 많으면 시스템은 붕괴한다. 질서가 너무 과하면 적응에 실패한다. 카오스 이론가 노먼 해리 패커드(Norman Harry Packard)의 표현을 빌리자면, 살아 있는 시스템의 모든 학습과 창의성은 "혼돈의 가장자리에서"[7] 춤을 추며, 그 사이에서 이루어진다. 이것이 바로 동물이 섹스를 하는 이유다. 유전자는 복제되지만, 새로운 무작위 조합으로 복제된다. 일부 사람들이 어리석은 위험을 감수해야 한다고 주장하는 이유기도 하다. 어떤 상황에서는 이런 행동이 적응 행위일 수 있기 때문이다. 10대 청소년들이 부모와는 다투고 또래에게 공감하는 것도 이런 이유다. 새로운 세대 공동체를 형성하지 못하는 사회는 실패할 수밖에 없기 때문이다.

마지막 예에서 알 수 있듯이, 새큘럼 그 자체는 질서와 무질서 사이에서 균형 비슷한 것을 찾아가는 복잡하고 살아 있는 시스템이다. 이 균형은 새큘럼이 지속하는 동안 스스로 조정된다는 점에서 무척 역동적이다. 새큘럼은 일반적으로 세 번째 전환기가 끝날 무렵에 자유와 무질서에 가장 가까워지고, 첫 번째 전환기가 끝날 무렵에 연대와 질서에 가장 가까워진다. 이 리듬을 통해 시스템은 세대의 노화나 교체 같은 과정을 통해 회복과 자기 조정 능력을 항상 유지한다.

균형을 추구하는 새큘럼의 역학에서 '진보'는 어떤 역할을 하는가? 진보의 역할을 이해하려면 인간의 사회시스템이 자연계의 다른 시스템과는 매우 다르다는 사실을 우선 인지해야 한다. 단순하건 복잡하건, 무생물이건 생물이건 이런 시스템과는 전혀 다르다. 인간은 직관 능력이 있고 생각에 따라 행동한다. 그리고 사회는 이러한 인간의 생각을 도덕성, 종교, 법, 정치적 권위, 상업 등의 공유 시스템으로 제도화할 수 있다. 근대가 시작한 이후로 대단히 중요한 한 가지 개념이 존재해왔다. 바로 인간이 사회를 점차 개선하는 방식으로 의도해 시스템을 변화시킬 수 있다는 신념이다. 앞서 봤듯, 근대적이라는 말은 역사가 선형적이고 진보적이라고 믿는 것이다.

근대의 진보 이데올로기는 일반적으로 두 학파로 나누는데, 하나는 이상주의자고 또 다른 하나는 물질주의자다. 근대 이상주의자 전통은 이탈리아의 철학자 잠바티스타 비코(Giambattista Vico)나 독일 철학자 헤겔[8]로 대변되는, 종교나 신념을 추구하는 사람들에게 인기가 있었다. 이들은 역사의 주기를 포함한 모든 역사적 발전이 신이나 정신의 주도하에 이루어진다고 믿는다. 그리하여 마지막에는 필연적으로 인류 전체 또는 일부가 영원한 구원이나 완벽한 상태에 이른다고 생각한다. 물질주의 전통은 항상 (작가이자 기술과학자 레이먼드 커즈와일Raymond Kurzweil이나 역사가 유발 노아 하라리Yuval Noah Harari로 대변되는) 기술주의(technocracy)나 일을 추구하는 사람들 사이에서 인기가 있었다. 이들은 사회가 자연, 어쩌면 인간까지도 재구성하도록 촉구한다. 그래야 인류가 영원한 안정이나 성취를 향해 나아갈 수 있다고 생각하기 때문이다.

어떤 면에서 보면 이 두 학파는 공통점이 많다. 이상주의와 물질주의두 학파 모두 혁명과 재건을 추구했던 초창기부터 기본적인 메시지가변하지 않았다. 그 메시지는 바로 '인류는 위기에 처했다'는 것이다. 이모든 것은 우리 인간의 잘못이다. 지금 당장 결정적인 일을 해야 한다.우리가 제대로 하면, 인류는 유구히 구원받을 것이다. 이상주의와 물질주의 형식 모두에서 이 메시지는 새큘럼의 계절 리듬을 추구한다. 이 메시지는 진보 가능성에 대한 우리의 믿음을 굳건히 할 뿐 아니라 진보를추구해야 한다는 긴박함을 강화한다. 또한, 각 세대가 이전 한 세대나여러 세대가 잘못한 일을 바로잡아야 한다고 결심하게 만든다.

그러나 다른 측면에서 보면, 두 학파는 매우 다르기도 하다. 이상주의 학파가 추구하는 목표는 구원받기 충분할 정도로 개인적으로 가치있는 존재가 되거나 의로운 사람이 되는 것이다. 물질주의 학파가 추구하는 목표는 궁극의 상태에 도달할 정도로 충분한 집단지성이나 강력한 힘을 갖추는 것이다. 여기에서 우리는 두 가지 세대 원형을 볼 수 있다. 예언자 세대와 영웅 세대다. 또한, 우리는 두 학파가 가장 큰 영향력을 미치는 계절을 파악할 수 있다. 진보의 과정에서 내적 세계의 정의를내리고자 하는 열망은 두 번째 전환기, 즉 각성기가 끝날 무렵에 절정에이른다. 그리고 외적 세계의 정의를 내리고자 하는 열망은 네 번째 전환기, 즉 위기의 시기 끝 무렵에 절정에 달한다.

새큘럼에 나타나는 계절의 극점을 잠시 생각해보면, 정반대인 두 쌍의 계절을 발견할 수 있다. 지점(하지와 동지)의 맨 끝에 닿아 있는 한 쌍은 연대(첫 번째 전환기의 끝)와 자유(세 번째 전환기의 끝)다. 분점(춘분과 추분)

의 맨 끝에 닿아 있는 또 다른 한 쌍은 이상주의(두 번째 전환기의 끝)와 물질주의(네 번째 전환기의 끝)다. 그 결과 우리가 3장에서 살펴본 바와 유사한 사회적 분위기와 세대의 특징 모두 네 가지로 나뉜다. 가령, 융은 인간의 성격유형에 관한 고찰에서 두 가지 지배적인 축(또는 스펙트럼)을 제시했다. 첫 번째 축은 지점과 관련된 것으로 사고(객관적이고 공적인) 대 감정(주관적이고 개인적인)이다. 두 번째는 분점과 관련된 것으로 판단(또는 직관) 대 지각(또는 감각)이다.

지금까지 우리는 진보를 향한 근대의 열망을 살펴봤다. 그렇다면 근대성이 실제로 성취한 진보는 무엇일까? 어떤 면에서 보면 현대사회가 진보라고 볼 수 있는 방향으로 변화해왔다는 사실은 부인할 수 없다. 더 나아진 건강과 더 길어진 수명이 그 예다. 그리고 진보의 성과는 전적으로 새큘럼과 양립한다. 그렇게만 본다면 우리는 역사를 진보하고 있는 소용돌이라고 생각할 수도 있다.

하지만 '진보는 새큘럼의 목적이 아니다.' 이 부분은 매우 중요하다. 새큘럼에 어떤 목적이 있다면 그 목적은 오히려 더 나은 것을 기대하는 사회를 창조적 자기 조정의 단계로 밀어붙이는 것이다. 그 과정에서 때론 더 안 좋은 상황을 직면한다고 할지라도 말이다. 또한, 그 목적은 주기를 회피하기로 한 국가를 주기에 참여하게 해서 국가의 붕괴나 정체 상태로부터 구하는 것이며, 그리하여 사회의 죽음으로부터 구하는 것이다. 새큘럼은 사회가 계속 살아남고 적응하는 범위 내에서만 장기적 진보에 기여한다. 이런 의미에서 보면 새큘럼의 목적은 자연의 진화와 비슷하다. 즉, 새큘럼은 우리를 더 나은 상태로 만들 수도 그렇지 않을 수도 있지만, 궁극적으로는 우리의 생존에 이바지한다. 새큘럼은 특정 세대에게 그들이 원하는 것을 주지 못할 수도 있다. 그러나 일반적으로 시간이 흐를수록 사회가 원하는 것을 제공해 더 많은 세대가 따라올 수 있게 한다.

그렇다면 이제 복잡한 사회시스템을 접할 때마다 우리가 가장 궁금해하는 질문으로 넘어가 보자. 정확히 무엇이 이 시스템을 작동하게 만드는가?

안타깝게도, 지금까지 살펴본 바와 같이 이 질문에 완벽한 해답은 결코 얻을 수 없다. 복잡한 사회시스템은 대략적으로 파악 가능한 정도로만 주기를 드러내기도 한다. 하지만 본질적으로 단 하나의 인과관계 서사로는 요약되지 않는, 수많은 비선형적이고 상호작용하는 거대한 인과관계에 따라 움직인다. 예를 들어, 생화학자에게 혈압이 24시간마다 오르락내리락하는 이유를 묻는다고 생각해보자. 또는 감염병학자에게 인플루엔자가 주기적으로 유행하는 이유를 묻는다고 생각해보자. 과학자들은 아마 잠시 생각하다가, 질문한 사람에게 앉으라고 권한 뒤 아주 길고 복잡한 설명을 시작할 것이다. 그리고 그들조차 여전히 이해하지 못하는 부분이 너무도 많다는 사실을 인정할 것이다.

역사의 새큘럼 계절도 마찬가지다. 이 주기는 모든 수준의 집단에서 사회시스템과 인간 심리의 기능에 따라 달라진다. 다시 말하면, 실질적으로 모든 것에 따라 달라진다는 의미다. 역사의 새큘럼 주기는 가정생활, 친구 네트워크, 사회적 제도와 정치적 제도, 선조들의 도덕적 합리성 등의 역학과 관련이 있다. 또한 이 주기는 인간의 발전과 출산과도 관련이 있으며, 아직 연구된 바가 거의 없는 인간 생리학의 호르몬 리듬이나 후생유전학적 리듬과도 관련이 있을 수 있다.

이 마지막 가능성은 매우 흥미롭다. 모든 포유류 종의 약 3분의 2가 다년간의 주기에서 개체 수(인구)의 증가와 감소를 나타낸다. 이 주기는 나그네쥐와 들쥐의 경우는 약 4년, 눈덧신토끼는 약 10년, 말코손바닥사슴은 약 38년이다. 이러한 주기 대부분은 기후나 포식자 기타 환경 요인과는 관련이 없는 것으로 보인다. 더욱 흥미로운 점은 많은 주기가 행동 패턴을 따른다는 사실이다. 예를 들어, 공격성, 무리 짓기, 이동, 짝짓기, 스트레스 등이 주기와 관련이 있다. 실제로 이러한 동물들은 태어난 절기에 따라 다르게 행동한다.

생물학자들은 이 주기의 원인이 무엇인지 확언하지 못하지만, 일부 학자들은 동물의 호르몬과 신경전달물질의 분비가 주기적 변화를 유발할 수 있으며, 이 변화는 페로몬과 행동 신호로 조절될 수 있다고 추측한다.[10] 인간도 이러한 유발 요인이 적용되는지 여부는 아무도 모른다. 심지어 아주 작은 포유류에 관한 연구조차도, 이 분야에 관한 연구는 아직 초기 단계에 머물러 있다.

새큘럼이 생기는 원인을 모든 범위나 모든 요소에서 찾는 것이 너무 광범위해서 불가능하다면, 차라리 더욱 단순한 문제에 집중하는 편이 더 나을 수도 있다. 어떤 문화적이나 사회적 역학 관계가 새큘럼을 움직이는 데 가장 근본적인 영향을 미칠까?

역사적 연구를 토대로 세 가지를 추려 생각할 수 있다.

첫 번째 역학은 문화적인 것으로, 역사에서 관찰할 수 있다. 이는 사회의 운명이나 집단의 발전에 관한 개념이다. 만약 사회가 진보를 기대하지 않는다면, 전통의 관성이 우세할 것이고 장기 주기는 휴면 상태에 머물 것이다. 이러한 결과는 역설적이다. 현대인은 진보를 추구하지만, 진보를 향한 열망은 세대 양극화를 낳고, 이 양극화는 순환 주기를 촉진한다.

두 번째 역학은 세대 양극성 그 자체로, 항상 두 개의 상반된 원형이 서로 대립한다. 영웅은 예언자와, 노마드는 예술가와 대립한다. 모든 세대는 어린 시절에 현재의 중년 원형의 보완 형태나 그림자 성향으로 양육된다. 훗날 이 세대가 성인이 되면, 양극성은 두 개의 상반된 원형과 갈등하거나 협력할 가능성이 모두 커지고 이후 노년기에 접어든다.

세 번째 역학은 삶의 단계별 역할이 명확히 존재한다는 사실이다. 이 역할 없이는 세대를 형성할 수 없다. 모든 사회는 삶의 단계별 역할이 있다. 그러나 대부분 현대사회는 어린 시절과 성인 시절의 삶의 단계 사이에 청소년기의 특별한 경계선을 만듦으로써 세대 의식을 더욱 자극한다. 부모라면 충분히 공감하듯이(그리고 많은 연구가 확인해주듯이) 이 시기는 또래와의 유대감이 강력한 청소년 문화의 용광로를 형성하는 시기며, 또래집단의 영향력이 가족의 영향력과 강력하게 맞서는 시기다. 현대사회의 청소년기는 또래와의 강력한 유대감을 자극한다. 그리고 오직 또래 유대감을 통해서만 그 세대는 자신이 속한 세대의 운명에 대한 감각을 얻게 된다. 예일대학의 발달심리학자 존 쇼월터(John Schowalter)는 이렇게 말한다. "어린이에서 어른이 된다는 것은, 또래라는 다리를 건너는 것이다."[11]

주기의 길이와 변칙성

모든 파도에는 '파장'이 있다. 그리고 모든 사회적 순환 주기에는 '주기성'이 있다. 이를 이해하려면, 다양한 주기의 정점을 단순히 측정하면 된다. 하지만 주기가 왜 특정 길이의 주기성을 갖는지, 무엇 때문에 시간이 지나면서 주기가 변하는지를 이해하려면, 먼저 무엇이 주기를 정하는지를 알아야 한다.

복잡한 사회시스템은 그 자체의 원인을 밝히는 것이 어려울 수 있지만, 행동 주기의 자연적 틀은 그 길이를 설명할 수도 있다. 뉴욕시의 교통 상황 주기에 관한 사례를 다시 살펴보자. 특정 시간대나 특정 교차로에서 정체가 생겼다가 풀리는 이유에 관해서는 답하기 어려울 수도 있다. 하지만 이 교통 상황의 전반적인 주기는 낮과 밤의 주기와 비슷하다고 말할 수 있다. 그리고 여기엔 명백한 이유가 있다. 그것이 주기의 자연스러운 틀이기 때문이다. 대부분 사람은 낮에 운전하고 밤에 잠을 자는, 낮의 리듬에 맞춰 사는 경향이 있다.

새큘럼에도 고유의 자연적 틀이 있다. 3장에서 살펴본 대로 각 새큘럼마다 네 개의 연속적인 전환기나 세대가 필요하다. 각 전환기나 세대는 생애 단계 길이가 있으며, 가장 중요한 시기는 태어나서부터 성인이 되기 시작하는 기간인 아동기다. 사회적 역할, 특히 아이의 의존성 역할을 정의함으로써 생애 단계는 세대의 정체성과 경계를 형성하는 중요한 용광로가 된다. 따라서 생애 단계의 길이는 한 세대의 길이와 비슷해야 한다.

이 논의를 단순화하기 위해 우리는 임의로 21년으로 고정한 생의 단계와, 4단계가 합해져 84년 길이의 새큘럼을 정해 세대 형성 속도를 살펴봤다. 그러나 이 기간은 적어도 영미권에서는, 근대가 시작한 이후 고정된 채 유지되지 않았다. 16세기 후반에 태어난 미국 이전의 여섯 세대의 세대 길이는 평균 26년이었다. 미국 건국 이전에 태어난 미국의 일곱 세대의 평균 세대 길이는 25년이었다. 그런데, 밀레니얼 세대까지 미국의 다음 열 세대의 평균 세대 길이는 21년을 조금 넘는다. 세대의 길이가 줄어들면서 새큘럼의 길이도 100년이 조금 넘는 길이에서 80년이 조금 넘는 길이로 바뀌었다.

이따금 불규칙할 때도 있지만, 인구통계학 자료는 세대의 길이가 짧아지는 흐름이 대략 생애 단계의 길이가 장기적으로 짧아지는 추세와 유사하다는 사실을 분명히 보여준다.

1500년대부터 1700년대 중반까지의 영국은, 근대 초기의 거의 모든 서구 유럽과 마찬가지로, 남성이 결혼해 가정을 꾸릴 수 있는 평균연령이 21세에서 28세로 상대적으로 높았다.[12] 결혼연령이 늦어질 수밖에 없던 이유는 낮은 생활수준과 부족한 경작지 때문이었다. 영양 부족으로 인해 대부분 소녀들이 10대 후반이 되도록 사춘기를 맞지 못했다.[13] 혼외 출산은 오늘날과 비교했을 때 상대적으로 매우 드문 일이었다. 1700년대 후반, 영국의 생활수준이 나아지면서 결혼평균연령도 낮아졌다. 미국 식민지, 특히 개척지에서는 실질임금 상승과 풍부한 가용 경작지 덕분에 결혼연령이 더욱 빠르게 낮아졌다. 1800년까지 미국의 결혼평균연령은 유럽보다 최소 2세 이상 어렸다.[14]

그다음 세기에는 사회에 민주화 열풍이 일면서 효과적인 생의 길이는 더욱 빠른 속도로 짧아졌다. 1700년대 후반까지만 해도 영국과 미국에서 사회적 권력은 부유한 남성 지주가 압도적으로 많이 쥐고 있었는데, 이들의 독립과 (아버지의 죽음 이후) 유산상속연령은 결혼연령보다 한참 늦은 연령이었다. 하지만 1800년대에 접어들면서 이러한 지배력은 급속히 약화했다. 참정권이 모든 남성에게 확대됐기 때문이다. 여성들은 주로 (결혼으로) 남성보다 젊은 나이에 집을 떠나면서 정치와 문화에 더 많은 영향력을 미치기 시작했고, 20세기 초에 투표권을 얻었다. 공교육이 확산하고 미디어가 활발해지면서 전파된 '청소년 문화'는 각 세대의 집단 자의식 형성 속도를 더욱 가속화했다.

1904년부터, 저명한 심리학자 그랜빌 스탠리 홀(Granville Stanley Hall)

이 '사춘기'라는 용어를 널리 알리면서[15] 미국인들은 누구나 비슷한 나이에, 보통 20대 초반 이전에 어린이에서 어른으로 변한다는 개념에 익숙해졌다. 또한, 홀의 설명대로 이 변화의 시기가 부모에 대한 반항, 변덕, 사회로부터 분리 등이 생기는 단기간의 시기임을 받아들이게 됐다. 거의 같은 시기에 미국 젊은이들은 소설과 에세이 등을 통해 자신들의 독창적인 세대 정체성을 탐구하고 논의하기 시작했다. 잃어버린 세대를 시작으로 성인이 된 미국의 모든 세대에게는 그 세대를 인식할 수 있는 수식어가 붙었다.

20세기 들어 잃어버린 세대부터 베이비붐 세대까지 첫 네 세대의 평균 세대 길이는 21년 미만으로 사상 최저였다. 같은 기간 남녀 모두의 결혼연령 역시 사상 최저로 낮았으며,[16] 특히 1940년대 중반부터 1970년대 중반까지는 역사상 가장 낮았다. 대공황이 있던 10년을 제외하면, 이 기간의 실질임금은 급속히 상승해 아들은 아버지가 자신의 나이 때 벌었던 돈보다 훨씬 더 많은 돈을 벌었고 이에 따라 더 젊은 나이에 집을 떠나 독립했다. 경제 낙관론이 절정에 달했던 1969년, 미국인들은 갑자기 10대들로 구성된 새로운 '젊은 세대'를 이야기하기 시작했다. 4년 후 의회는 투표 연령을 21세에서 18세로 낮추는 법안에 동의했다.

이제 장기적 흐름을 간략히 살펴보자. 1700년대 후반부터 1900년대 후반까지 약 2세기에 걸쳐 우리는 세대와 전환기의 주기가 크게 단축된 것을 봤다. 그리고 같은 기간 동안 생의 단계 길이를 나타내는 좋은 지표인, 태어나서 성인이 되는 기간도 비슷하게 단축된 것을 봤다. 이는 생의 단계 길이가 실제로 새큘럼 리듬의 자연적 틀이라는 사실을 확인해준다.

그런데 이 밀접한 연관성에 한 가지 중요한 문제가 제기된다. 세대 길이가 과거의 생의 단계 길이를 추적한 것이라면, 미래의 생의 단계 길이도 계속 추적해야 하지 않을까? 만약 그렇다면, 현재 생의 단계 길이의 변화를 근거로 미래 세대 길이의 흐름을 예측할 수 있을까?

아마도 그럴 것이다. 게다가 1970년대 초반 이후 출생부터 성인이 되는 데 걸리는 시간에 무슨 일이 일어났는지를 살펴보면, 대단히 중요한 흐름의 역전 현상을 맞닥뜨리게 된다. '지난 50년 동안, 이 주기는 더 이상 줄어들지 않고 있다. 오히려 빠르게 늘어나고 있다.'

이 역전의 규모는 거의 모든 지표에서 매우 역동적으로 나타나고 있다. 결혼연령이 높아지는 부분을 생각해보자. 1960년대 초반, 결혼평균연령이 21세로 사상 최저치를 기록한 이후, 이 연령은 가파르게 상승해 오늘날에는 29세로 사상 최고치를 기록하고 있다.[17] 무려 8년이나 증가한 것이다. 또한 어머니가 첫아이를 낳는 평균연령이 높아진 부분도 생각해보자. 1960년대 후반 첫아이 출산연령은 평균 21세였다가 오늘날에는 역사상 가장 높은 27세가 됐다.[18] 6년이나 증가했다.

과거에는 젊은이들이 10대 후반이나 20대 초반에 정규직으로 일했지만, 요즘은 20대 후반에 일을 시작한다. 젊은이들의 훈련과 교육 기간은 늘었지만, 그들은 더 이상 부모보다 더 많은 돈을 벌지 못한다. 25세에서 29세 사이의 사람들 3분의 1 정도가 자신보다 나이 많은 가족 구성원(주로 부모)과 함께 산다.[19] 대학에 진학하지 않은 젊은이들의 경우 이 비율이 가장 높으며 증가 속도도 가장 빠르다. 그리고 이들 중 상당수는 나이와 상관없이 자립해서 직장 생활을 시작하지 못하는 것으로 나타났다.

발달심리학자 제프리 아넷(Jeffrey Arnett)는 이렇게 발달 속도가 느려지는 현상을 보고 2000년도에 18세에서 24세 사이의 미국인을 지칭하는 새로운 용어인 "성인 모색기(emerging adulthood)"[20]를 제안했다. 또한, 그는 그다음 생애 단계를 "젊은 성인기(young adulthood)"로 지칭했는데 여기에는 25세부터 40대 중후반까지 포함된다. 성인기가 늦게 오는 젊은이들에 대한 개념은 아넷의 학계 동료들 사이에서 상당한 주목을 받고 있다.

동시에 기업이나 정치에서 리더 역할을 맡는 노년층의 나이가 점점 많아지는 현상도 목격된다. 이는 중년과 노년에 진입하는 연령대가 점차 높아지고 있음을 의미한다. 예를 들어, 지난 50년 동안 상원의원과 하원의원, 주지사의 평균연령은 53세에서 59세로 약 6세가량 많아졌다.[21] 이러한 직책에 처음 선출되는 연령도 평균 3~4세 높아졌다. 2022년 말, 백악관의 주인(대통령 조 바이든), 상원(원내대표 미치 매코널Mitch McConnell), 하원(하원의장 낸시 펠로시) 모두 80대인데, 이는 매우 이례적이고 특이한 현상이다.

생애 단계의 지연(또는 둔화)이 향후 30~40년 후에도 얼마나 지속할지 아직 속단하기는 이르다. 이러한 추세는 일시적일 수도 있다. 실제로 일부 현상은 역사의 계절성으로 인해 역전된 듯 보이기도 한다. 밀레니얼 위기가 끝나고 첫 번째 전환기가 도래하면 어쩌면 세대의 힘이 경제적 자립과 정치적 리더십을 갖추는 나이가 급속도로 낮아지게 하는 요인이 될 수도 있다.

그렇게 된다고 하더라도, 최근 평균수명의 증가는 21세기 말까지 지속하는 새로운 장기적 흐름이 될 전망이다. 9장 앞부분에서는 이러한 흐름이 초래할 한 가지 결과, 즉 70대 이후에 사회적 영향력이 점점 커지는 사람들을 반영하는 '후기 노년기' 생의 단계 출연 가능성을 살펴볼 것이다.

8장에서는 좀 더 직접적인 효과를 생각해볼 것이다. 생의 단계가 점점 길어지면서 세대와 전환기의 기간도 점점 늘어날 가능성이 있다. 미래의 세대와 전환기는 20년 정도가 아니라, 22~23년 정도의 길이가 될 것으로 예측해야 한다. 앞으로 살펴보겠지만 생애 단계 기간이 늘어나면서 밀레니얼 위기와 밀레니얼 새큘럼이 정확히 언제 끝날 것인지에 관한 추측도 바뀔 것이다. 즉, 20년 길이의 전환기가 네 번 이루어지면서 80년의 새큘럼을 구성하던 것이 22년 길이의 전환기가 네 번 이루어지면서 88년의 새큘럼이 될 것이다.

만약 역사의 계절성을 이루는 자연적 틀이 정말로 점점 길어진다면, 역사적 변화에 관한 일반적인 전제들 역시 다시 생각해야 한다. 최근 여러 사건이 벌어지는 속도가 점점 빨라지고 있다는 이야기를 자주 듣는다. 정말 그럴까? 사실 생애 단계 주기의 논리는 정반대다. 즉, 세대의 길이는 점점 길어지고, 새로운 세대의 출현 빈도는 점점 줄어들고 있다.

이런 현상은 새롭게 등장한 세대 어린이를 파악하는 데 있어서 매우 중요하다. 마케터와 여론조사기관들은 당연히 최근의 젊은 성인 세대를 단절하고, 새로운 세대 이야기를 시작함으로써 뭔가 새로운 이야기를 꺼내고 싶어 한다. 그러다 시간이 지나고 나서야 자신들이 실수했다는 사실을 깨달으면, 다시 날짜를 정정한다. 1993년 밀레니얼 세대에게 이런 일이 벌어졌다. 〈애드에이지(Ad Ag)〉(마케팅과 미디어에 관한 뉴스 및 데이터를 만드는 글로벌 미디어 브랜드-옮긴이)를 그 시작으로, 마케터들이 1974년 이후 태어난 사람[22]을 X 세대를 잇는 Y 세대로 정의했다. 이 정의로 X 세대의 길이는 약 10년가량으로 줄었고, 몇 년 후 이 정의는 폐기됐다. 오늘날 1970년대에 태어난 사람은 누구든 X 세대다. 〈에드 에이지〉 기자는 이렇게 말했다. "Y 세대는 우리가 그들에 대해 더 깊이 알기 전까지만 존재한 임시 존재였다."[23]

밀레니얼 세대를 잇는 세대로 규정된 Z 세대도 이와 비슷한 일이 일어났다. 퓨리서치센터(Pew Research Center)는 포스트 밀레니얼 세대를 1997년 이후 출생한 세대로 정의했고, 밀레니얼 세대 길이는 16년가량으로 줄었다. 퓨리서치센터는 Z 세대의 길이 또한 16년으로 정의했다. 하지만 퓨리서치센터도 마케터들도 세대 길이가 이렇게 짧아진 점을 설명하는 어떤 역사적 이론이나 세대 형성 이론을 제시하지 않았다. 대부분 관찰자는 시간의 관점에서 봤을 때 세대를 구분하는 선을 다시 정해야 한다고 생각할 것이고, 이 부분은 우리도 확신한다. 밀레니얼 세대와 포스트 밀레니얼 세대의 세대 길이는 그 부모 세대보다 더 짧아지는 것이 아니라 오히려 그 반대다. 즉, 이 세대는 어떤 면에서 보면 부모 세대보다 세대 길이가 더 길어질 것이다.

생애 단계가 더 길어지고 사회적 변화가 더 느려진다는 점도 젊은이들의 삶이 그 어느 때보다도 더 급하게 진행된다는 일반적인 전제를 다시 생각해야 하는 명분이 된다. 30대 초반에 완전한 성인으로서 독립을 꿈꾸는 오늘날 젊은이들을 생각해보자. 그리고 그들을 60년 전의 젊은이들과 비교해보자. 20대 초반에 정규직 직장에 다니고, 결혼해서 첫아이를 낳았던 그 세대 말이다. 만약 오늘날 젊은이들을 서두른다고 말한다면, 60년 전 젊은이들은 어떻게 말하겠는가?

오늘날 고등학교 졸업생들은 30세 즈음에 결혼 생활의 정점을 맞는 삶을 막연히 기대하지만, 실제로 그들의 삶의 속도는 1960년대 젊은이들보다는 근대 초기인 1650년대나 1750년대 젊은이들과 더 많이 닮아 있다. 그때와 마찬가지로, 오늘날 젊은이들은 새로운 진입자들을 위한 공간을 쉽사리 마련하기 힘든 저성장 경제 시대에서 성인이 되고 있다.

그리고 그때와 마찬가지로, 오늘날 젊은이들은 20대에 인내심을 가지고 기술과 자본(그때는 도구나 토지)을 확보한 후에야 부모의 도움 없이 독립적으로 살 수 있다. 분명 이러한 삶의 방식은 스트레스가 클 것이다. 그러나 그들이 서두르는 삶을 사는 것은 아니다.

지금까지 우리는 계절 주기와 세대 주기의 점진적 흐름을 살펴봤다. 그렇다면 이제 또 다른 타이밍 문제, 즉 주기에서 크게 눈에 띄는 변칙성 문제를 들여다보자.

영미권 역사에서 변칙적인 예외는 단 한 번뿐이었다. 바로 남북 전쟁이다. 이 기간, 첫 번째 전환기와 두 번째 전환기는 정상적으로 진행됐지만, 세 번째와 네 번째 전환기는 고작 21년(1844~1865년)으로 크게 압축됐다. 이 길이는 한 전환기에 해당하는 길이다. 초월적 각성기가 있고, 고작 32년 만에 남북 전쟁의 절정기가 있었다. 또한, 이 새큘럼은 유일하게 영웅 세대가 나오지 않은 세대로, 500년 만에 네 가지 원형의 주기가 순서대로 생기지 않은 유일한 시기기도 하다.

이러한 예외는 왜 생기는가? 확실한 답은 알지 못한다. 하지만 한 가지 이유는 짐작할 수 있다. 당시를 살던 세 성인 세대(노년의 타협 세대와 중년의 초월 세대, 젊은 도금 세대)는 최악의 본능이 팽배한 상태로 살았다. 그 결과 남북 전쟁 새큘럼은 다른 새큘럼처럼 끝나지 않았다. 사회를 통합하고 국가 정치제도를 강화하며 끝나지 않았다. 성인이 된 세대를 지배적인 시민 리더로 만들지도 못했다. 시민 리더를 만들기는커녕 오히려 다음 새큘럼에 엄청난 세대적 충격 파장을 일으킨 파괴적인 갈등이 절정에 달했던 시기다.

남북 전쟁이 발발하기 훨씬 전부터 미국의 고위 관료들은 남부와 북부의 분열이 고조될 수 있다는 위협을 감지하고 있었다. 그러나 헨리 클레이(Henry Clay)와 대니얼 웹스터가 죽기 전까지 강력하게 추진했던 1850년 타협이 실패하면서 뷰캐넌 시대의 늙은 타협 세대는 실행 가능한 해결책을 찾지 못했다. 재앙에 가까운 드레드 스콧(Dred Scott) 판결(1857년 흑인 노예였던 드레드 스콧의 자유를 인정할 수 없다고 한 판결로 사실상 노예제에 찬성하면서 노예 논쟁을 격화시킨 판결 – 옮긴이)을 내린 로저 브룩 태니(Roger Brooke Taney) 대법원장부터 1861년 '크리텐던 타협(Crittenden Compromise)'을 제시했다가 양측 모두로부터 비난을 받은 켄터키주 상원의원 존 크리텐던(John Crittenden)에 이르기까지 공허한 절차와 도덕적 혼란을 극복할 수 있는 사람은 아무도 없었다. 한편 1850년대에 최고의 리더 자리에 오르기 시작한 중년의 초월 세대 대다수는 '타협'이라는 개념 자체를 혐오했다. 미국은 두 개의 독립된 사회로 분열돼 무자비한 전쟁(그리고 이후에는 평화)을 피할 수 없게 됐다. 젊은 도금 세대는 전쟁을 향한 모험가적 욕망이나 쉽게 상처받는 개인적 명예 욕구를 벗어나지 못했고, 결국 전쟁은 그들의 삶과 미래까지도 모조리 황폐화했다.

예술가 세대와 예언자 세대, 노마드 세대 이 세 세대는 함께 위험한 집단을 형성했다. 이들은 위기의 시대가 도래하는 것을 가속화하고, 위기를 절정으로 몰고 갔으며, 정치인·종교인·장군·군사 모두 힘을 합쳐 미국을 가장 종말론적인 갈등 속으로 밀어넣었다.

네 번째 전환기가 으레 그렇듯, 이 네 번째 전환기는 오늘날 대부분 미국인이 긍정적이라고 생각하는 방식으로 미국을 완전히 변화시켰다. 남북 전쟁 위기는 분열주의를 무너뜨렸다. 국가적 규모의 산업 생산에 불이 붙었다. 노예제도가 폐지됐다. 그리고 1860년대 후반부터 1880년대 후반까지 남부 곳곳에서 소란스럽기는 해도, 두 인종의 민주주의 시대가 열렸다. 이 모든 결과는 전쟁 전에는 대다수 미국인이 상상조차 하지 못했던 일이다.

그러나 이러한 진보 대부분은 기대에 부응하지 못했다. 남부의 진보는 1877년 연방이 남부 군사 배치를 포기하고, 1890년 의회가 남부의 '리디머(redeemer)' 주(남북전쟁 이후 권력을 되찾으려 했던 백인 민주당원들을 구원파를 의미하는 'redeemer'라고 불렸으며, 이들이 지배적인 주를 리디머 주라고 불렀다.-옮긴이)가 흑인 유권자의 권리를 박탈하려는 시도를 더 이상 저지하지 않기로 하자마자 급속히 약화했다. 결국, 재건은 폭력적인 사적 제재, 짐 크로(1879년부터 1965년까지 시행됐던 미국의 주법으로 옛 남부 연맹에 있는 모든 공공기관에서 합법적으로 인종을 분리하도록 했으며, 미국 내 흑인들이 "분리돼 있지만 평등하다"는 사회적 지위를 내세운 법), 인종차별정책 등으로 이어졌다. 남북전쟁 후 남부 지역은 일당체제의 정부, 제한된 투표권(심지어 백인에게도), 경제 후퇴, 농촌의 광범위한 빈곤 등의 체제로 들어섰다. 새큘럼의 후반기, 즉 1960년대 후반이 돼서야 남부의 대부분 흑인에게도 기본적인 시민권이 보장됐고, 남부의 일인당 국민소득은 미국 전체 평균의 3분의 2 수준으로 회복되기 시작했다.[24]

남북 전쟁 이후 정치개혁에 대한 전국 규모의 반발은 남부 역사의 흐름만 바꾼 것이 아니다. 미국 역사의 전반적인 흐름이 바뀌었다. 애퍼매턱스 사건 이후 대중은 의회를 해산하고 정부 권력을 축소하도록 압박했다. 주지사들은 이민자가 넘쳐나는 대도시를 활개치고 다니는 부패한 조직 두목들에게 별다른 조치를 취하지 않았다. 입법자들은 대기업과 신탁업체들로부터 뇌물을 받는 것이 일상다반사였다. 도시계획과 노동자의 권리, 여성참정권 등 전쟁 이전의 중요한 사회적 대의명분은 1890년대를 거치기 전까지, 즉 다음 각성기 전까지 시들해졌고, 막상 다음 각성기가 왔을 때는 처음부터 모든 논의를 다시 시작해야 했다.

전쟁 후 선거 결과는 많은 미국인이 남북 전쟁 위기의 시대에 겪은 비정상적인 고통을 나이 든 초월 세대의 강경한 리더십 탓으로 돌리고 있음을 보여줬다. 남북 전쟁 이후 유권자들은 60대의 수구파 급진주의자를 버리고, 40대의 젊고 현실적인 도금 세대를 택했다. 이후 1866년부터 1872년까지에 걸쳐 치러진 네 차례의 선거[25]에서 초월 세대가 의회 의석과 주지사 자리를 차지하는 비중은 3분의 2 이상에서 3분의 1로 떨어졌는데, 이는 미국 역사상 한 세대의 정치권력이 가장 가파르게 줄어든 사례다. 이후 리더의 자리에 오른 도금 세대는 고매한 종교적 이상이나 정부 권력의 압박을 피했다. 그들은 빠른 순발력, 영리한 거래, 개인적 충성심 등을 선호했다. 당시 세대의 표현을 빌리자면, 그들은 "경쟁의 법칙"[26](앤드루 카네기Andrew Carnegie)을 믿고, "결과가 어찌 됐건 소신대로 행동한"[27](로스코 콩클링Roscoe Conkling), "실용주의자"[28](윌리엄 제임스)였다.

따라서 남북 전쟁 이후에는 초월 세대의 비전을 현실화하기 위해 공공기관 및 제도를 구축하며 영웅 역할을 하는 새로운 세대가 부상하지 않았다. 전쟁 전에도 '착한 아이' 세대로 보호받던 진보 세대가 다음 세대로 올 수도 있었다. 하지만 남북 전쟁 위기가 너무 일찍, 너무 격렬하게 밀어닥친 탓에 진보 세대 대부분은 전쟁이 끝날 때까지도 여전히 어린 아이였고, 권력을 장악하기는커녕 충격에서 벗어나지도 못한 상태였다. 1세대 진보 세대 젊은이 대다수는 전쟁에 참전한 용사였지만, 전쟁 후에는 "피 묻은 셔츠"를 외치던 도금 세대의 정치적 손아귀로 넘어갔다. 집단 자신감이 거의 없던 진보 세대는 예술가 원형이라고 하는 발전된 페르소나를 만들었다. 1880년대 젊은 자유 개혁가였던 그들은 어느 역사학자의 말대로 "도금 시대를 도금한 사람들"[29]이라는 조롱을 받았다. 훗날 권력을 얻은 도금 세대는 북부와 남부 양쪽 모두에서 인종차별 정책을 현대적이고 '진보적'인 사회적 관리 도구로 받아들였다.

원형의 공백을 채워나가던 도금 세대는 남북 전쟁 이후 노마드 원형과 영웅 원형을 혼합한 형태로 성숙해갔다. 이 세대는 남북 전쟁 이후 20년간 '재건(Reconstruction)' 시대를 주도했는데 이 시대는 위기의 시대 이후보다 더 무례하고, 이민자가 많고, 사회적 불안이 높았으며, 정부가 약했던 시대다. 이 무렵의 고조기는 다른 모든 고조기 중에 가장 정치가가 불명예스러운 직업으로 여겨지고, 시민의 발전이 전적으로 부유한 재벌의 손에 맡겨진 시대다. 이후 세기가 바뀌면서 도금 세대는 노년층을 천박하고 탐욕스럽다고 비난하는 각성 세대에게 배척당했다. 이 무렵 각성기는 다른 어떤 각성기보다 젊은 개혁가들의 분노가 억압적인 정부가 아닌 '날강도 같은 영주들'과 포악한 독재자 개인을 향했던 시기다. 영웅 세대의 부재는 모든 면에서 강대국 새큘럼의 시작을 비정상적인 궤도로 향하게 했다.

남북 전쟁은 역사의 계절 주기에서 일탈한 단 한 번의 예외적 상황이다. 그러므로 이 복잡한 사회체계에서 다른 예외적 상황들이 어떤 이유로, 어떤 조건에서 발생하는지 단언하기는 어렵다. 그러나 예외적 상황에서 우리가 얻을 수 있는 중요한 교훈 두 가지가 있다.

첫째, 새큘럼이 사회적 분위기의 방향을 정하는 것은 사실이지만, 좋은 결과나 나쁜 결과를 결정하지는 않는다. 또한, 새큘럼은 비교적 평탄한 분위기의 위기의 시대가 될지, 가혹한 위기의 시대가 될지도 결정하지 않는다. 중요한 것은 사람들이 어떤 선택을 하느냐에 달려 있다. 세대마다 저마다의 원형 역할을 하도록 강요받지만, 세대는 그 역할을 잘

할 수도 못할 수도 있다. 새큘럼은 적어도 이 정도는 인간의 자유 영역으로 남겨둔다.

둘째, 다른 모든 복잡한 시스템과 마찬가지로 새큘럼에도 '동적 안정성(dynamic stability)'이라고 하는 속성이 있다. 복잡한 시스템은 늘 무작위 사건들로 밀고 당겨진다. 하지만 동적으로 안정돼 있기 때문에 여러 충격에도 중심 궤도로 돌아가려는 속성이 있다. 남북 전쟁 시기의 변칙성은 이러한 안정성 때문에 계절 주기가 갑자기 중단되고, 시기가 바뀌고 원형을 구성하는 요소 중 하나가 없어져도 지속할 수 있다는 사실을 보여준다. 남북 전쟁이 있던 위기의 시기와 그 이후 고조기, 각성기는 다소 비정상적인 흐름이었다. 하지만 다음 새큘럼이 끝나는 수십 년간, 포효하는 1920년대부터 대일전승기념일까지, 세대와 전환기 리듬은 균형을 찾아 원래 경로로 흘러간 것으로 보인다.

세대와 세계 역사

역사의 계절성은 영국과 미국에서 가장 규칙적으로 나타났지만, 다른 여러 나라에서도 잘 드러난다. 이 계절성은 시간이 흐를수록 더욱 뚜렷해진다. 점점 더 많은 사회가 미국식으로 말하자면 현대화되면서, 다시 말해 개인주의적이고 민주적이고 진보적으로 변하면서 사회적 분위기는 세대 원형의 리듬을 따라가고 있다.

"민주주의 국가에서는 새로운 세대가 곧 새로운 국민이다."[30] 토크빌이 1830년대 초반 미국을 여행한 후 쓴 글이다. 토크빌은 민주화가 된 사회는 미국이 갔던 길을 그대로 따라갈 것이라고 했다. 즉, 그 사회에서 가장 큰 역할을 하는 세대의 가장 깊은 신념을 따라갈 것이라고 선견지명 있는 예언을 했다. 사람들은 더 이상 왕족이나 귀족, 성직자 선조들의 제약을 받지 않을 것이라는 의미였다. 사실상 토크빌은 "땅은 살아 있는 세대의 소유다"[31]와 "한 세대와 다른 세대의 관계는 한 독립적인 국가와 다른 국가와의 관계와 같다"[32]고 했던 제퍼슨의 자연법에 입각한 선언이 궁극적으로 전 세계에 퍼질 것이라는 사실을 예측한 것이다.

토크빌이 틀렸다고 말하기는 어렵다. 토크빌 이후 미국뿐 아니라 사실상 거의 모든 국가에서 사회를 주도하기 시작한 세대가 이전 세대의 잘못을 바로잡겠다고 선언하는 일은 흔했다.

지난 한 세기 동안 우리는 미국 외 다른 국가에서 세대 주기를 관찰하는 것 이상의 일을 할 수 있게 됐다. 우리는 세계적인 새큘럼의 기본 주기를 확인할 수 있게 됐다. 이 말은 대다수 사회가 거의 같은 주기를 따라가고 있다는 의미다.

인접한 사회가 서로 전혀 다른 새큘럼 주기를 따를 가능성은 매우 적다. 시간이 흐를수록 문화적 교류와 정치적 상호작용이 활발해지다 보면 사회는 자연히 중력에 이끌리듯 동일한 리듬을 따라 움직이게 된다. 여기에 소통수단과 교통수단이 더 저렴하고 빨라지면서 이 중력의 힘은 더욱 강해지며, 점점 더 먼 거리의 사회까지 끌어당긴다. 학생 시위부터 팝 음악 장르까지 수많은 세대의 흐름이 이제는 사실상 국제적으로 변했다. 2차 세계대전부터 소련의 붕괴에 이르기까지 주요 정치적 전환점이 미치는 영향도 마찬가지다. 세계화를 향한 움직임과 세계화에서 멀어지려는 움직임까지도 모두 국제적으로 동기화됐다.

비유적으로, 여러 대의 기계식 시계들이 서서히 한곳에 모인다고 상상해보라. 한곳에 모인 시계들은 일제히 똑딱거릴 것이다. 그러다가 시계가 진동할 때 드는 에너지를 아끼기 위해 느린 시계는 조금 빨라질 것이고 빠른 시계는 조금 느려질 것이다. 이러한 현상을 교감 공명(sympathetic resonance, 진동체가 유사성을 갖는 외부 진동에 반응해 조화를 이루는 현상-옮긴이)이라고 한다. 이 교감 공명은 대부분 복잡계 시스템의 또 다른 역동적 속성이다.

이제 새큘럼에 관한 시야의 지평을 넓혀보자. 미국의 계보를 넘어 정확히 언제(역사적으로), 어디서(지리적으로) 전 세계 세대들이 주도하는 국제적 새큘럼을 논의하는 것이 적합할지 생각해보자. 역사의 계절성이 국제적이라면, 이 계절성은 세계의 미래에 영향을 미칠 것이다. 그리고 당연히 미국의 미래에도 영향을 미칠 것이다.

15세기 후반에 초기 '근대'의 기원부터 살펴본 바에 따르면, 새큘럼은 항상 지역성과 어느 정도의 동시성이 있다. 지역성은 서구 유럽과 식민지들에서 잘 드러났다. 동시성은 큰 전쟁과 긴 평화의 시기가 번갈아 일어나는, 즉 위기의 시기와 각성의 시기가 번갈아 나타나는 유럽의 장기 주기에서 뚜렷하게 드러났다. 그런데 여러 세기 동안 네 차례의 전환기가 명확하게 구분되고, 연관된 세대가 역사적 역할과 관련해 뚜렷한 자의식을 형성하기 시작한(주로 세대를 규정하는 이름을 갖춘) 특별한 시기가 있었다.

이 시기는 18세기 후반부터 19세기 초반까지 '대서양혁명'으로 알려진 위기의 시대다. 미국독립혁명에서 시작된 25년간의 격변은 약 10년 후 프랑스대혁명으로 이어졌고, 이후 나폴레옹과 그의 군대가 유럽 전역과 서인도제도에서 일으킨 혁명과 친위 쿠데타로 퍼졌으며, 프랑스대혁명이 일어난 지 약 15년 후에는 라틴아메리카 대부분 지역으로 이어졌다. 이 시기에 강력한 새 정부가 들어섰고, 수많은 구시대 제도가 무

너졌으며, 민주주의는 점점 더 많은 자유 시민 계층에게 현실적인 희망
돼갔다.

유럽의 여러 국가에서 전쟁의 승리와 패배를 겪으면서 영웅 세대 같
은 강력한 전쟁 세대가 부상했다. 영국에서는 윌리엄 피트(William Pitt)
와 허레이쇼 넬슨(Horatio Nelson)이 이 세대(1750년대 중반부터 1770년대 중
반 사이에 태어난 세대로 미국의 공화주의 세대보다 약 10년 후에 태어난 세대)를 주
도했다. 이 세대의 토리당 집권자들은 강력한 권력을 손에 쥐고 역사
상 가장 오랜 기간 정권을 장악했다. 여덟 명의 총리가 영국을 1783년
부터 1834년까지 반세기가 조금 넘는 기간에 걸쳐 통치했다. 프랑스에
서는 막시밀리앙 드 로베스피에르(Maximilien de Robespierre)와 조르주
자크 당통(Georges Jacques Danton), 라파예트(Lafayette), 나폴레옹 등의
혁명 세대가 있었다. 1815년 워털루에서 마지막 전투를 치른 후, 유럽
여러 곳에서 벌어진 전쟁에 참전하느라 지칠 대로 지친 병사들은 정착
을 원했다. 그들은 빈회의(Congress of Vienna)의 후원과 오스트리아 수
상 클레멘스 폰 메테르니히(Klemens von Metternich)의 지원을 받으며 평
온하면서도 억압적인, 질서와 평화의 시대를 구축했다.

지진처럼 격렬했던 시민의 혁명과 운동의 흐름 속에 유럽에서는 여
섯 세대가 부상했다.

첫 번째는 전쟁 당시 어린이였던 세대로, 1800년대 초반부터 1920
년대 초반에 성인이 된 예술가 원형 세대다. 이들은 프랑스에서 "1820
년 세대"[33]라 불렸으며 자유주의 개혁가, 낭만이 넘치는 시인과 예술
가, 전통적인 관습 등으로 유명하다. 이 세대에는 존 키츠(John Keats), 메
리 셸리(Mary Shelley), 빅토르 위고(Victor Hugo), 외젠 들라크루아(Eugene
Delacroix), 프란츠 슈베르트(Franz Schubert), 하인리히 하이네(Heinrich

Heine) 등이 있다. 이들은 제인 오스틴(Jane Austen)의 소설에서 '섬세한' 젊은이들로 묘사됐다. 이들 세대는 온건한 자유주의자인 영국의 로버트 필(Robert Peel)과 프랑스의 프랑수아 기조를 제외하면 유명한 리더를 배출하지 못했다.

두 번째 세대는 1820년대 후반부터 1840년대 후반에 성인이 된 예언자 원형으로, 유럽 전역에서 '48년 세대'로 알려진 젊은 유토피아주의 집단과 급진주의 집단이었다. 1848년, 늙은 숙적 메테르니히에 대항해 일어난 폭동혁명은 거의 모든 지역에서 정치적으로 실패했다. 그러나 이념적으로는 성공해서 유토피아주의, 사회주의, 민족주의 등의 새로운 꿈을 탄생시켰다. 이들의 패러다임에 부합하는 인물은 귀스타브 플로베르(Gustave Flaubert)의 소설 《감정 교육》에 등장하는 허구의 인물 프레더릭 모로다. 많은 이가 인생 말년에 새로운 국가나 제국에서 '백발의 승자'(프랑스의 나폴레옹 3세, 독일의 오토 폰 비스마르크Otto von Bismarck, 이탈리아의 주세페 마치니Giuseppe Mazzini와 주세페 가리발디Giuseppe Garibaldi)가 됐다. 영국에서는 빅토리아 시대 중기에 노년의 두 거물급 총리, 윌리엄 유어트 글래드스턴(William Ewart Gladstone)과 벤저민 디즈레일리가 나왔다. 디즈레일리는 빅토리아 여왕에게 '인도의 황제' 칭호를 붙여가며 기쁨을 선사하기도 했다.

세 번째 세대는 1840년대 후반부터 1860년대 후반에 성인이 된 노마드 세대로, 전쟁이 한창이던 몇몇 국가에서는 이들 중 일부 젊은 층이 영웅 원형의 역할을 하기도 했다. 독일에서는 덴마크와 오스트리아, 프랑스와의 전쟁에서 승리한 주역이었고, 프랑스에서는[34] 파리코뮌을 무참히 무너뜨린 세대인 이들은 독일에서 "1871년 세대"[35]로 불렸다. 어린 시절 "배고픈 40년대"[36]를 겪으며 자란 이들은 성인이 된 후 1862년,

자신들보다 나이가 많은 비스마르크의 유명한 연설을 들으며 유럽의 미래가 고상한 연설이 아니라 "피와 철"[37]로 결정될 것이라는 사실을 알았다. 이들은 실용주의자, 실증주의자, 놀랍도록 독창적인 예술가 (최초이자 가장 위대한 인상파 화가 세대)의 세대로 거듭났다. 빅토리아 시대 후기에 리더로 성장한 이들은 명료하고 합리적인 국수주의자가 됐으며, 사회적 다윈주의와 제국주의자 경쟁에 점점 몰두했다.

네 번째는 1870년대부터 1880년대 사이에 성인이 된 예술가 원형으로 전쟁 후, 재건 후, 사실주의 이후, 인상파 이후 등 '포스트' 세대로 부모의 보호를 받으며 자랐다. 빅토리아 시대가 번창하기 시작할 무렵인 고조기에 청년이었던 이들 세대는 거의 주목받지 못했다. 그러나 이들은 이내 정부, 기업, 대학 등의 분야에서 전문가로 급속히 성장했고, 사회학부터 경제학에 이르기까지 현대 사회과학 모든 분야를 체계화했다. 지그문트 프로이트(Sigmund Freud), 앙리 베르그송(Henri Bergson), 조지프 콘래드(Joseph Conrad), 오스카 와일드(Oscar Wilde) 등이 모두 이 세대였으며, 이들은 19세기 모든 세대 중에 가장 성적으로 억눌린 세대[38]였다. 이들은 교양 있고 별 특색이 없으며 때론 괴팍한 중견 리더들을 배출했다. 에드워드의 시대에 헨리 애스퀴스(Henry Asquith) 영국 총리, 테오발트 폰 베트만홀베크(Theobald von Bethmann-Hollweg) 독일 수상 등이 모두 이 세대다. 리더십보다는 행정에 뛰어났던 이 세대는 유럽을 1차 세계대전이라고 하는 비참한 상황으로 몰고 갔다.

다섯 번째는 1890년대부터 1900년대 초반에 성인이 된 예언자 원형이다. 영국의 '못된 90년대'는 자신감과 풍요로움이 절정에 달했던 시기로, 유럽의 '벨 에포크'(Belle Époque, 과거의 좋았던 시절을 일컫는 프랑스어 - 옮긴이) 시대였다. 이 시대에 이제 막 성인이 된 젊은이들은 생각과 감성 전반에 걸쳐 아방가르드 운동을 주도했다. 이고리 스트라빈스키(Igor Stravinsky)와 버지니아 울프(Virginia Woolf)부터 파블로 피카소(Pablo Picasso)와 마르셀 프루스트(Marcel Proust)에 이르기까지 이들은 모더니즘, 미래파, 상징주의, 입체파, 초현실주의 등을 아우르는 '이즘(ism)'의 세대였다. 정치적으로는 많은 이가 급진 페미니스트, 사회주의자, 폭력적인 무정부주의자였다. 이들이 꿈꾸던 이상은 1차 세계대전으로 산산조각이 났고, 1920년대와 1930년대에는 기성세대 역할에 힘겹게 적응해야 했다. 이들 중 일부는 전면전(처칠·스탈린), 혁명(레닌·간디·무함마드 알리 진나Muhammad Ali Jinnah), 폐허에서 회복하던 유럽(독일의 수상 콘라트 아데나워Konrad Adenauer) 등 국가적으로 중요한 상황에서 주요 역할을 하기도 했다.

여섯 번째는 1차 세계대전과 전후 혼돈의 시기에 성인이 된 노마드 원형이다. 이들은 일반적으로 "1914년 세대"[39], "불의 세대"(la génération du feu, 주로 1차 세계대전 참전 병사들을 일컫는 표현 – 옮긴이), "희생 세대", (미국에서는) "잃어버린 세대"로 불렸다. 전쟁 이전부터 위험을 감수하는 사람들, 인습을 타파하는 사람들로 명성을 얻은 이 세대는 성인이 되고 나서는 1920년대에 환멸을 느끼는 회의론자가 됐다. 그리고 대공황을 겪으면서 많은 이가 민주주의 자체에 환멸을 느꼈다. 지식인들은 원자물리학(에르빈 슈뢰딩거Erwin Schrödinger), 철학(마르틴 하이데거), 소설(프란츠 카프카Franz Kafka)을 새로운 방식으로 다시 생각했다. 중년의 군 장교들은 세상을 산산조각 냈다. 전쟁과 혁명에서 가장 공격적인 지도자들과 가장 악명 높은 반역자들까지도 1914년 당시 모두 21세에서 31세 사이였다. 히틀러, 무솔리니, 프란시스코 프랑코(Francisco Franco), 샤를 드골(Charles de Gaulle), 피에르 라발(Pierre Laval), 비드쿤 크비슬링(Vidkun Quisling), 요시프 브로즈 티토(Josip Broz Tito), 도조 히데키, 마오쩌둥(毛澤東), 장제스(蔣介石), 호찌민(胡志明) 등이 모두 이 세대였다.

위에 언급한 모든 세대에서 미국의 세대와의 뚜렷한 공통점을 찾을 수 있다. 물론 유럽 국가별로 출생 연도에 따른 세대의 경계가 다소 다를 수는 있다. 19세기 후반만 해도 미국의 출생 연도 경계는 유럽보다 조금 빨랐다. 하지만 밀접한 연관성이 있다는 사실은 분명하며, 이 연관성은 당시 두 대륙에서도 뚜렷하게 인지됐다. 제퍼슨과 그의 친구들은 정기적으로 편지를 주고받으며, 자연권과 공화국의 장점, 혁명에 관한 파리의 철학을 공유했다. 1840년대, 뉴욕 북부에서 유토피아적 코뮌을 만든 젊은 계층은 유럽에서 같은 꿈을 추구하던 48년 세대 동지들의 이상에서 많은 부분을 참고했다. 헨리 제임스(Henry James)의 소설에 묘사된 예민하고 섬세한 젊은 엘리트들은 유럽의 비슷한 기질의 젊은 층을 알아야만 이해가 되는 특성이었다. 이들 중 상당수는 독일로 유학 가서 미국에서는 누릴 수 없다고 생각했던 진지한 대학 교육을 받았다.

이들의 유럽 경험 덕분에 미국 남북 전쟁의 특수성을 더욱 객관적으로 조명하는 일이 가능했다. 미국과 마찬가지로 1860년대와 1870년대 초반에 성인이 된 유럽 젊은이들은 여러 유형의 원형이 혼합된 일종의 하이브리드 원형 세대가 됐다. 독일, 프랑스, 이탈리아, 스페인, 헝가리, 루마니아, 불가리아 등지에서 벌어진 큰 전쟁들 때문에 새로운 국가나 새로운 국가체제가 생겨났다. 이들 국가에서 젊은 세대는 위기의 시기에 성인이 됐고, 영웅 원형과 가까운 특징을 갖춰갔다. 다른 몇몇 국가, 특히 영국에서는 위에 언급한 나라와 견줄 만한 국가적 위협이 없었고, 젊은 세대는 예술가 원형에 가까운 특징을 갖춰갔다.

어느 쪽이든, 유럽의 새큘럼은 트라팔가르 해전과 워털루 전투

(1805~1815년) 사이 어딘가에서 시작돼 1870년 즈음에 끝났는데, 이때 유럽의 새큘럼은 미국과 비슷하다. 이 새큘럼 기간에는 세 세대 밖에 존재하지 않았으며 지속 기간도 약 20년으로 매우 짧았다. 이후 유럽의 새큘럼은 정상 범위인 약 80년 후 1950년에 끝났다. 2장에서 살펴본 바와 같이 "유럽의 긴 19세기"(1815~1914년)는 잘못된 명칭일 수 있다. 이 세기의 중간에 세대 주기를 재설정하는 여러 차례의 통일 전쟁이 방해했기 때문이다.

또한, 이 전쟁들이 일어난 시기는 유럽 외 다른 국가들의 격변기와 비슷하다는 점에서 중요한 의미를 지닌다. 유럽의 새큘럼 리듬은 다른 나라의 새큘럼 리듬과 비슷해지기 시작했다.

1860년대 일본에서는 메이지유신이 일어나면서 동아시아의 '떠오르는 태양'으로 새롭게 부상했고, 첫 번째 새큘럼이 끝날 무렵 일본은 동아시아를 지배하기 시작했다. 중국에서는 1850년대와 1860년대에 홍수전(洪秀全)의 주도하에 태평천국의 난(영어권에서는 이 일을 난rebellion으로 부르지만 현재 중국에서는 반봉건주의적 정신을 평가해 이 사건을 태평천국운동movement이라고 부른다 - 옮긴이)이 일어났다(홍수전은 기독교인으로 미국 남북 전쟁 지도자들과 거의 비슷한 나이였다). 절대 사망자 수로만 본다면 태평천국의 난은 인류 역사상 가장 폭력적인 내전으로 기록될 것이다. 결국 진압되기는 했지만, 태평천국의 난은 청 왕조를 약화하고 중국을 세우는 데 결정적인 역할을 했으며, 이 과정에서 일본이 가장 큰 피해를 입었다. 인도는 1857년 세포이 항쟁이 일어난 이듬해 정식 국가가 됐으며, 이후 1947년까지 정확히 89년간 '영국령 인도제국'으로 식민지체제를 유지했다.

한편 남미에서는 브라질, 아르헨티나, 우루과이로 이루어진 3국 동맹이 파라과이와 싸우며 전쟁이 일어났다. 이 전쟁은 파라과이 국민을 거의 전멸시킨, 서반구에서 가장 치명적인 전쟁으로 미국 남북 전쟁과 비슷한 수준이었다. 이 전쟁의 여파로 (승리를 거둔) 브라질과 아르헨티나는 과두정치가 펼쳐지며 수십 년간 황금기가 이어졌다. 30~40년간 정치적으로 안정되고, 영토가 확장됐으며, 경제적으로 근대화가 이루어졌다. 거의 비슷한 시기에 멕시코에서는 '복원 공화국(Restored Republic)'이 들어서며 만성적인 정치적 불안정성이 안정화됐고, 포르피리오 디아스(Porfirio Díaz)의 독재정권하에 국가 발전이 이루어졌다. 그러나 비극적이게도, 이 세 나라 모두 발전의 불평등이 심하게 일어나면서 첫 새큘럼의 마지막 수십 년은 사회적·정치적 혁명의 소용돌이에 휩싸였다.

이처럼 세계의 새큘럼은 19세기 중반 무렵에 제각각 시작됐지만, 새큘럼이 끝난 방식과 시기는 이론의 여지없이 일치한다. 대공황과 2차 세계대전으로 대변되는 위기의 시기가 오면서 이 새큘럼은 끝이 났다.

1930년대와 1940년대는 전면전과 국가적인 혁명이 일어났고, 총사망자 수는 가늠하기조차 어려울 정도였다. 대략 5,000만 명에서 1억 명, 또는 그 이상 사망한 것으로 추산된다. 이 위기의 시기는 1940년대 후반 전 세계적인 정치적 합의가 이루어지며 끝났다. 위기의 시기는 대부분 국가에서 국제경제침체와 그에 따른 정치적 격변으로 시작됐다. 유럽에는 엄청난 피해를 입혔지만, 이어지는 1920년대에 평화와 번영을 안겨준 1차 세계대전이 그 시작이 아니다. 가장 두드러지는 예외는 러시아다. 러시아는 1914년 발발한 1차 세계대전부터 1946년 소련의 '철의 장막'이 유럽 전역을 뒤덮을 때까지, 30년이 넘는 기간 동안 지속적이고 비참한 위기의 시기를 겪었다.

이 위기의 시대는 세계 거의 모든 국가가 겪었다. 유럽 전역과 미국 및 기타 영어권 국가, 거의 모든 동아시아와 남아시아, 남미 대부분 지역이 위기의 시대를 통과하는 중이었다. 말하자면 인류 역사상 전례 없이 많은 세대의 시계를 동기화시킨, 네 번째 전환기를 맞은 셈이다.

그리고 약 40년 후, 두 번째 전환기가 도래했다. 1960년대부터 1980년대까지 세계는 각성기를 맞고 있었다. 기성세대의 억압적인 제도를 비난하는 이상주의적 젊은이들이 세계 곳곳에서 일어났다. 미국인들이 60년대 청년 저항운동이라고 부르는 이 운동이 세계 각지에서 비슷한 분위기로 이어지고 있었다. 서유럽은 '신좌파 유로테러리즘(New Left Euroterrorism)'의 시대였다. 프랑스 '68혁명(May 68)'에서 시작된 이 흐름은 폭탄과 암살로 얼룩진 서독의 '바더 마인호프(Baader Meinhof)혁명'으로 그리고 이탈리아의 '납의 시대(Anni di piombo)'로 이어졌다. 중국에서는 문화혁명이 일어나 젊은이들 위주의 단체들이 조상 대대로 내려오던 문화의 모든 반동적 흔적을 파괴했다. 서울, 프라하, 도쿄, 멕시코시티, 부에노스아이레스, 산티아고 등 세계 각지의 수도에서 일어난 각성 운동은 청년들의 대규모 저항 시위로 이어졌고, 많은 사람이 정부의 보복으로 학살당했다.

20세기 초반에 태어난 사람들을 시작으로 이 세계적인 두 전환기에 형성됐거나 지금도 형성 중인 여섯 세대를 확인할 수 있다. 이들의 출생 연도 경계는 국가마다 조금씩 다르다. 특히 위기의 시기와 각성기가 조금 일찍 시작된 미국은 외국의 다른 세대보다 세대별 출생 연도가 조금 이른 편이다. 미국에서는 2차 세계대전 후인 1946년에 경제호황기가 이미 시작된 반면, 유럽과 아시아 대부분 국가에서는 1950년까지도 전쟁 후 재건 사업이 거의 이루어지지 않았다. 마찬가지로 1960년대 중반 미국에서 시작된 각성기 시대의 젊은 층 위주의 흐름은 다른 나라에서는 다소 늦게 시작됐다.

전반적으로 시기에 있어서 약간의 차이는 있지만, 세계적으로 나타나는 여섯 세대의 특징은 어렵지 않게 구분할 수 있다.

1900년대 초부터 1920년대 초반 사이, 위기의 시대에 성인이 된 전세계의 'G.I. 세대(영웅 세대)'는 강력한 제도 구축자이자 옹호자로 명성을 얻었다. 국가별로 이들 세대의 이름은 다음과 같다. 유럽은 전쟁 세대나 군인 세대, 영국은 대대적인 공세를 의미하는 블리츠(Blitz) 세대, 프랑스와 이탈리아는 레지스탕스(Resistance) 세대, 소련은 애국전쟁 세대, 중국은 제2 세대·대장정 세대, 인도는 독립 세대로 불렸다. 대표적인 리더로는 마거릿 대처(Margaret Thatcher), 프랑수아 미테랑(François Mitterrand), 헬무트 슈미트(Helmut Schmidt), 피에르 트뤼도(Pierre Trudeau), 레오니트 브레즈네프(Leonid Brezhnev), 간디, 덩샤오핑(鄧小平) 등이 있다.

1920년대 중반부터 1940년대 중반 사이에 태어나 위기의 시기가 끝난 직후 성인이 된 전 세계 '침묵 세대(예술가 세대)'는 초창기에는 진지한 테크노크라트로, 나이가 들면서는 개방적인 자유주의 개혁가로 명성을 얻었다. 이들 세대는 영국에서는 공습 세대, 독일에서는 전쟁아이 세대·건설자 세대, 소련에서는 해빙 세대, 스페인에서는 화해의 세대, 중국에서는 제3 세대·테크노크라트 세대로 불렸다. 대표적인 인물로는 자크 들로르(Jacques Delors), 미하일 고르바초프(Mikhail Gorbachyov), 헬무트 콜(Helmut Kohl), 게르하르트 슈뢰더(Gerhard Schröder), 바츨라프 하벨(Václav Havel), 레흐 바웬사(Lech Walesa), 마리오 드라기(Mario Draghi), 원자바오(溫家寶), 만모한 싱(Manmohan Singh) 등이 있다.

1940년대 후반부터 1960년대 초반 사이에 태어나 각성기에 성인이 된 세계의 '베이비붐 세대(예언자 세대)'는 가치 중심적이고 민족 중심적인 중견 리더로 명성을 얻었다. 이들을 일컫는 이름은 유럽의 경우는 68세대·베이비붐 세대, 독일은 저항 세대·슈폰티(Sponti, 자발적 혁명 세력 – 옮긴이) 세대, 이탈리아에서는 붉은 여단(Brigate Rosse) 세대, 인도는 1947 이후 세대, 중국에서는 제4 세대·홍위병 세대·상산하향(上山下乡, 청년들이 농촌으로 내려가 농민들에게 배워야 한다는 취지로 젊은이들을 농촌으로 보낸 정치 운동 – 옮긴이) 세대로 불린다. 대표적인 인물로는 시진핑(習近平), 블라디미르 푸틴(Vladimir Putin), 앙겔라 메르켈(Angela Merkel), 빅토르 오르반(Viktor Orbán), 나렌드라 모디(Narendra Modi), 조코 위도도(Joko Widodo), 아베 신조(安倍晋三), 안드레스 마누엘 로페스 오브라도르(Andrés Manuel López Obrador), 베냐민 네타냐후(Benjamin Netanyahu) 등이 있다.

1960년대 중반부터 1980년대 중반 사이에 태어나 각성기 직후에 성인이 된 전 세계의 'X 세대(노마드 세대)'는 혁신적인 아웃사이더이자 민감한 포퓰리스트로 초반에 리더십을 드러내며 명성을 얻었다. 이들 세대는 유럽과 아시아에서는 X 세대, 독일에서는 90년대 세대·베를린 세대, 프랑스에서는 69년 세대·보프(Bof, 중립적이고 감정이 없는 – 옮긴이) 세대, 인도에서는 경쾌한 세대, 중국에서는 제5 세대·재건 세대, 한국에서는 386세대로 불렸다. 대표적인 인물로는 에마뉘엘 마크롱(Emmanuel Macron), 마린 르펜(Marine Le Pen), 보리스 존슨(Boris Johnson), 안제이 두다(Andrzej Duda), 조르자 멜로니(Giorgia Meloni), 마테오 살비니(Matteo Salvini), 제바스티안 쿠르츠(Sebastian Kurz), 페드로 산체스(Pedro Sánchez), 볼로디미르 젤렌스키(Volodymyr Zelensky), 쥐스탱 트뤼도(Justin Trudeau), 스콧 모리슨(Scott Morrison) 등이 있다.

1980년대 후반부터 2000년대 중반 사이에 태어나 새로운 위기의 시대에 성인이 된 전 세계의 '밀레니얼 세대(아마도 영웅 세대)'는 조만간 각

계각층에서 리더의 자리에 오를 것이다. 이들 세대를 일컫는 국가별 명칭은 유럽과 아시아에서는 밀레니얼 세대·Y 세대·Z 세대, 이탈리아에서는 밤보치오니(Bamboccioni, 큰 아기라는 뜻으로 성인이 된 자녀가 부모에게 경제적 지원을 의존하는 세대를 일컫는 신조어 - 옮긴이) 세대, 중국에서는 딸기 세대(과잉보호 속에 자라 작은 불편과 위기에도 쉽게 상처받는 세대라는 의미 - 옮긴이), 일본에서는 사토리(깨달음이나 득도를 의미하는 사토리さとり가 돈이나 출세에 관심이 없는, 한마디로 바라는 게 없는 세대를 지칭하는 용어로 사용됨 - 옮긴이), 한국에서는 삼포 세대(연애·결혼·출산 세 가지를 포기한 세대 - 옮긴이)로 불린다. 2000년대 후반부터 2020년 후반 사이에 태어나 새로운 위기의 시기에 어린이 시절을 보내는 전 세계의 '홈랜드 세대(아마도 예술가 세대)'는 아마도 새로운 위기의 시대가 끝나면 성인이 될 것이다. 이들을 Z 세대로 지칭하기도 하지만 아직도 여러 가지 별명이 생기는 중이다.

분명히 해두자면, 글로벌 새큘럼이 말 그대로 전 세계적인 것은 아니다. 아직 현대화가 되지 않았거나 다소 다른 세대 새큘럼의 흐름을 타고 있어서 새큘럼이 완전히 활성화되지 않은 지역들도 있다. 후자의 경우로 무슬림이 많은 아프리카 사회와 무슬림이 훨씬 더 많은 중동을 꼽을 수 있다. 이들 사회 대부분은 1930년대와 1940년대에 가장 최근의 체제인 네 번째 전환기를 맞은 것이 아니라 1950년대와 1960년대 초반에 완전한 국가체제를 갖추면서 네 번째 전환기를 맞았다. 예상대로 두 번째 전환기도 늦게 이루어졌다. 1979년 이란과 아프가니스탄, 사우디아라비아에서 갑자기 '무슬림 각성'이 폭발적으로 일어나 2000년대까지 격렬하게 지속됐다. 이 각성으로 이들 지역에서 폭력과 과격한 진압이 촉발됐고, 끔찍한 극단주의적 테러인 지하디스트 테러가 세계 곳곳에서 일어났다.

이 각성의 최전방에 선 젊은 예언자 원형 세대는 서구 사회보다 확실히 젊었다. 구성원 대다수가 1960년대와 70년대 태생이다(1957년생인 오사마 빈 라덴Osama bin Laden이 가장 나이가 많은 사람이다). 그러나 이 무슬림 각성자들조차도 중년에 접어들면서 놀라운 사실을 발견하고 있다. 젊은 시절 이들은 세속적인 사회주의 정당, 즉 아랍 민족주의자이자 바트당 지지자(Baathists) 같은 이들을 지지했던 부모 세대에 격렬하게 분노하며 반기를 들었다. 그런데 중년이 된 그들은 지금 더 물질주의적이고 자유주의적인 자녀 세대와 맞닥뜨리고 있다. 이 예언자 세대와 노마드 세대의 마찰은 2030년대에 아랍, 투르크계 민족들, 페르시아권 중동 지역의 정치 형세를 결정할 것이다.

하지만 전 세계 대부분 국가의 세대 구성은 미국과 유사한 곳이 훨씬 많다. 세대별 원형은 미국보다 아주 조금 젊을 뿐이다. 각 사회는 미국의 새큘럼 계절 시기보다 아주 조금 뒤처질 뿐이다. 미국 같은 강대국은 이미 자체적인 위기의 시대에 진입했다.

전 세계의 밀레니얼 새큘럼이 거의 동시에 정점을 향해 가고 있는 이 과정에서 미국이든 다른 국가든 밀레니얼 위기의 심각성을 완화하기는 어려울 것으로 보인다. 오히려 미국이 세계정세에 깊숙이 관여하고 있다는 사실을 고려할 때, 모든 국가에서 위기의 절정 상황에 관한 이해관계가 깊어질 것이다. 이러한 국제적 수렴 현상과 남은 위기의 시기가 장차 어떻게 펼쳐질지에 관해서는 7장에서 살펴보겠다.

역사는 겨울의 정점을
향해 가고 있다

THE
FOURTH
TURNING
IS HERE

6

겨울 연대기

"그때 미국에 무슨 일인가가 벌어졌습니다."[1] 1995년 2차 세계대전 50주년 행사의 마지막 날 대일전승기념일에 대니얼 이노우에(Daniel Inouye) 상원의원이 회상하며 말했다. "제 지식이 부족해 정확히 그것이 무엇인지는 알지 못합니다. 그러나 건국의 아버지들이 건국 초기 불안했던 나날에 경험했던 이상하고 기묘한 힘이었습니다. 그것을 미국의 정신이라고 부를 수도 있을 것 같습니다. 국민을 단결시키고 활력을 불어넣은 미국의 정신."

이어서 이노우에는 미국이 넘지 못할 장애물도, 해결하지 못할 어려움도, 도달하지 못할 목표도, 감당하지 못할 희생도 없었던 시대를 곰곰이 회상했다. 거의 80년이 지난 오늘날, 95세 미만의 성인 중 이노우에가 했던 말을 기억하는 이는 아무도 없다.

진주만 공격과 대일전승기념일 사이의 결정적인 시기에 논쟁은 묻히고, 이상은 힘을 얻었으며, 낡은 인프라는 새로운 목적으로 사용되기 위해 용도가 변경됐다. 가정에서, 직장에서, 군대에서 팀워크와 규율은 유난히 강했다. 회피하는 사람과 의심하는 사람은 경멸의 대상이 됐다. 죽음과 부상의 위험에도 불구하고, 수천 킬로미터 밖에서 목숨을 걸고 싸운 군인들은 전쟁이 끝난 후 실시된 여론조사에서[2] 자신들의 노력이 세상과 미국 그리고 개인의 삶에도 긍정적인 영향을 미쳤다는 사실에 압도적으로 동의했다.

사람들은 끔찍한 역경 속에서도 희망을 잃지 않았다. 1940년 여름, 독일이 서유럽을 점령하고 일본이 중국으로 진격하는 와중에도, 로퍼 (Roper) 여론조사에 따르면[3] 미국인 36~43퍼센트가 "문명사회의 미래"를 낙관하는 것으로 나타났다.

이렇게 단결된 국민과 더불어 새로운 공공기관, 경제 협약, 정치 동맹, 국제조약 등으로 충만한 강력하고 새로운 시민 질서를 확립했으며, 이때의 제도나 협약, 조약의 다수는 오늘날까지도 지속되고 있다. 또한, 그 시대는 파괴적인 사건들을 인류 발전에 필연적으로 수반되는 과정으로 냉정하게 받아들였다. 전쟁은 승패가 완전히 갈릴 때까지 끝까지 치러졌고, 대통령은 젊은 세대에게 세 명 중 한 명은 집에 돌아오지 못할 것이라고 경고하며 출정 명령을 내릴 수 있던 시대였다. 미국에서 가장 똑똑한 젊은 과학자들이 쉼 없이 대량살상무기를 만드는 데 골몰했던 시대였고, 국내의 상상 속 적들을 눈 덮인 수용소에 가두던 시대였으며, 적군을 격파하면 적의 수장을 교수형에 처하던 시대였다. 미국인의 사랑을 받는 '미국 정신'이 80년이 지난 지금도 따스한 추억으로 남아 있지만, 사실 그 시기는 잔혹하고 치명적인 방식으로 사회 재건이 이루어지던 시기기도 했다.

그 시대나 그 시대 직후에 어린 시절을 보낸 오늘날 미국의 노년층은 그 시대를 애틋하게 회상하지만, 그들의 회상은 선택적이다. 그들은 갈등이나 대량학살 없이 단합과 이타심을 회복하고 싶어 한다. 하지만 어떻게 그것이 가능할까? 유일한 방법은 과거로 되돌아가는 것이다. 지난 수십 년 동안 곳곳에 퍼진 위축된 시민의식, 제 기능을 하지 못하는 제도, 만연한 권태가 제거된 과거의 미국으로 돌아가는 것뿐이다. 이것이 절망적으로 느껴지는 이유는 실제로 절망적이기 때문이다.

자연과 마찬가지로 역사 역시 역행할 수 없는 과정이 많다. 엔트로피 법칙에 따라 새가 뒤로 날아갈 수 없고, 폭포에서 물이 거슬러 올라가 꼭대기에서 모일 수 없듯이, 역사에도 되감기 버튼이 없다. 자연의 계절과 마찬가지로, 시간의 화살은 오직 앞으로만 나아간다. 해체기에서 출발한 사회는 위기의 시기를 거치지 않고서는 고조기나 각성기로 나아갈 수 없다.

네 번째 전환기는 그 어느 때보다 질서의 필요성이 가파르게 증가하는 시기지만 사회적 질서는 낮은 상태로 머무는, 그야말로 절정의 암흑기다. 지금은 새큘럼의 동면기이자 시련의 시기다. 시인 윌리엄 컬런 브라이언트(William Cullen Bryant)는 겨울을 이렇게 묘사했다. "우울한 날들이 온다, 1년 중 가장 슬픈, 울부짖는 바람과 벌거벗은 숲과 갈색으로 메마른 초목의 날들이."[4] 자연은 치명적인 대가를 치르면서도 살아남은 자와 죽은 자를 무자비하게 구분한다. 빅토르 위고가 "하늘의 물과 인간의 마음이 돌로 변하는"[5] 계절이라고 했던 이 시기는 즐거움이 사라지고, 사나운 폭풍우가 몰아치고, 가식이 드러나고, 강인함이 보상받는다. 이 시기는 불과 얼음의 시간이자 극지의 어둠과 찬란하게 창백한 지평선의 시간이다. 죽이지 않으면 죽음이 따라오고, 상처 주지 않으면 고통이 따라온다. 앨저넌 찰스 스윈번(Algernon Charles Swinburne)의 말대로 "눈의 계절"은 "패배한 빛과 승리한 어둠"[6]의 시간이다.

일찍 동지점에 도달하는 자연의 겨울과 마찬가지로, 네 번째 전환기도 거의 초반에 공공질서의 정점을 지난다. 겨울의 가장 추운 날 해가 가장 길어지듯, 위기의 시기에서 가장 혹독하고 희망이 적은 시기에 공동체가 회복된다. 초기에는 대중의 불안과 정부 정책의 실패로 이러한 변화가 잘 감지되지 않을 수도 있다. 그러나 이는 변화의 속도에서 매우 중요한 전환, 즉 부정에서 긍정으로의 전환을 암시한다. 각성기 초기에는 시민 계층의 격차를 없앨수록 더 많은 격차를 없애야 한다는 요구가 커진다. 위기의 시기 초기에는 시민의 권한이 새로 행사될 때마다 계층을 추가해야 한다는 의식이 커진다.

공동체 본능이 부활하는 위기의 시대가 깊어질수록, 사람들은 단순히 트라우마 증상을 해결하는 데 그치지 않고 그 이상의 일을 하려고 한다. 단결, 팀워크, 사회적 규율을 통해 무엇을 성취할 수 있는지를 재발견한 사람들은 더 큰 사회적 문제를 해결하기 위해 노력한다. 그 어느 때보다도 사람들은 권위에 순종하고, 공공의 희생이 필요하다는 사실을 받아들이며, 필요하다면 생존과 무관한 공동체 활동은 중단하기도 한다. 이 지점은 중대한 임계점이다. 이를 기점으로 사람들이 하나의 국가와 문화로 단결하거나 가망 없이 흩어지기 때문이다.

'미국의 정신'은 한 새큘럼에 한 번은 찾아오며, 고대인들이 '에크피로시스'라 불렀던 죽음과 단절의 불과 더불어 온다. 새큘럼에서 에크피로시스는 특히 위기 시기의 절정, 즉 여러 공적 사건이 최고 속력으로 치달아 낡은 새큘럼이 완전히 연소되고 새로운 새큘럼이 태동할 여유가 생길 때를 의미한다.

계절상 겨울은 자연 세계가 엔트로피를 역전시키는 시기다. 모든 것이 부패한 잔해 더미 아래서 죽은 듯 보이지만 그 속에는 새로운 씨앗이 움트고 있다. 새큘럼에서 겨울은 현대사회가 엔트로피를 역전시키는 시기다. 이 폭력적인 붕괴는 무르익은 제도를 무너뜨리기 때문에 두려움의 대상이 된다. 하지만 이 붕괴는 필요하다. 기존의 제도에 새로운 생명력을 불어넣기 때문이다. 보호와 유지의 신인 비슈누는 파괴의 신인 시바에게 주기적으로 양보해야 한다. 숲은 주기적으로 불타야 한다. 강은 주기적으로 범람해야 한다. 사회도 마찬가지다. 그것이 새로운 황금기를 위해 인류가 지불해야 하는 대가다.

미국을 비롯한 전 세계 대부분 국가에서 이미 밀레니얼 위기가 진행 중이다. 그리고 그 절정의 에크피로시스가 곧 시작될 것이다. 우리는 무엇을 기대할 수 있는가?

이 장은 과거의 리듬을 살펴봄으로써 이 질문에 답을 구하는 네 개의 장 중 첫 번째 장이다. 이 장에서 우리는 위기의 시대에서 특징적인 연대기를 면밀히 살펴볼 것이다. 역사적으로 여러 사건은 주로 어떤 순서로 발생하는가? 이 시간표는 현재 우리가 처한 상황과 앞으로 다가올 상황에 대해 무엇을 의미하는가?

이후 세 장에서는 밀레니얼 위기를 구체적으로 살펴보고, 이 위기의 결과가 어떻게 될지 추측해볼 것이다. 우리 사회가 어떻게 변할지, 세대에 따른 우리의 삶은 어떻게 변할지를 생각해보자.

위기의 시기 연대기

네 번째 전환기는 영미권의 역사에 위대한 구심점 역할을 해왔다. 지금 우리는 네 번째 전환기를 일곱 번째 맞이하고 있다. 15세기 이후부터 여섯 차례에 걸쳐 완성된 전환기는 오늘날 2차 세계대전에 참전했던 노병들이 생생히 기억하는 그 평온한 '정신'을 복제하듯 만들어왔다. 이 위기의 시기들의 유사점에서 공통된 단계를 연대로 구성했다.

- 이전 해체기에서 위기는 대체로 전조 증상을 보인다. 일시적으로 사회를 자극하는 비상사태 같은 것이 그 '전조'다.
- 위기의 시대는 '촉매제', 즉 사회 분위기에 갑작스럽지만, 지속적인 변화를 야기하는 분수령이 되는 사건에서 시작된다.
- 일단 촉매작용이 일어나면 사회는 공동체를 재결합하고 시민 생활에 다시 활력을 불어넣는 '재생'의 시기를 적어도 한 번(대부분은 한 번 이상) 경험한다.
- 재생한 사회는 새로운 공동체가 생존하기 위해 진정으로 노력하고 있다는 사실을 모두가 인정하고 받아들일 때 '통합'에 도달한다.
- 통합된 사회는 '절정'을 향해 나아간다. 이 절정은 낡은 질서의 죽음과 새로운 질서의 승리가 확정되는 중대한 순간이다.
- 이 절정은 '해결'로 이어진다. 승자와 패자를 구분하고, 중대한 문제를 해결하고, 새로운 질서를 확립하는 승리의 결말 내지 비극적 결말로 이어진다.

이 위기의 연대기에 따르면, 전조 증상이 일어날 때를 제외한 모든 단계가 한 번의 위기 전환기에 발생하며, (미국 남북 전쟁을 제외하면) 촉매가 되는 사건이 일어나고 그 사건이 완전히 해소되기까지는 평균 24년이 걸린다. 위기의 시기에서 모든 단계는 정해진 순서에 따라 일어나지만, 예측 가능한 시간표에 맞춰 일어나지는 않는다. 그러므로 위기의 연대기는 타이밍에는 규칙성이 없지만 일어나는 순서에는 규칙성이 있다.

'전조'는 늘 이전 전환기인 해체기의 어느 시점에 발생한다. 전조는 점점 약화되는 시민의식을 자극하고 새로운 도전 과제에 맞서는 방법을 보여줌으로써 다가올 위기의 시대에 짧게 그 기미를 드리운다. 밀레니얼 위기 이전에 9·11테러에 대한 대응, 경제 대공황과 2차 세계대전 위기 이전에 있었던 1차 세계대전, 미국독립혁명 위기 전에 있었던 프랑스-인디언 전쟁 등이 모두 전조의 예다. 세대 집단은 아직 위기의 시대 요건을 충족하는 삶의 단계에 들어서지 않은 상태다.

'촉매'는 해체기 분위기를 없애고 위기의 시대 분위기를 조성하는 사건이다. 앞서 5장에서 우리는 역사의 불꽃, 즉 갑작스럽고 충격적인 사건이 각 전환기에 어떻게 발생하는지 살펴봤다. 어떤 불꽃은 아무 곳에도 불을 붙이지 않는다. 어떤 불꽃은 짧게 타올랐다가 금방 소멸한다. 어떤 불꽃은 중대한 영향을 미치지만, 근본적인 문제는 해결되지 않은 상태로 남는다. 어떤 불꽃은 장대한 불길을 일으키기도 한다. 그렇다면 어떤 불꽃이 타오르는가? 불꽃의 발화는 사실상 새큘럼의 계절에 따라 결정된다. 다른 말로 하면, 사건이 새큘럼의 어느 계절에서 일어나는가에 영향을 받는다. 고조기의 불꽃은 결집하려는 충동을 강화하고, 각성기에는 도전하려는 충동을, 해체기에는 분리되려는 충동을 강화한다.

촉매는 하나의 불꽃일 수도 있지만, 중국인이 전통적으로 사용했던 폭죽처럼 서로를 점화시키며 터지는 여러 개의 불꽃인 경우가 더 흔하다. 각각의 불꽃은 사회가 충분히 인지하고 있었지만, 제대로 방어하지 못한 채 남겨둔 특정 위협과 관련이 있다. 불꽃이 터진 후에는 사회가 충분히 알고 있었고 심지어 예측까지 할 수 있었다는 사실 때문에, 무력하고 비관적인 분위기가 새로 조성된다. 그리하여 이 촉매는 위기 시대의 서막이 된다.

위기가 시작되면 사회는 그 시점에 공동체를 규정할 수 있는 정의가 무엇이든, 함께 모여 '재생' 과정을 시작한다. 성운에서 어린 별들이 태동하듯 해체기의 파편 속에 흩어져 있던 개인과 가족이 점점 더 큰 집단으로 모이기 시작한다. 정치·종교·계층·지역·이데올로기·민족 등에 따라 형성된 이 집단들은 마음이 맞는 사람들끼리 모여 위험에 맞설 피난처를 찾고, 공공정책에 영향력을 행사하며, 공동의 의제를 만든다. 집단이나 연합이 충분히 강한 힘을 얻으면, 국민 전체나 국가가 직면한 주요 문제에 대처할 수 있게 된다. 대중의 열망을 거대한 규모로 조율하고 조화시키는 집단행동은 이제 사회가 직면한 가장 근본적인 문제를 해결하는 핵심 요소가 된다.

사회는 힘을 모은 지배적인 하나의 집단이 위기의 시대에 처한 궁극적인 문제에 성공적으로 대응하는 과정을 경험할 수 있다. 실제로 이런 일이 한 번 있었다. 스페인 함대 위기가 바로 이 예에 해당한다. 또한, 이 한 차례의 재생 과정이 사회를 두 개의 배타적이고 적대적인 집단으로 분열시켜, 이 분열이 치명적인 갈등으로 직결되기도 한다. 이런 일은 두 번 있었다. 미국 남북 전쟁과 영국 장미 전쟁이 그 예다. 다른 여러 사례에서도 사회가 첫 번째 재생 과정을 겪고, 두 개나 그 이상의 지배적인 집단으로 분열한 뒤 약화되곤 한다. 이후 이들 집단은 계속 분열 과정을 겪다가 두 번째 재생 과정에서 재결합한다.

전체 재생 단계 동안 사회 분위기는 희망, 두려움, 불확실성 등이 어지러이 뒤얽혀 있다. 강화된 공동체가 역경을 극복하고 무질서를 정돈할 수 있다는 희망도 있다. 반대로 패배와 실패에 대한 두려움도 있다. 그리고 승패와 상관없이 위기에서 비롯된 격변의 소용돌이가 자연스럽게 안정되거나 멈추지 않을 것이라고 하는 불안한 전망으로 불확실성에 휩싸이기도 한다. 이는 1930년대 후반, 미국인이 느꼈던 감정이다. 세계가 전쟁의 포화에 휘말리고, 뉴딜정책에도 불구하고 경제공황의 수렁에 빠지던 시기였다. 1780년대 중반, 미국인이 느꼈던 감정이기도 하다. 새로운 연방이 빈곤과 무정부 상태에 빠진 듯 보였던 시기였다.

최종 재생 단계를 모두 마친 후 어느 시점에 사회는 '통합'을 경험한다. 이 시점에서 지배적이고 새로운 집단 구성원 모두는 생존을 위한 궁극의 투쟁에 참여하고 있음을 이해한다. 희망과 두려움은 고조되고 불확실성은 가라앉는다. 모든 것이 한 가지 결과에 달려 있다. 통합 후 공동체는 집단 에너지와 효율성을 최대로 집결시킨다. 어느 편에 설 것인지 결정하지 않은 대다수는 이제 결정을 내려야 한다. 리더는 가능한 한 모든 기관이 공동의 목표를 향해 나아가도록 방향을 재조정해야 한다. 이렇게 활력을 되찾은 사회는 촉매 사건이 일어나기 전에는 아무도 예측하지 못했던 궤도로 나아가기 시작한다. 해체기 이전에는 해결하기 불가능했던 문제들이 이제는 까다로운 해결책이기는 해도 단순한 문제처럼 보이기 시작한다. 긴급한 공공의 목적을 위한 새로운 해결책이 강하고 가혹한 수단들에 대한 우려를 밀어낸다.

위기의 시대 '절정기'는 새로운 질서가 적과 장애물에 맞서 승리할지 패배할지를 결정한다. 통합과 절정 사이, 즉 에크피로시스 시기에 시민 행동은 최대의 힘에 도달한다. 새로운 가치체계가 한때(약 반 새큘럼 전)

개인의 분노를 정당화했다면, 이제 새 가치체계는 공공의 분노를 정당화한다. 외부 침략에 맞선 전면적 투쟁이 벌어질 위험은 물론 내부적으로 정치혁명이나 내전이 일어날 위험도 커진다. 대중의 지지를 받는 리더들은 적을 단호히 규정하고, 그들을 해체하거나 비합법적으로라도 가두고, 언론과 매체를 검열하고, 타협을 배제하고, 협상에서 합의를 거부하려는 경향이 강해진다. 각성기 끝 무렵에는 대중의 행동이 완전한 휴식기에 들어가 움직이지 않는 듯 보인다. 위기의 시기 끝 무렵에는 대중의 행동이 쓰나미 같은 거침없는 추진력을 얻어 멈추지 않을 듯 보인다.

역사에서 에크피로시스는 거센 에너지를 지닌 하나의 소용돌이가 주변의 모든 것을 빨아들이는 광포한 태풍에 비유할 수 있다. 고정되지 않은 것은 모조리 날아간다. 길에 방해가 되는 것은 다 깔려버린다. 네 번째 전환기 후반부의 절정기에는 해소되지 못한 욕구, 갚지 못한 빚, 해결되지 않은 문제들이 축적돼 에너지를 모은다. 그러다가 이전 해체기에는 생각지도 못했던 방향과 크기로 격변의 소용돌이에 에너지를 쏟아붓는다. 이 절정기는 사회의 근간을 뿌리째 흔들고, 제도를 변화시키고, 목표의 방향을 바꾸고, 사람들과 그들이 속한 세대에게 평생에 남을 흔적을 남긴다.

대공황과 2차 세계대전이 일어난 위기의 시기에 이 에크피로시스는 이노우에 상원의원이 '미국의 정신'이라고 불렀던 그 정신의 출현과 맥을 함께한다. 설문조사에 따르면, 이 시기 미국인 대다수는 추축국 리더들을 재판 없이 즉결 처형하기를 원했으며[7] 심지어 벌지(Bulge) 전투가 끝난 후에도 이들과의 모든 협상을 거부했다. 이 결의는 대단히 확고해서 여러 전장에서의 패배 같은 역경 상황에서도 쉽게 흔들리지 않았다. 미국 남북 전쟁 중 연방군의 치명적인 참패 직후, 가장 많은 사상자가 나온 주에서 민주당의 링컨 지지율은 하락했다. 하지만 연방군 장군들이 전장에서 실패했다는 소문이 널리 퍼졌음에도, 의석수가 훨씬 더 많았던 공화당의 링컨 지지율은 하락하지 않았다.[8]

에크피로시스는 전면전의 결과 바로 직전에 일어나지만, 항상 그런 것은 아니다. 미국독립혁명과 명예혁명 위기 때는 최악의 전쟁 폭력이 먼저 일어났다. 이들 위기의 시대에는 절정의 결과가 군사적이 아니라 정치적으로 해결됐다. 그러나 그 절정의 시기는 역사가 넘어야 할 다음 문턱의 위치와 크기를 결정한다. 절정은 새로운 전환기와 새로운 새큘럼의 탄생이 임박했음을 알려주는 신호다. 절정은 모든 것을 '이전'과 '이후'로 나눈다. 절정은 승리로 끝날 수도 있고 비극으로 끝날 수도 있으며 이 두 가지가 혼재된 채 끝날 수도 있다. 결과가 어떻든 사회는 거대한 역사의 관문 하나를 통과하게 된다.

절정기 직후에 이 거대한 관문은 위기의 '해결'로 닫힌다. 이제 성공이나 실패를 인정하고 리더는 대중 행동의 속도를 선택하거나 강요해야 할 때다. 이 해결 과정에서 희생자는 보상받고 적은 처벌당한다. 국가나 제국이 세워지거나 파멸한다. 협약이 체결되고 국경이 다시 그려진다. 평화가 받아들여지고, 군대는 철수하며, 평범한 일상이 새롭게 시작된다.

역사의 커다란 한 장이 막을 내리고 또 다른 장이 시작된다. 한 사회가 죽고 다른 사회가 태어나는, 그야말로 진정한 의미의 장이 열린다.

되짚어보기: 과거 위기의 시대

오늘날 밀레니얼 위기의 전개 양상을 이해하려면, 이전 위기 시대들의 연대기를 살펴볼 필요가 있다.

앞서 말했듯 영미권 위기의 시대는 15세기까지 거슬러 올라가며, 총 여섯 번이 있었다.

- 장미 전쟁 위기, 1455~1487년(중세 새큘럼 후기)
- 스페인 함대 위기, 1569~1597년(튜더 왕조 새큘럼)
- 명예혁명 위기, 1675~1706년(뉴월드 새큘럼)
- 미국독립혁명 위기, 1773~1794년(혁명 새큘럼)
- 남북 전쟁 위기, 1860~1865년(남북 전쟁 새큘럼)
- 대공황-2차 세계대전 위기, 1929~1946년(강대국 새큘럼)

기간이 짧았던 미국 남북 전쟁을 제외하면, 나머지 위기의 시대에서 기본적인 사건의 순서는 비슷하다. 가장 최근부터 거슬러 올라가며 살펴보자.

대공황-2차 세계대전 위기, 1929~1946년

대공황-2차 세계대전 위기의 '전조'는 미국이 1차 세계대전에 공식적으로 참전한 사건(1917~1918년)이다. 미국이 유럽의 끔찍한 사상자 수를 줄이기에는 너무 늦었지만, 평화를 정착시키는 데 주도적 역할을 할 수 있을 만큼 결정적인 시기였다. 윌슨 대통령과 의회가 징집에 동의하고, 반대파를 무자비하게 탄압하고, 전시 생산과 교역을 담당할 집행위원회를 만드는 내내 미국인은 성조기 앞에 광적으로 집결했다.

그러나 전시체제 기간에 전쟁은 심각한 반대 상황에 직면했다. 사회주의자들은 노동자를 죽이는 것을 반대했고, 독일계 미국인은 독일인을 죽이는 것에 반대했으며, 기독교는 누구든 죽이는 것에 반대했다. 지방의 민주당 지지자들은 월스트리트가 더 많은 이윤을 탐한다고 두려워했고, 공화당을 지지하는 사업가들은 정부가 더 많은 권력을 탐한다고 두려워했다. 한편 전쟁 관련 기관들은 버나드 바루크(Bernard Baruch)와 휴 존슨(Hugh Johnson) 같은 30~40대 새로운 기업인들에게 경제를 움직이는 방법을 가르쳤다. 그리고 1918년 독일의 루덴도르프 공세(춘계 공세라고도 하며, 1차 세계대전 당시 서부전선에서 이루어진 독일군의 공격 작전 - 옮긴이)를 막기 위한 싸움은 조지 마셜, 더글러스 맥아더, 윌리엄 홀시 주니어(William Halsey Jr.), 해리 트루먼, 체스터 니미츠(Chester Nimitz), 조지 패튼 같은 20~30대 육해군 장교들에게 중요한 통과의례가 됐다.

휴전 직후 스페인 독감, 연이은 경기침체, 적색공포(공산당에 대한 거부감과 두려움, 반공주의 - 옮긴이) 등이 확산하며, 대다수 미국인은 비평가들이 "전쟁은 엄청난 실수"라고 했던 말이 옳았음을 확신했다. 상원은 윌슨 대통령의 고뇌 어린 결단인 국제연맹 제안을 거부했고, 미국은 다시 고립주의에 빠져들었다. 1922년, 워런 G. 하딩(Warren G. Harding)은 아무 것도 하지 않는 보통의 상태를 약속하며 압도적인 표 차이로 대통령에 당선됐다. 시장은 호황을 누렸다. 세 번째 전환기는 전쟁 이전보다 더 음울하고 허무주의적인 분위기로 다시 시작됐다.

1920년대 후반까지 미국은 거침없었다. 자동차, 비행기, 전화, 라디오 등이 확산하면서 미국의 일상은 그 어느 때보다 빨라졌다. 정부는 나약하고 무의미한 존재로 취급받았고, 문화는 금주령에 찬성하는 '부부아지'(booboisie, 바보 같은 실수나 여성의 가슴을 의미하는 붑boob과 부르주아지 bourgeoisie를 합한 말로 무지한 무교육자들을 속되게 일컫는 표현 – 옮긴이)와 낡은 쾌락을 추구하는 이들 사이에서 무력하게 쪼개졌고, 대중은 헤밍웨이가 "날마다 축제"[9]라고 표현했던 유명 인사와 그들의 사소한 일상에 사로잡혔다. 1926년 스콧 피츠제럴드는 이런 글을 썼다. "불안은 … 히스테리에 가까워졌다. 파티는 더 성대해지고, 속도는 더 빨라지며, 쇼는 더 커지고, 건물은 더 높아지고, 도덕은 더 느슨해지고, 술은 더 저렴해지고, 도시는 케이크와 서커스로 부풀고 배부르고 아둔해지며, 이 모든 열광은 '그래서 뭐?(O yeah?)' 하는 새로운 표현 한마디로 압축된다."[10]

역사학자 프레더릭 루이스 앨런(Frederick Lewis Allen)은 1920년대 말의 분위기를 대중의 영혼이 썰물처럼 빠져나간 시기[11]라고 묘사했다. 모두가 이 새로운 시대의 기업합병과 끝없이 오르는 주식에 매료됐지만(한 기관의 추산에 따르면, 당시 100만 명 이상의 미국인이 신용거래로 주식을 매수했다[12]), 그들은 이 흥겨운 잔치가 영원히 지속되지 않으리라는 사실 역시 잘 알고 있었다. 언젠가는 끝이 올 수밖에 없었다. 하지만 그때가 언제인지는 아무도 몰랐다.

'촉매'는 1929년 10월 29일, 검은 목요일에 찾아왔다. 많은 이가 시장의 붕괴를 예상하긴 했지만, 대중의 반응은 놀라웠다. 앨런의 표현을 빌리자면, "당혹스러울 정도로 급속한 속도"에 미국인들은 "이제 새로운 질서가 오래된 질서를 대체하고 있으며", 1930년대는 1920년대를 "반복하지 않을 것"이고, 감정을 드러내지 않는 "하드보일드 시대의 고통스러운 환멸, 기름진 스캔들, 마비된 정신, 지독한 사치"[13]도 더 이상 없을 것이라고 생각했다.

1932년, 실업률은 24퍼센트까지 치솟았고, GDP는 1929년 대비 25

퍼센트나 하락했다. 생각지도 못한 결과였다. 파산하는 기업이 줄을 이었다. 도시와 주의 기금도 바닥났다. 굶주리는 사람들이 점점 늘어났고, 도시 곳곳에는 빵을 구하려는 사람들이 긴 줄을 섰다. 공화당이 압승하면서 대공황이 발생하기 전에 대통령으로 당선된 허버트 후버는 이러한 변화에 신속하게 대응하지 못했다. 결국, 그는 투자를 촉진하고(부흥금융회사Reconstruction Finance Corporation) 은행을 개혁하기 위해(글래스스티걸법first Glass-Steagall Act) 전례 없는 연방 조치들을 시행했지만, 그가 고수했던 금본위제는 회복을 가로막는 자살 행위나 다름없었다. 특히 부자들에게는 보조금을 지급하면서 실업자들은 후버빌로 내몰았다고 민주당에서 비난하면서 재선에도 실패했다.

1932년 총선은 민주당의 압승이었다. 뉴욕 주지사에 두 번 당선된 프랭클린 루스벨트는 그가 후버가 아니라는 사실을 제외하면, 대중에게 거의 알려지지 않은 인물이었다. 1933년 겨울, 절망은 더욱 깊어졌고 은행들이 줄도산했다. 3월 4일, 루스벨트가 대통령에 취임하던 날 뉴욕 증권거래소와 시카고 거래소는 증권거래를 중단했고, 28개 주의 모든 은행은 단 한 곳도 문을 열지 않았다. 이미 수백만 명이 예금된 돈을 잃었다.

그럼에도 불구하고 새 대통령의 연설은 경기 '재생'의 첫 신호탄이 됐다. 그는 "우리가 두려워해야 할 것은 오직 두려움 그 자체"[14]라고 말하며 시대를 초월한 가치관에 호소했고, 부단히 노력할 것을 약속했으며, "외세에 침략당했다고 생각하고 현재의 비상사태에 맞서 전쟁을 벌이겠다"고 선언했다. 취임 후 100일 동안 루스벨트와 그의 두뇌 집단은 은행, 증권, 농업, 비즈니스 관행 등에 방대하고도 새로운 규제 권한을 제안했고, 의회에 구호 및 공공사업 부문에 대한 새로운 지출안 통

과를 요구했다. 시민보호협회(Civilian Conservation Corps), 연방긴급구제
국(Federal Emergency Relief Administration), 공공사업관리국(Public Works
Administration), 테네시계곡개발청(Tennessee Valley Authority) 등이 모두 이
때 제안되고, 시행됐다.

일부 언론은 루스벨트를 독재자라 칭했지만(언론이 늘 부정적인 것은 아니
었다[15]), 대중은 마음을 열었다. 그해 여름, 주식시장이 반등했다. 생산과
소득이 회복되기 시작했다. 금본위제 폐지 등과 같은 몇몇 새로운 조치
가 큰 도움이 됐다. 푸른 독수리가 그려진 유니폼을 입고 도심에서 화려
한 퍼레이드를 벌인 국가재건청(National Recovery Administration)을 포함
한 다른 여러 정책은 없느니만 못했다. 어느 쪽이든 루스벨트는 주저하
지 않았다. 1935년과 1936년, 행정부는 의회에 '두 번째 뉴딜정책' 통과
를 밀어붙였다. 여기에는 노동관계위원회(National Labor Relations Board,
노동 분쟁 조정), 기업 소득세, 사회보장국(Social Security, 은퇴·실업·기타 다양
한 빈곤 프로그램을 담당), 공공사업진흥국(Works Progress Administration, 새로운
고용 및 시설 프로그램) 등이 포함된다.

이 시기에 이러한 뉴딜정책을 강력하게 밀어붙인 데는 우파, 좌파 할
것 없이 "부를 공유하자"고 주장했던 선동가들의 치솟는 인기가 두려
웠던 것도 한몫했다. 찰스 코플린(Charles Coughlin, 라디오 프로그램을 진행
하던 반유대주의 사제), 휴이 롱(Huey Long, 루이지애나주의 인기 있는 주지사), 업
턴 싱클레어(Upton Sinclair, 부패를 폭로한 작가이자 활동가), 프랜시스 타운센
드(Francis Townsend, 은퇴자들에게 즉각적인 연금 지급을 주장한 사람) 등이 모
두 부의 공유를 외쳤던 이들이다. 산업노동자협회(Congress of Industrial
Workers)의 협회장 존 L. 루이스(John L. Lewis)와 미국자동차노조(United
Auto Workers)의 노조위원장 월터 루더(Walter Reuther)는 생산량 증가 분

위기에 편승해 종종 노동자들을 이끌고 거친 연좌 파업을 일으켰다. 수만 명의 젊은 공산주의 지지자들이 투쟁이 벌어지는 거리의 최전방에서 '인민전선' 대열에 합류했다. 1936년 재선에 도전한 루스벨트는 "경제 왕당파"의 "탐욕"과 "욕심"[16]을 통렬히 비난하고 자신의 급진주의정책을 더욱 강화했다. 그는 메디슨 스퀘어 가든에 모인 군중을 향해 이렇게 외쳤다. "그들은 만장일치로 나를 증오하고, 나는 그들의 증오를 환영한다!"[17]

대선 내내 그는 포퓰리스트들을 효과적으로 포섭하고 공화당을 압도하는 모습을 보였다. 그리고 24퍼센트 득표율 차이로 승리했다. 민주당은 상원 76 대 6, 하원 333 대 89로 의회를 완전히 장악했다. 대선 승리를 거머쥔 루스벨트는 취임 연설에서 "이 나라의 3분의 1이 형편없는 집에 살고, 형편없는 옷을 입고, 형편없는 음식을 먹는다는 사실을 잘 안다"[18]라고 말하며 절박한 미국인의 삶을 지적했다. 더불어 대다수 시민이 자신의 진보적 의제를 더욱 강화하는 데 동참하기를 바란다고 밝혔다.

하지만 그의 바람대로 되지 않았다. 첫 번째 국가 재생 사업은 이미 쇠퇴하고 있었다. 그리고 그가 재선에 성공하고 3년 동안은 내내 수세에 몰렸다. 첫 반발은 루스벨트가 '대법원 재구성 계획'을 밝힌 직후였다. 심지어 뉴딜정책을 강력하게 옹호하던 이들도 이 정책에 반대했다(이 정책은 머지않아 불필요한 것으로 판명됐다). 그다음에는 '연좌 파업' 같은 급진적 노동 파업에 대한 대중의 반감이 생기면서 처음으로 대중의 동정심이 노동자가 아닌 기업으로 기울었다. 마지막으로 심각한 불황이 찾아왔다. 1937년 5월, 경기가 침체 국면에 접어들었고, 이 하락세는 1939년까지 회복되지 않았다. 중간 선거에서는 공화당이 반등에 성공하며 상원 의석 7석을 되찾았고, 민주당이 거의 장악하다시피 한 하원 의석 수도 3분의 2까지 줄이는 데 성공했다.

행정부의 불안을 더욱 가중시킨 것은 남부의 저항이었다. 의회 의원들 절반 가까이가 남부 출신이었고, 위원회의 주요 요직도 모두 남부 출신이 장악한 상황이다 보니 루스벨트는 남부 출신 의원들의 지지가 필요했다. 그들 대다수는 북부 도시에서 남부 농촌으로, 부유한 백인에서 빈곤한 백인에게로 부를 이동시키는 방안을 열렬히 지지했다. 하지만 흑인을 백인에게 의존하게 만드는 경제적 '인종 경계선(color line)'이 무너지는 것은 두려워했다. 대다수 남부 출신 리더들은 평등한 임금이나 평등한 근로시간을 지향하는 전국 노조 규정과 연방법이 인종 경계선을 무너뜨린다고 생각했다. 남부 민주당 의원들의 투표 패턴은 점차 북부 공화당 의원들과 비슷해졌다. 루스벨트는 1938년 남부의 예비선거에서 자유주의 민주당을 위해 대대적인 선거운동을 펼쳤지만 실패로 돌아갔다. 국내 의제에 발목이 잡힌 대통령은 의제 방향을 급하게 외교정책으로 바꿨다. 당시 세계는 파시스트 독재정권이 장악하고 있었다. 그리고 몇 년 동안 미국의 대중과 지도자는 확고한 고립주의정책으로 대응하고 있었다. 무솔리니의 에티오피아 침공(1935년), 스페인 내전(1936년), 일본의 대대적인 중국 침공(1937), 히틀러의 오스트리아 및 체코슬로바키아 점령(1938년) 등 새로운 사건이 터질 때마다 미국 의회는 더욱 확고한 중립법(Neutrality Acts, 국제 정세 악화에 미국이 중립을 유지한다는 요지의 법 - 옮긴이)으로 대응했다.

루스벨트는 국방비 예산을 늘리고 동맹국들과의 연대를 더욱 강화하고 싶어 했지만, 여론을 의식해 과감하게 실행하지 못하고 있었다. 1939년 1월, 루스벨트는 의회에서 이렇게 말했다. "우리는 선전포고도 없이 자행되는 군사 전쟁, 경제 전쟁에 분노하고 있습니다."[19] 하지만 수백만 명의 미국인에게 '모든 전쟁을 끝내기 위한 전쟁'을 무릅쓰게 할 명분은 없었다. 고립주의를 고수하는 이들은 옥스퍼드 서약에 서명했다. 다시는 전쟁터에서 싸우지 않겠노라고 다짐하는 이 서약에 대학생부터 미국최우선위원회(America First Committee)를 결성하기 시작한 지방 소도시의 보수적인 공화당 지지자들에 이르기까지 다양한 계층이 서명했다. 심지어 8월 폴란드 침공 이후에도 분위기는 크게 바뀌지 않아, 루스벨트가 동맹국들에게 현금과 무기를 수송하는 것을 허용하는 정도로만 중립법을 개정하는 데 그쳤다.

하지만 1940년 봄과 여름, 프랑스의 패망과 영국의 전쟁이 터지면서 대중의 분위기가 급속히 반전되기 시작했다. 영국에 도움을 주자는 분위기가 싹텄고, 특히 군사적 도움을 줘야 한다는 분위기가 생겨났다. 이는 단순히 세계평화를 향한 갈망이 아니었다. 그보다는 독재가 판을 치는 세상 한편에 덩그러니 남겨진 미국에 대한 걱정이었다. 그해 6월부터 의회는 막대한 규모의 국방비 지출 법안을 통과시켰다. 그리고 9월에는 미국 역사상 처음으로 평시에 징병제를 시행했다. 새로운 활력과 동기를 등에 업은 루스벨트는 기세를 몰아 3선에 도전했고, 공화당 후보 웬들 윌키(Wendell Willkie)를 이겼다. 패배 이후 윌키는 재무장의 필요성을 주장하는 대통령을 지지하며 당을 이끌었다. 1940년대 중반, 국가가 자원과 군사력 등을 적극적으로 동원하는 데 새로운 공감대가 형성되면서 두 번째 '재생' 프로젝트가 탄력을 받았다. 이번에는 목적도 다르고 바뀐 선거구로 인해 지지층도 달랐다. 미국을 '민주주의의 병기창'으로 만들면서 백악관은 일부 평화주의적 민주당원들과 북부의 린드버그 성향 공화당원들을 잃었다. 하지만 남부의 거의 모든 하원의원이 다시 정부에 합류했다. 새로운 민족주의를 발 빠르게 환영하는 유권자를 둔 남부의 하원의원들이 새로 개편된 선거구에 막대한 군사비 지원을 기대하며 대거 합류했다.

이듬해 3월, 의회는 미국이 동맹국에 전쟁 물자를 무제한으로 빌려주는 무기대여법(Lend- Lease Act)을 압도적인 찬성표로 통과시켰다. 루스벨트 대통령은 이렇게 선언했다. "단결된 국가로서 우리의 민주주의는 이제 행동에 돌입했다."[20] 11월 초, 미국은 사실상 전쟁을 위한 발판을 마련했다. 미 해군 함정들이 영국과 소련으로 향하는 보급선을 호위했고, 북대서양에서는 산발적으로 적대적인 반발이 일어나고 있었으며, 스팀슨 장관과 헐 장관은 일본의 임박한 공격에 대비하고 있었다. 연방정부의 막대한 군사비 지출은 미국을 대공황의 늪에서 벗어나게 했다. GDP는 연간 18퍼센트라고 하는 놀라운 속도로 상승했고, 실업률도 1929년 이후 처음으로 10퍼센트 이하로 떨어졌다.

12월 7일, 진주만 공격에 즉각적인 선전포고를 한 것이 '통합'의 시발점이 됐다. 지금껏 이룬 모든 것이 위험에 처했다고 생각했던 대다수 미국인들은 이노우에 상원의원의 말대로 "국민을 통합하고 국민에게 강한 자극을 준 … 미국의 정신"을 느꼈다. 칼럼니스트 월터 리프먼(Walter Lippmann)은 이런 글을 썼다. "하룻밤 새 우리는 … 마침내 단결된 국민 … 깨어 있는 국민이 됐다. 우리는 국가의 존립, 우리의 삶, 자유, 재산이 위태롭다는 냉엄한 진실을 깨달은 국민이 됐다."[21]

1940년에 50만 명도 채 되지 않았던 군사력은 이후 3년 동안 두 달마다 50만 명씩 계속 증가했다. 민간부문의 주택, 자동차, 항공 제조는 사실상 중단됐고 군용 항공기와 함선, 군용 차량 제조를 위한 생산라인이 대대적으로 개편됐다. 이 모든 것의 목표는 단 하나, 완전한 승리였다.

루스벨트 대통령은 자신은 더 이상 뉴딜정책 박사가 아니라, 전쟁 승리의 박사라고 말했다. 그리고 그 결과는 자신에게 달린 것이 아니라 전략가, 장군, 제독, 군인, 군수 용품 공장 노동자에게 달려 있다고 역설했다.

첫해인 1942년은 가장 암울했다. 독일 잠수함인 유보트가 동부 도시 연안에서 수백 척의 상선을 어뢰로 격침했다. 일본의 고속 항공모함과 침략 함대가 미드웨이 해전에서 막히기는 했지만, 태평양과 인도양 대부분을 멋대로 헤집고 다녔다. 그해 말, 미국은 솔로몬제도와 북아프리카에 진출했다. 1943년, 러시아와 지중해, 북대서양에서 전세가 연합군에 유리하게 바뀌었다. 1943년 말에는 연합군이 이탈리아에 도착했고, 미 태평양 함대가 일본에 압도적인 우위를 점령했다.

하지만 이 전쟁이 얼마나 오래 갈지는 아무도 알지 못했다. 1944년 6월과 7월, 연합군이 노르망디상륙 작전에 성공하고 필리핀 해전에서 미국의 고속 항공모함 기동함대가 일본의 항공모함을 상대로 대승을 거두며 전쟁의 끝이 선명하게 드러났다. 이 전쟁이 '절정'이었다. 머지않은 시점에 확실한 결과가 나왔다. 1945년 5월 8일은 유럽전승기념일(VE Day)이 됐다. 일본을 상대로 한 종전기념일은 이보다 조금 늦었다. 일본의 완강한 저항으로 일본에 두 차례 원자폭탄을 투하한 후 종전이 확정됐고, 그날은 1945년 8월 15일이었다.

전쟁이 절정에 달했을 때 실업자는 거의 사라지고, 노조 가입자가 늘었으며, 임금이 올랐다. 모두가 더 나은 삶을 찾아 이동하는 듯 보였다. 전쟁 동안 미국인의 거의 4분의 1이 군복무를 하거나 더 나은 직장을 찾아 주거지를 옮겼다. 수백만 명의 가난한 농부들이 돈을 더 많이 벌기 위해 도시로 갔다. 여기에는 남부의 흑인 가정들도 포함됐다. 필립 랜돌프(A. Philip Randolph)가 루스벨트에게 전쟁산업에서 아프리카계 미국인에게도 동등한 임금을 보장할 것을 명시한 '행정명령 8802(Executive Order 8802)'에 서명할 것을 촉구한 직후였다. (미국에 사는 흑인들 사이에서 승리를 의미하는 V는 흑인의 완전한 시민권 획득을 보장[22]하라는 '더블 브이' 운동이 됐다.) 1944년, 루스벨트는 의회에 보낸 메시지에서 정치적 자유와 더불어 기본적인 경제 안정을 보장하는 '2차 권리장전'을 강조하며 또다시 뉴딜 정책을 전쟁과 결부시켜 제시했다. 그해 말, 의회는 장차 미국의 중산층이 될 재향군인을 위한 광범위한 혜택을 포함한 '참전 용사 권리장전(G.I. Bill of Rights)'을 통과시켰다.

1945년과 1946년은 뉴딜정책으로 국내 업적을 결의한 기간이었으며 세계에서 미국의 새로운 위상을 확보한 시기기도 했다. 패전국 추축국과의 조약 체결, 유엔(UN)·세계은행(World Bank)·국제통화기금(IMF)의 설립, 브레턴우즈(Bretton Woods)협정 체결, 포츠담회담 이후 소련의 스탈린과 권력 공유, 외교관 조지 케넌(George Kennan)이 다가올 '냉전'을 처음으로 암시한 일 등이 모두 미국의 위상과 관련된 일들이었다. 미 국무장관 딘 애치슨(Dean Acheson)의 저서 제목이기도 한 "창조의 주역들"[23]에게 이 결의는 전후 세계를 구성하는 토대가 됐다.

오늘날 미국인들은 이 결의가 만들어낸 평화와 번영을 역사적 필연으로 여기며, 풍경에 없어서는 안 될 고원의 햇살처럼 바라보곤 한다. 하지만 전쟁이 격렬하게 벌어지던 그 당시에는 이러한 평화가 불가능한 것처럼 보였다. 국가가 온 힘을 다해 노력하지 않으면 닿지 않을 목표처럼 보였다.

전쟁이 벌어지는 동안 루스벨트는 연두교서에서 "총동원", "총력전", "총체적 승리", "총체적 평화" 등 '총'이라는 단어를 자주 사용했다. 그는 미국이 2차 세계대전에서 승리하는 것만 결의할 것이 아니라 1차 세계대전 이후의 혼돈 상황을 막기 위해서라도 상업부터 인권에 이르기까지 모든 분야에서 전후 국제 규범을 감독해야 한다고 말했다. 그는 "네 가지 자유" 즉, 언론의 자유, 신앙의 자유, 결핍으로부터의 자유, 공포로부터의 자유를 이야기하며 이 자유가 "세계 모든 곳"에서 지켜져야 한다[24]고 주장했다. 1945년 1월 연설에서도 그는 의지를 굽히지 않았다. "이 전쟁은 가장 강력하고 가장 끈질기게 치러져야 하며, 지금도 그렇게 치러지고 있습니다. 모든 것이 위태롭지만 … 우리는 최후의 승리를 의심하지 않습니다. 하지만 대가를 치러야 한다는 사실 역시 의심하지 않습니다. 우리는 많은 것을 잃을 겁니다."[25]

분명 청중에게 얄팍하게 아첨하는 메시지는 아니었다. 이 연설 이후 3개월 뒤 루스벨트가 사망했을 때, 미국인들은 링컨 이후 대통령다운 대통령을 잃었다며 깊이 애도했다.

남북 전쟁 위기, 1860~1865년

남북 전쟁 위기의 '전조'는 멕시코-미국 전쟁(1846~1848년)이었다. 멕시코-미국 전쟁은 당시 신생국이던 미국과 훨씬 더 신생국인 멕시코 공화국과의 전쟁으로, 미국은 이 전쟁에서 대승을 거뒀다. 과달루페이달고 조약(Treaty of Guadalupe Hidalgo)이 체결되면서 미국은 48개 주가 있는 본토의 약 4분의 1에 해당하는 면적을 무력으로 획득했고, 이를 공식화했다. 전쟁 직전 〈뉴욕매거진〉의 편집자이자 민주당 지지자인 존 오설리번(John O'Sullivan)은 앤드루 잭슨의 계보를 잇는 대통령 제임스 K. 포크(James Knox Polk)와 포크의 확고한 팽창주의를 지지하기 위해 "명백한 운명(manifest destiny)"[26]이라는 용어를 만들었다.

멕시코와의 전쟁에서 거둔 승리로, 서구로 진출할 준비를 하며 불안한 나날을 보내던 미국인들이 흥분하기 시작했다. 하지만 남부 민주당의 정치적 세력 확장을 두려워하던 많은 사람, 특히 휘그당 지지자와 뉴잉글랜드 주민들은 실망을 감추지 못했다. 한편, 사관학교를 갓 졸업한 20대의 젊은 세대 장교들에게 이 전쟁은 몬테레이, 베라 크루즈, 차풀테펙 등지에서 자신들의 능력을 검증할 기회였다. 율리시스 그랜트, 로버트 E. 리, 윌리엄 T. 셔먼(William Tecumseh Sherman), 제임스 롱스트리트(James Longstreet), 조지 매클렐런(George McClellan), 스톤월 잭슨 등도 젊은 세대 장교들이었다.

미국은 전쟁에서 승리를 거뒀지만, 약한 정부와 이민자 급증, 폭력 사태 증가 등으로 세 번째 전환기에 접어들었다. 무엇보다도 미국은 노예제도를 둘러싼 분파 싸움이 점점 심해지고 있었다. 북부 지역의 대다수 유권자는 노예제도가 현재는 물론 미래에도 더 이상 확산하지 않기를 바랐지만, 남부 지역의 대다수 유권자는 현재 자신들의 경제체계와 삶의 방식을 더욱 확장하고 싶어 했고 그렇게 되어야 한다고 굳게 믿었다.

절충은 없었다. 중진 의원들은 미봉책으로 정면 대결을 피했지만, 양측의 감정 골은 더욱 깊어졌다. 1850년, 도망친 노예를 주인에게 돌려주도록 하는 도망노예법(Fugitive Slave Act)이 생기면서 북부의 저항 분위기가 고조됐다. 1854년 캔자스-네브래스카법(Kansas-Nebraska Act)이 1820년 남부와 북부가 새로운 노예 주를 인정하기로 하며 만든 미주리 타협안을 무효화하면서 남부의 부쉬웨커(Bushwhackers, 남북 전쟁 기간에 미주리 일대에서 활동하며 노예 소유와 남부의 입장을 지지하는 이들이 모인 단체 - 옮긴이)와 자유토지당의 제이호커(Jayhawkers, 캔자스와 미주리 지역에서 활동하며 남부 노예제에 반대하는 이들이 모인 단체 - 옮긴이) 사이에 치열한 격돌이 일어났다.

미국 의회에서도 폭력적인 분위기가 일상이 됐다. 역사학자 조앤 프리먼(Joanne Freeman)의 표현을 빌리자면[27] 주먹다짐, 난무하는 총과 칼, 결투 위협, 결투 등이 아무렇지도 않게 오갔다. 노스캐롤라이나 휘그당 두 의원의 증언에 따르면,[28] 하원의원 중 거의 3분의 1이 무장을 하고 의회에 들어왔다.

헨리 클레이, 존 C. 캘훈(John C. Calhoun), 대니얼 웹스터를 필두로 한 '위대한 타협주의자' 세대가 세상을 떠나자 더 거친 사람들, 더욱 종교적이지만 더욱 마찰을 크게 일으키는 사람들이 그 자리를 대신했다. 노예폐지론자인 존 그린리프 휘티어(John Greenleaf Whittier)는 〈정의를 위하여(For Righteousness' Sake)〉라는 시에서 이렇게 한탄했다. "시대는 무디고 비열하다. 인간은 걷지 않고 기어 다닌다."[29] 1852년, 해리엇 비처 스토(Harriet Beecher Stowe)의 《톰 아저씨의 오두막》[30]은 60만 부라고 하는 놀라운 판매량을 기록하며 더욱 극명해진 양극화현상을 보여줬다. 1857년, 드레드 스콧 판결(흑인 노예였던 드레드 스콧이 주인을 따라 노예제 폐지주에 왔으므로 자유인이라고 주장했으나 노예는 미국 헌법의 보호를 받지 않는 개인의 사유재산이므로 그를 풀어주는 것은 사유재산권 침해라며 소송을 기각한 판결 – 옮긴이)과 1859년 존 브라운(John Brown)이 버지니아주 하퍼스페리를 습격한 사건으로 분노는 더욱 거세졌다. 캔자스에서 노예제 찬성론자들을 도끼로 처단한 브라운이 사형을 당하자, 북부의 노예폐지론을 옹호하는 지도자들 사이에서는 그를 예수 그리스도에 비유하기도 했다. 이전 10년 동안에도 미국의 복음주의 교회(장로교, 감리교, 침례교)는 이미 북부를 지지하는 사람과 남부를 지지하는 사람으로 분열돼 있었다. 1850년대 미국의 정당들도 마찬가지였다. 1854년에는 휘그당이, 1858년에는 민주당이 해체됐다.

1860년에 이르러서야 미국은 일련의 사건들을 인식하고, 거의 모든 선거구에서 투표를 실시했다. 남부 사람들에게 북부 지도자들은 노예제 문제로 남부의 미래 발전을 막고 자신들의 '명예를 더럽히기'로 작정한 '흑인 공화당' 사람들이었다. 북부 사람들에게 남부 지도자들은 연방정부의 주요 요직을 모두 장악하고 유권자를 무시할 의도로 '노예 권력 음모'를 짜는 이들이었다. 가을 선거에서 공화당 후보 링컨이 '자유 토지'를 공약으로 내걸며 북부와 서부의 모든 주에서 이겼다(대부분 남부 주에서는 그의 이름이 투표용지에 기재되지조차 않았다). 민주당의 표는 분열되긴 했지만, 남부의 대부분 지역에서 승리한 후보는 노예제를 열렬히 지지하는 존 브레킨리지(John Breckinridg)였다.

1860년 11월 7일, 링컨이 대통령으로 당선됐다. 득표율은 40퍼센트에 불과했지만, 선거인단 투표에서 과반수 이상을 확보하며 당선된 것이다. 이에 남부 주 지도자들은 신속하게 연방 탈퇴를 결의하고, 연방으로부터 독립 여부를 표결에 부쳤다. 12월 20일, 사우스캐롤라이나는 이를 공식화했다. 새로 당선된 대통령이 미처 취임 연설을 하기도 전인 1861년 3월 4일, 딥 사우스의 일곱 개 주 모두가 탈퇴 결의대회를 열었고, 압도적인 찬성표를 얻으며 새로운 '남부 연맹(Confederate States of America)'이 만들어졌다. 링컨 당선에 대한 남부의 이런 반응은 장차 무서운 속도로 전개될 새로운 위기의 시대를 여는 '촉매제'가 됐다. 아이러니하게도 남부가 탈퇴 선언을 하지 않았다면, 이 기이한 제도는 향후 수십 년간 유지될 수도 있었다. 링컨이 공화당 입장에서 기존에 있던 노예제도에는 간섭하지 않을 것이라고 약속했고, 심지어 이후 여파에 관해서도 헌법 개정을 통해 계속 지지할 입장이라고 밝혔기 때문이다. 어쨌든 민주당은 의회에서 여전히 다수당의 입지를 확보하고 있었다. 하지만 탈퇴를 선언하면서 또 다른 타협의 가능성이 사라졌다. 1857년 붕괴에서 가까스로 회복 중이던 주식시장은 크리스마스 무렵 4분의 1 가까이 폭락했다. 사우스캐롤라이나 출신의 작가 메리 체스넛(Mary Chesnut)은 남북 전쟁 일기에 이렇게 썼다. "우리는 서로를 너무도 증오했기에, 이혼했다."[31]

새 대통령이 첫 발을 발포하지 않고 연방 소유를 유지하고 점령하겠다고 선언하자, 미국은 숨죽이며 그의 행보를 지켜봤다. 그의 계획은 성공이었다. 반군이 먼저 발포한 것이다. 1861년 4월 12일, 찰스턴 포대가 섬터요새를 포격하기 시작했다. 이 사건은 '재생'이었다. 이제 전쟁은 기정사실이 됐고, 양측은 각자의 대의명분을 지키기 위해 서둘러 집결했다. 링컨은 각 주에 즉각 7만 5,000명의 지원병을 소집하라고 요구했다. 중도파였던 국경 지역의 주(버지니아주, 노스캐롤라이나주, 테네시주, 아칸소주)가 남부 연맹에 합류했다. 북부에서는 국가가 붕괴할지도 모른다는 두려움이 퍼졌고, 이 두려움은 도시 곳곳에 애국주의를 외치는 시위의 물결로 이어졌다. 이전에 저항의 표시로 국기를 뒤집어 들었던 노예폐지론자들은 다시 국기를 뒤집어 들었다. 아직도 정확한 이름이 완전히 밝혀지지 않은 그랜트 대령이 아버지에게 보낸 편지에는 이런 문구가 있었다. "이제 미국에는 두 부류만 남았습니다. 반역자와 애국자. 저는 애국자의 편에 서고 싶습니다. 그리고 그들이 훨씬 더 강한 부류라고 믿습니다."[32]

두 달 후, 첫 교전인 불런 전투(Battle of Bull Run)에서 5,000명 가까운 군인들이 죽거나 부상하거나 실종됐다. 양측은 엄청난 사상자 수에 충격받았다. 1862년 4월, 양측은 또다시 충격을 받았다. 실로 전투(Battle of Shiloh)에서 1만 3,000명 가까이 사상자가 발생한 것이다. 같은 해 9월,

리 장군이 메릴랜드로 진격했을 때는 앤티텀(Antietam)에서 하루 만에 2만 3,000명의 사상자가 생겼다. 신문 지면은 소규모 전투들과 사상자 명단으로 꽉 찼다. 긴급동원령은 시민들의 삶을 침범했다. 양측 정부는 징병, 추가 세금, 공공 차입, 화폐 인쇄 등을 명령했다. 군이 물가를 통제했고, 공장·선박·철도 등의 재산을 마음대로 징발했다. 링컨은 위험인물이라고 생각되는 북부 민주당원 수천 명을 기소 없이 체포했다(정확한 수는 알려지지 않았다). 한번은 메릴랜드주의 의원 수십 명을 체포해 가두기도 했다.

앤티텀 전투 일주일 후 링컨은 '노예해방선언'을 발표하기로 결정했다. "미국에서 반란을 일으키고 있는" 주의 모든 노예를 "영원한 자유인"으로 해방한다는 선언문이었다. 1863년 1월 1일에 공식 발표된 이 선언문으로 전쟁의 분위기가 갑자기 고조됐고, 위기의 시대 '결속력'도 더욱 강해졌다. 링컨은 전쟁을 지지하는 민주당원들과 온건파 공화당원들의 심기를 건드리지 않기 위해 이 선언문에 전쟁 조치 프레임을 씌우는 데 심혈을 기울였다. 목적은 노예제 폐지가 아니라 노예를 기반으로 한 남부 연맹의 전쟁 태세를 무력화하는 것이었다. 그러나 공화당 급진파는 북부 연방이 승리한다면 노예제도가 유구히 종식되리라는 사실을 알고 있었기에 이 조치를 반겼다. 남부 연맹도 이 사실을 알고 있었기에 북부 연방의 군에서 활동하다 잡힌 노예들은 무조건 즉결 처형하겠다며 보복 선언을 했다(이 선언은 전쟁 후반에 빈번히 집행됐다). 리 장군은 링컨의 선언을 "성공 아니면 죽음보다 더 최악의 퇴보로 이끄는 … 야만적이고 잔인한 정책"[33]이라고 말했다. 또한, 이 선언은 전 세계에 북부 연방을 공화국의 자유주의 수호자로 재정립하는 효과를 낳았다. 링컨의 노예해방선언 이후 영국과 프랑스는 리치먼드에 있는 데이비스 대통령의 정부를 인정하려는 노력을 조용히 중단했다.

전쟁은 계속됐다. 리 장군과 그가 이끄는 버지니아주 군대는 동부에서 연방 군대를 줄곧 긴장하게 했고, 북부 연방의 장군들은 미주리주, 켄터키주, 테네시주, (뉴올리언스를 점령한 후) 루이지애나주, 서부의 미시시피 북쪽 등지에서 반란군을 몰아냈다. 1863년 7월 4일, 북부 연방은 리 장군이 펜실베이니아주 게티즈버그에서 퇴각했다는 기쁜 소식을 들었다(이 전투에서 3일간 사상자는 5만 1,000명에 달했다). 같은 날, 그랜트가 빅스버그 포대를 점령하면서 사실상 미시시피강 유역 전체를 장악했다. 그러나 연방군이 진격할수록 반란군의 저항은 더욱 거세졌다. 북부의 유권자들은 전세가 이미 기울었다는 사실은 알고 있었지만, 전쟁이 얼마나 더 지속할지, 엄청나게 불어나는 전쟁 비용을 감당할 수 있을지 전혀 감을 잡지 못했다.

'절정'은 1864년 9월에 찾아왔다. 서부에서 셔먼 장군이 마침내 애틀랜타를 점령하면서 바다로의 진격을 준비했고, 패러것 제독은 남부 연맹이 최후의 보루로 장악하고 있던 텍사스 동쪽 걸프만의 앨라배마주 모빌을 점령했다. 버지니아주에서는 그랜트 장군이 피터즈버그와 리치먼드에서 리 장군을 포위하는 한편 셰리든 장군은 마지막 반란군을 세넌도어 벨리 밖으로 몰아냈다.

여름 내내 링컨은 그랜트 장군이 오버랜드 작전을 펼치는 동안 발생한 막대한 사상자 수에 충격을 받은 북부 유권자들이 평화를 옹호하는 민주당 후보를 선출할까 봐 노심초사했다. 하지만 전쟁이 종식될 무렵 유권자들은 55퍼센트라는 압도적인 표로 링컨을 재선출했고, 민주당에는 183석 중 겨우 40석만 내줬다. 북부 연방의 절반에 해당하는 주에서는 단 한 명의 민주당 후보도 선출되지 않았다. 행정부는 전쟁에 지칠

대로 지친 최전방의 연방 군사들에게 투표용지를 나눠주는 도박을 감행했다. 하지만 결과는 대성공이었다. 그들은 압도적인 표로 현재의 총사령관을 재선출했다.

전쟁 기간에 의회의 공화당 의원들은 북부 연방의 구역과 농업 지역의 미래를 재조정하는 법률을 제정했다. 연방정부의 지원으로 미국은 교육과 산업을 정비하고, 통합된 진보적 공화국의 모습을 갖추게 됐다. 이 모든 과정은 공화당의 기본 원칙인 "자유 토지, 자유 노동, 자유 인간"을 토대로 이루어졌다. 1865년 1월, 선거 승리에 고무된 링컨과 급진주의자들은 하원의원 3분의 2를 설득해 모든 주에서 노예제도를 금지하는 수정헌법 제13조를 승인했다. 12월에 주의 4분의 3이 비준한 뒤, 소수의 노예폐지론자들의 불가능해 보였던 꿈은 미국 최고의 법이 됐다. 의회 표결을 마치고 10주 후, 애퍼토맥스 법원에서 리 장군의 항복을 받아내며 '해결' 국면이 찾아왔다.

링컨이 살아서 이 결실을 봤더라면, 이 결의가 달콤하면서도 씁쓸하게 느껴졌을 것이다. 그렇다. 연방은 유지됐고, 노예는 해방됐으며, 산업혁명이 본격적으로 시작됐다. 그러나 전쟁 후 연방의 권위는 급속도로 떨어졌고, 연방 소속 정치인들의 명예도 추락했으며, 노동자 폭력 사태나 도시의 빈민층 문제 같은 사회적 문제들은 해결되지 않은 채 그대로 남아 있었다. 전쟁은 남부를 빈곤의 땅이자 정치 망명지로 만들었다. 1868년과 1870년에 두 차례에 걸쳐 단행된 헌법 개정도, 1875년 제정된 민권법도 1880년대 후반에 이르러 남부의 재건이 폭압적인 제재와 흑인 차별정책으로 무너지는 것을 막을 수 없었다.

그럼에도, 이 결의는 미국을 변화시켰다. 미국의 주들을 통합했을 뿐아니라 보편적 인권을 보장하겠다는, 아니면 최소한 인권을 보장하기 위한 조치를 취하겠다는 약속으로 미국은 변화했다. 전쟁이 격화되면서 이 결의의 목적은 "모든 인간은 평등하게 창조됐다는 명제에 따라 … 자유 안에서 잉태된 새로운 국가"[34]를 '재건'하는 것으로 확대됐다.

어떤 대가를 치르더라도 연방을 재건하겠다고 다짐한 링컨은 낙천적인 휘그당보다는 음울한 칼뱅주의자에 가까운 행보를 보이기 시작했다. 링컨은 두 번째 취임 연설에서 전쟁에서 일어난 대량학살은 신이 미국 노예제도의 부당함에 가한 피비린내 나는 보복일 수도 있다는 암울한 암시를 하며 이렇게 선언했다. "채찍으로 흘린 (노예의) 피 한 방울 한 방울이 칼로 흘린 (병사의) 피로 대가를 치를 때까지…"[35] 죽음이 계속돼야 한다 해도, "신의 심판은 참되고 의롭다고 말해야 할 것이다."

남북 전쟁에 참전했던 마지막 노병들이 세상을 떠난 대공황 시기, 링컨의 명성은 책으로, 영화로, 음악으로 큰 인기를 누렸다. 국가가 고통받던 시절, 미국인들은 링컨의 리더십에 감동했다. 후버 시대 공화당 지지자들은 링컨을 진정한 자유주의자, 개인의 권리 수호자로 추종했다. 루스벨트도 링컨의 말을 즐겨 인용했고, 한 번은 이렇게 말한 적도 있었다. "이제 링컨을 우리 민주당의 일원이라고 말해야 할 때다"[36] 2차 세계대전 초반에, 부통령 헨리 월리스(Henry Wallace)는 유명한 연설 "평범한 사람들의 세기(Century of the Common Man)"에서 이렇게 말했다. "자유 세상과 노예 세상 사이의 죽음을 건 싸움"[37]이 있었다. "1862년 미국에서 '절반은 노예'로 '절반은 자유인'으로 남을 수 없었던 것처럼, 지금 1942년의 세상 역시 어떤 방식으로든 완전한 승리를 위해 결단을 내려야 한다."

대통령도 동의했다. 1944년 1월, 루스벨트는 라디오를 통해 미국인에게 전달한 의회 연두교서에서 이렇게 말했다. "친애하는 국민 여러분,

지난 2년간 이 국가는 인간을 노예화하는 제도에 맞선 가장 위대한 전쟁의 적극적인 동반자가 됐습니다."[38] 이 방송을 들은 미국인들은 루스벨트가 자신을 '위대한 해방자(Great Emancipator)'로 여기고 있음을 알게 됐다.

미국독립혁명 위기, 1773~1794년

미국독립혁명의 '전조'인 프랑스-인디언 전쟁(1754~1763년)은 사실 캐나다에서 원주민들이 프랑스를 상대로 벌인 네 번째 전쟁이었다. 그러나 이 전쟁은 이전보다 훨씬 더 광범위한 세계 분쟁으로, 영국에게 뉴프랑스를 완전히 정복하려면 막대한 인력과 자원을 투입해야 한다고 설득한 전쟁이었다. 영국은 1759년에는 퀘벡을, 1760년에는 몬트리올을 점령하는 데 성공했다.

돈과 명예, 프랑스를 상대로 한 승리에 목말랐던 식민지 민병대와 사병들이 이 전쟁에 적극적으로 동참했다.

이 전쟁은 1754년 일곱 개 식민지가 참여한 알바니회의 이후 잠시나마 범식민지적 통합의 불씨에 불을 지폈다. 42세의 펜실베이니아주 대표 벤저민 프랭클린이 유명한 정치 카툰 〈뭉치거나 죽거나!〉를 그린 것도 미국독립혁명 기간이 아니라 이 회의 기간이었다. 하지만 이 전쟁으로 식민지 주민들은 동맹국인 프랑스와 자국민인 영국 장교들 때문에 큰 고통을 겪어야 했다. 조지 워싱턴, 대니얼 모건, 프랜시스 매리언(Francis Marion), 대니얼 분(Daniel Boone), 로버트 로저스(Robert Rogers), 베네딕트 아널드(Benedict Arnold) 등 젊은 세대가 배신의 쓴맛과 전쟁의 잔혹함을 처음 맛본 것도 이 전쟁이었다.

1763년, 축제 같은 날들이 지나고 영국 관료 집단 대부분이 고향으로 돌아간 후, 식민지는 세 번째 전환기로 접어들었다. 유럽에서 건너온 새로운 이민자들과 이제는 '평온해진' 개척지로 물밀듯 밀려온 서구 세계의 새 이민자들이 더해지면서 이곳은 무법과 폭력이 난무하는, 그 어느 때보다도 혼돈이 판을 치는 세상이 됐다.

개척자들은 원주민들과 싸웠다. 식민지 엘리트들은 개척자들을 가혹하게 대했다. 식민지들끼리도 지리적 경계를 두고 다툼이 끊이지 않았다. 영국은 세금을 올리고 식민지의 혼란을 수습하기 위해 몇 가지를 조처했다. 그중 두 가지, 1765년 인지조례와 1767년 톤젠드조례는 대부분 식민지의 거센 저항과 단기간 결집을 불러일으키는 데 결정적 역할을 했다. 하지만 대부분 식민지가 반대했던 것은 영국의 통치 자체가 아니라 영국 의회의 부당한 행위였다. 그리고 그때마다 영국 의회는 한 걸음 뒤로 물러서는 방식으로 사태를 마무리했다.

1773~1774년, 더 이상 행복한 결말은 없었다. 급진적인 휘그당원들로 구성된 소규모 집단(이들 중 일부는 자신들을 '자유의 아들'이라고 불렀다)이 주요 항구에 들어오는 배의 선장들을 협박해 세금이 부과된 차의 수입을 조직적으로 막았다. 이 급진주의자들에게 중요한 것은 차의 가격이 아니었다(사실 세금이 부과된 차라 해도 영국은 차의 가격을 세금이 부과되기 전보다 더 낮췄다). 그들에게 중요한 것은 세금을 부과하는 '원칙'이었다. 1773년 12월 16일, 새뮤얼 애덤스는 추종자들을 설득해 영국에서 들어온 차 40톤을 보스턴 항구에 버렸다. 그리고 당연히 영국이 물러날 것이라고 생각했다.

하지만 영국은 물러서지 않았다. 물러서기는커녕 인내심이 바닥난 영국 의회는 1774년 식민지 징벌법인 '강제법(Coercive Acts)' 또는 '참을 수 없는 법(Intolerable Acts)'으로도 불리는 법을 제정했다. 원칙적으로만 보면 의회는 자유의 아들들 입장에 동의한 것이나 다름없다. '중요한 것은 원칙이다. 영국은 원할 때면 언제든 차에 세금을 부과할 수 있으며, 이 원칙을 계속 고수할 것이다'라는 입장이었기 때문이다.

강제법은 '촉매제'였다. 봄과 가을에 주도적인 식민지 주민들은 식민지 연합 계획을 짜고, 정치 및 군사 체계를 조직했으며 새로운 대륙회의를 소집했다. 막대한 빚 때문에 허덕이던 뉴잉글랜드 상인들과 남부 농장주들은 1772년 국제금융위기로 더욱 깊은 절망의 늪에 빠졌다. 금융위기를 맞은 런던 채권자들이 대출금 상환을 요구하면서 대출금은 모두 경화(동전)로 갚으라고 했기 때문이다. 이전까지는 화해 및 회유의 태도를 보였던 애비게일 애덤스(Abigail Adams)의 일기에는 "칼에 의한 구제"[39]로 상징되는 시정 조치가 식민지와 왕권과의 결속력을 다지는 "시민의 의무, 이자, 자식으로서의 의무로 이어진 삼중 끈"을 끊어버리는 것은 아닌지에 관한 깊은 고뇌가 담겨 있었다. 1774년 후반, 필라델피아의 변호사 조지프 갤러웨이(Joseph Galloway)는 대륙회의가 영국 의회와 주권을 공유하면서 동시에 직접 단일 식민지 정부를 만들 수 있다고 제안했다. 5 대 4로 부결된 이 제안은 누구도 진지하게 생각하지 않은 마지막 타협안이었다. 대륙회의의 존재를 알게 된 조지 3세는 영국 총리에게 보내는 서신에서 대륙 주민들이 "항복할지 승리할지"는 "공격으로 결정해야 할 것"[40]이라고 말했다.

이듬해 4월, 콩코드와 렉싱턴의 식민지 무기고가 영국군의 습격을 받아 100명이 넘는 사망자가 나왔다는 소식이 전해지면서 식민지는 충격에 휩싸였다. 애비게일이 일기장에 "4월 19일의 비극"이라고 묘사한 사건 이후 모든 화해의 여지는 사라졌다. 애비게일은 이렇게 묘사했다.

"폭정과 억압과 살인이 우리 가슴에 칼을 꽂았다."[41] 공개적인 적대행위는 양측 모두에게 첫 번째 '재생' 과정이었다. 애국파는 즉각 행동에 돌입했다. 불과 몇 년 전만 하더라도 대부분 미국인이 노골적인 반역으로 여겼을 행동이었다. 그리고 충성파는 여전히 그 행위가 반역이라고 믿는 미국인이 됐다.

1776년, 대륙회의가 독립선언서를 작성해 서명하는 동안 애국파는 도시를 휩쓸고 다니며 혁명의 분위기를 고조시켰다. 그들은 조지 왕 동상 같은 영국 통치의 흔적들을 없애고, 각 마을의 안전위원회(committees of safety)의 뜻을 감히 거스르는 토리당 당원 및 추종자들을 호되게 응징하며, 식민지 행정기관에 남은 영국 관료들을 몰아냈다.

하지만 전장에서 애국파 민병대와 조지 워싱턴의 허술한 대륙 육군은 붉은 제복의 영국군에게 늘 패했다. 1778년까지 애국파가 영국군과 싸워 승리를 거둔 것은 1777년 새러토가 전투가 유일했고, 이 전투로 애국파는 프랑스를 설득해 동맹을 맺었다. 세 번의 겨울을 보내며 굶주림과 속출하는 탈영병을 견딘 워싱턴은 군의 사기를 고양하고 제대로 된 규율을 만들기 위해 노력했다. 워싱턴은 토머스 페인의 유명한 책, 《미국의 위기(The American Crisis)》의 한 구절인 "지금은 인간의 정신을 시험하는 때다"[42]를 큰 소리로 군사들에게 낭독했다.

붉은 제복의 영국군은 식민지 마을을 점령하고 멋대로 관리했지만, 정작 그들이 마을을 떠날 때는 그 어떤 권위도 남지 않았다. 1778년 봄, 영국은 자신들이 너무 온건하다고 판단했다. 그래서 헨리 클린턴(Henry Clinton) 장군의 새 지휘하에, 더 잔혹한 전쟁을 치르기로 했다. 먼저 남부를 침략해 충성파와만 동맹을 맺고, 부유한 농장의 재산을 몰수하고, 노예도 빼앗아 풀어주기로 했다(제퍼슨의 몬티셀로주에서만 19명의 노예가 탈출했다[43]). 전쟁은 가장 폭력적인 국면에 접어들었다. 애국파와 충성파 사이에 살벌한 보복전이 오갔고, 게릴라 전투가 빈번하게 일어났으며, 항복한 군의 포로에게 제대로 된 잠자리를 제공하지 않았다.

초기에는 영국의 작전이 성공했다. 1780년 가을에 영국군은 서배너와 찰스턴을 점령하고, 수천 명의 포로를 잡았으며, 수많은 충성파와 동맹을 맺었다. 하지만 애국파는 끈기 있게 싸우며 그들을 물리쳤다. 그해 10월, 킹스마운틴 전투에서 애국파가 수백 명의 충성파를 제압하고 학살했으며 일부는 전투 후 교수형에 처했다. 이 전투는 미국에서 벌어진 모든 전투 중 가장 큰 규모[44]였으며, 이 전투로 영국군의 신병 모집은 사실상 중단됐다. 12월, 워싱턴은 너대니얼 그린(Nathanael Greene) 장군을 남부의 정규군 사령관으로 임명했다. 뛰어난 전술가였던 그린은 남부에 찰스 콘월리스(Charles Cornwallis) 장군의 지휘하에 있던 영국 정규군을 끊임없이 괴롭히며 전력을 소모했다.

1781년 여름, 지칠 대로 지친 콘월리스 군대가 영국 함선을 타고 철수하기를 기대하며 요크타운으로 이동했다. 하지만 워싱턴이 재빨리 진격해 육로를 막았고, 프랑스 함대가 바닷길을 봉쇄하면서 마침내 콘월리스는 항복했다.

이 무렵 영국 의회는 국내에서 벌어지는 크고 작은 문제들과 유럽, 인도, 서인도제도 등지에서 광범위하게 가해지는 프랑스의 위협으로 정신이 없었다. 그래서 영국은 갑자기 적대행위 중단을 선포했다. 전쟁은 끝났다. 1783년 가을, 파리조약(Treaty of Paris) 체결 이후 영국군은 흑인과 백인을 모두 합한 약 7만 5,000명의 충성파와 함께[45] 뉴욕시티에서 철수했다(오늘날 규모로 환산하면 약 800만 명이 한꺼번에 이민하는 것과 맞먹는 규모다). 도시를 재점령한 후 워싱턴은 국가 지도력을 장악하라는 장교들의 요구를 거절했다. 그는 대륙회의의 권위를 존중하며 군대를 해산하고, 장군 자리에서 물러난 후 1784년 겨울 마운트버넌으로 돌아갔다.

하지만 위기가 확실하게 해소된 것은 아니었다. 항구는 파괴되고, 마을마다 인구가 줄었으며, 농경지는 황폐해지고, 갈 곳 없어진 군인들은 지방 곳곳을 배회했으며, 수천 명의 상인과 전문가들이 망명길에 올랐다. 역사가 앨런 쿨리코프(Allan Kulikoff)는 이렇게 말했다. "전쟁은 끝났지만 참혹함은 지속됐다. … 이 참담함이 그 시대를 살았던 모든 이의 기억을 불태워버렸다."[46] 1744년 이후부터 1790년까지 미국의 1인당 소득은 20~30퍼센트 감소했다.[47] 몇몇 주에서 화폐를 찍어내면서 인플레이션이 만연했고, 또 일부 주에서는 전쟁 채무를 갚지 않아 신용이 떨어졌다. 채권 빚을 갚기 위해 세금을 올리려고 했던 주들은 무장한 농민들의 거센 반발과 맞닥뜨렸다. 여러 주가 주 경계를 두고 분쟁에 휩싸였고, 거의 모든 주가 다른 주에 관세를 부과했다. 그리고 미국의 수출무역을 보호해줄 장치나 제도가 전혀 없었기에 일부 주는 스페인이나 영국과 독자적으로 조약을 맺는 방향을 논의했다.

요컨대 미국은 갑작스러운 빈곤뿐 아니라 효율적인 국가 권위의 부재로 고통을 겪었다. 1776년, 식민지들은 자유롭고 독립적인 국가가 될 권리만 겨우 선언했을 뿐이었다. 이 주들은 이후 연합규약(Articles of Confederation)에 동의했다. 하지만 이 규약은 자금을 조달할 권한이 없는 힘없는 행정부와 주들이 쉽게 거부하거나 무시할 수 있는 약한 입법부만 만들었다. 벤저민 러시(Benjamin Rush)에 따르면 "대륙회의는 악용당하고, 비웃음거리가 되고, 거의 모든 기업의 원성을 샀다."[48] 1780년대 중반까지 의회에 출석하는 대의원도, 회의에 참석하는 의원도 거의 없었다.[49]

1786년, 대부분 혁명적 투쟁에 참여했던 군인들로 구성된 새로운 지도부는 더 강력한 정부가 시급하게 필요하다는 데 동의했다. 이들은 워싱턴의 지지를 등에 업고 각 주에 "연합규약 개정을 위한 명백하고 유일한 목적으로"[50] 다음 해 봄까지 필라델피아로 대표단을 파견할 것을 요구했다. 이것이 두 번째 '재생'이었다.

수개월간 논의가 이어졌고 9월에 55명 중 39명이 새로운 제도의 틀 초안에 서명했다. 대표단이 필라델피아 독립기념관을 떠날 때, 들뜬 군중이 벤저민 프랭클린에게 어떤 정부를 만들 것인지 물었다. 여기서 프랭클린은 유명한 대답을 한다. "공화국입니다. 여러분이 지킬 수만 있다면."[51]

이 야심 찬 새 헌법이 만들어지고 공포되자, 미국인들은 이내 새로운 헌법에 찬성하는 사람과 반대하는 사람으로 나뉘었다. 이는 국민이 어떤 종류의 정부를 택할 것인지에 관한 궁극의 논쟁을 '통합'하는 과정이었다. 찬성하는 쪽은 제임스 매디슨(James Madison), 알렉산더 해밀턴, 존 제이(John Jay) 등이 주도하는 '연방주의자'였다. 연방주의자는 교육수준이 높고, 국제 경험이 풍부하며, 독립 전쟁 당시 군복무 경험이 있는 이들이 많았다. 나이도 젊은 편이었다.[52] 대부분이 40대 중반이거나 그보다 젊었고, 공화당 세대에 속하는 이들이었다. 새 정부에 반대하는 '반연방주의자'는 패트릭 헨리(Patrick Henry), 조지 메이슨(George Mason), 조지 클린턴(George Clinton) 등이 주도했으며, 지방에 연고를 두고 활동하는 지역 지도자들[53]이었다. 이들 대다수는 독립선언서에 적극적으로 서명했지만, 자신들이 속한 주에 우월적 지위를 갖는 그 어떤 권한에 대해서도 회의적이었다. 대부분 40대 후반이거나 그보다 나이가 많았고 자유 세대에 속하는 이들이었다.

이듬해에는 온갖 논쟁과 반박이 쏟아져 나왔고, 그 사이 시민들은 비준 협약을 위한 대표를 선출했다. 이렇게 선출된 대표들이 하나씩 모여 협약 회의에 참여했다. 그리고 그들은 찬성표를 던졌다. 여름 중순 무렵 11개 주에서 비준안이 통과됐고, 1788년 6월과 7월, 버지니아주와 뉴욕주에서 비준이 통과되며 협약 분위기는 최고점에 달했다. 이 시기는 '절정'이었다. 떠오르는 세대의 승리였다. 협약은 성사됐다.

이제 서류상으로 미국은 효과적인 정부를 갖게 됐다. 무척 흥미로운 법이었다. 7개 조와 21개의 수정조항으로 이루어진 이 법은 무감각한 정부 구조와 작동 방식에 관해 이야기하면서도 새로운 체제의 정신이나 더 높은 차원의 목적에 대한 언급은 일절 없었다. 연로한 성직자들은 왜 이 헌법에 신이 언급되지 않았는지 물었다. 32세의 젊은 청년 해밀턴은 깜짝 놀라는 척하며 이렇게 대답했다. "맙소사, 완전히 잊고 있었네요!"[54]

신이 언급됐건 그렇지 않건, 누군가는 이 헌법이 실질적으로 효과가 있다는 사실을 증명해야 했다. 워싱턴 대통령이 젊은 연방주의자들이 장악한 의회와 함께 6년간 이룬 일도 이것이었다. 미합중국은 달러를 안정화하고, 국가 부채를 인수하고, 세금을 징수하고, 주 경계를 둘러싼 분쟁을 해결하고, 육군과 해군을 창설했다. 반연방주의자들에게도 헌법에 권리장전을 추가하는 타협안을 제시해 합의했다. 1794년에는 폴른 팀버스 전투(Battle of Fallen Timbers)에서 아메리카 원주민 동맹과 싸워 이기고, 이른바 위스키 반란(Whiskey Rebellion, 워싱턴이 국채를 상환하기 위해 위스키에 세금을 부과하기로 한 데 반대해 일어난 민중 봉기 - 옮긴이)으로 알려진 세금 반란을 진압하면서 정부가 반란을 제어할 수 있다는 사실을 증명했다. 또한, 영국과 새로운 무역협정인 제이조약(Jay's Treaty)을 맺었다. 이러한 행보가 늘 대중의 지지를 얻은 것은 아니지만, 장기적으로는 자신감을 심어줬다.

같은 해, 프랑스에서 일어난 혁명 소식은 열렬한 '76년의 정신'에 냉철한 '87년의 정신'이 보완돼야 한다는 주장에 힘을 실었다. 게다가 유럽 강대국들이 전면전을 벌이면서 식량과 원자재 부족 현상이 일어났고, 덕분에 미국의 수출이 호황을 누리면서 번영이 찾아왔다. 이제 미국은 '해결' 국면에 접어들었다.

미국은 그렇게 공화국을 세웠다. 하지만 이 공화국을 얼마나 오래 유지할 수 있는가 그리고 이 공화국이 어떤 방향으로 발전할 것인가에 관한 의문은 남았다. 존 애덤스는 프랑스에 머무는 동안, 아내 애비게일에게 보낸 편지에서 이런 불확실성을 이야기했다. 그는 "정치와 전쟁을 공부해야 한다"[55]고 썼다. 그래야 자신의 아들들이 과학과 건축, 상업을 공부할 토대를 만들고, 그 아들들의 자녀들(애덤스는 애비게일에게 보낸 편지에서 '아들들'이라는 단어를 지우고 '자녀들'로 고쳐 썼다)이 그림과 시와 예술을 공부할 길이 생기기 때문이다.

애덤스 부부는 자녀들의 미래에 대해 추측하는 것을 자제했다. 그러나 시간이 흐르면서 이들이 추구하는 교육 방식이 단순히 교양만 쌓는 방향으로는 나가지 않을 것임이 드러났다. 이 3세대 후손들은 남부에서는 '제2의 독립선언'으로 환영받고, 북부에서는 연방의 '제2의 혁명'으로 열렬히 받아들여진 그 순간을 다시 느낄 수 있는 그들만의 결정적 순간을 찾았다. 애덤스의 증손자 다섯 명 중 두 명이 남북 전쟁에서 젊은 장교로 복무했으며, 찰스 프랜시스 애덤스 주니어(Charles Francis Adams Jr.)는 1865년 4월, 연기 자욱한 폐허의 땅 리치먼드에서 연방군 기병대를 이끌었다는 사실에 주목할 필요가 있다.

명예혁명 위기, 1675~1706년

1675년, 영국령 북아메리카 식민지 주민 10명 중 아홉 명은 뉴잉글랜드나 체서피크(버지니아와 메릴랜드)에 살았다.[56] 두 지역 모두 대다수가 영국계 후손이었으며 대부분이 이민자였다. 식민지와 영국 모두에서 청교도적 이상과 국가를 들썩이게 한 강렬한 여파에 관한 기억이 점차 흐려지고 있었다. 대신 돈, 재산, 가문, 명예, 직위 등 개인적 성취의 중요한 기회에 집중하는 '기사도 정신(cavalier)' 분위기가 새롭게 형성되고 있었다.

두 지역 모두 폐쇄적인 과두정치가 지배하고 있었다. 뉴잉글랜드에서는 미래와 스튜어트 왕가의 군림을 두려워하는 쇠약한 청교도 신권주의가 통치했다. 체서피크에서는 새로 이주해온 평민들의 폭력과 토지 소유욕을 두려워하는 버지니아주 해안 지역의 불안정한 엘리트들이 통치했다. 제대로 된 통치가 이루어지지 않는 시대에 불안하게 흔들리던 미국인들은 지위 고하를 막론하고 사회의 미래를 불안스럽게 지켜봤다.

1675~1676년, 두 지역은 파괴적인 전쟁의 소용돌이에 휘말렸다. 어떤 경고나 전조도 없었다. '촉매'와 첫 번째 '재생'이 동시에 찾아왔다.

뉴잉글랜드에서는 필립 왕 전쟁(왕파노아그 원주민 추장의 이름을 딴 전쟁)이 원주민 말살 전쟁으로 빠르게 확산했다. 이 전쟁으로 마을 절반이 파괴되거나 약탈당했고, 그 결과 그 지역 인구의 10퍼센트에 달하는 엄청난 수[57]의 사망자가 생겼다. 사망자 3분의 1은 영국인이었고, 3분의 2는 원주민이었다. 이후 30년 동안 북부와 서부의 마을들이 제대로 자리 잡지 못했다.[58] 체서피크에서도 비슷한 전쟁이 발발했는데, 이 전쟁은 너새니얼 베이컨의 주도하에 버지니아주 주지사 윌리엄 버클리(William Berkeley)에 대항하는 대중혁명으로 변했다. 베이컨은 소규모 정착민을 옹호하며 원주민 부족들에게 더욱 강경한 정책을 원했던 반면, 버클리는 버지니아주 해안 지역의 귀족들 입장을 옹호하며 원주민들과의 평화를 원했다. 제임스타운이 잿더미로 변하고 이주민에게 새로운 권리를 보장했던 이 혁명은 베이컨이 이질에 걸려 갑작스럽게 사망하면서 중단됐다. 베이컨이 살아 있을 당시 그의 군대는 "버지니아주 시민 선언(Declaration of the People of Virginia)"[59]을 발표했다. 주지사의 온갖 "부당한 이득"과 "시민적 합의를 거스르는 … 적폐와 악행"을 비난하는 놀라운 선언문이었다.

1670년대 후반과 1680년대 초반, 식민지에는 위태로운 평화가 찾아왔다. 하지만 그 평화는 이내 깨졌다. 이번에는 휘그당 세력이 촉발한 새로운 위협이 불안한 평화를 깼다. 휘그당 세력은 스튜어트 왕조가 가톨릭 절대왕정을 만들려고 신하들을 준비시키고 있다고 믿었다. 두 번째 '재생'은 1685년으로, 가톨릭 신자이자 왕의 신성한 권리를 믿는 제임스 2세가 왕위를 계승했던 때다. 거의 같은 시기 뉴잉글랜드는 스튜어트 왕조에서 새로 임명한 식민지 통치자들이 식민지의 전통적인 자치권을 박탈하려 한다는 사실을 알게 됐다.

'결속'은 1689년 봄, 식민지 통치자들이 영국에서 정치혁명이 일어나고 있다는 소식을 들은 후에 이루어졌다. 당시 영국의 제임스 2세는 가톨릭에 강경하게 반대하는 윌리엄 3세와 개신교 신자이자 제임스 2세의 장녀인 메리 2세와의 결혼을 앞두고 퇴위를 준비하고 있었다. 식민지에서는 "위대한 주홍 창녀"(개신교도가 로마 가톨릭교도를 지칭하던 표현)를 따르는 고위 공무원과 재판관에 맞서는 대중 반란이 일어났다. 식민지의 민병대 장교들은 보스턴과 뉴욕에서 영향력이 강한 왕족 출신의 통치자들을 해임했고, 다른 식민지에도 이런 조치를 따라달라고 설득했다. 메릴랜드에서 일어난 반란으로, 식민지가 생긴 이래 줄곧 식민지를 지배했지만 인기가 없었던 가톨릭 엘리트들은 영원히 설 자리를 잃었다.

식민지 지도자들은 런던에 있는 윌리엄 3세와 메리 2세 그리고 명예혁명을 주도한 의회가 이 반란에 어떤 반응을 보일지 몰라 전전긍긍했고, 그렇게 몇 년 동안 답을 기다려야 했다. 윌리엄 3세의 당면 과제는 폐위된 제임스 2세에게 공개적으로 지지를 선언한 프랑스의 루이 14세에 맞서 자신의 정당성을 확립하는 일이었다. 영국은 프랑스 해군을 격퇴하고 아일랜드와 스코틀랜드에서 프랑스가 지원하는 자코바이트 반란(Jacobite Rebellion)을 진압하느라 고군분투했다. 1691년, 마침내 식민지 지도자들은 오랫동안 기다리던 답을 얻었다. 이는 '절정'에 해당한다. 결국 영국 왕실은 (왕실이 임명한 통치자와 의회만 허용되는 제한된 권력하에) 식민지 자치 정부를 유지하게 했다. 그리고 그 대가로 영국은 루이 14세와 그의 유럽 동맹국에 반대하는 세계 각지의 투쟁 세력을 돕기 위해 식민지로부터 상업 및 군사 지원을 받았다.

이 새로운 협정은 새롭게 부상한 식민지 지배자 세대에게 적합했지만, 1713년까지 뉴프랑스에 맞선 두 차례의 장기전을 치르기 위해 식민지에서 물자와 군사를 동원해야 했다. 물론 최종 결과는 유럽 전쟁에서 새로운 정권의 성공 여부에 달려 있었다. 만약 영국이 프랑스에 패배하고 예전의 스튜어트 왕조가 복권한다면, 식민지는 모든 자유를 잃을 것이 뻔했다. 하지만 이 두려움은 사라졌다. 말보로가(家)의 공작인 존 처칠(John Churchill)이 블렌하임(1704년)과 라미예(1706년)에서 승리를 거두면서 프랑스 루이 14세의 희망의 불씨가 사실상 꺼졌기 때문이다. 아메리카 대륙의 식민지에 이 사건은 '해결'에 해당한다.

이 위기로 식민지 주민의 집단 자아 정체성이 변했다. 이전에 식민지 주민들은 다른 식민지와의 유대감 없이 방치된 자치 식민지 주민이라는 의식이 강했다. 이 사건 이후에도 식민지 주민들은 대부분 자치권을 행사했지만, 휘그당과 확고하게 개신교를 신봉하는 영국제국의 기본 사명에 기꺼이 동참했다.

위기가 해소되면서 사회는 더욱 견고한 안정을 되찾았다. 합법적인 틀 내에서 기존의 나이 들고 과격했던 기사도 세대가 젊고 협조적인 명예혁명 세대로 변화의 과정을 밟았다. 뉴잉글랜드에서는 젊은 세대가 나이든 민병대 사령관들을 몰아내고 혁명적인 공공안전위원회를 설립했고, 교회와 정치권에까지 세력을 확장했다. 그들은 뉴잉글랜드의 미래가 가장 위험했던 시기인 1692~1693년에 세일럼 지역에서 일어난 마녀사냥 광풍을 지지했다. 이 마녀사냥의 주요 표적은 어린이들을 희생양으로 삼았다고 누명을 쓴 인기 없는 노인들이었다.

체서피크에서는 전혀 다른 정책혁명으로 토지 및 권력의 합리적인 분배가 이루어졌고, 폭력도 줄어들었다. 남부의 식민지들은 계약직 백인 하인의 유입을 사실상 차단하고, 그 인력을 아프리카 노예로 대체했다. 이 흑인 노예들은 당시 유럽 상인들이 서인도제도의 설탕 농장 인력으로 데려오던 이들이었다. 기존에 형성된 상류사회에서 흑인 노예들은 권력이나 토지 경쟁에서 배제된다는 이점이 있었다. 1680년부터 1720년 사이, 남부 식민지에서 흑인이 차지하는 비율은[60] 20명 중 한 명에서 거의 네 명 중 한 명까지 증가했다. 그즈음 수십 년에 걸쳐 권력을 얻은 젊은 엘리트들은 노예법을 제정했다. 또한 버드, 랜돌프, 피츠휴, 카터, 리, 태니, 캐럴 등과 같은 인물을 통해 향후 수 세대에 걸쳐 외부 세력을 차단하고 남부를 지배할 안정적인 과두정치체제를 만들었다.

지금의 관점에서 보면 끔찍한 인종차별인 노예제도가 당시 버지니아주 해안 지역의 농장주들에게는 지극히 당연한 사회문제 해결책이었다. 이 하나의 위기 해결책이 약 200년 후 미국을 더 비극적이고 더 큰 위기로 빠뜨렸다.

18세기에 유럽의 지도자들은 영국의 명예혁명이 근대로 나아가는 길, 즉 정치적 절대주의에서 자유 민주주의로 나아가는 길을 보여줬다며 찬사를 보냈다. 미국의 대부분 식민지 개척자도 마찬가지로 찬사를 보냈다. 그러나 식민지 개척자들이 1670년대와 1680년대에서 얻은 교훈에는 영국의 지배적인 서사에는 없던 포퓰리즘과 천년왕국 종교도 있었다. 네 세대 후 이 교훈은 미국인들이 자치 정부를 수호하고 또 다른 혁명을 일으키도록 힘을 줬지만, 당시에는 한때 존중했던 체제에 맞서는 명분이 됐다.

제퍼슨은 대통령 재임 기간에 베이컨의 명예를 회복하기로 했다. 제퍼슨은 베이컨이 무법자가 아니라고 주장했다. 제퍼슨에 따르면, 베이컨은 1776년의 영웅들보다 "정확히 100년 앞서"[61] 야만적인 폭정에 항거하는 "시민의 뜻"을 수호한 혁명적 영웅이었다. 몇십 년 후, 작가 너새니얼 호손(Nathaniel Hawthorne)은 소설 《은발의 투사(The Gray Champion)》[62]를 썼는데, 이 소설은 시련의 순간마다 주기적으로 미국으로 돌아와 사람들을 집결시키는 늙은 청교도 지도자에 관한 이야기다. 이 지도자가 목격된 것은 1689년 보스턴 반란이 한창이던 거리에서였다. 그는 사람들이 증오하던 영국 주지사 에드먼드 안드로스(Edmund Andros) 경에 항거하기 위해 모인 사람들을 선동했다. 이후 1775년에 다시 목격된 그는, 애국파 사람들에게 벙커힐에 흙벽을 쌓으라고 했다.

만약 호손이 86년 후까지 내다봤다면 아마 1861년에 섬터요새나 불런 전투에서 또다시 모습을 드러낸 그에 관한 이야기도 쓸 수 있었을 것이다. 1837년에 이 글을 쓴 호손은 그런 계산까지는 하지 않았다. 그는 이야기를 이렇게 결론지었다. "그가 다시 나타나기까지는 아주 오랜 시간이 걸릴 것이다. 어둠과 역경, 위험의 시대가 곧 그의 시대다. 야만적인 폭정이 우리를 억압해도, 침략자들이 우리의 땅을 침략해도, 은발의 투사는 여전히 우리에게 올 것이다."

스페인 함대 위기, 1569~1597년

영국의 스페인 함대 위기의 '전조'는 메리 1세가 5년간 통치하던 기간 (1553~1558년)이었다. 가톨릭 신자들에게 메리 1세의 집권은 축하할 일이었다. 하지만 젊은 개신교도들에게, 특히 훗날 메리 1세를 "블러디 메리"(Bloody Mary, 피의 메리)라고 불렀던 이들에게는 숨거나, 도망치거나, 분열하거나, 음모를 꾸미거나, 존엄하게 죽음을 맞이해야 하는 시기였다. 생존자 중에는 엘리자베스 튜더(Elizabeth Tudor), 로버트 더들리(Robert Dudley), 윌리엄 세실(William Cecil), 프랜시스 월싱엄(Francis Walsingham), 토머스 그레셤(Thomas Gresham), 프랜시스 드레이크 등이 있었다. 이들은 대부분 유배지나 감옥에서 서로를 처음 만났다.

1558년, 메리 1세가 죽고 엘리자베스 1세가 즉위하자 엘리자베스 1세의 추종자들은 새로운 평화의 시대를 기대했다. 엘리자베스 1세는 젊었다. 그리고 타고난 리더였다. 엘리자베스 1세는 청교도와 가톨릭 사이에 실용적인 타협정책을 추구했다. 엘리자베스 1세의 통치하에 영국 교회는 칼뱅주의자들이 수용할 수 있는 엄격한 교리와 가톨릭이 수용할 수 있는 풍성한 전례를 채택했다. 엘리자베스 1세는 성직자들에게 보내는 편지에 이렇게 썼다. "나는 사람들의 영혼으로 창문을 만들지 않을 겁니다."[63] 엘리자베스 1세는 자신의 중도정책이 불화를 잠재우길 바랐다.

그녀의 바람과 신하들의 바람은 오래 가지 않았다.

1569년 가을, '촉매' 사건이 벌어졌다. 노퍽(Norfolk) 공작의 주도하에 갑작스럽게 가톨릭 반란이 일어났다. 노퍽 공작은 그 일대에서 가장 막강한 권력자였다. 몇 달 사이에 엘리자베스 1세는 교황에게 파문당했고, 그로부터 1년 뒤에는 스페인 암살단의 표적이 됐다. 1572년 봄, 프랑스에서 스페인과 연합한 가톨릭 연맹(Catholic League)이 수천 명의 개신교 신자들을 학살했다. 성 바르톨로메오 축일에 벌어진 학살이었다. 네덜란드에서는 스페인 출신의 알바(Alba) 공작의 군대가 개신교 반란을 진압했다. 유럽 일대의 개신교도들은 이 소식을 듣고 큰 충격에 빠졌다. 스페인의 군대와 함선과 금은 범접할 수 없이 막강해 보였다. 스페인의 거대한 엘에스코리알(El Escorial) 성벽 뒤에서 메리 1세의 전남편이었던 펠리페 2세는 이교도인 엘리자베스 1세를 언제든 제거할 수 있는 성가신 존재로 여겼다.

1572년 말, 가톨릭제국의 막강한 힘에 포위당했다고 느낀 영국 의회 의원들이 여왕의 뜻을 따르기 위해 모였다. 분위기는 암울했다. 시시한 정치는 잊히고, 새로운 세금이 책정되고, 새로운 군대가 창설되고, 새로운 무역법이 제정됐으며, 실제 음모론자들이나 음모론자로 추정되는 이들에게 새로운 처벌이 내려졌다. 첫 번째이자 유일한 '재생'이 이루어지고 있었다. 이후 10년 동안 엘리자베스 1세의 친척이자 스코틀랜드의 여왕인 메리가 연루된 암살 음모가 잇따라 일어나면서 왕실에는 불안감이 고조됐다. 영국에서 가택연금 중이던 메리는 엘리자베스 1세가 제거되면 그 뒤를 이어 여왕의 자리를 계승할 예정이었다.

1585년, 영국은 돌이킬 수 없는 지점까지 도달했다. 그렇게 '결속'이 이루어졌다. 엘리자베스 1세는 항구에 정박 중인 모든 스페인 배를 압수하고, 스페인에 자신의 '바다 개들'(sea dogs, 엘리자베스 1세는 스페인의 보물선을 약탈하는 해적 행위를 허락하며 허락장까지 발부했고, 스페인은 이 해적단을 비난하는 의미로 '바다의 개들'이라고 불렀다 – 옮긴이)을 보내 스페인을 습격했으며, 네덜란드와 프랑스 개신교를 돕기 위해 해외로 군대를 파견했다. 엘리자베스 1세는 1586년 메리를 체포하는 데 동의했고, 이듬해 메리는 사형됐다. 영국 왕실은 다가올 침략에 강경한 대비책을 마련했다. 펠리페 2세가 이끄는 130척의 함대에는 1만 7,000명의 병사들이 있었다. 1588년, 그 유명한 '절정' 사건이 벌어졌다. 소규모의 영국 해군이 전투에서 스페인 함대를 격파했고, 그나마 살아남은 함대마저 스페인으로 돌아가는 길에 바다에서 풍랑을 만나 난파됐다. 영국 전역에서 추수감사절 예배가 열렸고, 믿지 않는 자들에 대한 신의 심판을 찬양하는 메달이 제작됐다(메달에는 다음 문구를 새겼다. "신의 입김에 그들이 산산이 흩어졌다He blew, and they were scattered"[64]).

스페인과의 전쟁은 몇 년간 지속됐다. 펠리페 2세의 제국보다 인구와 부 규모가 훨씬 적은 영국 왕국은 한계점에 다다랐다. 엘리자베스 1세는 의회를 자주 소집하고, 세금을 높게 책정하고, 왕실 비용은 낮췄으며, 지방 행정 관리자들을 통해 전투 가능한 연령대 사람 10명 중 한 명을 징집해 군복무를 시켰다[65](16세기 시대 상황에 비춰봤을 때 엄청난 비율이다). 군인, 선원, 농촌 빈민층 사이에서 질병이 돌아 사망률이 급격히 증가했다. 거기에 스페인과 음모를 꾸몄다고 의심받던 아일랜드 고위 귀족들을 영국 군대가 잔학하게 처단하며 영국의 악명이 높아졌다.

공식적인 평화는 엘리자베스 1세와 펠리페 2세가 모두 사망한 후인

1604년에야 선포됐다. 그러나 1597년까지 왕국의 모든 목표는 이루어졌다. 네덜란드는 스페인 군대의 공격을 막아냈다. 프랑스의 새로운 왕 앙리 4세가 프랑스에서 스페인 군대를 몰아냈다. 펠리페 2세가 네 척의 함대를 영국에 보내기는 했지만, 영국은 이제 더 이상 함대의 공격이 두렵지 않았다. 문제의 '해결'이 눈앞이었다.

엘리자베스 1세에 대한 위대한 이미지, 실제보다 더 위대하게 느껴지는 그 이미지는 엘리자베스 1세가 살아 있는 동안에도 내내 존재했다. 그것은 여왕의 위대한 권력 때문이 아니었다. 오히려 엘리자베스 1세가 통치하는 동안 영국은 늘 경쟁국보다 약했다. 그것은 여왕의 불굴의 정신 덕분이었다. 영국의 소규모 군대와 스페인 함대와의 격돌 하루 전날, 엘리자베스 1세는 흰색과 금색으로 된 갑옷을 입고 군인들 사이를 걸으며 이렇게 말했다. "내 몸은 힘없고 약한 여성의 몸이지만, 내 정신과 포부는 여느 왕 못지않다."[66] 영국은 국가적 위기가 닥칠 때마다 엘리자베스 1세와 튜더 왕조의 강인한 의지를 반복해서 기리고 되새겼다. 1940년 히틀러가 영국을 침략하기 직전에도 그랬다. 1805년 나폴레옹의 침략을 앞두고도 그랬다.

1688년 명예혁명 기간에도 그랬다. 영국은 더 강한 프랑스와의 격돌을 앞두고 그 자세와 마음으로 대비했다. 사람들은 제임스 2세의 퇴위와, 윌리엄 3세와 메리 2세의 등극이 스페인 함대와의 전투 100주년이 되는 해에 일어났다는 사실에 놀라움을 금치 못했다. 이 혁명이 왜 그렇게 빨리 '명예'라는 수식어를 얻게 됐는지는 아무도 모른다. 다만, 우리가 알 수 있는 것은 이 용어가 급진적인 휘그당이 처음 사용한 말[67]이라는 사실이다. 그리고 의심할 여지없이 그들은 영국이 가톨릭 절대주의에서 구원받았던 시기를 기억하고 있다. 그 시기는 엘리자베스 1세의 통치 기간이었다. 엘리자로, 선한 베스 여왕으로, 요정 여왕으로, 처녀 여왕으로, 아스트라이아(Astraea, 그리스신화에 등장하는 여신 – 옮긴이)로, 스페인 함대를 상대로 승리를 거둔 후에는 글로리아나로 불렸던 그 여왕의 시기였다.

장미 전쟁 위기, 1455~1487년

내전이 발발하기 전 25년 동안, 1430년대와 1440년대의 영국은 중세 말기의 실정과 부패, 분열의 화약고가 됐다. 그 무렵 영국은 프랑스에서 거의 모든 영토를 잃었다. 무장한 퇴역 군인들이 영국에 돌아와 사회적 문제를 일으켰다. 어떤 이들은 왕실의 부패에 맞서 대중을 선동해 반란을 일으켰다. 또 어떤 이들은 대규모 군대나 독립한 남작들 수십 명을 섬기는 단체에 가입했다.

헨리 6세는 주기적으로 정신질환을 일으켰다. 그의 통치 방식은 모든 방향에서 마거릿 앙주(Margaret of Anjou)의 통제를 받았다. 마거릿은 친프랑스 여왕으로 셰익스피어는 그녀를 "프랑스의 늑대"[68]라고 불렀다. 그리고 마거릿은 헨리의 조부인 헨리 볼링브로크(Henry Bolingbroke)가 1399년에 만든 랭커스터(붉은 장미) 가문 출신이었다. 친영국파는 요크 가문의 공작인 리처드가 이끌었고, 리처드 이후에는 그의 아들 에드워드가 이끌었다. 막강한 가문인 요크 가문(흰 장미)은 경쟁 가문인 랭커스터 가문과 왕위를 두고 대립했다. 이 두 가문은 법정에서, 의회에서, 거리에서 첨예하게 갈등을 빚었다.

그러던 중 아무런 전조도 없이 두 가문이 충돌했다. 1455년, 왕이 광기에 빠졌을 때 누가 왕의 자문을 해야 할 것인지를 두고 맞붙은 싸움으로, 이 싸움은 점차 조직적인 폭력 사태로 번졌다. 이후 4년 동안 크고 작은 싸움이 있었고, 두 가문은 승패를 주고받았다.

그리고 치명적인 운명에 불을 붙인 사건들이 터졌고, 이 사건들은 양 가문에게 '재생'의 촉발점이 됐다. 1459년, 랭커스터에서 열린 '악마의 의회'에서 요크 가문의 지도자 계급 대부분은 반역죄로 단죄됐다. 12월, 영국을 떠난 요크 가문은 조직을 재정비하고 다시 돌아와 왕좌를 차지하기 위해 전면전을 벌여야 했다. 1460년 봄, 양 가문은 전투를 벌이기 전 협상을 하던 중세의 관습을 버렸다. 가을이 되자 패배한 기사들이 전쟁터에서 처형당하는 일이 일상이 됐다. 이듬해 봄, 타우턴 전투에서 요크 가문이 랭커스터 가문을 격파해 최소한 1만 명 이상의 병사들을 죽였다.[69] 당시 영국의 15세에서 50세 사이의 남성 50명 중 한 명이 사망하는 엄청난 수였다.[70] 타우턴 전투는 영국이 세계 각지에서 벌인 하루 동안의 전투 중 가장 많은 사망자를 낸 전투[71]로 기록될 것이다.

이 전투에서 승리를 거머쥐면서 1461년, 젊은 에드워드 요크가 에드워드 4세로 왕위에 올라 위기의 시기 대부분을 통치했다. 하지만 요크 가문의 통치는 순탄치 않았다. 요크 가문과 랭커스터 가문은 가문의 수장이 여섯 번이나 바뀌는 동안 끊임없이 전투를 벌였다. 이 장미 전쟁 때문에 수많은 귀족이 법의 이름으로 살해당했고, 막대한 토지와 재산이 몰수됐으며, 왕족들이 학살당했고, 프랑스의 왕과 부르고뉴 공작 같은 외국의 왕자들이 양 가문에 줄곧 개입했다.

1483년 에드워드 4세가 몇 년간 비교적 평온하게 살다가 수명을 다해 사망한 후, 암울한 반전이 일어났다. 에드워드 4세에게는 어린 두 아들이 있었는데, 막강한 권력의 소유자인 글로스터의 공작 리처드가 이 두 아들의 후견인이 됐다. 이 죽고 죽이는 치명적인 왕좌의 게임에 두려움을 느낀 리처드는 선제 조치에 나섰다. 의회에서 이 두 어린 왕자들을 사생아로 선언하고 자신이 왕이 된 것이다. 몇 달 후 리처드는 두 조카를 살해했다. 이로써 리처드 3세의 짧고도 불명예스러운 통치가 시작됐다.

이 시기에 '결속'도 이루어졌다. 오랫동안 잊고 있던 랭커스터 가문 사람이 새로운 경쟁자로 등극한 것이다. 고국을 떠나 살던 젊은 청년, 리치먼드의 백작 헨리 튜더는 프랑스 브르타뉴에서 줄곧 요크 가문의 약점이 드러나는 순간만 기다리고 있었다. 그리고 지금이 바로 그때였다. 1485년 초, 헨리는 프랑스와 고인이 된 에드워드 4세의 사돈 집안에 도움을 요청해 지원을 받았다. 같은 해 말, 영국에 상륙한 헨리는 동맹 세력을 집결해 런던으로 진격했다. 두 부대는 보스워스에서 만났고, 이 전투에서 패배한 리처드 3세는 사망했다. '절정'에 해당하는 사건으로, 리처드 3세의 가장 강력한 귀족이 헨리와 손을 잡으면서 승패가 결정된 전투였다.

새로 왕위에 오른 헨리 7세는 리처드 3세에게 살해당한 두 왕자의 누이인 요크 가문의 엘리자베스와 결혼하면서 요크 가문 사람들의 불안한 마음을 달랬다. 그렇게 해서 그는 왕가의 계보에 합류하는 데 성공했다. 심지어 헨리는 양 가문의 화해를 상징하는 특별한 문장인 '튜더 장미'를 만들었다. 절반은 흰색이고 절반은 붉은색인 장미였다. 1487년, 헨리가 자신의 통치에 반대하는 가장 격렬한 반란을 진압하면서 이제는 '해결' 국면에 접어들었다. 그렇게 새로운 튜더 가문이 견고하게 자리 잡았다.

헨리 튜더와 그의 왕실은 새로운 왕조의 번영에 큰 기대를 걸었다. 대관식 즈음에 처음 출간된 토머스 말로리(Thomas Mallory)의 책《아서 왕의 죽음》이 큰 인기를 끌자 헨리는 맏아들의 이름을 아서(Arthur)로 지었고, 1486년에는 윈체스터(카멜롯으로 추정되는 지역)에서 아들을 하나 더 얻었다. 하지만 안타깝게도 아서는 왕관을 쓰기 전, 15세의 나이로 죽었다. 아서는 자신의 모든 것, 왕의 지위와 어린 아내 아라곤 가문의 캐서린까지 동생 헨리에게 물려줬다. 헨리 8세는 튜더 가문의 혈통을 유지하기는 했지만, 죽을 때까지 아서 왕의 황금기만큼 영국을 이끌지는 못했다.

영국 정치의 미래 방향만 놓고 보면 장미 전쟁에서 누가 승리했는지는 중요하지 않을 수도 있다. 헨리 7세나 리처드 3세, 심지어 더 오래 살았다는 가정하에 에드워드 4세 등 누가 궁극적으로 왕조의 영속성을 확보했는지는 중요하지 않을 수도 있다. 중요한 것은 모두가 무자비한 정치인이자 혁신적인 관리자였다는 사실이다. 이들의 장기적인 계획은 거의 같았다. 세력이 큰 귀족의 힘을 약화해 무정부 상태에 가까운 상황을 다스리고, 글을 읽고 쓸 줄 아는 충성스러운 관료를 고용해 권력을 체계적이고 견고하게 만드는 것이 이들의 목표였다. 이 새로운 유형의 통치자, 역사가들이 "새로운 군주"라 불렀던[72] 이 통치자들이 15세기 후반 서유럽에 등장해 근대의 문턱을 넘고 있었다.

셰익스피어는 이 싸움의 승자가 헨리 튜더라는 사실에 큰 관심을 가졌다. 셰익스피어는 대부분 역사 이야기를 젊은 시절에 썼는데, 당시는 영국의 다음 새큘럼 겨울 시기, 즉 엘리자베스 1세가 스페인 함대를 막고 있던 시기였다. 셰익스피어는 중립을 유지할 여유가 없었다. 헨리 7세가 엘리자베스 1세의 할아버지였기 때문이다. 그의 작품《리처드 3세》에서 리처드는 꼽추로 묘사된 반면 헨리의 잔인한 조치들은 거의 언급되지 않았다.

셰익스피어가 요크 가문과 랭커스터 가문 사이의 내전에서 역사적인 교훈을 얻었을까? 우리가 아는 것이라고는 《리처드 2세》에서 헨리 7세의 증조부인 헨리 볼링브로크(헨리 4세)가 오래전 주도했던 반란에 대해 칼라일(Carlisle) 주교가 의회에서 항의한 장면뿐이다. 칼라일 주교에게 랭커스터 가문의 귀족들이 처음 일으킨 이 폭동은 신과 자연의 순리를 위배하는 것이었다. 그러므로 "영국의 피는 땅의 거름이 될 것이고/ 미래의 세대들은 이 추악한 행위를 통탄할 것이다."[73] 그리고 "아직 태어나지 않은 아이들은/ 이날을 가시처럼 날카롭게 느낄 것이다."(셰익스피어가 쓴 《리처드 2세》에 나오는 대사 – 옮긴이) 엘리자베스 시대의 대중은 셰익스피어가 미래의 내전과 튜더 왕조의 부상을 언급하고 있다는 사실을 당연히 알았을 것이다.

볼링브로크의 침략과 강탈 그리고 칼라일 주교의 예언은 모두 1399년에 있었다. 헨리 튜더의 침략과 강탈이 일어나기 정확히 86년 전이었다. (셰익스피어에 따르면) 늙은 주교는 앞으로 새로운 새큘럼의 리듬이 어떻게 전개될지 정확히 직감했는지도 모른다.

7세기에 걸쳐 영미 역사에서 나타난 전환점이 되는 사건들은 매우 다양한 사회적 환경에서 벌어졌다.

사회들의 규모도 다양했다.[74] 1940년에 미국의 인구는 1억 3,200만 명이었고, 1680년 영국의 북아메리카 대륙 식민지는 약 15만 명, 1485년 영국 왕국은 약 200만 명이었다. 생활수준도 다양했다. 1700년대 초반까지만 하더라도 영국의 일반적인 삶은, 대부분 가족이 작은 마을에서 토지를 경작하며 살다가 자녀의 절반이 성인이 되기 전 죽는 것[75]이었다. 그 무렵 미국의 식민지 개척자들은 이미 더 건강하고 풍요로운[76]

삶을 살았다. 1860년대에는 미국 아이들의 사망률이[77] 33퍼센트로 감소했다. 그러다가 1940년에는 6퍼센트로, 2020년에는 1퍼센트 미만으로 감소했다. 기술이 없는 미국 노동자의 평균임금은[78] 1790년과 1860년 사이에 세 배가 증가했고, 1940년까지 또다시 세 배 증가했으며 2020년까지는 두 배 증가했다.

기술 부분은 아예 다른 문명이 됐다고 표현하는 것이 적절할 것이다. 15세기의 낫을 오늘날의 자율주행이나 GPS 기반의 수확기와 어떻게 비교할 수 있겠는가? 아니면 하인이 말을 타고 편지를 전달하던 것을 실시간으로 수백만 명과 연결되는 소셜미디어에 어떻게 비교하겠는가?

시간이 흐르면서 사회적 기준과 문화적 기준 역시 엄청나게 변했다. 예전에는 사회적 복종이 당연시되고, 당파 갈등은 국가와 왕조에 대한 충성심뿐 아니라 종교적 신념에 따라 정의되곤 했다. 그러다가 18세기 후반부터 사회적 하층민들은 귀족들을 더 이상 '더 나은 사람'으로 보지 않게 됐다. 오늘날 우리에게 민주주의는 지극히 당연하다. 오늘날 우리는 종교적 교리를 문화적, 사회적, 경제적 도그마만큼 중요하게 여기지 않는다. 오늘날 우리는 가치와 전통과 특권과 부의 공정한 분배를 이야기하고 싶어 한다.

이러한 차이는 실로 놀라운 변화다. 그러나 이 모든 놀라운 변화에도 불구하고, 우리는 동일하게 반복되는 사회적 역학을 보게 된다. 새큘럼의 전반적인 계절 리듬과 역사적 겨울 시기에 벌어지는 서사의 진행 방식은 똑같이 반복된다. 전반에는 어떤 '촉매'로 인해 사회적 분위기가 '해체'에서 '위기'로 변한다. 후반에는 항상 '해결' 국면을 통해 사회적 분위기가 '위기'에서 '고조기'로 바뀐다. 그사이에 사회는 '재생' 과정을 통해 재조정되거나 경우에 따라서는 재조직된다. 재생은 사회를 나누기도 하고 새롭게 통합하기도 하지만, 절대 이전과 같은 사회로 되돌아가게 하지는 않는다. 재생된 사회는 어느 순간 '결속'과 '절정'을 경험하고, 가장 야심 찬 집단의 목표가 승패를 가늠하는 시험대에 오르며 절정의 시련을 맞는다.

겨울이라는 시기 자체는 세대의 형성과 노화에 따라 결정되며, 이는 수 세기 동안 변하지 않았다. 위기의 시기에 사건의 진행은 대체로 사회의 집단심리에 따라 이루어지며, 이 사실 역시 크게 변하지 않았다. 엘리아스 카네티(Elias Canetti)는 저서 《군중과 권력》에서 군중에 관한 오래된 네 가지 규칙을 이야기한다.[79] '군중은 성장하기를 원한다. 군중은 밀집 상태를 즐긴다. 군중은 평등을 추구한다. 군중은 방향을 찾는다.' 그의 설명은 거의 모든 사회를 촉매 단계에서 재생으로, 결속으로 이행하게 하는 원동력을 정확하게 묘사한다. 그리고 그 군중이 마을 회관 앞에 모이는지 트위터나 레딧 같은 디지털 공간에서 모이는지는 중요하지 않을지도 모른다.

7

밀레니얼 위기

✕

전쟁의 시작이 평화의 끝보다 낫다.

이란 속담

군이 여론조사 결과를 보지 않더라도 지난 10여 년간 사회적 분위기가 긴박하게 바뀌고 있다는 사실을 미국인 대부분은 알고 있다. 여론조사 결과는 잠시 뒤에 논의하도록 하겠다. 이러한 변화를 빠르게 확인하는 방법은 구글 엔그램(Google Ngram)을 살펴보는 것이다. 구글 엔그램은 1800년부터 매년 미국에서 출간된 광범위한 분야의 책에서 상대적으로 자주 사용된 단어나 표현을 추적해 기록한 웹사이트다.

구글의 가장 최신 자료인 2019년을 기준으로 미국에서 가장 자주 사용된 단어나 표현은 다음과 같다. 우익, 좌익, 급진적, 인종차별주의, 권위주의적인, 억압, 불평등, 은폐, 포퓰리스트, 분노, 싸움, 갈등, 수치심, 정치, 향후 내전.

1948년경부터 가장 많이 사용된 단어는 파시스트다. 1945년 이후에는 독재자고, 1868년 이후에는 탄압이다.

좀 더 최근인 2008년경에 가장 많이 사용된 표현은 다음과 같다. 레드존, 블루존(심리 용어로 불안·도피·공포·좌절은 레드존으로, 평화·창조·자신감 등은 블루존으로 묘사한 표현 - 옮긴이), **가짜 깃발**(fales flag, 실제 책임 소재를 위장해 다른 사람에게 책임을 전가하는 행위 - 옮긴이), **숨은 권력 집단**(deep state, 정치·군대 등에서 특정 이해관계를 보호하고 지배력을 얻기 위해 은밀히 작업하는 제도권 세력 - 옮긴이), **사회적 정의, 국가적 숙고, 안티파**(antifa, 파시스트에 반대하며 극우파에 맞선 극좌파로, 안티 파시스트의 줄임말 - 옮긴이), **워크**(woke, 원래는 인종차별 반대 운동에서 사회적 불의를 인식하고 있다는 긍정적 의미였으나, 2020년 조지 플로이드 사건으로 백인도 역차별을 당한다는 목소리가 나오면서 보수 진영에서는 정치적 올바름 political correctness에 과잉 반응하는 이들을 비꼬는 표현으로 사용된다 - 옮긴이), **빨간 약**(영화 〈매트릭스〉에서 빨간 약을 먹으면 불편한 진실을 알게 된다는 의미로 사용된 표현 - 옮긴이), **거짓 동등성**(반대되는 두 논거가 논리적으로 동등해 보이지만 실제로는 그렇지 않은 경우에 사용되는 표현 - 옮긴이).

결속력이 더욱 강한 집단일수록 불화와 갈등에 대한 인식도 강해진다. 그러나 위기의 시대 초반에 볼 수 있듯이, 이러한 현상은 대체로 '작은 소대' 수준의 개인적 결속력에서 일어난다. 사용량이 급증한 단어로는 친구, 이웃, 가족, 친족, 팀워크, 마음이 통하는 사람, 외로움 등이 있다. 반면 대규모 시민 기관을 지칭하는 단어는 사용 빈도가 줄어들었다. 예를 들어, 다음과 같은 단어의 사용 빈도는 감소했다. 조직, 위원회, 시민, 구성원, 규칙, 법률, 공식적인, 질서, 절차, 연결된.

'불안'을 나타내는 단어의 사용 빈도는 증가하는 반면, '안전'을 나타내는 단어의 사용 빈도는 감소하고 있다. '선거 승리'는 증가하고 '개혁'은 감소하고 있다. '상대를 이긴다'는 표현은 증가하고, '상대를 설득한다'는 표현은 감소 중이다.

각성기와 관련한 사회적 우선순위 단어는 거의 동면하는 중이라고 봐야 한다. 가치, 양심, 원칙, 개혁운동, 호소, 반란, 폭동, 무정부 상태 등은 오늘날보다 1960년대에 더 많이 사용됐다. 당연히 지난 각성기의 강력한 목표와 관련된 단어들 역시 동면 상태다. 제도, 체제, 순응, 부르주아, 중산층 역시 한때 부정적 가치로 관심을 끌었지만, 사용 빈도가 현저히 줄었다. 사실 오늘날 젊은 층에게는 저 단어들이 긍정적 의미로 사용될 수도 있다.

사회적 분위기는 별개의 문제다. 사회적 사건 역시 전혀 다른 문제다. 네 번째 전환기에는 사회적 분위기와 사건 모두 특색 있는 방향으로 변하리라 생각한다. 특히 주요 사건의 궤적은 위기의 시대의 기본적 흐름을 따를 것으로 예측된다. 따라서 현재 진행 중인 밀레니얼 위기의 시대에 집중하면서, 두 단계를 밟으려 한다. 첫째, 위기의 시대에 미국이 어느 정도까지 나아갔는지에 관한 대략적인 서사를 볼 것이다. 이미 우리는 미국이 전조, 촉매, 첫 번째 재생을 경험했다는 사실을 알고 있다. 둘째, 이 밀레니얼 위기가 앞으로 몇 년간 절정에 달하고 해결되는 다양한 방식을 검토해볼 것이다. 미국은 두 번째 재생을 경험할 것인가? 결속은 언제쯤 이루어질 것인가? 에크피로시스 기간에 무슨 일이 벌어질 것인가? 이 질문에 답하기 위해 최선을 다할 것이다.

우리는 어디까지 왔는가: 위기의 시대 속으로

역사학자에게 먼 과거 해석이 어려운 일이라면, 가까운 과거 해석은 매우 위험한 일이다. 새로운 모든 소식, 가령 허리케인, 선거, 주식시장 폭락, 스캔들 등은 사건을 이해하는 관점을 왜곡하고, 그 사건을 객관적으로 보는 데 필요한 거리를 빼앗는다. 그렇다 하더라도, 시간이 흘러도 중요성이 퇴색하지 않는 주요 사건과 흐름을 표시할 수는 있어야 한다.

이 관점에서, 지난 장에서 알아봤던 새큘럼의 틀을 밀레니얼 위기의 역사를 이해하는 데 적용할 수 있는지 살펴보겠다.

밀레니얼 위기의 '전조'는 9·11 테러 그리고 그에 따른 아프가니스탄과 이라크에 대한 미국의 보복 공격(2001~2003년)이다. 1차 세계대전과 마찬가지로 9·11 테러는 갑자기 터졌고, 세계평화가 유구히 이어지리라고 믿던 안일한 대중에게 크나큰 충격을 가했다.

그리고 1차 세계대전과 마찬가지로, 9·11 테러에 대한 대처는 열정만 넘치고 인내심은 부족했다. 대중은 이내 전쟁의 기본적인 목표에 의구심을 가졌다. 2005년, G. W. 부시 대통령이 '미션 완수'를 선언하고 2년 후, 이라크 침공에 찬성하는 미국인보다 반대하는 미국인이 더 많았다. '국가 건설'이라는 고매한 목표는 1920년 '민주주의를 위한 안전한 세상 만들기'라는 목표와 마찬가지로 조롱거리가 됐다(역사학자이자 저널리스트인 로버트 코건Robert Kogan은 "우드로 윌슨은 거짓말을 했고, 국민은 죽었다"[1]는 표현이 워런 하딩Warren Harding 시대의 분위기를 잘 묘사하고 있다고 말한다). 정책입안자와 대중이 이라크 전쟁 이후 환멸을 느낀 시기는 베르사유 조약 이후가 그러했듯, 다른 세상과 단절되는 장기적 변화의 시기와 일치한다.

모든 전조가 그러하듯 9·11 테러는 부상하는 노마드 세대의 외교관과 공무원에게 현실 세계의 난제에 맞서 자신의 능력을 시험하는 기회가 됐다. 이러한 상황과 미래와의 관계는 깊이 생각해볼 가치가 있으며, 이 문제는 다음 장에서 다룰 예정이다. 2003년에는 소령부터 대령에 이르기까지 거의 모든 영관급 장교 자리에 X세대가 포진해 있었다. 오늘날 마지막 베이비붐 세대 장교들이 은퇴하면서 이제 이 X세대가 고위직으로 승진하고 있으며, 2020년대와 2030년대 대부분은 이들이 고위직을 차지할 것이다.

전조는 해체기의 개인적 권리와 시민적 분위기를 일시적으로 방해할 뿐이며, 9·11 테러도 예외는 아니었다. 쌍둥이 빌딩이 공격당한 지 얼마 지나지 않아 미국인들은 "쇼핑하자", "디즈니월드에 가자"는 대통령의 조언을 따랐다. 닷컴버블 붕괴 이후 완만한 침체기를 겪다가 회복 중이던 경제는 급속도로 회복됐다. 1년 후 주식시장은 다시 상승 국면을 맞았다.

이번에는 미국인들이 닷컴 기술 주식보다 더욱 민주적으로 접근 가능한 돈벌이 수단을 찾았다. 부동산에 투자하기 시작한 것이다. TV에서 〈플립 댓 하우스(Filp That House)〉라는 프로그램이 방영되고 주택 가격이 치솟기 시작하자 은행권에서는 열성적으로 집을 사려는 구매자들에게 서브프라임 모기지론을 발행했다. 그런 다음에는 이 모기지를 증권화하고 이를 부채 장부에서 제외하거나 열렬한 기관투자가들에게 팔았다. 모기지론 부채의 증가는 주택 가격의 또 다른 상승이라고 하는 악순환의 굴레에 빠졌다. 9·11 테러 이후 주택 가격과 부동산 가격은 거의 3분의 2 가까이 상승했고, 미국의 주택 보유자들은 이전보다 10조 달러는 더 부유해졌다고 느꼈다. 테러와의 전쟁에 대한 열정이 시들해지자 브랜드나 사회적 지위, 죄책감을 느끼면서도 즐거워하는 길티 플레저(guilty pleasure)를 향한 열망이 엔터테인먼트산업에 반영되기 시작했다. 〈섹스 앤 더 시티〉, 〈위기의 주부들〉, 〈아메리칸 뷰티〉, 〈소프라노스〉, 〈서바이버〉 등과 같은 TV 프로그램은 물론, 저스틴 팀버레이크(Justin Timberlake)

와 재닛 잭슨(Janet Jackson)의 '의상 불량'(wardrobe malfunction, 팀버레이크가 함께 공연 중이던 잭슨의 상의를 잡다가 상의가 벗겨진 해프닝으로 'wardrobe malfunction'라는 단어가 사전에 정식으로 등재되기도 했다 – 옮긴이)에 이런 분위기가 녹아 있다.

오늘날 미국인 대부분은 이 시기가 어떻게 끝났는지 기억할 것이다. 2006년 초, 신규 주택 건설이 급감소했다. 같은 해 말, 끝없이 치솟을 것 같은 집값이 상승세를 멈췄다. 그리고 2007년 내내 하락했다. 몇몇 은행은 모기지 담보증권을 팔기 시작했지만, 계속 사들이는 은행도 있었다. 2007년 7월 시티뱅크의 CEO 찰리 프린스(Charles Prince)는 이런 말을 했다. "음악이 계속되는 한, 우리는 일어나서 계속 춤을 춰야 한다."[2] 마치 지금은 고전이 된 영화 〈빅쇼트〉에 나오는 대사, "사실, 아무도 거품을 보지 못한다. 그 사실이 거품을 만든다."[3]를 연상시키는 말이었다.

2008년, 모든 것이 무너졌다. 9월, 리먼브라더스(Lehman Brothers)가 파산하자 전 세계 대출시장이 얼어붙었고, 이는 세계 생산시장과 주식시장의 추락으로 이어졌다. 연방준비제도, 의회, 미 재무부는 충격을 완화하기 위해 전례 없는 조치를 단행했다. 금리를 제로로 낮추고, 외국계 중앙은행에 무제한으로 신용을 확대했다. 전시가 아닌 평시에 GDP가 10퍼센트 가까이 감소한 것은 미국 역사상 처음이었다.

이 모든 노력에도 불구하고 금융시장은 1929년 대공황 이후, 가장 가파른 하락 곡선을 그렸다. 국제금융위기로 알려진 이 끔찍한 폭락이 '촉매'가 됐다. 이 폭락 사태는 대공황 이후 가장 심각한 국제 경기 위축으로 직결됐다.

주가가 고점에서 저점까지 하락한 폭은 대공황(1929~1933년)보다는 대침체(2007~2009년) 기간이 확실히 얕기는 했다. 하지만 1930년대는 침체 속도와 회복 속도가 훨씬 빨랐다. 그러나 2010년대의 회복 속도는 훨씬 느렸다. 고용, 생산, 비즈니스 역동성(경제가 새 기업과 새 고용을 창출하는 비율)은 이전 속도를 회복하지 못했다. 그 결과 2007년 전후로 미국의 1인당 GDP 성장률은 10년 넘게 둔화해 1929년 이전과 비슷해졌다.

2007년 이후 미국의 형편없는 경제 상황은 대침체가 시작된 이후 의회와 연방준비제도가 10년 넘도록 광범위하게 실시한 금융정책과 통화정책을 고려할 때 더욱 실망스러운 듯하다. 물론 이러한 조치들 덕분에 대공황보다는 경제 붕괴가 덜 악화했다고 평가한 연방준비제도의 전 의장, 벤 버냉키(Ben Bernanke)의 말이 옳을지도 모른다. 그러나 이러한 조치는 소득과 부의 불평등을 야기했다. 이는 1929년 이후에는 없던 일이었다. 게다가 경제를 경기부양책에 더욱 의존하게 만들었고, 이러한 의존성을 해결할 방법은 미래의 정책입안자들에게 미뤘다.

79년 전 대공황 때와 마찬가지로 2008년의 국제금융위기는 미국의 사회적 궤도에 중대한 전환점이 됐다. 이전에는 대중문화가 호화로운 유아용 침대나 값비싼 브랜드, 사회적 명망이 높은 직업에 초점을 뒀다면 이제는 압류된 집, 낡은 물건 교환하기, 고된 육체노동을 조명했다. 실직자와 집 없는 이들도 당연히 대중문화의 주요 관심사였다. 한때 정책입안자들이 시장의 규제완화를 선호했다면, 이제는 금융 범죄에 대한 엄격한 처벌과 은행·주택·통화정책의 재구성, 소득과 부의 불평등에 관한 조치 등 대대적인 공공정책 마련에 촉각을 곤두세웠다. 한때 유권자들이 민주적 절차를 신뢰했다면, 이제는 결과로 가는 지름길을 찾거나 결과 도출에 방해가 되는 모든 장애 요소를 제거하는 데 관심을 뒀다.

2009년 3월, 버락 오바마 대통령은 취임 연설에서 이전에 미국이 겪었던 트라우마의 순간들을 언급했다("미국이 탄생했던 해, 가장 추웠던 몇 달 동안 애국자들이 얼어붙은 강변에 모여 꺼져가는 모닥불 옆에서 회의를 벌였습니다. 수도는 버려졌고, 적은 전진하고 있었습니다. 눈은 피로 물들었습니다."⁴). 1년이라는 짧은 기간에, 양당은 긴급사태에 대응하기 위해 힘을 합쳤다. 그 이후에는 정치적 대립이 심해졌다. 우파 진영 사이에서 티 파티 운동(Tea Party Movement, 2009년 길거리 시위에서 시작한 보수주의 정치운동 – 옮긴이)은 공화당에 활력을 불어넣었고, 덕분에 오바마 임기 8년 중 6년 동안 공화당이 하원을 차지했다. 2011년 여름, 부채한도를 인질 삼아 국제금융시장을 공황상태에 몰아넣은 공화당의 새로운 다수파는 높은 실업률에도 불구하고 재정긴축정책을 펼치며 모호한 행보를 보였다. 좌파 진영 사이에서 '점령하라 운동(Occupy Movement)'은 월스트리트 구제금융과 점진적 회복 전략을 지지하는 민주당을 비판하며, '99퍼센트'의 입장을 대변하는 진보주의자들에게 활력을 불어넣었다.

2016년, 양당은 새로운 대통령 후보를 지명했다. 분위기는 어수선했다. 경제는 또다시 경기침체 후유증에 시달렸고, '현재 미국이 가는 방향'에 대한 대중의 불만은 최고조에 달했다.⁵ 민주당에서는 자유주의자인 힐러리 클린턴(Hillary Clinton)이 간발의 차로 포퓰리스트인 버니 샌더스(Burnie Sanders)를 이기며 후보로 선택됐다. 공화당은 정반대의 길을 걸었다. 포퓰리스트인 도널드 트럼프(Donald Trump)가 간발의 차로 선거인단 수에서 승리했으며, 공화당은 상원과 하원에서 과반수 의석을 확보했다.

2016년 대선은 양당 모두에게 명백한 '재생'이 됐다. 전국의 정치판에서 1850년대 후반까지는 아니라 하더라도 1930년대 중반 이후 볼 수 없었던 강도로 당원들을 동원했다. 좌파는 마치 트럼프 행정부가 점령군이라도 되는 듯, 민주당원들을 저항군의 명목으로 집결시켰고 특검 및 두 차례의 탄핵소추를 통해 정권의 잘못된 조치들을 즉각 시정할 것을 요구했다. 보수 진영은 아웃사이더처럼 행동하고 선거운동을 펼친 트럼프를 중심으로 결집했다. 트럼프는 재임 기간 내내 제도권 세력을 맹렬히 비난했다. 그는 자신의 업무 수행 능력에 대한 유권자들의 지지율이 사상 최저치를 기록해도 거의 신경 쓰지 않았다.

2020년 전 세계를 휩쓴 팬데믹과 국제 경기침체 와중에도 트럼프는 적대적인 입장을 고수했다. 그는 보건복지부 고위 공직자들을 비난했지만, 그들을 경질하지는 않았다. 그는 무력한 연방 관료들을 거세게 비난했지만, 그들이 수조 달러의 코로나 지원금을 할당할 수 있도록 권한을 부여하는 코로나 관련 일곱 개 법안을 지지해 미국 역사상 가장 큰 규모의 사회복지지출을 감행했다. 특히 그는 자신의 서명이 들어간 지원금 수표를 무척 마음에 들어 했다.

모든 포퓰리스트가 그러하듯, 트럼프의 목표 역시 역기능을 하는 공동체의 의사를 대변하는 것이 아니었다. 그의 목표는 공동체의 의지와 자신의 의지를 동일선상에 놓음으로써 공동체를 치유하고 강화하는 것이었다. 그 의지를 가로막는 것은 필요하다면 폭력을 동원해서라도 압도적인 힘으로 극복해야 했다. 포퓰리즘은 카를 폰 클라우제비츠(Carl von Clausewitz)의 "전쟁은 다른 수단을 가지고 지속하는 정치"라는 말을 뒤집은 미셸 푸코(Michel Foucault)의 "정치는 다른 수단을 가지고 지속하는 전쟁"[6]이라는 말에 힘을 실어줬다.

2020년 11월, 새로운 대통령을 뽑는 선거라기보다는 트럼프의 재선 여부를 결정하는 선거에 가까웠던 대선에서 미국 유권자들은 트럼프를 거부했다. 그러나 트럼프는 이 결과를 전쟁에서 패배한 것이 아니라 전투에서 패배했다고 해석했다. 대선 패배 후 트럼프는 저항 세력의 지도자로 나섰다. 트럼프의 측근이자 뉴욕시 전 시장인 루돌프 줄리아니(Rudy Giuliani)는 싸움에 열을 올리는 공화당 지지자들에게 "전투를 통한 심판"[7]을 제안했다. 트럼프는 추종자들에게 "도둑질을 멈추고", "불법으로 대통령이 된 자"를 따르지 말라고 말하면서 "죽도록 싸우지 않으면, 더 이상 이 조국은 없다"[8]고 했다. 몇 시간 후, 의회가 열리고 있던 의회 건물에 무기를 든 무리가 습격했다.

다음 날, 하원에서 공화당 의원 138명이 펜실베이니아주의 선거 결과에 반대하는 안건을 표결에 부쳤다.[9] 1년 후, 공화당을 지지하는 유권자의 거의 4분의 3과 미국 전체 유권자의 3분의 1에 해당하는 이들이 조 바이든의 승리가 어쩌면 또는 확실히 합법적이지 않았을 것[10]이라는 사실에 동의했다. 약 2년 후, 가을에 실시한 중간 선거에서 연방정부나 행정 주요직에 출마한 공화당 후보 200명 이상이 2020년 대선 결과가 의심스럽다고 말했고, 약 30명은 노골적으로 "도둑맞은 선거"[11]라고 말했다. 이 선거에서 대다수 공화당 후보가 승리를 거뒀지만, 극단적인 MAGA(Make America Great Again의 약자로, 트럼프의 선거 슬로건이었다 – 옮긴이)파 사람들은 선거에서 패배하거나 저조한 성적을 거뒀다.

이 유권자들과 후보들은 정말로 트럼프가 선거에서 이겼다고 믿었을까? 사실 이 부분은 중요하지 않다. 열성적인 지지자들은 자신들이 공정한 싸움에서 패배했을지도 모른다는 사실을 아예 받아들이지 않는다. 그들은 늘 상대편이 속임수를 썼거나, 허위 사실을 유포했거나, 부정한 거래를 했을 것이라고 주장한다. "도둑맞은"이라는 은유적 표현에서 우주선이 투표 기계에 메시지를 보냈을 것이라고 하는 음모론까지 이어지는 거리는 무척 짧다. 게다가 상대편이 적이라면 양보해서 얻을 수 있는 것은 아무것도 없다. 하지만 세상이 자신을 열렬한 신념을 지닌 존재이자 불굴의 의지를 가진 사람으로 본다면 뭔가 얻는 것이 있다.

2021년 1월 20일, 바이든이 대통령으로 취임했을 때, 많은 미국인, 어쩌면 대다수 미국인은 안도의 숨을 쉬었다. 마침내 미국에는 합의를 존중하고 규칙에 따른 절차를 지키며 오직 능력으로만 자신을 증명하는 최고 통수권자가 생겼다. 하지만 얼마 지나지 않아 민주당 중도파의 영향력이 얼마나 약한지가 드러났다. 몇 달 후, 뉴스는 민주당 내 좌파가 독점하다시피 했다. 이들의 목표는 자신들의 정당을 더욱 확장되고 진보적인 정권의 옹호자로 재정의하는 것이었으며, 새로운 당원 자격을 갖춘 이들과 함께 '그린 뉴딜', 젊은 층의 부채 탕감, 부유층 세금 인상, 연방정부가 관리하는 선거 등의 정책을 제안했다. 의회에서 민주당 중도파는 좌파의 입장을 적극 지지하지도 않았지만, 그렇다고 해서 그들을 막을 수도 없었다.

결국 좌파가 제시한 의제는 거의 채택되지 않았다. 바이든이 임기 첫 2년 동안 제안했던 4조 4,000억 달러의 신규 지출 중(2021년 봄에 승인된 마지막 코로나 지원금은 제외) 3분의 1 정도만이 의회의 승인을 얻었다.[12] 그나마도 이 승인은 기반 시설의 현대화 및 곤경에 처한 첨단산업 육성처럼 공화당과 민주당이 모두 지지하는 목표에 관한 것으로, 드물게 초당파적 합의를 이룬 결과였다. 새로운 세입 법안은 거의 제정되지 않았다. 그 결과 새로운 지출 대부분이 더 큰 적자로 이어졌다. 민주당의 실망스러운 성과는 실질적으로 좌파에 큰 불이익을 주지 않았다. 양 정당 모두에게 새로운 정책을 실행하는 것보다 유권자와 기부자의 열기를 끓어오르게 하는 것이 더 시급했다. 사실 실현된 성과보다는 좌절된 성과가 더욱 도움이 됐는지도 모른다. 바이든이 의회에서 입법에 성공할 때마다 유권자들은 그가 해결하지 못한 모든 문제를 비난했고, 정권 초기 민주당 중도파 지도부에 대한 지지는 거의 사라졌다. 2022년 바이든 지지율은 트럼프 집권 2년 차 지지율보다 높지 않았다. 2022년 6월, 대법원에서 로 대 웨이드 판결(Roe v. Wade, 1973년 연방 대법원은 찬성 7 대 반대 2로 낙태의 권리가 미국 헌법이 보장하는 '사생활 권리'에 포함되므로 보장받을 수 있다는 로 대 웨이드 판결을 내렸다. 이는 1992년 가족계획연맹 대 케이시 판결에서 재확인됐으나, 2022년 돕스 대 잭슨여성보건기구 판결에서 앞선 두 판결을 뒤집어, 낙태권의 헌법적 보호를 폐지하고 주별로 주의 법에 따라 자율적으로 정하게 했다 – 옮긴이)을 뒤집으면서 이번에는 공화당이 타격을 입었다. 공화당을 지지하던 유권자들의 열기는 여름과 가을에 시들해졌다. 2022년 중간 선거에서 맞붙은 두 정당은 사실상 무승부를 기록한 가운데 공화당이 아주 약간 우세했을 뿐이다.

돌이켜보면, 2016년 선거가 밀레니얼 위기의 첫 번째 재생에 해당하는 증거임이 명백하다. 2016년 이후 대선과 중간 선거의 투표 참여율은 지난 100년간 투표 참여율 중에 가장 높았다.[13] 유권자들의 감정 온도계(자신의 감정을 온도계 온도에 비유해 수치화한 시각적 자료 – 옮긴이)에 따르면, 정당에 대한 감정이 그 어느 때보다도 뜨거웠다. 총유권자 절반이 정치를 "옳고 그름 사이의 투쟁"[14]으로 보고 있다. 거의 90퍼센트에 가까운 유권자가 자신이 지지하지 않는 정당이 승리하면 국가에 "지속적인 해를 끼칠 것"[15]이라고 예측한다. 2020년에는 상대편 정당이 미국을 "독재국가" 또는 "사회주의 국가"로 점차 변화시킬 것이라는 사실[16]에 동의하지 않는 사람은 10퍼센트에 불과했다. 취소 문화, 수준 낮은 선거운동, 독소조항, 사적인 괴롭힘 등으로 인해 각종 매체나 유명 인사, 유명 브랜드 등이 중립적인 태도를 유지하기가 더욱 어려워졌다. 전체 미국인 중 절반 이상이 지난 1년간 보복이 두려워 자신의 의견을 밝히지 못한 적이 있다고 했으며, 지난 10년 전과 비교했을 때 표현의 자유가 "줄었다"고 말하는 사람[17]의 비율도 크게 늘었다. 공화당 지지 유권자들은 표현을 억압당한다고 말하는 사람이 많았고, 민주당 유권자들은 보복당한 경험이 많다고 말하는 사람이 많았다.

2016년 이후 정치 폭력이 증가하면서 이에 따른 위협, 부상, 사망률도 증가했다. 전쟁 후 수십 년 동안 미국 내에서 일어난 테러와 달리, 이 새로운 양상의 폭력은 동물의 권리 보호나 낙태 같은 단일 이슈보다는 상대편 정당을 협박하거나 해치려는 의도[18]가 더욱 크게 작용했다. 경찰, 군인, 공무원을 향한 공격은 물론이고, 의회와 대법원의 유명 인사를 포함해 의원들과 판사들에 대한 공격도 증가하고 있다.[19] 민주당과 공화당의 몇몇 상원의원은 공식적으로 지원받는 경호 인력 외에 사설 경호원을 고용해, 지출하는 비용이 수십만 달러에 달하는 것으로 알려졌다.[20] 설문 조사에 따르면, 폭력 사용 의향을 묻는 질문에 의향이 있다고 답한 응답자가 양쪽 모두에서 거의 비슷하게 증가했지만, 실제 폭력은 공화당이 우세한 이른바 레드존(red zone, 공화당의 상징색인 붉은색과 민주당의 상징색인 파란색이 우세한 지역을 각각 레드존과 블루존이라고 한다 – 옮긴이)에서 더 많이 발생했으며, 폭력을 사용한 이들 상당수는 자칭 '민병대' 운동[21](준군사조직과 유사한 민간 조직으로 스스로 민병대 내지 입헌 민병대로 부르며, 1990년대 중반까지 미국 50개 주에서 활동했다 – 옮긴이)과 관련이 있다.

2016년 이후, 두 정당이 미국의 미래에 관해 상호 배타적이고 적대적인 비전을 채택하면서 누가 권력을 장악할 것인가, 특히 누가 최고의 국가권력을 쥘 것인가에 대한 관심이 점점 고조되고 있다. 하나의 주에 좋은 정책이라면, 다른 모든 주에도 좋은 정책일 것이라는 새로운 사고가 확산하고 있다. 그래서 정당 지도부는 당원들에게 뜻이 같은 주지사, 상원의원, 하원의원, 대통령 (그리고 대법원에서 뜻이 같은 법관들까지도) 등 모든 곳에서 자신의 정당에 투표하라고 촉구한다. 연방 선거에서 지역구별로 표가 나뉘는 현상은 100년 만에 최저치로 줄고 있다.[22] 주 선거와 지역 선거에서도 이러한 현상이 더욱 두드러지게 나타난다.[23] 심지어 이제는 학교 이사 선거에서도 백신 의무화 요구부터 인종차별과 관련한 주요 이론에 이르기까지, 정당의 이슈들이 치열하게 동원된다. 오직 전국에 걸친 승리만을 목표로 하는 기부자들이 다른 주의 후보에게 보내는 기부금 비중도 점점 늘어나고 있다.

연방 선거에 대한 새로운 관심에도 불구하고, 아니 더 정확히는 이 새로운 관심 때문에 국가 차원의 효율적인 통치는 사실상 정지됐다. 입법자들의 정당을 초월한 협력이 이루어지지 않으면 정상적인 정치 운영은 중단된다. 지명자들은 확정되지 않고, 예산은 승인되지 않으며, 기관의 권고 사항은 사실상 효력이 없고, 행정명령은 곧장 소송으로 이어진다. 반드시 제정돼야 할 주요 법안은 긴급조치가 발동해 소란스럽게 승인되거나 한쪽 정당만 참여한 의회에서 아주 근소한 차이로 강제로 통과된다. 통과된 모든 법안에는 당파적 입장이 최대치로 동반된다.

그 결과 트럼프와 바이든이 무역, 이민자 대책, 팬데믹 대응, 외교정책에서 보여줬듯 계획은 거의 없고, 실행은 엉망진창인 상태가 된다. 또 다른 결과로는 어느 쪽이든 권력을 얻은 정당이 재정 및 통화 부양책을 통한 단기적 경제 성과에 집중해서 그 부양책이 철회되기 전까지는 모두가 고통받게 된다. 오늘날 장기적인 정책 결정은 아무도 손대려 하지 않는 불모지가 됐다. 섣불리 이 불모지에 발을 들인 정당 지도자들은 양쪽 정당의 거센 공격을 받으며 아무도 구해주지 않는다.

재생 과정 이후 활력과 새로운 계획은 모두 당원들에게로 넘어갔다.

양 정당의 지도부는 이제 평범한 미국인들이 더 이상 현 상태를 신뢰하지 않는다는 사실을 잘 알고 있다. 미국인의 약 3분의 2가 지금의 정치 체계에 "중대한 변화"나 "완전한 개혁"이 필요하다[24]고 생각한다. 설령 그 변화가 어떤 변화인지에 관해서는 서로 합의하지 못한다고 하더라도 말이다. 또한, 지도부는 사람들의 열렬한 에너지가 없으면 정당이 선거에서 더 이상 경쟁력이 없다는 사실도 잘 알고 있다. 만성적인 당파 싸움은 정부의 기능장애로 이어질 수도 있지만, 설령 그런 결과가 생긴다 해도 정치인들의 절박한 메시지, 즉 지금 우리는 벼랑 끝이고 타협할 시기는 지났다는 사실만 더욱 두드러지게 할 뿐이다.

이런 상황에서 양 정당은 미국이 직면한 위협을 극대화해 이익을 얻으려 한다. 공화당 지도부에게 그 위협은 '사회주의'다(트럼프가 대통령 재임 시절 반복해서 사용하던 단어다). 그들은 이 사회주의 때문에 개인의 무법행위가 자행되고, 이는 무분별한 범죄, 불법 이민, 정부지출 등을 야기해 국가를 파괴할 수 있다고 생각한다. 민주당 지도부에게 그 위협은 파시즘 또는 바이든 대통령 표현에 따르면, "준파시즘"이다.[25] 그들은 이 파시즘 때문에 기업의 불법행위가 자행되고, 이는 무분별한 독과점, 사회적 특권, 기후변화 등을 야기해 국가를 파멸시킬 수 있다고 말한다. 어느 쪽이든 유권자들은 자신이 지지하는 정당 지도부에게 특별한 권한을 실어줘 상대편으로 인해 국가가 영구적으로 파괴되는 것을 막아야 한다고 설득당한다. 그래서 양 정당의 지지자들은 기꺼이 그렇게 한다. 공화당 지지자들은 정부를 불신하기로 유명하지만, 여론조사에 따르면, 공화당이 집권 중일 때 공화당 지지자가 정부를 신뢰하는 정도가 민주당이 집권 중일 때 민주당 지지자가 정부를 신뢰하는 정도보다 훨씬 강했다.[26]

다시 한번 묻고 싶다. 정당 지도부와 유권자들은 정말로 그렇게 긴박한 위협이 존재한다고 믿는가? 그리고 다시 한번 말하지만, 그러한 위협은 사실상 별로 중요하지 않다고 판단할 수도 있다. 오래전부터 사회과학자들은 사회적 인식이 현실을 만든다는 사실에 동의해왔다. 1928년 두 사회학자가 만든 이른바 '토머스 이론(Thomas theorem)'이 바로 이러한 내용을 담은 이론이다. 토머스 이론에 따르면 "사람들이 사회적 상황을 현실로 규정하면, 그 결과도 현실이 된다."[27] 그렇다면 이렇게 질문할 수 있다. 1774년의 아메리카 식민지 개척자들은 정말로 사치품에 부과된 인지할 수 없을 정도의 미미한 세금이(논쟁의 여지는 있지만 어떻게 보면 합리적일 수도 있는 그 세금이) 영국 왕실이 주도한 개척지의 노예화라고 정말로 믿었을까? 두 집단이 상대편 집단에 대한 신뢰를 완전히 잃었을 때, 상대편의 일거수일투족은 가장 악의적이고 가장 적대적인 의도의 증거라고 생각하게 된다. 이 시점에서는 상대편도 똑같이 생각하고 있다는 사실을 알고 있기 때문에, 이를 긴박한 위협으로 여기지 않는 것이 비합리적일 수도 있다.

확실한 점은 대다수 미국인이 자신이 지지하는 당 지도부의 극단적인 당파성을 싫어하며, 당파성에 따른 불안 때문에 시민 질서가 무너지는 것을 걱정한다. 그리고 유권자들은 자신이 지지하는 정당 지도자가 최악의 행동을 저지른다고 의심하면, 다음 선거에서 지지를 철회하고 지지했던 정당의 성과도 약화시킨다. 일반적으로 미국인은 정치인의 당파성보다는 일상적인 능력을 더 선호한다. 그러나 상대 정당이 국가를 재앙으로 몰고 간다는 말을 들을 때마다, 자신이 일상적인 능력을 선호한다는 사실을 잊곤 한다. 전문성을 갖춘 일꾼보다는 전투에 전부를 거는 투사를 선호하게 된다.

아직 어느 정당도 전국 선거에서 결정적인 우위를 확보하지 못했지만, 밀레니얼 위기의 첫 번째 재생 과정은 역사적인 정치 재편의 서막이 될 수도 있다. 트럼프 집권 이후 공화당은 돌이킬 수 없는 포퓰리즘으로 치달았다. 공화당은 과거 오바마나 클린턴 같은 민주당에 투표했던, 대도시 외곽의 고소득·고학력의 유권자층 상당수를 포기하고, 대학 교육을 받지 않은 노동계급 유권자를 지지 기반으로 삼았다. 2016년, 남북전쟁 이후 어쩌면 처음으로 가장 고소득층에 속하는 유권자(상위 10퍼센트와 상위 1퍼센트)가 저소득층 유권자보다 민주당을 지지하는 비율이 더 높았을 것이다.[28] 2016년 이후 공화당은 백인 유권자의 표는 잃었지만, 공화당의 실용적인 노선과 사회적으로 보수적인 메시지에 더욱 끌린 비백인(특히 히스패닉 계열)의 표는 점점 더 많이 얻고 있다.[29]

민주당은 의도한 바는 아니지만, 도시와 교외의 전문직 유권자에게 관심을 점점 더 많이 받으면서 방향을 바꾸고 있다. 민주당이 선거운동에서 사용하는 용어는 교육수준이 높고 대체로 백인 엘리트인 사람들의 미래와 우선순위에 더 맞춰지고 있다. 2022년, 선거 전 설문조사에서 민주당은 역사상 처음으로, 백인 대학 졸업자들이 다른 모든 비백인보다 더 큰 비중을 차지하는[30] 놀라운 상황을 맞았다. 이제 민주당은 미국에서 가장 부유하고 가장 교육수준이 높은 선거구에서 전례 없이 우위를 차지하고 있으며, 주류 언론의 영향력, 학계의 신뢰도, 개인 기부금 등에서도 점점 더 우위를 차지하고 있다. 공화당은 이 격차를 메우기 위해 대안 매체, 기업 정치자금, 지역 자원봉사자들이 주도하는 더 심층적인 전략에 몰두하고 있다.

2016년 선거에서 나타난 두 정당의 지지층 변화는 2018년, 2020년, 2022년 선거에서도 거의 완벽하게 똑같이 나타났다. 이러한 변화가 가장 최근에 일어난 정치적 재편의 신호라면, 이는 약 40~50년 전인 1968년과 1980년 닉슨-레이건 선거 이후 처음 나타나는 현상이다. 4장에서 살펴본 바와 같이 버넘의 계산대로라면, 미국은 이제 '일곱 번째' 정당체제로 접어드는 중이다. 지난 선거에서는 남부의 백인 유권자들이 민주당이 아닌 공화당에 투표했다. 이번에는 투표의 결정적 요인이 소득이 아닌 교육으로 대체됐다. 현재의 정치 재편은 아직 양쪽 정당 어느 쪽에도 결정적인 이득을 주지 않았다. 그렇다면 미래의 역사가들은 이번 선거를 결정적인 정치적 전환점으로 평가할 것이다.

오늘날 정치 재편은 단순히 유권자들의 인구특성에 따른 정당 충성도의 변화로 인한 결과만은 아니다. 이 재편은 유권자들이 자신이 속한 집단과 '함께' 살기 위해 의도적으로 선택한 결과다. 지지하는 정당에 따라 거주지를 이전하는 미국인들이 급속도로 늘어나고 있다. 이러한 현상은 2008년 빌 비숍(Bill Bishop)이 처음 언급했다. 그는 이를 "거대한 분류(Big Sort)"라고 명명했으며, 같은 제목으로 책도 출간했다.[31]

그렇다면 왜 거대한 분류가 생기는가? 요즘처럼 생활 방식과 행동 방식이 일치하는 시대에는 마음이 같은 사람들끼리 지리적 결속력이 높아진다. 그렇게 하면 삶이 더 편해지기 때문이다. 설문조사에 따르면, 사람들은 일상적인 만남에서 소득이나 종교, 인종 차이보다 더 피하고 싶은 대상이 정치 성향이 다른 사람[32]인 것으로 나타났다. 정치 성향이 다른 사람을 피하려고 교회를 옮기고, 동호회 모임을 바꾸고, 직원도 바꾼다. 많은 이가 실제로 이렇게 하고 있다. 이것보다 더 좋은 방법은 아예 거주지를 옮기는 것이다. 지리적 분류는 그 자체로 정치 양극화를 더욱 심화하는 경향이 있다. 생각이 같은 사람들이 가장 많이 모인 지역일수록 정치적 당파성이 강해지고, 투표율이 높아지며, 정치 기부금도 많아진다. 이런 추세가 점점 심화하자 정치인들은 지역을 기반으로 한 유권자층을 공략하기 위해 정당 홍보 방식을 수정하고 있다. 공화당은 농촌 및 지방 유권자에게 지지를 호소하고, 민주당은 도시 유권자에게 지지를 호소하고 있다.

따라서 정치적 성향이 혼합된 지역 즉, 빨간색과 파란색이 섞인 '보라색' 지역은 점점 희소해지고 있다. 점점 더 많은 지역이 완전 파란색(민주당)이거나 완전 빨간색(공화당)으로 물들고 있다.

미국의 주별 상황을 살펴보자. 1992년 대통령 선거에서는 격전지 또는 혼조세를 보이는 주가 32곳이었다. 이들 주에서는 어느 당이든 승리할 가능성이 있었다. 2000년에는 이런 격전지가 22곳이었다. 2004년에는 14곳이었다. 그리고 2020년에는 8곳에 불과했다.[33] 대다수 주에서 대통령 후보는 더 이상 개별적으로 선거운동을 하지 않는다. 소수의 몇몇 주에서만 박빙의 승부가 펼쳐지며 긴장감이 조성되고, 나머지 다수의 주에서는 어느 한쪽이 압승을 거둔다. 마찬가지로 주지사와 상원의원, 하원의원이 모두 같은 당에서 선출되는 "트라이펙타 정부(trifecta governments)"가 만들어진 주도 점점 늘어나고 있다. 1967년부터 2009년까지, 트라이펙타가 발생하는 주는 25곳을 넘지 않았다. 2022년에 그 수는 39곳으로 70년 만에 최고치를 기록했다.[34]

이번에는 카운티를 살펴보자. 1976년에는 유권자 100명 중 26명만이 대통령 선거 득표율이 20퍼센트 이상인 지역에 살았다. 득표율 20퍼센트 이상은 대통령 당선이 유리한 수치다. 그런데 1992년에는 100명 중 38명이 이러한 '압승 지역'에 살았다. 2004년에는 48명이, 2020년에는 58명이 살았다.[35] 2020년 선거에서 트럼프는 미국 전체 득표율에서 4퍼센트 차이로 패배했지만, 전국 카운티의 83퍼센트 지역에서 이겼다.[36] 역대 패배한 대선 후보로서는 전례 없는 일이었다. 한편 바이든 집권 기간에 민주당은 인구가 밀집된 대도시와 교외 지역에서 공화당과 더 큰 격차를 벌려나갔다.

미국의 이러한 '탈보라색화'는 다양한 피드백 효과를 만들었는데, 대부분 서로를 강화하는 효과였다. 한 정당만 지지하는 주에서는 다른 정당 지지자를 불쾌하게 만드는 정책들을 노골적으로 시행한다. 가령, 공화당이 우세한 지역에서는 낙태를 금지하거나 성전환 의료 서비스를 금지하는 정책을 계획하고, 민주당이 우세한 지역에서는 총기나 가스를 사용하는 가전제품의 사용 금지를 계획한다. 미국의 주들은 이제 자신들을 정치색이 다른 지역의 "난민들"을 위한 "낙원"이라고 칭하며, 다른 지역에서 이사 오도록 더욱 장려하고 있다.

더욱이, 한 정당이 압승하는 지역이 늘어나면서 현직 공무원들도 더욱 극단적인 정치적 견해를 드러내는 분위기가 만들어지고 있다. 어차피 견제할 당이 없기 때문이다. 일반적으로 온건파는 두 정당의 권력이 거의 비슷한 선거구나 주에서 선출되는 편이다. 하지만 이런 지역은 점차 감소하는 중이다. 지역 양극화는 공동체 결속력을 더욱 강화하기 때문에 음모론이 쉽게 생겨난다. 2020년에 트럼프를 지지하는 유권자가 바이든을 지지하는 유권자를 단 한 명도 알지 못했다면, 바이든이 어떻게 선거에서 이겼는지 이해하지 못할 것이다. 예비조사 연구에 따르면, 트럼프를 지지하는 유권자가 선거 결과를 부정할 확률[37]은 개인적 신념의 강도뿐 아니라 자신이 사는 지역에서 트럼프가 얼마나 많은 득표를 했는지와도 높은 연관성이 있는 것으로 밝혀졌다.

미국을 레드존과 블루존으로 나누는 것은 단지 지정학적 위치와 정당 지지도만은 아니다. 사람들의 뿌리 깊은 (정당) 충성도, 사회적 습관,

인생 목표에 따라서도 지역 색깔이 나뉜다.[38]

　대체로 미국의 블루존(민주당 지역)은 더 부유하고, 더 건강하며,[39] 교육 수준이 더 높고, 전문직이 더 많고, 이동성이 더 크며, 경제적 불평등이 더 심하고,[40] 인종이 더 다양하다. 미국의 레드존(공화당 지역)은 교회를 다니는 사람이 더 많고, 이웃과 더 친밀하며,[41] 자선 모임이 더 많고,[42] 더 가족 중심적이며, 이동성이 적고, 더 폭력적이고, 덜 관료적이며, 세금을 덜 낸다. 설문조사에 따르면, 미국인들은 블루존 도시들은 더 재미있게 즐길 거리가 많고,[43] 레드존 도시들은 더 저렴하게 누릴 것이 많다[44]고 생각하는 경향이 있다. 2008년 이후 블루존은 레드존에 비해 상대적으로 더 부유해졌지만, 주와 주 사이의 이동에 있어서는 레드존을 선호하는 경향이 훨씬 강했다. 2020년 의석 배정 과정에서는 세 개의 의석이 이동하면서,[45] 부동의 민주당 표밭이던 지역들이 부동의 공화당 표밭으로 바뀌기도 했다.

　겉으로 드러나는 이 모든 차이 이면에는 집단 자아상 역시 극명한 대조를 보인다. 블루존에 사는 사람들은 자신들의 정체성을 문화적으로 창의적인 집단으로 정의하는 경향이 있으며, 자신들이 첨단기술에 뛰어나며, 똑똑하지 않은 레드존 사람들은 하기 힘든 난이도 높은 작업을 한다고 생각한다. 레드존에 사는 사람들은 자신들의 정체성을 근면하고 성실한 미국인으로 정의하는 경향이 있으며, 자신들을 식량 재배, 에너지 생산, 생산품 제조, 전쟁 참전 등과 같이 더 힘든 일을 기꺼이 하는 사람들이라고 생각한다. 마케터들은 정치적 성향에 따른 브랜드 선호도를 조사해[46] 이런 이미지 차이를 구체적으로 분석한다. 또한, 최근 몇 년 사이에 이러한 구분이 점점 뚜렷해지고 있다는 사실도 파악했다. 블루존 거주자들은 CNN, 홀푸드, 타깃(Target), 치폴레, 리바이스, 스타벅스,

NBA, 레이, 혼다, 테슬라를 선택하는 경향이 날로 강해지고 있다. 레드 존 거주자들은 폭스뉴스, 월마트, 달러트리, 칙필레, 랭글러, 던킨도너츠, 나스카, 달러스토어, 배스프로숍, GMC, 랜드로버를 선택하는 경향이 날로 강해지고 있다.

가족, 인종, 학교, 종교, 과학, 젠더 역할, 예절, 평등, 권위 등 논쟁이 될 만한 문제가 무엇이든 블루존 사람들과 레드존 사람들은 이제 다른 언어로 이야기한다. 고립될까 봐 또는 낙인찍힐까 봐 두려워서 자신의 정치 성향을 분명히 밝히는 미국인이 점점 늘어나고 있다. 그리고 그런 성향 사람들이 모인 곳에서 살라고 서로를 설득한다. 부동산 전문기관 리얼터레드핀(Realtor Redfin)의 수석 경제학자에 따르면, 팬데믹 이후 이러한 지역별 거대한 분류가 가속화되고 있다. "거주지 선택권이 더 자유로워진 지금 점점 더 많은 사람이 … 발품을 팔아서라도 정치 성향이 맞는 곳으로 가서 투표할 것이다."[47] 대부분 미국인에게 선거 결과는 암울한 교착상태로 느껴진다. 마치 각기 다른 당파적 목표를 가지고 있지만, 하나의 정부에 어색하게 묶여 있는 두 개의 사회인 것 같은 느낌이 들기도 한다.

2008년 금융위기가 시작되면서부터 2021년 코로나 팬데믹이 잠잠해질 때까지, 미국인에게 가장 큰 어려움은 두 가지였다. 하나는 암울한 경제 상황이고, 또 다른 하나는 무력한 시민 간의 불화다. 그리고 2022년 2월 24일, 지역 갈등이라고 하는 또 다른 어려움이 뉴스 헤드라인을 장식했다.

러시아가 우크라이나를 침공하면서 전 세계는 충격에 빠졌다. 유럽의 한 국가가 다른 국가를 침공하려 했던 이후 70년 만에 처음이었다. 매일 밤 상대편 도시에 폭격을 퍼붓던 2차 세계대전 이후 볼 수 없었던 장면이 뉴스에 나왔고, 대중은 경악하며 그 광경을 지켜봤다.

다시 한번, 오랫동안 잠잠했던 강대국 간의 전쟁 위협이 돌아왔다. 그것도 아홉 국가가 핵무기로 무장한 시대에. 다시 한번, 권위주의적 국가들이 영토 확장의 야욕과 민주주의는 이제 저항할 의지를 잃었다는 확신으로 뭉치고 있다. 다시 한번, 민주주의 국가들은 이에 대응해 힘을 모으고 있다. 당혹감을 떨치고 독재자의 횡포를 억누르기를 바라면서. 다시 한번, 위기의 시대 분위기가 깊어지고 있다.

러시아의 우크라이나 침공 이후 미국은 우크라이나를 지지하는 데 힘을 모았다. 여론조사 결과 놀랍게도, 대다수 미국인이 러시아의 승리를 막기 위해서라면 물가상승, 더 많은 세금 부담, 강대국 간의 전쟁 등의 희생을 기꺼이 감내할 용의가 있다고 답했다. 우크라이나 침공 사태는 미국인에게 단결력을 일깨우기도 했지만, 한편으로는 미국의 정치적 마비 상태가 얼마나 심각한지도 깨닫게 했다.

우크라이나 침공 이후 미국인은 미국이 최근 세계 각국의 여러 문제에서 손을 뗀 결과가 어떤 것인지 똑똑히 알게 됐다. 피해는 끝도 없고 혼란은 가중됐다. 여기에는 러시아, 중국, 이란, 시리아, 북한을 대상으로 미국이 한 번도 시행하지 않은 대통령 권한의 '강경 대응'도 포함된다. 미국이 무시하고, 훼손하고, 파기한 동맹국과의 무역협정과 방위협정도 포함된다. 그리고 아프가니스탄에서 반미 무장 세력과 정부와의 싸움에서 미국이 불명예스럽게도 저버린 모든 약속도 포함된다. 만약 미국이 이 모든 피해를 복구할 선택을 한다면, 다시 세계의 문제에 관여해야 한다. 장기적으로 감소해왔던 국방비 지출을 다시 증가시키고, 다시 한번 자유세계 '민주주의의 병기창'이 돼야 한다. 그리고 이 모든 일은 끝도 없이 불어나는 연방 재정적자 상황에서 치러져야 한다. 의회는 거의 손을 놓다시피한 미래의 재정적자 상황에서 말이다.

시기는 점점 늦어질지도 모른다. 2022년 말, 은퇴를 앞둔 미국 전략 사령부의 찰스 리처드(Charles Richard) 사령관은 이렇게 말했다. "지금 우리가 직면한 우크라이나 위기는 시작에 불과하다." 그는 서태평양 지역에서 중국에 대한 미국의 군사 영향력이 상대적으로 감소하고 있다는 사실을 언급하며 이렇게 덧붙였다. "큰 위기가 오고 있다. 우리가 오랫동안 한 번도 경험하지 않은 시험대에 오르기까지는 그리 오랜 시간이 걸리지 않을 것이다."[48]

심지어 우크라이나 사태 이후에도 미국의 당파 갈등은 최고조에 달해 있으며, 미국 정부는 무력한 상태다. 초반에는 러시아의 호전적 태도에 초당적 협력이 이루어지기도 했지만 아주 잠시뿐이었고, 타협하지 않는 대치 상태가 계속되고 있다. 이러한 분열 때문에 의회는 한시라도 빨리 외교정책을 선택해야 하는 시점에서 장기적인 문제들에 관한 논의를 하지 못하고 있다. 게다가 2023년 초 현재, 미국의 양측 주요 정당은 사실상 지도자가 없는 상태며, 다음 대선만 기다리고 있는 상태다. 지도자가 없는 정당, 어떤 책임도 전혀 지지 않는 정당을 둔 미국은 지도자마저 없다고 느끼고 있다.

우크라이나 사태 이후 이런 질문을 던져볼 가치가 있다. 밀레니얼 위기에서 맞은 첫 번째 재생 과정은 끝난 것인가? 그리고 지금 우리는 두 번째 재생을 기다리는 중인가? 어쩌면 그 답을 얻기에는 시기상조일지도 모른다.

첫 번째 재생이 촉발된 것은 2016년 도널드 트럼프의 대선이었다. 이 선거 이후 트럼프의 정치적 명성이 큰 타격을 입었다는 사실은 의심의 여지가 없다. 최악의 타격은 2018년, 2020년, 2021년, 2022년, 트럼프와 공화당이 선거에서 연달아 패배한 일이다. 이 중 가장 참담한 타격은 백악관에서 임기 마지막 며칠 동안 트럼프가 불같이 화를 내며 난폭하게 굴었던 모습을 대부분 미국인이 기억한다는 사실이다. 또 다른 타격은 푸틴, 시진핑, 김정은 같은 악랄한 독재자에게 그가 보여준 과도한 애정이었다. 트럼프의 이런 방식은 러시아가 하르키우와 키이우 건물에 폭격을 가한 뒤부터 공화당 내에서조차 좋지 않은 평가를 받기 시작했다. 새로운 위험이 닥친 이 세상에서 미국인들은 미국의 독재자를 선출하려는 성향이 점점 강해지고 있다. 많은 미국인이 바이든이 아닌 트럼프가 대통령이 됐다면 푸틴이 우크라이나를 침공하지 않았을 것[49]이라고 말한다. 그러나 트럼프는 미국인이 두 번 다시 표를 줄 강한 사람은 아닌 듯 보인다.

2016년 재생 과정은 양 정당의 지도자 개인에게 달린 문제가 아니다. 더 젊은 버전의 트럼프와 바이든이 다시 두 정당의 지도자로 부상한다 해도, 동일한 핵심 이슈와 동일한 선거구가 의제 형성에 영향을 미치는 한, 동일한 재생 과정이 이루어질 것이다. 새로운 재생은 새로운 리더를 필요로 하지 않는다. 새로운 재생이 일어나려면, 핵심 이슈의 변화와 양 정당의 지지 기반 선거구의 재편이 있어야 한다. 어쩌면 새로운 재생은 어느 날 갑자기 일어날 수도 있다. 다만, 우리가 아직 보지 못한 것일 수도 있다.

밀레니얼 위기의 시대, 어쩌면 중반부를 넘어섰을지도 모르는 이 시점에서 잠시 멈춰 서서 미국의 전반적인 사회 분위기를 점검하는 것은 의미 있는 일일 수도 있다. 여론조사에 따르면, 현재 사회 분위기의 가장 두드러진 특징은 미국의 미래에 대한 비관론이 해소되지 않은 채 남아 있다는 점이다.

미국인 3분의 2가 2050년의 미국은 빈부격차가 더욱 심해지고, 정치 분열도 더 커지고, 국가의 위상은 떨어질 것[50]으로 전망한다. 또한, 미국인 3분의 2가 "국가 쇠퇴의 징후"를 느끼고 있다[51]고 말했는데, 이런 전망을 한 사람의 비율이 1996년에 4분의 1, 2016년에 2분의 1이었던 것을 고려하면 크게 증가한 수치다. 대부분 미국인은 미국의 지도자들이 이러한 하락 추세를 역전시킬 능력도 의지도 없다고 생각한다. 2008년 이후 매년 미국인 절반 이상이 "미국이 잘못된 방향으로 가고 있다"고 생각하거나[52] "현재 미국이 가고 있는 방향"에 불만족스럽다고 답했다.[53] 2차 세계대전 이후 여론조사기관에서 이런 질문을 한 이후, 이렇게 우울한 비관론이 지속하는 것은 처음이다.

이렇게 극명한 부정적 인식에는 세 가지 이유가 있다. 첫째, 미국의 경제적 번영(역사학자 제임스 트러슬로 애덤스James Truslow Adams가 아메리칸 드림이라고 말했던[54])이 끝난 것에 대한 우려다. 둘째, 시민 간의 불화가 미국을 조각조각 분열시키거나 민주주의 제도를 무너뜨릴 수 있다는 우려다. 셋째, 미국의 지배력에 도전하거나 미국의 쇠퇴를 앞당기려는 공격적인 경쟁국으로 둘러싸여 있다는 우려다. 각각의 우려를 간략하게 살펴보자.

미국의 경제 상황에 대한 불만은 밀레니얼 위기의 아주 초창기인 국제금융위기 때로 거슬러 올라간다. 대다수 국민의 소득이 더 이상 증가하지 않을 것이라는 확신이 점점 굳어진 것이 이 상황의 요지다. 미국인 두 명 중 한 명은 앞으로 30년간 미국인의 평범한 삶의 수준이 점점 하락할 것[55]이라고 생각한다. 3분의 2는 자신들보다 자녀들의 "경제 상황이 더 나빠질 것"[56]이라고 생각한다(지난 수십 년간 비슷한 질문에 대한 응답을 생각하면 전쟁 이후 최고치다). 과거에는 미국의 장기적 전망이 단기적 소득 수준과 밀접한 관련이 있었다. 하지만 놀랍게도 지금 상황에는 이것이 적용되지 않는다. 2021년 5월, 경기부양책이 시행되면서 "현재의 재정 상태"에 만족하지만,[57] 자녀들의 재정 상태는 점점 나빠질 것이라고 평가한 미국인이 45년 만에 최고로 많았다.

또한, 미국인은 생활수준이 안정적이지 않다고 느끼고 있다. 다시 말하면, 미국인은 질병, 실업, 노화에 대한 대비책이 점점 무력해지거나 의존성이 점점 높아진다는 걱정을 하고 있다. 30년 후를 생각했을 때, 대다수 미국인은 은퇴 후의 삶에 대비가 덜 돼 있을 것이며, 70대에도 경제적 이유[58]로 계속 일을 할 수밖에 없을 것이라고 생각한다. 50세 이하의 미국인 대다수는 향후 30년 내에 사회적 보장제도(Social Security) 혜택이 줄어들 것이라고 생각하며, 거의 절반 가까운 사람들은 혜택이 아예 없어질 것이라고 생각한다.[59] 게다가 경제가 대다수에게 공평하게 돌아가고 있다고 믿는 미국인은 거의 없다. 미국인의 약 4분의 3이 "미국의 경제 시스템이 최고 부유층에게만 유리하게 돌아가며"[60], "월스트리트와 미국의 대기업은 평범한 미국인을 희생시키면서 이익을 추구할 때가 많다"[61]는 사실에 동의한다.

하지만 경제침체와 불공평한 부의 분배가 장기적인 걱정거리라면, 미국인에게 당장 시급한 걱정은 국가에 대한 대중의 추락한 신뢰가 민주주의까지는 아니라 하더라도 국가의 결속력에 위협이 된다는 점이다. 이것이 앞서 언급한 두 번째 우려다.

미국인 세 명 중 한 명은 시간이 흐를수록 민주주의가 약화된다고 말한다.[62] 두 명 중 한 명은 "미래에는 미국이 민주주의 국가가 되지 못할 것"[63]이라고 말한다. 당파 간 갈등이 심해지고 민주주의가 소멸할 수도 있다는 우려가 큰 상황에서 조국이 무너질지도 모른다는 우려는 당연한지도 모른다. 2016년 이전의 여론조사에서는 거의 감지되지 않았던 이 우려는 그 이후 갑작스럽게 확산했다. 이제는 대다수 미국인이 "또 다른 내전 위기가 닥칠 수 있다"[64]는 데 동의하며, 내전이 "일어나지 않을 것"이라고 말하는 사람보다 "일어날 것"이라고 말하는 사람이 더 많다.[65] 이제는 전체 유권자의 거의 절반과 트럼프를 지지한 유권자 절반 이상이 자신들이 속한 주가 "국가로부터 분리돼야 한다"[66]는 데 강하게 동의하거나 어느 정도 동의한다. 1990년대 중반 이후, "정부에 대한 폭력은 어떤 경우에도 정당화될 수 없다"고 말하는 미국인이 90퍼센트에서 62퍼센트로 줄었다.[67]

내전이 일어나건 일어나지 않건, 점점 더 많은 미국인이 지금 미국의 민주주의가 약해지는 데는 그럴 만한 이유가 있다고 믿고 있다. 이는 단순히 민주주의가 제대로 작동하지 않아서가 아니다. 유권자들은 거의 비슷한 비율로(바이든 투표자 46퍼센트와 트럼프 투표자 44퍼센트) "누가 대통령이 되든, 의회나 법원의 제약을 받지 않고 필요한 조치를 할 수 있다면 미국에 더욱 도움이 된다"[68]는 데 동의한다. 이러한 변화를 주도하는 것은 젊은 미국인들이다. 30세 미만 유권자 네 명 중 한 명이 더욱 강한 리더를 원하는 데 반해 65세 이상은 10명 중 한 명만이[69] 강한 리더를 원한다. 오늘날 40세 이하의 유권자들은 60세 이상 유권자가 20년 전 40대였을 때보다[70] 민주주의가 "반드시 필요하지는 않다"고 대답할 확률이 훨씬 높을 것이다.

미국인들은 일상에서뿐 아니라 세계에서의 위상과 외세의 새로운 위협에도 취약함을 느끼고 있다. 이는 세 번째 우려에 해당한다.

테러와의 전쟁이 끝나고 대침체 시작 시점으로 거슬러 올라가 생각하면, 그때부터 이미 미국인은 미국의 국제적 위상이 약해지고 있음을 감지했다. 미국이 다른 나라에는 너무 많이 퍼주면서 정작 자국에는 충분한 대우를 해주지 않았다고 생각하는 미국인이 많았다. 그래서 자국으로 초점을 돌리겠다고 약속한 정치 리더들에게 투표했다. 2009년 이후 세 명의 대통령은 나름대로 세계의 필요보다는 미국의 필요를 더 우선시하는 외교정책을 펼쳤다. 트럼프의 외교정책은 국가안보 담당자의 한마디에 모두 담겨 있다. "우린 미국이야, 개자식아."[71] 바이든은 좀 더 고상한 말로 자신의 방식은 "중산층을 위한 외교정책"[72]이라고 했다. 물론 여기서 중산층은 '미국'의 중산층을 의미한다.

그러나 미국인들이 현실적으로건 마음속으로건 미국의 국제적 위상이 낮아지고 있다고 생각한다면, 미국이 더욱 취약해지고 있고 더 많은 위협을 받는다고 생각할 것이다. 그리고 이러한 위협에 대처하려면 세계와 더 많이 교류해야 한다고 생각할 것이다. 프랭크 클링버그(Frank Klingberg)가 외교정책 가설에서 언급한 것처럼 고립주의 또는 '국가의 내향성'(클링버그는 〈월드 폴리틱스(World Politics)〉에 게재된 1952년도 논문 〈미국 외교정책의 역사적 순환〉에서 외교·군사·경제적 압박 등을 행사하는 것을 국가적 외향성으로, 국내 문제에 집중하는 것을 국가적 내향성이라고 말했다 – 옮긴이) 주기는 그 자체에 주기적 종결의 씨앗을 품고 있다.[73]

이제 미국인들은 미국과 미국의 동맹국을 강화하고 이른바 지정학적 경쟁자들을 약화하는 무역 및 산업 정책을 지지한다. 이제 이 경쟁자들, 즉 중국과 러시아의 행동 방식과 열망에 대한 우려가 점점 커지고 있다. 2016년경 이후 이 두 나라를 부정적 시각으로 보는[74] 미국인이 점점 많아지고 있으며, 미국의 동맹국이 침략당하면 무력을 사용해야 한다고 생각하는 이들도 많아지고 있다. 2017년에는 처음으로 나토 회원국이나 한국이 침략당하면 군사 개입을 지지한다는 미국인이 다수였고, 2021년에는 처음으로 대만이 침략당하면[75] 군사 개입을 해야 한다는 의견이 다수였다. 우크라이나 침공 이후, 이러한 추세는 점점 가속화되고 있다.

그렇다면 위험과 위협에 대한 이 우울한 견해가 미국의 사회적 분위기를 정말 정확하게 포착하고 있을까? 완전히 그렇다고는 볼 수 없다. 우선 반드시 구분해야 하는 것이 있다. 이 모든 위험과 위협은 대중이나 정치 영역, 경제, 외교에 가해지는 것이어야 한다. 개인이나 지역적 가치관, 문화, 신념은 포함하지 않는다.

이러한 구분이 필요한 이유는 미국인들이 개인적인 삶의 영역에서는 설문조사 답변에서 언급한 두려움을 느끼지 않기 때문이다. 오히려 만족하는 편이다. 가족은 그 어느 때보다 사이가 돈독해졌다. 최근 조사에 따르면, 성인 93퍼센트가 지금의 가족생활에 만족한다고 답했다.[76] 조부모, 부모, 성인이 된 자녀가 함께 사는 가족의 비율은 지난 수십 년간 비율 중 가장 높으며[77] 대부분 이런 삶의 형태에 긍정적이다. 자신의 직업,[78] 결혼 생활,[79] 심지어 자녀들의 초·중·고 교육[80]까지도 만족한다고 대답한 응답자 비율이 지난 50년간의 통계와 비교했을 때 기록적으로 높다.

이웃과 지역사회에 대해서도 꽤 좋은 감정을 느끼고 있다. 2019년의 한 심층설문조사에 따르면, 미국인 73퍼센트가 자신이 속한 공동체가 돌아가는 방식에 만족한다고 답했지만, 국가에 만족한다는 답변은 43퍼센트에 불과했다. 이 설문조사는 이런 결론을 내렸다. "정치 분열이 극심한 이 시점에 미국인들은 가족과 가까운 공동체의 삶에 놀라울 정도로 만족하고 있다."[81] 갤럽(Gallup)의 조사도 비슷한 결과를 보여준다. 갤럽의 조사에 따르면, 2020년 이후 미국인이 개인적 삶에 만족하는 비율은 사상 최고치인데 그에 비해 국가에 만족하는 비율은 사상 최저치를 기록하고 있다. 두 만족도 사이의 격차, 개인적 삶의 만족도 80, 국가 만족도 20이라는 크나큰 격차는 1970년대 갤럽이 설문조사를 실시한 이후 가장 큰 수치다.[82]

이 격차의 방향과 엄청난 차이는 지금 새큘럼에서 미국이 어느 지점에 와 있는지를 분명하게 보여준다.

50년 전, 미국의 위치를 생각해보자. 각성기에 접어들었을 때, 국가 기관이 약하거나 비효율적이라고 걱정하는 사람은 아무도 없었다. 오히려 국가가 너무 많은 일을 너무 잘하고 있으며 그 과정에서 대중을 억압한다는 불만이 있었다. 가족과 이웃, 대중문화는 지미 핸드릭스(Jimi Hendrix)의 체제 전복적인 연주 〈성조기여 영원하라(Star-Spangled Banner)〉(미국 국가 – 옮긴이)와 시카고 7인 재판(1968년 시위대와 경찰 사이에 벌어진 대규모 충돌 사건으로, 시위 주동자 7인을 두고 열린 재판 – 옮긴이)부터 흑인 인권운동과 쉴 새 없이 말다툼이 오가는 노먼 리어(Norman Lear)의 시트콤에 이르기까지 논쟁과 도전, 실험적인 생활 방식 등이 다양하게 시도되고 있었다.

새롭게 부상하는 세대(베이비붐 세대)는 그 시대의 문제를 지나친 시민 통제라고 진단했고, 남은 각성기 동안 미국인은 이 강력한 제도를 개인의 삶에서 밀어내는 데 전념할 것이라고 장담했다. 당시 영웅 원형 세대는 권력의 정점에 있었고, 예언자 원형 세대는 이제 막 권력의 무대에 오르기 시작하는 중이었다.

지금 미국은 위대한 해의 정반대 편에 와 있다. 위기의 시대에 접어든 미국인들은 규칙에 얽매여 자유롭게 살지 못한다는 불만이 거의 없다.

가족의 삶은 평온하다. 당파심으로 뭉친 결속력은 견고하다. 대중문화는 불쾌감을 주는 힘을 많이 잃었다. 관대함이 커지면서 사람들은 상호 교류를 하는 사람들이 아닌 한, 굳이 성가시게 다른 사람의 의견을 바꾸려고 애쓰지 않는다. 대신 미국인은 이전과는 전혀 다른 부분을 불평한다. 모순되고 양립할 수 없는 사회적 역기능이 점점 커지는 것이 현재 미국인의 불만이다. 그들은 구속력 있는 시민 질서가 없는 상황에서 어떻게 미국이 안전하고 온전하게 지속할 수 있을지 걱정한다. 그리고 시민사회의 공백에 누가, 무엇이 들이닥칠지 걱정한다.

지금 부상하는 밀레니얼 세대가 더 강력한 시민 통제를 주장하고 있기 때문에 아마 위기의 시기 남은 기간은 강력한 제도를 자신들의 삶에 끌어들이는 데 시간과 노력을 쏟을 것이다. 지금은 예언자 원형 세대가 권력의 정점에 있으며, 영웅 원형 세대가 이제 막 권력의 무대에 오르고 있다.

미국인들은 미래를 내다보며 자신들이 변곡점에 접어들고 있다고 생각한다. 미래로 가는 길에 다양한 선택지가 드넓게 펼쳐져 있으며, 어느 선택도 결코 쉽지 않음을 감지할 것이다. 또한, 미국이 궁극적으로 가는 길은 자신들의 선택이 아닌, 자신들의 통제권을 벗어난 사건으로 인해 강제로 펼쳐질 수도 있다는 사실 역시 감지할 것이다. 위기의 시대 중반을 지나는 지금, 사회적 분위기는 희망과 두려움과 복잡한 불확실성이 아슬아슬하게 균형을 맞춰가고 있다. 지금 미국인들은 마치 에너지의 최절정에서 잔뜩 압축된 용수철 같다. 내부적으로는 안전하지만, 외부적으로는 위협을 받고 있는 미국인은 언제든 시민 행동을 할 준비가 돼 있다.

1995년으로 거슬러 올라가 보면, 해체기 당시 프랜시스 후쿠야마는 미국이 (그리고 세계가) "역사의 끝"에 도달했다[83]고 선언했다. 이는 진보로 향하는 현대의 투쟁이 마침내 평화롭고, 개인주의적이며, 온건한 통치라고 하는 종착지에 도착했다는 의미다. 하지만 이 선언은 시기상조였다. 밀레니얼 위기 전반에 접어든 역사는 다시 속도를 냈다. 그리고 후반기에 역사는 그 속도가 최고조에 달할 것이다.

지금 우리가 향하는 곳: 에크피로시스

다른 모든 위기 전환기와 마찬가지로, 밀레니얼 위기 역시 결속, 절정, 해결의 과정을 거칠 것이고, 그 과정에서 정점에 도달할 가능성이 매우 크다. 이 정점은 에크피로시스가 될 것이다. 이 시기는 시민 행동이 최고조에 달하고, 외부 공격자로 판단되는 모든 세력에 맞서 전면적인 투쟁이 일어날 위험이 가장 크며, 내부적 정치혁명이나 내전이 일어날 위험 역시 가장 크다. 또한, 이 시기는 새로운 질서가 적과 장애물에 맞서 잘 대처할지 아닐지를 결정짓는 시기기도 하다.

현재의 여러 사건이 어떻게 에크피로시스로 이어질지 생각하기 전에 우선 예측 가능한 시기와 기간을 구성해볼 필요가 있다. 우리는 밀레니얼 위기가 언제 시작됐는지는 알고 있다(2008년). 그렇다면 이 시기는 언제 끝날 것인가?

그 끝을 예측하는 한 가지 대략적인 방법은 영미권 새큘럼의 평균 길이를 참조하는 것이다. 첫 번째 새큘럼이 시작된 이후 다섯 번의 새큘럼이 완전히 순환을 마쳤다. 순환 과정의 해결 단계에서 그다음 해결 단계까지 측정한 평균 길이는 92년이다. 미국의 가장 최근 새큘럼(1706년에 시작한) 세 번의 평균은 80년이다. 영미권 새큘럼보다 미국의 새큘럼이 더 짧은 이유는 앞에서 살펴본 바와 같이 남북 전쟁 당시의 변칙성과 최근까지 점점 짧아진 세대 길이의 추세가 반영됐기 때문이다. 변칙성과 세대 주기가 짧아지는 부분에 관해서는 다시 논의할 예정이다. 일단 여기서는 단순히 92년을 예상 범위의 상한 기간으로, 80년을 예상 범위의 하한 기간으로 보도록 하겠다.

지난 위기의 시대가 해소된 것은 1946년이었다. 상한 기간과 하한 기간을 적용해보면 위기의 시기가 해결되는 시기는 약 2026년에서 2038년쯤일 것으로 예상된다.

이는 꽤 넓은 범위다. 여기서 남북 전쟁 당시의 변칙성을 제외하고, 정상적인 주기의 평균 길이를 더 자세히 살펴보면, 좀 더 구체적인 예측이 가능하다. 15세기 초부터 25번의 전환기가 있었고, 전환기의 평균 길이는 23.8년이다. 17세기 청교도 각성부터 17번의 전환기가 있었고 전환기의 평균 길이는 22.4년이다. 19세기부터 전환기 주기는 점점 더 짧아져 평균 길이가 20.5년이다. 5장에서 설명했다시피, 1960년대부터 인간의 생의 단계 길이가 다시 길어지고, 이에 따라 세대 길이와 전환기 길이 역시 다시 길어지는 데는 충분히 그럴 만한 이유가 있다. 20년의 전환기가 네 번을 거치면 80년의 새큘럼이 된다. 그런데 전환기가 평균 21년이면 새큘럼은 84년이 된다. 전환기가 22년이면 새큘럼은 88년이 된다. 그렇다면 밀레니얼 위기는 2030년이나 2034년에 끝날 것이다. 지금처럼 생의 단계 길이가 최소한 22년이라면 이 위기는 2034년에 끝날 것이라고 보는 것이 합리적이다.

또 다른 접근 방식은 22년의 생의 단계 길이를 오늘날 살아 있는 세대 길이에 맞춰 계산한 후, 각 세대가 언제 다음 생의 단계에 접어드는지 보는 것이다. 예를 들면, 베이비붐 세대는 88세(2030년)에 후기 노년기에 접어들 것이고, X세대는 66세(2029년)에 노년기에 접어들 것이다. 밀레니얼 세대는 44세(2026년)에 중년이 될 것이고, 홈랜드 세대는 22세(2027년)에 젊은 성인이 될 것이다. 이 시점의 평균은 2028년이다. 3장과 4장에서 설명한 내용을 다시 생각해보면, 새로운 전환기는 대체로 각 세대가 새로운 생의 단계에 접어들고 4년 후에 시작된다. 이렇게 생각하면 밀레니얼 위기는 2032년에 끝날 것이다. 밀레니얼 새큘럼의 총길이는 86년으로 바로 직전의 두 차례의 새큘럼보다는 길지만, 새큘럼이 시작된 시점부터 처음 세 차례의 새큘럼보다는 짧다.

요약하면, 대략적인 시기(2032년에서 2034년)를 토대로 생각했을 때 '2030년대 초반이 밀레니얼 위기가 해소되고, 다음 새큘럼의 첫 번째 전환기가 될 가능성이 크다.' 이 계산을 근거로 거꾸로 거슬러 올라가 보면 약 2030년경이 이 시기의 절정이 될 가능성이 크다.

물론 이 시점은 어디까지나 가능성일 뿐이다. 위기의 시기가 해결되는 시점은 3~4년 더 일찍 찾아올 수도 있다. 또는 더 늦게 올 수도 있다. 여기서 오차 범위는 전환기 길이가 늘어난 부분을 간과해서 생기는 것이다. 하지만 이 오차범위를 넘어간다면 변칙적인 위험에 직면할 수도 있다. 밀레니얼 위기가 2029년 이전이나 2038년 이후에 끝난다면, 다음 전환기는 지금 살고 있는 세대의 생애 단계 변화에 비해 지나치게 일찍 또는 지나치게 늦게 시작할 것이다. 그렇게 되면, 역사의 계절적 패턴이 깨졌다고 봐야 한다.

밀레니얼 위기가 그런 변칙적인 상황이 될 수 있을까? 아마 그럴 수도 있다. 이 역사 궤적의 길이가 너무 짧아서 어떤 가능성도 배제할 수는 없다.

영미 역사에서 전환기의 변칙성이 있었던 유일한 예는 남북 전쟁 위기로, 이때는 위기가 너무 빨리 시작되고 이전의 해체기가 끝날 것으로 예상되는 시기에 이미 위기의 시기가 끝났다(1865년). 어떤 영웅 원형도 나오지 않았으며, 남북 전쟁 새큘럼이 짧아지면서 결국 세 세대만 등장했다. 이번에는 이런 유형의 변칙성은 확실히 나오지 않을 것이다. 밀레니얼 위기는 제 시기에 시작했고, 조기에 해소될 조짐도 없다.

다른 변칙성을 고려하려면, 5장의 논의로 되돌아가 다른 강대국의 경험을 살펴야 한다. 우리가 살펴볼 수 있는 두 사례는 1850년대부터 1880년대 사이의 영국과 1914년부터 1946년 사이의 러시아다. 영국의 사례는 위기의 시기가 비정상적으로 짧고 온건할 수 있음을 보여준다. 실제로 파머스턴, 글래드스턴, 디즈레일리 등지에서 자유 개혁의 물결이 거세게 일어나는 동안, 영국은 같은 시기 다른 강대국이 고통스럽게 겪었던 위기의 시기를 전혀 겪지 않았다. 두 번째 사례인 러시아는 위기의 시기가 비정상적으로 길었으며, 수천만 명이 끔찍하게 사망하는(인구학자들은 이런 상황을 "사망률 초과"라고 규정한다) 시기까지는 아니더라도 꽤 혹독했다. 두 사례 모두 21세기 초반 미국의 사회적 현상이나 국제적 상황과 큰 연관이 없어 보일 수도 있다. 하지만 이 두 사례는 경고의 신호탄 역할을 한다. 새큘럼이 주된 흐름을 보여준다면, 역사는 항상 더 낫거나 더 나쁜 결과를 보여준다. 자연이 강에게 완벽한 물결을 만들라고 말하면, 강은 그 물결을 만들 수도 있고 만들지 않을 수도 있다.

미국의 역사에 변칙이 거의 없는 이유는 지리적으로 그 위치가 동떨어져 있기 때문이다. 새큘럼의 흐름대로 흘러가는 다른 강대국이 미국의 역사에 간섭할 일은 거의 없다. 이런 의미에서 본다면 미국도 더 이상 예외는 아니다. 극초음속 미사일, 인공위성 기반의 통신, 수천 킬로미터에 이르는 종심방어(적의 공격을 유인하고 점진적으로 약화해 적이 모든 진지를 애초에 관측할 수 없도록 함으로써 예비대를 기동할 수 있도록 계획된 방어 전술 – 옮긴이) 전략이 있는 지금 시대에 조지 워싱턴이 고별 연설에서 "동떨어지고 고립된" 미국[84]이라고 말했던 그런 상황이 통하는 나라는 더 이상 지구상에 없기 때문이다.

5장에서 우리는 지난 2세기 동안 현대사회의 새큘럼 타이밍이 점점 동기화돼 수렴하는 현상을 살펴봤다. 경제 대공황과 2차 세계대전 이후 전 세계 많은 국가의 세대별 경험이 사실상 거의 동기화되고 있다. 이들 국가에는 유럽, 인도, 남아시아 국가들, 중국과 동아시아 국가들, 라틴아메리카의 많은 나라, 미국과 영어권 국가가 모두 포함된다. 이들 지역의 사회는 최근 미국의 세대별 구성과 대체로 일치한다. 미국과 이들 지역에서 예언자 세대는 노년기에 진입 중이고, 노마드 세대는 중년으로, 영웅 세대는 젊은 성인으로, 예술가 세대는 유년기에 접어들고 있다. 이처럼 많은 국가가 저마다 네 번째 전환기, 즉 위기의 시기를 지나고 있다. 러시아를 포함해 지극히 일부의 국가만이 미국의 새큘럼보다 다소 앞서 나가는 듯 보이며, 대부분은 다소 뒤처지고 있다.

따라서 밀레니얼 위기는 미국뿐 아니라 세계 대다수의 나라가 겪는 위기의 시기가 될 가능성이 매우 크며, 어쩌면 이 위기는 이전의 경제 대공황이나 2차 세계대전보다 더욱 강도 높을지도 모른다. 미국의 관점에서 봤을 때, 이 말은 새큘럼의 변칙성이 일어날 가능성이 매우 적다는 뜻이다. 다른 국가들이 미국의 새큘럼 타이밍을 방해하거나 무력화하기보다는 오히려 강화할 가능성이 크다는 의미기도 하다.

그렇다면 이 시점에서 중요한 다음 질문을 던져야 한다. 다음에는 무슨 일이 벌어질 것인가? 밀레니얼 위기가 지금까지 우리를 어디로 데려왔는지는 잘 알고 있다. 그렇다면 지금부터 앞으로는 어디로 갈 것인가?

다시 한번 정리해보자. 지금까지 미국은 위기의 시기 연대기에서 처음 세 단계를 거쳐왔다. 전조는 2000년대 초반 9·11테러와의 전쟁이었다. 촉매는 2008년 국제금융위기로 이 위기가 경제 대침체의 촉발점이 됐다. 첫 번째 재생은 2016년 선거로, 이 선거를 기점으로 미국은 사실상 두 정당 당파로 나뉘어 화해할 수 없는 두 진영으로 분열됐다.

첫 번째 재생 이후 미국의 연대기를 보면, 국가가 제한된 몇몇 경로로만 진행할 수 있다는 사실을 알 수 있다. 첫 번째 경로에서는 초반에 두 진영 사이의 적대감이 커지다가 이후 갈등이 최고조에 달하며 위기는 절정 상태가 된다. 그 예가 미국 남북 전쟁 위기와 장미 전쟁 위기다. 두 번째 경로에서는 한쪽 진영이 정치적 우위를 확보하다가 이후 외부 적과의 갈등이 최고조에 달하며 절정의 위기를 맞는다. 스페인 함대 위기가 여기에 해당한다. 세 번째 경로는 좀 더 복잡하다. 이 경로는 두 번째 재생으로 이어지며, 어느 시점에 두 진영이 재정의되면서 핵심 이슈와 선거구가 바뀌고 이후 절정으로 나아간다. 미국독립혁명 위기와 명예혁명 위기에서 두 번째 재생은 사상 최대의 군 동원령과 전쟁이 치러진 후 일어났다. 경제 대공황과 2차 세계대전은 그 전에 두 번째 재생 과정이 진행됐다. 이러한 역사적 선례를 토대로 볼 때 밀레니얼 위기의 시대에 맞는 몇 가지 시나리오를 생각해볼 수 있다. 여러분이 생각하는 시나리오를 골라보라.

첫 번째 시나리오는 2016년, 민주당과 공화당의 정치 양극화가 점점 심화하다가 결국 내전이 벌어지며 절정을 맞는 경우다. 두 번째 시나리오는 어느 한쪽이 정치적 우위를 확보한 후 미국이 다른 외국 세력의 위협에 맞서 갈등을 빚으며 절정으로 치닫는 경우다. 세 번째 시나리오는 선거나 당 지도부의 물갈이 등으로 두 당의 분열이 다시 정의되고 미국이 다시 1번 경로나 2번 경로로 되돌아가는 경우다.

위 시나리오 말고 네 번째 경로를 언급하며 전혀 다른 시나리오를 제시하는 정치과학자들도 있다. 최근 50 대 50으로 팽팽한 교착상태에 빠진 현 상태가 뉴노멀이 되는 것이다. 한 저명한 학자는 미국이 이전에도 이러한 "교착의 시대"를 지나온 적이 있으며[85](약한 지도자가 지지층이 얇고 불안정한 다수당을 이끌고 있던 상태) 어쩌면 언젠가는 다시 이런 시대를 살게 될 수도 있다고 했다.

충분히 그럴 수 있다. 미국은 이전에도 교착에 빠졌던 시대가 있었다. 그러나 그런 교착 시기는 항상 대중이 효율적이고 단호한 정권을 원하지 않는 전환기에 생겼다. 위기의 시대 전환기는 한 정당의 지배적 우위가 일반적이고, 국가기관과 제도가 안전과 질서라고 하는 사회적 욕구를 충족하기 위해 노력한다. 그리고 이 시기에 단 한 번도 장기간의 교착상태는 없었다. 위기의 시기 전환기에 정책이 마비되거나 무기력해지는 이유는 본질적으로 그 시기가 불안정한 균형상태기 때문이다. 위기의 위협에 국가가 대응하지 않으면 대중은 필연적으로 절망에 빠지며, 결국 어느 한쪽이 책임을 지거나 양당이 완전히 분리될 수도 있다. 이런 일은 선거나 법적 절차 과정에서도 일어날 수 있다. 아니면 어느 한쪽이 법을 초월해 권력을 얻은 후에 일어날 수도 있다. 하지만 반드시 일어날 일이다. 이 네 번째 시나리오, 무기한 교착상태가 지속하는 시대는 역사적 패턴을 깨는, 그야말로 진짜 변칙이 될 것이다.

그렇다면 앞의 세 경로로 다시 돌아가 보자. 미국은 남은 밀레니얼 위기 동안 이 세 경로 중 하나 또는 그 이상의 경로를 따라갈 가능성이 크다. 이 길들은 서로 다른 듯 보이지만, 모두 동일한 목적지를 향해 가고 있다. 이들 경로 모두 국가를 폭력적인 투쟁으로 내몰고 있으며, 그렇게 되면 국가는 모든 힘을 최대한 동원해야 할 것이다. 이들 경로는 모두 에크피로시스 속에서 절정에 달해 중대한 결속, 절정, 해결이 이루어지는 시대로 이행하게 할 것이다. 가장 중요한 점은, 이 모든 경로가 새롭고도 더욱 강력한 시민체제를 만들 것이라는 사실이다.

첫 번째 경로와 두 번째 경로의 끝을 보면, 위기의 시대는 내전이나 외부 세력과의 전쟁, 이 두 가지 종류의 전혀 다른 갈등을 겪으며 절정에 달하는 듯 보인다. 하지만 이러한 이분법적 시각은 더욱 혼란만 더할 뿐이다. 그보다는 내부적 갈등과 외부적 갈등이 연장선에 있으며 광범위하게 겹치는 부분이 있다고 보는 편이 더 낫다.

예를 들어, 독립 전쟁에서 승리한 애국파 쪽의 유명한 역사가들은 미국독립혁명 위기를 외부의 억압 세력인 영국에 맞선 미국의 투쟁으로 기록한다. 그러나 당시 상황을 직접 본 사람들은 이를 혁명보다는 내전으로 묘사하곤 한다. 특히 영국인에게 죽은 미국인보다 미국인에게 죽은 미국인이 더 많다고 생각했던 충성파는 더욱 그렇다. (1780년, 너대니얼 그린 장군은 남부에서 사적인 학살이 중단되지 않으면, 휘그당이나 토리당 그 어느 쪽도 살아남을 수 없으며,[86] 결국 이 나라의 인구도 줄어들 것이라는 글을 썼다.)

사실, 혁명 시대 내내 내부적 갈등이 끊이지 않았다. 식민지 대륙 군대가 이로쿼이족을 대량학살하기도 했다. 이로쿼이족은 당시 영국과 동맹을 맺은 부족이지만, 그 이전에는 수 세대에 걸쳐 대륙과 동맹을 맺었던 부족이다. 버지니아주 주지사 던모어 백작(Earl of Dunmore)이 노예들에게 주인으로부터 달아나라고 하자, 남부의 수만 명의 노예들이 용감하게 탈출을 감행했던 적도 있었다. 물론 1780년대 후반 미국 헌법의 본질과 권한을 두고 연방주의자와 반연방주의자 사이에서 비폭력적이기는 했지만, 상당히 심한 갈등이 있었다. 다수의 연방주의자는 만약 반연방주의자들이 이 투쟁에서 이겼다면 신생국인 미국은 무방비 상태로 분열돼 영국, 스페인, 프랑스에 주권을 다시 빼앗겼을 것이라고 말한다. 그렇게 됐다면 미국독립혁명의 이름은 바뀌었을 것이고 결과도 달라졌을 것이며, 후세에 전혀 다른 의미의 사건이 됐을 것이다.

다른 위기의 시대에도 이처럼 모호한 부분이 있다. 명예혁명 위기 당시 원주민과 영국 식민지 개척자들 사이의 전쟁은 내적 전쟁으로도 볼 수 있고 외적 전쟁으로도 볼 수 있다. 버지니아, 메릴랜드, 뉴욕, 뉴잉글랜드에서 벌어진 식민지 반란은 대부분 식민지 파벌 간에 벌어진 내적 갈등으로 보이지만, 1689년 이후 뉴프랑스를 상대로 영국 군주들의 편에서 벌인 마지막 식민지 투쟁은 외부적인 갈등으로 보인다. 스페인 함대 위기는 막강한 가톨릭제국을 상대로 한 작은 개신교 국가의 외적 투쟁으로만 보는 견해가 많지만, 이 역시 영국 내 강력한 권한의 가톨릭 파벌에 따른 내적 투쟁으로도 볼 수 있다. 엘리자베스 1세는 펠리페 2세의 총병과 기병대가 침략해올까 봐 두려운 것도 있었지만, 신하들이 반란을 일으키고 자신을 암살할까 봐 느끼는 두려움도 그에 못지않았다.

위기의 시대는 대체로 내적 요인으로 인한 내전 때문이라고 생각하는 경우가 많은데, 실상은 중대한 외적 요인이 감춰져 있는 경우가 많다. 내적 갈등의 당사자 중 한쪽 진영(대체로 더 약한 쪽)이 늘 외부 세력에 자신들의 편에 서 달라고 개입을 요청하기 때문이다. 장미 전쟁 위기 당시 두 가문은 중대한 순간에 프랑스, 부르고뉴, 스코틀랜드, 브르타뉴 공국 등으로부터 결정적인 도움을 받았다. 미국독립혁명 위기 때 대륙회의는 프랑스에 지원을 요청했고, 마침내 결정적인 지원을 받았다. 남북 전쟁 위기였던 1862년 가을, 남부 연맹이 중요한 전투에서 한 번이라도 이겼다면 영국이나 프랑스로부터 외교적인 인정과 결정적 도움을 받았을지도 모른다.

따라서 내적 갈등과 외적 갈등을 구분하는 것은 보기보다 미묘하고 가변적이다. 모든 갈등 당사자에게 갈등은 늘 외적 요소다. 늘 우리 대 그들이다. 하지만 대부분 갈등 상황에서 당사자들은 한 집단에게만 충성심을 갖는 것이 아니다. 어떤 사건 때문에 한 집단에 열렬히 충성하던 이들이 다른 집단의 열렬한 수호자가 되기도 한다. 또는 그 반대 상황도 얼마든지 생긴다. 위기의 시대에 당파적 에너지가 커지기는 하지만, 집단 충성심에 대한 정의가 어떻게 내려지느냐에 따라 얼마든지 달라질 수 있다. 당파적 에너지가 집단 충성심의 내적 정의와 외적 정의 사이에서 왔다 갔다 할 수 있다는 말이다. 이러한 변화는 예측하기가 매우 어려워서 그 누구도 '우리'의 정의가 궁극적으로 어떻게 내려질지는 에크 피로시스가 지난 후에야 알 수 있다.

분명한 것은 새큘럼 패턴에 따르면, 이 위기의 시대가 해결점에 도달하면 미국의 집단 충성심이 크게 강력해질 것이라는 사실이다. 하지만 어느 쪽에 대한 충성심일까? 얼마나 여러 곳에 대한 충성심일까? 아직은 알 수 없다. 2016년 재생은 거의 전적으로 내적 갈등을 통해 당파적 결속력을 공고하게 다져왔다. 하지만 그렇다고 해서 밀레니얼 위기가 내적 갈등으로 정의될 수 있는 것은 아니며, 반대로 외적 갈등으로 규정될 수 있는 것도 아니다. 두 가지 모두 가능성이 있다.

예를 들어 1930년대 중반, 경제 대공황과 2차 세계대전 위기의 첫 번째 재생 과정은 순전히 내적 갈등을 촉발했으며, 이 갈등은 현재 상황 못지않게 당파심과 양극화로 이어졌다. 당시 공화당원들은 대통령을 "스탈린 델라노 루스벨트(Sralin Delano Reesevelt)"[87]라고 부르며, 그가 젊은 사회주의자와 공산주의자들의 지지를 등에 업고 자본주의를 파괴하려고 한다고 (지금과는 달리) 솔직하게 주장했다. 그리고 (지금과는 달리) 당시는 대통령의 당이 몇 년 동안 미국의 국내 정치 의제를 완전히 다시 만들 수 있는 권한이 있었다. 그런데 이 시기가 절정에 달하자 당파적 에너지가 외적 갈등으로 전환됐고, 놀랍게도 국가가 통합되는 결과로 이어졌다.

미국독립혁명 위기 당시 신생국의 향방은 정반대였다. 이 시대는 영국의 압제에 맞서 애국파가 결속력을 다지는 '76년 정신'으로 시작했다. 하지만 이 시대는 애국파 파벌 중 하나가 안정된 정부 수립을 위해 다른 파벌과 갈등을 빚고 싸우면서 '87년의 정신'으로 끝났다. 여기서 얻을 수 있는 더 큰 교훈은 이것이다. 위기의 시대에 내적 갈등과 외적 갈등 모두 똑같이 에크피로시스로 향하는 사회적 분위기를 주도할 수 있다. 그리고 어느 한쪽 갈등이 먼저 나타난다고 해서 다른 한쪽 갈등이 배제되지는 않는다.

내적 갈등과 외적 갈등 외에도 살펴볼 가치가 있는 사회적 스트레스 요인이 하나 더 있다. 이것은 그 자체로 위기의 절정이라고는 할 수 없다. 하지만 이 요인은 내적 재생 과정이나 외적 재생 과정을 촉발하는 데 큰 역할을 하며, 최근 위기의 시기에 인과 과정에서 중요한 역할을 했기 때문에 각별히 주의 깊게 살펴볼 필요가 있다.

그 요소는 바로 금융 붕괴다. 앞서 살펴봤듯이 금융 붕괴에는 종종 경기침체나 경제공황이 뒤따르며, 이는 지난 두 차례 위기의 시기, 2008년 국제경제위기와 1929년 경제 대공황의 촉매 역할을 했다. 많은 역사가는 이전의 금융 붕괴 사태(1857년 불황,[88] 1772년 런던 신용위기,[89] 1672년 재무부의 전면 중지 사태[90])가 이전 세 차례의 위기 시대에 결정적인 촉매 역할을 했다고 주장한다. 이 모든 시장 붕괴 상황은 경기침체로 이어졌으며, 그 시기는 위기의 시기와 겹치거나 위기의 시기에 진입한 첫해 바로 직전에 일어났다.

뿐만 아니라, 위기의 시대 내내 자산가치, 소비자물가, 생산 등이 평균 이상의 (종종 극단적인) 변동 폭을 보이며 상승과 하락을 오갔다. 1937~1938년의 경기 불황 당시 주식시장은 거의 54퍼센트 가까이 폭락했으며, 이는 이전의 1929~1933년 경제 대공황 이후 20세기 들어 두 번째로 생긴 최악의 경제 위축 상황이었다. 미국독립혁명 기간인 1780년대의 실질소득 감소 폭은 경제 대공황을 포함해 미국 역사상 후속 침체 정도가 가장 심각했다. 1680년대 영국 의회는 왕실이 재정 파탄에 이를까 봐 강박적으로 두려워했고, 이는 명예혁명에서 가장 중요한 기관을 만드는 결과로 이어졌다. 영국은행(Bank of England)이 창립된 것이다(이전에 정식 은행이 없던 상황에서 통치자였던 윌리엄 3세가 은행을 설립하는 법안을 제안하고 이를 통과시켰다. 이에 1694년 국채 발행 권한과 대출 권한을 지닌 영국은행이 만들어졌다 ―옮긴이). 남북 전쟁 위기는 그 자체로 엄청난 경제호황과 불황 주기의 촉발점이 됐지만, 이 변칙의 시대는 디플레이션과 생산 감소 역풍이 시작되기 직전 끝났다.

위기의 시대에 일어나는 금융 및 경제 격변은 이상 현상이 아니다. 이는 불신과 두려움의 거센 바람과 자신감과 희망이라고 하는 역풍이 만나는 그 시대의 근본적인 사회심리로 인한 것이다. 이런 시기에는 경제에 대한 국가 결속력이 집단의 힘을 더욱 증폭시킨다. 정부는 기존의 정상적인 규정을 깨고 재화나 서비스에 대한 새로운 수요를 창출하거나 없앤다. 1년 동안 막대한 공공보조금이 지급되고, 세금이 감면되고, 이자율이 낮아지고, 통화 발행이 증가하고, 개인 부채가 탕감되기도 한다. 그다음 해에는 가격 통제, 재산 압류, 노동력 징발 등 정반대의 조치가 필요해지기도 한다. 위기의 시대에는 시장이 개인의 필요에 훨씬 덜 반응하고, 공공의 필요에 더 적극적으로 반응한다. 이러한 충격이 위기의 시대 결과에 미치는 영향은 새큘럼이 지속하는 과정에서 더욱 깊어졌을 가능성이 크다. 사회학자들이 '현대화'로 분류하는 장기적 흐름에서 가장 중요한 것은 상업을 통한 고도로 복잡한 노동력 분화다. 사회가 전통적인 농업체제에서 전문화된 임금노동자와 자본가체제로 바뀌면서 현재의 가격 신호(소비자와 생산자에게 주어지는 재화나 서비스 가격이 변동됐을 때 소비자의 수요와 생산자의 공급을 증가시키거나 하락시키도록 만드는 신호 – 옮긴이)와 소득 흐름에 따라 삶의 방식을 선택하게 됐고, 거시경제적 성과가 모두에게 더욱 중요하게 됐다. 경기가 좋을 때 사람들은 상호 의존성이 증가하고 행복함을 느낀다. 경기가 안 좋을 때는 불쾌함과 무력함을 느끼거나 더욱 심각하게는 궁핍감과 절망감을 느낀다. 경제를 제대로 관리하지 못하는 리더는 하고 있는 일이나 하지 않은 일에 대해 비난을 듣는다. 파벌 분위기는 급진적 정책을 선호하는 이들에게 활력을 줄 수도 있다.

밀레니얼 위기 동안 미국과 세계 대부분 국가는 이미 이 모든 상황에 직면했다. 경제 및 재정 변동성이 증가했다. 국제금융위기 이후 전문가들은 해체기에 인기 있었던 용어, 가령 '대안정기(Great Moderation)' 같은 용어를 대신할 '대긴축(Great Austerity)'이나 '대불확실성(Great Uncertainty)' 같은 용어를 만들었다. 공공기관들은 전례 없는 규모와 범위로 통화정책, 규제정책, 재정 조치 등을 포함한 새로운 형태의 정부 공식 개입 조치를 취했다. 두 주요 정당들은 서로 전혀 다른 방식으로 경제 번영을 되찾아오겠다고 공언했고, 유권자들은 그들이 제시한 경제 의제들이 입이 떡 벌어질 정도로 차이가 큰 상황을 직면했다.

또다시 금융이 붕괴할지도 모른다는 가능성도 내부적 갈등 및 외부적 갈등과 더불어 밀레니얼 위기의 결과에 큰 영향을 미치는 중대한 사회적 스트레스 요인으로 작용할 만큼 심각하다. 이 세 가지 스트레스 요인을 나란히 놓고 생각해보면, 결국 이 세 요소가 위기의 시대가 시작된 이래로 미국인들이 내내 두려워했던 주요 국가적 위협임을 알 수 있다. 첫째, 금융 붕괴는 불충분하고, 불안정하며, 불공정한 소득 성장에 대한 미국인의 우려와 일치한다. 이 우려는 2008년 국제금융위기의 여파로 처음 생겨났다. 둘째, 내적 갈등은 폭력적인 당파주의와 민주주의 실패에 대한 우려와 일치한다. 이 우려는 2016년 트럼프가 대선에서 승리하며 본격적으로 부각했다. 셋째, 외적 갈등은 다른 국가의 공격성에 대한 우려와 일치한다. 이 우려는 2010년대 중반 이후부터 증가했으며, 러시아가 우크라이나를 침공하면서 심각한 위협 상태라는 인식이 팽배해졌다.

이제 이 세 가지 사회적 스트레스 요인이 밀레니얼 위기의 미래에 어떤 영향을 미칠지 생각해보자. 그리고 특히 에크피로시스에 집중해서 장차 일어날지도 모르는 가장 극단적이고 결정적인 사회적 갈등에 대해서도 살펴보자. 그런 의미에서 내적 갈등보다는 내전의 가능성을 생각해볼 것이다. 그리고 외적 갈등보다는 전면전 가능성을 생각해볼 것이다.

금융위기

밀레니얼 위기 이후 지금까지 미국은 국제금융위기(2007년 가을부터 2009년 겨울까지), 팬데믹(2020년 늦겨울), 팬데믹 이후 위기(2022년 겨울부터 시작) 이렇게 세 차례의 금융위기를 겪었다. 모두 전 세계적으로 발생한 위기였다. 첫 번째와 두 번째 위기에서 경기침체가 촉발됐고, 세 번째 경기 침체가 발생할 가능성도 크다.

앞선 두 차례의 경기침체에 대응해 미국은 주도적으로 공격적인 재 정 및 통화 부양책을 실시했다. 2007년 이후 미국의 국가 부채는 GDP 의 100퍼센트를 약간 상회하는 수준으로 약 세 배 정도 증가했는데, 이 는 2차 세계대전 때 상승 수준과 비슷하다. 같은 기간 미연방준비제도 는 자산 규모를 1,000퍼센트 증가시켰고, 달러 통화 공급도 300퍼센트 늘렸다. 경기 주기가 절정에 달했던 2019년, 전쟁 상황도, 경기침체 상 황도 아니었는데, 공화당 출신의 미국 대통령은 역사상 최대 규모의 재 정적자를 냈다.[91] 양당의 지도자들은 좀처럼 보기 힘든 초당적 협력 태 세를 취했다. 두 당은 실업률 감소를 위해 정부가 차입을 중단하지 않 고, 채권과 주식 가격을 높게 유지하기 위해 연방준비제도가 국채 매입 을 중단하지 않도록 하는 방안에 암묵적으로 합의했다.

이 모든 이례적인 부양책에는 한 가지 큰 장점이 있었다. 원래 의도했 던 목표, 즉 시장 붕괴와 경기침체의 (최저점에서 최고점까지) 단기적 충격 을 크게 줄이는 데 성공했다. 이로 인해 정치에 대한 대중의 반응도 누 그러들었다. 이런 정책이 아니었다면, 우파와 좌파 모두에게 새롭게 밀 어닥친 포퓰리즘 분위기 대신 기존의 정치체제에 대한 반란의 위협으 로 크나큰 고통을 겪어야 했을지도 모른다.

그러나 이 부양책에는 몇 가지 단점도 뒤따랐다. 경기침체의 위협 이 후에도 오랜 기간 부양책이 이어지면서 생활수준의 장기적 성장 둔화 에 영향을 미쳤을 것이다. 장기 부양책은 저축률을 낮추고, 좀비 기업 을 양산하고, 기업의 역동성을 억압했다. 더 최악은 메인스트리트(Main Street, 실물 경제를 상징 – 옮긴이)를 살리기 위해 월스트리트(금융 경제를 상징 –

옮긴이)에 과잉 정책을 펼치면서 또 다른 위기가 발생할 위험을 키웠다는 사실이다. 투자자들은 낮은 세금, 소비자 수요를 보장하는 정책들, 제로금리나 마이너스 실질금리에 기반한 피라미드식 부채, 문제가 발생시 재무부의 구제금융과 연방준비제도의 지원 약속 등에 습관적으로 의존하게 됐다. 2020년 3월 금융위기 후 공공정책은 고작 2년 만에 기업가치와 멀티플(기업의 미래 가치와 전망에 대한 가치 계수 - 옮긴이) 등 주식시장을 1929년 경제 대공황을 포함해 역사상 최고 수준으로 끌어올렸다.

무엇보다 최악의 상황은 다음번 금융 붕괴가 닥치면, 부양책이 더 이상 통하지 않는 폭락이 될 것이라는 사실이다. 더 이상의 부양책은 불가능해질 것이다. 2022년까지 연방준비제도는 가속화되는 인플레이션을 막기 위해 금리를 인상하고, 국채를 매각해야 했다. 의회 역시 연방준비제도의 금리인상정책으로 재정적자가 폭증했다는 사실을 알게 된 이상 또다시 대규모 적자정책을 승인하려 들지 않았다. 국회의원들은 어쩌면 연방 예산의 건전성에 대한 지역구 유권자의 신뢰 여부는 신경 쓰지 않을 수도 있다. 하지만 미국 부채 증권의 3분의 1 이상을 보유하고 있는 외국인 투자자는 신경 써야 한다. 외국인 투자자의 신뢰를 잃으면 국제 금융거래소에서 달러 가치가 급락할 수도 있기 때문이다.

팬데믹 이후 대대적인 부양책의 도움으로 신속한 회복이 이루어졌다. 만약 부양책이 미미하다면 회복은 더디게 되거나 아예 중단될지도 모른다.

역사상 유례없는 인구 감소율 때문에 고용은 고전을 면치 못할 것이다. 향후 10년을 내다봤을 때 확실한 것은 한 가지다. 상대적으로 인구가 많은 베이비붐 세대 대다수가 은퇴하고 인구가 적은 밀레니얼 세대가 성인이 되면서 미국의 노동 가능 연령 인구의 연간 증가율은 사실상 정체될 것이다. 2020년대에 긍정적인 고용 성장이 일어난다면, 이는 전적으로 순 이민자로 인한 성장이 될 것이며, 이러한 사례는 미국 역사상 처음일 것이다. 다른 나라의 견고한 GDP 성장률도 미국에는 큰 도움이 되지 않을 것이다. 비슷한 이유 때문이다. 2020년대 후반이 되면 역사상 처음으로 고소득 노동인구와 신흥시장 경제인구가 성장세를 멈추고 점차 감소하기 때문이다.[92]

2020년대 중반에는 경기 호황 직후에 뒤따르는 경기침체와 성장 속도 둔화로 위기의 시대 분위기가 더욱 가속화될 수 있다. 미국인은 대공황의 경험을 떠올릴 수도 있지만, 이번에는 세금·혜택·보조금·무역 등을 통한 소득 분배 방식에 관해 제로섬 논쟁이 더욱 거세게 일어날 것이다. 각 정당은 더욱 급진적인 목표를 내세우며 대립각을 더욱 날카롭게 세울 것이다. 공화당 진영은 더욱 공격적으로 권위주의를 내세울 것이고, 민주당 진영은 소득 재분배를 더욱 공론화하는 데 박차를 가할 것이다. 폭력의 위협 때문에 양쪽 진영 지지자들이 거리로 나와 시위를 할 수도 있다. 중도파는 유권자들에게 결속력 있는 국가 프로그램을 호소하는 데 큰 어려움을 겪을지도 모른다.

경제회복이 고전을 면치 못하는 가운데 미국은 위기 상황에서의 결속이나 두 번째 재생을 맞이할 수도 있다. 결속은 현재 양당의 분열을 본격적인 내전 상황으로 몰고 갈 가능성도 있다. 두 번째 재생은 당파 분열을 재정의하고, 외적 갈등에 대비한 정치 통합을 포함한 다양한 대안으로 이어질 가능성도 있다. 위기의 시대에 금융 붕괴는 거의 항상 재생 과정 몇 년 전이나 재생 과정 도중에 일어난다. 이 시기에는 대중의 신뢰와 자신감이 줄어들다가 어느 순간 거품이 터지며 붕괴한다. 그러나 위기의 시대 경제회복은 대체로 국가가 집단적 목표를 필요로 하는 시점인 재생과 결속의 시기에 탄력을 받는다.

미국이 밀레니얼 위기에서 에크피로시스 단계에 접어들기 시작하는 시기는 2020년대 후반이 될 수도 있으며, 이 시기에 미국은 또 다른 국가적 어려움, 심지어 세계적 어려움을 극복하기 위해 가능한 한 모든 자원을 동원하려고 할 것이다. 이 시점에서 금융 붕괴 같은 상황은 일어나지 않을 수도 있다. 광범위하고 비용이 많이 드는 공공 의제는 부득이하게 국가의 생산력이 평상시의 한계를 훨씬 뛰어넘도록 밀어붙이곤 한다. 이를 가능하게 하려면, 국가가 소비를 장려하는 것이 아니라 소비를 줄이도록 유도해야 할 것이다. 그렇게 하려면 재산 몰수, 세금 징수, 강제 저축, 배급, 인플레이션 등 민간 소비를 억제하기 위한 모든 수단을 동원해야 할 것이다.

부채나 대출 등에 의존했던 개인 소비 경제를 부채를 만들지 않는 국가 투자로 바꾸는 과정은 이전의 다른 위기 때보다 훨씬 더 많은 대가를 요구한다. 미국인들은 익숙지 않은 희생을 치르고 고통스럽게 생활 방식을 조정해야 할 것이다. 지금까지 미국이 경제성장률은 낮고, 저축률은 저조하며, 다른 나라에 빌린 공공부문 및 개인의 부채는 너무 많고, 세금 감면 및 각종 혜택 등으로 고령층의 개인 소비에 자금을 지원하느라 가용 재정 여력이 거의 없는 이런 상황 속에서 국가적으로 중대한 시련에 직면했던 적은 없었다. 요컨대 지금 미국의 경제 구조는 과거와 낡은 제도 쪽으로 급격하게 기울어져 있다. 이렇게 기울어진 상황을 신속하게 수평으로 끌어올리지 못한다면 젊은 세대와 풍요로운 미래를 위한 야심 찬 투자 의제도 없다.

밀레니얼 위기 초기에 미국의 정책입안자들은 개인이든 집단이든 일단 지금 소비하고 비용은 나중에 지불하도록 하는, 전례 없는 조치를 감행했다. 이제 이 위기가 끝나기 전에 정책자들은 모든 이가 정반대로 행동하도록 만들어야 할 것이다.

내전

미국은 또 다른 내전에 대비하고 있는가? 진지하게 생각해볼 질문이다. 전체 미국인의 약 절반이 내전이 일어날 수도 있다고 생각한다. 그리고 점점 더 많은 사회과학자가 지금 미국이 위험한 국가에 속한다는 사실에 동의한다. 이제 미국은 위험한 국가를 판별하는 목록에 부합하는 부분이 많다. 정부에 대한 신뢰의 급격한 하락. 그렇다. 민주적 제도에 대한 존중의 약화. 그렇다. 중무장한 대중이 양극화된 두 개의 진영을 따르고 있다. 그렇다. 각 진영은 상대 진영과 차별화되는 인종과 문화, 도시 대 지방 정체성을 뚜렷하게 구체화한다. 각 진영은 국가가 상대 진영이 가장 혐오하는 형태의 국가가 되기를 바란다. 양 진영은 상대 진영이 권력을 장악할까 봐 두려워한다. 그렇다. 모두 그렇다.

　앞에서도 봤듯, 대다수 미국인은 시간이 흐를수록 미국이 '덜 민주적'으로 되고 있다는 데 동의한다. 그리고 거의 모든 학자가 이러한 대중의 평가에 동의한다. 프리덤 하우스(Freedom House, 1941년 당시 대통령인 루스벨트의 후원으로 설립된 비정부기구로 민주주의, 정치적 자유, 인권 등을 위한 활동을 하는 단체 – 옮긴이)에 따르면, 미국은 2008년 이후 줄곧 민주주의가 쇠퇴하고 있다. 최근 조사에 따르면, 다른 민주주의 국가 중 미국의 민주주의는 61위였다.[93] 이는 아르헨티나와 루마니아보다 조금 뒤처지고 폴란드와 파나마보다 약간 앞선 기록이다. 국가별 정치 지표를 추적하고 분석하는 세계 각지의 연구기관들은 이제 미국을 완전한 민주주의 국가가 아닌 결함이 있는 민주주의 국가로 분류한다. 한 연구소는 이런 민주주의를 "후퇴하는 민주주의"라고 부른다.[94] 또 다른 연구소는 "아노크라시(anocracy)"[95] 즉, 민주주의와 독재국가 사이에 있는 국가라고 칭한다.

민주주의의 후퇴는 내전 발생 가능성의 지표가 되기도 한다. 여러 학자가 역사적 사실을 추적 관찰한 바에 따르면, 민주주의나 독재주의에서 중간 지대인 무정부 상태로 급격하게 변하면 국가 내부에서 조직적인 폭력이 발생할 가능성이 급격히 증가한다. 신뢰도가 높은 민주주의 국가에서는 내전이 빈번하게 일어나지 않는다. 신뢰도가 낮은 독재국가도 마찬가지다. 학자들이 우려하는 것은 중간 지대다. 미국 CIA와 국방부는 이 연구 방식을 미국 주변 국가들의 내전 상황이 얼마나 임박했는지를 평가할 때 사용한다. 미국 어느 기관도 미국의 국내 정치 상황에 관한 연구나 조사를 하지 않고 있다. 하지만 그렇다고 해서 외국 학자들의 의견까지 막을 수는 없다. 캘리포니아대학교 샌디에이고 캠퍼스 정치과학자 바버라 월터(Barbara F. Walter)는 르완다 내전부터 미얀마 내전에 이르기까지 평생을 내전 연구에 몰두한 학자다. 미국의 상황에 관한 물음에, 월터는 증거가 매우 명징하다고 말한다. "지금 미국은 파벌화된 아노크라시 국가로서, 반란 단계로 빠르게 접근하고 있다. 이는 미국이 생각보다 내전 상황에 가까이 와 있음을 의미한다."[96] 냉전 종식 이후 전 세계적으로 내전의 빈도와 강도가 점점 심각해지고 있다. 하지만 내전이 일어나기 전까지는 자신이 사는 나라에서 내전이 일어날 수도 있다고 생각하는 사람은 거의 없다. 월터가 내전이 일어난 국가의 사람들을 인터뷰한 결과 아무도 내전 가능성을 예측하지 못했으며, "모두 놀랐다"[97]고 말했다.

미국의 흐름도 다르지 않다. 헨리 애덤스는 1861년 당시 미국 수도에 살던 23세의 인맥이 좋은 청년이었다. 그런데도 그는 회고록에서 섬터 요새 공격 이후 전시체제가 펼쳐지는 상황에 크게 당황했다고 말한다. "미국인 그 누구도 내전을 원하지도, 예측하지도, 의도하지도 않았다. 대다수 국민들은 그저 평화롭게 생업을 이어가기를 원했다. 그 누구도, 아무리 똑똑한 사람도, 많이 배운 사람도 이런 일이 일어나리라고는 예측하지 못했다."[98]

지금 미국인들이 애덤스 시대 사람들만큼 놀라지 않는다면, 그건 아마도 대부분 생각하는 내전 방식이 현재 미국의 상황에 맞지 않는다고 보기 때문일 것이다. 흔히 내전 하면 지리적으로 떨어진 두 진영이 어느 한쪽도 양보할 수 없는 긴박한 정치적 문제를 두고 맞붙는 전쟁을 상상한다. 이는 미국의 남북 전쟁과 독립혁명에 대한 이미지다. 두 사건은 두 개의 동떨어진 사회가 각각 노예해방과 부당한 세금 징수라고 하는 하나의 실존적 문제를 두고 벼랑 끝으로 내몰린 상황에서 벌어졌다.

사실 대부분 내전은 이런 식으로 발발하지 않는다. 이념적 분열은 분명 존재하지만, 지리적 분리로 인한 분열은 경우에 따라 다르다. 예를 들어, 지리적 분리가 장미 전쟁에 미친 영향은 미미하다. 마찬가지로 미국독립혁명 당시 중부와 남부의 식민지, 남북 전쟁 당시 약 4분의 1에 해당하는 주와 식민지 영토에서 벌어진 격렬한 갈등에도 지리적 분리는 거의 영향을 미치지 않았다. 미국 외에 다른 나라에서 벌어진 수많은 내전의 역사를 살펴봐도 양 진영이 지리적으로 떨어져 있다는 사실이 그다지 중요하지 않음을 알 수 있다. 20세기 들어 가장 파괴적인 내전을 살펴봐도 마찬가지다. 러시아(1917~1923년), 중국(1927~1949년), 스페인(1936~1939년) 모두 지리적인 영향은 거의 받지 않았다. 영토 문제가 뒤섞인 내전은 예외라기보다는 규칙에 가깝다. 그런 내전은 유독 잔인한 경향이 있다.

일반적으로 내전은 단 하나의 긴급한 문제 내지 억압적인 법이나 정책의 문제 때문에 일어나지 않는다. 그보다는 상대 진영이 휘두르는 권력이 자신이 속한 진영의 정체성, 지위, 삶의 방식을 필연적으로 바꿀 것이라는 두려움이 생긴 이후에 벌어지며, 이때는 거의 모든 요소가 내전의 촉발 요인이 될 수 있다. 노예제가 전쟁 전 미국 남부를 개척하는 데 가장 중요한 요소기는 했지만, 1860년에 링컨이 당선된 후에도 남부 지역에서 노예제 폐지 문제는 수면 위로 올라오지 않았다. (아이러니하게도 노예해방을 가능하게 했던 것은 연방 탈퇴 선언이었고, 그 가능성을 만들어준 것은 전면전이었다.) 링컨의 당선으로 남부의 지도자들은 공화당이 특정 영토 내에서 노예제를 제한하겠다고 한 약속이 거기서 그치지 않으리라는 우려를 하게 됐다. 남부 지도자들은 북부에 새롭게 형성된 정치 결속력이 북부의 인구 및 부의 증가와 합해지면, 남부의 지위를 박탈하고 남부를 별 볼 일 없는 지역으로 만들 수도 있다는 사실을 이미 알고 있었다. 선거는 단지 티핑 포인트(tipping point, 작은 일들이 진행되다가 어느 순간 엄청난 변화로 뒤집히는 시점 – 옮긴이)였을 뿐이다.

무엇보다도 내전(또는 혁명으로도 불리는)은 상대 진영이 더 많은 이득을 얻으면 미래를 '되돌릴 수 없다'는 확신이 들 때 시작된다. 편집증에 가까운 이런 경각심은 1680년대 초 트루 휘그당(True Whigs)과 1770년대 초 자유의 아들들(Sons of Liberty) 조직에 불을 붙였다. 그리고 오늘날에는 "항공 93편 선거"[99]("조종석을 차지하지 않으면 죽는다")(알카에다 조직원에게 납치당한 유나이티드 항공 93편이 자살 테러를 시도하던 중 승객의 저항으로 펜실베이니아주 벌판에 추락한 사건 후 치러진 선거 – 옮긴이)를 경고하던 공화당 진영부터 "트럼프의 다음 쿠테타는 이미 시작됐다"[100] 내지 "이제 미국은 파시즘의 합법화 단계에 있다"[101]고 주장하는 민주당 진영에 이르기까지 극심한 정치 양극화에도 불을 붙이고 있다. 이러한 경각심이 늘 부당한 것은 아니다. 위기의 시기에 강력하고 새로운 체제가 규칙을 재정의할 수 있다면, 위기의 시대에 미국은 실제로 지속적인 헌법 개정을 허용할 수도 있다. 1858년 링컨은 상원의원 지명을 수락하며 했던 연설 "분열된 집(House Divided)"에서 미국은 이제 위기에 진입하려 하고 있으며, "미국은 모두 하나가 되거나, 모두 남이 될 것이다"[102]라고 선견지명이라도 있는 듯 예언했다. 남북 전쟁은 정확히 이 시점에 터졌다. 많은 이가 "모두 하나가 되거나 모두 남이 될 것"이라는 예언에 동의하던 시점이었다.

밀레니얼 위기의 남은 기간에 미국의 내전 가능성을 더 크게 만드는 요인과 적게 만드는 요인은 무엇일까?

새로운 사회적 스트레스가 존재한다면, 그 가능성은 더욱 크다. 앞에서도 언급한 대로 한 가지 가능한 스트레스는 이미 존재한다. 금융 붕괴와 그에 따른 경기침체, 실업률 상승과 디플레이션이나 스테그플레이션이 바로 그것이다. 경기침체와 상관없이 다른 사회적 스트레스도 내전 가능성에 영향을 미칠 수 있다. 에너지나 식량, 기타 원자재의 국제 공급에 충격이 생기면 대부분 가구에 실질소득의 감소가 일어날 수 있다. 새로운 팬데믹이나 갑작스러운 제재로 인한 탈세계화(이미 러시아에 대한 제재로 이러한 추세가 가속화되고 있다), 미국 기반 시설에 가해지는 심각한 사이버 공격 등도 모두 사회적 스트레스다.

이러한 스트레스는 인내심을 바닥내고, 당파심을 급진적으로 몰고 가고, 유권자들이 더욱 극단적 정책을 지지하도록 압박한다. 1870년 이후 선진국 20곳을 대상으로 한 연구[103]에 따르면, 금융위기가 발생하면 거리 시위가 주기적으로 증가하고, 현 정권에 대한 지지도가 하락하며, 좌파와 (특히) 우파 모두에서 포퓰리즘을 추구하는 경향이 높아진다. 더 짧은 기간을 관찰한 또 다른 연구에 따르면, 지역 전염병 역시 비슷한 영향을 미치는 것으로 나타났다. 전염병이 돌면 경제성장이 둔화하고, 불평등이 심화하며, 시민 불안이 커지는 현상[104]이 나타난다.

그런데 새로운 재생 과정에서 양 진영이 서로 협력하거나 한쪽 진영이 정치적 우위를 점령하는 방식으로 미국의 당파적 분열이 재정의된다면 내전 가능성은 줄어든다. 이런 일이 일어날지 여부는 새로 부상한 지도자의 성향이나 박빙의 선거 결과처럼 전적으로 우연히 일어나는 사건들에 달려 있다. 이는 내부의 어려움이나 갈등보다는 외부의 갈등이나 어려움에 따라 결정된다. 에크피로시스는 둘 중 한 상태에서 절정에 달해야 한다.

사회과학자들은 내전의 정의를 두고 논쟁을 벌인다. 아마도 적절한 정의는 이것이 아닐까 싶다. 주요 당파 간의 의지가 충돌해 통상의 경찰력으로는 제재할 수 없는 조직화된 폭력 사태가 벌어지는 것. 이보다 중요한 질문이 있다. 만약 내전이 일어나면 어떻게 해결할 수 있는가? 미디어 전문가들은 다양한 의견을 제시한다. 그중 다수는 평화적 분리 독립을 통한 비폭력적 해결이 사태를 빠르게 진정시킨다고 말한다. 또 어떤 이들은 수위는 낮지만, 만성적인 폭동과 폭력이 이어지는 상황으로 이어질 것이라고 말한다. 사실 어느 쪽 결과도 가능성이 적다.

평화적 분리는 가능성이 가장 낮기 때문에 역사적으로도 이런 일은 거의 일어나지 않았다. 한 법학 연구 단체의 말을 인용하자면 다음과 같다. "대부분 분리 독립은 기존의 정권이 반대한다. 가장 흔한 결과는 내전이다 … 평화적 분리 독립은 매우 드물다."[105] 특히 미국처럼 오래된 국가에서는 분리 독립이 더욱 드물다. 대부분 정당이 분리 독립을 국가법에 자의적으로 대항하는 행위로 여기기 때문이다. 다시 말해, 한 정당이 평화적으로 국가권력을 무력화할 수 있다면, 다른 모든 정당도 모든 국가 권위가 무력화될 때까지 시도할 수 있다는 의미가 되며, 이것이 두렵기 때문이다. 1861년 링컨은 (일부 노예제 폐지론자를 포함해) 남부 연맹의 평화적 탈퇴를 주장하는 사람들의 의견을 잠시 듣다가 위에 언급한 이유로 그 의견을 재빨리 일축했다.

어떤 형태든 분리 독립은 현실적으로도 많은 문제를 야기한다. 가장 두드러지는 문제는 새로운 다수파 내에서 소수파의 권리를 보호할 방법에 관한 것이다. 오늘날 공화당 진영의 민주당 지지 세력이나, 그 반대도 마찬가지다. (미국 대법원이 각 주에 사회적 정책을 독자적으로 선택할 권한을 더 많이 부여하면서 이미 미국은 이런 문제에 직면하고 있다고 볼 수 있다.) 수백만 명의 시민이 강제 이주나 재산 몰수에 순종하기보다는 저항을 선택할 가능성이 크다. 다른 문제도 있다. 국립공원에서 군사기지에 이르기까지 광범위한 국가 자산을 어떻게 분할할 것인가? 섬터요새에서도 이 문제가 제기된 바 있으며, 결국 전쟁 선포라고 하는 치명적 계기가 됐다. 또 다른 문제도 있다. UN 같은 국제기구의 명시적인 승인 없이 분리 독립한 국가가 국제적으로 지위를 인정받고, 국가 간 여행이나 금융 거래를 하려면 어떻게 해야 하는가?

미국 내전이 만성적인 테러리즘으로 이어질 것이라는 추측, 이른바 아일랜드 분쟁(아일랜드 공화국이 영국 연합국에서 독립할 당시 일어난 민족주의 분쟁으로 북아일랜드뿐 아니라 아일랜드 공화국과 유럽 대륙 본토까지 분쟁이 번졌다 – 옮긴이) 시나리오처럼 된다는 가정도 비현실적이기는 마찬가지다. 이런 상황은 보통 한 진영이 다른 진영보다 압도적으로 강할 때, 상대적으로 약한 진영의 유일한 선택지가 테러밖에 없을 때 일어난다. 또는 사회에 합법적인 국가 권위가 없는 경우거나 국제적 합의에 따라 국가 권위가 개입하지 않는 경우에 발생한다. 미국은 언급한 상황 중 어디에도 해당하지 않는다. 일단 갈등이 본격화되면, 미국의 양 진영은 점점 더 권위적이 될 것이며, 영향력이 미치는 범위 내에서 무질서한 상황을 진압하기 위해 최선을 다할 것이다. 따라서 권력은 양 진영에 집중될 것이다. 권력을 잡으려고 온갖 힘을 쓰는 정권, 특히 새롭게 들어선 '혁명적' 정권은 권력의 분열을 잔인할 정도로 용납하지 않는다.

요컨대, 미국 내전이 일어난다면 평화적 분리 독립으로 신속하게 해결되지도 않을 것이고, 만성적인 테러로 이어지지도 않을 것이다. 내전 양상은 두 경쟁 체제가 각자 자신들에게 정당한 리더십이 있다고 내세우며 상대를 인정하지 않는 자신들만의 주권을 주장하는 방향이 될 것이다.

거의 모든 것이 분쟁을 촉발하는 요소가 될 것이다. 탄핵, 경선, 대법원 판결, 하원이나 상원의 협정이나 규약의 전면 파기 등 위에서부터 분쟁 요소가 촉발될 수도 있다. 또는 여러 주가 연방 규정을 거부하고 독자적인 사회, 경제체제, 이민정책, 환경정책 등을 만들기 시작하면서 아래부터 분쟁 요소가 촉발될 수도 있다. 촉발 요소가 무엇이든 간에 갈등은 잇따른 대치 상황, 최후통첩, 무력시위 등을 통해 점차 추진력을 얻게 될 것이다. 그리고 양 진영 지도자들의 원래 의도와는 달리 대규모의 조직적 폭력 양상으로 확대될 가능성이 크다.

많은 내전이 흔히 그러하듯, 국가는 두 진영으로 쪼개질 것이다. 의회, 연방, 법원, 여러 행정기관, 군대, 정보기관, 국경 순찰대 등 모든 연방 기관이 개인의 충성심에 따라 갑작스럽고 서툴게 분열될 것이다. 대다수 국민은 하룻밤 새 어느 한쪽을 선택해야 하는 상황과 맞닥뜨리게 된다. 가족과 공동체가 붕괴하고, 공황 상태와 혼란이 확산할 것이다. 양 진영 지도자들은 비상사태를 선포하고, 집집마다 재산을 현금화하려 들고, 생필품 확보를 위해 지역 내 생필품 공급망을 강화하려 할 것이다. 미국과 전 세계 금융시장은 급락할 것이다. 그러나 이러한 부정적 가격 지표를 정부가 개입해 억제하거나 무시할 가능성이 높다. 일상적인 법 집행은 지역(주로 주 단위) 단위로 넘어가지만, 모두가 국가나 체제 차원에서 충돌이 해결되기 전까지는 그 어떤 해결도 어렵다는 사실을 인지할 것이다.

21세기 초에 미국에 내전이 일어났을 때, 유독 예측이 어렵고 큰 트라우마를 남기는 요소는 세계 힘의 균형에 미치는 영향이다. 아무리 단기간의 내전이라도 일단 내전이 발발하면 미국은 전 세계의 군사적 의무 사항을 철회하고, 군대를 철수시켜야 한다. 그렇게 되면 미국과 적대적인 국가들이 미국의 동맹국들을 강탈하거나 침략하기 위해 대담한 계획을 세우기 시작한다. 미국 내전에서 한쪽 진영(특히 세력이 더 약하거나 지고 있는 쪽)이나 양쪽 진영 모두가 자신들의 대의명분에 우호적인 외국 세력의 지원을 요청할 가능성이 크다. 세계 각국 정부들은 자국의 이데올로기나 이해관계에 따라 미국 내전 진영 중 어느 한쪽에 줄을 설 것이다. 미국 내전 발생으로 미국의 국제적 권력은 갑작스럽게 붕괴하고, 그렇게 되면 미국이 전쟁의 주요 참가국이 되지 않는 상황에서 다자간 세계대전 같은 끔찍한 시나리오가 전개될 수도 있다.

일단 내전이 시작되면 얼마나 파괴적 양상으로 번질지, 세계가 어떻게 반응할지, 얼마나 오래 지속될지, 누가 어떤 조건으로 승리할지 전혀 예측할 수 없다. 다만, 가능한 결과의 범위가 대단히 넓을 것이라고 생각할 뿐이다. 내전 후에는 기껏해야 이전보다 훨씬 더 강력하고 결속력 강한 공동체가 부상하겠지만, 그렇다고 해도 패배한 대의명분에 모든 것을 걸었던 이들의 불만이 수십 년간 지속하는 상황은 피할 수 없다.

최악의 결과는 대단히 참담할 것이다. 대규모 폭력 사태로 세계는 혼란의 도가니에 빠지고, 미국은 두 개 또는 그 이상으로 분열되고, 하나 내지 그 이상의 외국 세력이 주도하는 전쟁 상황을 상상해보라.

어느 쪽이든 미국은 다시 한번 역사의 관문을 지나게 될 것이고, 그 경험을 기억하는 모든 이의 삶에 유구히 영향을 미칠 것이다.

강대국 전쟁

러시아가 우크라이나를 침공하고 3주 후, NBC 뉴스에서 우크라이나 대통령 볼로디미르 젤렌스키(Volodymyr Zelensky)에게 3차 세계대전 발발을 우려하는지 물었다. 젤렌스키는 이렇게 대답했다. "이미 시작됐는지 아닌지는 아무도 모릅니다.[106] 80여 년 전, 2차 세계대전이 시작됐을 때 이미 이런 상황을 봤습니다 … 본격적인 전쟁이 언제 시작될지 아무도 예측하지 못했지요." 이 방송이 나간 후 제3차 세계대전에 관한 질문, "또 다른 세계대전이 이미 시작된 것인가?" 하는 질문이 언론을 뜨겁게 달궜다.

우리의 편협하고 제한된 예측에 관한 젤렌스키의 지적은 옳았다. 대부분 2차 세계대전이 발발하기 전까지는 전쟁 가능성을 전혀 생각하지 않았다. 그래서 미국인은 1941년 12월 7일(진주만 공격)을 돌이켜보고, 대다수 유럽인은 1939년 9월 1일(독일의 폴란드 침공)을 회고한다. 그리고 중국인들은 1937년 7월 7일(일본의 중국 침공)을 기억한다. 다른 나라들은 그 이전을 돌아본다. 스페인은 1936년을, 에티오피아는 1935년을, 만주 인들은 1931년을 기억한다.

어쨌든 2차 세계대전은 어느 날 갑자기 터진 것이 아니다. 마치 조금씩 눈더미가 무너져 점점 커지다가 눈사태가 일어나듯, 세계가 전쟁이라고 하는 사태에 휘말렸다. 1930년대 이미 초기 징후는 단지 노골적인 침략만이 아니었다. 이미 무혈 합병, 한밤의 쿠테타, 부패한 언론, 지도자들의 암살, 반체제 인사들의 투옥, 부정 선거 등이 파도처럼 밀려왔다. 전 세계에 무자비한 독재의 그림자가 드리우고 있었다. 오늘날에도 이런 그림자가 드리우고 있다. 국제기관인 프리덤 하우스에 따르면, 전 세계 사람 중 지난 10년간 자유국가에 거주하지 않는 사람의 비율이 55퍼센트에서 80퍼센트로 증가했다.[107] 또 다른 기관인 브이뎀 (V-Dem) 연구소에 따르면, 독재국가에 사는 사람의 비율이 49퍼센트에서 70퍼센트로 증가했다.[108] 시민의 자유를 억압하고, 반대 의견을 범죄 취급하고, 적법 절차를 무시하고, 선거를 조작하는 정부의 수가 자유주의를 추구하는 정부의 수를 크게 초과하고 있다.

1930년대와 다르지 않은 이러한 추세의 사회적 증상은 자민족 중심의 포퓰리즘 증가, 강력한 독재자의 집권 성공, 자국민 우선의 경제 자급자족주의 흐름, 적법한 절차와 세계화에 대한 불만, 불만을 토대로 한 민족주의에 대한 열광 등이며, 전 세계가 이와 비슷한 현상을 겪고 있다. 이들 국가는 불가피하게 외교나 협박을 통해 또는 필요하다면 무력을 동원해서라도 통치 지역에 대한 영향력을 획득하려 한다(그들 관점에서는 '재획득'일 것이다). 시민의 권리를 박탈한 국가는 이웃 국가들의 권리도 무시하기 쉽다.

세계적인 이 변화의 시점이 일치하는 것은 우연이 아니다. 앞서 봤듯, 비슷한 새큘럼 흐름을 따라가는 현대사회의 세대 간 유사성이 점점 커지면서 변화 시점도 비슷해지는 것이다. 일본, 아르헨티나, 브라질에서부터 영국, 프랑스, 이탈리아, 폴란드에 이르기까지 자유롭고 독재적이지 않은 국가들 사이에서도 비슷한 변화를 볼 수 있다. 이들 국가 역시 급진적 포퓰리스트, 사회주의자, 민족주의자들이 강한 리더십을 요구하면서 국내 정치가 흔들리고 있다.

이들 국가는 외교 문제에서도 고군분투하고 있다. 나토, WTO, IMF, EU 등 한때 모든 회원국 간에 수월하게 정책을 조율했던 다자간 기구의 규정을 준수하는 데 어려움을 겪는 중이다. 사람들은 국가 안팎에서, 자유와 비자유 사이에서 이전보다 더욱 응집력 있고, 효율적인 시민 공동체를 찾고 있다.

1930년대, 강대국 간의 전쟁으로 치닫는 길목에는 민족주의의 격화, 세계 무역의 위축, 원치 않는 인구 이동의 가속화, 지역 경제화 및 안보 장벽 강화로 인한 세계 분열, 점점 대담해지는 비자유주의 국가들과 점점 위축되는 자유주의 국가들 사이의 경쟁 격화 등 뚜렷한 징후들이 곳곳에 있었다.

지난 10년에서 15년 사이 이러한 움직임이 다시 일고 있다. 국제금융위기 전까지 급격하게 증가했던 국제무역(국제 GDP 비중 대비)은 경기침체와 무역장벽 강화, 팬데믹, 징벌적 제재 등으로 가파르게 하락하고 있다.[109]

박해나 국가 붕괴 위기를 피해 탈출한 국제난민 수도 홍수처럼 불어나고 있다. 그리고 이들을 막기 위한 국가들의 장벽도 높아지고 있다. 한 조사에 따르면, 2000년 이후 인접한 국가들 사이의 장벽 수는 16개에서 90개로 다섯 배나 증가했다.[110] 점점 더 많은 국가가 국가 내부 문제로 관심을 돌리고 있다. 중국의 한제국, 미얀마의 969 불교 운동(이슬람 팽창에 반대하는 불교 민족주의 운동 – 옮긴이), 인도의 힌두트바(Hindutva, 힌두교 기반의 우익 이데올로기 – 옮긴이)에서부터 '더 위대한 러시아', '더 위대한 튀르키예', '더 위대한 헝가리'에 이르기까지 뿌리를 강조하는 국가 정체성 찾기 운동이 곳곳에 일고 있다. 여러 비자유국가에서 새로운 집단적 자신감에 불을 붙이는 원동력은 외세의 침략으로 겪은 역사적 굴욕을 벗어 던지고, 잃어버린 명예를 되찾고 싶다는 바람이다. 1930년대와 마찬가지로 이러한 적개심의 대상은 강력하고, 자본주의적이며, 신을 믿지 않고, 기술이 고도로 발달한 서양의 국가 패거리들이다. 그리고 이 패거리의 우두머리는 의심할 나위 없이 미국이다. 앞으로 일어날 강대국 전쟁의 주요 참가국을 확인하는 일은 검은 백조 찾기(1697년, 네덜란드 탐험가 윌리엄 드 블라밍Williem de Vlamingh이 호주에서 기존에는 존재하지 않는 줄 알았던 검은 백조를 발견한 데서 나온 말로, 전혀 예측할 수 없던 일이 실제로 나타나는 현상을 의미한다 – 옮긴이)가 아니다. 오히려 정책 분석가 미셸 부커(Michele Wucker)의 말대로[111] 잠시만 생각해보면 크고 명확하며, 우리를 향해 곧장 돌진해 오는 회색 코뿔소에 가깝다. 여기에 해당하는 국가들을 나열하자면, 미국 국가 정보국에서 대표적인 네 개의 "적"이자 "경쟁국"[112]으로 언급한 국가들을 그대로 옮기면 된다. 중국, 러시아, 이란, 북한이 여기에 속하며, 적대감의 크기도 언급된 순서와 거의 비슷하다. 이들 네 나라 간의 무역 및 안보 협정은 점점 더 긴밀해지고 있다. 중국이 서구 세력의 지배 및 패권 체제라고 비난한 "인도-태평양 나토(NATO)"[113]처럼 그들의 정책 성명 역시 더욱 긴밀해지는 관계를 보여주는 것이다. 그리고 수십 개의 동맹국, 종속국, 속국까지 합하면 이들은 유라시아를 아우르는 거대한 초대륙 세력을 형성하고 있다. 그 반대편에 미국, 서반구의 대부분 국가, 유럽의 대부분 국가, 서 환태평양 일대의 고소득 국가가 있다.

미국의 적대국에 있는 국가들은 사실상 모든 국가가 비자유국가다. 미국 측에 있는 국가들은 대부분 자유국가다. 인도가 비동맹국으로 남는다고 가정할 때, 적대국은 국토 면적과 인구에서 우위에 있다. 미국 측은 기술과 경제력, 군사력 등에서 우위에 있다. 이는 상당히 큰 우위다. 그러나 적대국 측은 이런 측면까지 모두 염두에 두고 위험 및 희생을 감수하려는 집단 의지와 기술혁신을 통해 승리할 수 있다고 믿고 있다. 여기서 우리는 다시 한번 '위대한 국가 의지'를 찬미했던 1930년대의 메아리를 듣는다.

적대국 측에서는 한 가지 희망이 더 있을 수 있다. 바로 미국이 스스로 붕괴하리라는 희망이다. 서 환태평양 일대의 민주주의 국가들은 미국의 안보 보장에 신뢰를 잃고, 중국과의 거래를 시작할 수도 있다. 이미 영국을 잃은 유럽연합은 경제 상황 악화와 포퓰리즘을 추구하는 정당의 정권 장악으로 더 많은 회원국을 잃을지도 모른다. 우크라이나 전쟁에 지친 서유럽 지도자들은 동유럽 주권을 두고 러시아와 합의를 할 수도 있다. 그 결과 포퓰리즘 표를 얻고 에너지 가격을 낮추며 경제를 부양할 수 있을지도 모른다. 시진핑 주석은 "중국의 질서"와 "서구의 혼돈"을 비교[114]하길 좋아한다. 전 세계가 이미 봤던 상황이니 그럴 만도 하다. 1930년대, 잇따른 침략에 성공한 추축국 지도자들은 침략한 나라에서 일어나는 분열을 보고 몹시 놀랐다.

적대국 입장에서는 미국이 스스로 내부적으로 붕괴하는 것이 가장 좋은 시나리오다. 시진핑 주석 역시 이 시나리오를 진지하게 받아들이고 있다. 그는 2021년 미국 국회의사당 습격 사건을 듣고는 이렇게 말했다. "시간과 기세는 우리 편이다."[115] 며칠 뒤 중국 〈인민일보〉 헤드라인에는 이런 제목의 기사가 실렸다. "미국의 주적은 미국 자신이다."[116] 미국의 시민 갈등이 내전을 악화할 수도 있다. 그리고 만약 그렇게 된다면 미국의 국제 안보 역량은 아마 심각하게 약화될 것이다. 거의 하룻밤이면 적대국은 세력을 확장하기 시작하고, 오랫동안 추구해온 전략적 목표를 자유롭게 실현할 것이다. 그리고 미국은 거의 대응하지 못할 것이다.

분명 미국이 붕괴할 가능성도 존재한다. 다만 그 가능성이 얼마나 큰지는 알지 못한다. 우리가 확실히 알 수 있는 것은 위기 상황에서 외부적 갈등은 본질적으로 내부적 갈등에 대한 모 아니면 도의 대안이며, 일단 외부적 갈등이 본격화되면 대부분 파벌 싸움에 소진되던 에너지는 외부 갈등에 쏠리게 된다. 새큘럼의 흐름을 보면 합스부르크 왕가, 루이 14세(태양왕), 조지 3세, 또는 (가장 최근의 2차 세계대전에서) 추축국 침략자들 등에 대항한 극심한 당파 분열과 내전에 가까운 사건들은 예기치 못한 사건, 어쩌면 예측 자체가 불가능한 사건으로 인해 국제전 양상으로 번졌다.

역사학자들은 지도자들이 국내 문제에 집중된 대중의 관심을 외부로 돌리기 위해 의도적으로 이른바 '관심 전환용 전쟁'을 일으킨 것은 아닌지 여부와 그 빈도를 두고 논쟁을 벌이고 있다. 증거는 엇갈린다. 그런 전쟁이 정말 있었다면, 아마 국가의 존립에 큰 무리를 주지 않는 수준의 소소한 전쟁이었을 것이다. "개 꼬리가 몸통을 흔든다"(wag the dog이라는 표현은 금융시장에서는 꼬리가 몸통을 흔드는, 즉 주객전도 상황을 의미하지만, 정치적으로는 위기에 몰린 권력자가 국민의 관심을 다른 곳으로 돌리기 위해 연막을 치는 행위를 의미한다. 당시 클린턴은 성추문 스캔들에 휘말려 있었다 – 옮긴이)는 표현은 클린턴 시대 미국이 중동의 테러 기지를 공습할 때 처음 사용됐다. 이 관심 전환용의 동기는 영미 위기의 시대에 벌어졌던 전쟁들을 설명하기엔 타당성이 없어 보인다. 초반부터 비용과 위험 부담이 엄청나게 컸기 때문이다.

위기의 시대에 미국 지도자 한 명이 관심 전환용 전쟁을 벌이라는 조언을 들은 적이 있다. 하지만 그는 그 조언을 따르지 않았다. 1861년 봄, 윌리엄 수어드(William Seward) 국무장관이 이제 막 취임한 링컨 대통령에게 악명 높은 '4월 1일' 서신을 보냈을 때 일이다. 수어드는 링컨에게 영국, 프랑스 또는 스페인과 즉각 전쟁을 벌이자고 제안했다.[117] 연방이 성조기를 중심으로 집결해 섬터요새를 잊게 하자는 어설픈 구실이었다. 링컨은 이렇게 뻔한 책략이 성공할 리 없다는 사실을 잘 알고 있었기에 그의 제안을 정중히 거절했다(이 결정으로 공화당이 수어드가 아닌 그를 대통령 후보로 선택한 것이 정말 좋은 판단이었음이 증명됐다).

이후에 벌어지는 강대국 간의 전쟁은 전쟁 참가국 모두에게 끔찍한 위험을 초래할 것이다. 대량살상무기가 전 세계적으로 확산하고 있기 때문이다. (언제든 일어날 수 있는 일이지만) 일단 이란이 핵무기를 보유하게 되면 10개 국가가 핵보유국이 된다. 그중 네 곳이 미국의 적대국 편에 설 것이고, 파키스탄까지 가세한다면 5개국이 적대국의 편에 서게 된다.

이런 전쟁이 얼마나 위험할지는 가늠조차 되지 않는다. 분명한 점은 모든 국가가 전쟁 상황에 대비해야 한다는 인식 자체가 위험을 높인다는 사실이다. 저명한 외교관 조지 케넌(George F. Kennan)은 "피할 수 없는 전쟁이나 일어날 가능성이 큰 전쟁은 반드시 대비해야 한다. 전쟁이 일어날 가능성은 매우 크다"[118]고 말했다.

전쟁이 어떻게 시작될지도 알 수 없기는 마찬가지다. 히틀러는 바르바로사 작전 하루 전날 밤 이렇게 말했다고 한다. "모든 전쟁의 서막은 어두운 방의 문을 여는 것과 같다. 어둠 속에 무엇이 숨겨져 있는지는 아무도 모른다."[119] 대부분 전쟁은 강대국을 서서히 끌어들이는 대리전으로 시작되거나 강대국이 예기치 않게 위험한 선을 넘으면서 시작될 가능성이 크다. 사이버 공격이나 전면적인 경제 제재 및 봉쇄 조치 등으로 폭력 사태를 최소화하려는 노력이 이루어지지만, 결국에는 지상전 양상이 될 것이다. 가능하면 '비대칭 방어 기술'(비대칭전은 상대적으로 군사력 및 전술이 크게 다른 교전단체 간의 전쟁 유형이며, 방어 기술은 효율적인 비용으로 상대의 군사작전을 어렵게 만드는 전술이다 – 옮긴이), 가령 저렴한 드론이나 대함 미사일(군함이나 함선을 파괴하는 미사일 – 옮긴이) 등으로 상대의 군사력을 무력화하려는 시도를 할 것이다.

거의 모든 전쟁 시나리오에서 핵 테러가 발생할 위험이 대단히 높다. 일부 지도자들은 전쟁의 어느 시점에서 벼랑 끝 전술, 즉 파괴적인 손실에는 관심이 없음을 보여줌으로써 큰 이득을 갈취하는 부끄러운 전술을 사용하려 들 것이다. 자유국가 유권자들은 왜 들어본 적도 없는 국가의 영토를 지키기 위해 수백만 명의 목숨을 걸고 위험을 감수해야 하는지를 자신들의 지도자에게 물을 수 있다. 에스토니아나 대만이 그랬다. 이런 일은 처음이 아니다. 84년 전 서유럽 유권자들도 비슷한 질문을 던졌다. 1939년, "왜 단치히를 위해 죽어야 하는가?"[120]라는 헤드라인을 단 〈파리지앵(the Parisian)〉 사설은 프랑스에서 격렬한 논쟁을 불러일으켰다. 전쟁으로 생길 수 있는 결과의 종류와 범위는 내전보다는 강대국 간의 전쟁이 훨씬 많고 크다.

최상의 결과는, 미국이 에크피로시스 이전보다 훨씬 더 강하고 훨씬 더 결속력 있는 국가가 되는 것이다. 그렇게 되면, 국가 간 분쟁을 해결하고 국내 경제를 조율하기 위한 새롭고 효과적인 국제기관 설립 과정에서 중요한 위치에 서게 될 것이다. 러시아 탱크 군단이 우크라이나 영토를 짓밟을 때 젤렌스키는 미국 의회에서 이런 연설을 했다. "과거의 전쟁을 겪었던 전임자들은 우리를 전쟁에서 보호할 기관과 제도를 만들었다. 하지만 안타깝게도 그 제도는 제 역할을 하지 못하고 있다. 우리는 알고 있다. 여러분도 알고 있다. 이제 우리에게는 새로운 것, 새로운 제도, 새로운 동맹이 필요하다."[121]

자유국가 미국은 마침내 젤렌스키가 요구한 것을 구축할 위치에 서게 될 것이다. 새로운 제도로, 이전에는 상상조차 하지 못했던 방식으로 국제 문제를 해결할 권한이 생길 것이다. 대량살상무기 보유 제한 방안, 탄소 순 배출량 감소 비용을 할당하는 방안, 바다·공기·우주 등의 모든 국제 공유 자산을 관리하는 방안 등을 마련할 것이다. 약 80년 전에 설립된 국제기구들이 이 모든 문제를 해결하지 못하는 것은 제도 자체가 변해서가 아니라, 미국 주변국들이 이를 굳이 추진할 마땅한 동기가 없었기 때문이다. 새로운 국제체제가 들어서면 주변 사회에도 동기부여가 될 것이다.

최악의 결과는, 단 한 국가라도 궁지에 몰린 국가가 대량살상무기에 의존하는 일이다. 그렇게 되면 이 전쟁은 내전보다 훨씬 더 파괴적으로 치달을 것이다. 많은 도시가 파괴되고, 수백만 명이 사망하고, 수천만 명의 이재민이 발생하는 등 상상을 초월하는 피해가 생길 것이다. 그리고 이 모든 일은 아마도 잘못된 지도자가 잘못된 시기에 잘못된 선택을 내리는 불운의 조합으로 촉발될 것이다. 가장 가능성이 큰 결과는 이 최악의 결과보다는 훨씬 나을 것이다. 손실을 극복하고 균형을 맞추는 방법은 국가 내부적으로 그리고 국가 간에 집단적 쇄신을 하는 것이다. 네 번째 전환기가 끝나면, 역사의 궤도는 사회적 엔트로피의 반전을 알릴 것이다.

그때가 되면, 역사의 또 다른 거대한 관문을 통과하는 국가는 미국만이 아닐 것이다. 세계의 많은 국가가 그 문을 통과할 것이다. 그리고 그 문은 그 시절을 기억하는 모든 이의 삶의 모습을 바꿔놓을 것이다.

8

우리 사회는 어떻게 변화할 것인가

사람들은 신체적으로든, 지적으로든,
도덕적으로든 잠재력을 틀 안에 가두고 살아간다….
큰 비상사태와 위기가 닥쳐야만 자신 안의 힘이 생각보다
훨씬 강하다는 사실을 알게 된다.

윌리엄 제임스(William James)

미국은 네 번째 전환기마다, 특히 절정의 에크피로시스마다 급속하고 중대한 사회적 변화를 경험했다. 그 변화는 분열, 경직, 불안에서 포괄적 통합의 기틀을 갖춘 새로운 체제, 집단 에너지, 원대한 이상에 이르기까지 다양하다.

1770년대 초, 미국의 식민지 주민들은 거의 통치가 불가능했다. 이것이 영국 지배층이 식민지 주민들을 보는 관점이었다. 그리고 많은 미국인이, 심지어 벤저민 프랭클린조차도 자신들을 통치 불가능한 집단으로 여겼다.

1790년대 중반이 되자 미국은 완전히 다른 나라가 됐다. 영국을 물리친 후 식민지 주민들은 중앙정부의 통치를 받는 데 기적적으로 동의했다. 그뿐 아니라 미국은 민주주의 공화국이 돼가고 있었다. 전례 없는

규모의 민주주의 공화국에는 의회, 의원, 대통령 등 전통 민주주의 기능까지 갖출 예정이었다. 연방 군대는 반란을 진압하고 전투에서 승리하면서 그 능력을 증명했다. 심지어 이제 막 태어난 이 신생국은 외교관을 임명하고, 수도를 정하고, 국립은행을 설립하고, 전쟁 채무를 전액 상환하고, 식민지 시절보다 더 높은 세금을 전 국민에게 부과했다.

이러한 흐름이 다음 새큘럼의 끝까지 이어졌다. 1850년대 후반, 미국은 불만과 분열로 들끓고 있었다. 연방정부의 권위는 사라지고, 정당은 붕괴되고, 정책입안자들은 의회에 만연한 폭력을 두려워하고, 국가 기반 시설이나 표준화된 정책 없이 지역 경제는 독자적으로 몸집을 부풀리고 있었다.

10년 후, 미국은 완전히 다른 나라가 됐다. 화들짝 놀란 유럽이 지켜보는 가운데 거의 하룻밤 새 미국은 전면전에 대비했다. 미국 대통령은 세계 최대 규모의 육군과 해병을 파병했고, 대규모로 물자를 생산하고 수송하기 위해 산업을 국유화했다. 연방은 처음으로 주립은행을 규제하고, 지폐를 발행하고, 소득세를 도입하는 한편, 대륙을 횡단하는 철도를 건설하고, 농가에 보조금을 지급하고, 주립 대학 설립에 자금을 지원했다. 역사상 최초로 국가적 차원에서 모든 국민에게 시민권과 적법 절차를 보장하는 내용이 포함되도록 헌법이 개정됐다. 전쟁이 끝나자, 미국인들은 미국을 공화국으로 인식하기 시작했다. 전쟁 전에 미국은 복수 명사("The United States are…")였다. 하지만 전쟁 이후 미국은 단수 명사가 됐다[1](The United States is − 옮긴이).

또다시 이런 흐름이 다음 새큘럼 후반까지 이어졌다. 1930년대 후반, 미국인들은 당시 유행하던 속어처럼 "당했다(licked)"고 느꼈다. 실업자가 곳곳에 넘쳐나고, 뉴딜정책은 끝난 듯 보이고, 무력해진 미국인 절반은 자신들이 미래라고 말하는 파시스트와 공산주의자를 믿었다.

10년 후, 미국은 완전히 다른 나라가 됐다. 독일, 일본, 영국을 합한 것보다 무기와 인프라에서 앞선 미국은 '초강대국'으로 거듭나 세계와 미국의 관계를 재정의했다. 헨리 스팀슨은 원자력의 가능성과 위험성을 "인간과 우주와의 관계에 있어서 혁명적 변화"[2]라고 말했다. 노조가 결성되고, 주택을 소유한 중산층이 교외로 이주하고, TV에서 세탁기에 이르기까지 대량생산체제가 만든 새롭고 놀라운 상품들이 쏟아져 나왔다. 한편 전쟁 기간에 미국 정부는 정부 규모와 범위를 크게 확장했다. 임금과 물가를 규제하고, 소득세를 원천징수하고, 수만 명의 신규 공무원을 새로 고용해 새로운 정책을 펼쳤다. 1945년에 이르러서는 미국 정부가 미국 공장 및 자본 시설의 무려 40퍼센트를 소유했다.[3] 이 시기는 정부와 국가 경제와의 관계를 영원히 재정의했다.

이들 시대가 끝날 때마다 당연히 대다수 미국인은 폭력, 불화, 박탈이 종식됐다는 사실에 안도했다. 그리고 동시에 새로운 공동체의식과 시민이 합의한 방향에 자부심을 느끼고 낙관론을 가졌다. 놀랍게도 당시 미국인 대다수는 친근하거나 개인적인 언어가 아닌 광범위하고 집단적인 언어로 새로운 자신감을 표현했다. 그들은 공적 차원에서 이룬 모든 것, 규모 면에서나 힘, 응집력, 위대함 등의 차원에서 새롭게 이룬 모든 것을 기리고 싶어 했다.

1970년대 중반, 젊은 시인 데이비드 험프리스(David Humphreys)는 드넓은 밀밭부터 상업이 번창하고 잘 정돈된 도시에 이르기까지 평화롭고 풍요로운 버지니아를 노래한 시 〈미국의 행복(Happiness of America)〉에서 당시 부상한 세대가 이룬 시민적 성취를 칭송했다("그렇다면 일어나라, 콜럼버스의 후손들이여! … 영광을 위해 일어나라, 기쁘게 일어서라…"[4]). 또한 험프리스의 연방주의자 동료인 티머시 드와이트(Timothy Dwight)의 영광에 가득 찬 찬미도 생각해보라. "한 핏줄, 한 민족, 바다에서 바다에 이르는/ 하나의 언어가 퍼지고 하나의 관습이 통하는/ 한 줄기에서 나온 과학과 한 줄기에서 나온 도덕…"[5] 심지어 연방주의자들에 강하게 반대했던 제퍼슨조차 미국을 "자유의 제국"[6]이라고 부르는 데 주저하지 않았다. 미국의 고귀한 시민적 운명이 반영된, 기억에 남는 표현이었다.

1870년대 초반에 이르러 미국은 남북 전쟁의 중요한 교훈, 즉 규모와 효율성과 계획이 늘 승리한다는 사실을 받아들여 이를 국가 운영 방식에 성공적으로 적용했다. 개인을 (경쟁적이지만) 협력적인 시민체제 및 경제 '부품'에 통합한다는 개념이 진보를 의미하는 은유가 됐다. 시민 지도층이 도시 상수도나 교량에 투자하던 시기 전후와는 비교도 되지 않을 빠른 속도로 산업가들이 거대한 공장과 유통망에 투자하기 시작했다. 전국에 농민조합과 노동자조합이 출범했다. 지역 기반의 가족 사업은 쇠락했다. 1880년에 존 D. 록펠러(John Davison Rockefeller)가 했던 말을 연상시키는 흐름이었다. "조합의 시대가 도래했다. 개인주의는 사라지고 있으며, 다시는 돌아오지 않을 것이다."[7]

1940년대에는 평화와 풍요라는 말이 목적, 협력, 포용을 함축하는 단어로 널리 사용됐고, 새로운 질서가 계획됐다. '국가기획위원회'가 전국에 급속도로 확산했다. 거대한 노동자 집단과 대기업, 군대, 기타 이익 집단이 파트너십을 맺고 협력하는 방식이 널리 퍼졌다. 요컨대 통합이었다. 전국 고속도로와 항공사, 미디어는 지역 불균형을 해소했다. 광범위한 민주주의였다. 국내에서는 '중산층'과 '서민'이 안보와 풍요를 공유하고, 국외에서는 미국이 평화로운 '팍스 아메리카나'를 이끌었다.

이 모든 사례에서 알 수 있듯, 정신적으로나 현실적으로 이루어지는 국가 공동체의 쇄신은 새큘럼의 겨울에 이루어지는 주된 활동이다. 이 장의 목적은 위기의 시대가 사회를 변화시키는 방식을 살펴보는 것이다. 결국, 이러한 시대는 단순히 인상적이고 화려한 사건들의 집합소가 아니다. 위기를 경험하는 사회의 습관, 기대, 꿈, 두려움을 재구성하는 한 국가의 뜨거운 통과의례다.

현대성과 갈등의 반복

위기의 시대에 내재한 역설은, 더 강력한 공동체를 만드는 목표를 추구하면서도 그 목적을 이루는 수단으로 갈등을 이용한다는 점이다. 그것도 대체로 치명적이고 조직화된 갈등을. 왜 그럴까? 아마 현대성(또는 근대성) 자체의 크나큰 역설과 관련이 있을 것이다. 현대성은 순환하는 역사에서 벗어나기 위한 의도적 진보인데, 실제로는 이 진보가 우리를 반복적인 트라우마 속으로 다시 밀어 넣는다.

정치 역사학자들은 주요 국가 간 갈등에서 질서와 무질서의 이중성을 '현대(또는 근대) 국가 형성'이라는 사회적 현상에 귀속시켜 설명한다. 이름에서도 알 수 있듯 이 과정은 오직 현대성에만 존재한다. 그리고 이 과정은 긍정적인 피드백 고리(결과를 자동으로 재투입하는 궤환 회로를 피드백 루프 또는 피드백 고리라고 한다-옮긴이)를 이룬다. 작동 방식은 다음과 같다. 군대의 규모가 커지면 더 많은 영토에서 더 큰 평화가 유지되고, 이는 더 안전한 개인의 권리와 더 큰 규모의 거래로 이어지고, 이는 더 큰 사회조직과 더 큰 번영으로 이어지고, 이는 더 큰 국가 수입으로 이어지고, 이는 더 규모가 큰 군대로 이어진다. 역사학자 윌리엄 맥닐(William McNeill)은 현대화의 이러한 역학 관계를 보며, "효과적인 군대 덕분에 유럽의 주요 국가들이 우수한 수준의 공공 평화를 구축할 수 있었고, 실제로 구축했다"[8]고 설명한다. 이로 인해 농업과 상업, 산업이 번창하고, 결과적으로 군대 유지에 필요한 세금도 더 풍족하게 걷었다. 사회학자 찰스 틸리(Charles Tilly)는 이를 명쾌하게 설명한다. "전쟁은 국가를 만들었고, 국가는 전쟁을 만들었다."[9]

이러한 과정이 고대에도 있었을 수 있지만 서유럽 전역에서 주기적인 리듬이 된 것은 15세기 후반, 처세에 뛰어나고 야심 찬 영웅 세대 왕자들이 집권한 후부터였다. 한 역사가에 따르면, 르네상스 시대의 군주제는 본질적으로 "전장을 위해 구축된 기계 조직"[10]이었다고 한다. 이후 수 세기에 걸쳐 패턴이 정립됐다. 시간이 흐르면서 그 과정은 단일 방향으로 누적됐다. 경쟁에 실패한 통치자나 사람들은 밀려났다. 수많은 무법 영지와 독립된 공동체들이 하나둘씩 굴복하며 국가의 지배력은 점점 더 강화됐다.

근대의 대부분 서양 사상가들은 이를 긍정적으로 평가했다. "전쟁의 결과로 국가는 더욱 강해진다"[11]고 말했던 헤겔은 국가가 강해질수록 전쟁이 진보의 원동력이 된다고 생각했다. 근대국가의 형성 덕분에 국민(나중에 '시민'이 된)은 더욱 확대된 일상의 평화와 안전, 더 고도로 발전된 사회적 상호 의존성, 문맹률 감소, 물질적 생활수준의 향상, (이후 민주적 참여를 통해 보장된) 법적 권리 및 적법 절차를 누리게 됐다. 사회학자 앤서니 기든스(Anthony Giddens)가 만든 불길한 느낌의 용어 "내적 평정(internal pacification)"[12]을 통해 근대국가들은 관료 조직에 법 제정, 투표, 대표성, 공공안전 등의 권한을 실어줬다.

이러한 폭력도 수 세기를 거치며 급격하게 줄어들었다. 대규모 전쟁으로 사상자 수가 증가했지만, 질서 있는 환경에서 평화롭게 공존하는 개인 사이에서 무작위로 발생하는 폭력 사건이 줄어들면서 총사망자 수에 미치는 영향이 상쇄됐다(스티븐 핑커Steven Pinker가 여러 증거를 종합적으로 검토한 바에 따르면, 오늘날 현대사회의 살인율은 전근대사회보다 약 10배에서 100배 정도 낮은 수준이다[13]). 사람들이 풍요로운 환경에서 생활하면서 사고나 질병으로 인한 부상과 사망률이 크게 낮아졌다. 사회학자 노르베르트 엘리아스(Norbert Elias)는 저서 《문명화 과정》에서 장기적인 사회적 과정으로써 근대화에 축적되는 여러 장점 중에서 사람들이 자제력과 '문명'에 익숙해지는 방식[14]을 꼽았다. 그는 현대성이 사람들을 사회화하고 인간답게 만들며, 더 신중하고 공감 능력이 있게 만들고, 덜 폭력적이고 덜 충동적으로 만든다고 했다.

그러나 이 모든 장점에도 불구하고 현대 국가 형성 과정에는 주기적인 갈등이 수반된다. 시민의 강력한 혼돈의 힘, 즉 리바이어던(leviathan)은 스스로 쉽게 개혁되지 않기 때문에 시간이 지날수록 불가피하게 덜 정의롭고 덜 안전한 것으로 여겨진다. 마침내 새로운 제도가 만들어지면 그 제도를 유능하고 공정하게 잘 관리할 줄 아는 세대는 사라지고, 그 제도에 만족했던 세대도 사라진다. 그러면 새로운 가치와 관념이 등장하고, 새로 부상하는 세대를 중심으로 파벌이 형성된다.

어느 시점이 되면 하나 내지 그 이상의 새로운 세력이 구정권을 밀어내고, 더 새롭고 강력한 정권으로 그 자리를 대체하려고 노력한다. 이 모든 사회적 역학은 당연히 새큘럼의 계절 리듬을 반영한다. 그 결과, 겨울 동안 정권교체, 혁명, 내전 등을 거쳐 새로운 국내 정권이 탄생하기도 한다. 또는 국가 간 권력관계가 반영된 새로운 대외 관계 체제(새로운 '세계체제')가 형성될 수도 있다. 일반적으로 이 두 가지가 조합된 형태가 나타난다. 또한, 체제 간 충돌로 촉발된 분쟁은 기존의 절차로는 규제될 수 없다는 명분으로 엄청난 폭력이 수반되기도 한다. 이런 현상은 한 국가가 다른 국가에 도전할 때 가장 극명하게 드러난다. 그러나 이런 일은 국내에서도 마찬가지로 일어나며, 심지어 새로운 지도자를 선출하는 규칙을 오랫동안 지켜온 성숙한 자유 민주주의 국가에서도 일어난다. 정권교체에는 늘 문제가 생긴다. 한 주에서 중대한 문제에 관해 제대로 결정이 내려졌는데도 주 내의 대규모 공동체가 이를 받아들이지 않는다면 어떤 일이 벌어질까?

미국의 역사학자 칼 베커는 1941년에 쓴 저서 《민주주의의 딜레마(The Dilemma of Democracy)》에서 이 딜레마를 언급하며, 지난 10년간 독재정권의 부상에 관해 암울하고도 냉철한 고찰을 했다. 그는 민주주의 정부가 "결정해야 할 문제에는 사람들이 굴하지 않고 싸울 수밖에 없는 이해관계가 포함되지 않는다"[15]고 전제했다. 그러나 불신과 격변의 시대에는 바로 이런 문제가 단호하게 결정돼야 하는 중요한 문제다.

— 토론과 다수결을 따르는 민주주의 정부는 논의해야 할 중대한 문제가 없을 때, 경쟁 관계인 정당의 의제가 사회체제의 근본적인 구조가 아닌 피상적인 부분만 다룰 때, 소수의견이 투표에서 패배하더라도 그 결정을 영구적이거나 중대한 이해관계에 관한 치명적인 굴복[16]으로 여길 필요가 없을 때, 가장 잘 돌아간다.

베커에게 이런 민주주의 절차의 붕괴는 비극이었다. 카를 슈미트(Carl Schmitt)나 조반니 젠틸레(Giovanni Gentile) 같은 파시스트 지식인들에게는 기회였다. 1930년대는 양쪽 모두에게 새로운 역사의 경계에 도달했음을 알리는 신호탄이었다. 민주주의가 다시 위기에 처한 2020년대에도 같은 신호가 번쩍이고 있다. 그 이유도 마찬가지다. 체제마다 많은 절차가 있지만 체제를 선택하는 절차는 없다. 부치 캐시디(Butch Cassidy, 본명은 로버트 리로이 파커Robert LeRoy Paker로 기차와 은행 강도였고, 서부 시대 무법 범죄 집단의 리더였다 – 옮긴이)의 말은 그 핵심을 찌른다. "경쟁 집단 지도자가 칼로 싸우기를 원하는 순간, 규칙은 없다." 규제와 억압이 없는 갈등 상황에서 승리하는 공동체는 가장 많은 자원을 가지고 가장 열심히 가장 오래 싸울 수 있는 집단이다. 또한, 이러한 공동체의 구성원은 가장 이타적이고 헌신적으로 결집해 상대 집단에 항복하는 상황을 결사적으로 막고, 소속 공동체의 성공을 위해 노력하는 경향이 크다. 따라서 극단적인 갈등은 극단적인 공동체의 사회적 인큐베이터가 된다. 이 새로운 흐름을 할둔은 '아사비야'라고 했다.

갈등과 공동체 사이의 이 밀접한 공생관계는 사실 에밀 뒤르켐(Émile Durkheim), 막스 베버(Max Weber), 게오르크 지멜(Georg Simmel) 등의 초기 저서부터 사회학의 기본이 됐다. 윌리엄 그레이엄 섬너(William Graham Sumner)는 100년도 전에 이러한 내용을 요약해 설명했다. "집단에 대한 충성심, 집단을 위한 희생, 외부 세력에 대한 증오와 경멸, 내부의 동지애, 외부를 향한 호전성 등은 모두 같은 상황에서 발생하는 공통적 산물이다."[17] 퍼트넘에 따르면, 이는 오늘날에도 여전히 통용된다. "외부 갈등이 내부 결속력을 높인다는 사실은 사회학의 상식이다."[18] 진화생물학자들, 예를 들면《문화로 연결된 사회(Wired for Culture)》의 저자 마크 페이글(Mark Pagel)은 이러한 성향이 인간에게 유전적으로 내재해 있다고 믿는다.[19] 또한, 거의 모든 학자가 이러한 성향이 인간의 양육과 사회화 방식에 깊이 뿌리내리고 있다는 사실에 동의한다.

오늘날, 이러한 역학 관계의 힘은 모든 연령대를 대상으로 한 사회과학 실험에서도 흔히 볼 수 있다. 실험 참가자들을 임의의 그룹으로 나누고 수행 과제를 준 뒤 사람들의 상호작용을 살피는 실험이다. 실험 참가자들은 같은 그룹 내 사람들에게는 신뢰감을, 그룹 외 사람들에게는 적대감을 빠르게 형성한다. 1958년, 심리학자 무자퍼 샤리프(Muzafer Sherif)가 사춘기 소년 22명을 무작위로 두 팀으로 나눈 뒤 진행했던 이른바 "강도 소굴" 실험[20]은 이에 관한 최초의 실험이자 가장 유명한 실험이다.

하지만 학자들이 이러한 실험을 하기 훨씬 이전부터 인간을 예리하게 관찰했던 이들은 이런 종류의 집단 정체성이 얼마나 쉽게 갈등을 유발하는지 잘 알고 있었다. 제임스 매디슨은 〈연방주의자 논집 10호〉에서 다음과 같이 언급했다. "인류는 상호 적대감에 빠지는 성향이 너무 강해서, 특별한 계기가 없는 한 가장 사소하고 가장 공상적인 구분만으로도 상호 적대적인 감정을 불러일으키고 가장 폭력적인 충돌을 촉발하기에 충분하다."[21]

물론 늘 사람들이 이타적으로 소속 집단에 충성하는 것은 아니다. 대부분의 경우 사람들은 자신의 이기적 이익만 챙기려는 성향이 강하다. 그렇다면 어떤 규칙이 사람들을 자신보다 집단의 이익을 우선시하게 하는 걸까? 생물학자 데이비드 슬론 윌슨(David Sloan Wilson)과 그의 동료 에드워드 오즈번 윌슨(Edward Osborne Wilson)은 다음과 같은 규칙을 제안했다. "집단 내에서는 이기심이 이타심을 이긴다. 집단과 집단 사이에서는 이타적인 집단이 이기적인 집단을 이긴다."[22] 윌슨의 이 공식은 새큘럼의 정반대 지점을 수수께끼 같고도 놀라운 방식으로 조명한다.

기존 정권이 강력하고 책임감 있는 각성기에는 체제 간 심각한 갈등이 없다. 위협이 없는 세계에서는 체제를 지키기 위한 공동의 노력이 불

필요하다. 따라서 사회는 이기주의의 비중이 커지며 대부분 사람에게도 이기주의가 승리의 전략이 된다. 물론 각성기에도 심각한 사회적 갈등이 발생하는 것은 사실이다. 하지만 이는 공동체의 과도한 힘 때문에 촉발되는 것이어서 조직적인 대규모의 적대행위가 아니라 소규모로 분산된 항의, 논쟁, 규칙 위반 등으로 이어진다. 각성기에 젊은 예언자 세대의 최우선 과제는 사람들이 새로운 이상과 가치를 받아들이는 것이며, 그러려면 공동체의 규제와 제약을 강화할 것이 아니라 약화해야 한다.

반면 위기의 시기에는 기존 체제가 약해지고 위험해진다. 새로운 체제가 기존 체제를 방어하거나, 물리치거나, 대체하기 위해 경쟁한다. 위험에 처한 세계에서 이기주의는 자신의 편을 위험에 빠트린다. 따라서 이런 사회는 이타주의의 비중이 커지며, 사람들에게도 이타주의가 승리의 전략이 된다.

더 강력한 시민 질서를 만들고, 기준과 헌신을 가장 중요하게 여기고, 논쟁과 비난을 무의미하게 만드는 것이 이 시대의 새로운 목표가 된다. 규칙을 따르는 개인이 한 집단으로 뭉쳐 상대 진영에게 복종을 강요하고, 그 결과 중앙집권적인 대규모의 폭력이 발생할 가능성이 커진다. 위기의 시대에 젊은 영웅 세대의 최우선 과제는 사람들이 새로운 시민 목표와 의무를 받아들이고, 공동체 규제를 강화하는 것이다.

위기의 시대에 경쟁 관계에 있는 공동체는 일단 갈등이 본격화되면 상대편이 항복할 때까지 물러서지 않는 경향이 있다. 앞서 살펴본 바와 같이, 역사적으로도 이러한 투쟁은 인명과 재산을 비정상적으로 파괴한다. 갈등이 격화되는 동안 공동체의 희생 의지는 그 자체가 공공의 외침이 돼서 그 어떤 개인의 불안도 활개 치지 못하게 한다. 기꺼이 희생을 감수하는 사람은 칭송받으며 희생을 회피하는 사람은 비난의 대상이 된다. 집단 생존의 관점에서 보면, 실제로 희생을 회피하는 사람이나 탈영병은 적과 마찬가지로 공격적인 처벌을 받는다.

집단의 연대 의식에는 더 많은 희생이 요구된다. 이 인과관계는 역으로도 적용된다. 희생 자체가 연대 의식에 긍정적 영향을 미치기도 한다. 자연재해에 관한 여러 연구에 따르면, 자연재해로 큰 손실이 발생하면 공동체의식에 기반한 행동을 하는 사람들이 많아진다. 리베카 솔닛(Rebecca Solnit)은 저서 《이 폐허를 응시하라》에서 이렇게 말했다. 재난을 겪은 후 "사람들은 나서서, 전부는 아니지만 대다수가, 서로의 지킴이가 된다."[23]

적대적인 적 때문에 재앙이 생기면 그 효과는 더 크다. 9·11테러로 엄청난 규모의 인명 피해가 생겼고, 이후 실시된 대부분 설문조사에서 미국인의 애국심과 대중의 신뢰를 측정하는 지표가 거의 1년 동안 급증했다. 이러한 효과는 수년간 지속된 분쟁으로 국가 전체가 손실을 입었을 때 가장 크게 나타난다. 전 세계의 전쟁 생존자에 관한 수많은 연구에서 사회과학자들은 "전쟁 폭력을 경험한 사람들이 이후에 더 협력적이고 이타적으로 행동하며, 지역사회나 시민 단체에 더 많이 가입하고, 지역 공동체에서 리더 역할을 하는 등 사회 참여도가 더욱 높은 경향이 있다"[24]고 입을 모아 말한다. 대부분 연구에 따르면, 시간이 지나도 이러한 친사회적 성향은 줄어들지 않는다.

위기의 시대에 성인이 된 세대의 경우 이러한 경험의 효과가 평생 지속될 가능성이 크다. 집단 간의 갈등에서는 이타주의가 이긴다고 하는 윌슨의 공식은 한때 국가의 운명이 위태로웠다는 사실을 잘 알고 있는 사람들에게는 잊지 못할 교훈이 된다.

이 교훈은 시대를 막론하고 통한다. 그 증거는 미국 건국 초기 단계까지 거슬러 올라가도 찾을 수 있다. 1776년 9월 22일, 건국의 아버지들이 독립선언서에 서명하고 채 몇 주 지나지 않아, 영국은 예일대를 졸업한 21세의 청년 네이선 헤일(Nathan Hale)을 스파이 혐의로 뉴욕에서 교수형에 처했다. "조국을 위해 잃을 목숨이 하나밖에 없다는 사실이 안타까울 뿐이다."[25] 그가 남긴 이 유명한 유언은 미국 시민들에게 큰 감명을 줬고, 이는 첫 번째로 이타적인 선언이 됐다.

이타심을 증명하는 선언은 위기의 시기가 끝난 뒤 몇 년간 고조된 분위기의 공동체에서 주기적으로 등장한다. 남북 전쟁이 한창 격렬하게 진행되는 동안, 미국의 마을에서는 전사자들을 기리는 빅토리아풍의 기념비를 세우기 시작했다. 1884년까지 수백 개의 기념비가 세워졌으며, 이들을 기리는 대규모 추모식에서 전쟁에서 세 차례나 부상을 입은 참전 용사 올리버 웬들 홈스 주니어(Oliver Wendell Holmes Jr.)가 연설을 했다. "우리는 크나큰 행운이 따라준 덕분에 젊은 시절을 뜨거운 가슴으로 살았습니다. 그래서 생명이 심오하고 강렬하다는 사실을 처음부터 배울 수 있었습니다." 그런데 그는 여기에 이렇게 덧붙였다. "이제는 잠시 멈춰 서서 국가의 생명력을 생각하고, 그 속에서 기뻐하며, 국가가 우리에게 무엇을 해줬는지 떠올리고, 그 보답으로 우리는 국가에 무엇을 해줄 것인지 자문해야 할 때입니다."[26]

홈스의 이 말은 거의 80년이 흐른 뒤 케네디의 취임 연설, "국가가 나에게 무엇을 해줄 수 있는지 묻지 말고…"[27]에서 다시 사용됐다. 전쟁터에서 죽음의 고비를 넘긴 지 불과 3년 만에 선거운동(매사추세츠주 연방 하원의원 선거-옮긴이)에 나섰던 케네디는 이렇게 말했다. "저는 많은 것들이 오늘의 저를 만들었듯이, 2차 세계대전에서 죽음의 손아귀에 빠질 뻔했던 경험 역시 지금의 저를 만들었다고 굳게 믿습니다." 그는 전사한 이들을 기리기 위해 창문에 달았던 금색 별을 떠올렸는지도 모른다. 그는 이어서 이렇게 말했다. "물론 제 세대의 미국인이나 영국인, 호주인도 마찬가지입니다. 전쟁이 우리를 만들었습니다. 전쟁은 우리에게 단 하나의 가장 큰 순간이었으며, 지금도 그렇습니다. 전쟁의 기억은 우리 특성의 가장 중요한 요소입니다. 그 기억은 젊은이들의 나태함과 남성들의 진지함 사이에서 장벽 역할을 합니다. 어떤 학교도, 어떤 부모도 전쟁이 우리를 만든 방식으로 우리를 만들지 못합니다. 어떤 경험도 전쟁이 우리에게 준 강인함과 회복력을 길러주지 못합니다."[28,29]

케네디는 연설 마지막에 이렇게 말했다. "국가가 위기에 처했을 때는 선의와 관대함을 가진 이들이 정당이나 정치적 이해관계를 떠나 단결할 수 있어야 합니다."[30] 아마 그의 말이 옳았을 것이다. 그러나 몇 년 후, 미국이 각성기에 접어들자 정말 그런 사람은 거의 없다는 사실이 분명하게 드러났다.

역사를 살펴보다 보면 이런 의문이 들기도 한다. 전쟁 같은 치명적인 갈등을 통해 희생을 경험하는 것이 공동체 연대 형성에 꼭 필요한 것인가? 이 질문에 정답은 없는지도 모른다. 우리가 알 수 있는 것은 이 두 가지가 서로 밀접하게 연관돼 있다는 사실 뿐이다.

이 질문은 사람들이 전쟁에 관해 던지는 일반적인 질문과는 매우 다르다. 전쟁이 비도덕적인지 아닌지, 그만한 비용을 치를 가치가 있는지 아닌지, 인류가 전쟁 없는 세상을 만들 수 있는지 아닌지 등의 질문과는 전혀 다른 문제다.

도덕성에 관한 질문은 신념의 범주에 속하며, 어떤 증거를 통해 그 답을 얻을 수 있는 문제가 아니다. 이와 반대로 비용 문제에 관한 답은 쉽다. 달러 관점에서 본다고 하더라도, 전쟁이 비용 측면에서 정당화되는 경우는 거의 없다(1861년, 미국의 모든 노예 가족의 해방과 토지 구입에 필요한 비용은 남북 전쟁에 소요된 비용의 지극히 일부만 있어도 충분히 충당된다). 그러나 전쟁이 발발하기 전에는 그러한 비용을 치를 의지와 능력이 있는 당사자를 찾기 어렵기 때문에 비용 문제는 덜 중요해진다. 전쟁 없는 세상이 가능한지에 관한 문제는 제도적 계획과 관련한 실질적 측면을 생각해야 한다. 국제 반전 규정은 어떻게 시행될 것인가? 누가 책임질 것인가? 한국가나 조직이 다른 국가나 조직에 지배력을 행사할 필요가 있는가? 그렇다면 누가 권력자를 감독하는가? 등등의 문제가 있다.

전쟁의 도덕성이 아닌 필요성에 관한 질문은 다르다. 이는 윤리나 제도적 계획에 관한 문제가 아니다. 이 질문은 전쟁 없이도 이 사회가 모든 혜택을 누리면서 현대적 진보의 근간을 이루는 공동체 연대를 구축할 수 있는지를 묻는다.

홈스와 동시대인이자 스스로 "평화주의자"라 칭했던 (그래서 남북 전쟁에 참전하지 않은) 윌리엄 제임스(William James)는 이 질문의 중요성을 잘 이해하고 있다. 그는 이 문제를 깊이 성찰했다. 그리고 1906년, 스탠퍼드대학에서 했던 유명한 연설에서 그는 청중에게 "전쟁에 상응하는 도덕"[31] 체계를 구축하면, 사회적 과정으로서의 전쟁의 끔찍함을 영원히 외면할 수 있는지 물었다.

제임스는 이 연설에서 전쟁이 사회 젊은 구성원에게 다양한 사회적 미덕, 즉 역경을 견디는 강인함, 명령에 대한 복종, 개인의 이익 포기, 공동체에 대한 헌신 등을 가르치는 데 중요한 역할을 했다는 사실을 인정한다. 그리고 이 모두가 "국가를 지탱하는 반석"[32]이라는 사실에 동의한다. 그는 언젠가는 국가가 위험을 감수하지 않고도 이런 태도와 행동 방식을 젊은이들에게 심어줄 수 있을 것으로 생각한다. 그러나 그는 미국이 전쟁에 상응하는 도덕을 쉽게 구축할 수 있으리라는 환상은 품지 않는다. 오히려 그것이 과연 가능한지를 수시로 의심하며 이렇게 말했다. "지금까지 전쟁은 공동체 전체를 조율할 수 있는 유일한 힘이었으며, 그에 상응하는 규율이 만들어지기 전까지는 전쟁이 계속 존재해야 한다고 믿는다."[33]

어느 날 제임스는 흥미로운 실험을 제안했다. 그는 오늘날(1906년 당시) 얼마나 많은 미국인이 내전이 한 번도 일어나지 않은 미국에서의 삶을 선호할지 가정해봤다. 그리고 그런 삶을 선호하는 사람은 거의 없을 것이라고 생각했다. 그는 전쟁이 주는 결속력과 진보가 없는 나라에서 사는 것은 상상하기 어렵다고 말한다. 그런 다음 그는 가까운 미래에 또 다른 대격변을 환영할 미국인이 얼마나 될지 가정해봤다. 그리고 의심할 여지없이 아무도 없을 것이라는 답을 내놓았다.

제임스는 이러한 태도가 대단히 "역설적"[34]이라고 말한다. 어쩌면 이는 단지 관점의 차이를 반영하는 것일 수도 있다. 과거에 대한 감정과 미래에 대한 감정은 매우 다르다. 개인적 측면에서 볼 때, 개인의 삶에서 어려운 고비를 통과하면서 더욱 성장하고 좋은 점을 얻게 됐다면, 설령 그 고비를 다시는 마주치고 싶지 않다고 하더라도 그 경험에 고마워하기 마련이다. 사회적 측면에서도 별반 다르지 않다. 제임스가 연설할 당시는 각성기 말기의 새큘럼이었다. 낙관론이 팽배한 각성기 말기에는 전쟁을 일으키는 국가의 필요성에 반대하는 주장을 펼치기가 더 쉬웠을 것이다. 암울한 위기의 시기 말기에는 아마 그런 주장을 하기가 더 어려울 것이다.

제임스가 연설할 당시, 부상한 세대에게는 홈스와 제임스의 남북 전쟁 세대가 펼쳤던 전쟁 옹호론보다는 전쟁 비판론이 훨씬 우세했다. 제임스보다 10년 전인 1895년에 연설을 했던 홈스도 이 사실을 인정했다.

홈스는 이렇게 말했다. "1840년경에 태어나 지금 세상을 지배하는 세대는 역사상 가장 큰 전쟁을 두 번 이상 치렀고 다른 전쟁도 목격했지만, 전쟁이 끝난 이 시대에 사람들의 부러움을 사는 사람은 부유한 사람이다 … 지금 세상은 상업을 열망하고 있다." 그러나 그는 개인적인 부와 안전을 추구하는 새로운 흐름이 "가난한 이들이 부유한 이들에게 갖는 증오심"을 부추기지는 않는지 의문을 제기한다. 그는 미국인들이 더 이상 "이 안락하고 지나치게 안전한 세상의 한구석"을 차지하지 못하고 "개인주의적이고 부정적인 이 시대"를 극복해야 할 때가 올 것이라고 했다. 홈스는 그때가 되면 그들은 다시 전쟁에 나서겠지만, 자신의 세대가 했던 것처럼 그렇게 적극적으로 나서지는 않을 것[35]으로 예측했다.

1970년대 중반, 레이건은 영어에서 가장 무서운 말이 있다고 했다. 그 말은 "정부에서 나왔습니다. 제가 도와드리겠습니다"[36]다. (제임스의 의견에 반대하고 홈스의 의견에 찬성하며) 전쟁은 피할 수 없다고 주장했던 스탠퍼드대학의 역사학자 이언 모리스(Ian Morris)는 레이건의 저 말은 오직 세상의 아늑한 한구석에 있을 때만 통용되는 말이라고 했다. 모리스는 대부분 인류와 거의 모든 역사를 통틀어 가장 무서운 말은 "정부는 없다. 나는 너희를 죽이러 왔다"[37]는 말이라고 했다. 모리스에 따르면, 전쟁은 사람들이 자신을 보호해줄 효과적인 정부를 가질 수 있을 정도로 운이 좋은 때에 일어나는 일이다.

여기서 우리는 이 문제에 관한 논의를 마무리해야 한다. 우리 중에 전쟁은 절대 불가피하다고 주장할 정도로 희망이 없는 사람은 거의 없다. 마찬가지로 이번에는 분명 다를 것이라고 주장할 정도로 무분별한 사람도 거의 없다.

겨울의 사회

미국에 중대한 영향을 미친 위기의 시대들이 지니는 의미를 논할 때, 역사학자들이 늘 도달하는 한 가지 결론이 있다. '그 시기는 단순히 정치적이나 헌법상의 중대한 분기점만이 아니었다. 그 시기는 급격한 사회 변화가 지속적인 결과를 초래한 특별한 시대였다.' 한 저명한 역사학자는 대공황과 2차 세계대전에 관해 이렇게 말했다. "이 짧은 기간이 미국 역사에서 지속적이고 실질적인 사회적 변화를 일으킨, 다시 말하면 상당히 중요한 사회적 재편이 이루어진 몇 안 되는 시기였다는 사실이 분명해졌다."[38]

또 다른 학자는 남북 전쟁에 관해 이렇게 말했다. "전쟁의 가장 큰 성과는 … 1860년의 서툴고, 미숙하며, 덜 성숙한 국가가 1870년의 자신감 넘치고, 목적의식이 있으며, 체계화된 국가로 대체됐다는 점이다."[39]

미국독립혁명 시대에 관해 이렇게 말한 학자도 있다. "미국독립혁명은 단순히 법적으로 미국이라는 국가를 탄생시킨 것 그 이상으로 미국 사회를 변화시켰다. … 역사상 그 어떤 혁명보다도 급진적이고 사회적인 변화였다."[40]

이제 이러한 사회적 변화의 가장 중요한 공통점을 대략적으로나마 좀 더 깊이 살펴보도록 하자. 먼저 개인에서 공동체로의 중대한 변화부터 짚어보자. 이러한 변화는 위기의 시기에 시작해 고조기에 지배적인 추세가 되는 경향이 있다. 그리고 이를 포함해 다섯 가지 흐름을 논의할 것이다. 각 흐름은 각성기에 시작해 해체기에 지배적인 흐름으로 자리 잡는다.

- 개인주의에서 공동체 위주로

- 특권에서 평등으로
- 도전에서 권위로
- 유예에서 영속성으로
- 아이러니에서 관습으로

앞으로 남은 밀레니얼 위기의 시대를 내다볼 때, 이런 변화는 무엇을 예측해야 하는지에 대한 기준을 제시한다. 이 모든 변화는 밀레니얼 위기 후반부, 특히 에크피로시스 기간에 급속하게 일어날 것이며, 각 사건의 속도 자체도 가속화될 것이다. 새큘럼의 겨울이 끝나고 나면, 변화된 미국은 다른 나라처럼 느껴질 것이다. 마찬가지로 각각의 세대도 역사에서 자신들의 역할에 대해 완전히 새로운 시각을 갖게 될 것이다.

공동체

강력한 공동체를 재창조하려는 사회 전반의 충동은 주로 지역이나 정당 수준에서 시작하지만, 필연적으로 통합된 국가 공동체로 이어지며 위기의 시대 전체를 견인하는 원동력이 된다. 이 책 앞부분에서 살펴봤듯, 위기의 시대 초반에는 사회의 공동체의식이 가장 밑바닥으로 치닫는다. 해체기부터 이미 쇠퇴하고 있던 공동의 목표에 대한 합의, 습관, 가치관 등이 위기의 시대 촉매제로 인해 산산조각이 난다. 공적 생활 측면에서 보면, 사람들은 시민 제도가 제 기능을 하지 못한다고 생각한다 (왜 제대로 돌아가는 것이 아무것도 없지?). 사적 생활 측면에서 보면 사람들은 정서적 고통을 느낀다(왜 이렇게 외로울까?).

사회가 네 번째 전환기에 접어들면, 현대사회의 공동체에 관한 두 가지 놀라운 진실이 재발견된다.

첫 번째 진실은, 공동체가 너무 적어도 너무 많을 때와 마찬가지로 우리를 병들게 한다는 점이다. 말 그대로 병들게 한다. 외로움과 고립감은 약물남용, 만성질환, 우울증, 정신질환, 자살 등의 주요 원인이다. 2010년 들어 이로 인한 사망률이 급증했다.[41] 한 자료에 따르면, 1930년 대공황 초기에도 이로 인한 사망률이 급증했다.[42]

그때와 마찬가지로, 지금 국가적 대응은 최근 해체기에서 비롯한 양당의 자유주의의 방해를 받고 있다. 즉, 국가는 다른 사람의 주장에 방해받지 않고 살 수 있는 주권자의 권리를 보호하는 것 외에는 그 어떤 집단적 목표도 없다는 전제가 국가 대응을 가로막고 있다.

2008년에는 1929년과 1859년에 그랬던 것처럼, 국가의 초점이 개인의 만족을 위한 기본 지침을 수립하는 데 주로 집중하는 절차적 '권리 국가'로 옮겨졌다. 주된 목표는 단절된 풍요였다. 유일한 문제는 대다수가 본질적으로 고독과 개인적 만족보다는 충성심, 소속감, 투쟁 욕구가 더 강하다는 사실이다. 서배스천 융거(Sebastian Junger)가 저서 《트라이브, 각자도생을 거부하라》에서 말했듯 "인간은 고난을 싫어하지 않으며, 오히려 고난을 통해 번영한다. 인간이 싫어하는 것은 고난의 필요성을 느끼지 못하는 것이다."[43]

두 번째 진실은, 사실 자연적 위기나 사회적 위기가 공동체 형성을 방해하지 않는다는 점이다. 오히려 이를 촉진한다. 사회학자이자 2차 세계대전 참전 용사인 찰스 프리츠(Charles Fritz)는 재난이 사회 결속력에 미치는 영향에 관한 해박한 논문(1961년에 썼지만 1996년에 발표됐다)을 썼다. 그는 몇몇 예외를 제외하면, 폭력적 재난이 공동체의 정체성과 집단 행동을 강력하게 만든다고 결론지었다.

프리츠는 이 역학 관계를 설명하기 위해 "고통받는 이들의 공동체(community of sufferers)"라는 말을 만들었는데, 이는 정서적 고통을 의미하지 않는다. 오히려 그는 고통받는 이들 사이에서 친절과 우정, 협동 정신 등이 크게 강화된다[44]고 말한다. 그는 재난이 종종 (오늘날 흔히 PTSD, 즉 외상후스트레스증후군이라고도 하는) 셸 쇼크(shell shock, 전쟁 신경증의 한 유형으로, 전투 상황에서 신체적·정신적으로 견딜 수 없는 상황에 도달했을 때 극도로 불안해져 전투 능력을 잃은 상태 – 옮긴이)로 이어진다는 사실을 인정하면서도, 이러한 증상들은 상대적으로 평화로운 시기에 흔히 관찰되는 신경증적이고 자기 파괴적인 행동의 감소로 인해 상쇄된다고 말했다. 그래서 그는 "왜 대규모 재난이 정신 상태를 건강하게 만드는가?"[45]라고 하는 도발적인 질문으로 논문을 시작한다.

이후 이 연관성을 연구하는 사회과학 학문이 등장했다.[46] 연구에 따르면 재난, 무질서, 전염병, 경제적 손실 등이 생길지도 모른다는 단순한 위협이나 암시만으로도 사회적 연대가 형성되는 것으로 나타났다. 이런 상황에서 사람들은 집단 내 규범을 더 옹호하고, 규범을 더 잘 준수하며 외부 집단에 대한 편향을 가지는 방식으로 대응한다. 또 다른 실험에 따르면, 인간은 언젠가 죽는다는 사실을 단순히 상기시키기만 해도 같은 효과가 나타났다. "죽음의 현저성"(mortality salience, 죽음을 인지할 때 평소와 다른 판단과 행동을 하는 현상 – 옮긴이)을 연구하는 한 학자에 따르면, 죽음에 관한 생각은 "친사회적 성향과 문화적 성취에 기여할 뿐 아니라 민족주의, 편견, 집단 간 공격성에도 영향을 미친다."[47] 문화심리학자 미셸 겔팬드(Michele Gelfand)의 말을 빌리자면, 그 어떤 것이라도 개인의 안전을 위협하는 것이 감지되면 그 사회는 더욱 밀접해진다.[48]

위기의 시대 초반에 사람들은 가족, 친구, 소셜네트워크, 이웃 등 작은 사회 단위로 최대한 집결해 점점 커지는 위협에 대응한다. 오늘날 미국인들은 대가족과 확대가족에 있어서 그야말로 폭발적인 르네상스 시대를 다시 맞고 있다.[49] 1930년대 이후 전례 없는 일이다. 하지만 미시적 성공이 거시적 실패를 대체할 수는 없다. 위기 촉발이 남긴 국가와 시민의 공백은 강력한 포퓰리즘 세력을 더 넓은 차원의 공공정책 분야로 유도한다. 이러한 세력은 사회가 겪고 있는 방향성 없는 혼돈에 공정성, 질서, 안보를 제공할 수 있는 더욱 효과적인 국가 공동체를 요구한다.

위기의 시기 초반에 공동체를 추구하는 양상이 국가 운동으로 구체화되면, 늘 정치참여, 행동주의, 집단주의가 증가하고 양극화가 심해진다. 집단마다 경쟁적으로 공동체를 새롭게 정의 내리면서 상호 배타적인 미래를 암시하기 때문이다. 2020년대 초반에도 그랬다. 우파는 "붉은 10년", 좌파는 "파시스트의 10년"이라고 부르던 1930년대, 뉴딜정책 시기에도 마찬가지였다. 또는 1860년 선거에서 북부의 급진주의자들이 "노예 과두정치인"을 "피비린내 나는 범죄" 혐의로 기소했을 때도 그랬다. 또는 찰스 2세 통치 말기에 식민지 주민들이 "폭압적인 가톨릭 음모"가 스튜어트 가문과 예수회, 프랑스, 인디언을 모조리 정복하려 한다는 소문을 퍼트릴 때도 그랬다.

정치체제가 제대로 확립되면 우리는 유권자들을 개방적이고 객관적인 시민이라고 칭찬하곤 한다. 그러나 그러한 유권자가 성공한 새 정치체제에 활기를 불어넣은 적은 없으며, 그 시작은 늘 열성적인 당파가 추진하곤 했다. 반대하는 자들은 낙인찍히고 모호한 입장인 자들은 괴롭힘을 당하며, 당파를 추종하는 자들은 증오와 공포, 음모의 위협이 끊임없이 울려 퍼지는 분위기에서 적극적으로 행동하도록 강요당한다. 협박과 괴롭힘 또는 그에 상응하는 위협은 대체로 주저하는 이들을 복종시키기에 충분하다. 목표는 설득이 아니라 승리며, 신념은 그다음 문제다.

누구나 알아볼 수 있는 색상을 이용하면 선택이 쉬워진다. 오늘날 미국에서 사용하는 색은 빨간색과 파란색이다. 1930년대도 정당 색이 지금과 뒤바뀌긴 했지만, 어쨌든 빨강과 파랑이었다. 1860년대에는 파랑과 회색이었다. 1680년대, 영미권에서 최초로 '당의 분노'가 드러났던 시기에는 녹색과 파랑이었다.[50] 이 두 색은 각각 휘그당과 토리당을 상징했는데, 훗날 90년 후 미국 식민지에 다시 등장하기도 했다.

위기의 시대를 성공적으로 이끈 모든 지도자는 새로운 국가 공동체를 긴박하게 다시 정의 내리면서 추종자들을 결집했다. 워싱턴은 필라델피아에서 '통합된' 정부를 수립하기 위해 노력했던 건국자들의 노고를 기렸다. 링컨은 미연방공화국을 상징하는 말이 된 '연방(Union)'이라는 용어를 반복해 사용하면서 강력한 징집 명령을 정당화했다. 1936년 루스벨트는 "범국가적 사고, 범국가적 계획, 범국가적 행동은 미래 세대가 겪을 범국가적 위기에 대처하는 가장 중요한 세 가지 요소다"[51]라고 선언했다.

국가 통합이 목표라 할지라도 리더들이 통합을 위해 노력하는 방식은 위기의 시대를 겪으면서 크게 달라진다. 위기 초반에는 주로 새로운 지도자가 새로운 기관을 만들기 위해 지지자들에게 활력을 불어넣는 이상, 슬로건, 구호 등이 주를 이룬다. 이후, 이 기관들이 광범위한 협업 체제를 채택하면서 기관이 개인을 시민으로 변화시키는 과정이 일상적으로 진행된다. 미국독립혁명과 남북 전쟁 당시에는 "민병대 열풍"[52]이 지배적이었다. 모든 미국인이 지역 기반의 자발적인 열정으로 싸움에서 이길 수 있다고 믿었다. 승리하려면 (워싱턴의 경우) 잘 훈련된 "대륙의" 군대가 필요하다는 사실이, (링컨과 데이비스의 경우) 초기의 "충동적인 전쟁"에서 방대한 관료 조직, 표준화된 장비, 넉넉한 보급품 등이 필요한 이른바 "조직화된 전쟁"으로 전환[53]해야 한다는 사실이 쓰라린 경험을 통해 입증됐다.

각 새큘럼마다 견고하고 통합된 듯 보이는 미국의 공동체 정신은 대체로 단순한 열망에서 시작하는 경우가 많다. 1933년 가을, 대통령에 취임한 루스벨트는 미국인들에게 "어둠 속 공격에 대비하는 군인처럼" 국가재건청의 "밝은색" 배지를 착용해 "이 프로그램에 참여하는 이들이 서로를 알아볼 수 있도록 해달라"[54]고 당부했다. 비평가들은 이 아이디어를 정치 속임수라고 조롱했고, 국가회복위원회는 이내 해체됐다. 그런데 이 아이디어는 제복 차림의 시민보호협회(CCC)와 배지를 단 산업조직회의(CIO) 및 자동차노동연합(UAW)에 계속 적용됐다. 10년 후 루스벨트는 사실상 1,600만 명의 군인과 배지를 착용한 수백만 명 이상의 민간인을 지휘했다.

2차 세계대전이 끝난 후 20년 동안 사회학자들은 미국의 거대한 '사회적 자본'의 공급과 '일반화된 상호관계의 습관'에 관한 글을 쓰기 시작했는데, 신기하게도 이전에는 전혀 눈치채지 못했던 현상이었다. 다시 10년이 흐르고 사회학자들은 또 다른 신기한 사항, 즉 어떻게 이런 습관이 젊은이들 사이에서 사라지고 있는지에 관한 글을 쓰기 시작했다. 신기한 현상? 전혀 신기한 일이 아니다. 그저 세대가 늙어가고 새큘럼이 전환되는 것뿐이다.

평등

"지진은 법이 약속하고도 실제로 지키지 못한 것을 이행한다. 바로 모든 이의 평등이다."[55] 1915년, 이탈리아의 아베차노를 강타해 3만 명의 목숨을 앗아간 대지진에서 살아남은 사람이 한 말이다. 어떻게 보면, 위기의 시대는 한 세대에 걸쳐 사회의 제도적 삶을 뒤흔드는 사회적 지진과도 같다. 이 시기를 통해 국가 공동체가 새롭게 거듭나고 사회적·경제적 평등 수준도 높아진다. 평등에 대한 요구는 대체로 위기의 촉매제가 사건을 촉발한 직후 대중의 분위기가 포퓰리즘으로 흘러가면서 불붙는다. 불황이나 전쟁 등으로 거대한 불안에 직면한 사람들은 고통받는 사람들을 구제하고, 구제 활동을 위해 절차를 무시하고 지식인의 의견을 무시하는 강력한 지도자를 선호한다. 재난은 동지애와 형제애를 강화해 공동체의 이타심 수준을 강화한다. 뉴딜정책과 밀레니얼 위기 초반에 미국은 이런 트라우마를 경험했다. 포퓰리즘과 전례 없는 공공 구호 조치를 겪은 것이다.

그러나 이는 첫 단계에 불과하다. 머지않아 더 심각한 어려움과 위협이 닥치면서 새로운 제도는 공동체 전체를 동원할 수밖에 없게 된다. 이제 평등은 단순한 정책 취향이 아니다. 평등이 집단 생존의 수단이 되는 것이다. 재산권은 새로운 사회 공유 메커니즘에 자리를 내준다. 징병제가 중하층과 중산층에서 필요한 인력을 모은다면, 세금·배급·인플레이션·임시적 재산 몰수 등 부를 모으는 과정은 상류층에서부터 이루어진다. 모든 위기의 시기마다 이 모든 수단이 동원됐는데, 그 이유는 단순하다. 크나큰 시련의 시기에는 모든 공동체의 사용 가능한 자원을 사회화한다는 명분이다.

평등 수준을 높이는 또 다른 원동력은 물리적 자산을 파괴하거나(남북 전쟁과 독립혁명 당시 남부에서 두드러졌던 방식이다) 시장이 공황 상태에 빠져 있는 동안 금융자산을 평가절하 하는 것이다(모든 위기마다 두드러지는 방식이다). 평등 수준을 높이는 또 다른 요인은 위기의 시기에 인플레이션과 완전고용을 동반하는 경제 격변이다. 기존의 생산자들이 변화에 저항하며 국가 지출의 재편에 적응하지 못하면, 기존의 부는 붕괴되고 새로운 기업이 재빨리 등장해 새로운 산업을 구축한다. 4장에서 살펴봤듯, 위기의 시기, 특히 위기의 시기 막바지에는 부와 소득의 분배가 눈에 띄게 평준화된다. 1939년에서 1945년 사이, 상위 1퍼센트가 미국 전체 부에서 차지하는 비중은 4분의 1로 줄었고, 상위 5퍼센트의 전체 소득 비중은 3분의 1로 감소했다.[56]

그렇다고 해서 평등 수준의 향상이 엘리트 특권계층에게서 부를 박탈하는 부정적 결과만 있는 것은 아니다. 좀 더 긍정적 측면에서 보면, 이는 새로운 시민적 합의에서 비롯된 것이다. 새 정권에 대한 소외계층의 전폭적인 지지를 얻기 위해 엘리트 특권계층은 정부 운영에서 더 많은 역할을 맡고, 향후 번영의 시기가 오면 더 큰 몫을 약속받는다. 특권층이 대중의 저항에 느끼는 두려움도 있다. 좋은 시기에도 소외계층은 먹고살기 힘들다고 느낀다. 나쁜 시기에는 새로운 부담에 분노로 대응할 수도 있다.

네 번째 전환기마다 이런 폭력의 유형이 번번이 등장한다. 1670년대와 1680년대에는 뉴욕에서 버지니아주에 이르기까지 거의 모든 식민지에서 무장 폭도들이 반란군을 지원했다. 1785년 셰이즈의 참전 용사 부대는 매사추세츠주 주지사의 간담을 서늘하게 했고, 결국 3,000명의 군대를 동원해 이를 저지했다. 이 사태가 너무도 걱정스러웠던 워싱턴은 새로운 제헌 회의의 의장을 맡기로 했다. 남북 전쟁 중에는 뉴욕시에서 일어난 치명적인 폭동 같은 위험한 도시 난동이 발생해 연합군이 계엄령을 선포하는 일이 반복됐다. 대공황 시기에는 노동권의 폭력적인 충돌이 증가했고, 제3당 선동가들의 인기가 높아지자 1936년 루스벨트는 더욱 급진적인 입장을 채택했다. 가장 최근에는 2008년 이후 (공식 기관 집계 기준) 국내 테러로 인한 사망자 및 기소당한 사람의 수가 급증했다.[57]

위기의 시기에 엘리트들은 대중의 폭력을 진압하는 과정에서 대체로 대중의 불만에 더 주의를 기울이게 된다. 근대 초기 영국 왕실은 의회를 더 자주 소집하고, 청원서를 더 많이 처리하고, 선거철이 되면 유권자들에게 돈을 더 많이 나누어줬다. 1776년부터 미국은 유권자층을 넓히고, 새로운 권리를 보장하고, 시민과 국가가 서로를 위해 할 일의 범위를 넓히겠다고 약속하는 것이 관행이었다. 가장 최근에 이루어진 이러한 시민 협약이 뉴딜정책이다. 루스벨트는 자문위원인 프랜시스 퍼킨스(Frances Perkins)에게 뉴딜정책은 "누구도 소외되지 않는 국가를 만들기 위해"[58] 고안된 정책이라고 말했다. 그의 노력은 2차 세계대전이 절정에 달했을 때 발표한 '제대군인지원법(G.I. Bill)'과 약속으로 가득한 '경제 권리장전'에서 더욱 돋보였다.

이러한 협약은 경제적 평등을 넘어 사회적 평등의 윤리를 강화한다. 계급 순종적인 의식이 약화되고, 옷이나 언어, 생활 방식에 있어서 계층 간 격차가 좁아진다. 사회적 지위를 얻으려고 돈을 추구하는 사람이 그 반대의 경우보다 훨씬 더 많다[59]는 사실은 자명한 사회적 논리다. 국가적 비상사태는 돈 없이도 오직 시민적 성취를 통해 사회적 지위를 얻을 새로운 기회를 열어준다. 이러한 비상사태에서는 기존 정권에서 누렸던 재산이나 지위, 가족의 특권 등으로 구축한 사회적 권력이 갑작스럽게 평가절하되기도 한다.

워싱턴 대통령은 첫 취임식에서 겉치레 없는 모습을 보여주기 위해 손으로 짠 갈색 옷을 입었다(이는 영국식 옷차림에 대한 애착을 드러내는 스타일 이기도 했다). 미국독립혁명의 시대가 끝나면서 미국인들은 귀족들이 쓰는 가발, 부풀린 옷, 화장 등의 스타일을 버리고, 더 단순하고 더 민주적인 패션을 선호하기 시작했다. 남북 전쟁 이후 수십 년 동안 경제적 특권이 아닌, 국가에 대한 봉사가 백악관 입성의 새로운 조건이 됐다. 링컨이 암살당한 후 치러진 아홉 번의 선거 중 일곱 번의 선거에서 유권자들은 평범한 사회적 배경 출신이었다가 자수성가한 유명한 전투 장교를 선출했다.

뉴딜정책 기간에 루스벨트는 노변담화(취임 직후인 1933년 3월 12일 담화를 시작으로 1944년까지 총 30회에 걸쳐 저녁 시간에 라디오에서 했던 담화 – 옮긴이)에서 '경제 왕정주의자들'을 자극해 자신의 귀족적인 출신 배경에 관한 관심을 교묘히 돌리기도 했다. 한 유권자가 루스벨트에게 "내 상사가 개자식이라는 사실을 유일하게 이해해줄 백악관 사람"[60]이라고 말했던 일화는 유명하다. 이후 2차 세계대전 기간에 루스벨트는 네 아들 모두 전쟁에 참전해 목숨 걸고 싸웠다는 사실을 자랑스레 떠올리곤 했다. 조 디마지오(Joe DiMaggio)나 클라크 게이블(Clark Gable) 같은 슈퍼스타들도 주저 없이 자진해서 군복무를 했다.

국가비상상황에서는 노동력이 절실하게 필요하므로, 일반인들은 기존의 고용주나 오래 알고 지낸 이웃과 관계를 더 손쉽게 끊는다. 이들은 더 나은 조건으로 새 계약을 맺고, 더 좋은 직장, 더 좋은 직책을 위해 다른 주로 주거지도 옮긴다. 남북 전쟁이 끝나자 더 좋은 일자리를 얻어 다른 주로 이사하는 퇴역 군인들이 많았다.[61] 2차 세계대전 후 귀환한 참전 용사 약 절반이 대학에 입학하거나 기술 교육을 받았는데,[62] 모든 비용은 세금으로 충당됐다. 이후 이들은 고향을 떠나 먼 북쪽이나 서쪽의 도시로 옮겨 일자리를 얻었으며, 부모 세대가 상상할 수 없을 정도로 많은 보수를 받았다. 전쟁 전인 1940년과 비교했을 때, (인플레이션을 반영한) 1950년의 평균임금은 41퍼센트, 1955년에는 64퍼센트까지 증가했다.[63]

사회가 경제적·사회적 평등을 이루면 시민의 수도 늘어난다. 새로운 체제는 옛 정권의 낡은 사회적 장벽을 없애고, 기존에 시민의 권리를 거부당했던 이들에게 완전한 시민권을 부여해야 한다. 그래야 전쟁이 났을 때 지원군을 동원할 수 있기 때문이다. 이 논리는 피할 수 없다. 오직 완전한 시민권자만이 전쟁에 나가 싸우고 조국을 위해 죽음을 불사할 명분이 생기기 때문이다. 위기의 시기마다 재산, 종교, 민족, 인종에 따른 참정권의 범위가 계속 확대되는 것도 이런 이유 때문이다.

아프리카계 미국인의 경우는 안타깝게도, 위기의 시기 겨울에 얻었던 경제적 평등과 시민적 평등이 위기의 시기가 끝난 직후 다시 사라지곤 했다. 그러나 이 시기에 일어난 지속적인 변화는 다른 시기에는 결코 일어나지 않았을 극적인 변화였다. 미국독립혁명 기간과 그 후에 북부 주에서 노예제가 신속하게 폐지될 수 있었던 것은 요크타운 전투 당시 대륙군(미국과 프랑스 연합군)의 5분의 1을 차지했던[64] 흑인 애국자들 덕분이었다. 또한, 1865년 링컨 대통령이 수정헌법 13조를 비준하는 데 필요한 과반수 인원을 의회에 소집할 수 있었던 것은 흑인 군인이 연방군의 10분의 1을 차지하고 있었기 때문이다.[65]

같은 해, 버지니아주 리치먼드에서 일어난 한 사건은 가장 강력한 시민 불평등의 사슬마저도 끊어버리는 시민의 힘을 보여주는 특별한 사례다. 전쟁이 끝나기 딱 한 달 전인 3월, 남부 연맹 의회는 수십만 명의 흑인 노예들을 입대시켜 인원이 부족한 반군 부대를 채우는 사안[66]을 표결에 부쳤다. 이 투표를 두고 수개월 동안 격렬한 논쟁이 오갔다. 법안이 통과되면 모든 노예의 해방으로 이어질 수도 있다는 사실을 인정하면서도 데이비스 대통령과 리 장군을 포함한 남부 최고의 지도자들 대부분이 이 법안을 지지했다. 물론 이 조치는 전쟁의 결과를 바꾸기에는 턱없이 부족하고 늦었다. 그러나 지도자들은 이 아이러니한 논리를 이해하면서도 기꺼이 그 결정을 내렸다. 심지어 애초에 전쟁을 시작한 주된 이유였던 제도를 버려가면서까지 전쟁을 계속하기로 한 것이다. 경제사학자 발터 샤이델은 이렇게 말했다. "역사의 기록을 보면 가장 강력한 평준화는 항상 가장 강력한 충격의 결과였다."[67] 그가 말하는 충격이란 전면전, 혁명, 국가 붕괴, 치명적인 팬데믹 등 그 어떤 사회도 스스로는 선택하지 않을 경험을 의미한다. 그런데 이 끔찍한 충격에도 순기능이 있다. 이 사건들은 주로 네 번째 전환기에 찾아오며, 아베차노를 파괴한 지진과도 같은 사회적 지진이다. 이런 사건들은 샤이델이 말한 계급과 특권, 자부심의 "위대한 평준화"를 이룬다.

권위

네 번째 전환기 이후에 이어지는 수십 년 동안 새로운 체제가 확고하게 자리 잡고, 정치적 권위는 점차 당연한 것으로 여겨지면서 그다지 관심을 받지 않게 된다. 다른 정권하에 살았던 경험을 떠올리는 이들이 점점 줄다 보니, 대다수가 관성적으로 권위를 따르게 된다. 17세기 영국 외교관이자 역사학자인 윌리엄 템플(William Temple) 경은 이런 말을 했다. "권위만큼 습관으로 강화되고 굳어지는 것도 없다. 자기 자신과 다른 모든 사람이 늘 보고 믿던 것을 쉽게 불신하는 사람은 없기 때문이다."[68] 더욱이 각성기 기간과 이후에는 대다수 사람이 권위에 대한 부담이 점점 완화되고 있다고 생각할 것이고, 개중에는 권위가 아예 무의미해지는 과정에 있다고 생각하는 이도 있을 것이다.

그러다가 그다음 네 번째 전환기가 찾아오고, 정치적 권위가 가장 중요한 대중의 의제로 떠오르면 모든 것이 달라진다. 이제 정권 선택 문제에 있어서 습관과 관성에 의존하는 것은 더 이상 선택 사항이 아니다. 갈등이 깊어지면 사람들은 어느 한쪽의 권위나 어느 한 정당을 선택해야 한다고 느낀다. 정당한 권위의 본질, 즉 누가, 어느 정도까지, 어떤 목적으로 권위를 행사하는지에 관한 질문이 다시 공론화돼 논쟁의 중심에 선다.

위기의 시대 지도자들은 체제의 정당한 권위를 강화하기 위해 선전·이미지·상징을 동원해 지지자들에게 활력을 불어넣고, 그들을 효과적인 공동체로 통합하려고 최선을 다한다. 여기서 더 나아가기도 한다. 필요하다고 판단되면 위협과 시위를 동원하기도 한다. 논쟁만으로는 권위에 대한 의심을 종식할 수 없을 때 압도적인 힘을 보여 수단을 이용하는 것이다. 이러한 무력의 목적은 두 가지다. 아군에게는 어떤 대가를 치르더라도 반드시 승리하겠다는 의지를 보여 설득하는 것, 배신자와 적에게는 그 어떤 경우에도 패배할 수 없다는 의지를 보여 설득하는 것.

합법적이고 견고한 정권을 만드는 데는 늘 무력이 수반된다. "권력은 총구에서 나온다."[69] 1930년대 마오쩌둥이 중화인민공화국의 전설적인 건국자가 되기 훨씬 전에 한 말이다. 워싱턴도 1786년 존 제이에게 보낸 편지에서 새로운 국가 헌법의 미래를 언급하면서 거의 같은 결론을 내렸다. "사람들은 강압적인 권력의 개입이 없으면 자신의 이익을 위해 가장 적절한 조치를 채택하고 실행하지 않으리라는 사실을 경험을 통해 배운다."[70] 국가가 위기에 처하면, 성공한 지도자 거의 대부분이 이 진리를 어느 정도는 인정하게 된다.

두드러지게 그리고 종종 지나치게 남용되지만 드러나지 않는 힘의 사용은 위기의 시대 해소 방법에서 가장 골치 아픈 윤리적 문제를 소환한다. 하지만 인정해야 한다. 이런 힘은 늘 존재한다.

독립 전쟁 당시 워싱턴 장군은 군대를 효과적으로 유지하려면, 규칙 위반자들을 공개적으로 채찍질하고 탈영병을 처형해야 한다고 주장했다. 존 애덤스는 애국파 민병대가 초기에 저조한 성과를 보이자, 이에 격분하며 전장에서 탈영병을 총살하자고 건의했다. 그러한 처벌법을 만들면 "수천 명의 휘그당원이 생길 것이고 … 두려움과 소심함이 영웅심으로 바뀔 것이다. 눈앞의 위험보다 등 뒤의 위험이 훨씬 더 크기 때문이다."[71] 전쟁이 끝나고 낡은 (영국) 정권이 사라진 후 대다수 미국인은 더욱 권위 있는 정치 질서에 힘을 실어주는 것이 더 큰 도전 과제로 남아 있다는 사실에 동의했다. 〈연방주의자 논집〉에는 '권위(authority)'라는 단어가 '자유(liberty, freedom)'보다 두 배 이상 자주 등장한다.[72]

미국 남북 전쟁 기간에 급진적인 공화당 지도자 새디어스 스티븐스(Thaddeus Stevens)는 링컨 대통령에게 "전쟁 무기를 고르는 기준은 무해성이 아니다."[73]라고 말하며 "남부 전역을 초토화"[74]할 연방군을 파견해 달라고 요청했다. 결국 링컨은 셔먼 장군에게 그렇게 하라고 승인했다. 셔먼 장군은 애틀랜타 시의회에 보낸 편지에서 "전쟁은 잔인하며, 이 사실은 바뀌지 않는다"[75]라고 밝히며 남부가 빨리 항복할수록 전쟁이 더 빨리 끝날 것임을 암시했다. 셔먼이 '전면전'이라는 용어를 만들지는 않았지만, 그는 전면전의 원칙을 완벽하게 구상했다. 그는 개인적으로 남부에 우호적이었으며, 전쟁 후 남부의 재건을 기꺼이 돕고자 했다. 그러나 연방의 권위에 대한 반란이나 도전에 대해서는 단호했다. 그는 이렇게 말했다. "지금 미연방이 분열에 무너지면 분열은 멈추지 않을 것이다 … 연방의 권위가 미쳤던 곳이면 어디든 반드시 그 권위를 확증해야 한다. 조금이라도 압박을 느슨하게 하면 권력은 사라지며 나는 그것이 국민 정서라고 믿는다. 이 정서는 다양한 형태를 띠지만 항상 '연방'의 정서로 되돌아간다."[76]

2차 세계대전 당시 미국 대통령과 의회는 국가의 권위에 대한 위협이 감지되면 오늘날에는 이해하기 힘든 방식의 힘으로 대응했다. 미국 국내에서는 10만 명 이상의 일본계 미국인을 시민권자든 아니든, 오직 혈통만으로 분류한 뒤 격리했다. 해외에서는 동맹국들과 함께 독일과 일본의 침공에 대비해 두 나라의 도시들에 수개월에 걸쳐 폭격을 가해, 약 100만 명의 민간인을 살상했다. 미국은 이 두 나라의 무조건적 항복을 받아낸 후에야 공격을 멈췄다. 하지만 여기서 그치지 않았다. 미국은 새로 얻은 막강한 국제적 영향력을 바탕으로 이들 국가를 자유 민주주의 국가로 재건했다. 이는 후대 사람들에게 자신들의 능력을 뛰어넘는 성공적인 '국가 건설'로 평가받았다.

위기의 시대에 두드러진 이 강압적 국가권력은 미국이 시련의 시기에도 늘 폭정에 맞서 자유를 수호해왔다는 신화와 충돌하는 듯 보일 수도 있다. 하지만 이 충돌은 실질적이라기보다는 피상적인 것에 가깝다. 모든 국가는 전쟁을 치르는 동안 더욱 권위적으로 변하며, 모든 민주주의는 살아남으려면 때론 전쟁도 불사해야 한다. 진짜 문제는 위기의 시기에 한 국가가 대내외적 위협으로 민주주의 제도를 영원히 포기할 것인가 하는 것이다. 이런 비극적인 결과도 얼마든지 생길 수 있다. 확실한 것은 지금까지 미국은 그런 상황을 피했다는 사실이다.

네 번째 전환기를 지나면서 미국 시민과 지도자들은 대체로 자신들이 자유국가의 자치권을 수호하기 위해 전면전을 벌이고 있다고 여겨왔다. 그리고 그 목표를 추구하는 데 있어서 개인의 희생은 자유에 대한 침해가 아니라 공동체의 자유를 지키기 위해 치러야 할 대가로 생각했다. 요컨대, 권위의 강화를 자유의 수호로 보는 것이다. 링컨은 헤비어스 코퍼스(habeas corpus), 즉 인신보호영장 없이 인신을 구속하고 사법 절차 없이 수천 명을 체포한 뒤, 만약 그렇게 하지 않았다면 연방은 무너졌을 것이고[77] 권리장전 역시 무너졌을 것이라고 설명했다. 독재자라는 말을 종종 들었던 루스벨트는 그러한 비난은 위험을 제대로 이해하지 못해서 하는 말이라고 했다. 그는 이렇게 말했다. "독재는 강하고 성공한 정부에서 나오는 것이 아니라 약하고 무능한 정부에서 나온다는 사실을 역사가 증명하고 있다."[78]

"자유, 평등, 박애가 아니면 죽음을(Liberté, Egalité, Fraternité ou la Mort)"은 1792년 프랑스대혁명 당시 혁명군 군대가 유럽의 군주국의 침략에 대비하며 널리 사용하던 구호다. 혁명 당시 프랑스는 자유 민주주의 국가가 아니었다. 하지만 전면전을 대비하던 근대국가였으며, 이 구호에는 지금까지 우리가 살펴본 위기 시대의 사회적 변화가 함축돼 있다. Fraternité는 공동체를 의미한다. Egalité는 평등을 의미한다. 그렇다면 Liberté는 무엇을 의미하는가?

분명 자유는 권위와는 다르다. 그러나 그것이 무엇인가를 생각할 때 좀 더 넓은 관점, 즉 개인적 차원이 아니라 독재자의 지배를 받지 않겠다는 국민의 집단적 결의 차원에서 바라봐야 한다. 권위는 공동체가 이 결의를 수행하도록 하는 수단으로, 모든 사람이 시민의 의무를 다해서

'자유로운' 시민이 되도록 요구한다. '적극적 자유(positive liberty)'로도 불리는 이 개념에 따르면 자유 공화국 시민은 공동체를 위해 개인의 자유를 기꺼이 희생해야 한다. 자유뿐 아니라 필요하다면 목숨도 걸어야 한다. 실제로 고전적인 공화국의 이상 관점에서 보면 소(小) 카토(Cato the Younger)가 보여주듯, 카이사르에게 복종하느니 차라리 자살하는 것이 더 나은 선택이다.

고대 아테네인들이 페르시아 침략자들과 생사를 건 전투를 벌이면서 살라미스섬 근처를 노 저어 갈 때 외쳤던 "자유(liberty!)"("엘레우테리아eleutheria!")는 바로 이런 자유다. 또는 1775년 봄, 버지니아 대표단 동료들에게 영국이 "항복하고 노예로 사는 것 외에는 물러설 여지를 주지 않았다"고 말했을 때 패트릭 헨리가 생각했던 자유도 이 개념이다. 그는 이어서 침략자들에 대해 상세히 설명했다. "우리를 옥죌 사슬은 이미 만들어졌다. 보스턴 평원 너머로 불길하게 삐걱거리는 사슬 소리가 들린다 … 사슬에 묶여 노예로 사는 대가를 치러야 할 만큼 삶이 그토록 소중하고, 평화가 그토록 달콤한가? 다른 사람들은 어떤 선택을 할지 모른다." 그는 상아로 된 편지 개봉용 칼을 가슴에 갖다 대고는 이렇게 말했다. "내게 자유 아니면 죽음을 달라!"[79]

영속성

오늘날 국가가 특수 이익집단을 매수하는 데는 공적 자원을 지나치게 많이 쓰고, 모두에게 영구적 혜택을 주는 투자와 개혁에는 너무 적게 쓴다는 사실에 대다수 미국인이 공감한다. 물론 어떤 투자나 개혁을 최우선순위로 둬야 할지에 관해서는 사람마다 의견이 다를 수 있다. 누군가는 기후변화를 막는 것이 최우선 과제일 것이고, 누군가는 인프라를 재구축하거나 사회복지를 개선하는 것이 최우선일 것이다. 또 누군가에게는 불법 이민자를 막는 문제나 부유층에 세금을 과세하는 문제 내지 의료 서비스의 총체적 개편이 최우선 과제일 것이다. 그렇다 하더라도 대중이 반드시 해야 한다고 동의하는 분야에는 중복되는 부분이 상당히 많다.

그렇다면 이 모든 것이 왜 이루어지지 않고 있는 것일까? 공공정책 전문가들은 여러 가지 이유를 제시한다. 각각의 이슈가 너무 복잡하다고 말하는 이도 있고, 이익 단체의 반대가 너무 강하다고 말하는 이도 있다. 무엇보다도 그들은 적절한 때를 기다려야 한다고 말한다. 국가가 전쟁, 경기침체, 정파적 이해관계 등에 휘둘려 혼란스럽지 않은 때를 말이다. 따스하고 화창한 날, 모두가 성취감과 행복감을 느끼고 이 문제에만 오롯이 집중할 수 있는 때, 오직 그때가 와야만 이 중요하고도 지속적인 발전 문제를 추진할 수 있다고 말한다.

전문가들의 이러한 관점은 언뜻 합리적인 듯 보인다. 그들은 상식에 호소하고 있다. 하지만 이런 관점은 완전히 잘못됐다. 화창한 날 이론대로라면 우리가 그런 날 중대한 개혁이 일어나길 바란다는 의미가 된다. 하지만 역사를 보면 실제로 그렇지 않았다.

사실, 큰 문제에 대한 장기적 해결책은 국가가 쇄신할 때만 나온다. 그리고 그것은 화창한 여름날이 아니라 시민들이 벽을 등지고 있는 날, 모든 선택지마다 희생과 위험이 따르는 컴컴한 겨울날에 일어난다. 역설적이게도 국가는 '단기적 존립이 가장 위태로워 보일 때' 장기적 미래를 위해 가장 진지한 노력을 기울인다. 벤저민 프랭클린이 독립선언서에 서명한 후 "우리 모두 협력해야 한다. 그렇지 않으면 각자도생하는 수밖에 없다"[80]고 했던 것처럼, 모두가 이 사실을 깨닫는 것도 바로 이런 순간이다.

미국의 미래 지향적 제도 재건의 전반적인 진행 과정이 불규칙한 균형 상태에 있다고 생각해보라. 즉 위기의 시기에 갑작스러운 정책 혁신이 이루어지고 이후 수십 년 동안 반대, 논의, 연기, 지연 등이 뒤따랐다고 생각해보라.

물론 1788년 미국 헌법 비준은 미국 '건국'을 위한 원대한 시민적 정치 행위였다. 알렉산더 해밀턴은 〈연방주의자 논집 34호〉에서 선언한 것처럼, 공화국이 10년도 채 지속하지 못할 것이라며 시민들이 두려워하고 있을 때 건국자들은 처음부터 "먼 미래를 내다보는"[81] 정부를 계획하고 수립했다. 63년 후 헨리 클레이는 "미국 헌법은 당시 세대만을 위한 것이 아니라 후손들, 즉 무한하고, 정의할 수 없고, 끝이 없으며, 영원한 후세를 위해 만들어졌다"[82]고 했다. 참으로 위대한 업적이었다. 하지만 건국 이후 수십 년간 이어진 상대적으로 평화롭고 번영하던 시기에 클레이의 이 유려한 언변으로도 관세, 화폐, 국가 발전, 무엇보다도 노예제도를 둘러싸고 점점 첨예해지는 분쟁을 설득하고 해결하지 못했다.

미국이 궁극적으로 이 모든 문제를 해결한 것은 4년에 걸친 전면전 기간과 그 직후였다. 관세 장벽, 국립은행, 국세 집행, 국가 교통망(태평양 철도), 서부의 무상 토지 제공(홈스테드법), 고등교육 및 농업연구를 위한 연방의 지원(모릴법), 야생지대 보존을 위한 최초의 연방법(요세미티 보조금), 헌법상 노예 금지에 이르기까지 이 모든 문제가 당파 갈등이 격화되고, 대규모 군대가 출동하고, 워싱턴 D.C. 자체가 점령당할지도 모른다는 공포가 지배하던 시기에 제정되고 시행됐다.

남북 전쟁 이후 수십 년 동안 완전히 새로운 문제들이 생겨났고, 다시 국가의 총체적 대응이 필요한 시기가 왔다. 여기에는 산업 카르텔, 노동조합 형성, 도시의 슬럼화, 소비자 보호, 퇴직연금 보장, 금융시장 부패 등의 문제가 포함돼 있었다. 1870년대부터 1920년대까지, 이 모든 문제가 끝도 없이 부각됐고 더러는 격렬한 논쟁이 불붙기도 했다. 하지만 시어도어 루스벨트, 윌리엄 하워드 테프트(William Howard Taft), 우드로 윌슨 등 이른바 진보적인 대통령들이 집권하던 시기에조차 결정적인 해결책이나 지속적인 해결 방안을 마련하지 못했다.

다시 한번 미국은 이 모든 문제를 해결하기 위해 다음 재건의 순간을 기다려야 했다. 특히 1930년대 중반의 2차 뉴딜정책과 1940년대 초반 4년간 치러진 전면전을 기다려야 했다. 돌이켜보면 사회보장제도와 오늘날 연방-주(州)정부 복지 프로그램의 토대가 된 사회보장법이 제정된 시기는 그런 결정이 이루어지기에는 터무니없는 시기처럼 보인다. 1935년 미국의 GDP는 움츠러들었고, 실업률은 20퍼센트에 달했으며, 연방정부는 사용할 세입이 없었고, 가족들은 끼니 걱정을 해야 했으며, 세계 곳곳에서 포퓰리스트 폭도들이 무력한 민주주의 국가를 무너뜨리고 있었다. 그런데 그해는 미국 지도부가 1970년대까지 이어질 대담한 계획으로 사회보험제도를 마련한 해다.

대일전승기념일과 군 해산 이후, 새큘럼 패턴이 다시 시작됐다. 고조기에 미국인들은 국가의 새로운 목표를 성취하기 위한 새로운 희생 이야기를 덜 하기 시작했다. 그보다는 이 집단 저 집단이 이익을 두고 흥정을 벌이기 시작했다. 전쟁 후 정치과학자들은 이를 "이익집단 다원주의"라고 불렀다. 특권층이 몇 배로 늘어나고, 지대추구(rent-seeking, 기존의 부에서 자신의 몫을 늘리는 법을 찾으면서 새로운 부는 창출하지 않는 활동 – 옮긴이)가 만연한 가운데 구조적 해결책은 다시 한번 미뤄졌다. 의식혁명 기간과 그 후에 제시된 구조적 해결책은 기본적으로 개인이 가족, 삶의 선택, 시장에서 원하는 것은 무엇이든 할 수 있도록 하겠다는 공동체의 약속이었다. 구조적 문제는 사실상 정부가 책임을 회피함으로써 해결된 것이나 다름없었다. 그리고 다시 한번 21세기 초, 제 기능을 하지 못하는 사회가 다음 네 번째 전환기를 맞이했다. 이 불규칙한 시기는 무엇으로 설명할 수 있을까? 아마 시민 위기라고 하는 사회심리적 현상으로 설명할 수 있을지도 모른다. 사회가 긴박한 공공의 어려움을 극복하기 위해 모든 사람의 사적인 자원과 노력을 상당 부분 투입하도록 강요받으면 대중의 사고는 재설정된다. '이 중대한 어려움을 극복하기 위해 개인의 특권을 포기하는 만큼, 다른 모든 어려움을 동시에 해결하면 어떨까?' 하고 생각하게 되는 것이다. 위기는 사실 시민의 가능성 영역을 개방한다.[83] 이 개념은 경제학자 맨슈어 올슨(Mancur Olson)이 《국가의 흥망성쇠》에서 주목할 만한 논리로 발전시킨 개념이다.

세대 변화가 이를 보완하는 설명이 될 수 있다. 위기의 시대에 성인이 된 사람들은 장기적인 공공의 재앙을 막으려면 단기적인 개인의 희생이 불가피하다는 사실을 가장 잘 이해하는 이들이 될 것이다. 그들은 영국의 오래된 속담, "여름에 놀면 겨울에 굶는다"를 뼈저리게 배운 이들이다. 위기의 시기 직후 몇 년 동안은 이 세대의 영향력 덕분에 국가적 합의가 탄탄하게 이루어지고, 저축률이 높아지고, 희생정신이 강해진다. 수십 년이 지나야만, 굶주렸던 겨울을 기억하지 않는 사람들의 손에 국가가 맡겨진다.

이러한 변화를 강화하는 것은 위기의 시대 절정에 주로 일어나는 세대교체다. 엘리트 계층이 사회적 약자에게 새로운 민주적 보상을 제공해 그들의 협력을 얻는 것처럼, 기성세대도 같은 목적으로 젊은 세대에게 새로운 미래의 보상을 제공한다. 이런 거래는 매우 명시적이다. '여러분의 헌신에 현금, 토지, 교육 내지 기타 현물로 보상해드리겠습니다' 하는 식으로 이루어진다는 의미다.

18세기 초로 거슬러 올라가 보면, 참전 용사들에게 지급하는 연금은 전쟁 후 공공 예산에서 늘 주요 지출을 차지했다. 시간이 지나면 이러한 지출은 점점 줄어들어 다음번 대규모로 사회 구성원이 희생하는 상황이 올 때까지 계속 축소된다.

지난 새큘럼에도 이런 패턴이 명확하게 반복됐다. 뉴딜정책과 2차 세계대전 기간에 G.I. 세대는 기성세대가 요구한 모든 일을 했다. 이를 고맙게 여긴 기성세대와 훗날 이를 고맙게 여길 젊은 세대는 G.I 세대와 그 뒤를 이은 침묵 세대에게 그들의 기여도를 뛰어넘는 수준으로 노년기의 공공 혜택을 대폭 늘려 그 공로에 보답했다. 이 관대한 혜택은 베이비붐 세대와 X 세대에게는 급격히 줄었다. 그리고 앞으로 몇 년 동안 더 많이 삭감될 것이다. 이러한 패턴이 반복된다면 다음에는 밀레니얼 세대로, 더 나아가서는 홈랜드 세대로까지 이어질 것이다.

이러한 흐름에서 어떤 원형이 가장 큰 수혜를 입을까? 새큘럼 초반에 성인이 되는 예술가 원형일 것이다. 보상을 받은 젊은 영웅 세대의 업적에 대한 기억이 아직 생생하고, 경제적 평등이 높아지고 있으며, 국가가 미래에 대한 투자로 한창 바쁠 때 성인이 되는 예술가 세대가 가장 큰 혜택을 받을 것이다. 그렇다면 어떤 원형이 가장 큰 불이익을 받을까? 노마드 원형일 것이다. 보상을 받은 늙은 영웅 세대의 업적이 거의 잊히고, 경제적 평등 수준이 낮아지고, 국가가 미래에 대한 채무를 늘리느라 정신없는 시기에 늦게 성인이 되는 노마드 원형이 가장 큰 불이익을 받을 것이다.

관습

오직 역경만이 인격을 만들거나 진정한 인격을 드러낸다. 아마 천 번도 넘게 들었던 말일 것이다. 헬렌 켈러(Helen Keller)는 이 말을 가장 잘 표현했다. "인격은 편안하고 고요한 환경에서 성장하지 않는다. 오직 시련과 고통을 통해서만 영혼이 강해지고, 비전이 명확해지며, 야망이 길러지고, 성공을 이룰 수 있다."[84] 개인에 관한 이 말은 공동체 전체에도 똑같이 적용된다. 오직 위기를 통해서만 국가가 여전히 공동체인지 아닌지 알 수 있으며, 만약 여전히 공동체라면 생존하고 승리할 정도로 충분히 제 기능을 하는지 확인할 수 있다.

네 번째 전환기가 절정에 달하면, 시민들은 개인의 미래가 서로를 위해 최선을 다하고자 하는 집단의 의지에 전적으로 달려 있다는 사실을 알게 된다. 이러한 인식은 지배적인 문화적 규범의 '관습적' 변화와 맞물려 있다. 관습(convetion)의 라틴어 어원은 conventio이며 이는 "함께(con) 오다(venire)"라는 의미다. 일반적으로 관습적이라는 말은 집단의 전통적인, 기준이 되는, 기대되는, 집단의 승인을 받은 등의 의미를 포함한다.

긴박한 시기에 사회는 친구, 이웃, 사람들을 위해 자신의 이익을 기꺼이 희생하는 사회 구성원을 재평가한다. 애국심은 각성기에 생겼던 아이러니한 기조를 잃는다. 조국을 잃을지도 모른다는 절박함이 국가에 대한 애착을 다시 고취한다. 사람들은 그동안 무시했던 규범에 자신들의 안전이 달려 있음을 깨닫는다. 평화와 풍요의 시대에는 거의 무시되다시피 한 명예로운 규범들이 다시 널리 존중받는다. 영웅심이 대중의 의식 한가운데 다시 자리 잡는다. 자신의 목숨을 희생하면서까지 크나큰 노력과 용기를 발휘해 공동체에 물질적 혜택을 주는 이들이 이 시대의 영웅들(주로 집단의 리더)이다. 다른 시대에는 이들이 필요하지 않다. 그러나 이 시대에는 필요하다.

문화 창작 활동은 새로운 분위기에 유연하게 적용한다. 대중의 관심이 현시대에 벌어지는 일에 집중하면서, 작가와 예술가들은 이러한 사건들에 노골적으로 편파적이면서도 사회적으로 유익한 해석을 전달하는 것을 주된 목표로 삼는다.

미국독립혁명 당시 거의 모든 애국자가 토머스 페인의 열정적인 구호를 외우고 다녔다. 페인은 여러 소논문 집필자 중에서도 고결한 공화국 건설 방법을 가장 적극적으로 주장한 사람으로 꼽힌다. 아무리 학식이 높은 사람이라도 군대에서 부를 행진가 가사를 쓰는 것이 당연한 일이었다. 존 디킨슨(John Dickenson)은 〈자유의 노래(The Liberty Song)〉[85]를, 의사였던 조지프 워런(Joseph Warren)은 〈자유의 미국(Free America)〉[86]을 작사했다.

남북 전쟁 당시에는 신문에 링컨이나 데이비스에 대한 찬반양론 기사가 쏟아졌고, 고급 간행물에는 랠프 월도 에머슨, 프레더릭 더글러스(Frederick Douglass), 월트 휘트먼 같은 문인들이 전쟁에서 승리해야 하는 이유에 관해 논쟁의 소지가 큰 글을 게재했다. 사람들의 사기를 북돋는 고무적이고 종말론적이며 강렬한 노래들도 나왔다. 남부에서는 〈딕시(Dixie)〉[87]가, 북부에서는 〈공화국 전투 찬가(Battle Hymn of the Republic)〉[88]가, 해방된 노예들 사이에서는 〈떠나간 많은 이(Many Thousand Gone)〉[89] 같은 노래가 불렸다.

2차 세계대전 기간에는 '세 얼간이(Three Stooges)'부터 '도널드 덕(Donald Duck)'에 이르기까지 할리우드의 거의 모든 영화인이 적을 겨냥한 국가 선전에 동참했다. 조지 마셜은 수상 경력에 빛나는 감독 프랭크 캐프라에게 7시간짜리 시리즈 〈왜 우리는 싸우나〉[90] 제작을 의뢰했다. 케이트 스미스(Kate Smith)는 어빙 벌린(Irving Berlin)의 〈신이여 미국을 축복하소서(God Bless America)〉[91]를 애국심 가득한 노래로 바꿔 불렀고, 이후 이 곡은 1940년 프랭클린 루스벨트와 상대편 후보인 웬들 윌키의 공식 선거 노래가 됐다. 뉴딜정책 지지자들을 위해 포크 가수 우디 거스리(Woody Guthrie)는 〈이 땅은 당신의 땅(This Land Is Your Land)〉[92]이라는 곡을 불렀다. WPA(Work Projects Administration, 공공사업진흥국)에서 고용한 거장들은 대중적인 주제를 시대를 초월한 예술로 승화시켰다. 작곡자 에런 코플런드(Aaron Copland), 화가 토머스 하트 벤턴(Thomas Hart Benton), 사진작가 워커 에번스(Walker Evans), 다큐멘터리 영화 제작자 파레 로렌츠(Pare Lorentz) 등이 모두 여기에 속한다. 영화 〈카사블랑카〉(1942)[93]와 〈지상에서 영원으로〉(1953)[94] 같은 영화는 평범한 미국인들에게 2차 세계대전이 하룻밤 새 삶의 우선순위를 어떻게 바꿀 수 있었는지를 잘 보여줬다.

위기의 시기가 절정에 다다르면 규범은 각성기의 절정 때와는 정반대 방향으로 변화한다. 이 시기에는 시민의 의무가 개인적 성취의 기회를 압도한다. 규칙을 어기는 사람은 대중에게 낙인찍히고 심지어 처벌받기도 한다. 영적인 것에 대한 호기심은 줄어든다. 이 시기에는 이상적인 것보다 현실적인 것이 우선순위가 된다. 전통 예절이 중시되고, 가족은 친밀해지고, 적절한 행동이 관습화되며, 개인적 폭력과 위험을 감수하는 태도는 줄어든다. 나사 하나만 잘못 조여도, 커튼 하나만 제대로 치지 않아도 엄청난 인명 피해가 발생할 수 있는 세상에서 실수에 대한 관용은 최소화되고, 두 번째 기회는 거의 주어지지 않는다. 사기를 떨어뜨리는 뉴스는 검열 대상이 되고, 우울한 작품이나 표현 방식에는 사람들이 눈살을 찌푸린다. 2차 세계대전 기간에 성인이 된 미국인은 〈휘파람을 불며 일하라(Whistle While You Work)〉[95]나 〈긍정적으로 생각하기(Ac-Cent-Tchu-Ate the Positive)〉[96]처럼 사기를 진작시키는 노래를 들으며 자랐다.

누가 무엇을 할 것인가 하는 문제는 공정성이 아닌 효율성과 생존을 기준으로 해결된다. 그 첫 번째 규칙은 가장 유능한 책임자를 둬야 한다는 것인데, 설령 그것이 이전에는 상상할 수 없었던 방식으로 공정한 경쟁의 장을 마련해 인재를 찾아야 한다는 의미라 할지라도 가장 자격 있는 책임자를 찾아야 한다(하지만 일단 책임자가 되면 그 사람의 권위에 쉽게 의문을 제기할 수 없다). 그렇지 않으면 나이와 성별에 따른 구식 사회적 분업이 선택의 기본이 된다. 공공 활동 영역에서 노인은 젊은이에게, 여성은 남성에게 한발 물러나야 한다. 위험이 닥치면 부모보다는 아이들이 먼저, 아버지보다는 어머니가 먼저 보호받아야 한다.

네 번째 전환기의 문화에서는 개인의 욕망이 모두 억압되는가? 전혀 그렇지 않다. 다만 미래시제나 과거시제로 시제가 바뀌는 것뿐이다. 사람들은 더 나은 미래를 갈망하거나(1945년 주디 갈랜드Judy Garland의 노래 〈무지개 너머(Over the Rainbow)〉[97]) 과거를 그리워한다(1945년 도리스 데이 Doris Day가 부른 〈감성적 여정(Sentimental Journey)〉[98]). 가족과 온기를 향한 그리움은 규율이 주는 스트레스와 전쟁의 공포를 누르는 자연스러운 보완책이다. 남북 전쟁 기간에 북부와 남부 병사들이 가장 좋아하는 노래는 〈즐거운 나의 집(Home Sweet Home)〉[99]이었다. 프레더릭스버그 전투 이후 연방군 장교들은 가뜩이나 사기가 저하된 병사들이 이 노래의 애절한 가사를 듣고 탈영할 것을 우려해 이 노래를 일시 금지하기도 했다. 번사이드 장군의 부대원 수천 명이 래퍼해녹 강변에서 죽어가던 12월 바로 그날 오후, 많은 미국 가정에서는 쿠리어앤아이브스

(Courier and Ives)사의 크리스마스 그림을 보며 크리스마스트리를 장식하고 성탄을 즐기고 있었다. 1월 초에는 만화가 토머스 내스트(Thomas Nast)가 처음으로 산타클로스를 그린 그림[100] 잡지 〈하퍼스위클리〉에 실렸다.

정확히 80년 후, 미 해병대가 남태평양의 과달카날섬을 점령하기 위해 필사적으로 싸우고 있을 때, 빙 크로즈비(Bing Crosby)의 노래 〈화이트 크리스마스(White Christmas)〉[101](벌린의 또 다른 곡)가 라디오에서 흘러나오기 시작했다. 이 곡은 전 세계에 있던 미군들에게 즉각적으로 인기를 끌었다. 훗날 〈워싱턴 포스트〉는 감성적인 분위기의 이 곡을 "미국이 파시즘과 싸우는 데 필요한 노래"[102]라고 언급했다. 전쟁이 끝날 무렵 〈화이트 크리스마스〉는 역사상 가장 많이 팔린 싱글 음반이 됐고, 그 후로도 여전히 큰 인기를 끌고 있다.

외부 세계의 모든 지표에 따르면, 네 번째 전환기에는 역사가 가속화된다. 사람들이 동원되고, 경제가 크게 변동되고, 헌법이 정비되고, 도시가 부유해지거나 피폐해지고, 국가가 세워지거나 멸망한다. 하지만 내적 세계의 모든 지표에 따르면, 역사는 점점 느려지다가 완전히 멈춘다. 마치 보상 법칙을 따르듯 문화는 전통적이고, 시대를 초월하며, 영원한 것으로 바뀐다. 즉, 수준 높은 문화에서는 고전적이고 모범적인 문화를 향해 가고, 수준 낮은 문화에서는 냉소나 조롱이 없는, 진부하고 우스꽝스러운 문화를 향해 간다. 이 순간 문화는 세계를 공전하는 정적인 북극성이 된다. 이 시기의 음악과 그림이 목가적인 이유는 그런 세계가 너무 멀게 느껴지기 때문이다.

이러한 갈망을 통해 공동체는 사실상 선언하는 것이다. 우리는 영원히 지속될 더 나은 세상을 만들기 위해 이 모든 희생을 치르고 있다고.

이 투쟁을 다 치르고 나면 우리는 영속적인 의미를 가질 수 있을 것이라고. 위기의 시기 후반, 국가는 새롭게 발견한 집단적 힘을 새로운 시대의 공공사업, 즉 항만, 운하, 철도, 고속도로(또는 무선 네트워크와 무탄소 에너지 발전소) 등을 통합적으로 구축하기 위해 온 힘을 쏟는다. 공동체는 한때 적대적인 사람들을 길들였던 것처럼, 결코 우호적이지 않은 상황을 극복하기 위해 온갖 노력을 기울이면서 약한 시민들에게 평화라고 하는 소박한 꿈이 늘 견고하게 지켜질 것이라는 확신을 심어준다.

하지만 물론 새큘럼은 결코 정적으로 멈춰 있지 않는다. "우리 생애 최고의 날들"[103]은 빠르게 지나간다. 얼마 지나지 않아, 공적인 사건들이 벌어지는 속도는 점차 느려지고 문화적 변화의 속도는 다시 빨라진다. 그리고 또 얼마 지나지 않아, 위기의 시대 때문에 삶이 바뀌었던 사람들의 수가 점차 감소하고 그들의 영향력 또한 시들해진다. 위기의 시기 이후 아이들과 그 아이들의 아이들은 그들의 생활 방식에 대해 빈정거리고, 그들의 확고했던 하나의 의미를 폭발시키고, 그 폭발의 잔해들이 흩어진 자리에서 번성할 것이다.

그때 그 시기에 있었던 이들만이 그 시절을 늘 기억할 것이다. 매직 존슨(Magic Johnson)은 이런 말을 했다. "위기가 닥치면, 누가 진정한 친구인지 알 수 있다."[104] 사회 전체에 위기가 닥치면 무슨 일이 벌어질지 상상해보라. 모두가 누가 진정한 친구인지 알게 될 것이다. 모두가 이타적인 목적을 위해 잠시나마 뭉친 동료들의 무리에 속해 있다고 느낄 것이다. 그들이 하는 일은 역사적으로 기념비적인 일이지만, 그들이 믿는 것은 그저 겸손한 관습일 것이다. 그들은 자신들이 그저 위대한 업적으로만 기억되리라는 것을 알고 있다. 그로부터 20년이 지나면 사람들은 그런 이야기를 반복해서 듣는 것조차 피로감을 느낄 것이다. 하지만 20년 전만 해도 아무도 그런 일이 가능할 것이라고 믿지 않았다.

1819년, 외교관이자 이야기꾼인 워싱턴 어빙(Washington Irving)의 소설 《립 밴 윙클》[105]이 이야기 모음집으로 출간됐다. 고전적인 미국 단편소설인 《립 밴 윙클》은 허드슨 강변에 사는 네덜란드계 미국인 마을 주민에 관한 이야기로, 1760년대 식민지 시대 후기를 배경으로 한다. 어느날, 립 밴 윙클이 인근 캐츠킬산맥에서 사냥을 하다가 길을 잃고 헤매던 중 파티를 즐기는 신비한 난쟁이 무리를 만나 함께 술을 마시고 잠이든다. 그리고 깨어나 보니 20년이 흘러 있었다.

잠에서 깨 마을로 돌아간 윙클은 너무도 혼란스러워 자신이 정신을 잃은 것은 아닌지 두려워한다. 마을에서 그를 알아보는 사람은 아무도 없을뿐더러, 자신이 살던 사회의 기본적인 틀이 상상도 할 수 없는 방향으로 변해 있었다.

마을에 있던 조지 왕의 그림도 '조지 워싱턴'이라는 이름의 다른 사람으로 바뀌어 있었다. 옛 친구들은 이상하게도 "전쟁터로 떠났다"고 했다. 사람들이 시민권, 76년도의 영웅들, 의회 의원들, 그리고 "다른 말들에 대해 이야기하는 것을 듣는데, 그에게는 완전히 바빌론 언어처럼 낯설게 느껴졌다." 낯선 이들이 그에게 와서 연방에 투표할 것인지 민주당에 투표할 것인지를 묻자 그는 너무 당황한 나머지 "저는 그저 가난하고 조용한 사람입니다. 이 마을에서 나고 자랐고, 왕에게 충성하는 사람입니다. 왕에게 신의 가호가 함께하기를!" 하고 대답했다. 그러자 사람들이 윙클을 가리키며 "토리당 첩자다!" 하고 외쳤다.

이야기는 잘 마무리된다. 윙클은 마을 사람들에게 자신이 겪은 이상한 경험을 이야기했고, 자신이 잠든 사이에 한때 (어빙의 표현에 따르면) 자신의 삶을 비참하게 만들었던 폭군 같던 아내도 죽고 없는 세상에서 평화로운 노년을 즐길 수 있게 됐다. 독자들은 폭군 같은 아내를 떠나보낸 이야기가 폭군 왕이 없어진 미국을 상징하는 것은 아닌지 궁금해했다. 어쨌든 이 이야기는 혁명의 시련을 처음부터 끝까지 겪은 미국인들의 고통과 혼란을 개인의 관점에서 풀어내 보여주고 있다. 잠에서 깨어 보니 새로운 나라에 와 있는 것 같은 느낌을 말이다.

남북 전쟁 이후 미국인들은 비슷한 감정을 느꼈다. 사회가 뒤집힌 것은 남부만이 아니었다. 북부의 상류층 엘리트와 산업노동자, 농부 등은 아무도 알지 못하는 무한한 글로벌시장에 매몰되는 느낌을 받았다. 윌리엄 딘 하우얼스(William Dean Howells)의 유명한 소설에 나오는 주인공 실라스 라팜의 말에 그런 심경이 잘 담겨 있다. "남북 전쟁 이후 내가 돌아온 세상은 다른 세상이었다. 사소한 일들의 시대는 지나갔고, 이제 이 나라에 다시는 그런 시대는 오지 않을 것이다."[106] 하버드대학의 문학 교수였던 조지 티크너(George Ticknor)는 1869년에 이런 글을 썼다. 남북 전쟁은 "이 시대 이전에 일어났던 일과 지금 일어나는 일 또는 이후에 일어날 일 사이에 거대한 간극을 만들었다. 내가 태어난 나라에 사는 것 같지 않다."[107] 2차 세계대전 이후 수많은 미국인은 대중정치와 대량소비, 핵 공포가 지배하는 새로운 시대에 길을 잃은 느낌이었다.

오늘날 밀레니얼 위기에 이런 종류의 당혹감, 가족과 단절된 듯한 감정이 다시 일어나고 있다. 2019년에서 2022년 사이 실시한 설문조사에 따르면, 미국인 40~60퍼센트가 "모든 것이 너무 많이 변해서 마치 내가 내 조국의 이방인이 된 기분이다"[108]라고 답했다. 이런 감정은 시간이 흐를수록 약해지는 것이 아니라 점점 더 강렬해지고 있다.

미국에서는 왜 립 밴 윙클 효과가 주기적으로 발생하는가? 우리는 이미 그 답을 알고 있다. 네 번째 전환기마다 찾아오는 사회적 변화 때문이다. 이 변화는 공동체, 평등, 권위, 영속성, 관습을 향해 사람들을 움직이게 하는 냉혹한 사건들의 흐름이다. 새큘럼의 마지막 시기마다 찾아오는 이 엔트로피 역전 현상을 통해 시민의 중추적 힘과 공공의 정체성이 다시 태어난다.

이 새로운 탄생은 사회를 결속시키고 통합하고 이전에는 상상도 하지 못했던 수준의 힘을 사회에 부여한다. 또한, 이전에는 사람들이 견딜 수 없다고 생각했던 집요하고도 치명적인 과정을 겪게 한다. 이런 의미에서 보면, 네 번째 전환기는 개인에게 통과의례 의식을 치르게 하는 사회 흐름이다. 그 어떤 사회도 이 과정에 자발적으로 진입하지 않는다. 그러나 윌리엄 제임스도 인정했듯, 이 과정이 완료되고 나면 어떤 사회도 이전으로 되돌아가고 싶어 하지 않는다.

오늘날 대다수 미국인은 남은 밀레니얼 위기 기간이 끔찍한 시간이 될 것이라고 생각한다. 이 과정이 통과의례라면, 그 끝이 좋은 결말로 매듭지어지리라고는 상상하지 못한다. 사회가 재탄생할 수 있는 수준을 훨씬 넘어 심각하게 부패했다는 두려움 때문이다.

충분히 그렇게 예상할 수 있다. 어떤 통과의례든, 그 과정을 거치기에 앞서 한 번도 해내지 않은 일을 잘 해낼 수 있을지 의심한다. 특히 위기의 시대를 이겨냈던 기억을 하는 이들이 거의 살아 있지 않은 지금, 밀레니얼 위기에서 위기를 극복할 사회의 역량에 의구심을 품는 것은 당연하다. 존 애덤스 세대 사람들 대다수는 미국독립혁명이 시작되기 전에 중년에 접어들었고, 지금 우리가 느끼는 것과 거의 같은 극심한 불안감을 느꼈다. 애덤스는 1774년 일기에 이런 글을 썼다. "지금 시대에 걸맞은 인재가 없다. 지금 우리는 천재성, 교육, 여행, 재산 등 모든 면에서 부족하다. 형언할 수 없는 두려움이 엄습한다. 신이여, 우리에게 지혜와 강건함을 주소서."[109] 애덤스와 그와 같은 세대인 사람들은 시간이 흐르면서 자신들에게 그러한 힘과 재능이 있다는 사실을 알게 됐다. 그러나 이런 힘과 재능은 사건이 터지기 전까지는 숨겨진 채 드러나지 않는다.

다수의 미국인은 미국에 리더다운 리더가 없다고 생각한다. 그러나 네 번째 전환기가 주는 한 가지 교훈은 훌륭한 리더는 태어나는 것이 아니라 만들어지는 것이며, 사회가 필요로 하기 전에 나타나는 것이 아니라 사회가 필요로 하는 정확한 그 시점에 등장한다는 사실이다. 미국 역사상 네 번째 전환기의 지도자 중에 워싱턴, 링컨, 루스벨트처럼 자신들을 필요로 하는 상황이 발생하기 전에 뛰어난 리더십을 발휘한 사람은 거의 없다.

다수의 미국인은 미국에 지도자를 잘 따르는 사람이 없다고 생각한다. 주위를 돌아보면 하나의 기준점으로 결집하는 사람들은 없고, 온통 분열하고 분노하는 사람들로 가득하다고 생각한다. 그러나 새큘럼의 전환은 이미 이러한 장애물을 극복하고 있다. 사실 오늘날 미국의 사회와 정치 분위기를 바꾸고 있는 젊은 층은 질서를 추구하는 세대로, 미국의 시민적 분위기의 재탄생을 충분히 추진할 수 있는 이들이다. 물론 아직 일어나지 않은 사건들과 잠재력 있는 지도자가 나타나기만 하면 말이다.

마지막으로, 다수의 미국인은 정치 파벌이 등장하면서 어마어마하게 넓어진 파벌 사이의 간극에 절망하고 있으며, 공화당이나 민주당 어느 한쪽이 압승하면 조국이 살아남지 못할 것이라고 생각한다. 하지만 거듭 말하자면, 역사적으로 볼 때 최악의 두려움은 지나치게 과장된 것일 수 있다. 민주주의 사회에서 어느 한쪽 진영이 상대 진영의 핵심 프로그램을 자신의 프로그램에 완전히 통합하지 않고서는 다른 한쪽을 완전히 지배할 수는 없다. 국가가 완전히 변모하고 난 후에도 국가가 둘로 쪼개지지 않고 하나의 국가로 남아 있는 한, 최종 합의에 양 진영의 의견이 어느 정도 반영돼 있다. 그때쯤이면, 그 합의에는 국가와 시민 사이에 더욱 강력해진 관계가 반영돼 있을 것이다. 그리고 반대 진영은 여전히 존재할 것이다. 하지만 양 진영을 나누는 이슈는 예전과 다를 것이다. 그리고 양 진영 사이의 갈등은 더 이상 사회를 분열시키지 않을 것이다.

네 번째 전환기가 진행되는 동안 정치적 당파성이 이토록 빠르고, 대대적이고, 심지어 당혹스러울 정도로 변화하는 패턴은 늘 반복된다. 워싱턴 대통령이 퇴임 연설을 할 무렵, 20년 전에 있었던 (미국의 자유를 원하는) 애국파와 (영국에 충성을 원하는) 충성파 사이의 격렬한 갈등은 이미 오래전 역사가 돼 있었다. 섬터요새 전투가 벌어지고 10년 후 노예제도나 연방의 우월성에 대한 논쟁은 더 이상 중요하지 않게 됐다. 진주만 공격이 있고 10년 후에는 뉴딜정책이나 미국의 새로운 국제적 역할에 반대하는 심각한 도전은 없었다.

오늘날도 마찬가지다. 오바마 대통령 시절부터 변화하기 시작해 2016년 트럼프 당선 이후 더욱 빠르게 왜곡된 보수 진영과 자유 진영의 분열에 대한 인식은 위기의 시기 이전에 생긴 것으로, 아마 2020년 중반 즈음에는 크게 와닿지 않을지도 모른다. 그리고 2030년 중반이 되면 50세 이하의 유권자들에게는 이러한 구분이 거의 무의미해질지도 모른다.

9

우리 삶은 어떻게 달라질 것인가

×

늘 점잖게 행동하고, 사복 입은 자들을 조심해.
바람이 어디로 부는지 알기 위해 일기 예보관까지 필요한 건 아니야.

밥 딜런(Bob Dylan)
〈지하실에서 젖는 향수(Subterranean Homesick Blues)〉 중 – 옮긴이

지금까지 우리는 위기의 시대의 모든 객관적인 특징을 살펴봤다. 우리는 위기의 시대와 지금까지의 전개 과정을 알고 있다. 과거에 네 번째 전환기가 어떻게 흘러갔는지도 알고 있다. 위기의 시기가 끝날 무렵에는 어떤 사회적 변화가 일어나는지도 예상할 수 있다.

이 장에서는 이 관점을 뒤집어 미래를 외부에서 내부가 아니라 내부에서 외부의 관점에서 살펴볼 것이다.

'미국의 정신'이 돌아올 때 결국 우리가 알고 싶은 것은 이것이다. 그때는 어떤 느낌일까?

여전히 우리 앞에 남은 것들에 관한 개인적 경험을 살펴보려면, 세대 변화의 역학으로 되돌아가야 한다. 이 역학은 봄에서 여름으로, 가을로, 겨울로 새큘럼을 돌아가게 하는 힘이다. 모든 사람은 하나의 세대에 속

한다. 모든 세대는 네 가지 원형 중 하나에 속한다. 그리고 이 원형들이 나이가 들어 궁극의 겨울 내지 위기의 시기에 진입하면서 각 세대는 고유한 삶의 이야기에 따라 펼쳐지는 미래에 진입할 것이다. 세대마다 고유의 공통된 서사, 과거에 대한 고유의 기억, 미래에 대한 고유의 희망을 품게 될 것이다.

현대사회가 시작된 이래로 네 번째 전환기에서 노년의 예언자, 중년의 노마드, 젊은 성인의 영웅, 어린 예술가 별자리는 단 하나였다. 500만 년 동안 이들 별자리는 정확히 똑같은 방식으로 다섯 번 있었고, 여섯 번째는 시기와 결과가 아주 약간 달랐다. 이러한 원형의 배치는 영미권 새큘럼의 가장 큰 상수였다.

- 지난 위기의 시기 여파 가운데 태어나, 지난 고조기에서 버릇없는 아이로 자란 예언자 원형은 노년기 이후 항상 위기를 조장해왔다.
- 각성기에 방관하는 분위기에서 자란 노마드 원형 어린이들은 위기의 시기에 항상 실용적인 중년의 관리자가 됐다.
- 해체기에 과잉보호를 받으며 자란 영웅 원형 어린이들은 위기의 시기에 항상 강력한 팀플레이를 중시하는 팀의 일원이 됐다.
- 위기의 시기에 숨 막히는 분위기에서 자란 예술가 원형 어린이들은 항상 공감 능력이 뛰어난 청년으로 성장해 이후 다음 고조기에 성인이 된다.

2장에서 5장까지는 전환기가 세대를 형성하는 방식과 세대가 전환기를 형성하는 방식을 살펴봤다. 이제는 이러한 패턴이 최근 네 번째 전환기의 남은 기간에 어떻게 전개될지를 구체적으로 알아보겠다. 미국 남북 전쟁 당시를 제외하고, 이전의 모든 위기의 시기에는 각 세대의 원형이 새로운 삶의 단계에 진입했다.

이제 네 가지 세대 원형의 특징이 네 번째 전환기에 어떤 영향을 미치며, 네 번째 전환기로 인해 어떤 영향을 받는지를 살펴보자.

선견지명이 있는 예언자 세대가 노년기에 접어들어 예술가 세대를 대체하면서, 가치관을 둘러싼 깊은 갈등을 해소하고 젊은이들의 새로운 목표를 위한 무대를 마련한다.

예언자 세대가 노년에 접어들면 원칙을 토대로 한 그들의 개혁운동이 마지막 행동이라는 긴박함을 갖게 된다. 위기가 닥치면 이들의 문화적 논쟁은 공동체의 새로운 비전을 중심으로 통합된다. 가족 내에서 그들은 자신들의 역할을 정신적 지주로 재정의한다. 더 큰 사회에서는 물질적 안정을 도덕적 권위와 맞바꾸기 시작하고, 평생 추구해온 가치를 자신이 속한 세대를 포함해 모든 세대의 희생을 강요하는 의제로 전환한다. 젊은이들로부터 개인적 충성심과 존경을 바라며, 그들 자신이 젊은 나이에 느끼지 못했던 영웅주의나 성취감을 젊은이들에게 제공한다.

16세기 이후부터 노년의 예언자 원형은 시련이 닥치면 더 젊은 세대들에게 신념의 횃불을 선사했다. 노년이 된 청교도 세대가 죽음을 불사하고 맞섰던 태도를 두고, 역사학자 페리 밀러(Perry Miller)는 "우주적 낙관주의"[1]라고 했다. 그들은 세상이 파국으로 치닫고 있다는 사실을 알면서도 반역자에 맞서, 왕에 맞서, 무엇보다도 믿지 않는 자들에 맞서 불굴의 정신을 세우기로 했다. 미국독립혁명이 일어나자 죽음을 불사한 노년의 각성자들은 영웅심을 고취하고 배반자를 처단하기 위해 잠시 지배자의 자리로 몰려들었다. 1772년 샘 애덤스는 선언했다. "우리를 현자처럼 … 행동하게 해달라."[2] 다른 이들이 싸우는 동안 기도에 매진한 이 세대는 대륙회의에서 두 명의 대통령을 만들었는데, 둘 다 '참된 종교와 선한 도덕'을 국가 기조로 삼는[3] 청교도법을 제정하는 데 기여한 이들이었다. 남북 전쟁 위기를 거치면서 초월 세대는 리치먼드의 열성적인 남부 정치인과 워싱턴의 급진적인 북부 정치인 지도부를 모두 장악했다. 양측 모두 자신들의 전쟁이 줄리아 워드 하우(Julia Ward Howe)의 유명한 전쟁 투쟁가에 나오는 표현대로 "결코 후퇴할 수 없는 나팔이 울렸고", "신의 심판대 앞에서 사람의 마음이 심판받고 있다"[4]고 믿었다. 이후 젊은 헨리 애덤스는 나이 든 세대의 전쟁 나팔 소리를 떠올리며 "세상에 가장 큰 해악을 끼치는 건 늘 선량한 사람들이다"[5]라고 씁쓸하게 회상했다.

실용적인 노마드 세대는 중년에 접어들어 예언자 세대를 대체하면서 젊은이들의 입장을 보호하는 동시에 사회를 수호하기 위해 강하고 결단력 있게 행동한다.

절반은 질 것을 예상하면서도 이기기 위해 노력하는 노마드 세대는 국가가 내부의 사회적 세력으로 인해 분열되거나 외부의 위협으로 암울한 시기를 맞거나 두 가지 상황이 모두 벌어질 때 중년의 나이가 된다. 들쭉날쭉한 위험을 감수하는 삶에 지친 이들은 가정생활에도 신중해진다. 이들 중 재능이 뛰어난 이들은 교활하고 실용적이며 다채로운 주요 인물이 된다. 위기가 닥치면 이들의 삶은 구질서와 신질서 사이에서 고통스럽게 분열된다. 하지만 이들은 치열하게 그리고 희생정신을 발휘해 상황에 대처하며, 다른 사람의 시선을 크게 신경 쓰지 않고 단호하고 빠르게 선택을 내린다. 이상보다 현실을 중시하는 중년의 노마드 세대는 노년의 예언자 세대와 효율적인 동맹관계를 맺는다. 노마드 세대는 무슨 일이 일어나든 남들이 자신들을 성급하게 비난하고 더디게 신뢰한다는 사실을 깨닫게 된다.

수 세기에 걸쳐 노마드 원형은 나이 지긋한 원로, 악당, 때로는 항상 일을 완수할 방법을 찾아내는 부패한 모험가 역할을 맡아왔다. 프랜시스 드레이크와 존 호킨스, 벤저민 처치와 제이컵 라이슬러(Jacob Leisler), 로버트 로저스와 대니얼 분, 율리시스 그랜트와 윌리엄 M. 트위드(William Magear Tweed), 휴이 롱과 조지 패튼이 모두 여기에 속한다. 명예혁명 위기에는 기사도 세대가 용기와 관대함을 보여줬다. 이들은 넋두리나 한탄은 나이 든 세대에게 맡겨 두고 반란을 주도했으며, 식민지가 암울한 전쟁 시기를 극복하는 데 필요한 막대한 세금을 부담했다. 미국 독립혁명 당시 조지 워싱턴과 자유 세대 동료들은 반란에 실패할 경우 교수형을 당할 것을 알면서도 싸웠다. 영리한 애국자로 싸움에 임했던 이들은 "기독교인이나 신사처럼 점잖게 싸우지 않았으며"[6] 영국이 "늪지대 여우"로 불렀던 프랜시스 매리언(Fransis Marion)도 그 무리에 속했다. 이들은 힘겨운 승리를 거뒀고, 전쟁 역사상 최악의 배신을 저질렀으며(베네딕트 아널드Benedict Arnold는 전쟁 초기 대륙군으로 참전했다가 대륙군을 배신하고 영국군에 합류했다-옮긴이), 이후 신중한 현실주의를 추구하며 새로운 국가를 정착시켰다. 앤드루 카네기, 허레이쇼 조지 커스터(Horatio George Custer), 존 D. 록펠러 등의 도금 세대 동료들은 남북 전쟁 직후 중년에 접어들었으며, 위기의 시기와 그 이후에도 강인하고 단단한 세대임을 증명해 보였다.

팀워크에 강한 영웅 세대는 청년기에 접어들어 노마드 세대를 대체한다. 나이 든 세대가 주도했던 개혁운동의 정치적 실패를 극복하면서 사회 전반에 걸쳐 위기를 부채질한다.

젊은 성인이 된 영웅 세대는 세속적 성공을 이루고자 하는 강한 의지를 갖게 되고, 동료들이 강화한 행동 강령을 준수하며, 속한 세대에 깊은 공동체의식을 갖는다. 타고난 행동가이자 건설자인 이들은 큰 위험을 극복하고 혼란한 사회를 질서 있게 만드는 협력 기관에 이끌린다. 영웅 세대는 기성세대의 도전을 마다하지 않으며, 결속력을 발휘해 어려움을 극복한다. 위기의 시기가 절정에 달하면, 이들의 영웅심이 후손들 미래의 명암을 결정하곤 한다. "불은 금을 시험하고, 역경은 강한 인간을 시험한다"[7]는 세네카(Seneca)의 말처럼 영웅 세대는 죽음을 불사하고 갈등의 한가운데로 들어간다. 다른 선택지가 없다고 생각하기 때문이다.

영웅 세대는 현대사에서 가장 유명한 전환점마다 발판이 됐다. 보스워스 필드를 행군했던 젊은 헨리 튜더가 그랬고, 오마하 해변에서 돌격했던 젊은 G.I. 세대가 그랬다. 역사학자 앤서니 에슬러의 표현을 빌리자면, 스페인 함대 위기 당시 엘리자베스 시대의 필립 시드니(Philip Sydney)와 월터 롤리(Walter Raleigh) 등 젊은이들이 "어마어마한 규모의 웅장한 프로젝트를 야심 차게"[8] 추진하면서 이들 군대와 식민지 시대의 "의욕 충만한 이들"을 이전의 "지친 세대"와 구분 지었다. 목사이자 역사학자 코튼 매더는 명예혁명을 "행복한 혁명"[9]이라고 했다. 역사학자 T.H. 브린(T.H. Breen)에 따르면, 식민지 시대 위기는 "오랫동안 억눌린 세대 간의 긴장이 완화되고"[10] 정치권력이 노년층에서 젊은 층으로 급속하게 이동하는 계기가 됐다.

후손들에게 미국독립혁명은 위대한 문서를 작성하고, 위대한 전투에서 싸우고, 위대한 헌법 논쟁을 주도한, 마치 로마 시대의 카토와 시저를 연상시키는 젊은 층에 집중됐다. 젊은 장교이자 시인인 데이비드 험프리스는 요크타운 전투 이후 이렇게 말했다. "인간의 모든 위대함은 우리 안에 있다."[11] 지금은 고된 환경에서 노력하는 장군이 된 그들의 모습은 이전 젊은 세대였을 때의 모습과는 뚜렷하게 대조적이다.

예술가 세대는 어린 시절에 영웅 세대를 대체하면서, 트라우마로 가득한 갈등의 시기에 자기 희생정신이 강한 어른들에게 과잉보호를 받는다.

예술가 세대는 국가의 운명을 결정짓는 엄청난 사건이 벌어지는 시기에 어른들의 맹목적이고도 현실적인 보호를 받으며 자란다. 어른들은 이들에게 위험한 일은 아예 하지도 말라고 말하며 순종적으로 자라기를 바란다. 그래서 예술가 세대 아이들은 다른 사람에게 친절과 도움을 베푸는 자세를 기르며 자란다. 이들은 자신의 가치를 확신하면서도 어른 세대가 자신들을 위해 결코 갚지 못할 정도로 어마어마한 희생을 치르고 있으며, 자신들이 어른들의 기대에 부응하지 못할지도 모른다는 사실을 끊임없이 상기한다.

예술가 세대는 데시데리위스 에라스뮈스(Desiderius Erasmus) 같은 인본주의자들 시대부터 현대에 이르기까지 사회에 가장 세련되고 섬세하며 개방적인 영향을 끼친 예술가 세대지만 그들의 어린 시절은 가장 단순하고, 기본적이며, 폐쇄적이었다. 코튼 매더는 명예혁명 위기 당시 마을에 십일조 담당자를 임명해 "자녀를 억압해야 할"[12] 필요성을 강조하며 "책임지고 가정 내 모든 무질서를 관리하라"[13]고 했다. 그는 "가정 질서를 바로잡는 문제는 아무리 강조해도 지나치지 않다"고 말했다. 1770년대 후반에 아기였던 헨리 클레이는 훗날 자신이 "혁명의 요람에

간혀 있었다"[14]고 했다. 어린 존 퀸시 애덤스는 어머니의 손을 잡고 멀찍감치 물러서서 벙커힐 전투를 지켜봤다. 미국독립혁명 시기의 또 다른 아이였던 데니얼 웹스터는 훗날 동료들을 대신해 이렇게 사과했다. "우리는 독립을 위한 전쟁에서 월계관 없는 승리를 거뒀다. 이 승리는 우리보다 훨씬 고귀한 이전 세대가 모두 이룬 것이다."[15] 남북 전쟁 당시 어린이들의 행동은 매우 모범적이었다. 이를 본 한 외국인은 수십 년 전과는 극명하게 대조적인 모습이며, "모든 미국 학교에 절대적으로 복종하는 문화와 가장 엄격한 규율이 만연해 있다"[16]고 했다. 이처럼 가정 생활의 울타리가 높아진 현상을 두고 젊은 역사학자 조지프 켓(Joseph Kett)은 "폭풍우가 몰아치는 바깥세상으로부터 자신의 삶을 봉쇄하려는 미국 중산층의 열망"[17]이 반영된 것이라고 했다.

이러한 원형들의 특징에서 보듯, 네 번째 전환기는 삶의 계절을 이용해 시간의 계절에 새로운 기운을 일으켜 새큘럼의 완전한 주기를 완성한다.

이 장에서 우리는 최근 밀레니얼 위기의 당사자인 모든 세대를 탐구해 현시대의 각 원형을 좀 더 깊이 살펴볼 것이다. 각 세대의 정체성에 관해서도 알아볼 것이다. 세대의 신념, 특성, 그 세대의 특징을 만든 사건들도 살펴볼 것이다. 역사에서 그들이 했던 역할도 살펴볼 것이다. 그리고 네 번째 전환기에서 남은 몇 년 동안 예상되는 그들의 역할도 탐구할 것이다.

가장 오래된 세대부터 가장 젊은 세대까지 총 일곱 세대를 살펴볼 예정이다. 가장 오래된 세대는 밀레니얼 위기가 시작할 당시 마지막까지 살아 있던 잃어버린 세대(노마드)부터 시작한다. 그다음엔 오늘날에도 대다수가 살아 있는 G.I. 세대(영웅)를 볼 것이다. 그리고 공공 생활에서 대단히 활동적인 침묵 세대(예술가)로 옮겨갈 것이다. 이 세 세대는 모두 이전에 있었던 대공황과 2차 세계대전 위기의 세대별 별자리를 구성한다. 2008년 이후 이들은 인생의 단계에서 '노년기 후반'에 있거나 진입하고 있다.

그다음에는 더 젊은 네 세대를 살펴본다. 베이비붐 세대(예언자), X 세대(노마드), 밀레니얼 세대(영웅), 홈랜드 세대(예술가). 이 네 종류의 활동적인 세대는 밀레니얼 위기의 세대별 별자리를 구성한다.

밀레니얼 위기 초반부터 지금까지 살아 있는 모든 독자는 이 일곱 세대 중 하나에 속한다. 생존해 있는 독자 중 이 책에서 지금부터 설명할 집단적 삶의 궤적에 영향을 받지 않은 사람은 거의 없다. 그러므로 매우 현실적인 관점에서 봤을 때 이 일곱 세대 중 한 세대는 여러분의 인생 이야기다.

노년기 후반에 접어든 세대

20세기의 마지막을 1~2년 남겨둔 때만 해도, 삶의 네 단계는(각 단계의 길이는 최대 22년) 사회적 분위기와 방향에 영향을 미치는 모든 세대를 찾아내기에 충분했다. 한 세대가 노년기(66~88세)를 홀쩍 지나고 나면, 사회에 중요한 영향력을 미치며 현역으로 활동하는 구성원이 많지 않다. 1900년(잃어버린 세대에서 마지막으로 태어난 이들)에 태어난 모든 미국인 남성 중 45퍼센트가 66세에 도달했지만 88세에 도달한 비율은 불과 7퍼센트였다.[18] 이들 생존자 대부분은 건강 상태가 좋지 않아 부양받으며 살았다. 물론 항상 예외는 있다. 1860년에 태어난 모세(Moses) 할머니는

90대 후반에 민속 예술로 가장 유명세를 떨쳤다. 1867년에 태어난 프랭크 로이드 라이트(Frank Lloyd Wright)는 90대 초반에 사망하기 전까지도 구겐하임 미술관 설계 작업을 했다. 그러나 노년에 인생 황금기를 누린다는 것은 지극히 예외적인 일이었다.

하지만 20세기 후반에 태어난 이들에게는 그다지 예외적이지 않은 상황이 됐다. 1942년(침묵 세대에서 마지막으로 태어난 이들)에 태어난 모든 미국인 남성 중 72퍼센트가 66세에 도달했다. 미국 사회보장국 총무처 예측에 따르면, 이들 중 26퍼센트가 88세에 도달할 것으로 보인다. 그리고 80대와 90대 노년층 중 상당수가 건강 상태가 매우 좋다. 내가 이 글을 쓸 당시만 해도 두 명의 G.I. 세대가 90대 후반의 나이에 저명한 작가로 활발한 사회 활동을 하고 있었다. 한 명은 전 미국 대통령 지미 카터고, 또 다른 한 명은 전직 미국 국무장관인 헨리 키신저다(키신저는 2023년 11월에 세상을 떠났다–옮긴이). 침묵 세대에서 젊은 구성원은 여전히 국가의 최고위직에서 지도자로 활동하고 있다. 2022년 말 현재를 기준으로 대통령(조 바이든), 백악관 대변인(낸시 펠로시), 상원 원내대표(미치 매코널) 외에도 의회의 당 지도부 및 위원회 위원장 여섯 명이 여기에 포함된다.

공식 은퇴 연령을 15년 이상 넘긴 이 원로들의 존재감과 대중적 영향력이 여전히 커지고 있다는 사실은 인정해야 한다. 그렇다면 지금까지 우리가 '노인'이라고 불렀던 나이의 상한선인 88세를 훌쩍 넘긴 세대의 '노년기 후반' 삶의 단계에 관해 이야기해보겠다. 밀레니얼 위기에 짧게나마 미국에 영향을 미친 노년기 후반의 세 세대, 잃어버린 세대, G.I. 세대, 침묵 세대를 살펴보자.

노년기 후반의 사람들이 정치 및 사회에서 활발하게 활동하는 것이 최근의 현상이기 때문에 이것이 새큘럼에 미치는 영향은 아직 확인되지 못했다. 다만 5장에서 이야기했듯, 노년층의 역할이 커지면 세대가 주도하는 사회의 변화 속도가 다소 느려질 가능성이 크다. 노년기 후반의 세대가 여전히 지도층에 자리 잡고 있으면, 이른바 의자 뺏기 과정에서 젊은 세대에게 자리가 늦게 할당될 것이고 결국 삶의 단계에서 맡는 역할의 기간이 지연될 것이다. 또한, 다음 젊은 원형 세대가 최고의 리더 자리에 오르는 시기가 지연되면서, 노년기 후반의 지도층은 임박한 문제에 대한 새로운 접근 방식을 미루거나 유예할 가능성이 커진다. 국가는 이런 현상이 아니었다면 진작에 내렸을 선택을 몇 년을 기다렸다가 내려야 할 수도 있다.

노년기 후반층의 영향력이 커지는 것은 좋고 나쁨의 문제가 아니다. 모든 것은 상황에 따라 달라진다. 역사적으로 사회가 재능과 경험이 풍부한 이들로부터 매우 큰 이익을 얻는 사례를 많이 볼 수 있다. 또 다른 역사적 사례를 보면, 정년을 넘기고도 여전히 중요한 직책에 있는 이들 때문에 건설적인 변화가 막대한 대가를 치르며 가로막힌 적도 있다.

작별 인사: 잃어버린 세대와 G.I. 세대

우리의 기억 속에 잃어버린 세대(1883~1900년에 태어났다)는 미국이 밀레니얼 위기에 진입할 때도 여전히 우리와 함께 있었던 이들이다. 2008년, 이들 세대 중 겨우 5,000명만이 (당시 나이로 108세를 넘기며) 세 자릿수 나이를 축하하는 생일 파티를 열었다. 그중 여성이 남성의 10배 이상이었다. 남성 둘 중 한 명은 1차 세계대전 참전 용사였고, 가장 오래 산 사람은 2010년에 세상을 떠났다(잭 바브콕Jack Babcock으로 영국군으로 복무하다가 나중에 미국으로 이주한 캐나다인). 잃어버린 세대 마지막 생존자로 공식 기록된 사람은 1899년에 앨라배마주의 소작농 흑인 가정에서 태어난 수재나 무샤트 존스(Susannah Mushatt Jones)다. 무샤트 존스는 2016년 116세의 나이로 세상을 떠나기 전까지 미국 최고령 생존자였다. 거트루드 스타인(Gertrude Stein)이 파리에 살던 어니스트 헤밍웨이에게 그와 그의 20대 친구들을 "잃어버린 세대"[19]라고 말한 지 정확히 100년이 지났다. 칭찬의 의미는 아니었다. 스타인에 따르면 "너희는 그 무엇도 존중하지 않는다. 죽도록 술만 마신다"[20]는 의미였다고 한다.

이 표현에 자부심을 느낀 헤밍웨이는 몇 년 후 죽도록 술을 마시는 충동적인 젊은이들을 다룬 소설 《태양은 다시 떠오른다》[21]의 서문에서 이 표현을 사용했다. 그렇게 그들에게 '잃어버린 세대'라는 이름이 붙었다.

오늘날 베이비붐 세대와 초창기 X세대 대부분은 어릴 적 세상을 등진 잃어버린 세대 할아버지나 울타리를 넘어와 마당에 구르는 야구공을 보며 눈살을 찌푸리던 외국 태생의 할머니 한 명쯤은 본 적이 있을 것이다. 아마 그들에게 눈속임은 통하지 않았을 것이다. 우여곡절 많았던 인생을 잊게 할 수도 없었을 것이다. 이민자들로 가득하던 엘리스섬과 노동을 착취하던 공장, 날렵한 자태를 뽐내던 피어스 애로우 자동차와 1차 마른강 전투, 술집과 숙취, 아찔한 주식 강세 시장과 대공황, 무료 급식소와 모래 폭풍을 피해 이주하던 트럭 행렬 등. 그들은 말쑥한 외모에 TV를 좋아하던 젊은이들에게 자신들의 어린 시절을 숨기곤 했다. 젊은 세대가 그 시절 이야기를 달가워하지 않을 것이기 때문이다.

헤밍웨이는 노인의 지혜를 이렇게 묘사했다. "큰 오류다 … 나이를 먹는다고 현명해지지 않는다. 다만 신중해질 뿐이다."[22] 다른 수많은 잃어버린 세대 엘리트들(특히 문학가 엘리트들)과 마찬가지로, 헤밍웨이 역시 노년에 도달하지 못했다. 그러나 잃어버린 세대가 백악관에서 영향력을 행사했던 비교적 짧은 기간 동안 대통령을 역임한 아이젠하워처럼, 이를 경험한 사람에게는 헤밍웨이의 통찰력이 선견지명이었다. 아이젠하워는 노인들을 향한 자상한 존경심을 드러내며 문제투성이였던 그의 세대에게 마침내 속도를 늦출 수 있는 여유를 선사했다. 그는 확실히 신중했다. 해외에서 일을 벌이는 경우도 거의 없었고, 새로운 프로그램을 추진하지도 않았으며, 적자재정 지출에 반대했고, "군산복합체"[23] 성장에 경고했던 것으로도 유명하다.

아이젠하워 이후 잃어버린 세대는 어느 날 갑자기 대중의 삶에서 사라졌다. 1961년 G.I. 세대 대통령이 더 큰 행보를 할 때,[24] 잃어버린 세대는 이미 구시대의 부끄러운 존재로 인식됐다. 늙은 고래처럼 나이 많고 덩치 큰 시장이나, 담배를 질겅거리며 씹는 민주당 탈당파 이미지만 남은 그들은 미래의 낙관주의에는 어울리지 않았다. 잃어버린 세대는 저항 없이 물러났다. 그들은 더 나은 교육을 받은 젊은이들이 주도하는 우주 시대에 자신들이 설 자리는 없다는 사실을 알고 있었다. 그리고 빈곤 계층 비율이 매우 높았음에도, 다음 세대인 G.I. 세대와 달리 젊은이들에게 공공 혜택을 요구하는 일도 거의 없었다. 하지만 이후 잃어버린 세대는 소설, 시, 철학부터 영화, 보드빌, 재즈에 이르기까지 그들만의 독창적인 문화유산을 통해 젊은이들에게 막강한 영향을 수십 년 동안 미쳤다. 100세의 나이로 생의 마지막 순간까지 무대에서 활약한 코미디언 조지 번스(George Burns)는 1980년대와 1990년대에 X 세대 젊은이들에게 깊은 인상을 줬다. 그는 "인생에서 성공의 비결은 성실함이다. 성실한 척 속일 수만 있다면 성공할 수 있다"라며 재치 있는 말을 남기기도 했다.

무엇보다도 잃어버린 세대는 삶을 있는 그대로 봤다. 2차 세계대전 이후 신학자 파울 틸리히(Paul Tillich)는 이렇게 말했다. "우리 세대는 인간 내면에 잠재돼 있던 공포가 수면 위로 올라와 폭발하는 것을 봤다."[25] 극작가 손턴 와일더(Thornton Wilder)는 연극 〈위기일발(The Skin of Our Teeth)〉에서 "삶은 투쟁이다"라고 했다. "세상의 모든 선하고 훌륭한 것들은 매 순간 위험한 벼랑 끝에 있으며, 우리는 그곳이 들판이든 가정이든 국가든 싸워야만 한다."[26] 하지만 이들 세대는 즐기는 법도 알고 있었다. 문학비평가 맬컴 카울리는 이렇게 물었다. "잃어버린 세대만큼 함께 크게 웃고, 열심히 술 마시고 춤추고, 딱히 별다른 이유도 없이 미친 짓을 한 세대가 있었던가?"[27]

G.I. 세대(1901~1924에 태어났다)는 여전히 우리와 함께 있다. 약 20만 명 이상의 G.I. 세대가 생존해 있으며, 1944년 여름에 절정에 달했던 2차 세계대전에 참전했던 이들도 수만 명(주로 남성)이 생존해 있다. 그러나 이 숫자는 매년 약 3분의 1 정도로 급속하게 감소하고 있다. 이 세대의 상징적인 인물들도 대부분 세상을 떠났다. 히로시마 상공에서 에놀라게이(Enola Gay, 원자폭탄 투하용 폭격기 B-29의 별칭 — 옮긴이)를 조종했던 폴 티비츠(Paul Tibbets Jr.)도 2007년 사망했다. 리벳공 로지(Rosie the Riveter)의 모델이었던 군수 용품 조립 노동자 나오미 파커 로저스(Naomi Parker Rogers)는 2018년 사망했다. 이오섬의 스리바치산 정상에 성조기를 꽂았던 해병대의 마지막 생존자 데이비드 세버런스(David Severance)도 2021년 세상을 떠났다. G.I. 세대 대통령 일곱 명 중 여섯 명이 사망했다. 2030년대 초반 밀레니얼 위기가 끝나면 G.I. 세대는 2008년에 남아 있던 잃어버린 세대보다 더 적게 남아 있을지도 모른다.

　G.I.는 2차 세계대전 당시 병사들의 배낭에 새겨져 있던 문구로,

"General Issue(일반 보급)" 또는 "Government Issue(정부 보급)"의 약어다. 이 세대는 두 가지 의미 모두를 수용했다. G.I. 세대는 평생 '일반'이나 '정규'와 관련된 자질을 구현하는 것을 중요시했으며, "그는 평범한 사람이야" 같은 문구에서 볼 수 있듯 일반성을 강조하는 것이 효율적인 팀워크를 만든다고 믿었다. 또한, G.I. 세대의 삶의 이야기는 정부의 현대적 확장과 밀접하게 관련이 있다. 마치 친구 사이에는 또래집단에서 필요로 하는 것을 해결하는 데 집중하는 것처럼 말이다. 이 세대가 어린이였을 때는 정부가 그들을 보호했고, 그들의 미래에 투자했다. 그들이 성인이 됐을 때는 정부가 노조를 보호하고, 그들이 일자리와 집과 교육 문제를 해결하도록 도왔다. 그들이 은퇴 연령이 됐을 때 정부는 연금제도 및 보험에 정부지출 상당 부분을 할애했다.

팀워크로 힘을 얻고 정부에게 권한을 얻은 G.I. 세대는 20세기 미국에서 자신감 넘치고 합리적으로 문제를 해결하는 존재였다. 전쟁에서 승리한 군인들, 여성 군단과 여성 자원봉사대, 100명이 넘는 노벨상 수상자들, 미닛맨 미사일(LGM-30, 보잉사가 제작한 대륙간 탄도 미사일 - 옮긴이)을 만든 이들, 각 주를 잇는 고속도로를 건설한 이들, 아폴로 달 탐사선을 만든 이들, 전함이나 기적의 백신을 만든 이들, 디즈니 투모로우랜드 제작자 등 모두 일을 처리하는 방법을 아는 사람들이었다. 젊은 세대는 이들을 "가장 위대한 세대"[28]라고 불렀다. '빅밴드'를 만들건, 노르망디에 '상륙작전'을 펼치건, '성경 서사'를 담은 영화를 만들건, '위대한 사회'를 건설하건, 이들은 무엇이든 함께 힘을 합해 원대한 일을 해내는 것처럼 보였다. 이오섬 신사의 비문에는 G.I. 세대를 두고 "비범한 용기는 그들의 미덕이었다"고 새겨져 있다.

G.I. 세대의 위압적인 "할 수 있다" 정신의 그늘에서 자란 침묵 세대

는 신중하고 순종적이고, 자기 의심 성향이 강한 세대로 자랐다. 반면에 G.I. 세대의 위대한 승리에 대한 기억이 없는, 아직 젊은 베이비붐 세대는 자만심 강한 중년이 돼 전혀 다른 성향을 드러냈다. 이들은 좌뇌를 기반으로 한 이성적인 사회구조를 모두 해체하고 파괴하려는 원초적 충동을 보였다. 그리고 이러한 성향은 현실이 됐다. 케네디가 "이 나라를 다시 움직이게 하겠다"[29]고 선언한 지 얼마 지나지 않아, 그들이 완벽하게 이루겠다고 약속했던 모든 계획이 젊은 세대의 반대에 부딪혀 번번이 무산되기 시작했다. 불안과 폭동이 만연한 도시, 대학가의 시위, 베트남 전쟁 패배, 가족의 분열, 굴욕적인 워터게이트 사건, 스테그플레이션의 폐해 등이 그 증거다.

G.I. 세대의 낙관론과 권력이 절정을 맞은 것은 1964년, 이른바 '위대한 89차 의회'였다. 이듬해 시민의 권리 신장부터 메디케이드(Medicaid, 저소득층과 장애인을 대상으로 하는 의료복지 프로그램 – 옮긴이) 및 메디케어 (Medicare, 65세 이상 고령자를 대상으로 하는 의료복지 프로그램 – 옮긴이) 확립에 이르기까지 입법부에서 전방위적 승리를 거둔 G.I. 세대의 결속력과 힘은 그 누구도 막을 수 없는 듯 보였다. 1965년 〈룩(Look)〉 잡지에는 이런 글이 실렸다. "오늘날 미국인은 승리에 중독된 챔피언처럼 행동한다. 그들은 전쟁에서 승리했고 불황에서 살아남았다. 그들은 시험을 마주하고 이겨내는 데 익숙하다."[30]

그러나 그들의 탄탄한 진영은 예상치 못한 집단의 저항에 무너졌다. 바로 자녀들이었다. 1974년 워터게이트 사건으로 젊은 유권자들의 불만이 커지면서 G.I. 세대 의원들이 대거 사임하거나 낙선했다.[31]

그 무렵 미국은 분노, 폭력, 마약, 에로티시즘, 자기애 등이 넘쳐났다. 모두 세상을 질서 있고 조화롭게 만드는 것이 삶의 목표이던 G.I. 세대가 적대시하던 것들이었다. 대다수 G.I. 세대가 미국이 "무력하고 가엾은 거인"[32]이 됐다는 리처드 닉슨의 말에 동의할 준비가 돼 있었다. 또한, 그 무렵 이들 세대가 은퇴하기 시작하면서 수백만 명이 노인 공동체로 옮겨갔다. 여전히 팀워크를 중시하고 새롭고 젊은 문화의 흔적은 모조리 없애버리는 그런 공동체였다. 이로써 세대 간에 모종의 휴전이 성립됐다. G.I. 세대가 물러난 자리에서 젊은 세대는 문화를 마음껏 점유할 수 있었고, 새롭게 확대된 공공 혜택도 모두 유지할 수 있었다. 1940년대 초 세상을 구하던 '젊은 시민' 세대가 1980년대 초에는 고립된 '노인 시민' 세대가 됐다.

하지만 G.I. 세대의 명성이 워낙 강했던 탓에 젊은 세대가 의회를 대부분 장학한 후에도 미국인들은 G.I 세대 대통령을 네 번이나 더 선출했다(지미 카터, 로널드 레이건 두 번, H. W. 부시). 베이비붐 세대는 레이건처럼 대외적으로는 국력을 강화하고 대내적으로는 자유방임적 정부를 추진하며 현명하게 조화를 이루는 대통령도 괜찮다고 판단했다. 1980년대에 투표를 처음 시작한 X 세대에게 레이건은 첫 번째 G.I. 세대 국가 지도자였다. 다수의 신(新)우파 X 세대는 그를 숭배하기까지 했다.

1991년, 소련이 조각조각 해체됐을 때, 노령의 G.I. 세대 미군 사령관들은 또 한 번 역사적인 승리를 거뒀다. 이 뛰어난 G.I. 세대는 의심 많은 젊은 세대에게 반대 세력인 소련을 무너뜨릴 수 있다고 장담했다. 그리고 마침내 그렇게 했다. 같은 해, 그 순간을 기념하기라도 하듯 H. W. 부시 대통령이 35개 동맹국과 함께 이라크의 쿠웨이트 침공을 저지하며 세계 법치를 옹호했다. 전세계에서 미국의 명성이 하늘을 찔렀다.

그리고 이것이 G.I. 세대의 마지막 만세였다. 1992년 대선에서 H. W. 부시가 빌 클린턴에게 근소한 차이로 패배하면서 32년간 백악관을 점령했던 G.I. 세대의 시절에 종지부를 찍었다. 1996년에는 밥 돌 (Bob Dole)이 클린턴에게 패배하면서 52년간 대통령 후보를 냈던 G.I. 세대 시절에도 종지부가 찍혔다(첫 번째 대통령은 1944년 공화당의 톰 듀이Tom Dewey였다). 1990년대 후반까지 미국의 유권자들은 너무도 다양해지고, 분산되고, 개인주의적이 되면서 G.I. 세대가 대변했던 가치들이 더 이상 큰 의미를 갖지 못했다. H. W. 부시 대통령이 "큰 의미를 담은 아름다운 단어"[33]라고 했던 "공동체"에 긍정적이었던 유일한 미국인은 밀레니얼 세대뿐이지만, 이 세대 중 가장 나이가 많은 이조차 아직 초등학생이었다.

오늘날에는 G.I. 세대가 많이 남아 있지 않다. 그리고 남아 있는 이들은 자신들의 세대가 유통기한을 훨씬 넘겼다고 느낄지도 모른다. 그러나 역사는 속임수다. '미국의 정신'이 가장 아득히 멀게 느껴질 때가 사실은 그 귀환이 가장 임박한 때인지도 모른다. 시련의 시대가 돌아온다면 G.I. 세대는 어떤 조언을 해줄까? 이 세대는 자신들의 삶에 관한 이야기를 풀어놓는 데는 영 재능이 없다.

그들은 그저 말없이 주위를 가리킬 것이다. 우리가 하는 말을 듣지 말고 우리가 한 일, 우리가 이룬 것들을 보라고 말이다. 영화 〈멋진 인생〉(1946년)에서 "조지 베일리가 태어나지 않았다면"[34] 하는 유명한 표현을 인용하자면, 만약 G.I. 세대가 없었다면 지금 우리 아이들이 당연하게 누리는 것들도 존재하지 않았을 것이다. 하지만 영화 속 조지 베일리(지미 스튜어트 역)의 친구들은 이렇게 덧붙인다. 꼭 우리가 아니어도 된다. 누구라도 (우리처럼) 될 수 있다. 우린 그저 잠시 개인적인 삶을 잊고 후손을 위해 큰일을 해내는 것 말고는 다른 선택의 여지가 없던 순간에 우연히 있었을 뿐이다.

소수의 행운아들: 침묵 세대

침묵 세대(1925~1942년에 태어났다)는 현재 미국에 약 1,200만 명이 있으며 대부분 80~90대다. 역사적 맥락으로 봤을 때 이들 세대는 더 유명한 두 세대 사이에 어색하게 끼어 있다. 이 세대는 2차 세계대전의 영웅이 되기에는 너무 늦게 태어났고, 뉴에이지 추종자가 되기에는 너무 일찍 태어났다. 경제적인 삶으로 봤을 때 그들의 역사적 위치는 좋은 편이었다. 미국 고조기 이후 순탄하게 상승곡선을 그릴 수 있었기 때문이다. 하지만 개인적인 삶에서 보면, 긴장의 중심에 있었다. 미국 최고의 지도자 자리는 좀처럼 이들 세대에게 자리를 내주지 않았다. 침묵 세대가 중년에 접어들었을 때는 이혼을 혁명적으로 주도했으며, 저널리스트 게일 쉬이 (Gail Sheehy) 덕분에[35] "중년의 위기"라는 표현이 대중화되기도 했다.

대공황과 전쟁 시기에 어린 시절을 보낸 침묵 세대는 미국의 자녀 양육 방식이 질식할 정도로 엄격해질 때 자랐다. 2차 세계대전이 끝난 직후 이들은 누구도 방해하고 싶어 하지 않는 위기 이후의 사회질서 속으로 조심스레 발을 내디디며 성인이 됐다. G.I. 세대 젊은 층과는 달리 침묵 세대는 '체제 변화'에 관한 담론이 거의 없었다. 그보다는 '체제 내에서 일하기'에 관한 온건한 분위기의 이야기가 주로 오갔다. 직장 면접을 볼 때 이들이 가장 먼저 하는 질문은 '연금' 문제였다. 어떤 문제로든 자신들에 관한 불리한 내용이 '영구 기록'에 남는 것을 원치 않았던 이들은 한국 전쟁과 매카시 시대 내내 눈에 띄지 않게 지냈다.

1951년, 〈타임〉에서 당시 젊은이들의 중요한 특징을 다룬 심층 에세이를 냈다.[36] 이 에세이에 따르면 '젊은 세대'는 맹렬한 신념이 없었다. 그들은 큰 조직 내에서 미래를 계획하고 싶어 했다. 그들은 '사교'를 선호했고 무엇이든 집단으로 하는 것을 좋아했다. 그리고 이 세대를 규정하는 표현을 사용했다. "오늘날 젊은이들은 … 상당히 열심히 일하면서도 거의 아무 말도 하지 않는다. 이 젊은 세대에서 가장 놀라운 점은 침묵이다 … 선언문을 낭독하지도 않고 연설을 하지도 않으며, 구호가 담긴 포스터를 들고 다니지도 않는다. 이 세대는 '침묵 세대'다."

안전하고 평탄한 미래를 계획했던 침묵 세대 계획은 놀랍게도 통했다. 이전의 세대들과 달리 그들은 경력을 쌓으려고 기다릴 필요가 없었다. 전쟁 후 베이비붐이 막 시작될 무렵 이들은 20대 초반이었다. 이들 세대의 인구가 적었기에 고용주들은 신입 직원에게 높은 임금을 책정했다. 인구학자 리처드 이스털린(Richard Easterlin)에 따르면, 스푸트니크 시대의 평범한 젊은이들은 서른 살이 되면[37] 같은 직종의 다른 모든 연령대 남성보다 더 높은 연봉을 받으며 대다수 은퇴한 노년층보다 더 잘 살게 된다.[38] 이들 세대는 지체 없이 집과 차를 사서 교외로 이사했다. 이들은 윗세대인 G.I. 세대를 따라 결혼하고 아이를 낳았다. 미국 역사상 그 어느 세대보다도[39] 가장 젊은 나이에 결혼과 출산을 한 세대였다.

이스털린은 이들을 "행운의 세대"[40]라고 불렀다. 좀 더 최근에는 사회학자 엘우드 칼슨(Elwood Carlson)이 이들을 "소수의 행운아들(the lucky few)"[41]이라고 칭했으며, 이 표현을 책 제목으로도 사용했다. 이들은 나이가 들어서도 계속 경제적 행운이 따랐다. 1960년대 중반 무렵 대부분 침묵 세대 부부는 5퍼센트 이하의 고정금리로 30년 만기 주택담보대출을 받았는데, 이후 20년 동안 이어진 극심한 인플레이션을 고려하면 이들이 지불한 이자는 실질적으로 마이너스였다. 그다음 행운은 1980년대 초반에 찾아왔다. 이 무렵 침묵 세대는 은퇴에 대비해 열심히 저축을 시작했다. 그런데 딱 그 시점에 주식과 채권이 25년 만에 가파른 상승세를 보이기 시작했다. 침묵 세대는 사회보장연금과 개인 저축에 더해

퇴역 군인연금과 퇴직연금까지 받으며 풍요로움을 누렸다. 그리고도 여전히 운 좋은 이 세대가 2007년 65세가 됐을 때는 투자한 자산을 현금화하기 완벽한 시점이었다.

의심할 여지없이 이 세대는 미국에서 가장 건강하고, 가장 교육수준이 높으며, 가장 부유한 세대다. 객관적인 수치뿐 아니라 젊은 세대와 비교했을 때도 마찬가지다. 1950년대에 성인이 된 이 세대는 그 시대 노년층보다 더 많은 부를 더 빠르게 축적했다(1960년대 초만 해도 노년층은 청년층보다 훨씬 가난했다.[42] 2010년에는 75세 이상 노인가구의 순자산 중앙값이 다른 연령대 순자산 중앙값을 넘어섰고,[43] 오늘날에도 35~44세 가구보다 몇 배나 높은 수준을 유지하고 있다.)

그러나 침묵 세대는 개인적 삶의 영역에서는 그다지 운이 좋지 못했다. 어린 시절 규칙을 따르는 데만 몰두하다 보니 자신의 진정한 정체성은 제대로 찾지 못했고, 그 결과 잠재력을 충분히 발휘하지 못했다는 좌절감에 사로잡혔다.

〈에스콰이어〉 잡지의 에세이스트 프랭크 콘로이(Frank Conroy)는 침묵 세대의 "옷차림, 예절, 생활 방식은 … 우리가 어른들에게서 본 것을 축소한 버전이었다"[44]고 말하며 그들은 이른바 "남을 돕는 전문 직종"에 몰려들었다고 덧붙였다. 역사학자 윌리엄 맨체스터(William Manchester)는 이렇게 말했다. 침묵 세대는 "명성이 아니라 다른 사람의 인정을 추구했으며"[45] 그 결과 "기술직 세대, 대체 가능한 부품 세대가 됐다. 이세대 구성원들도 이를 잘 알고 있으며, 대다수는 그런 사실을 좋아했다."[46] 이들은 영화 〈텐더 트랩(The Tender Trap)〉(1955년)[47]의 데이트 방식을 따라 고등학교를 졸업하자마자 학창 시절을 매듭짓고, 빠르게 짝을 만나 교외로 이사를 가 그곳 사회에 섞여 들었다. 심지어 그들의 가장 유명한 문화, 가령 '두웝' 음악, '쿨' 재즈, '세련된' 에세이, '비트(beat)' 시(전통 시 형식과 규칙을 거부하고 감성적이고 자유로운 표현을 중심으로 한 문화 – 옮긴이) 등도 어딘지 모르게 어설프고 어디에선가 파생된 것 같은 느낌을 풍겼다.

그러다가 60년대 후반과 70년대에 각성기가 찾아왔고, 이들 세대는 어색한 분위기 속에 중년을 맞았다. 젊은이들은 침묵 세대가 감히 묻지도 못했던 질문들을 던지며 잔뜩 허세를 부렸다. 침묵 세대는 마비된 듯했다. 침묵 세대가 급진적인 젊은 층에 합류한다면, 지금껏 쌓은 경력이 무너지고 가족이 해체될 위험이 있었다. 합류하지 않으면, 간절한 이상을 이루지 못하고 위선자로 낙인찍힐 위험이 있었다. 이러지도 저러지도 못한 채 미지근한 태도를 보이던 침묵 세대는 다른 세대에게 우유부단한 이들로 낙인찍혔다. 침묵 세대는 결국 세 가지 길을 모두 따랐다. 저널리스트 웨이드 그린(Wade Greene)은 이렇게 회상했다. "60년대가 무르익어가던 시기, 그 유명한 세대 간극의 시기에 우리는 평소처럼 눈에 띄지 않게 그 간극 자체를 점령했다."[48]

침묵 세대는 자신들의 의견을 믿지 않았다. 이들은 중재자의 도덕적 상대주의를 선택해 모든 문화권, 모든 인종, 모든 소득 계층, 모든 연령, 모든 장애인 등과 다른 사람 사이의 의견 격차를 중재했다. 이들은 내적 긴장감 덕분에 미국 최고의 작곡가, 코미디언, 치료사가 될 수 있었다. 밥 딜런, 애비 호프먼(Abbie Hoffman), 켄 키지(Ken Kesey) 등은 사회에 순응하지 않으려는 젊은 세대를 위해 고독한 피리 부는 사나이가 됐다. 랠프 네이더(Ralph Nader, 변호사)와 대니얼 엘즈버그(Daniel Ellsberg, 경제학자)는 더 많은 비밀을 폭로했고, 언론인 필 도나휴(Phil Donahue)와 테드 코펠(Ted Koppel)은 더 다양한 관점을 이야기하며 더 나은 사회를 만들고

자 하는 희망을 이야기했다.

1980년대와 1990년대, 미국의 해방기에 국가 지도자의 자리에 오른 침묵 세대는 모든 제도와 기관에 세련미와 정교함을 더해 미국을 자신들이 젊은 시절 보냈던 잔인한 생존주의와 단순함에서 벗어나게 하려고 노력했다. 입법자의 자리에서는 업무 흐름도를 만들고 부위원회를 추가했으며, 예산 절차나 전쟁 권한처럼 과감한 선택을 해야 하는 절차는 익명 절차로 바꿨다. CEO의 자리에서는 경제학자를 고용하고 금융 자산을 재배치했다. 규제 당국의 자리에서는 모든 문제에 전문가 토론을 끝도 없이 열었다. 그들에게는 일을 완수하느냐 마느냐보다 어떻게 완수하느냐가 더 중요했다.

G.I. 세대가 적은 가짓수의 큰 사명을 추구하며 노년에 이르렀다면, 침묵 세대는 여러 가지 작은 사명을 추구하며 노년에 이르렀다. '자유(liberal)'라는 단어가 G.I. 세대에게 불도저처럼 추진력 강한 이들을 모아 국가를 통합하는 의제에 활력을 불어넣는 의미로 사용됐다면, 침묵 세대에게는 변호사를 모아 모든 이해집단의 이익을 대변하는 차분한 분위기의 단어로 사용됐다. 미국의 '노년층 리더십 스타일'(연방준비제도의 폴 볼커 의장에서 앨런 그린스펀 의장으로 이어지는 변화를 묘사하기 위해 언론에서 사용하는 형용사)은 '마초'에서 '마에스트로'로 변화했다. 1988년 마이클 듀카키스(Michael Dukakis)가 한 전당대회의 연설(색채 짙은 이데올로기보다는 능력을 강조한 연설 - 옮긴이)처럼 침묵 세대는 G.I. 세대의 미국을 붉은색-흰색-푸른색에서 연분홍, 달걀껍질색, 푸른색으로 탈바꿈시켰다.

침묵 세대는 국가 통합에 뚜렷한 관심을 보이지 않았기에 다른 세대는 이들 세대에게 국가 최고의 지도자 자리를 좀처럼 허락하지 않았다. 침묵 세대가 주요 정당의 대통령 후보로 지명된 것은 단 네 번뿐이며

(1984년 월터 먼데일Walter Mondale, 1988년 마이클 듀카키스, 2008년 존 매케인, 2020
년 조 바이든) 대통령에 선출된 것은 한 번뿐이다. 초반에는 듀카키스 같
은 후보가 다른 G.I. 세대 쟁쟁한 후보들과의 "격차" 때문에 "난쟁이" 취
급을 받았다.[49] 이후에는 상원의원 리처드 루거(Richard Lugar) 같은 후보
가 더 젊은 베이비붐 세대 후보들과의 "열정 격차" 때문에 고전을 면치
못했다(〈워싱턴포스트〉는 "이력은 화려하지만 표현력은 부족하다"[50]고 평했다).

지금에 와서 돌이켜보면 침묵 세대는 많은 것을 이뤘고, 충분히 자부
심을 가져도 좋은 세대다. 그들의 노력 덕분에 미국은 과거보다 더 친절
하고 관대한 나라가 됐다.

실제로 마틴 루서 킹 주니어, 랠프 애버내시(Ralph Abernathy), 메드
가 에버스(Medgar Evers), 세사르 차베스(Cesar Chavez), 제임스 메러디
스(James Meredith), 러셀 민스(Russell Means), 존 루이스(John Lewis) 등
은 당연히 미국의 "인권 세대"로 불릴 자격이 있다. 이들은 평등권 의
식을 호소해 마침내 이를 이뤄낸 젊은 자유의 기수들이자 민주주의 투
사였다. 마이아 앤절로(Maya Angelou), 루스 베이더 긴즈버그(Ruth Bader
Ginsburg), 케이트 밀릿(Kate Millett), 글로리아 스타이넘(Gloria Steinem), 수
전 브라운밀러(Susan Brownmiller) 등과 같은 대표적인 페미니스트들도
여성의 권리를 일깨웠다. 인종과 젠더 문제에 있어서 침묵 세대는 평등
주의를 지향했다. 침묵 세대는 이전의 G.I. 세대와 달리 다양성을 수용
하면 사회적 조화를 도모할 수 있다고 믿었다. 이들은 이후의 베이비붐
세대와 달리, 사회적 조화를 중요하게 여겼다.

무분별한 열정이 넘치는 이 세대의 정중함과 훌륭한 매너는 젊은 세
대에게 수준 높은 기준을 제시했다. 심지어 바이든 대통령도 자기 자신
과 타인을 복잡하게 옭아매는 경향이 있지만, 훗날 젊은 유권자들은 그

의 세대가 지녔던 기본적인 품위를 그리워할지도 모른다.

그러나 부정적 측면도 있다. 침묵 세대가 지켜보는 가운데 미국은 더 상업적이고, 소송이 많아지고, 자격을 따지고, 관료주의적인 사회로 변했다. 미국은 장벽과 금기를 깨면서 더욱 개방적인 사회가 됐지만 공동체의식은 줄었다. 사회 비평가 마이클 왈저(Michael Walzer)의 말대로 "국가의 벽을 허물면 벽 없는 세상이 되는 것이 아니라, 수천 개의 작은 요새가 있는 세상이 된다."[51] 침묵 세대는 개방적이고 관용적인 사회를 만들려는 노력이 오히려 정반대의 결과를 낳는 것은 아닐까 우려한다.

침묵 세대 대부분은 1970년대에 10년간 영화등급제도를 주도했던 자신들의 역할과 휴 헤프너(Hugh Heffner)의 유혹적인 〈플레이보이〉 잡지의 윤리, 자신들이 젊은 입법자였던 시절 밀어붙여 통과된[52] 무과실 이혼(이혼을 위해 증거 제출 의무가 없는 법 – 옮긴이)의 갑작스러운 증가 등을 후회한다. 돌이켜보면 너무 이른 나이에 성급히 결혼했다는 데 많은 이들이 동의한다. 그리고 이혼에 대해 사회적 낙인이 여전히 심했던 시대에 결혼 생활이 깨져서 가족에게 지워지지 않는 상처를 주고, X세대 자녀에게 트라우마를 남겼다.

좀 더 광범위하게 보자면, 침묵 세대는 사회적 공정성을 개선하기 위해 쏟아부었던 모든 노력이 젊은 세대를 물질적으로 열악하게 만들고, 진보에 대한 희망도 흐릿하게 만들었다는 사실에 후회한다. 관대한 조부모인 오늘날 침묵 세대 노인들 대부분은 개인적으로 자손들에게 해줄 수 있는 모든 것을 다한다. 또한, 이들 세대는 나이에 따른 특권 대부분을 거부한다. G.I. 세대와 달리 침묵 세대 대다수는 자신들이 노년층 자격이 충분치 않다고 생각한다. 그들은 여전히 미처 물려주지 못한 중요한 무언가가 있다고 생각한다.

고인이 된 사회학자 찰스 틸리는 자신의 세대를 가리켜 "우리 시대의 마지막 바보들"[53]이라고 했다. 틸리와 그의 세대 사람들은 어릴 때부터 늘 시스템을 신뢰하고 규칙을 준수하는 법을 배웠다. 아이러니하게도 틸리의 세대는 전반적으로 이 전략이 잘 통했다. 우디 앨런은 "인생의 80퍼센트는 보여주기 위한 것"[54]이라며 젊은 세대는 이해하지 못할 농담을 했다. 존 업다이크의 소설《토끼는 부자다(Rabbit Is Rich)》에 등장하는 해리 앵스트롬의 예측, "이 아이들은 식탁에 남은 음식 부스러기만 먹을 것이다. 우리는 이미 배불리 식사를 마쳤다"[55]는 말이 침묵 세대를 아프도록 예리하게 찔렀다. 침묵 세대는 왜 자신들 세대 다음 세대는 규칙을 따르는 것이 효과가 없는지 이해하지 못한다.

어린 시절 수많은 어른이 자신들을 위해 희생하는 모습을 보고 자란 침묵 세대는 자신의 세대를 향한 높은 기대치에 늘 부담을 느낀다. 또한, 그들은 사회적 불화가 점점 심해져 국가가 크나큰 위기에 처하는 것도 목격했다. 모든 예술가 원형은 노년기에 자신들이 크나큰 시련에서 승리한 미국을 기억하는 동시에 다음 시련에서 붕괴하는 미국을 지켜보는 유일한 세대가 될 것인지 아닌지를 자문한다. 1861년 남부 연맹의 탈퇴 이후, 예술가 세대 정치인 윈필드 스콧(Winfield Scott)과 제임스 크리텐던(James Crittenden)도 70~80대에 접어들면서 비슷한 고민을 했다. 자신들이 미국의 탄생과 소멸을 모두 목격한 몇 안 되는 미국인이 되는 것은 아닌지 말이다. 생존자의 죄책감은 부담이자 축복이다. 영화 〈라이언 일병 구하기〉의 첫 장면과 마지막 장면에서 노인이 된 라이언 일병은 자신을 구하려다 죽은 대위의 무덤 앞에서 그를 애도한다. 그리고 가족들에게 담담하게 묻는다. "나는 좋은 사람인가? 다른 사람이 나를 위해 희생해도 될 만큼 가치 있는 사람인가?"[56] 아마 그 대답은 분명 '그렇다'일 것이다. 좋은 사람들이다. 침묵 세대는 가장 위대한 세대가 되려는 바람은 없었지만, 아마도 미국의 젊은이들이 만나게 될 몇 안 되는 가장 멋진 지도자 세대일 것이다.

이 노년의 세 세대, 잃어버린 세대, G.I. 세대, 침묵 세대는 두 위기의 시기 사이를 잇는 살아 있는 연결 고리다. 한 번의 위기는 현재 진형형이고, 다른 위기는 이전 새큘럼이 끝날 때 있었다. 세대의 집단 서사를 보면, 이들이 살아온 이야기는 매우 다르다. 무엇보다도 이들의 원형이 크게 다르다. 각각의 세대는 오늘날 젊은 세대에게 특별한 인생 교훈을 들려준다. 잃어버린 세대는 X 세대에게, G.I. 세대는 밀레니얼 세대에게, 침묵 세대는 홈랜드 세대에게.

노년층의 수명이 길어지고 있다는 점도 주목해야 한다. 수명이 길어지면서 수 세기에 걸쳐 짧아지던 새큘럼 주기가 조금 더 길어질 가능성이 크기 때문이다. 한 가지 지표만 보더라도 이 사실을 명확히 알 수 있다. 침묵 세대가 처음 태어난 해에서 70여 년이 지난 어느 시점에서든(즉 1995년 이후), 국가 주요 지도자 자리에 잃어버린 세대가 5년 더 젊었을 때보다 더 많은 침묵 세대가 자리하고 있다. 지도자의 연령이 점점 높아지면 이후 세대가 영향력을 발휘할 시기도 늦춰질 것이다.

그러나 늦어진다고 해서 멈추는 것은 아니다. 새큘럼의 계절은 세대의 고령화로 늦춰질지언정 여전히 순서대로 경로를 따라가고 있다. 이제, 현재 역사의 계절에서 활발하게 활동하는 세대 구성과 위기의 시기가 어떻게 끝날지를 결정할 네 세대에 관해 살펴보자.

노년의 베이비붐 세대

베이비붐 세대(1943~1960년에 태어났다)는 현재 미국에 약 5,700만 명이 있으며 대부분 60~70대다. 여기서 말하는 베이비붐 세대는 흔히 인용되는 인구조사국의 정의보다 나이가 조금 더 많다(인구조사국은 베이비붐 세대를 1946-1964년 태생으로 정의한다). 인구조사국이 이렇게 시기를 정한 것은 2차 세계대전 이후 출산율이 급증했던 시기를 즈음으로 정한 것뿐 그 이상의 의미는 아니다. 그러나 사회적 세대를 정의하려면 해당 연령대가 역사적 맥락에서 차지하는 위치를 고려해야 한다. 어린 시절 2차 세계대전을 경험한 기억이 있거나, 케네디가 저격당했을 때 대학생이었거나, 우드스탁을 '애들'이나 즐기는 축제로 기억하는 사람은 베이비붐 세대라기엔 나이가 너무 많으며, 오히려 침묵 세대에 속한다. 케네디의 저격을 기억하지 못하거나, 짐 모리슨, 지미 헨드릭스, 제니스 조플린(Janis Joplin)이 살아 있을 때를 기억하지 못한다면 베이비붐 세대가 되기엔 너무 어리다. 이들은 X 세대에 속한다.

전편: 길고 낯선 여행

베이비붐 세대가 언제 태어났건, 이 세대의 이야기는 누구나 알고 있다. 이들은 시간대에 맞춰 우유를 주지 말고 아이가 요구할 때 주라고 말한 스폭 박사의 육아법이 유행하던 시절에 아기였다가, 1950년대에는 〈비버에게 맡겨둬〉라는 TV 프로그램의 개구쟁이 비버 클리버처럼 자라서, 1960년대 후반에는 대학가와 도시에서 폭력적인 시위를 벌이는 이들로 성장해, 1980~1990년대에는 가족을 중시하는 젊은 엄마와 아빠였다가, 팬데믹 이후에는 여전히 도전적인 은퇴자의 삶을 살고 있다. 베이비붐 세대가 생각하는 것처럼 그들의 집단 서사는 상징적이다. 그들 삶의 모든 단계는 모든 것을 직접 경험하고 다른 세대에게 그 경험을 들려줄 수 있을 때 비로소 진정한 의미를 갖는다.

그 과정에서, 그러니까 린든 B. 존슨(Lyndon B. Johnson)과 로널드 레이건 사이 어딘가, '사랑의 여름'(1967년 히피 차림의 사람들 10만여 명이 헤이트애시베리에 운집한 일 – 옮긴이)과 영화 〈새로운 탄생〉(1983년) 사이의 어딘가에서 베이비붐 세대는 그들 원형의 숙적인 G.I. 세대가 쌓아 올린 모든 것을 흔들어놓았다. 밥 딜런의 표현을 빌리자면, 창문을 흔들고 벽을 흔들 듯이 흔들었다. 작곡가 제이컵 브랙맨(Jacob Brackman)은 1968년 〈에스콰이어〉에 "나의 세대"라는 제목의 에세이에서 "계속 쌓아 올리세요, 어머니. 우리가 다 무너뜨릴 테니!"[57]라고 말하며 권력층을 향한 메시지를 던졌다. 시위, 집회, 농성, 정치 토론, 음악, 섹스와 마약을 즐기는 모임, 폭동이 온 나라에서 끊임없이 일어나던 시기였다. 가장 뛰어나고 영리한 젊은이들은 부모 세대처럼 군산복합체의 톱니바퀴에 끼워져 "접히거나, 맞물려 돌아가거나, 절단되기"[58]를 거부했다. 이 젊은 베이비붐 세대는 미국의 기성세대가 놀랄 정도로 20세기 들어 가장 열정적이고 격렬한 격변을 일으켰다.

그렇게 함으로써 이 세대(세대라는 단어가 다시 대중화되면서 '펩시', '록', '지금', '60년대', '사랑', '저항', '우드스탁', '나' 세대라는 표현이 생겨났다)는 자기 자신을 수양하고 물질적 부에 탐욕스럽지 않은 세대로 유명해졌다. 비록 이후에는 이들이 안정적인 직장을 찾고, 히피에서 여피로 또는 토드 기틀린(Todd Gitlin)의 표현대로 '자큐스'(J'accuse, 나는 규탄한다는 뜻 – 옮긴이)에서 자쿠지를 즐기는 세대로 바뀌었다고 해도,[59] 대부분 베이비붐 세대는 직업으로 성취할 수 있는 지위보다 직업 자체의 의미를 더 중요하게 여겼다.

실질소득을 기준으로 한 세대별 발전상에서 베이비붐 세대가 정점을 먼저 찍고, 이후 급속히 쇠퇴한 것[60]은 결코 우연이 아니다. 전기 베이비붐 세대는 주로 1940년대 중후반에 태어나, 침묵 세대를 능가할 정도로 최고의 성과를 거뒀다. 하지만 후기 베이비붐 세대는 주로 1950년대 중후반에 태어나 모든 연령대에서 전기 베이비붐 세대보다 성과가 저조했다. 예를 들어, 전기 베이비붐 세대는 40대와 50대에 평균 가구소득이 같은 연령대의 후기 베이비붐 세대보다 거의 1만 달러(인플레이션 반영)나 높았다. 1943년에 태어난 베이비붐 세대의 90퍼센트[61]가 30~40대에 이미 부모의 소득을 넘어섰다. 하지만 1960년에 태어난 베이비붐 세대는 60퍼센트만이 부모 세대보다 소득이 높았다.

이러한 차이를 설명하는 요인은 단순한 연령대 차이다. 전기 베이비붐 세대는 침묵 세대와 비슷하게 출발했다. 성실히 규칙을 따르고, 열심히 공부하고, 학교에 오래 다니고, 일찍 결혼했다. 후기 베이비붐 세대는 60년대에 사회적·가정적 혼란을 겪으면서 더 많은 문제를 일으켰고, 대학에 덜 진학했고, 훨씬 늦게 결혼했다. 연령대에 따른 이러한 차이는 경제적인 부분에서도 확연히 드러난다. 대부분 전기 베이비붐 세대는 경제가 한창 활기를 띠던 1973년 이전에 직장 생활을 하며 경력을 쌓았고, 후기 베이비붐 세대는 경제가 침체기에 접어든 1973년이나 그 이후에 일을 시작했다.

좀 더 정확히 설명하려면 베이비붐 세대를 규정하는 세 가지 특징과 전기 베이비붐 세대부터 후기 세대까지를 결집한 힘을 살펴봐야 한다.

전기 베이비붐 세대의 특징은 개인주의다. 인구통계학자 셰릴 러셀(Cheryl Russell)은 "베이비붐 세대는 흐름을 완전히 숙지했다"[62]고 말했다. 처음부터 베이비붐 세대는 제도나 가족, 그 무엇도 필요하지 않은 것처럼 행동했다. 이들은 역사상 처음으로 자신들을 "경제적으로 자립적인" 존재라고 생각한 여성 세대로, 힐러리 클린턴 역시 2016년 선거 운동에서 이를 강조했다. 이들 세대는 "혼자 사는 기술"[63]인 '홀로서기' 방식을 개척했다. 이들의 결혼 생활은 위태로웠고, 남편과 아내가 각각 서로의 길을 걷다가 종종 이혼으로 끝나는 경우가 많았다. 직장 생활에서는 스티브 잡스(Steve Jobs)나 캐빈 코스트너(Kevin Costner)처럼 "열심히 하라, 꿈이 이뤄질 것이다" 같은 신조를 추구하는 이들이 많았지만 성공하는 경우는 많지 않았다. 종교적으로는 "구도자 세대"[64]가 돼서 늘 깨달음을 주는 교리를 찾아다녔다.

로버트 퍼트넘은 전쟁 후 미국에서 시민 활동 및 단체 참여 활동이 줄어든 변화를 베이비붐 세대가 주도한 현상으로 설명한다. 이러한 흐름은 일찌감치 시작됐다. 1960년대 후반에 젊은 나이였던 전기 베이비붐 세대 사이에서 개인주의는 문화혁명 정신을 고취해 권위, 결혼, 젠더 역할, 인종 등에 관한 기존의 관점에 모두 맞서는 원동력이 됐다. 1970년대 후반에 젊은 나이였던 후기 베이비붐 세대에게 개인주의는 경제 혁명 분위기를 고취해 세금, 규제, 큰 정부에 맞서는 원동력이 됐다.

유권자로서 베이비붐 세대는 나이 든 세대(보다 인본주의적이고 민주당 성향이 강한)와 젊은 세대(보다 새로운 것을 추구하고, 공화당 성향이 강한) 모두 소득 분배에 있어서 부유층과 빈곤층 사이의 격차가 점점 벌어지는 현상에 대체로 관대했다. 그들에게는 부모 세대처럼 모든 사람을 중산층으로 몰아넣는 것이 억압적으로 느껴졌다. 사람마다 필요한 것과 선호하는 것이 모두 다르고, 그에 따른 수용 방식도 다르다는 것이 그들의 관점이었다. 베이비붐 세대는 삶의 선택에 있어서 가까운 이웃이나 조합, 가부장적 제도의 혜택 등이 제공하는 집단의 안전을 꺼려했다.

베이비붐 세대의 두 번째 특징은 위험 선호도다. 젊은 시절 베이비붐 세대는 거침없이 위험에 뛰어들었다. 이들의 사고, 자살, 범죄, 약물남용, 성병 감염 비율은 부모 세대가 한 번도 보지 못한 수준을 뛰어넘었다. 1990년대까지 이들 지표 중 상당수가 젊은 층보다 중년층에서 훨씬 높게 치솟았다.[65] 1970년대 후반, 오토바이 사고로 인한 30세 미만 미국인의 사망률은 50세 이상 미국인 사망률의 다섯 배였는데[66] 2010년 대 초부터는 50세 이상 미국인의 오토바이 사고 사망률이 30세 미만 미국인의 사망률을 초과했다. 현재 노년기에 접어든 베이비붐 세대는 이전 세대가 같은 나이였을 때보다 생활 습관과 관련한 만성질환 발병률이 더 높다.[67] G.I. 세대와 침묵 세대가 노년기에 얻은 건강 관련 장점들이 이들 세대에서 역전된 것이다.

위험한 결혼 선택 역시 이들 삶에 피해를 줬고, 독신의 주요 원인이 됐다. 위험한 경제적 선택도 마찬가지다. 베이비붐 세대는 확정기여형 연금(근로자가 내는 금액이 확정된 연금제도 - 옮긴이)을 선택했는데 이후 연금을 내지 않거나, 유지하지 않거나, 연금이나 집을 담보로 빚을 내곤 했다. 이들이 평생 벌어들인 소득은 넉넉한 편이었음에도 불구하고, 약 3분의 1이, 특히 후기 베이비붐 세대는[68] 65세가 돼서 저축한 돈도, 받을 연금도 없었다.

이들 세대의 마지막 특징으로 가치지향성을 들 수 있다. 이들은 항상 세상을 옳고 그름, 선과 악으로 나눠 보는 방식을 선호했다. 이들이 성인이 돼서 만들어낸 '반문화'의 목적은 부모 세대를 심판하기 위한 것이었다. 1990년대와 2000년대에 이들은 '문화 전쟁'을 주도했는데 그 목적은 서로를 비난하는 것이었다. 좀 더 최근 들어 이들은 떠오르는 밀레니얼 세대를 위해 사회적 올바름에 관한 확고한 기준을 제시하는 데 집중하고 있으며, 나이 든 진보주의자들은 주로 교육기관에서, 나이 든 복음주의자들은 주로 종교 단체에서 이런 역할을 하고 있다.

가치지향적인 베이비붐 세대는 순전히 물질로만 삶의 성공 여부를 판단하는 방식에 회의적이다. G.I. 세대가 '국민총생산(GNP)'을 만들었다면 베이비붐 세대는 '주도적 문화지표(Leading Cultural Indicators)'나 '국민총행복(Gross National Happiness)' 같은 의미 있고 실험적인 대안을 만들었다. 설문조사에 따르면, 아메리칸 드림을 이루기 위해 결혼이나 재산이 필요하다는 의견에 베이비붐 세대는 다른 세대보다 동의하는 비율이 낮았다.[69] 심지어 고소득층 베이비붐 세대도 자녀에게 물질적 유산을 물려주는 것보다 "훌륭한 가치관"을 심어주는 것[70]이 더욱 중요하다고 대답한 비율이 이전 세대보다 훨씬 높았다.

재임 기간을 기준으로 측정한 결과 베이비붐 세대는 정치 및 경제 지도자 자리에서 지배적인 세대임이 드러났다. 그들은 백악관을 약 20년가량 차지하고 있으며, 이 기간은 더 길어질 수도 있다. 베이비붐 세대는 미국 하원에서 24년 동안 다수의 입지를 누렸으며,[71] 상원에서는 이 기간을 곧 초월할 것으로 보인다. 이들은 기업의 임원직에서도 여전히 지배적 역할을 하고 있다.

하지만 이들의 통치 스타일은 아이러니하게도 거리를 두는 방식이다. 다시 말하면, 기관이나 제도의 자율적 운영을 허용하고 자신들은 책임을 적게 지는 편이다. 이들이 지도층에 있는 동안 '선구적인' CEO들은 부채를 이용한 차입매수, 자사주 매입, 시장에서 물건의 시세에 따라 포장을 바꿔 재판매하는 방식 등을 통해 수조 달러를 챙겼다. 클린턴 대통령 같은 민주당 지도 계층도 "큰 정부의 시대는 끝났다"는 데 동의하고 있으며, 베이비붐 세대 정치 지도자 중 아직 남아 있는 큰 정부 운영에 신경을 쓰는 사람은 거의 없다. 부채는 증가하고, 규제는 늘어나고, 프로그램은 중복되고, 인프라는 무너지고 있다.

베이비붐 세대 지도자들은 옳고 그름에 훨씬 더 큰 관심을 두고 있다. 1992년 "역사상 가장 윤리적인 행정부"[72]를 운영하겠다던 클린턴의 공약은 널리 조롱당했다. 하지만 베이비붐 세대 공화당 지지층은 가치가 법보다 우선한다는 생각이나 보수정치행동회의(CPAC)의 기조인 "정치는 문화보다 하위"라는 개념에 그다지 집착하지 않는다. 베이비붐 세대 중도주의자들조차 일할 수 있는 사회가 되려면 단순히 침묵 세대 스타일인 개인의 권리 집합 그 이상의 것이 필요하다고 주장하며, 다소 공산주의자적 성향을 보인다. 정치철학자 마이클 샌델(Michael Sandel)은 "절차적 공화국"[73]에서 더 나아가 좋은 삶이라고 하는 공통의 비전에 더욱 헌신해야 한다고 말한다.

이 지점에서 루터와 칼뱅의 각성기 시대가 떠오른다. 오직 인간 마음의 크나큰 변화에 의해서만, 오직 방식과 도덕의 개혁을 통해서만 '언덕 위의 도시'에 들어갈 수 있으며 다시 세상을 감화시킬 수 있다고 말했던 그 시기 말이다.

이 개혁으로 가는 여정에서 베이비붐 세대는 모든 연령대에서 이념적 양극화를 심화했다. 이들은 젊게 시작했다. 1960년대 말과 1970년대 초, 베이비붐 세대는 정치적 좌파에 큰 영향을 미치고, 온건한 침묵 세대 지도자들을 굴복시키며 일찌감치 명성을 떨쳤다. 이들은 시민 권리에 관련한 단체 간의 마찰과 대립을 조종했다. 온건한 민주사학생회(Students for a Democratic Society)가 신좌파의 전투적 해방 교리를 향해 가도록 강요했다. 이들은 심바이어니즈해방군(Symbionese Liberation Army)과 웨더언더그라운드(Weather Underground)처럼 1970년 미국 정부에 공

식적으로 선전포고를 한 테러리스트 분파 단체를 지원했다.[74]

이 세대는 정치적 우파에도 적극적이었다. '자유를 위한 젊은 미국인 (Young Americans for Freedom)'에 합류한 젊은 보수주의자들은 '자유' 공화당원들을 공격하고 온갖 규제를 명분으로 '전체주의 국가' 형태를 해체하기 위해 노력했다. 70년대 후반까지 이들은 '뉴라이트'의 부상을 적극적으로 추진해 레이건 공화당이 리처드 닉슨과 제럴드 포드(Gerald Ford) 같은 온건파를 물리치는 데 일조했다. 또한, 포퓰리즘의 언저리에 있던 젊은 베이비붐 세대 유권자들은 남부 지역을 민주당에서 분리시키려고 힘을 쏟았다. 1968년 선거에서는 대학 교육을 받지 않은 백인 베이비붐 세대 젊은이들이 제3당의 분리주의자인 조지 월리스(George Wallace)에게 표를 주는 비율이 다른 연령대보다 두 배나 높았다.[75]

베이비붐 세대가 성숙해지면서 호전적인 정치도 함께 성숙해졌다. 이 세대는 1990년대 초반, 본격적으로 주도권을 잡으면서 미국 하원에 입성했다. (1994년, 공화당이 의회를 장악할 당시 하원 의장이었던 뉴트 깅그리치는 정치 초년생 시절 "나는 시스템을 바꾸려고 온 것이 아니라 시스템을 걷어차 버리려고 왔다"[76]는 약속을 잘 지켰다.) 1990년대 후반, 베이비붐 세대가 주도권을 잡은[77] 시기의 상원도 상황은 비슷했다. 2000년대 초반 전국 케이블 뉴스도 마찬가지였다. 빌리 오라일리(Bill O'Reilly)가 폭스뉴스의 시장 점유율을 높였고, 키스 올버먼(Keith Olbermann)이 MSNBC 방송사의 시장 점유율을 높였다.

시민의 지도자 위치에 오른 베이비붐 세대는 최후통첩과 파국을 상징하는 언어를 사용하며 대중 담론을 주도했다. 자신의 사명을 "결과와 대결"로 정의한 마약왕 빌 베닛, "전 지구적 비상사태"를 예언한 엘 고어 전 부통령, 적군에게 "무자비하고 압도적인" 보복을 선언한 해군의 제임스 웹(James Webb), "지진 7.0 규모에 해당하는 경제 충격"을 언급한 언론인 제임스 팔로우스(James Fallows), 예산집행에 "열차 사고"에 준하는 사고를 냈다며 "디폴트 뉴트"(Default Newt, 공화당의 킹그리치 하원 의장을 비꼬는 표현 - 옮긴이)와 "몬스터 쿠키"(아동용 텔레비전 프로그램인 〈새서미 스트리트〉에 나오는 쿠키를 먹어 치우는 몬스터로, 무분별한 예산 절차를 비꼬는 표현 - 옮긴이) 같은 용어를 사용한 리처드 다먼(Richard Darman) 등이 모두 여기에 해당한다. 티 파티 운동(길거리 시위에서 시작한 보수주의 정치운동으로 진보 성향의 무브온과 대립하는 성향 - 옮긴이)을 주도한 릭 산텔리(Rick Santelli)는 이렇게 말하기도 했다. "정치에는 타협이 너무 많다. 나는 타협에 능한 사람이 아니다."

2014년, '위대한 조정자'로 알려진 하워드 베이커(Howard Baker) 전 상원 원내대표가 세상을 떠나자, 양당 정치인들은 침묵 세대 방식의 온건한 지도자 스타일이 기억에서 사라지고 있음을 인정했다.[78]

말보다 분노를 앞세운 이들도 있었다. 그들은 말이 아닌 행동으로 뜻을 드러냈다. 데이비드 코레시(David Koresh)는 텍사스주 웨이코에 있는 다윗교 본부에 수많은 총기와 탄약을 비축했다가, 총격전으로 불이 나서 수많은 사망자가 발생하는 참사가 벌어졌다. 테리 니콜스(Terry Nichols)는 미국 역사상 가장 치명적인 국내 테러 공격인 오클라호마 시티 폭탄 테러의 주범이었다. 랜디 위버(Randy Weaver)는 루비 리치에서 연방 요원들과 대치하다가 빗발치는 총알 아래서 가족과 함께 사망했다. 클리븐 번디(Cliven Bundy)는 소 목장주들과 무장한 상태로 연방 토지 관리국 요원들과 맞섰다. 베이비붐 세대의 많은 사람이 나이가 들면서 반정부 민병대의 상징적인 원로 지도자가 되고 있으며, 젊은 X 세대와 밀레니얼 세대에게 "나를 짓밟지 마라", "가서 가져가라" 같은 세월의 흔적이 묻어나는 구호로 영감을 주고 있다.

베이비붐 세대는 과장된 언어를 사용해 서로 끊임없이 경쟁하고, 잘못이나 범죄를 학대, 착취, 억압, 강간, 테러, 폭정, 대량학살 등과 같이 심각한 형태로 확대한다. 베이비붐 세대에게 진실은 내면의 확신에서 우러나와야 하며, 이것이 뚜렷한 사회적 현실과 진정성을 구현할 때만 절대적 가치를 지닌다. 다수의 베이비붐 세대에게 이 모든 질문은 조직화된 사회생활이 음모이며, 자신은 피해자라는 데서 출발한다. 비판 이론가 킴베를레 크렌쇼(Kimberlé Crenshaw)에 따르면, 진실은 자신이 피해자라고 인식하는 사람의 "생생한 경험"을[79] 통해서만 확인될 수 있다. 또는 미국 최초의 포스트모던 대통령인 도널드 트럼프의 말을 생각해볼 수도 있다. "이것은 진실이다. 많은 이가 나와 같은 방식으로 생각하기 때문이다."[80]

내면에 집중하는 세대에게 문화가 정치보다 늘 우선순위인 것은 당연한 일이다. 그리고 베이비붐 세대는 문화에 깊은 흔적을 남겼다. 베이비붐 세대는 헌법을 개정하거나 정부를 개편하는 일은 다른 세대가 하도록 내버려둔다. 그들은 비틀즈의 화이트 앨범(비틀즈의 아홉 번째 정규 앨범으로, 흰색 바탕색 때문에 화이트 앨범으로 불린다 - 옮긴이)에 실린 "대신 네 마음을 자유롭게 해봐"라는 조언을 충실히 따라 자신들만의 혁명을 일으켰다. 2차 세계대전 이후 베이비붐 세대는 그 어떤 세대보다 말하는 방식, 옷 입는 방식, 쉬는 방식, 자연과 관계 맺는 방식, 신을 대하는 방식, 서로를 대하는 방식 등 모든 것을 바꾸기 위해 많은 노력을 기울였다.

대중가요, 영화, TV 프로그램부터 비속어, 광고, 유머에 이르기까지 그들의 사고방식은 기존과는 크나큰 격차가 있었다. 그들이 나오기 전까지만 해도 미국인에게 완벽한 삶은 적절한 겉모습을 유지하고, 다정한 성품으로 남들과 잘 어울리는 삶이었다. 하지만 그들이 나온 이후 완벽한 삶은 멋지게 보이고, 신념을 드러내고, 눈에 띄는 것으로 바뀌었다. 1970년대의 기이하고 컬트적인 젊은이들의 유행, 가령 건강식품·대체의학·요가·자기 계발 등은 이제 모든 연령대가 즐기는 수십억 달러 규모의 산업이 됐다. 젊은 베이비붐 세대는 G.I. 세대의 문화 기여도에는 거의 관심이 없었다. 밥 호프(Bob Hope)? 로렌스 웰크 쇼(The Lawrence Welk Show)? 그게 뭐? 젊은 시절의 랠프 월도 에머슨처럼, 베이비붐 세대 역시 자신들의 어린 시절을 가치 있는 "책도 없고, 연설도 없고, 대화도 없고, 생각도 없던"[81] 시절로 여겼다. 반면 대부분의 젊은 밀레니얼 세대는 베이비붐 세대의 정치적 견해가 마음에 들지 않더라도 어머니의 홀어스(Whole Earth, 식품 회사 – 옮긴이)의 모든 방침과 아버지의 비틀즈와 이글스 음반에 이르기까지 그들 세대의 모든 문화를 존중하며 기억하고 있다.

　베이비붐 세대는 평생토록 쌓은 문화적 지배력 덕분에, 젊은 세대로부터 자신들은 행동하지 않으면서 다른 사람에게는 자신의 방식을 강요하는 위선자라는 비판을 듣지 않을 수 있었다. 그들은 그저 어깨만 으쓱할 뿐이다. 어쩌면 그들은 비난조차 영광이라고 생각할 수도 있다. 그렇게 평가하는 도덕적 기준을 자신들이 만들었다고 생각하기 때문이다. 또한, 그들은 미국의 제도를 무너뜨리는 데 자신들이 한 모든 역할에 대해 대수롭지 않다는 듯 사과할 수도 있다. 부모 세대가 충실하게 따르고 지켰던 이 제도를 자신들이 직접 주도하거나 통제하려고 한 적이 없기 때문이다. 이전 세대에는 1950년대에 인기를 끌었던 "파워 엘리트"라는 표현이 적용됐다. 베이비붐 세대는 1990년대에 인기를 끌었던 "문화 엘리트"의 주도자가 늘 되고 싶어 했다.[82] 이들의 역할은 단순한 행동 방식과 복종이 아니라 이상과 열망에 관한 모든 것이었다.

국제금융위기 이후 65세를 넘기 시작한 베이비붐 세대는 노년기를 재정의하고 있다. 그리고 다시 한번 부모 세대의 선택과는 전혀 다른 길을 선택하고 있다.

1970년경부터 은퇴하기 시작한 G.I. 세대는 공공 혜택이 확대되는 시기와 맞물려 기대했던 것보다 더 많은 돈을 갖게 됐다. 2010년경 은퇴를 시작한 베이비붐 세대는 은퇴 시기가 늦어지고 공공 혜택이 축소되는 시기와 맞물려 예상했던 것보다 적은 돈을 손에 쥐게 됐다. G.I 세대는 자녀와 떨어져 비슷한 나이대의 친구들과 어울리고 싶어 했다. 그래서 선시티나 레저월드처럼 노년층을 위한 거대한 규모의 실버타운이 생겨났다. 베이비붐 세대는 비슷한 나이대와 떨어져 자녀와 가까이 있고 싶어 했다. 그들은 여러 세대가 한집에 사는 대가족의 책임자가 돼서 '집에서 나이 들고' 싶어 하며 이런 사람의 비율이 점점 늘어나고 있다. 실제로 오늘날 대가족 르네상스 현상은[83] 각성기에 가족의 붕괴만큼이나 극적인 현상이다. 부모와 가까이 자란 G.I. 세대는 훗날 장성한 자녀들이 그토록 멀리 떨어져 있다는 사실에 놀라곤 한다. 반면, 부모와 떨어져 자란 베이비붐 세대는 자녀들이 너무 가까이 있어서 놀라곤 한다.

자녀나 배우자가 없는 베이비붐 세대 중 노인 공동체에 합류하는 이들은 상대적으로 적은 편이다. 젊은 사람들과 홈 셰어를 하거나 친구들과 함께 사는 경우도 있지만, 대다수는 늘 해오던 대로 혼자 살고 있다. 베이비붐 세대의 이런 선택은 나이가 들면서 점차 건강에 악영향을 끼칠 것이다. 스탠퍼드 장수연구센터(Stanford Center for Longevity)의 교수 로라 카스텐슨(Laura Carstensen)은 "베이비붐 세대의 사회적 단절 패턴은 오래전 가족의 가치와 전통을 외면한 그들 세대가 직면하게 될 결과를 보여준다"[84]고 말한다. 많은 베이비붐 세대가 노후에도 일을 하면서, 활동적이고 여가를 즐기는 은퇴 후 삶의 개념은 점차 사라지고 있다. 그 대신 좀 더 수동적이고 진지한 대안이 생겨나고 있다. 노년의 베이비붐 세대는 G.I. 세대 스타일의 활력이나 침묵 세대 스타일의 멋진 분위기로 젊은 층에게 깊은 인상을 주기보다는 내면에 집중하는 페르소나를 추구한다. 베이비붐 세대의 많은 이가 여전히 심리학자 에이브러햄 매슬로(Abraham Maslow)가 제시한 가치관 피라미드(인간의 욕구는 피라미드 구조이며, 1단계는 생리적 욕구, 2단계는 안전의 욕구, 3단계는 소속과 사랑 욕구, 4단계는 존중 욕구, 5단계는 자아실현 욕구로 이루어진다는 이론 – 옮긴이)의 상층부를 추구한다. 단순한 봉사나 유흥보다는 가르치고, 배우고, 경험하는 것이 베이비붐 세대의 스타일이다.

집에서 노년을 맞는 베이비붐 세대는 평생 살아온 공간에 와이파이를 설치해 24시간 내내 문화를 즐기고 있다. 이사를 가도 대학가나 소도시, 자연 속 외진 곳을 선택하는 이들이 많아서 새로운 노인 거주지역은 노인 주거단지보다는 시골 마을에 더 가까우며, 선시티나 실버타운보다는 뉴멕시코의 작은 마을 타오스나 몬태나의 보즈먼 같은 마을을 더 선호한다. 새로운 노년층 엘리트들은 미국 서부의 해안이나 산간지대, 뉴멕시코, 뉴잉글랜드 등 그들 세대와 오랜 세월 인연이 있었던 지역에 모이고 있다. 여행을 즐기는 이들은 생태 여행 및 문화유산 관광, 수도원의 휴양지, 자선 활동, 깊은 명상 여행 등에 도전한다.

베이비붐 세대는 새로운 인생 단계를 가리키는 용어도 바꾸고 있다. '활동적인'이나 '자격이 있는' 같은 수식어를 단 '연장자(Senior)'라는 표현의 사용 빈도가 급속히 감소하고 있다. 그 대신 '현명한'이나 '영적인' 같은 수식어를 동반한 '노인(Elder)'라는 표현이 점점 더 많이 사용되고 있다.[85] 노년층을 위한 에살런 센터(Esalen, 1962년 설립돼 종교, 철학, 심리, 정신건강 등을 중심으로 대화, 창조적 표현, 심신 치유, 종교적 탐험 등의 프로그램을 운영하는 문화센터-옮긴이) 같은 기관들도 생기고 있다. 이들 기관은 "의식 있는 노년" 운동의 일환으로 "노인 영성을 위한 기관"을 만들어 베이비붐 세대에게 "비전을 추구"하고 "지혜를 사회에 다시 기여하는 현자"[86]가 되라고 가르친다. 노년의 베이비붐 세대 페미니스트들 사이에서는 '할멈'이나 '마녀'[87] 같은 단어가 인류학자 조앤 핼리팩스(Joan Halifax)의 말을 빌리자면, "늙은 구두수선공이나 나이 든 재봉사처럼 우리를 창조적으로 다시 꿰매주는 기능을 하는"[88] '버드나무 할머니'(디즈니 애니메이션 〈포카혼타스〉에 나오는 나무의 정령-옮긴이)와 같이 높은 존중심을 담은 단어로 사용되고 있다. 목사 릭 워런(Rick Warren)에 따르면, 노년의 종교인들은 신이 우리의 최종 목적지로 삼지 않은 "이 망가진 지구"[89]를 초월해 신앙에서 위안을 찾아야 한다.

절정을 향해: 은발의 투사

"이 세대는 운명과 마주하고 있다."[90] 프랭클린 루스벨트가 대공황이 시작된 지 불과 3년 후, 주도적이었던 자신의 세대가 70대에 접어들었을 때 한 말이다. 선교자 세대가 노년기에 접어들어 진보 세대를 대체하면서 미국의 노인 페르소나는 다정하고 수용적인 모습에서 비판적이고 논쟁적인 모습으로 바뀌었다. 일부 선교자 세대는 뉴딜정책을 찬성했지만, 다수는 혐오했다. 이들 세대 거의 모두가 미국을 병들게 하는 것은 육체적 고통이 아니라 정신적 고통이라고 믿었다. 루스벨트 대통령은 "미국이 공통으로 안고 있는 어려움"은 "신께 감사하게도 오직 물질적인 것들"[91]이라고 말했다. 몇 년 후에도 그는 "종교적 각성의 불길을 통해 사회적, 정치적, 경제적으로 해결책을 찾지 못할 문제는 없다는 나의 믿음을 이미 수차례 확인했다"[92]고 말했다.

선교자 세대는 세기가 바뀌기 직전과 직후, 미국의 소설가 윈스턴 처칠(Winston Churchill)이 "상업주의 세대에서 이상주의 세대의 출현"[93]이라고 표현한 전환기 전후에 성인이 됐다. 포퓰리즘, 모더니즘, 여성참정권, 근본주의, 노동 무정부주의(노동조합을 통해 무정부주의 사회를 구현하고자 하는 사상이나 운동 – 옮긴이), 금주법 등 그들의 사회적 대의명분에는 제인 애덤스가 "더 높은 사회적 도덕성"[94]이라고 말한 정신이 투영됐다.

프레더릭 하우(Frederic Howe)는 《개혁가의 고백(Confessions of a Reformer)》에서 이렇게 말했다. "미덕과 악덕, 선과 악에 관한 초기의 전제"[95]는 "우리 세대의 가장 특징적인 영향력이었다. 이는 우리 개혁의 본질과 … 제도보다는 인간에 대한 믿음과 타인을 향한 우리의 메시지를 보여준다. 선교자 세대와 전함, 반살롱연맹(주류 제조 및 판매를 반대하는 단체 – 옮긴이)과 쿠 클럭스 클랜(ku Klux Klan, KKK로 알려져 있으며 백인 우월주의, 반유대주의, 인종차별, 반로마가톨릭교회, 동성애 반대 등을 표방하는 폭력적 결사 단체 – 옮긴이) 모두 복음주의 심리의 일부이며 … 사회문제에 대한 도덕적 설명과 대부분 문제에 대한 종교적 해결책을 모색하는 것이다." 조지 산타야나(George Santayana)는 자신의 세대를 "공공의 문제에 도덕을 적용하는 예언자들"[96]이라고 했다.

1차 세계대전 후, 새롭게 등장한 중년의 지도층은 경제나 군사 문제에는 큰 관심을 두지 않았지만 미국의 도덕에는 지대한 관심을 보였다. "큰 정치적 문제는 본질적으로 큰 도덕적 문제"[97]라고 주장했던 윌리엄 제닝스 브라이언은 한때 '연단의 소년 연설가'이자 포퓰리스트였지만 이후에는 금주법 제정을 촉구하는 세대가 됐다. 젊은 시절, 자신들이 공격했던 그 제도권을 마침내 장악한 선교자 세대는 그 제도에 이상을 주입하고 싶어 했다. 술을 금지하고, 여성에게 투표권을 부여하고, 이민자에게 문을 닫은 후 선교자 세대는 포효하는 1920년대에서 큰소리로 꾸짖는 자들이 됐다. 바빌론의 청교도로 칭송받든(캘빈 쿨리지Calvin Coolidge 대통령) 위선적인 속물로 조롱당하든(젊은 소설가들에게), 이 세대는 늘 국가의 관심을 요구했다.

1930년대와 1940년대, 이들 세대의 많은 노인이 끔찍하게 궁핍한 노년을 맞았다. 직장에서 퇴직연금을 받지 못했거나, 은행이 파산하는 바람에 평생 모은 돈을 모두 잃은 이들에게 공공기관은 빈약한 수당만을 제공했다. 하지만 불평하는 이들은 거의 없었다. 선교자 세대는 다른 이들을 위해 희생의 선봉에 서 있다는 자부심이 매우 컸기 때문이다. 15년간 지속한 위기의 시기에 잃어버린 세대의 무력한 반대와 G.I. 세대의 독려 속에 자신들의 사회적 권위를 결집시켰다. 나이 든 선교자 세대는 종교와 교육 분야에서 강단을 독점했다. 정치 분야에서도 백발이 성성한 이들이 대통령 내각과 의회, 주 의회의 주도권을 쥐고 있었다. 전쟁 기간에는 전설적인 인물들(헨리 스팀슨과 코델 헐 장관, 윌리엄 홀시 주니어 제독과 어니스트 킹 사령관, 맥아더와 마셜 장군, 기업인 헨리 카이저와 버나드 바루크, 물리학자 아인슈타인)과 더불어 지도적인 자리에서 젊은 층을 이끌었다.

젊은이들은 따뜻함과 이해가 아닌 지혜와 조언을 구하기 위해 노년층을 찾기 시작했다. 역사학자 슐레진저 주니어는 "링컨 이후 어떤 미국인 지도자도 따르지 않던 젊은이들이"[98] 장애를 극복한 불굴의 성격을 지닌 프랭클린 루스벨트를 따르게 됐다고 말한다. 위기가 절정에 달하자 이 세대는 2차 세계대전 직후, 80대의 예술 평론가 버나드 베런슨

(Bernard Berenson)이 "지난 4,000년 이상 모든 선한 인류가 낙원, 엘리시움, 천국, 신의 도시, 밀레니엄 등의 이름으로 갈구해온 인본주의 사회"[99]라고 묘사한 사회를 구현하기 위해 노력했다. 이것이 예언자 원형이 네 번째 전환기에 들어선 마지막 순간이었다.

2029년 4월 13일로 시간을 앞질러 가보자. NASA에 따르면, 이날은 이집트 신화에 등장하는 어둠의 악마인 뱀에서 이름을 딴 거대한 소행성 '아포피스'가 육안으로 보일 정도로 지구와 가까워질 것으로 예측되는 날이다. 이제 70~80대에 접어든 수백만 명의 베이비붐 세대가 실시간으로 또는 아시아까지 비행기를 타고 가 직접 그 광경을 본다고 상상해보자. 그 나이의 G.I. 세대는 어른이 된 자식들에게 안전을 위해 소행성을 파괴해야 한다고 말했을 것이고, 침묵 세대는 소행성의 접근을 정확하게 예측하는 첨단기술에 감탄했을 것이다.

하지만 베이비붐 세대의 생각은 전혀 다른 곳에 가 있을 것이다. 그들은 과학이 틀릴 수도 있고, 재앙이 일어날 수도 있다는 사실을 쉽게 받아들이고, 만물의 소멸, 모든 인간 노력의 무력함, 초월적인 정신세계를 묵상할 것이다.

《다니엘서》와 《에스겔서》를 즐겨 인용하는 우파 종교인들은 1970년대에 엄청난 베스트셀러였던 할 린지(Hal Lindsey)의 《마지막 위대한 행성 지구(The Late Great Planet Earth)》[100]와 그 이후 종말을 예언한 모든 설교와 소설을 떠올릴 것이다. 뉴에이지 좌파 세대는 낡은 《신들의 전차?(Chariots of the Gods?)》[101] 책을 품고 있거나 친구들과 아틀란티스에 관해 이야기할 것이다. 몇몇은 마야의 달력에 적힌 기록을 뒤적이며 학자들이 지구의 종말을 몇 년 빠르게 계산해서 2012년으로 잡은 것으로 생각할 것이다. 《천상의 예언》의 저자 제임스 레드필드(James Redfield)는 자신과 비슷한 나이대 사람들을 "인류를 위대한 변화로 이끄는 … 직관을 지닌 세대"[102]라고 말한다. 다른 다수의 베이비붐 세대와 마찬가지로 그역시 완벽함과 종말의 이미지를 자연스럽게 섞어놓았다.

위기의 시기가 절정에 달하면 노년기를 재정의하려는 베이비붐 세대의 노력도 절정에 달할 것이다. 이들 세대가 노년기에 하는 문화적 탐구는 더 이상 젊음을 환기하지 못하고, 오히려 젊은 세대에게 낡은 것으로, 심지어는 아주 구식의 가치관을 옹호하는 것처럼 보일 것이다. 하지만 베이비붐 세대에게 느리게 먹고, 느리게 말하고, 느리게 걷고, 느리게 운전하는 것은 쇠퇴가 아닌 사색의 훈장이 될 것이다. 베이비붐 세대는 시간의 순리적인 흐름을 피하는 것이 아니라 과시할 것이며, 더 젊고 건강했을 때는 이해하지 못했던 평화와 만족을 찾을 것이다. 헨리 워즈워스 롱펠로(Henry Wadsworth Longfellow)는 90세의 나이에 〈모리투리 살루타무스(Morituri Salutamus)〉("죽을 자들이 당신께 인사 올립니다"라는 뜻으로 로마의 검투사들이 싸우기 전 황제에게 하던 말을 롱펠로가 시의 제목으로 사용했다 – 옮긴이) 시에서 이런 글을 썼다. "저녁 어스름이 사위면/ 낮에 보이지 않던 별들이 하늘에 가득하구나"[103]

국가가 분주히 돌아가고 역사가 가속화되면, 베이비붐 세대는 마침내 평생을 추구해온 가치관의 최종 결과를 마주하게 될 것이다. 설문조사에 따르면, 베이비붐 세대는 미국의 방향에 대해 다른 세대보다 더 우울하게 전망했다.[104] 수십 년 동안 뜨겁고 강렬한 언어를 사용해온 그들은 이제야 자신들의 언어가 실제 현실에서 통하는 광경을 보게 될 것이다. 그들에게 문명과 인류와 종교 내지 지구의 운명이 위태로워 보일 것이다. 마침내 이를 바로잡고, 정화하고, 변화시킬 기회가 왔다. 베이비붐 세대는 물러서지 말고 단호하게 버티라고 서로를 독려할 것이다. 그리고 젊은 세대가 미국의 원칙과 고결함을 향한 위협에 주눅 들어 더 비열하고, 사소하고, 복종적이고, 물질적인 것에 안주하지는 않을까 걱정할 것이다.

실제로 많은 이가 국가의 기본적인 선택을 명확히 드러나게 하는 역사적 파열에 희열을 느낄 것이다. 이들뿐 아니라 네 번째 전환기의 모든 예언자 원형도 마찬가지다. 1774년 영국이 보스턴에 징벌적 조치를 내리자 프린스턴대학 총장 존 위더스푼(John Witherspoon)은 "노예제를 받아들이느니 모든 참혹함과 절멸까지도 동반할 수 있는 전쟁을 선택하겠다"[105]고 선언했다. 에머슨은 섬터요새 폭격 소식을 듣고 "모든 허술한 것을 부수고, 모든 거짓을 치워버리고, 실제로 존재하지 않는 모든 것을 정면 돌파하는 전쟁"에 안도감을 느꼈다고 고백하며 "전쟁이 찾아내고, 부수고, 뒤집게 내버려두라"[106]고 말했다. 이제 노년기에 접어드는 베이비붐 세대의 지도층 역시 비슷한 방식으로 대응할 가능성이 높다.

위기 자체가 젊은 세대에게 새로운 짐이 되는 상황에서 베이비붐 세대는 본래 모습과 달리, 자신들과 미국의 다른 노년층 세대에게 공동체의 안위를 위해 희생하라고 주장하며 자신들의 도덕적 권위를 지키려 할 것이다. 그들 세대의 가족 맥락에서 보면, 이는 그리 놀라운 일도 아니다. 대다수 베이비붐 세대는 자식과 손주들을 위해 넉넉하게 베풀고 있으며, 때론 자신들이 줄 수 있는 것 그 이상을 주고 있기 때문이다. 하지만 국가 공동체의 맥락에서 보면, 이는 놀라운 일이다. 자신들에게 가장 큰 타격을 주는 세금 및 혜택 변경 정책을 지지하는 것이기 때문이다. 하지만 그들의 논리는 냉엄할 것이다. 위험에 처한 공동체를 위해 행동함으로써 젊은 세대가 자신들보다 훨씬 더 넉넉한 혜택을 주장할 수 있게 될 것이기 때문이다. 그러므로 베이비붐 세대는 그렇게 할 것이다.

모든 문제가 도마 위에 오를 것이다. 소비세와 자산세를 부과하고, 상당한 상속세를 부과하는 아이디어에 설득력 있는 논거가 제시될 것이며, 부유한 노년층에서 가장 큰 세수를 창출하게 될 것이다. 어쩌면 이세 가지 모두를 포함하는 법안이 입법화될지도 모른다. 세금 조치가 엄격해지면 부유한 베이비붐 세대가 조세피난처에 은닉했던 자산이 빠져나올 것이다. 부를 과시하는 행위가 사회적 비난으로 위축되지 않는다 해도 고가의 사치품과 호화로운 서비스에 규제가 이루어질 수도 있다. 정책입안자들은 위기가 절정에 달했을 때, 급격한 인플레이션 상황을 오히려 반길 수도 있다. 채권 부채의 가치가 하락하기 때문이다. 정부와 젊은 층(채무자)이 가장 큰 이익을 볼 것이고, 자산 규모가 매우 큰 베이비붐 세대(채권자)는 가장 큰 불이익을 받게 될 것이다. 규제로 인해 채권을 매각하려는 기업의 시도가 좌절될 수도 있다. 저축한 사람과 채권자가 손실을 감수하도록 강제하는 금융 압박 정책은 전쟁 기간에 정부가 일반적으로 행하는 표준 관행이다.

공공 혜택도 대대적인 점검에 들어갈 것이다. 이전의 위기의 시기에는 빈곤층이 아닌 계층에 대한 정부의 복지지출이 적었다. 이번에는 대대적인 복지 감소가 이루어질 것이며, 대부분은 노인층이 고스란히 불이익을 감당하게 될 것이다. 특히 젊은 납세자에 비해 은퇴하는 베이비붐 세대의 수가 급격히 증가하면서 이러한 흐름은 향후 몇 년 동안 빠르게 확산할 것으로 예상된다. 2005년에 사회보장 비용 및 연방의료혜택 관련한 총지출은 GDP의 약 7.8퍼센트였다. 2045년이 되면 가장 젊은 베이비붐 세대가 80대 중반에 접어들 것이고 이러한 혜택과 국가 부채에 대한 이자를 합하면, 연방정부의 전체 수입보다 지출이 더

커질 것이다.[107]

베이비붐 세대가 모든 혜택을 사수하기 위해 싸워 성공한다면, 젊은 세대의 창고는 텅 비게 될 것이다. 그렇게 되면 젊은 세대는 새로운 미래를 건설하기는커녕 당장 코앞에 닥친 비상사태를 해결하는 데 급급할 수밖에 없을 것이다. 그러나 대부분 베이비붐 세대는 이 싸움에 전적으로 달려들지 않을 것이다. 대체로 그들은 상당 부분 양보하고 더 큰 대의에 기여하는 것으로, 자신들의 입장을 정당화할 가능성이 높다.

그렇게 함으로써 고령화 단계의 베이비붐 세대는 쇠퇴와 죽음에 대한 새로운 윤리를 구축할 것이다. 젊은 시절 섹스와 출산을 통해 그렇게 했듯이 말이다. 이들 세대의 젊은 시절 기조가 자기만족이었다면, 노년기의 기조는 자기부정이 될 것이다. 신체적 쇠퇴에 자연스럽게 적응하면서 많은 이가 가정 내에서 가족의 부양을 받을 것이고, 더욱 많은 이가 자신의 집에서 부양받을 것이다. '에덴의 동산 대안' 형식의 장기 요양 서비스가 인기를 끌 것이고, 오늘날 이미 가파른 하락세를 걷고 있는 제도권의 요양원 모델은 계속 위축될 것이다. 노인이 된 베이비붐 세대는 기술에 압도되기보다는 그런 기술의 도움을 받아 영적인 내면을 탐구할 것이다.

한때 에로스에 탐닉했던 정신 에너지로 이제는 종말의 시간인 '타나토스'(thanatos, 프로이트의 정신분석학에서 죽음의 본능을 가리키는 용어 – 옮긴이)에 심취할 것이다. 생의 마지막을 위한 준비는 사물보다는 정신에 더 집중할 것이다. 그들의 육신은 친환경 골판지 관에 담길지언정, 가족과 친구들에게 보여주던 지혜는 낱낱이 기록되고 저장돼 후세와 영원히 소통할 수 있을 것이다.

베이비붐 세대 노인들은 젊은이들에게 여전히 많은 것을 요구하겠지만, 그 요구의 본질은 그들이 성인이 됐을 때 당시 노년층이 했던 요구와는 크게 다를 것이다. 각성기 시기 G.I. 세대가 젊은 층에게 재정적으로 부담을 줬다면, 베이비붐 세대는 젊은 층에게 문화적 부담을 줄 것이다. 각성기 노년층과는 동전의 뒷면처럼 정반대의 모습을 보일 것이다. G.I. 세대 노인들이 도덕적 권위를 포기한 대가로 세속적 보상을 얻었다면, 베이비붐 세대는 그 반대가 될 것이다.

"여러분과 나는 예상치 못한 수확의 축제를 향해 가는 중이다."[108] 크레이그 카펠(Craig Karpel)이 저서 《은퇴 신화(The Retirement Myth)》에서 한 말이다. 그는 동시대 베이비붐 세대에게 생각했던 것보다 재정적으로 더 제한된 은퇴 생활을 하게 될 것이라며, 통찰력 있는 예측을 했다. 그는 자신의 세대가 노년으로 가는 여정을 폴란드에 있는 "올빼미 산맥" 순례에 비유했다. "그곳은 가장 오래된 원시의 성역으로 외딴 마을에서 오랜 세월 전해져 내려오는 지혜를 간직한 곳"이다. 베이비붐 세대는 시대의 변화를 느끼며, 국가 공동체를 다시 신성하게 만들고, 역기능을 치유하고, 다음 황금기로 가는 길을 이끌기 위해 고군분투할 것이다.

베이비붐 세대가 스스로 대단히 높게 평가하는 그 다른 차원의 세계는 대다수의 X 세대와 밀레니얼 세대에게 무능함, 심지어는 망상의 표본으로 보일 것이다. 그들은 세상을 향한 경멸감 때문에 위험을 자초할 수도 있다. 그러나 젊은이들이 이 늙은 전달자들을 어떻게 보든, 그들은 자신들의 메시지를 존중하고 그 가치의 깃발을 들고 행군할 것이다. 국가가 위험에 처하는 순간 그들은 집단이 무엇을 성취할 수 있는지를 고취해주는 대담한 리더를 필요로 할 것이다.

은발의 투사가 다시 한번 등장할 것이다.

마지막으로 등장한 지 80~90년 만에, 너새니얼 호손이 예견했듯 "지도자와 성자가 결합한 … 고대인의 모습으로"[109] 은발의 투사가 다시 미국에 올 것이다. 집행관 에드먼스 안드로스에 맞섰던 의로운 청교도의 후계자에서부터 영국에서 벗어나 미국독립혁명을 이끈 식민지 주지사들, "빛나는 강철에 새겨진 불같은 복음"[110](줄리아 워드 하우가 1862년에 발표한 시 〈공화국 전투 찬가〉에 나오는 표현 – 옮긴이)으로 형제들끼리 맞붙게 한 남북 전쟁의 나이 든 급진주의자들, "운명과의 만남"을 이룬 "뉴딜정책 이사야"[111]에 이르기까지 그들이 다시 올 것이다.

은발의 투사의 전형적인 기질은 무엇일까? 무한한 자신감, 타협하지 않는 원칙, 현 상태를 향한 경멸, 물러서거나 포기하지 않는 정신, 하지만 단순한 행동 방식과 평온한 영혼. 그리고 떠오르는 세대와 문화유산으로 교감하는 카리스마 넘치는 능력. 은발의 투사는 최종 목표를 향해 가는 데 들어가는 물적 비용이나 인적 비용에는 무심할 수도 있다. 은발의 투사는 모든 세대에서 나올 수 있지만 나이와 성격이 가장 잘 맞는 예언자 원형에서 나오는 경우가 많다.

위기의 시기가 결속이 필요한 국면에 접어드는 약 2020년대 후반 즈음에 가면 오늘날 대중에게는 거의 알려지지 않은 은발의 투사가 현실적으로 필요해질 수도 있다. 베이비붐 세대건 아니건 이러한 존재는 국가에 활력을 주고, 젊은 세대에게는 문화 전쟁 당시의 오래된 베이비붐 세대의 주장을 새로운 위기의 시기를 맞은 공동체의 요구라는 맥락으로 전환하는 계기가 될 것이다. 그때 즈음이면 베이비붐 세대는 기존 침묵 세대 지도자들의 영향력에서 완전히 벗어날 것이다.

그들은 해체기의 문화적 보수주의와 공공부문의 자유주의가 혼합돼 만들어진 확장된 시민의 힘을 재정의하고 재인증할 것이다. 한때 기득권에 반기를 들었던 바로 그 세대가 젊은이들이 실패하지 않고 새로운 리바이어던을 건설하도록 도울 것이다. 외교정책에서는 좁게는 다른 국가의 허용 가능한 행동 방침을 규정하고, 넓게는 미국의 적절한 무기 사용 범위를 규정할 것이다. 한때 "미쳤어? 우린 가지 않을 거야!"를 외쳤던 바로 그 세대가 2차 세계대전 이후 미국에서 가장 전투적인 노인 세대로 부상할지도 모른다.

베이비붐 세대는 위기의 절정에서 초월성을 발견할 것이다. 역사에서 해방되기 위해 시간과 싸우고 자연과 싸운 그들은 고통스러운 문턱을 넘은 자신들이 국가를 수호하고, 어쩌면 세계를 지키는 위치에 왔다고 느낄 것이다. 이런 이들의 모습은 약속의 땅으로 이끄는 불기둥 같은 물병자리의 노인으로 보일 수도 있고, 배를 난파시키고 함께 몰락하려는 불안한 에이해브(소설《모비딕》에 나오는 에이해브 선장으로, 목표에 집착하며 극단적인 결의와 의지를 지닌 인물-옮긴이)로 보일 수도 있다. 어느 쪽이든 가능하다.

위기의 시기가 해소되면, 노년의 베이비붐 세대는 마지막 말이 아니라 깊은 말을 할 것이다. 만약 그들이 승리한다면, 윈스턴 처칠이 프랭클린 루스벨트에게 바친 추도사의 한 구절처럼 "부러운 죽음"[112]을 맞이할 자격을 가질 것이다. 실패한다면 그들의 악행은 21세기 내내 그리고 그 이후까지도 어두운 그림자를 드리울 것이다. 결과가 어떻든 후손들은 역사학자를 제외한 모든 이가 히피와 여피를 잊은 후에도 그들 세대의 은발의 투사만큼은 오래도록 기억할 것이다.

중년의 X세대

X세대(1961년~1981년 사이에 태어났다)는 현재 약 8,500만 명이며 40~50

대의 중년이다. 전기 X 세대는 1960년대 초에 태어나 80년대 중반에 〈조찬 클럽〉[113]이나 〈세인트 엘모의 열정〉[114] 같은 영화에 청소년 스타로 출연하며 본격적으로 사회에 데뷔했다. 얼마 후, 그들은 마이클 조던(Michael Jordan), 마이클 델(Michael Dell), 마이클 제이 폭스(Michael J. Fox), 톰 크루즈(Tom Cruise) 같은 베이비붐 이후의 유명 인사들, 즉 활동적이고, 실용적이며, 결과를 중시하는 새로운 유명 인사로 다시 등장했다. X 세대라는 이름은 1961년, 브리티시컬럼비아 출신의 더글러스 코플랜드가 자신의 또래 친구들과 이전의 베이비붐 세대 사이의 크나큰 격차를 냉소적으로 다룬 소설[115]에서 유래했다. 후기 X 세대 중 1980년과 1981년에 태어난 이들은 닷컴 거품이 터지기 전 고등학교를 졸업한 이들이다.

전편: 솔직한 그들

〈타임〉의 상징적인 표지 사진[116](1990년 7월 16일 자)은 기성세대가 이 '다음 세대'에 대해 어떻게 생각하는지, 무엇보다도 X 세대가 자신들에 대해 어떻게 생각하는지를 잘 보여준다. 다소 어두운 공간, 어떻게 보면 감옥 같은 공간에서 검은 옷을 입고 미소 짓지 않는 젊은이들이 서로의 존재를 의식하지 않은 채 무표정하게 다른 곳을 응시하고 있다. 사진 아래 이런 문구가 있다. "베이비붐 세대에 가려진" 이 아이들은 "느긋한 건가, 늦게 피는 꽃인가, 아니면 그저 길을 잃은 것인가?"

20년 전만 해도 미디어에는 활기찬 젊은이들이 언덕에 서서 세상에 노래하는 법을 가르쳐주는 모습이 자주 나왔다. 코카콜라 광고도 그랬다. 하지만 더 이상 아니다. 베이비붐 이후에 태어난 이 '베이비 버스터즈(baby busters)' 세대는 대체로 거칠고, 경계심이 많고, 타인을 잘 믿지 않으며, 다소 트라우마가 있는 듯 보였다.

X 세대는 1960년대 초반에는 유아였다. 당시만 해도 베이비붐 세대의 양육 방식은 처음에는 조심스러웠다가 점차 관대한 방식을 거쳐 이후에는 방치하는 방식으로 변할 때였다. 각성기가 절정에 달해 모든 연령대의 성인들이 '자아 찾기'에 몰두하면서 한때 어린이들을 보호해주던 기관들은 더 이상 제 역할을 하지 못하는 듯 보였다. 학교가 무너지고, 가족이 해체되고, 새로운 발명품이 등장하고, 무과실 이혼이 유행처럼 증가했다. 게다가 1960년대 초부터 어른들은 더 이상 아이를 원하지 않았다. X 세대는 사람들이 피임약을 먹으며 아이를 낳지 않으려는 시대에 태어난 최초의 아기가 됐으며, 전쟁 후 인구통계학적으로 베이비붐 시대를 갑자기 끝내는 신호탄이 됐다. 1970년대 초, 출산율은 대공황 이전의 최저치 수준으로 떨어졌다.[117]

교사와 학부모는 마치 핑크 플로이드(Pink Floyd)라도 된 듯, 아이들의 삶을 보호하거나 어른의 잣대로 만들려는 노력을 중단하라고 주장했다. 빌 코즈비가 연기한 '실수하고 틀리기도 하는 친구 같은 부모' 모델이 널리 퍼지면서 '모든 연령 관람가' 영화는 거의 자취를 감췄고, 브룩 실즈(Brooke Shields)와 조디 포스터(Jodie Foster) 같은 10대들의 성을 상업화하는 영화가 탄생했다. 교육자 닐 포스트먼(Neil Postman)은 이런 '어른 아닌 어른'의 등장을 경고하며, 이 현상을 '어린이 모습의 실종'[118]이라고 불렀다. 하지만 〈로즈메리의 아기〉(1968년)[119]부터 〈엑소시스트〉(1973년)[120], 〈이츠 얼라이브〉(1974년)[121], 〈옥수수밭의 아이들〉(1984년)[122]에 이르기까지 아동을 악마로 묘사한 공포 영화들이 극장가를 점령했고, 아동에 대한 전반적인 묘사는 끝없이 부정적으로 변해갔다. 아이들이 나이가 들어도 이런 묘사 방식은 크게 나아지지 않았다. 가장 긍정적으로 묘사했을 때조차도 테이텀 오닐(Tatum O'Neal)의 사춘기를 그린 영화처럼 나이를 훌쩍 뛰어넘는 성숙한 존재로 묘사됐다. '열쇠 세대', '학대', '자포자기한', '버려진', '가출' 같은 단어가 최초로 아이들을 가리키는 일반적인 수식어가 됐다. '멍청한(dumb)'이라는 단어도 등장했다. 1983년, 〈위험에 처한 국가(Nation at Risk)〉 보고서는 미국의 교육자들이 고등학교를 졸업한 학생들의 "교육수준이 부모를 능가하지도, 부모와 비슷하지도, 심지어 부모 수준에 근접하지도 못할 것"이라고 주장하며 이런 현상을 "평범함의 물결"[123]이라고 표현한 것을 비판했다.

젊은 X 세대 대다수가 이혼 자녀 증후군을 겪었다. 즉, 아무도 자신을 신경 써주지 않고, 모든 불행의 원인은 결국 자기 자신 때문이라는 느낌, 자신들이 미국에 태어나기 전까지는 모든 것이 아주 잘 흘러가고 있었다는 느낌을 갖게 됐다. 낮은 집단 자존감은 이들 세대의 주요한 특징 중 하나였다. 영화 〈벅시 말론〉(1976년)[124]에서는 갱스터 10대들이 "우리는 뼛속까지 썩었어"라고 노래했다. 영화 속 10대들은 "우리는 정말 최악이야. 모두가 우릴 경멸하고, 비난하고, 저주하지"라고 말했다. 16년 후, 영화 〈웨인즈 월드〉(1992년)에서 웨인과 가스는 그 유명한 노래 "우리는 쓸모없어!"[125]를 불렀다. 소설가 데이비드 레빗(David Leavitt)은 "우리 세대는 경멸받을 만한 자질을 기꺼이 인정하는 세대"[126]라고 말했다.

X 세대는 일찌감치, 더 정확히 말하면 사회의 의도 때문에, 자신의 이익을 챙기려면 기성세대나 제도를 믿지 않아야 한다는 사실을 터득했다. 그들은 자신의 본능을 믿고 자기 자신들을 돌보며 자랐다. 덕분에 그들만의 강한 장점이 생겼다. 그들은 자급자족 능력, 회복력, 예리한 생존 본능, 현실과 환상을 구분하는 능력 등을 기르며 성장했다. 우연찮게도 미디어에서는 '생존자', '현실성' 같은 단어로 X 세대를 수식하기

시작했다. 기성세대는 이들을 '땀 흘리지 않는', '게으른' 세대 또는 "왜 날 귀찮게 해?"라고 묻는 세대로 폄훼했지만, X 세대는 중요한 일에 에너지를 낭비하지 않는, 세련되게 다듬어진 기술인 그들만의 '무관심'에 자부심을 가졌다.

1980년대와 1990년대에 노동시장에 발을 디딘 젊은 X 세대는 월스트리트, 전문직, 학계 등에서 이미 사다리의 높은 위치를 차지한 부유한 기성세대의 기울어진 경제 논리와 맞닥뜨렸다. 그리고 그들은 더 이상 낮은 곳에 머물러야 할 필요를 느끼지 않았다. 저숙련 노동직 분야에서는 이중임금체계(한 근로자 집단이 다른 근로자 집단보다 낮은 임금이나 낮은 수준의 복리후생을 받는 급여체계—옮긴이)가 책정됐고, 입법자들은 베이비붐 세대가 청년 시절일 때 운영되던 직업 훈련 프로그램과 복지 혜택을 없애기 시작했다. 무역시장이 세계화되고 새로운 이민자가 급증하면서 미국의 젊은 X 세대의 임금은 낮아졌다. 자격증을 가진 새로운 전문직 종사자들은 더 나은 결과를 얻었지만, 대학 학위를 가진 젊은이들의 비율은[127] 베이비붐 세대에서 X 세대로 넘어오면서 오히려 감소했다.

자기 자신을 스스로 돌보며 자란 X 세대 대다수는 규제가 적은 경제를 오히려 반겼으며 규칙이 적을수록 좋다고 생각했다. 규율과 규제가 자신들에게 불리한 것이 많았기 때문이다. X 세대는 빠르게 판단하고 움직이며 언제든 시장에서 기회를 찾을 수 있기를 바라면서, 이직률이 높고, 신뢰도가 낮으며, 자유 계약이 가능한 생활 방식을 수용했다. 직장의 복리후생 혜택을 현금화한 '구내식당' 정책이나 '총보상'(total rewards, 기업이 직원에게 제공하는 모든 보상과 혜택으로 특별수당, 복지 혜택, 퇴직금, 교육 지원 등을 의미한다—옮긴이) 임금정책을 선택하는 방식이 인기를 끌기 시작했다. 이들은 일찌감치 임시직을 선호했다. 임시직은 원하는 것을 빠르게 얻는 것

을 선호하는 이들 세대의 본능과도 잘 맞아떨어지면서 오늘날까지도 X
세대와 함께 나이 들어가고 있다. 1990년대에 이르러서 X세대는 기존의
A자형 피라미드 형태의 기업 구조를 해체하고, 개별 인센티브와 개별 계
약이 주를 이루며 기업의 공동 사명감의 부담을 훨씬 덜 수 있는 M자형
기업구조나 매트릭스 구조의 형태로 바꿔나갔다.

베이비붐 세대가 내면의 삶에 집중했다면 X세대 젊은이들은 외형적
성과에 집중하는 편이었다. 지난 수십 년 동안 UCLA대학에서는 신입
생을 대상으로 인생에서 무엇이 중요한 의미를 지니는지를 묻는 설문
조사를 실시했다. 1960년대와 1970년대 초반(베이비붐 세대가 신입생이던 시
기)에는 "경제적으로 윤택해지는 것"보다 "인생에서 의미 있는 철학을
개발하는 것"[128]이라고 대답한 학생의 비율이 3분의 1에 달했다. 그러
다가 1970년대 후반 (X세대가 대학에 입학하던 시기)에는 이 우선순위가 뒤
바뀌었다. "굳이 의미에 시간을 낭비해야 해?" X세대는 물었다. 1990년
대 초반까지 "이건 이거고, 그건 그거지."라든가 "왜 왜냐고 물어?" 같
은 말들이 악명 높은 X세대를 겨냥한 맥주 광고에 등장했다.

베이비붐 세대에게 개인주의는 대단한 발견이자 성취였다. 하지만
X세대에게 개인주의는 초월성 같은 개념은 없는 그저 새로운 현실에
지나지 않았다. 시골에서 의미 있는 삶을 추구하며 자라온 베이비붐 세
대의 문화와 달리, X세대의 문화는 힙합부터 트래시 메탈, 얼터너티브
록, 그런지 음악에 이르기까지 익명의 거친 도시 환경에서 자라났다. 그
들에게 '거리'는 시장이 번성하고, 위험을 감수하는 이들이 모험을 펼치
고, 승자와 패자가 갈리고, 패자가 모든 것을 다시 시작하는 법을 배우
는 곳이었다.

X세대라는 말은 원래 베이비붐 세대의 여피 문화를 반대하고 조롱하

는 의미로 만들어졌지만, 이들 세대가 자라면서 점점 더 깊은 의미를 지니게 됐다. X 세대라는 말에는 중심 세대가 없다는 의미도 담겨 있다. X 세대는 20세기에 태어난 미국인 중 가장 많은 이민자와 다양성을 지닌 세대다. X 세대는 중년기에 접어들면서 소득과 부의 편차가 가장 극명하게 생겼으며, 중산층은 거의 존재하지 않았다. 이들의 사회적 충성도는 지역, 직업, 인종에 따라 헤아릴 수 없이 다양하게 존재한다. X 세대는 집단적으로 자신들에게 미래가 없다고 생각했고, 그런 말을 들으며 자랐기 때문에 각자 주어진 위험을 감수하고 남들과 달라지는 것만이 유일한 기회라고 생각했다. 운 좋은 이들은 틈새시장을 노려 성공했고, 주류 브랜드는 선호하지 않았다.

X 세대는 독창성과 대담한 행동을 인정해주는 제도, 어떤 대가를 치르더라도 유의미한 결과를 만들 것을 강조하는 제도에 긍정적이고 큰 영향을 미쳤다.

1980년대, X 세대 신병들의 새로운 물결이 밀려들어오면서 베이비붐 세대에 침체돼 있던 미국 군대의 사기가 올라가기 시작했다. 미국 군대는 대중의 신뢰를 크게 얻으면서 명성이 '탑건' 수준까지 올라갔다. 1991년 걸프전은 대부분 X 세대 자원을 활용한 최초의 대규모 작전이었는데, 이 전쟁에서 놀랍도록 빠르게 승리를 거두면서 H. W. 부시 대통령은 베이비붐 세대의 베트남 전쟁 증후군은 완전히 끝났다고 선언했다. "베트남의 유령들은 아라비아 사막의 모래더미 아래에서 안식을 찾았다."[129]

상업 분야에서 X 세대는 미국 역사상 가장 혁신적인 기업가 세대로 성장했다. 엘 고어 같은 베이비붐 세대가 인터넷을 발명했을지는 몰라도 인터넷으로 돈을 버는 방법, 더 중요하게는 디지털 기술로 생산성을 높이고 세계 경제를 혁신하는 방법을 알아낸 것은 마크 앤드리슨(Marc Andreessen), 래리 페이지(Larry Page), 세르게이 브린(Sergey Brin), 제프 베이조스(Jeff Bezos), 피터 틸(Peter Thiel), 일론 머스크(Elon Musk), 트래비스 캘러닉(Travis Kalanick), 셰릴 샌드버그(Sheryl Sandberg), 딕 코스톨로(Dick Costolo), 브라이언 체스키(Brian Chesky) 같은 X 세대였다. 덕분에 미국 기업들은 시가총액을 기준으로 봤을 때 세계 최고의 자리에 올랐고,[130] 중소기업도 군대와 더불어 대중의 높은 평가를 받게 됐다.[131]

문화 부문에서 이들의 영향력은 더욱 다양하게 드러난다. X 세대의 음악, 쇼, 소설은 분명 독창적인 창작물이었다. 하지만 상당 부분이 지나치게 노골적이거나 폭력적이거나 범죄와 관련된 것들이어서 다른 세대에게 큰 호응을 얻지 못했다. 종교에서도 X 세대는 베이비붐 세대의 영적인 허세에서 벗어나 공적인 상징물이나 숭배에 크게 집착하지 않고, 지극히 개인적인 믿음을 선호했다. 1985년 로버트 벨라(Robert Bellah)는 이러한 믿음 방식을 젊은 간호사 실라(Sheila)의 이름을 따 "실라이즘(Sheilaism)"이라고 불렀다.[132] "나는 신을 믿는다. 나는 광신도는 아니다. 마지막으로 교회에 간 것이 언제인지 기억나지 않는다. 내 믿음은 나를 먼 길로 인도했다. 바로 실라이즘이다. 내게 믿음은 그저 나만의 작은 목소리일 뿐이다."

정치 분야에서 X 세대가 가장 눈에 띄는 점은 바로 그들의 부재다. 20대의 X 세대는 투표율이 상대적으로 매우 낮았다. 30대와 40에는 대통령을 비롯한 공직에 출마하는 비율이 매우 적었다. 이제 60대를 넘기기 시작한 이들은 최근에야 미국 하원에서 다수석을 차지했고, 상원이나 주(州)정부를 장악하기에는 아직도 몇 년은 더 남았다.[133] 이전 세대에서는 이 연령대에서 시민 리더십이 이렇게 약했던 적이 없다. X 세대의 정치적 무관심에는 본능적인 자유주의 기질이 반영돼 있다. 그들은 사회가 하향식보다는 상향식으로 돌아갈 때 더 잘 작동한다고 믿어 왔다. 투표에서는 정부 개입이 적은 공화당을 선호하는 경향이 있다. 이러한 성향은 1980년대 젊은 유권자들이 레이건에게 투표해 나이 든 자유주의자들을 놀라게 했던 시기부터 일찌감치 형성됐다. TV가 배출한 최초의 대형 스타인[134] 마이클 제이 폭스는 넥타이를 맨 대담한 젊은 자본가를 연기하며 "돈 있는 사람은 사람이 필요 없다" 같은 대사(〈패밀리 타이즈(Family Ties)〉 시리즈에 나오는 대사 – 옮긴이)로 히피 세대의 부모를 놀라게 했다. 이후 X 세대는 모든 연령대가 모든 대통령 선거에서 공화당에 더 많은 표를 던졌는데[135] 이는 미국 전체의 다른 모든 세대보다 높은 비율이었다. 공직에 출마한 X 세대도 마찬가지였다. 하원의원 및 주지사에 당선된 X 세대는 잃어버린 세대 이후 가장 공화당 성향이 두드러졌다.[136]

길고 혹독했던 국제금융위기의 여파 속에 중년을 맞은 X 세대는 중년의 개념을 재정의하면서 경제적 안정을 가장 주된 관심사로 여겼다. 마치 카지노에서 흥청망청 밤을 보낸 후 아침에 눈을 뜬 환락객처럼, X 세대는 잃어버린 세대 이후 그 어떤 중년 세대보다 가장 극심한 부의 격차를 보여준다.

이들 중 소수는 어마어마한 부자가 됐고, 또 다른 소수는 적당히 안온한 삶을 살고 있으며, 다수는 고군분투하고 있고, 대다수는 필사적으로 살아가고 있다. 후자에는 1960년대 초반에 태어나[137] 현재 노숙자이거나 무직 상태이거나 실직 상태로 60세를 넘긴 이들이 포함된다. 이들의 고통은 최근 중년층 사망률의 급격한 증가와 직접적인 연관이 있다. 경제학자 앤 케이스(Anne Case)와 앵거스 디턴(Angus Deaton)은 이런 현상을 "절망에 빠진 중년의 죽음"[138]으로 표현한다. 직장 생활을 하는 X세대도 약 10명 중 한 명은 계약직이나 일용직[139]으로 벌어들이는 수익이 가구의 유일한 수입원이다. 이로 인해 수백만 명의 중년 미국인이 고용보험, 건강보험, 연금보험 등이 없이 살고 있으며 리얼리티 프로그램인 〈생명을 건 포획(Dangerous Catch)〉(대게잡이 어선단의 일상을 촬영한 프로그램 - 옮긴이)이나 〈아이스 로드 트러커스(Ice Road Truckers)〉(캐나다와 알래스카의 오지에서 얼어붙은 호수와 강을 트럭을 운전해 건너는 운전자들을 다룬 프로그램 - 옮긴이) 같은 프로그램의 주인공으로 등장한다. 이러한 임시직 X세대의 3분의 2는[140] 경제적으로 어려움을 겪고 있다고 말한다.

대체로 X세대는 후기 베이비붐 세대에 비해 가족 안에서 자녀의 수입이 부모의 수입을 초과하는 비율이 적은 편이다. 30~40대 X세대 중 부모보다 더 많은 소득을 올린 비율은 절반에 불과했고[141] 아버지보다 더 많은 소득을 올린 X세대 남성의 비율은 절반에도 미치지 못했다. X세대의 가구당 중위소득은 같은 연령대 베이비붐 세대보다 약간 낮은 편으로[142] 흔치 않은 세대 간 역전 현상을 보여준다. X세대는 미래를 대비하기 위해 가구 순자산을 높이려고 애를 써왔다. 현재 X세대는 미국 전체 실물자산 및 금융자산의 약 30퍼센트를 소유하고 있는데,[143] 베이비붐 세대가 지금의 X세대 나이 때는 약 49퍼센트를 소유했다. 설문조사에 따르면, X세대는 다른 세대보다 경제적 걱정을 "더 많이"하고 있다.[144] 은퇴를 어떻게 준비하고 있느냐는 질문에는 절반에 가까운 응답자가 "그때가 되면 상황에 따라 해결하겠다"[145]고 답했다.

설문조사에서 X세대, 특히 여성은 현재의 기성세대나 젊은 세대보다 자신들의 세대가 부모 세대보다 더 가난하다는 사실에 동의했다.[146] 또한, 자신을 '하층민'이라고 여기는 이들이 매우 많으며, '상류층'으로 여기는 이들은 매우 적다.[147] 이는 물질적 성공을 늘 중요하게 여겨온 세대에게는 가혹한 대가다. X 세대는 베이비붐 세대와 달리 영적인 초월로 쉽게 도피하지도 못한다. 아이러니하게도 《부자 아빠, 가난한 아빠》[148]의 열렬한 독자였던 세대, 자동차 딜러인 '부자 아빠'를 숭배하고 임금노동자인 '가난한 아빠'를 조롱했던 세대가 지금은 "부자가 되는 목표를 이룰 가능성"[149]이 가장 적다는 사실에 대부분 동의한다.

전기 X 세대와 후기 X 세대는 젊은 성인 시기에 대조적인 연구 결과를 보인다. 1960년대에 태어나 일명 '아타리'(미국 비디오게임 – 옮긴이) 세대 또는 '뉴웨이브' 세대로 불리는 전기 X 세대는 폴 볼커(Paul Volker) 연방준비제도 의장 시기에 있었던 두 차례의 경기침체기나 H. W. 부시 대통령 시절 장기 경기침체기에 매우 힘들게 사회생활을 시작했다. 젊은 유권자인 그들은 로널드 레이건을 지지했고 공화당을 훨씬 더 선호했다. 1970년대에 태어난 '닌텐도 세대' 또는 '클린턴 세대'로 불리는 후기 X 세대는 활기가 넘치는 1990년대에 직장 생활을 시작했다. 정치적으로 그들은 색소폰을 연주할 줄 아는 베이비붐 세대의 민주당원도 괜찮다고 생각했다. 누구든 가벼운 통치 스타일이면 그들에겐 괜찮았다. 35세의 전기 X 세대의 희망은 기껏해야 완전히 암울하지만은 않은 미래 정도였다. 그런데 25살의 후기 X 세대의 꿈은 일곱 자리 숫자로 된 스톡옵션이었다.

하지만 닷컴 거품이 붕괴된 후 특히 국제금융위기 이후, 이러한 차이는 거의 사라졌다. 젊은 후기 X 세대는 서브프라임 이후 찾아온 대침체의 여파를 전기 세대보다 더욱 혹독하게 치르고 있으며, 현재까지도 경제 전망에 가장 비관적인 태도를 보이고 있다. 2020년 유권자 성향 측면에서 봤을 때 후기 X 세대는 전기 X 세대보다 비교적 온건한 성향이었지만, 1990년대 진보적 성향으로 떨쳤던 명성은 더 젊은 밀레니얼 세대에 완전히 가려졌다.

전반적으로 X 세대의 중년기는 익스트림(Xtream) 세대에서 지친(Xhausted) 세대로 넘어가는 과도기였다. 시간적 여유를 갖고, 속도를 늦추고, 위험을 분산하고, 뿌리를 내리고, 진정한 정신을 드러내는 시기였다. 그들은 놀이와 실험을 줄이고 있다. 빚을 갚고 더 많이 저축하고 있다. 정말 중요한 일과 인간관계에 더 집중하고 나머지는 무시하고 있다. 공동체에서 처음으로 책임을 맡는 경우도 있다.

무엇보다도 이들은 자식을 가장 과잉보호하는 부모로 성장했다. 이들 세대는 자신들이 경험하지 못한 실질적인 보살핌과 토대를 자녀에게 줘야 한다는 강박관념에 사로잡혀 있다. X 세대에게 부모가 된다는 것은 늘 부모의 자리에 있어주고, 늘 자녀가 어디 있는지 알고, 늘 위험에서 멀어지도록 지켜본다는 의미다. 자녀가 초등학교나 대학교에 입학하면 모든 교사나 교수의 악몽 같은 존재가 된다. "내 아이에게서 눈을 떼면 안 돼!"라고 말하는 부모가 돼서 교장을 고소하거나 이사에게 고함을 지르기를 서슴지 않는다. 자신의 자녀 외에 다른 사람의 아이에게 일어나는 일에는 관심이 없다.

그 과정에서 X 세대는 구식의 중년 세대가 돼간다. 위험하고 무자비한 세상에서 자기 자신과 가족을 보호해야 하는데 손을 내밀 곳은 없는 상황에서 많은 이가 강력한 통제자, 일을 되게 만드는 강한 지도자에게 끌린다. 2016년 이후, X 세대는 공화당을 포퓰리즘으로 기울게 하는 데 결정적인 역할을 했다. 베이비붐 세대의 보수주의자보다 종교적 성향이 약하고 타인에 대한 신뢰도 적은 이들은 시스템을 재가동하려면 규칙을 깨야한다고 생각하는 성향이 강하다. 2020년 트럼프의 '도둑맞은 선거' 주장을 지지한 정치인 중에는 X 세대가 다수였으며,[150] 2021년 캐피톨 힐(Capitol Hill)에 있는 의회 난입 사건으로 체포된 이들 역시 X 세대가 다수였다. 2022년에 실시한 여러 설문조사에서는 처음으로 45~65세 미국인(특히 백인)이 공화당에 투표할 가능성[151]이 젊은 유권자나 고령의 유권자보다 훨씬 높게 나타났다.

"X 세대가 사회에 준 가장 큰 선물: 불평"[152]은 〈워싱턴포스트〉의 헤드라인이다. 제리 사인펠드(Jerry Seinfeld), 티나 페이(Tina Fey)부터 루이스 C.K.(Louis C.K.), 크리스 록(Chris Rock), 데이브 셔펠(Dave Chappelle)에 이르기까지 이 세대에서 가장 유머 감각 있기로 정평이 난 이들의 말은 대체로 거침없고, 심술궂으며, 비꼬는 말과 독설로 가득하다. '정치적 올바름(Political Correctness)'에 관한 불만은 무시하면서, 문맹의 '비참한' 사람들에게는 특별한 유대감을 느낀다. 퓨리서치센터에 따르면, X 세대는 "영리하고, 회의적이며, 자기 의존적이다. 과도하게 꾸미거나 응석 부리는 데는 관심이 없고, 다른 사람이 자신을 어떻게 생각하는지에도 크게 신경 쓰지 않는다"[153]고 한다.

은둔에 익숙한 이 소외된 '중간 세대'는 베이비붐 세대와 밀레니얼 세대가 서로 다투고 미디어의 주목을 받는 것에 별로 신경 쓰지 않는다. 그들은 참여하지 않는 상태에 만족한다. 영화 〈슬래커(Slacker)〉(1990년)의 대사 "역겨워서 물러서는 것과 무관심은 다르다"[154]는 이들의 성향을 잘 대변한다. 그러나 나이가 들면서 X 세대는 자신들의 후퇴 전략이 모든 미국인이 우려하는 추세에 기여하지는 않았는지 궁금해한다. 즉, 행동 방식에서 자기 이익 중심적인 성향이 증가하고, 일상생활에서 더 거칠고, 더 무례하고, 더 건방진 태도가 늘어나는 현상, 아무도 책임지는 척조차 하지 않는 뚜렷한 현실을 포함한 국가의 시민 생활 붕괴

위기에 자신들이 영향을 미친 것은 아닌지 말이다. '나에게 맞는 일'이라는 개념은 25세에는 합리적일 수 있다. 그러나 자녀가 살게 될 국가의 모습에 관심을 두기 시작하는 55세가 되면 이 개념은 타당성이 떨어진다.

X 세대는 1970년대 후반 디스코 문화가 유행하던 시기부터 베이비붐 세대가 미국을 망쳤다고 비난하며 살아왔다. 최근에는 기술 분야의 억만장자 브루스 기브니(Bruce Gibney)가 베이비붐 세대를 "소시오패스 세대"[155]라고 부르며 항상 파괴하고, 빌리고, 절대 쌓거나 투자하지 않는 "세대의 약탈" 죄를 지었다고 비난하기도 했다. 하지만 X 세대가 자신들과 가장 닮지 않은 세대를 찾고 싶다면, 인정하기 싫어도 더 많은 부분을 공유하고 있는 베이비붐 세대가 아니라 전기 X 세대의 부모이자 X 세대 성장에 가장 큰 영향을 준 반대 원형 세대인 침묵 세대에 주목해야 한다.

침묵 세대는 어떤 이들이었는가? 그들은 보호받는 어린이이자 사회와 부모를 신뢰하는 어린이에서 시작해 신중하고 규율에 순응하는 청소년으로 자라, 공감 능력이 뛰어난 청년이 돼서, 중년에 접어들면서부터는 새로운 시도와 실험을 하는 이들이었다. X 세대의 인생 이야기는 어떠한가? X 세대는 인생의 모든 단계에서 침묵 세대와 정반대였다.

절정을 향해: 승자 독식

"지금 우리는 다시 한 번 허리띠를 바짝 졸라매고, 낭비한 젊은 시절을 돌아보며 적절한 공포의 표정을 지어본다." 스콧 피츠제럴드가 금융 붕괴가 아니었다면 가장 높은 수익을 올릴 나이였을 동료들에게 한 말이다. 그는 자신들을 "제2막이 없는 세대"라고 불렀다.[156] 하지만 그가 틀

렸음이 증명됐다. 그들은 광포한 시기를 끝내고 안정을 찾으며 미국의 분위기를 전환하는 데 큰 역할을 했다. 선교자 세대가 중년에 접어들면서 도덕적인 것에 심취했다면, 금융 붕괴 이후 잃어버린 세대는 요란한 나팔 소리 없이 조용히 삶의 기본으로 돌아갔다. 헤밍웨이는 이렇게 말했다. "어떤 행동을 하고 난 뒤 기분이 좋으면 도덕적인 것이고, 기분이 나쁘면 부도덕한 것이다."[157]

그들은 자신들에 대해 깊이 생각하지 않았다. "엄마, 저는 나쁜 아이였어요. 평생 나쁜 아이였어요."[158] 평생을 거칠게 살다가 38세의 나이에 온몸이 황폐해진 작가 토머스 울프(Thomas Wolfe)가 폐결핵으로 세상을 떠나기 전 중얼거리며 했던 말이다. 1차 세계대전이 발발하기 전날, 월간 〈애틀랜틱〉은 "떠오르는 세대가 정신적 구루병과 영혼의 뒤틀림"[159]의 세대라며 비난했다. 전쟁 중에는 IQ 테스트 결과 징집 대상자 중 절반(이중 상당수가 당시 최근 이민자)의 정신 연령이 12세 미만으로 나오면서[160] 미국 젊은이들의 멍청함이 격렬한 논쟁거리가 됐다.

전쟁이 끝난 후에는 노년기에 접어든 선교자 세대가 그들의 도덕성을 공격했다. 대공황으로 암울했던 시절 프랭클린 루스벨트가 "우리 문명의 성전"을 파괴하는 "자기중심적 세대"[161]를 비난했을 때 그가 가리키는 세대는 명백히 중년의 잃어버린 세대였다. 이들 세대는 1930년대 내내 "코퍼헤드"(Copperheads, 독일 뱀의 머리 모양과 유사한 동전으로 남북 전쟁 당시 남부에 동정적이었던 민주당원을 일컫는 말이었으며, 해당 맥락에서는 기회주의적이고 우유부단한 세대라는 의미 – 옮긴이), "반대자들", "무책임한 사람들", (전쟁이 임박했을 때는) "고립주의자"로 불리며 공격을 받았다. 루스벨트는 의회에서 자신을 반대했던 잃어버린 세대의 세 명의 공화당원 "마틴, 바튼, 피시"[162]에 맞서 열렬한 환호를 받으며 수많은 군중을 규합했다.

대공황은 이들에게 중년의 숙취를 불러일으켰다. 맬컴 카울리에 따르면, 이 시기는 그들에게 "의심과 패배의 시기"[163]였다. 하지만 세월이 흐르면서 이들은 1930년대 10년 동안 대담하면서도 견실한 명성을 쌓았다. 루스벨트가 연임에 성공하면서 공화당 성향의 잃어버린 세대는 상대적으로 매우 늦은 시기인 1941년에야 의회 의석과 주지사 과반수를 차지했고[164] 이 흐름이 X세대까지 이어졌다.

2차 세계대전이 발발하자 잃어버린 세대는 고립주의를 버리고 대담함(패튼), 따뜻함(브래들리), 끈기(아이젠하워)를 보여준 전쟁 승리의 주역이 되면서 젊은 군인들에게 힘을 실었다. 대내적으로는 레이더와 음파탐지기부터 근접전파신관과 핵분열에 이르기까지 치명적인 새로운 기술을 터득해 세계에서 가장 효율적인 전쟁 무기를 관리했다. 별다른 철학이 없었던 초대 대통령은 원자폭탄 두 개를 투하하면서 복수는 줄이고 더 안전한 평화를 마련했다.

이 '제2막이 없는' 세대는 미국이 암울한 세계적 비상사태에서 생존할 수 있는 근성을 길러줬고 결국에는 승리하는 데 기여했다. 대공황 시기 잃어버린 세대는 큰 타격을 입었지만, 공공 혜택을 거부했다. 2차 세계대전 당시에는 징병을 담당하고, 물품을 배급하고, 침략을 계획하고, 폭격기 편대를 파견했다. 그들은 수천 명을 죽이고, 수백만 명을 구하는 명령을 내렸다. "피와 배짱"의 장군들부터 "적에게 지옥을 선사하라"던 대통령에 이르기까지 잃어버린 세대는 압박을 견디고 승리하는 법을 잘 알고 있었다.

이것이 노마드 원형이 네 번째 전환기에 진입한 마지막 시기였다.

2020년대 후반 어느 날, 미국이 강대국과 갑작스러운 적대행위를 벌인다고 상상해보자. 오직 이 전쟁만이 모든 규칙을 깰 수 있다고 생각해보자. 아마 전쟁은 진원지를 알 수 없는 거대한 사이버 공격으로 시작할 것이다. 사이버 공격은 미국의 에너지, 운송수단, 소통 인프라를 무력화할 목적으로 이루어질 것이다. 그다음에는 미국이 아무것도 보지도 듣지도 못하게 할 위성 공격이 뒤따를 것이다. 그리고 AI가 조종하는 드론 떼가 등장하고, 정체 불명의 하이브리드 군대가 합세해 민간인들 사이로 신속하게 침투할 것이다.

이 전쟁은 계략과 속임수, 유인전략과 벼랑 끝 작전, 파괴와 거부로 가득 찬 거대한 퍼즐처럼 보일 것이다. 그 무엇도 명확하지 않은 상황에서 모든 것이 위태로워질 것이다. 누구든 미국의 대응을 책임지는 사람은 전쟁의 포화 속에서 냉정함과 과감함을 잃지 않고, 극도의 위험 상황에도 흔들리지 않아야 할 것이다. 그들은 혼자 행동해야 할 것이다. 회의를 소집할 시간조차 없을 가능성이 크기 때문이다. 그들은 객관적이고 신속하게 생각하고, 즉각적으로 최첨단 해결책을 조합하는 데 능숙한 유연한 문제해결사여야 한다.

이제 해병대에서 우주군까지 미국 군대와 미국의 사이버 전략 기업을 두루 관장할 50~60대 책임자의 모습을 상상해보라.

이들 대부분은 아마 어린 시절부터[165] 게임 〈던전 앤 드래곤〉부터 〈젤다의 전설〉까지, 드라마 〈트윈 픽스〉부터 〈X파일〉까지, 영화 〈위험한 게임〉과 〈최후의 스타파이터〉부터 〈다크 나이트 라이즈〉와 〈월드워Z〉까지, 〈매드맥스〉부터 〈나는 전설이다〉까지 특정 주제의 대중문화에 푹 빠져본 경험이 있을 것이다. 이 게임이나 드라마, 영화의 줄거리는 대체로 고독한 주인공이 누구의 도움도 없이, 아무 준비도 없이, 어느 날 갑자기 무작위로 선택돼 인류의 운명을 결정하는 상황에 처하는 것이다. 상황은 위험해 보인다. 믿을 사람은 거의 없다. 세상은 구할 가치가 없어 보이기도 한다. 그러나 결정적인 순간에 이 고독한 나그네는 모든 중압감을 떨치고, 우선순위를 정해 필요한 일을 하고 왕국을 구한다.

미국의 떠오르는 리더인 X세대는 실무적인 군 지휘관이든 기업 책임자든, 미국이 직면한 예기치 않은 도전에 필요한 기질과 능력을 갖추고 있다. 플레이어 1이든 로그 1이든, 그들은 준비가 돼 있을 것이다.

X세대가 그런 역할을 기대하는지 아닌지는 또 다른 문제다. 1989년 개봉한 영화 〈금지된 사랑〉에서 고등학교 졸업생 대표가 이렇게 말한다. "나는 우리의 미래를 엿봤어. 내가 할 수 있는 말은, 돌아가라는 거야!"[166] 수십 년 후, 그녀의 동창생들이 그 메시지를 되새긴다. 거기엔 그럴 만한 이유가 있다. 그들은 자신들의 집단 서사가 편안한 결말을 맞지 못할지도 모른다고 생각하기 때문이다. 크리스천 슬레이터(Christian Slater)가 "거칠기로 유명한 죽은 자들의 긴 목록"[167]이라고 칭했던 노마드 세대는 항상 부, 교육, 안전, 수명, 기타 진보의 척도에서 뒤처지는 세대였다. 그러나 그들은 승리와 비극의 갈림길에 선 세대이자 가장 어두운 시련을 지나온 사회를 일으켜 세운 세대기도 하다.

위기의 시대가 점점 더 진행될수록 가장 젊은 X세대조차 40대 후반에 접어들게 되고, 이내 X세대 전체가 완전히 중년이 될 것이다.

그때가 되면 가장 나이가 많은 X세대는 노년기에 접어들 것이고, 그들의 노년기는 베이비붐 세대가 같은 나이였을 때보다 경제적으로 훨씬 열악할 것이다. 이들은 경제적으로 직업적으로 대단히 넓은 범위에 걸쳐 다양하게 분포할 것이다. 게다가 위기의 시기 동안 공공지출이 증가하면서 이들의 전반적인 재정 상태는 악화할 것이다. X세대 고소득층은 긴급 세금 조치로, 저소득층은 실질임금 하락과 공공안전망 약화로 소득과 재산이 줄어들 것이다. 노령연금 혜택 축소는 이미 은퇴를 앞둔 베이비붐 세대에게 영향을 미치기 시작하겠지만(그리고 불가피하게 이 긴축정책의 시대에 '할아버지 세대'가 되겠지만) 이러한 축소 정책은 대부분 X세대에게 본격적으로 타격을 줄 것이다.

X세대는 이렇게 될 줄 알았다고 말할 것이다.

위기의 시대에 중년 직장인의 이미지는 적당한 임금을 받으며 일하다가 어느 순간에 인생의 방향을 순식간에 바꿀 수 있는 유연한 사람일 것이다. 성공한 중년의 전형적인 모습은 거래를 성사시키는 사람, 자원이나 전략을 효과적으로 활용하는 사람, 최첨단기술 문제를 해결하는 사람일 것이다. 실패한 중년의 전형적인 모습은 망가진 도박꾼으로, 파산하고도 여전히 도박을 멈추지 않는 사람일 것이다. 부유하지만 부유하지 않은 이들 세대의 경쟁자는 느리지만 꾸준한 사람들(그중 다수가 다양한 출신 배경을 지닌 이민자일 것이다)이 될 것이다. 마치 영화 〈기숙사 대소동〉(1984년)[168]처럼 말이다. 이 경쟁자들은 한 번의 위험을 너무 많이 감수한 민첩한 공격수를 추월할 것이다.

중년의 X세대는 도덕적 권위를 잃고 강인함을 얻게 될 것이다. 그들의 사고방식은 실용적이면서도 경직돼 있을 것이고, 위기의 시대에 안전의 필요성을 절감한 결과 위험에 대처하는 방식이 유연할 것이다. 중년층은 청년운동의 멘토가 되고, 어려운 시기에도 여유 있게 대처하며, 국가가 필요로 하는 일에는 헌신적으로 기여할 것이다. 밀레니얼 세대는 X세대의 대담한 결단력, 거친 유머, 타인의 인정을 구걸하지 않는 무심한 태도에 감탄할 것이다. X세대는 경제 전반에 걸쳐 위험하고 궂은 일을 맡게 될 것이다. 이들은 내면의 진실보다는 실행 가능한 결과에 더욱 집중할 것이다. 영화 〈슬래커〉의 영화감독 리처드 링클레이터(Richard

Linklater)는 자신의 세대는 "처음부터 이상주의가 없었기에, 이상주의가 퇴색한다 해도 혹독한 역풍은 없을 것이다"[169]라고 예측했다.

X 세대 초창기의 최첨단 음악 및 혁신적인 미디어는 대부분 더 경쾌하고 정치적으로 올바른 분위기에 길든 젊은 미국 세대에게 무시되거나 재정비될 것이다. 심지어 욕설이 난무하던 젊은 시절을 〈핫 텁 타임 머신〉(2010년)[170]을 타고 되돌아보고 싶어 하는 X 세대 자신들조차 자신의 방에 자녀나 손주들과 함께 있지 않으려고 할 것이다. 젊은 미디어 혁명가들에게 자리 양보하기를 거부하는 몇몇 노년의 문화 반항아는 전 세계로 흩어져 소설가 더글러스 코플랜드가 묘사한 "마땅히 받아야 할 인정을 받지 못한 채 파리 카페에서 쫓겨난 백인 러시아 귀족"[171]처럼 유배된 느낌을 받을 것이다.

X 세대는 삶의 문제에 직면했을 때 애착 정도에 따라 노력의 우선순위를 정할 것이다. 최우선순위는 가족이 될 것이다. 그들은 어느 정도의 삶을 누리게 할 능력이 있다는 자부심을 가지고 있으며, 가족이 재정적으로 고통받지 않도록 보호할 것이다. 이들의 이혼율은 베이비붐 세대가 중년일 때보다 훨씬 낮을 것이다. 위기의 시대 분위기가 심각해지면서 이들이 자녀를 보호하려는 의지 역시 강해질 것이다. 이들에게 그다음 우선순위는 가족에게 가장 큰 영향을 미치고 자신의 기여도에 따라 큰 변화를 가져올 수 있다고 생각하는 학교와 지역의 청소년 관련 단체 및 지역 공동체 활동이 될 것이다. 마지막 순위는 국가 공공 리더십이 될 것이다.

베이비붐 세대와 침묵 세대 지도층이 은퇴하면서 필연적으로 X 세대의 국가 지도자 비중은 증가할 것이다. 그러나 이전 세대와 비교했을 때 이 비중은 현저히 낮을 것이고, 2020년대 후반에는 밀레니얼 세대의 비중이 급격히 증가하게 될 것이다. 이들의 동창이나 친구 중 공공부문에서 경력을 쌓은 사람은 드물 것이다. 2020년 민주당 예비 선거에서처럼 밀레니얼 세대가 공직에 출마하게 되면, X 세대는 대다수 유권자에게 자격 없는 주변인처럼 보일 것이고 그렇게 되면 상당한 고전을 면치 못할 것이다.

X 세대는 실제 피부에 와닿는 지역 정치에서 더 빛을 발할 것이다. 2020년대 말이 되면 X 세대는 주지사 및 시장 자리에서 상당히 많은 자리를 차지하게 될 것이고, 이들 중 전직 기업인, 최고경영자, 주부 등 정치 경험이 없는 것을 오히려 자랑하는 이들이 점점 늘어날 것이다. 또한, 이민자 출신이거나 이민자 가정 출신의 사람도 점점 더 많아질 것이다.

위기의 시대가 절정으로 치달으면서 정부는 새로운 인프라 구축, 생산 능력 확대, 고통받는 이들 돌보기, 군 자원 수송, 민방위 구축 등 모든 수준에서 인력과 자원을 동원해야 할 것이다. 이 모든 상황이 강인하면서도 신속한 X 세대 리더십 스타일을 극한의 시험대에 올려놓을 것이다. 그리고 대체로 그들의 리더십은 효과적인 것으로 입증될 것이다.

X 세대 책임자는 분류의 달인이 될 것이다. 그들은 해결할 수 없는 문제는 걱정하지 않으며, 성가시게 소란을 피우지 않을 것이다. 리더로 선출된 이들은 유권자에게 솔직하게 이야기하고, 유권자의 요구에 유연하게 대응할 것이다. 이들은 실리적인 결과에 집요하게 집중할 것이고, 그 과정에서 뇌물·위협·타협도 마다하지 않을 것이다. 국가비상사태로 영향력과 입지가 강화된 X 세대는 합법적인 절차를 제쳐둘 것이고, 이로 인해 노년의 베이비붐 세대와 침묵 세대는 괴로워할 것이다. 군 지휘관으로서, 공공정책을 수호하는 수장으로서 X 세대는 내면에 있던 전사를

해방시킬 것이다. 이들은 빼어난 시기적 판단, 창의적 전술, 무엇이 중요하고 중요하지 않은지에 대한 본능적 감각, 한 문제에서 다음 문제로 신속하게 넘어가는 능력을 보여줄 것이다.

하지만 이 세대가 미국을 어디로 이끌지는 아직 알 수 없다. 중년기에 권력의 정점에 있는 X세대 유권자와 지도자들은 미국의 정치적 향방에 복잡한 변동성을 가져올 것이며, 심지어 미국이 어떤 종류의 국가 내지는 국가들이 될지조차 불확실하다. 일반적으로 중년은 인간의 인생에서 가장 뿌리 깊은 시기로 여겨지지만, 중년의 X세대는 자신들이 기존 사회질서와는 이해관계가 거의 없다고 느낄 것이다. 그들은 사회계약에서 자신들의 이름과 서명이 빠져 있다고 생각할 것이다. 이들은 어린 시절부터 중년이 될 때까지 단 하나의 메시지만 들으며 살았다. 자신의 인생은 자신에게 달려 있으며, 만약 문제가 생기면 스스로 해결하라는 메시지. 그들 기억에는 또래 동료들이 공화국에 강한 의무감이나 보람을 가졌던 시절이 거의 없을 것이다.

이 노마드 원형 세대에 관한 역사적 기록은 고무적이다. 이 세대는 가족과 자녀를 위해 다른 사람이 파괴한 곳에 다시 건물과 집을 짓고, 자신들이 받지 못한 것을 주려고 노력한다. 벽이 무너지고, 가족이 해체되고, 충성심이 외면받던 시대에 성장한 X세대는 비상상황 속에서 공화국에 강력하고 새로운 활력을 불어넣으려고 노력할 것이다. 이는 그들이 삶의 초창기에 거부당했던 안정적인 제도적 환경을 지키기 위한 수단일 것이다. "우리는 쓸모없다"고 하는 X세대의 낮은 집단 자존감은 새로운 시민 역할의 폭을 넓힐 것이다. 이들은 생명, 재산, 신성한 명예를 희생하는 대가로 많은 것을 요구하지 않을 것이므로, 다른 세대들은 마지못하더라도 그들을 따를 것이다.

그러나 어두운 예측도 가능하다. X세대 중 비판적인 입장의 무리가 미국이라고 하는 단일 국가가 가망 없이 분열됐다고 판단하면 "나를 짓밟지 마라(Don't Tread on Me)"(미국 독립전쟁 당시 뱀 그림과 함께 사용된 문구로, 식민지의 독립과 자주성을 상징하는 표현 – 옮긴이)는 식으로 아예 국가를 여러 조각으로 나누려 들 수도 있다. 또 다른 가능성은 포퓰리스트 X세대 무리가 공화국을 구한다는 명분하에 직접적인 행동을 먼저 취하고, 나중에 이를 정당화하는 방식을 택하는 것이다. 기술 기업의 지원을 받는 데 환멸을 느낀 자유주의자들은 1990년대 성공을 거둔 "변명하지 마라(No Excuse)", "그냥 해라(Just Do It)", "정해진 규칙은 없어(No Rules, Just Right)" 같은 광고 문구를 정치 슬로건으로 채택할 수도 있다. 이는 행동 자체를 위한 행동을 미화하고, 힘과 충동을 높이 평가하고, 연민을 경멸하는 승자독식 정신으로 시작될 것이다. 여기에 계급 절망감, 합리주의에 대한 거부, 국가의 쇠퇴에 대한 확신이 더해진다. 이것이 극단적으로 치달으면 미국의 새로운 파시즘이 될 수도 있다.

무슨 일이 일어나건, 위기의 시대 절정인 에크피로시스는 X세대의 삶에 새로운 의미를 부여하고, 그들 세대의 특징에 핵심 역량을 부각할 것이다. 강인함, 현실주의, 감정 부족 등 몇십 년 동안 비난받았던 그들의 특징은 이제 국가적 자원으로 인정받을 것이다. 그들이 공화국을 구하는 데 성공한다면 정치적 잘못에 대한 비난은 덜 듣게 될 것이다. 군인이 검투사처럼 행동하고, 기업인이 도둑 두목처럼 굴고, 정치인이 상사처럼 행세한다고 불평하는 미국인은 줄어들 것이다. 강력한 새 정권이 들어서고 시간이 흐르면 이들의 재능은 필요성이 점점 줄어들 것이다. 다른 중년의 히스패닉 계열이나 아시아인, 아랍계 미국인 등은 자신들의 인종이나 민족 정체성을 숨기지 않으면서도 새로운 주류의 흐름에 동참할 것이다. 제대로 작동하는 시스템에서 얻을 수 있는 것이 많다는 사실을 잘 알기 때문이다.

위기의 시기에 X 세대는 현장 전문가로서, 일상의 결과를 결정하는 결정권자인 숨은 관리자로서 책임을 다할 것이다. 베이비붐 세대가 은발의 투사 역할을 맡게 되면, X 세대는 거시적인 전략을 맡지 않을 것이다. 그 경우 X 세대는 더 위험한 베이비붐 세대의 흐름을 바꿀 유일한 세대가 될 것이다. 밀레니얼 세대는 베이비붐 세대를 견제하지 않을 것이고, 베이비붐 세대조차도 스스로를 견제하지 않을 것이다. 베이비붐 세대가 요구하는 희생이 미래에 주어질 보상보다 클 때, 오직 X 세대만이 베이비붐 세대 전사들에게 "현실을 직시하라"고 강하게 말할 것이다. 미국의 군가 〈공화국 전투 찬가〉의 노랫말처럼, 선의라 해도 잠재적으로 재앙을 초래할 수 있는 늙은 물병자리가 재앙을 일으키고 세상을 어둠에 몰아넣는 것을 막는 것은 홀로 행동하는 중년의 정치인, 장군 또는 대통령 고문이 될 수도 있다.

은발의 투사는 베이비붐 세대가 아닐 수도 있다. 특히 위기의 절정이 늦게 찾아온다면, 은발의 투사는 X 세대가 될 수도 있다. 우리는 이전에도 노마드 세대인 은발의 투사를 본 적이 있다. 조지 워싱턴이 그랬고, 엘리자베스 1세가 그랬다. 이번에 닥칠 위험은 다를 것이다. 이 시기의 노마드 세대 리더는 지나치게 신중한 나머지 최종 목표에 도달하기도 전에 일찍 타협하려 들 것이다. 안전은 확보되겠지만, 다음 정권의 새로운 미래를 저해하게 될 것이다.

위기의 시기가 어떻게 끝나든, X 세대는 공은 덜 인정받고 비난은 더 많이 들을지도 모른다. 그때쯤이면 노년기가 됐을 X 세대는 전혀 놀라지 않을 것이다. X 세대는 평생 다른 세대에게 그리 좋은 평판을 얻지 못했기 때문이다. X 세대 자신들조차 그러한 평가를 절반쯤은 받아들이기 때문에 세상에 큰 기대를 품지 않는다. 국가 지도자로서 그들의 가장 큰 업적은 자신들의 장점을 겸손하게 받아들여 자녀와 손주들에게 더 나은 세상을 물려주는 것인지도 모른다.

성인이 되는 밀레니얼 세대

밀레니얼 세대(1982~2005년에 태어났다)는 현재 약 1억 2,000만 명으로 추정되며 주로 20~30대로 구성된다. 이들은 2010년 중반, 미디어에 가장 많이 언급되며 베이비붐 세대를 넘어섰다(X 세대는 미디어에서 지배적인 우위를 차지한 적이 없다). 이들 세대는 "착한 세대", "우리 세대", "나(Me) 세대" 등으로 불린다. 'Me'라는 표현은 1970년대에 토머스 울프가 베이비붐 세대에게 붙인 이름이어서 다소 이상하게 보이기도 한다. 어쩌면 이들 세대에게는 '미니 미(Mini-Me)'라는 수식어가 더 어울릴지도 모른다. 가장 나이가 많은 밀레니얼 세대는 베이비붐 세대 부모에게서 태어나 흔히 트로피 키드라고 불리는 세대로, 레이건 대통령 첫 취임식 직후에 잉태된 이들이다. 이들은 2000년에 고등학교를 졸업하고 대침체기가 시작될 무렵 대학을 졸업했다. 밀레니얼 세대의 마지막 집단은 아직 정확하게 파악할 수 없다. 그러나 X 세대 부모에게서 태어난 가장 어린 밀레니얼 세대는 코로나19 팬데믹 시기에 고등학교에 입학해 현재 많은 이가 졸업을 앞두고 있다.

전편: 우리는 할 수 있다
1980년대 초반에 유아기를 보낸 전기 밀레니얼 세대는 성인이 된 베이

비붐 세대에게 결정적인 영향을 미친 의식혁명에 대한 기억도, 어린 시절의 X 세대에게 큰 영향을 미친 부모의 방임에 대한 기억도 없다. 밀레니얼 세대를 형성한 것은 기성세대 시대의 실험적인 형태의 사회제도나 가족제도에 대한 반발이었다. 1980년대 초반 이혼율, 낙태율, 1인당 알코올 소비량 등은 최고치를 기록한 이후 지속적으로 하락하기 시작했다. 책이며 언론 기사에는 1970년대 아이들이 얼마나 형편없는 대접을 받았는지를 언급하며, 다음 세대에는 새로운 보호 의식과 사명감, 집단적 목표 의식이 필요하다는 주장이 제기됐다.

가족의 가치가 부상하면서 어른들은 더 많은 시간을 들여 아이들을 더 정성껏 보호하기 시작했다.[172]

구글 엔그램에 따르면, 1970년대 중반에는 "아이들은 특별하다"라는 표현[173]이 거의 사용되지 않았으나 1980년대 중반에는 매우 흔하게 사용됐다. 1970년대 후반까지만 해도 자녀의 출산 과정에 아버지가 동참하는 일[174]이 드물었지만 1980년대 후반부터는 베이비붐 세대에게 익숙한 라마즈 운동 덕분에 매우 일반화됐다. X 세대가 어렸을 때 인기를 끌었던 나쁜 아이들이 등장하는 영화는 극장가에서 흥행에 실패하기 시작했다. 갑자기 〈베이비붐〉(1987년), 〈뉴욕 세 남자와 아기〉(1987년), 〈우리 아빠 야호〉(1989년) 등 사랑스러운 어린이가 등장하는 영화가 인기를 끌기 시작했다.[175] 10년 후, 할리우드에는 자녀를 위해 더 나은 사람이 되려고 노력하는 베이비붐 세대의 엄마와 아빠가 등장했다. '참 잘했어요' 스티커와 '부모님을 학교에 데려오는 날' 등 많은 비난을 받았던 자존감 키워주기 운동이 다시 확산했다. 그로부터 10년 후 이 흐름은 나이 든 사람은 절대 이해하지 못할 '부모님 회사에 데려오는 날'로 확장됐다. 밀레니얼 세대가 처음 등장했을 때 강박적으로 어린이 안전을 신경 쓰는 분위기가 형성됐다. 1980년대 초반 미니밴 창문에 '아이가 타고 있어요' 스티커를 붙이는 차가 늘어났고, 아이를 차에 안전하게 고정할 수 있는 다양한 카시트가 생겨났다. 20년 동안 전기 플러그 안전 마개, 가스레인지 안전장치, 문 닫힘 방지장치, 놀이터용 안전장치 등 어린이 안전장치 산업 성장률이 두 자릿수를 기록했다.

밀레니얼 세대의 어린 시절은 미국에서 네 번째로 아동에 대한 과도한 우려와 불안을 보인 네 번째 시기의 시작을 알리는 신호탄이었다. 미국은 18세기 중반부터 각성기 이후 아동에 대한 과도한 보호를 보이는 시기를 거쳐왔다. 어린이 보호 놀이터, 학교 내 금속 탐지기 설치, 마약 금지 구역부터 실종 어린이 찾기 긴급경보시스템인 앰버 경고(Amber Alert), 성범죄자 등록 및 정보 공개 관련법인 메건(Megan)법, 실종 어린이 긴급 대응체계인 코드 애덤(Code Adam)에 이르기까지 어린이 세상을 둘러싼 새로운 경계의 벽이 생겨나기 시작했다. 1990년대 후반에 이르러 대부분 지표에 따르면, 아동 유기, 가출, 부모의 폭력 등이 급격하게 개선됐음을 알 수 있다.[176]

밀레니얼 세대 아이들은 이러한 보호 조치에 저항하지 않았으며 오히려 환영했다. 그들은 자신들이 특별하므로 보호받을 가치가 있다는 논리를 이해했다.

가치 있는 존재라는 의미는 밀레니얼 세대가 스스로를 보호하려는 욕구, 즉 위험에 대한 혐오가 커지고 있다는 점에서 X세대 아동들과 또 다른 대조를 이룬다. 미국 질병통제예방센터(CDC)는 미국의 8학년, 10학년, 12학년 학생을 대상으로 안전벨트 착용, 흡연, 약물복용, 성관계, 음주운전, 학교 내 폭력 등 100가지가 넘는 '청소년 위험 감시 지표'를 추적 관찰하고 있다. 거의 모든 지표가 1990년대 중반부터 2010년대 중반까지 현저하게 감소했다.[177] 밀레니얼 세대가 X 세대를 대체하면서 주로 10대 후반에서 30대 초반에 저지르는 폭력 범죄율도 급격하게 감소했다.[178] 40세 이상의 X 세대 및 베이비붐 세대 수감자를 위한 노인 전문 교도소를 신설했음에도 불구하고, 2001년부터 2016년까지 30세 미만 남성의 교도소 수감률은 절반으로 감소했다.[179]

부모 및 정권을 대하는 청소년의 태도는 소외(X 세대)나 반항(베이비붐 세대)에서 벗어나 순응하는 방향으로 바뀌었다. 2003년, 가족과 심각하거나 중대한 문제가 있다고 응답한 청소년은 15퍼센트에 불과했다. 워터게이트 사건 당시 10대 중 무려 40퍼센트가 부모와 함께 살기를 원하지 않는다고 대답했으며, 1983년에는 25퍼센트,[180] 1974년에는 50퍼센트가 가족과 심각한 문제가 있다고 답한 것을 고려하면 매우 대조적인 수치라 할 수 있다.

많은 밀레니얼 세대 청소년이 인생 롤 모델로 유명인이 아닌 부모를 선택했다. 그리고 이들은 직장이나 대학을 위해 집을 떠난 후에도 부모와 가까운 관계를 유지하고 있다. 최근 설문조사에 따르면, 20대 초반의 성인들이 부모와 대화하고 시간을 보내는 비율이 그들의 부모 세대보다 훨씬 많은 것으로 나타났다.[181]

부모와 교사는 젊은 세대가 더 많은 것을 성취하기를 원했을까? 잘은 모르지만, 밀레니얼 세대는 기꺼이 그렇게 했다. 미국 역사상 이렇게 많은 시험을 자발적으로 기꺼이 치른 세대도, 능력주의 원칙을 전적으로 신뢰한 세대도 없었다. 2010년대 중반, 밀레니얼 세대 고등학생들은 1990년대 중반의 후기 X 세대에 비해 평균 숙제량이 두 배나 많았음에도 불구하고[182] 불평이나 불만 없이 따랐다. 2000년대 초반 10년 동안 고등학교 AP시험 응시자도 두 배나 늘었다.[183] 연기 수업부터 운동 동호회까지 과외활동은 거의 전문적인 수준이 돼서 가족은 여기에 많은 시간과 돈을 투자해야 했다. 파티 약물에 대한 청소년의 관심은 줄었지만, 집중력을 향상해준다고 하는 이른바 '스마트 약물'에 대한 의존도는 급증했다.

결과적으로 보면 '참 잘했어요' 스티커를 더 많이 받으려는 밀레니얼 세대의 노력은 성공적이었다. 밀레니얼 세대의 학업성취도는 모든 수준에서 이전 세대를 앞질렀으며,[184] 특히 대학 및 대학원 학위 취득률은 이전 세대보다 월등히 많았다. 비록 미래를 저당 잡히고, 부모의 저축을 빼먹는 고등교육 등록금이 엄청나게 인상됐음에도 말이다.

밀레니얼 세대 젊은이들은 부모와의 친밀감을 중요하게 생각하는 것 못지않게 공동체와의 유대감도 중요하게 여겼다. 이 세대가 초등학교에 다닐 무렵 시민 교육의 중요성이 새롭게 부상했다. 고등학생의 경우 '자원봉사'의 비율이 급증했다.[185] 2010년대 초, 밀레니얼 세대는 마크 저커버그가 만든 새로운 '소셜미디어'에 몰려들었다. 머지않아 이들은 실시간으로 모든 사람의 행동을 추적하는 다양한 디지털 환경으로 옮겨가기 시작했다. 집에서 독립한 후에는 '공유' 경제를 옹호했고, (젊은 X 세대와는 달리) 거래, 임대, 차용, 중고 거래 등이 타인에게 지나치게 의존적으로 만든다는 사실에는 별로 신경 쓰지 않았다. 밀레니얼 세대는 취업을 준비하면서 부모 세대가 엄격하게 대했던 직업적 소명을 변화시키기 위해 노력했는데, 그 방편으로 주로 온건한 표현인 '소셜' 접두사를 붙여 소셜 마케팅, 소셜 투자, 소셜 기업 등으로 만드는 경우가 많았다.

베이비붐 세대와 X 세대 젊은이들은 공동체의 영향력이나 감시를 피해 도망치는 경우가 많았던 반면, 밀레니얼 세대는 배척당하는 것, 고립, 외로움 등 이른바 '포모'(FOMO, Fear of Missing Out의 줄임말로 유행이나 흐름에 뒤쳐지는 것을 두려워하는 증상 - 옮긴이)를 가장 두려워한다.

지난 20년 동안 밀레니얼 세대는 청소년 문화를 분명 더 밝고 온화한 방향으로 변화시켰다. 전기 밀레니얼 세대가 아직 초등학교에 다닐 때, X 세대 청소년들이 너바나(Nirvana)와 펄 잼(Pearl Jam), 닥터 드레(Dr. Dre) 투팍(Tupac) 등을 이제 막 알아가기 시작하던 때 주요 선행지표를 살펴보자. 1990년대 초는 애니메이션 〈라이온 킹〉을 시작으로 〈니모를 찾아서〉까지 이어지는 10년간의 가족 친화적인 디즈니 애니메이션[186]의 화려한 부흥기였다. 어린이 TV 프로그램도 〈바니와 친구들〉, 〈블루스 클루스〉, 〈네모 바지 스펀지밥〉, 〈도라 탐험대〉 등 밝고 유쾌하고 교훈적인 프로그램들이 해마다 쏟아져 나왔다.

전기 밀레니얼 세대가 10대 후반에서 20대가 됐을 무렵에는 기존의 청소년 장르에 새로운 분위기가 만들어지기 시작했다. 1990년대 후반에는 팝과 안무가 있는 보이 밴드가 등장해 음악계를 강타했고, 이후에는 테일러 스위프트, 드레이크(Drake), 아리아나 그란데(Ariana Grande), 브루노 마스(Bruno Mars) 등 밀레니얼 세대가 대형 브랜드와 협업하는 형태의 음악이 주류로 자리 잡았다.

이러한 흐름은 2000년대 중반부터 TV와 영화에도 영향을 미쳐, 더 친밀하고 돈독한 가족, 세상을 구하기 위해 더욱 힘을 합하는 슈퍼히어로들, 다양한 인종 및 젠더 역할을 보여주는 프로그램 등으로 변화하기 시작했다. 밀레니얼 세대가 주요 시청자층으로 성장하면서 각종 경연 프로그램은 〈어프렌티스〉보다는 〈파티셰를 잡아라!〉처럼 덜 경쟁적이고 더 친절한 방향으로 변하고 있다. 유명 인사가 등장하는 토크쇼도 코넌 오브라이언(Conan O'Brien)보다는 지미 팰런(Jimmy Fallon)처럼 더 따뜻하고 유쾌한 진행자를 섭외한다. 시트콤은 〈사인필드〉보다는 〈빅뱅 이론)처럼 더 똑똑하고 성취도가 높은 젊은이들이 등장하는 분위기로 바뀌었다. 직장 생활을 다룬 코미디도 진심으로 회사에 보탬이 되고 싶어 하는 젊은이들이 등장하는 분위기, 말하자면 〈더 오피스〉보다는 〈팍스 앤 레크리에이션〉에 가까운 분위기로 변하고 있다.

밀레니얼 세대에게 지난 15년간 가장 큰 어려움은 기성세대와 마찬가지로 경제적 압박에 대처하는 일이다. 밀레니얼 세대에게만 해당하는 사례지만, 이들은 직업 세계에 입문하면서 광범위한 예산 삭감으로 큰 영향을 받았다. 전기 밀레니얼 세대는 닷컴 붕괴와 9 · 11 테러를 겪으며 성인이 됐고, 이제 막 직장에 처음 들어가 적응하던 시기에 경기 대침체의 여파로 삶의 궤도가 바뀌었다.

후기 밀레니얼 세대의 경우, 청년 고용은 2010년대 후반 2~3년 동안 개선됐지만 이마저도 2020년 팬데믹으로 인한 봉쇄 조치로 상황이 뒤바뀌었다.

X 세대와 마찬가지로 밀레니얼 세대의 실질소득은 부모 세대가 같은 연령일 때보다 뒤처졌으며,[187] 일부 지표에서는 X 세대보다 더 뒤처진 것으로 나타났다.[188] 부의 축적에서도 뒤처지고 있기는 마찬가지다.[189] 밀레니얼 세대 젊은 부부의 주택 소유율은 1950년대 초 침묵 세대 이후 가장 낮은 수준이다.[190] (그러나 1950년대 당시에는 오늘날과는 달리, 주택 소유율이 급격히 증가했다.) 오늘날 30대의 경제적 만족도(낮음)와 사회보장을 받는 모든 노년층의 만족도(높음) 간의 격차는 측정을 시작한 이후 가장 큰 폭으로 벌어졌다.

이는 베이비붐 세대나 X 세대와 달리 규칙을 준수하고, 안전한 방식을 따르고, 낙관적인 태도를 유지하고, 많은 자격증을 취득하는 등 '취업 준비'를 위해 열심히 노력했던 밀레니얼 세대에게는 실망스러운 결과다. 부모는 그들에게 많은 것을 기대했고, 그들 역시 자기 자신에게 많은 기대를 걸었다. 밀레니얼 세대는 자신들의 세대 전망이 밝다는 데 너무도 자신감이 있었기에, 이렇게 실망스러운 결과는 개인적 문제며, 이것이 또래 동료들에게 영향을 미치지는 않을까 두려워한다. 성인에게 자신의 재정 상태를 밝히기를 꺼리는 이유[191]에 관한 설문조사에 따르면, 실패했다는 생각으로 인한 수치심을 꼽은 밀레니얼 세대는 55퍼센트인 반면 X세대는 28퍼센트, 베이비붐 세대는 13퍼센트에 불과했다.

밀레니얼 세대는 이미 자신들 세대의 특성을 정의하는 모든 전략을 두 배 이상 강화하고 있다. 다른 학위를 더 취득하거나, X세대의 '허슬 경제'(hustle economy, 고정관념에서 탈피해 목표를 이루기 위해 다각도·다방면으로 노력하는 경제 형태를 의미 – 옮긴이)에서 경쟁자를 이기기 위해 더 열심히 노력한다. 휴가를 즐기는 것에 대한 죄책감을 싫어하는 밀레니얼 세대는 기성세대보다 휴가를 덜 즐기는 편이다.[192] 이들은 친구들과 일을 나눠 하고, 비용도 각자 나눠 낸다. 이들의 부모 세대가 대학 졸업 후에는 좀처럼 하지 않았던 단체생활도 도시에서 일하는 젊은 밀레니얼 세대에게는 거의 규범이 되다시피 했다.

팬데믹 이후 30세 이하의 성인 약 절반 이상이 부모와 함께 살고 있으며, 이 비중은 날로 늘고 있다. 이는 1940년 경제대공황 말기에 부모님 집 근처에 살던 젊은 G.I. 세대 비중과 거의 비슷한 수치다.[193] 밀레니얼 세대는 마지못해 고향으로 돌아가는 이른바 '부메랑'이 될 가능성이 X세대에 비해 적다. 애초에 집을 떠나지 않기 때문이다. 심지어 집을 떠나 있어도 부모나 집안의 연장자와 친밀한 관계를 유지하며 조언과 지원을 받는다. 2018년 조사에 따르면, 21세에서 37세 사이의 밀레니얼 세대가 나이 많은 가족에게 매달 재정 지원을 받는다고 응답했다.[194]

무엇보다도 이 세대는 강박적으로 위험을 회피하고 있다. 이들은 큰 조직에서 좋은 혜택을 누리는 직업을 열심히 추구하며, 혜택이나 안정성이 부족하고 비정규직으로 전락할 위험이 큰 계약직은 최후의 수단으로만 여긴다. 취업하고 나면 부모 세대가 같은 연령이었을 때보다 보험 혜택을 더 챙기고, 연금 납입액을 최대치로 늘리고, 공식적인 '승진' 옵션을 전략적으로 활용할 가능성이 훨씬 크다. 자기 사업을 시작하려는 젊은 밀레니얼 세대는 많지 않다. 대다수가 자유분방한 시장을 신화 속 괴물 몰록처럼 아이를 잡아먹는 곳으로 여기며, 마치 영화 〈헝거게임〉이나 〈다이버전트〉 또는 〈오징어 게임〉처럼 위험한 생존 경쟁을 하는 곳으로 생각한다.[195]

이들은 투자에서도 소극적인 성향을 보인다. 위험한 주식이나 부동산은 불안하게 생각해 시장 전반에 투자하는 ETF 상품을 선호한다. 그래야 시장이 폭락하더라도 자신의 주식만 손해본 것이 아니라 다른 투자자들과 함께 손해를 봤다고 위안 삼을 수 있기 때문이다. 밀레니얼 세대는 그나마 합리적인 부채라고 생각하는 대학 학자금대출을 제외하고는 빚을 덜 지고 산다.[196] 이들은 신용카드를 체크카드로 대체하고, 주로 작은 집을 사거나 아예 임대로 사는 방식을 택해 주택담보대출도 적게 받는다.

밀레니얼 세대는 이전 세대가 당연하게 여겼던 이사, 결혼, 출산 등과 같은 통과의례를 미루거나 피하는 경향이 있다. 청년층 사이에서 이 모든 활동 비율이 사상 최저치로 떨어졌다. 낭만이라고는 찾아볼 수 없는 이들의 신중함은 부모 세대를 놀라게 한다. 젊은 여성은 책임감 있는 파트너를 원할 것이다. 결혼은 경제적 안정을 이루기 전이 아닌 후에 하는 것이며, 신용점수가 낮으면 관계가 끝날 수도 있다. 비슷한 사회, 경제적 계층 내에서 결혼하는 '호모가미(Homogamy)' 현상[197]이 1차 세계대전 이전인 에드워드 시대 이후 사상 최고 수준이 됐다. 신혼부부 사이에서는 혼전 계약서와 부부가 각자 관리하는 은행 계좌가 점점 더 보편화되고 있다.

베이비붐 세대나 X 세대 부모에게 멋진 사람은 반항적인 사람, 순종적이지 않은 사람, 위험을 감수하는 사람 등을 의미했다. 그런데 오늘날 젊은 세대에게 멋진 사람은 정직한 사람, 친절한 사람, 유능한 사람 등을 의미한다.

성취하고, 행동하고, 적응하고, 위험을 관리하고, 다른 사람을 만족시키기 위한 노력 등을 한꺼번에 하다 보니 밀레니얼 세대의 삶은 최적화, 최선의 선택, 심지어 완벽주의적 삶을 향해 맹렬히 돌진하게 되고 그 과정에서 지치는 경우도 허다하다. 그들은 '어른이 되는' 모든 과정을 단계별로 배우고 숙달해야 한다.

규칙에 따른 방식과 계획에 탁월한 젊은 여성들은 고학력이나 전문직 젊은 남성들보다 앞서 나가고 있다. 집중력을 높이기 위해 애더럴(Adderall)이나 리탈린(Ritalin) 같은 각성제 및 정신 흥분제의 처방[198]이 지난 10년간 가장 큰 폭으로 상승했다. 번아웃을 호소하는 사람도 늘고 있다. 범불안장애는 이 세대의 남성과 여성 모두에게 가장 빠르게 증가하는 정신질환이며 불안을 떨치지 못해 생긴다.

불안은 밀레니얼 세대의 연애와 성생활의 현저한 감소[199]에 영향을 미친다. 불안 증상은 처음에는 10대 청소년들 사이에서 나타나다가 나중에는 독신 남녀들 사이에서도 두드러지게 나타났다. 데이트를 능숙하게 잘하는 사람은 별로 없으며, 대다수가 가벼운 성관계에 생길 수 있는 위험을 두려워한다. 젊은 남성은 자신이 부양 능력이 없다는 사실에, 젊은 여성은 부양받지 못하리라는 사실에 불안을 느낀다. 독립심과 무결점을 중요하게 여기는 세상에서 밀레니얼 세대 대다수는 의존할 수 있고 친밀하게 느낄 수 있는 곳을 찾기 위해 힘들게 노력한다. 이들은 부모 세대에 비해 기존의 젠더 역할이 약화하는 현상을 승리라기보다는 부담으로 느끼는 경향이 있다. 남성과 여성, 정치적 성향과 관계 없이 이들은 대체로 "페미니즘은 득보다 실이 많다"는 사실에 동의할 가능성이 높다.[200]

밀레니얼 세대는 결혼에 대해서도 놀라울 정도로 전통적인 방식을 선호한다. 이들은 결혼해서 가정을 이루는 것을 사회적 건강의 중요한 보루로 여기며, 동성애자를 포함한 모든 사람이 결혼 생활을 누릴 수 있어야 한다고 생각한다. 하지만 20대 후반과 30대 밀레니얼 세대는 막상 결혼에 어려움을 겪고 있다. 이들 중 상당수는 결혼할 준비가 되지 않았거나, 경제적으로 감당할 여유가 없거나, 위험을 감수할 수 없거나, 신뢰할 수 있는 동반자를 찾지 못했거나, 언급한 모든 이유로 결혼을 하지 못하고 있다.

밀레니얼 세대는 베이비붐 세대와 X 세대에게 "할 수 없다"는 말을 남발하는 나약한 세대라는 핀잔을 자주 듣는다. 이를 '찻잔 증후군(Teacup syndrome)'이라고도 하는데, 압박 상황에서 유연하게 대처하기보다는 부서지기 일쑤인 오늘날 젊은이들의 부족한 회복력을 일컫는 말이다. 밀레니얼 세대는 부모 세대보다 더 큰 어려움에 직면해 있고, 더 높은 기준을 설정하고 있으며, 장기적인 관점을 가지고 있다고 주장한다. 이들은 부모 세대의 엉뚱하고 태평한 삶의 방식을 기준으로 삼지 않아야 한다고 말한다. 과거의 '올드 이코노미 스티브'(Old Economy Steve, 2013년 만들어진 인터넷 밈으로 안정된 경제체제에서 좋은 직장에 다니며 혜택을 누린 중산층 중년 남성을 풍자하는 용어 - 옮긴이)는 대학을 나오지 않거나 아예 학교를 다니지 않아도 중산층 수준의 급여와 복지를 누리며 안락하게 살 수 있었다. 하지만 남의 말을 듣기보다 본인 말을 더 잘하기로 유명한 베이비붐 세대와 누가 논쟁을 벌이겠는가? "넵. 베이비붐 세대님(OK Boomer)"이라는 표현은 대화를 빨리 끝내고 싶어 하는 밀레니얼 세대가 베이비붐 세대를 대하는 무시의 언어가 됐다.

나이가 들면서 밀레니얼 세대는 미국 문화를 좌뇌 성향으로 바꾸고 있다. 즉, 합리주의, 객관주의, 하향식 체계를 지향하는 문화로 말이다. 대학생이 된 (그리고 지금은 교사가 된) 그들은 STEM(과학, 기술, 공학, 수학 - 옮긴이) 커리큘럼과 전문직 준비 과정에 투자하는 시간을 대폭 늘리고,[201] 젊은 베이비붐 세대에게 매력적이었던 기초 교양 및 인문학에서는 대거 이탈하고 있다. 밀레니얼 세대는 STEM 커리큘럼과 전문직 준비 과정이 우리 사회를 더 협동하게 만들고 더 나은 세상을 구축한다고 믿는다. 기초 교양과 인문학은 그저 양립할 수 없는 주관적인 관점끼리 논쟁만 부추길 뿐이라고 생각한다. 최근 무교라고 말하는 미국인 중에 밀레니얼 세대의 증가세가 가파르게 이어지고 있다.[202] 그들 중 다수가 경건한 신념이 공공의 진실을 분열시키고 토끼굴처럼 복잡한 음모론을 키우는 백해무익한 것이라고 의심한다.

한때 베이비붐 세대 청년들이 대중문화에서 개인주의와 내면을 중요하게 여겼다면, 밀레니얼 세대는 반대로 집단과 외면을 우선시한다. 밀레니얼 세대는 옷차림에서도 '놈코어'(평범하고 일반적인 것이 주가 되는 패션 - 옮긴이) 스타일을 선호한다. 음악에서는 분노나 대립을 제외한 모든 감정을 표현한다. 영화는 외설적이거나 허무주의적인 부분을 부드럽게 완화한 연속물이 많다. X 세대와는 달리, 사회나 무리에 어울리는 것을 중요시하고 홀로 동떨어지는 상황을 두려워한다. 베이비붐 세대와 달리, 세상에 관한 사실을 중요시하며 그 의미를 은유적으로 표현하는 것은 싫어한다. 보수주의자가 규칙을 깨는 사회에서 밀레니얼 세대는 진보주의자다. 그들은 '취소 문화'(소셜미디어에서 생각이나 의견이 다른 사람들 팔로우를 취소하는 문화 - 옮긴이)를 통해 위법자나 가해자를 차단하는 방식을 즐긴다.

정치에 있어서 밀레니얼 세대는 뉴딜정책 시기의 G.I. 세대 이후 가장 민주당 성향이 강한 젊은 유권자 집단이다.[203] 2006년 중간 선거 이후, 특히 오바마 대통령이 당선된 이후 밀레니얼 세대의 약 60퍼센트가 민주당에 투표했다.[204] 설문조사에 따르면 연령대에 따른 이러한 당파 편향은 각 정당이 강조하는 가치에 따라 달라진다. X 세대와 베이비붐 세대는 정당이 '개인'에 중점을 두는 것을 훨씬 선호하는 반면, 밀레니얼 세대는 '공동체'에 힘을 싣는 정당을 압도적으로 선호한다.[205] 이러한 세대별 차이는 심지어 정당 내에서도 뚜렷하게 드러나는데, 밀레니얼 세대 민주당 지지자들은 당 지도부에 비해 권리나 적법 절차에 대해 논의를 적게 하는 경향이 있고, 밀레니얼 세대 공화당 지지자들은 당 지도부에 비해 감세와 규제완화에 대해 논의를 적게 하는 편이다. 민주당 지지자건 공화당 지지자건 두 집단 모두 새로운 규칙이 중심이 되는 완전히 새로운 공동체를 구축하는 방안을 더 많이 논의한다.

밀레니얼 세대에서 사회주의는 자본주의만큼이나 인기가 높은데[206] 2020년 선거에서 이들 세대 절반 이상이 '민주적 사회주의자'를 공직 인사로 지지하거나 지지할 용의가 있다고 답했다.[207] 하지만 이 붉은 깃발을 흔드는 젊은 유권자들은 놀라울 정도로 차분한 성향이며, 스스로를 '중도 성향'이라고 답한 비율이 나이 든 유권자보다 많았고,[208] '과격'

하다거나 '극단적'이라고 답한 비율은 적었다. 자유주의를 불신했던 부모 세대와 달리 밀레니얼 세대는 국가에 합리적인 시스템이 필요하다고 믿는다. 그리고 리더십, 협동 정신, 재능, 전문성을 갖추고 있으면 이러한 시스템이 효과를 발휘할 수 있다고 생각한다. 그리고 그렇게 되기 전까지는 자기 자신들과 조국, 세상을 위해 더 나은 미래를 건설할 수 있는 안전한 기틀이 없을 것이라고 생각한다.

밀레니얼 세대는 전기 세대가 40대에 접어들 정도로 꽤 오래 이 사회에 있었지만, 여전히 이전과는 대조적이고 낯선 존재며 아직 연구할 부분이 많이 남은 세대다.

국가적 열망에 있어서 이들은 혁명적 성향에 가까운 정치 의제를 내세우고 있다. 모든 세대가 미국의 현재 방향에 불만을 표출하고 있지만, 밀레니얼 세대는 좌파와 우파를 막론하고 현 정권이 근본적으로 망가져 있으며[209] 개편이 이루어지지 않는다면 전면 교체해야 한다고 생각하는 경향이 가장 높다. 그들은 어느 한쪽에 막강한 권한을 부여하고 새로운 정권의 수립을 방해하는 선례와 절차를 폐기해야 해결책을 찾을 수 있다[210]고 가장 강하게 믿는 세대기도 하다.

반면 밀레니얼 세대는 문화적 규범에 있어서는 전혀 혁명적이지 않은 듯 보인다. 그들은 부모와 원만한 관계를 유지한다. 그들은 위험과 무질서를 회피한다. 충격적인 프로그램보다는 엔터테인먼트를 선호한다. 그들은 세상을 구하는 일을 포함해 모든 종류의 문제해결 방식으로 비용 대비 수익 알고리즘(특정 문제를 결정할 때 발생하는 비용과 이로 인해 얻을 이익을 고려해 최적의 선택을 찾는 수학적 계산법 – 옮긴이)을 적용하며 이를 "효과적인 이타주의"라고 부른다. 이들은 대규모 조직을 효율적으로 운영하기 위해 끊임없이 노력한다. 그리고 나이가 들면서 결혼이나 가족, 종교에서 전통적인 사회적 역할에 이끌린다. 이유는 단순하다. 그것이 기능적이고 협력적인 방식이기 때문이다.

10년 전, 예일대 전 교수 윌리엄 데레저위츠(William Deresiewicz)는 대학을 졸업하는 전기 밀레니얼 세대에 관한 책《공부의 배신》에서 이들을 "똑똑한 양 떼"[211]라고 불렀다(그는 이들의 다양성 개념을 "32가지 맛의 바닐라"같다고 비꼬아 말했다). 역시 10년 전, 칼럼니스트 데이비드 브룩스(David Brooks)는 신입 대학생들을 인터뷰한 후 이들을 "조직형 아이들(Organization Kids)"[212]이라고 칭했다. 이러한 명칭은 원형이 정반대인 전기 베이비붐 세대와 완전히 대조적이다. 베이비붐 세대는 대학 졸업 당시 "조직에서 승진하는 아이들(Up the Organization Kids)"로 불렸다.

가장 먼저 태어난 사람부터 맨 마지막에 태어난 사람까지 베이비붐 세대와 밀레니얼 세대는 모두 흐름을 주도하는 세대지만 그 방향은 완전히 정반대다. 베이비붐 세대는 아이의 보호와 규칙, 압박이 뒤로 갈수록 점차 완화됐다. 밀레니얼 세대는 반대로 점차 강해졌다. 전기 밀레니얼 세대는 스스로를 '제니얼(Xennials) 세대'(X 세대와 밀레니얼 세대의 중간에 해당하는 세대로, 1970년대 후반에서 1980년대 중반에 태어난 세대 – 옮긴이)라고 생각하기도 하는데, 이들은 자유분방한 어린 시절의 기억을 가지고 있는 가장 젊은 미국인이다. 이후 태어난 후기 밀레니얼 세대, 특히 '애착 육아법'으로 자란 세대는 어린 시절 더 작고 친밀한 집단에서 더 잘 보호받으며 자랐다.

베이비붐 세대와 밀레니얼 세대는 역사적인 맥락에서 본 역할도 전혀 다르다. 베이비붐 세대는 각성기의 사회에서 청년 가교 역할을 했다. 밀레니얼 세대는 위기 속의 사회에서 청년 가교 역할을 하고 있다. 베이비붐 세대의 역사는 끊임없이 재조명되고 있다. 밀레니얼 세대의 역사는 절정을 맞지 못했으며, 아직 마지막 페이지는 써지지 않았다.

절정을 향해: 결속력

"선량한 미국인으로서, 제 역할을 다할 것을 약속합니다."[213] 1933년 보스턴 커먼스에 모인 10만 명의 젊은이들이 외쳤다. "저는 프랭클린 루스벨트 대통령이 좋은 시절을 되찾도록 돕겠습니다." 맬컴 카울리는 이 G.I. 세대 젊은이들을 "집단적 계획과 사회적 규율로 모두가 안전한 미래를 계획하는 빛나는 대학 졸업생들"[214]이라고 말하면서 자신의 세대인 잃어버린 세대에게는 "환멸과 피곤함에 지친" 이들이자 "원대함에 회의적이고 두려움을 품은" 세대라고 말했다.

불행한 어린 시절을 보낸 잃어버린 세대는 자식만큼은 좋은 환경에서 키우겠다고 결심하고 G.I. 세대를 보호하며 양육했고, G.I. 세대는 요란한 어린 시절을 보내야 했다. 청소년 전용 클럽, 비타민, 안전한 놀이터, 저온살균 우유, 아동노동법, 심지어 금주법까지 모두 위험과 타락으로부터 아이들을 지키기 위한 이전 세대의 노력이었다. 시어도어 루스벨트의 대통령 재임 동안 청소년 범죄율, 사고로 인한 사망률, 자살, 알코올중독 등이 모두 감소했다.[215] 전국에 공립 고등학교가 신설되면서, 전기 G.I. 세대의 경우 고등학교 졸업률이 10퍼센트였는데 후기 G.I. 세대는 50퍼센트까지 증가했다. 미국 역사상 한 세대 내에서 일어난 가장 큰 학력 상승이었다.[216]

G.I. 세대는 최초의 보이스카우트, 최초의 미스 아메리카, 그리고 1929년 찰스 린드버그(Charles Lindbergh)를 포함한 최초의 미국 영웅들 등 올곧게 목표를 성취하는 세대로 자라 어른들의 바람에 보답했다. "세상에 나쁜 아이는 없다." 존 플래너건(John Flanagan) 신부는 어린 G.I.

세대를 보며 말했다. 이 발언은 이전에 미디어에서 집착했던 '나쁜 아이'와 선을 긋는 발언이었다.

1920년대 중반, 대학가에는 냉소주의와 개인주의가 사라지고 낙관주의와 협동 정신이 팽배해졌다. 학생들은 사회 역사학자 폴라 파스(Paula Fass)가 "동료 사회"[217]라고 묘사한 엄격한 집단의 규범 속에서 스스로를 관리하는 법을 배웠다. 이 새로운 젊은 세대는 신뢰와 기하학적 질서, '광장에서', '어울릴 줄 알고', '믿을 수 있는', '분별력 있는', '평범한 사람'에 관한 담론을 즐겼다.

대공황이 닥치면서 이 젊은 세대는 소외된 계층이 아니라 공황에 "가라앉은 미국 중산층"에 "갇힌 세대"[218]가 됐다. 선교자 세대가 시행한 뉴딜정책이 자신들에게 유리한 방향으로 정책을 재편했다는 사실을 깨달은 G.I. 세대는 정부를 언제든 자신들을 도와줄 수 있는 믿음직한 친구로 여겼다. 정부를 신뢰하는 제복 입은 청년들이 나무를 심고, 도로를 만들고, 댐을 건설해 지역사회에 전력과 물을 공급했다. '애플파이 사회주의자'(사회주의를 지지하면서도 미국의 가치관과 문화에 동화된 이들 – 옮긴이)들은 어떤 시스템이 "가장 효과적으로 작동하는가"를 두고 논쟁을 벌였다. 시위 현수막에는 프롤레타리아 독재를 애국으로 옹호하는 "공산주의는 20세기 미국주의다"[219]라는 문구가 적혀 있었다. 가장 급진적인 성향의 시인들은 대규모 건설 공공사업을 찬미했다. 가수 우디 거스리는 이렇게 노래했다. "그대의 힘이 우리의 어둠을 여명으로 바꾸네/ 흘러라 컬럼비아강이여, 흘러라"[220]

경기침체로 많은 이의 일자리와 결혼 계획이 무너졌지만, 젊은 G.I. 세대는 4-H(Head, Heart, Hand, Health의 앞 글자를 딴 프로그램으로, 청소년의 지(智), 덕(德), 노(勞), 체(體)를 길러주는 교육운동이다 – 옮긴이) 기조에 따라 '최고를 더 좋게' 만드는 데 적극 가담했다. 기성세대는 그런 G.I. 세대 젊은이들에게 방향을 알려주고 도움을 아끼지 않았다. 2차 세계대전이 발발하기 하루 전날, 프랭클린 루스벨트는 이렇게 말했다. "미국이 늘 젊은이들을 위한 미래를 만들어줄 수는 없지만, 미래를 위한 젊은이는 만들수 있다."[221] 젊은이들은 루스벨트에게 1932년에는 80퍼센트의 투표율을,[222] 1936년에는 89퍼센트의 투표율을 기록하며 역대 최고의 청년 투표율을 보여줬다. 이후 루스벨트는 "젊은이들의 목표가 바뀌었다"[223]고 선언했다. 그는 "개인을 위한 각자의 꿈"에서 벗어나 "수천 명의 동료와함께 전진하는 황금 사다리의 꿈을 함께하고 있다"고 말했다. 머지않아 제복을 입은 이 젊은이들은 조국을 구하기 위해 도로와 바다에 몰려들었다. 전쟁 복무는 진정으로 이 세대에게 전진의 광활한 고속도로가 됐다. 인종과 민족과 성별과 지역을 막론하고 모두 전쟁에 기여했다. 그리고 이 세대 모든 연령대가 참여했다. 전쟁 기간 징병제로 인해 18세에서 45세 사이의 모든 남성이 군복무를 해야 했는데, 여기에는 거의 모든 G.I. 세대가 포함됐다. 후기 G.I. 세대는 대부분이 전쟁에 참전했는데, 이들의 평균연령은 26세였다.[224] 하지만 군인 12명 중 한 명은 38세 이상이었다. 직접 전투에 참전하지 못하는 이들은 민방위부터 공중보건에 이르기까지 다양한 분야에서 지원하는 역할을 했다. 모두 전쟁이 끝날 때까지 복무가 끝나지 않으리라는 말을 들었다.

마셜 장군은 이들을 "세계 최고의 아이들"[225]이라고 불렀고, 이들은 세계를 정복하기 위해 나아갔다. 태평양 섬에 밤을 새워 비행장을 건설한 해군 대원들의 모토는 다음과 같았다. "어려운 일은 즉시 해낸다. 불가능한 일은 시간이 조금 더 오래 걸릴 뿐이다."

이것이 영웅 원형이 네 번째 전환기에 접어든 마지막 순간이었다.

1930년대 G.I. 세대 이후 슈퍼히어로에 가장 심취한 세대는 밀레니얼 세대다. 이들은 어린 시절부터 슈퍼히어로 대중문화에 푹 빠져 있었다. 젊은 G.I. 세대의 영웅은 '쉐도우(The Shadow)', '별들의 전쟁(Buck Rogers)', '제국의 종말(Flash Gordon)', '팬텀(Phantom)' 등이었고, 2차 세계대전 전에 슈퍼맨, 배트맨, 캡틴 아메리카가 추가됐다. 젊은 밀레니얼 세대의 영웅은 G.I. 세대 영웅과 많은 부분이 겹친다. 다만 DC와 마블 코믹스에서 수익성을 높여 다시 만든 캐릭터라는 점만 다를 뿐이다.

슈퍼히어로 브랜드 중 최초이자 가장 상징적인 브랜드는 1990년대 초부터 지금까지 어린이들에게 가장 인기 있는 '파워레인저(Power Rangers)'일 것이다. 원색의 알록달록한 옷을 입은 건전한 어린이 병사들인 파워레인저는 정크푸드를 먹고 자란 돌연변이 거북이를 좋아했던 X 세대 어린이들의 영웅과는 전혀 다른 모습이다. 이들은 평범한 청소년이었다가 소환되면 번개를 치며 악을 퇴치하는 영웅으로 변신한다. 쾌활하고, 자신감 넘치며, 활기찬 파워레인저는 엄청난 역경을 극복할 수 있는 영웅으로 자라난다. 고도의 무술 실력부터 최첨단 무기를 조종하는 능력에 이르기까지 파워레인저는 무슨 일이든 단체로 함께한다. 파워레인저의 모토는 "힘을 합친다"와 "팀워크의 힘이 모든 것을 극복한다"로, 협력의 힘과 일치의 에너지를 상징한다. 파워레인저의 임무는 그들이 스스로 선택하는 것이 아니라, 그들이 전적으로 신뢰하는 지혜로운 원로 마법사가 선택한다.

2020년대 후반, 연방정부와 주(州)정부가 미국의 공공 인프라를 전면적으로 개편한다고 생각해보자. 그 계기는 단기적 긴급 상황(국가 방어를 위한 군 동원이나 경제위기에 대처하기 위한 경기부양책)이 될 수도 있지만, 장기적인 목표(경제 생산성 향상, 탄소 배출량 감소, 더 나은 학교, 더 살기 좋은 공간 등)가

될 수도 있다. 이러한 사업이 뉴딜 정도의 규모로 실행된다면 공공부문과 민간부문 모두 합쳐 약 1,500만 명의 미국인이 고용될 것이다. 이 정도 규모로 전국에 걸쳐 재건 사업을 하려면, 기획하고 계획을 세우는 이들과 다양한 공동체가 우리가 살고 싶은 환경, 일하고 싶은 환경을 구상해야 할 것이며, 이는 거의 80~90년 만에 처음 세우는 큰 계획이 될 것이다.

이 일을 추진하는 일꾼 대다수는 밀레니얼 세대가 될 것이다. 그들은 안정된 직업을 찾고, 마침내 모두에게 이익이 되는 무언가에 기여한다는 생각에 무척 기쁠 것이다. 전문 기술자, 디자이너, 감독 역시 대부분 밀레니얼 세대가 맡게 될 것이다. 80년대 초반에 채용된 전기 X 세대는 그때쯤이면 약 62세 나이로 은퇴를 시작할 것이다. 그렇게 되면 30대의 팀장들이 스마트 고속도로, 대중교통체계, 사물 인터넷 와이파이부터 도시 재건, 모듈형 주택, 태양열 발전소 및 지열 발전소 등에 이르기까지 수십억 달러 규모의 야심 찬 신규 프로젝트를 전적으로 담당하게 될 것이다.

밀레니얼 세대는 이러한 임무를 수행하기에 가장 이상적인 세대다. 많은 이가 공익을 위해 자원봉사를 하며 자랐고, 〈심시티〉, 〈문명〉, 〈에이지 오브 엠파이어〉, 〈트로피코〉, 〈팜빌〉 등 공동체를 기획하고 만드는 게임을 해왔다. 이들은 팀 단위로 일하고, 결함을 최소화하고, 실행 가능한 목표를 정하고, 부분을 전체로 통합하는 대규모 프로젝트에서 뛰어난 능력을 보였다. 40년의 경력을 쌓은 차세대 기술 엔지니어들이 네트워크 시스템을 만든다고 생각해보라. 지난 두 세대의 40대가 이웃, 공동체, 공원, 쇼핑몰, 도심 주요 기관 등 우리의 공동체 생활을 변화시켰듯 이들 역시 새로운 변화를 불러일으킬 것이다.

밀레니얼 세대의 새로운 리더들은 이러한 국가적 변혁을 가장 잘 드러내는 상징이 될 것이다. 기존의 기성세대 리더들과는 달리 이들은 비용 편익 수치를 활용하고, 당파 감정을 배제하면서 냉철하게 자신들의 주장을 관철할 것이다. 나이 든 미국인들은 이제 공동체를 위한 새로운 물질적 기반이 자신들보다는 젊은이들에게 더 중요하다는 사실을 깨닫게 될 것이다. 밀레니얼 세대는 대부분 그 공동체 건설에 참여하고, 그 안에서 생활하며, 그 혜택을 누리고, 그 재원을 마련하기 위해 발생한 부채와 앞으로 물려받게 될 수조 달러의 부채를 함께 갚아나가게 될 것이다.

위기의 시기를 바라보는 밀레니얼 세대의 관점은 기성세대의 관점과 매우 다를 것이다. 베이비붐 세대에게 이 위기는 초월적인 절정이 될 것이고, X 세대에게는 잔혹한 중년의 과정이 될 것이다. 그러나 밀레니얼 세대에게 이 시기는 아직도 많이 남은 어른의 삶을 위한 발판이 될 것이다. 이들은 아직 국가적 의제를 설정하지도 못했고, 국가 정치 지도자로서 권력을 잡지도 못했으며, 자녀가 성인이 되는 것도 보지 못했기 때문이다. 부모 세대와 달리 밀레니얼 세대는 '우리 국민'의 집단적 노력으로 만들고 성취한 모든 것이 구식으로 취급받거나 회의적인 비판을 받았던 시기를 기억하지 못한다. 그리고 바로 이 부분이 그들이 나이가 들어서도 즐거이 누릴 수 있고 자부심을 가질 수 있는 새롭고 현대적인 국가 공동체를 건설할 기회가 될 것이다.

분명, 오늘날 이 모든 것은 아직 기회로 남아 있다. 앞으로의 길은 험난할 것이다. 모든 단계에서 밀레니얼 세대의 상징인 자신감은 역경과 어려움에 휘청일 것이다.

2020년대 밀레니얼 세대가 가장 시급하게 해결해야 할 과제는 경제적 자립이다. 대침체로 지연됐던 이 과제는 팬데믹으로 다시 한번 지연되고 있다. 최근까지도 밀레니얼 세대 대부분은 아직 시간이 충분하다고 생각하는 이들이 많다. 2020년대 어느 시점에 결혼을 하고 자녀를 낳고, 직장에서 일하다 보면 시간이 부족하다고 느끼는 이들이 점점 많아질 것이다.

부모 세대의 생활수준을 능가하고 동시에 더욱 공평한 결과를 기대했던 밀레니얼 세대는 두 가지 모두에서 실패가 점점 가까워지고 있다고 느낄지도 모른다. 젊은 가장들은 부모 세대의 순자산을 따라잡지 못할까 두려워할 것이고, 젊은 계약직 노동자들은 중산층의 안정된 고용이 영원히 누릴 수 없는 자리가 될까 두려워할 것이다. 밀레니얼 세대는 자신들의 계급 내에서 계급과 소득이 경직되는 상황을 보게 될 것이다. 특권층 가족 출신인 이들과 유산을 물려받은 이들로 인해 계급과 소득의 서열이 강화되고, 값비싼 자격증, 선택적 결혼, 사업 둔화로 이러한 서열은 더욱 경직될 것이다. 설문조사에 따르면, 밀레니얼 세대가 겪는 가장 큰 스트레스는 경제적 걱정이 압도적인 것으로 나타났다. 30대 후반인 전기 밀레니얼 세대는 약물남용으로 인한 사망률이, 20대 초반인 후기 밀레니얼 세대는 자살로 인한 사망률이 증가하고 있어 스트레스로 인한 피해가 증명되고 있다. 앞으로 몇 년 안에 이러한 우려는 현실이 될 것이다. 베이비붐 세대와 X세대 부모들이 주도한 사회 붕괴를 되돌리기는커녕 오히려 가장 극단적인 현실이 구체화될 것이다.

밀레니얼 세대를 여전히 특별한 세대로 여기는 대부분 노년층 부모 세대와 밀레니얼 세대 자신들은 이러한 전망에 저항할 것이다. 양 정당은 더 많은 청년에게 이익이 되고, 협동심을 강화하고, 공동의 미래를 정의하고 보호할 규칙을 갖추며, 재건을 위해 노력할 것이다. 젊은 베이비붐 세대와 달리, 밀레니얼 세대는 시스템을 무너뜨리는 것이 아니라 이미 엉망진창인 시스템을 대체할 새로운 시스템을 구축하려 할 것이다.

공직에 진출한 젊은 리더인 밀레니얼 세대는 제대로 그 역할을 하지 못한 X세대와 후기 베이비붐 세대의 공백 덕을 볼 것이다. 젊은 유권자로서 밀레니얼 세대는 더 많은 조직을 만들고, 더 많이 투표에 참여함으로써 영향력을 확보할 것이다. 이들 세대의 투표 참여율은 이미 급증하는 중이다. 2016년 이후 젊은 세대의 투표 참여율은 노년층보다 훨씬 빠르게 증가하고 있다. 2020년에는 30세 이하의 유권자 중 53퍼센트가 투표에 참여했는데 이는 1971년, 투표 연령을 18세로 하향 조정한 이후 가장 높은 투표율이다.[226]

앞으로 10년간 밀레니얼 세대는 집단행동으로 국가를 살리겠다고 약속하는 기성 지도자에게로 몰려들 것이다. 이들은 기후변화로 인한 환경 재앙, 경제 파탄, 독재 통치, 말기 전제주의, 적대적인 외세로 인한 세계정세의 위험 등을 피하기 위해 즉각적인 행동을 촉구하는 물결에 참여할 것이다. '빅 브랜드' 세대인 밀레니얼 세대는 오직 한두 명의 은발의 투사에게 끌릴 것이다. 밀레니얼 세대에게는 불가항력적인 대규모가 필수일 것이다. 무언가 큰 규모의 원대한 일을 하는 것이 아무것도 하지 않는 것보다는 훨씬 중요할 것이다. 긴급한 의제가 무엇이든, 그것은 공동체에서 사적인 이익을 몰아내고 새로운 공동의 목표를 수립하는 데 힘을 실어주는 의제일 것이다. 다시 말하면, 사실상 공화국의 미래를 최우선순위로 하는 새로운 헌법 수립에 힘을 실어줄 것이다. 물론 이러한 미래를 대표하는 것은 밀레니얼 세대가 될 것이다.

위기의 시대를 헤쳐 나가는 모든 세대 중 밀레니얼 세대는 가장 추진력이 강한 세대가 될 것이다. 원로 베이비붐 세대가 비전을 구상할 것이다. 중년의 X 세대가 실용적인 수단을 제공할 것이다. 그런 다음 젊은 밀레니얼 세대가 힘을 합쳐 사회 전체를 한 방향으로 빠르게 변화시키는 결정적인 힘을 실어줄 것이다. 정치권에서 당파 분열로 인한 스트레스가 증가해도, 밀레니얼 세대는 기성세대와 지속적으로 긴밀한 관계를 유지할 것이다. 베이비붐 세대나 X 세대와 개인적인 가치관을 둘러싼 세대 차이는 생기지 않을 것이다. 밀레니얼 세대는 기성세대와 논쟁을 벌이기보다는 공동의 목표를 달성하기 위해 최대한 협력할 것이며 늘 그래왔듯, 베이비붐 세대에게는 '해야 할 일'을, X 세대에게는 '하고 싶은 일'에 관한 조언을 구할 것이다. 그러나 밀레니얼 세대는 자신들 세대의 특성이 대부분 베이비붐 세대의 단점인 비실용성과 대부분 X 세대의 단점인 무절제함을 바로잡는 역할을 한다고 생각한다.

위기의 시기 분위기가 점점 심각해지면, 대중문화는 밀레니얼 세대가 기존에 추진하던 방향, 즉 스트레스가 적은 분위기, 독창적인 브랜딩, 전통적인 줄거리를 토대로 한 방향으로 나아갈 것이다. 타인에게 불쾌감을 주지 않는 밝은 정신을 토대로 허용되는 언어와 행동 방식에 관한 엄격한 기준이 세워질 것이다. 현재 대학가에서 그다지 환영받지 못하는 X 세대 코미디언들은 주류 네트워크에서 대부분 배제될 것이다. 그리고 힙합 같은 X 세대의 장르는 더욱 건전한 방향으로 성장할 것이다. 밀레니얼 세대 래퍼 켄드릭 러마(Kendrick Lamar)는 그 지향점을 제시한다. "내가 생각하는 '갱스터'의 새로운 의미는 가족을 돌보고, 사업을 운영하며, 나뿐 아니라 모두에게 이로운 긍정적 에너지를 세상에 퍼트리는 것이다."[227]

이 세대는 특히 소셜미디어를 통해 자신들 세대 내에서 허용되는 행동을 판단하고 정하는 데 놀라울 정도로 적극적일 것이다. 그들은 예의의 기준을 높이고, 이를 지키지 않는 사람들을 낙인찍을 것이다. 성취도가 높은 청년들은 겉으로 보기에는 포용적이지만 그 이면은 엄격한 능력주의자일 것이며, 자격증을 취득할 의지가 없거나 부족한 이들을 배제할 것이다. 밀레니얼 세대는 X세대보다도 더 전문가를 신뢰한다. 이들은 특히 신탁 제도를 이용해 부를 물려받는 사람이 늘어나는 것에 엄격한 태도를 보일 것이다. 밀레니얼 세대에서 부유층에 속하는 사람은 (X세대 부유층과는 달리) 대다수가 이미 자신의 부유한 환경에 죄책감을 느끼고 있다. 이 새로운 '사회적 윤리', 즉 사회적 억제가 집단의 힘을 강화할 수 있다는 밀레니얼 세대의 전제는 앞으로 이어질 시기 내내 점점 더 영향력이 커질 것이다.

대부분 밀레니얼 세대는 위험도가 낮은 생활 방식을 고수할 것이다. 하지만 위기의 시기가 절정으로 치달으면서 점점 더 많은 이가 위험도가 높은 정치운동에 참여하게 될 것이며, 궁극적으로는 시민이 긴급하게 동원되는 상황에 참여하게 될 것이다. 수백만 명의 삶의 궤도는 처음에는 천천히 바뀌다가 어느 순간 갑작스럽게 변화할 것이다. 이러한 변화를 가장 먼저 환영하는 집단은 기존 체제에 전혀 애착이 없고, 체제의 생존에도 관심이 없는 청년층이 될 것이다. 그중에는 기관과 제도에 참여하려고 신중하게 준비했다가 그 제도가 자신들을 배신했다는 사실을 깨닫게 된 이상주의적 낙관론자도 있을 것이다. 그러나 독신으로, 성취감도 없이 미래가 없는 직업에 갇혀 인생의 4분의 1지점을 맞게 된 이들이 더 많을 것이다.

이러한 인생 전환점을 맞게 되는 것은 필연적으로 대다수가 남성일 것이다. 여기에는 기존 체제에서 자신의 성별로는 유용한 역할을 할 수 없다고 생각하는 젊은 남성들이 포함될 것이다. 또는 사회성이 부족해 결혼하지 못하거나, 사회적 기술이 부족해서 어쩌면 붕괴된 미국에서 그 무엇도 얻을 수 없다고 생각해 판타지 세계에 몰입해 트롤 군대를 지휘하고, 가상현실 게임 세계에서 승리를 거머쥐고, 온종일 암호화폐와 NFT를 거래하는 이들도 있을 것이다. 산만했던 남성들이 어느 날 갑자기 자신의 에너지와 재능을 현실 세계에서 유용하게 적용한다고 상상해보라. 상상력을 펼치고, 중요한 팀에 합류하고, 갈등 상황에서 승리하고, 권력을 행사하고, 새롭고 중대한 무언가를 만들고, 세상이 돌아가는 방식을 바꾼다고 생각해보라. 해체기가 끝날 무렵, 정부는 온화한 '엄마'처럼, 상업은 엄격한 '아빠'처럼 된다. 위기의 시기가 끝날 무렵에는 이러한 현상이 정반대로 나타난다.

위기의 시기가 깊어지면, 젊은 남성들의 사회 재참여는 거의 반세기 전 젊은 여성들이 재평가됐던 것만큼이나 중요한 사회 분위기의 변곡점이 될 것이다. 또한, 베이비붐 세대와 밀레니얼 세대의 원형은 더욱 극명한 대조를 이룰 것이다. 강력한 사회질서와 젠더 역할 격차가 컸던 시기에 성장한 예언자 원형은 결국에는 사회질서를 약화하고 젠더 역할 격차를 좁힌다. 영웅 원형은 그 반대의 길을 가게 돼서 궁극적으로 사회질서를 강화하고, 젠더 역할 격차를 넓힌다. 예언자 원형은 공적 생활에서 위험을 더 적게 선택함으로써 상대적으로 더 위험한 개인 생활을 보완한다. 영웅 원형은 예언자 원형과 반대다.

위기의 시기가 절정에 가까워지면 밀레니얼 세대는 권위에 복종하는 성향, 사회나 집단에 기여하고 싶어 하는 욕망, 장기적 목표를 추구하는 인내심 등 그 세대 특유의 특성을 점점 강하게 드러낼 것이다. 하지만 위험이 너무도 많은 상황에서 밀레니얼 세대는 (아직은) 아무도 생각하지 못하는 또 다른 특성도 보여줄 것이다. 가혹한 시련과 극심한 궁핍 상황에서도 이들은 응집력과 낙관주의를 유지할 것이다. 시간이 흘러 소박한 공공 목표를 달성해 자신감을 얻은 후에는 대내적으로는 경제를 총점검하고 인프라를 새로 구축하고, 대외적으로는 동맹을 맺고 해외 국가를 재건하는 등 프로메테우스적 도전, 즉 창의적이고 혁신적인 도전도 마다하지 않을 것이다.

전쟁에 동원되는 상황이 생기면, 이들은 이전의 평화주의를 버리고 최선을 다해 나설 것이며, 희생을 감수해야 하는 치명적 전투에서도 적과 맞서 싸우기 위해 결집할 것이다. 위기의 시대 어느 순간이 되면, 모든 청년 세대가 그 시대의 통과의례를 거쳐야 한다. 첫해에는 오랜 기간 이어진 평화로운 분위기로, 폭력을 혐오하는 사회성 좋은 유쾌한 젊은이로 살 것이다. 그러다가 그다음 해 상상할 수 없는 규모의 분쟁에 직면한다. 실제 이런 일이 1941년 가을에 일어났다. 1861년 겨울에도, 1775년 봄에도, 1675년 여름에도 일어났다.

영웅 원형은 군사체제의 집단 폭력을 반대하지 않을 것이며, 다만 통제되지 않은 '개인적' 폭력을 반대할 것이다. 이는 각성기 시절 젊은 베이비붐 세대와는 정반대다. 과거에는 베이비붐 세대 젊은이들이 의무와 규율을 외쳤다면, 이제는 베이비붐 세대와 X 세대 모두 군에 입대하는 밀레니얼 세대에게 의무와 규율 모두를 요구하고 얻어낼 것이다. 모든 연령대의 밀레니얼 세대는 인생의 어느 시점에 개인적 삶을 잠시 보류해야 할 수도 있지만, 특히 9·11 테러 직후에 태어난 후기 밀레니얼 세대는 군사작전이 벌어진다면 가장 적극적으로 참여해 가장 큰 희생을 감내해야 할 수도 있다. G.I. 세대가 그랬던 것처럼, 국가비상사태에 전국적인 동원령이 내려진다면 이는 밀레니얼 세대 중 가장 어린 세대에게 강력한 성장의 발판이 될 수도 있다. 그리고 후기 G.I. 세대와 마찬가지로, 에크피로시스가 끝나면 그들은 이전과는 전혀 다른 모습이 될 것이다.

위기의 시기가 절정에 가까워지면 이 세대는 통제 불능의 사회나 무질서한 세계에 매우 효과적인 수단을 활용해 질서를 부여할 것이다. 위기의 시기 리더가 국가의 밝은 미래를 개척하기 위해 헌신적인 노력을 기울이기 시작하면, 밀레니얼 세대는 강력하고 거대한 추진력을 발휘할 것이며 누구도 이를 멈출 수 없을 것이다. 위기의 시기가 에크피로시스의 정점에 달하고 대중의 활동이 최고조의 열기와 성과에 도달하면, 미국과 모든 세대의 미래는 그 순간의 결과에 달려 있을 것이다. 그러나 그 결과는 밀레니얼 세대에게 가장 중요할 것이다. 기성세대 미국인들이 아무리 새 정권의 목표에 동참한다고 하더라도, 여전히 기존의 사고 방식과 행동 양식에 얽매여 있을 수밖에 없다. 오직 밀레니얼 세대만이 국가의 운명이 자신들의 성공이나 실패 여부에 달려 있으며, 이 위기의 결과가 나머지 사람들의 집단 서사를 결정할 것이라는 사실을 이해할 것이다.

현재의 관점에서 앞날을 바라보면, 미국이 역경에 처했을 때 대부분 밀레니얼 세대가 협동심을 발휘해 공동의 목표를 위해 힘을 모을 수 있을지, 그럴 만한 의지가 있는지 의구심이 들 수도 있다. 그러나 역사가 우리에게 주는 교훈을 생각해보면 오히려 위험은 그 반대 상황에서 벌어질 수도 있다. 즉, 국가가 지나치게 집요하게 또는 무모하게 힘을 끌어모으는 것이 오히려 위험할 수도 있다. 어쩌면 2020년대에 사회 규율과 집중된 권력을 향한 청년층의 열망이 불길한 방향으로 흘러 밀레니얼 세대가 자신들의 에너지와 응집력을 기성세대의 선동가 뒤로 숨겨버릴 수도 있다. 향후 10년간 기존 정부와 대립하게 될 새 정부가 우파나 좌파에 치우칠지, 계급 갈등을 부추기는 독재정권이 될지, 서로에게 적대적인 분열된 정권이 될지는 확신하지 못하지만, 한 가지 확신할 수 있는 것은 밀레니얼 세대가 무거운 짐을 대부분 짊어지게 될 것이라는 사실이다. 1935년에 출간된 소설 《있을 수 없는 일이야》[228]의 작가 싱클레어 루이스(Sinclair Lewis)는 떠오르는 G.I. 세대가 누구든 따를 수 있으며, 심지어 질서, 평등, 번영을 회복하겠다고 호언장담하는 혁명적 포퓰리스트를 따를 수도 있다고 경고했다. 아마 90년 후 미국의 노인들도 다시 한번 경고할 것이다. 분명히 말하자면, 그 어떤 세대도 암울한 독재정권의 미래를 기대하지는 않으며, 특히 밀레니얼 세대는 더더욱 그렇다. 절망스럽게 억지로 떠밀려 가지 않는 한, 밀레니얼 세대 대부분은 시민에게 더 나은 삶을 제공하고 자유 민주주의 최고의 이상에 활력을 불어넣을 새 정권을 수립하기 위해 노력할 것이다.

그러나 무슨 일이 일어나든 새로운 정권은 들어설 것이고, 이 정권이 밀레니얼 세대의 남은 삶을 정의하게 될 것이다. 새로운 헌법과 기반 시설 대부분을 밀레니얼 세대가 손수 일굴 것이며, 어쩌면 이를 만들기 위해 목숨으로 대가를 치를지도 모른다. 훗날 새 정권이 어떻게 들어섰는지를 회고하는 시점이 되면, 새 정권의 업적은 과장될 것이고 약점은 감춰질 것이다.

밀레니얼 세대 자신들에게는 새로운 정권이 체계적인 좌뇌 성향의 계획과 집단의 노력이 결합한 만족스러운 결과물로 늘 명예롭게만 보일 것이다. 하지만 다른 모든 세대는 그 정권을 그렇게 인자한 눈길로만 보지 않을 것이다. 특히 새 정권이 어떻게 탄생했는지를 직접 보고 겪지 않은 미래의 첫 세대 아이들은 더더욱 그럴 것이다.

청년이 된 홈랜드 세대

홈랜드 세대(2006년경?~?)는 현재 약 7,500만 명으로 이들 중 가장 나이가 많은 구성원은 현재 고등학생이다. 역사적으로 보면, 이 세대의 주축이 20대가 되기 전까지는 이 세대를 지칭하는 명칭이 계속 바뀔 것이다. 현재 가장 인기 있는 명칭은 Z 세대다. 다른 명칭으로는 줌머(Zoomers, Z 세대와 베이비 부머 세대의 합성어), 아이젠(iGen, 모바일 디지털 기술의 영향), 플루럴(Plurals, 이 세대의 인종·민족·젠더 역할의 다양성을 함축하는 표현) 등이 있다. '홈랜더'라는 가칭은 2006년 실시한 온라인 설문조사에서 독자들이 선정한 것이다. 이 설문조사에서 여러 명칭이 후보로 올라왔고 투표가 진행됐다. 이 명칭이 최종 승자가 된 이유는 2000년대의 10년은 9·11 테러와의 전쟁이 일어나고 국토안보부가 창설되고 '국토(homeland)'가 더 이상 안전하지 않다는 인식이 팽배한 시기였기 때문이다. 설문조사 응답자들은 또한 전 세계적으로 민족주의에 관한 인식이 바뀌고, 자신의 뿌리에 대한 자긍심이 높아졌다는 점도 주목했다. 몇몇 응답자는 X 세대 부모의 과잉보호 양육 방식 때문에 이 세대 아이들이 이전 세대보다 말 그대로 '집(home)'에 머무는 시간이 더 많다고 말하기도 했다.

최초의 홈랜드 세대는 대침체가 시작되기 직전인 2006년경에 태어났다. 예정대로라면 예술가 원형으로 추정되는 이 첫 번째 홈랜드 세대는 위기의 시기 이전의 삶에 대한 기억이 없을 것이다. 마지막 홈랜드 세대는 2020년대 후반에 탄생하는 이들이 될 것이다.

전편: 안전한 공간

미국의 최신 세대인 어린이들에게서 가장 눈에 띄는 점은, 그다지 눈에 띄는 점이 없다는 사실이다.

이들이 어른들의 눈에 띄지 않는 이유는 우선, 상대적으로 그 수가 적고 집이나 교실 밖에서는 거의 볼 수 없기 때문이다. 어른들이 이 아이들과 대화하다 보면(일단 대화하려면 부모의 허락을 먼저 받는 것이 좋다!) 대체로 모난 구석이 없고, 진지하며, 무언가를 성취한 사람을 존경하고, 대체로 아이들이 늘 그렇듯 약간 서툴고 자의식이 강해 보이지만, 호감형이라는 인상을 받게 된다. 이들 세대에서 가장 유명한 배우(제이컵 트람블레이Jacob Tremblay, 이언 아미티지Iain Armitage, 오브리 앤더슨 에먼스Aubrey Anderson-Emmons, 매케나 그레이스Mckenna Grace)와 운동선수(케이티 그라임스Katie Grimes)를 보면, 두드러지게 눈에 띄는 몇 가지 특징이 있다. 이들은 가족과 트레이너로 구성된 긴밀한 팀 체제 내에서 최고의 코칭을 받는다. 이들은 가장 수준 높은 전문 기준을 충족하기 위해 최고로 집중한다. 어른 팬들과 소통할 때는 최고로 착하게 행동하며 어른 인터뷰어가 편하게 인터뷰를 하도록 정중하게 행동한다.

오늘날 홈랜드 세대 아이들이 미국 기성세대의 눈에 한 세대로 정의할 만한 집단이 되려면 약 10년 정도가 남았다. 그러나 이미 우리는 이들을 한 세대로 규정할 만한 현상이나 사건이 이전의 다른 청소년 세대를 형성했던 현상에 비해 다소 미묘하고 온화한 분위기일 것이라는 징후를 감지하고 있다. 10대 코미디언 딜런 로시(Dylan Roche)는 "나이 든 사람들은 저에게 묻습니다. 요즘 아이들은 왜 예전 아이들과 다르냐고. 대답은 간단합니다. 어른들이 어린 시절 했던 무모한 장난들이 지금은 불법이거든요."[229] 이 농담에는 오래된 진리가 담겨 있다. 한 세대의 유행이 다음 세대에게는 '기준선'이 되기도 한다.

넓은 의미에서 보면 홈랜드 세대의 새로운 집단 개성은 밀레니얼 세대의 중요한 유행과 흐름의 종착지가 될 수도 있다. 특별하고, 부모와 친밀하게 지내고, 보호받고, 위험을 회피하고, 규정을 준수하고, 협조적이고, 순응하는 밀레니얼 세대 청소년의 두드러지는 특성은 홈랜드 세대 어린이에게 극대화돼 나타날 수 있으며, 그런 홈랜드 세대를 보고 기성세대는 이 아이들이 제 기능을 하지 못하는 것은 아닌지 의구심을 품기도 한다. 그렇다면 어느 시점에서 홈랜드 세대는 보호가 지나친 보호라고, 순응이 지나친 순종이라고, 위험에 대한 혐오가 무력한 불안이라고 생각하며 바뀌는 것일까?

모든 세대와 마찬가지로 홈랜드 세대의 어린 시절도 역사 속 위치와 부모 세대로 인해 그 특징이 형성된다.

먼저 역사 속 위치부터 살펴보자. 홈랜드 아이들은 번영하고 자신감 넘치는 미국에서 살았던 기억이 없다. 다시 말하면, 불황에 빠지거나 불황에서 벗어나기 위해 고군분투하는 나라에서만 살았다. 또한 당파적 분열에 휩싸여 장기적 전망이 암울한 나라에서 살았다. 아이들이 모든 문제를 완벽하게 이해하지는 못해도 어른들의 분위기는 완벽하게 이해한다. 바깥세상은 갑작스러운 빈곤, 노숙자, 무장 폭력, 극도의 분노로 가득한 위험한 곳이라는 사실을. 그렇다면 아이들은 이런 세상에서 무엇을 배울까? 되도록 집에서 벗어나지 않고, 규칙을 따르며, 자신들을 돌보려고 최선을 다하는 어른들의 비위를 거스르지 말아야겠다고 생각하게 된다.

어려운 시기가 홈랜드 세대에게 미치는 한 가지 명백하고 측정 가능한 영향은 이들 세대의 수가 줄고 있다는 사실이다. 예비 부모들, 특히 밀레니얼 세대 중 부모가 될 나이의 사람들은 아이를 낳을 여력이 없다고 생각한다. 2007년 이후 미국의 출산율은 거의 매년 하락하고 있다. 2018년에는 총출산율이 이전 최저점(1976년) 아래로 떨어지면서[230] X 세대를 수식하던 명칭인 "전례 없는 출산율 하락 세대"도 홈랜드 세대가 물려받게 됐다. 2021년 팬데믹 기간에 미국에서 약 360만 명의 홈랜드 세대가 태어났다. 2007년과 비교하면 100만 명이나 적은 수치다. 공립학교가 텅 비어가고 있다. 2류나 3류 인문계 대학은 규모를 축소하거나 아예 문 닫을 준비를 하고 있다.

또한, 국제금융위기 이후 이민자 수가 급감하면서[231] 젊은 이민자 가정에서 태어나는 자녀의 수도 줄고 있다. 하지만 전체 미국 어린이 상당수가 X 세대와 밀레니얼 세대 중심의 이민자 가정에서 살고 있고(약 4분의 1), 이들 중 미국에서 태어나는 아동의 비율도 증가하고 있어서 이들이 미국의 '2세대'로 성장하고 있다. 이민자는 히스패닉 계열보다는 아시아 계열이 많으며[232], 이들은 미국 전역에 골고루 분포하고 있다. 가정에서 영어를 모국어로 사용하는 이민자 가정도 점차 늘고 있다.[233]

부모 세대의 경우 X 세대와 밀레니얼 세대 모두 현재 자녀를 양육하고 있지만, X 세대가 여전히 홈랜드 세계를 확고하게 주도하고 있다. X 세대는 2011년에 태어난 홈랜드 세대의 부모인 경우가 많다. 이 말은 X 세대가 2020년대 중반까지 초·중·고등학교에 다니는 대부분 홈랜드 자녀의 부모로 남아 있을 것이라는 의미다. 이들은 부모 세대 중 가장 나이가 많기 때문에 학교이사회나 학부모교사협회, 교육과정개발위원회, 각 주의 입법기관 등 아동의 삶에 영향을 미치는 대부분 기관에 지배적인 영향력을 발휘할 것이다.

X 세대가 홈랜드 자녀에게 해주고 싶은 것은 무엇일까? 한마디로 요약하면 '곁에 있어주는 것'이다. X 세대는 자신들의 삶이 아무리 혼란스럽고 위험하더라도 자신들이 누리지 못했던 안정감과 보금자리, 든든함을 자녀에게 제공하는 것에 자부심을 느낀다. 팬데믹으로 가장 나이가

많은 홈랜드 세대가 집에 격리되기 훨씬 전부터 거의 혼자 자라다시피한 이들의 부모 세대는 자녀가 외롭지 않게 하려고 갖은 노력을 기울였다. 덕분에 아이들은 믿을 수 있는 어른이 자신들의 행방을 알지 못하는 순간이 단 한 순간도 없이 자랐다.

30여 년 전 밀레니얼 세대를 키우던 베이비붐 세대와 달리 오늘날 X 세대는 자녀 양육을 세상을 구하는 수단으로 여기지도, 완벽한 아이를 만들려고 하지도, 자녀를 부모의 자아실현을 위한 수단으로 생각하지도 않는다. 이들에게 양육이란 자녀를 완벽하게 안전하고, 겁먹을 일이 없고, 예의 바르게 행동하고, 타인의 요구에 세심하게 배려하는 아이로 키우기 위한 수단이다. 자신에게 감춰진 진정한 잠재력을 일깨우기 위해 노력했던 베이비붐 세대의 '슈퍼맘'은 이들에게 해당 사항이 없다. X 세대에는 그저 최선을 다해 살아가려고 노력하는 '그만하면 충분히 좋은 부모'만 있을 뿐이다.

한때 베이비붐 세대 부모들은 자녀와 좋은 시간을 보내는 방법, 즉 자녀와 관계를 돈독히 하고 더 훌륭한 가치관을 가르치는 방법에 대한 뉴에이지 스타일의 조언이 담긴 양육서를 열심히 읽곤 했다. 그들에게 좋은 부모가 된다는 것은 좋은 사람이 되는 것이었다. 반면, X 세대는 부모가 어떻게 해야 하는지에 관한 내용보다는 해야 할 일과 하지 말아야 할 일이 가득 담긴 행동 지침서이자 규범서에 가까운 책을 선호했다. 이들이 읽는 자녀 양육서는 실용적인 기술서에 가까우며, 효과적인 육아 방식에 관한 기술도 점점 많이 소개되고 있다. X 세대 부모들은 슈퍼 보모들이 쓴 조언서를 읽거나 개 훈련사 세사르 밀런(Cesar Millan)의 훈련 비결을 참조한다. 좋은 사람이 되는 문제는 걱정할 필요가 없다. 아이들과 보내는 좋은 시간? 아니다. X 세대 부모 기준에서 보면 이는 베이비붐 세대의 위선이다. 그들은 아이들과 '많은 시간'을 보내야 한다고 생각한다. 시간을 투자하고 아이들 '곁에 있어야' 한다고 생각한다.

X 세대는 실질적인 존재감을 중시하며 이를 실천하고 있다. 2000년 이후 부모가 자녀와 함께 보내는 평균 시간이 지속적으로 증가하고 있다.[234] 자녀와 함께 시간을 보내기 위해 X 세대 부모들은 업무, 집안일, 배우자와의 외출, 팬데믹 이후 통근 시간 등 다른 목적의 시간을 줄이고 있다.[235] 맞벌이 부모는 집에 반드시 누군가가 자녀와 함께 있도록 팀을 꾸려 운영한다. 한부모 가정은 자신의 부모에게 도움을 청한다. X 세대의 이혼율은 계속 감소하고 있다.[236] 홈랜드 세대에 들어, 부모가 함께 있는 가정에서 자라는 아이의 비율이 50년 만에 처음으로 증가하고 있다.[237]

또한 여러 세대가 함께 사는 형태의 가정이 늘어난 것도 부모의 존재감이 강해진 데 한몫한다. 부모의 빈자리를 채워줄 다른 어른이 더 많아졌기 때문이다. 휴가는 늘 조부모가 함께하는 여행으로 꾸려진다. 홈랜드 세대 아이들은 집에서 부모 외에 다른 가족 구성원과 놀이를 하며 시간을 보내는 경우가 점점 많아지고 있다. 2010년에는 미디어산업의 수익을 늘릴 수 있는 '공동 시청'(여러 사람이 연결된 TV에서 함께 콘텐츠 및 광고를 시청하는 것으로, 업체 입장에서는 광고에 노출되는 시청자를 더 많이 확보하는 형태의 시청 방식이다 – 옮긴이)이나 '가족 TV' 같은 신조어가 생기기도 했고, 이제 13세 관람가 등급(어린이가 보기에도 안전하지만 어른에게도 흥미로운 내용)은 보편화됐다. 미국 부모의 4분의 3이 일주일에 여러 번 자녀와 함께 동영상과 TV를 시청한다고 답했다.[238] 부모들은 자녀가 휴대폰을 너무 오래 들여다보는 것을 걱정하지만, 한편으로는 휴대폰이 자녀를 감독하는 수단이기도 해서 쉽게 휴대폰을 뺏을 수는 없다.

부모가 자녀와 물리적으로 함께 있을 수 없을 때는 24시간 내내 감시하고 통제한다. 침실에 아이를 볼 수 있는 모니터와 비디오캠을 설치하고, 아이의 가방에 GPS 위치추적 장치를 달고, 학교에는 엄격한 신원확인 장치를 설치하고, 낮에는 문자를 통해 아이와 소통하고, 스마트 워치로 아이의 일거수일투족을 확인한다. 자녀의 디지털 장치에는 어린이 보호용 사이버 필터를 설치하고, 미국의 여러 주에서는 고등학교에서 지급하는 모든 노트북에 의무적으로 키 입력 추적 장치를 설치하도록 하고 있다. X세대 부모와 유권자 덕분에 쇼핑몰에서는 청소년 통금 시간을 시행하고, 교사들은 아이들이 다치기 쉬운 야외 활동은 금지하고 있으며, 학교에서는 '무장한 공격자'에 대비해 아이들이 참석한 가운데 SWAT(특수 화기 전술조) 스타일의 훈련을 실시하고, 행인들에게는 보호자 없이 거리를 혼자 다니는 10대를 발견하면 911에 신고하도록 권고하고 있다.

X세대 부모들은 초·중·고등학교를 기본적으로 불신한다. 학교에서 무슨 일이 일어나는지 직접 볼 수 없고, 자신들이 열악한 교육 환경에서 자랐기 때문이다. 수천 개의 학군에서 부모들은 교육과정, 성적 시스템, 도서 검열을 둘러싸고 교육청 및 교육자들과 싸우고 있다. 일부 베이비 붐 세대 부모들이 개척한 방식에 따라, 아예 자녀를 공립학교에 보내지 않고 지역 사립학교에 보내거나 집에서 교육하는 홈스쿨링 방식을 채택하는 X세대도 점점 늘고 있다.

그러나 공립학교든 사립학교든 부모들은 학생들을 위한 방침과 교육과정에 점점 더 엄격한 규칙을 요구하고 있다. 실제로 홈랜드 세대 아이들은 학교에 입학하자마자 홍수처럼 쏟아지는 규칙들과 만난다. 말하기·만지기·놀기·달리기 등에 관한 규칙, 말해도 좋은 것과 말하지 않아야 하는 것들에 관한 규칙, 과제를 어떻게 해야 하는지에 관한 규칙, 개인 소지품에 관한 엄격한 규정(아스피린이나 버터칼을 들고 다니면 안 된다!), 복장 규정 이야기도 빼놓을 수 없다. 현재 공립학교 5분의 1이 교복 착용을 의무화하고 있으며, 절반 이상이 엄격한 복장 규정을 정해두고 있다.[239] 어떤 학교는 무도회가 열리는 밤에 관한 규칙이 10페이지가 넘는 곳도 있다.

상식적인 선에서 학교에 어느 정도 재량권을 주는 것이 더 합리적이지 않을까 생각하는 사람도 있을 것이다. 물론 그렇다. 하지만 교사의 재량권을 신뢰하는 X 세대 부모는 거의 없으며, 학부모가 자신을 고소하지 않을 것이라고 믿는 교사도 거의 없다. 이렇게 규칙을 수용하는 분위기의 기저에는 새롭게 떠오르는 교육 방침인 '사회 및 정서적 학습(Social and emotional learning, SEL)'이 깔려 있다. 이 SEL이 현재 대부분 교육과정에 포함돼 있다. 이 방침의 따뜻하고 모호한 이름에는 다소 오해의 소지가 있다. 물론 SEL은 아이들에게 공감 능력을 기르고 다른 사람을 도우라고 가르친다. 그러나 좀 더 근본적으로 보면, 이 방침은 학생들에게 자제력, 즉 규칙을 따르는 능력을 가르친다. SEL는 이 능력을 "감정을 관리하는 능력"과 "다른 사람의 우선순위를 배려해 충동적인 행동을 자제하는 능력"으로 정의한다. 홈랜더 아이들은 유치원에서 객관식 시험 문제를 잘 풀려면, 또는 3학년이 돼서 교실 벽에 붙은 '해야 할 일'과 '하지 말아야 할 일'이 복잡하게 정리된 '행동 지침'을 해독하려면, 또는 8학년이 돼서 엄청나게 어려운 철자 시험에서 우승하려면(최근 승패를 결정한 단어로는 'erysipelas단독', 'cernuous아래로 드리우는', 'murraya칠리향속' 등이다), SEL 과정을 잘 이수해야 한다.

영화 〈페리스의 해방〉(1986년)[240] 시절로 거슬러 올라가 보면, 10대들에게 규칙은 그다지 중요하지 않았다. 10대였던 X 세대는 언제든 규칙을 피해 요령껏 돌아다니는 방법을 알아낼 수 있었다. 오늘날 홈랜드 세대에게 세상은 그때보다 훨씬 덜 관대하다. 능력주의 사회에서 최고의 자리는 점점 그 수가 줄어들고, 이 때문에 완벽한 자격을 갖추지 못한 젊은이들은 그 자리를 꿈도 꾸지 못한다. 반면 디지털 세상에서 '영구기록'은 그야말로 영구히 검색할 수 있다. 젊은 시절의 무분별한 행동은 결코 잊히지도 삭제되지도 않는다. 홈랜드 세대에게 사회는 단테의 신곡에 나오는 지옥이나 천국의 계층구조와 비슷하다. 맨 위에는 늘 상을 받고 A학점을 받는 아이들이 있고, 아래로 갈수록 정학·퇴학·법적 조치·사회봉사 등의 대상이 되는 최하위 계층 아이들까지 다양한 계층이 존재한다.

그렇다면 현재 홈랜드 세대 아이들은 어떻게 지내고 있을까? 이 엄격하면서도 가정적인 부모의 양육 방식이 어떤 새로운 청소년 세대를 만들고 있을까?

나이 든 미국인들에게는 좋은 소식이 많다. 일단 이 세대는 자녀를 가장 원하는 부모가 낳은 세대다. 로 대 웨이드 판결 이후(1973년 이전의 불법 낙태는 추정만 가능하다)와 1950년대나 1960년대 이후 현재의 낙태율이 그 어느 때보다도 낮다는 점에서 미루어 보면 그렇다.[241] 이러한 진전은 낙태 가능성이 가장 높았던 10대 임신율의 급격한 감소[242] 덕이다.

또한 홈랜드 세대 아이들은 안전하고 건강하게 성장하고 있다. 이들 세대에 유아 및 아동 사망률이 지속적으로 감소하고 있다[243](그들의 부모 세대만 해도 그렇지 않다). 미국의 모든 정부 혜택을 반영해 측정한 결과 2019년 아동 빈곤율은[244] 미국 역사상 최저치인 11퍼센트다. 불과 25년

전의 절반에도 미치지 못하는 수치로, 팬데믹 기간에는 이 수치가 더 낮아졌다.

가장 최근 조사 결과에 따르면, 10대 임신과 음주, 약물남용 등의 비율 감소와 더불어 괴롭힘이나 싸움, 각종 사건이나 사고로 피해를 당하는 학생의 수[245] 역시 날로 감소하고 있다. 홈랜드 세대의 10대 임신율은 1990년대 X 세대 10대 임신율의 4분의 1 수준이다. 다만 10대들의 마약 및 약물남용 비율은 그대로거나 상승하고 있는데, 이 약물은 대마초와 전자담배로 사실상 어른들이 합법화한 약물이다.

이러한 긍정적 행동 지표 외에도 홈랜드 세대에서 새롭게 드러나는 특성도 주목할 만하다. 경쟁적 성향, 당파심, 충동적 분노 등으로 가득 찬 어른들의 세상에서 홈랜드 세대는 관용, 자제력, 타인에 대한 세심한 배려 등 기성세대보다 더 온화한 성품을 보이고 있다. 이 세대는 가정에서는 부모의 정서적 지지를 받고 있다. 설문조사에 따르면, 이들의 가장 큰 걱정은 학업 성적이었는데,[246] 그 이유는 자기 자신을 위해서가 아니라 부모님을 화나게 하고 싶지 않아서였다. 학교에서는 장애인이나 약자를 괴롭히는 아이들을 배척하는 경우가 많다. 이들은 서로를 위한 집단을 형성하며, 자신의 약점에 개방적인 편이다(트위터에서 'tw'는 특정 콘텐츠가 정서적 반응을 유발하는 정보를 포함하고 있음을 미리 알려주는 표시로 사용된다). 이 모든 요인이 싸움과 괴롭힘 감소의 이유가 될 수 있다.

SEL에서 알 수 있듯, 홈랜드 세대의 삶은 타인을 행복하게 해주려고 자신의 감정을 조절하는 과정이다. 〈겨울왕국〉, 〈인사이드 아웃〉, 〈엔칸토〉 등 최근 홈랜더 아이들 사이에서 크게 히트한 블록버스터 애니메이션들의 주제[247]도 '감정 관리'다. 최근 스탠퍼드대학에서 유명한 실험인 마시멜로 테스트[248](4세 어린이가 아무도 보지 않는 상황에서 마시멜로를 먹지 않고 얼마나 참을 수 있는지를 살피는 실험)를 재현한 결과, 오늘날 홈랜더 어린이들은 자제력이 필요한 상황에서 부모 세대보다 훨씬 더 자기 조절을 잘하는 것으로 확인됐다. 주어진 규칙 안에서 살아가는 기술을 잘 연마한 홈랜드 세대 아이들은 총기 규제, 기후변화, 인종차별 같은 문제에도 가장 진지하고 가장 위협적이지 않은 방식으로 대응한다. 이들은 부모나 자격을 갖춘 지도자들과 연대하고, 법을 준수하며, 연장자의 경험을 존중하는 태도를 지니고 있다.

이러한 감정 관리에는 한 가지 뚜렷한 단점이 있다. 바로 끊임없는 스트레스다. 10대가 되면서 정신과 의사나 심리 상담가를 찾아가 자살 충동을 호소하며 치료를 받는 아이들이 늘고 있다.[249] 주로 남자아이들에게는 감정을 차분하게 가라앉히는 암페타민을, 여자아이들에게는 기분을 활기차게 해주는 세로토닌을 처방하는 경우가 많다.

여기서 우리는 아이들에 대한 '제설기 양육 방식'(snowplow parenting, 제설기로 눈을 치우듯 자녀가 직면한 어려움을 부모가 대신 해결해주는 양육 방식 – 옮긴이)이 어쩌면 과했을지도 모른다는 증거를 보게 된다. 부모가 아이들에게서 응급 상황, 위험, 실패 등을 직접 맞닥뜨리는 경험을 박탈했을지도 모른다는 증거 말이다.

새 제품을 개봉하는 과정을 보여주며 대리만족을 추구하는 언박싱 동영상, 아이 침대에서 쉬지 않고 돌아가는 모니터, 잘 짜인 놀이 계획, 과도한 코칭을 하며 진행하는 공놀이, 숙제 과외, 호사스러운 피젯 토이(손을 꼼지락거리며 놀 수 있는 손 장난감 – 옮긴이)(심지어 손으로 만지작거리는 데 도움을 주는 장치도 있다) 등은 모두 정신적으로 대가를 치르게 된다. 이 아이들은 지나치게 청결한 집에서 자라 오히려 천식이나 면역질환이 생긴다.[250] 숙제를 너무 정성껏 하다 보니 독서량은 더 많아졌지만 독서를 즐기지는 못하게 되며,[251] 만성적인 수면 부족을 겪는다.[252] 친구들 사이에서나 학교에서 혹시라도 "네가 틀렸다"는 평가를 받거나 틀린 말을 하게 될까 봐 두려워한다. 대다수 아이가 집에서 잘 먹고 잘살기 때문에 신체 활동이 부족해지며 비만으로 인한 고민도 깊어진다(장기적으로는 건강도 위협받는다). 규칙적으로 운동을 하는 소수의 운동선수 사이에서도 스트레스로 인한 부상이 유행병처럼 번지고 있다.

어린 밀레니얼 세대와 달리, 홈랜더 아이들은 미래가 불투명한 나라에서 끊임없이 위험을 경고하는 부모 밑에서 자라왔다. 어린 X 세대와 달리, 홈랜드 세대 아이들은 빨리 어른이 되고 싶어 하지 않는다. 그들은 천천히 자라고 싶어 한다. 어차피 어른이 돼도 불행한 삶을 살 것이 뻔한데 왜 빨리 어른이 되고 싶겠는가?

간혹 어린 시절 소셜미디어를 통해 일시적인 명성을 쉽게 얻기도 하지만, 대다수는 어른이 돼서도 지속적으로 명예나 부를 누리는 것이 어렵다고 생각한다. 설문조사에 따르면, 제2의 닐 암스트롱이나 오프라 윈프리, 스티브 잡스가 되겠다고 꿈꾸는 10대 청소년이 점점 줄고 있다.[253] 이들은 부모의 조언을 들으며 더 안정된 단계를 밟아 더 안전한 미래를 준비하고 있다. 그 어느 때보다 많은 부모가 자녀가 과학, 기술, 경제, 수학 등 장차 인정받을 수 있는 분야의 교육을 받도록 (주로 고등학교에서 직업 아카데미 과정을 통해) 노력하고 있다. 그들은 더 이상 자녀가 제2의 애플 창업자가 되기를 바라지 않는다. 그저 탄탄한 직장에서 안정된 삶을 살기만 바랄 뿐이다.

홈랜드 세대는 거창한 공공의 결과보다는 개인적인 내면의 감정에 더 관심을 품는다. 이러한 변화는 대중문화의 방향을 바꾸기 시작했다. 오늘날 10대 아이들은 주로 20대인 밀레니얼 세대가 연주하는 분위기 있고, 차분한 디스코 팝 스타일의 음악을 선호한다. TV 프로그램이나 영화를 볼 때도 홈랜드 세대는 슈퍼히어로나 고등학생 영웅처럼 밀레니얼 세대가 좋아했던 장르를 외면하고 있다. 그보다는 친밀한 가족 관계나 사회적 역할 간의 복잡한 관계를 다룬 스토리를 더 선호한다. 말하자면, 이들은 외적인 액션보다는 내적인 긴장감에 더 매료된다.

이 새로운 젊은 세대는 외양적으로 부드럽고 ('소프트 걸'이나 '소프트 보이' 같은) 연약한 모습을 지향하며, 때로는 목가적인 현실도피('코티지코어 cottagecore', 시골 오두막을 의미하는 cottage와 신조나 가치를 의미하는 core의 합성어로 농가생활이나 전원생활을 추구하는 인터넷상의 가치관–옮긴이)로 시선을 돌리기도 한다. 이러한 현상은 전통적인 젠더 역할의 구분이 확장되는 것으로 해석할 수도 있다. 아니면 젠더 역할에 관해 나이를 초월한 중성적인 대안을 찾는 시도라고 해석할 수도 있다. 후자의 경우는 '성별 불쾌감' (gender dysphoria, 출생 시 성별과 스스로 생각하는 성정체성이 일치하지 않아 발생하는 불쾌감–옮긴이)을 경험하는 이들이 많아지고, LGBTQ+(레즈비언, 게이, 양성애자, 트랜스젠더, 퀴어, 기타 성–옮긴이) 같은 성소수자를 지지하는 운동이 확산되고, 성 중립적인 대명사인 '그들'이라는 표현을 많이 사용하는 세대와 잘 맞는 방식이다. 많은 홈랜드 세대가 지나치게 남녀의 성역할을 구분 짓는 어른들의 문화를 보고 이렇게 말한다. "아니야. 나는 커서 저렇게 되고 싶지 않아." 이렇게 말하는 홈랜드 세대 중에는 '이 걸(e-girl)' 과 '이 보이(e-boy)'(인터넷을 중심으로 퍼진 청소년 인터넷 문화로, emotional의 준말인 emo의 앞글자를 따 e-girl, e-boy 등으로 부른다. 주로 화려한 염색에 고스 스타일 메이크업, 초커나 체인 목걸이 등을 한다–옮긴이)도 포함돼 있다. 이들은 수많은 틱톡 영상에서 보듯, 안전한 침실에서 자신들 세대 페르소나의 어둡고, 신비로우며, 엣지 있는 부분을 탐구한다.

세대의 흐름을 관찰하는 전문가 데이비드 브룩스는 오늘날 10대 청소년의 "모든 것이 개인화되고 소형화"됐다고[254] 말한다. "그들은 거대한 사회의 끔찍함은 어쩔 수 없다고 생각한다. 그들이 할 수 있는 최선은 비정한 세상에서 안식처를 찾는 것이다." 어쩌면 홈랜드 세대는 자신들이 맡은 역할이 영화 〈모아나〉에 나오는 폴리네시아 공주처럼[255] 세상에 심장을 돌려주는 일이라고 생각하는지도 모른다. 밀레니얼 세대 청소년과 달리 홈랜드 세대는 자신들에게 주어진 도전 과제를 작은 이타주의를 실천하는 것으로 정의한다. 그리고 X 세대 청소년과도 달리, 공정함·감수성·책임감이라는 이름으로 어른들의 규범에 온건하게 도전한다. 2022년 〈타임〉의 표지에는 올해의 어린이로 선정된 11세의 오리온 진(Orion Jean)이 "친절 대사"[256]로 소개되기도 했다.

자기 자신을 짧은 치마, 나쁜 남자, 빠른 차에 이끌린 1990년대의 거친 아이였다고 고백한 영국 저널리스트 케이티 애그뉴(Katie Agnew)는 자녀들이 자신과 달라도 이렇게 다를 수 없다고 말한다. 애그뉴는 아이들이 냉정하고 책임감 있다고 말한다. 사소해 보이는 도덕적 딜레마에도 괴로워한다고 말한다. 애그뉴는 담배를 피우고 싶을 때는 아이들이 눈치채지 않게 현관에 나가서 피운다고 말한다. 애그뉴는 궁금해한다. "요즘 아이들은 왜 이렇게 따분하게 착한 걸까?"[257]

절정을 향해: 배려와 유대감

"우리 부모님을 설명할 때 가장 먼저 떠오르는 단어는 과잉보호다."[258] 전기 작가 베니타 아이슬러(Benita Eislers)는 대공황 시절 잃어버린 세대 부모의 엄격한 양육 방식으로 자란 자신의 세대인 침묵 세대를 떠올리며 말했다. 10년 전만 해도 과잉보호라는 말을 하는 사람은 아무도 없었다. 어린이 주변에 더 엄격한 경계를 만드는 일에 전 국민이 동참하고 있었기 때문이다. 1920년대 초 주간지 〈리터러시 다이제스트(Literary Digest)〉가 "부모의 권위 재확립"[259]을 언급한 이후 더 많은 부모들이 역사학자 대니얼 로저스(Daniel Rodgers)가 말한 "자녀의 삶에 순응 정신을 심어주는 것에 관한 새롭고도 명백한 주장"[260]을 옹호하기 시작했다. 이렇게 자란 G.I. 세대들은 어린 시절을 보내면서 건강, 체력, 교육, 행동 등 모든 면에서 한 세대에 걸쳐 가장 크게 개선된 모습을 보였다.

침묵 세대가 학교에 입학할 무렵 이런 분위기가 바뀌었다. 국가 경제가 침체되면서 부모들에게 일자리를 구하거나 매일 끼니를 해결하는 것이 큰 문제가 됐다. 이런 분위기에서 아이들의 순종적인 태도는 당연한 것으로 받아들여졌다. 저녁 식사를 불평하는 아이들에게는 "굶주린 아르메니아인들"을 생각하라며 세계 각지의 고통받는 이들을 상기시켰다. 유명한 육아 서적들은 "총체적 해결책"[261]으로 알려진 단순하고 실용적인 육아 방식을 소개하며 불필요하게 복잡한 육아 방침을 배제했다. 그중에는 1928년 행동심리학자인 존 왓슨(John B. Watson)의 베스트셀러[262]도 있는데 비평가들은 이 책에 소개된 규칙을 강아지 훈련과 비슷하다고 말하기도 했다. 당시 어린이들이 좋아하는 이야기는 어른들이 큰일을 해내는 데 도움을 주는 동물이나 의인화된 기관차, 배 등에 관한 이야기였다.

알팔파나 셜리 템플 같은 영화 속 어린이 주인공들은 어른을 만날 때면 늘 '예의 있는 태도'에 신경을 썼다. 그리고 죄 없는 아이들의 순수함은 어른들의 완고한 마음을 녹이곤 했다. 영화 〈바람과 함께 사라지다〉를 보던 관객들은 아이가 조랑말에서 떨어져 죽는 장면[263]을 보고 눈물을 흘리면서도 어떤 상황에서도 아이의 모든 행동에 주의를 기울여야 한다는 사실을 다시금 상기하곤 했다. 루스벨트가 말한 자유 중 네 번째 자유인 '공포로부터의 자유'를 그린 노먼 록웰(Norman Rockwell)의 그림에는 부모가 지켜주는 가운데 사랑스럽게 잠든 아이의 모습이 담겨 있다.

위기의 시기가 절정을 향해 가던 2차 세계대전 기간에 미국에는 역사상 가장 모범적인 10대 청소년들이 있었지만, 아버지는 전쟁터에 나가고 어머니는 일하러 나간 가정에서 부모의 장기 부재가 아이들에게 정서적 문제를 일으키는 것이 아니냐는 논란도 있었다. 정부는 부모의 공백을 메우기 위해 노력했다. 대공황 기간에는 돌봄이 필요한 아동과 장애 아동을 둔 가족에 부양책을 마련했다(이러한 제도는 오늘날에도 '빈곤가정 일시부조제도TANF'와 '생활보조금SSI'의 형태로 유지되고 있다). 전쟁 기간에 의회는 보육, 방과 후 돌봄, 임신 혜택 등이 필요한 가정에 지원책을 마련하고 보조금을 지급하려고 노력했다.

세상을 단순한 흑백논리로 바라보던 어린이들에게는 참으로 두려운 시기였다. 아이들에게 세상에는 제복을 입은 우리 편(선)과 그렇지 않은 사람들(악)만 존재했다. 어느 날 갑자기 아버지가 사망했다는 끔찍한 소식을 들을 수도 있었다. 작가 프랭크 콘로이(Frank Conroy)는 "전쟁이 일어나지 않았던 때는 신문에 무슨 기사가 실렸던가"[264] 하고 회상했다. 이 아이들은 10대가 되면서 배급 우표를 모으거나 한 푼 두 푼 모아 전쟁 채권을 사는 등 국가에 기여하기 위해 최선을 다했다. 그들은 이러한 삶에 반항할 힘이 없었다. 그들이 관심을 보인 주요 이슈는 '인종 관련 문제'와 '세계 정부'에 관한 내용이었지만 그마저도 이들의 열의는 미지근하고 추상적이었다.

1951년, 〈타임〉은 침묵 세대 10대들이 교실에서 어떻게 행동하는지에 관한 기사를 냈다. "미국의 교육자들은 요즘 젊은이들이 전투적 신념이 없는 것 같다고 불평한다. 젊은이들은 그 무엇에 대해서도 그 어떤 말도 하지 않는다. 학생들을 꾀어내길 즐기던 교수들은 … 이제 수업 시간에 조용히 필기만 하는 학생들을 그 무엇으로도 꾀어낼 수 없다는 사실을 알게 됐다 … 요즘 세대는 두려움을 통해서건 수동적 태도나 신념을 통해서건 순응할 준비가 돼 있다."[265]

이것이 예술가 원형이 네 번째 전환기에 접어든 마지막 시기였다.

베이비붐 세대에 이어 가장 나이가 많은 X 세대는 40년 전, 10대 후반의 젊은 시절을 거칠고 길었던 여름의 끝자락에서 바닷가에 당도한 것 같은 느낌으로 기억한다. 바닷가는 지친 이들로 가득 차 있고 뜨거운 모래사장에는 암석 파편들이 가득해 맨발로 발 디딜 곳조차 없다. 조금만 방심하면 유리병을 밟아 발을 다치기도 하고, 경찰은 쓰레기를 버렸다며 고함을 질러댄다. 어떻게 그곳까지 왔는지 기억도 나지 않고, 그곳이 어디인지 아는 사람도 없다. 머리 위로 뜨거운 태양이 무자비하게 이글댄다. 쉴 곳은 없고 그나마 그늘에는 먼저 도착한 이들이 자리를 차지하고 있다.

오늘날 가장 나이가 많은 홈랜드 세대가 20대 후반에 도착한 곳은 전혀 다르다. 아니 다르다 못해 정반대다. 그들은 가족이 함께 사는 깨끗하고 안전한 아파트에서 아침에 일어난다. 아파트에는 온도 조절 장치를 비롯한 모든 편의시설이 잘 갖춰져 있지만 자세히 들여다보면 사실 그곳은 요새화된 벙커라는 사실을 깨닫게 된다. 여러 대의 모니터 덕분에 내가 어디에 있는지 모두가 알 수 있다. 몇 가지 번거로운 절차를 밟아 아파트에서 나오면, 추적을 당하고 들어갈 수 있는 곳은 주로 친구나 가족, 믿을 만한 어른이 거주하는, 내가 나온 곳과 비슷한 아파트다.

X세대 10대들은 길을 잃었고 아무도 그들을 찾지 못했다. 이전 세대들이 10대였을 때는 누군가 그들을 관찰했고 쉴 곳도 있었지만 이제 그것들은 없다. 왜 없어졌는지는 모른다. 젊은 X세대는 중요한 구조나 규칙을 찾았지만 허사다. 노마드 원형의 초반 삶은 마치 광장공포증을 앓는 것 같다. 그들은 끝도 없는 지평을 향해 홀로 방황한다고 느낀다.

홈랜드 세대 10대들은 어디에서나 발견될 수 있고 길을 잃을 일도 없다. 이전 세대가 10대였을 때 설치된 단단한 장벽들과 모니터들이 있지만, 홈랜드 세대는 그것들이 왜 있는지 알지 못한다. 홈랜드 세대는 자율성과 독립성을 갈구하지만 허사다. 예술가 원형의 초반 삶은 마치 밀실공포증을 앓는 기분이다. 그들은 가깝고 친숙한 이들로 붐비는 세상에서 질식할 것 같다고 느낀다.

역사적으로 볼 때, 홈랜드 세대 젊은이들의 경험이 남은 2020년대에는 그다지 많이 바뀌지 않을 것이다.

실제로 최근 팬데믹으로 인한 봉쇄 조치로 말 그대로 벙커에서의 삶이 현실화됐다. 모든 아이들이 집에서 먹고, 놀고, 수업을 들었고, 심지어 부모가 가끔 외출하는 동안에도 (외출로 코로나 감염 위험이 더 커짐에도 불구하고) 아이들은 24시간 내내 밀착 감시를 받아야 했다. 부모와 자녀 사이에는 긴밀한 유대감이 형성됐지만, 대부분 어린이 특히 10대 청소년들의 사회성 및 교육 발달이 늦어진다는 우려의 목소리도 적지 않았다. 팬데믹 이후 많은 부모가 재택근무나 온라인 수업을 선택하고 있다. 이유는 단순하다. 더 저렴하고 더 편하기 때문이다. 이것이 홈랜더 시대의 육아 방식이다. 보호 조치를 강화하면 그 조치가 대체로 영구화된다.

앞으로 몇 년 동안 위기의 시기가 절정을 향해 갈수록, 위험에 직면
했을 때 발작적으로 대피하는 패턴이 지속될 것이다. 그리고 어린 시절
의 세상이 점점 폐쇄적으로 되는 현상은 더욱 심화할 것이다. 그 목적은
어린이의 세상을 더 안전하게 만드는 것만은 아니다. 어른들, 특히 부모
들이 아이들이 안전하게 있는 동안 여러 업무를 더 쉽게 처리하는 것도
그 목적에 포함된다.

위기의 시기가 절정으로 치닫는 동안 이 두 가지 목적이 모두 크게
드러날 것이다. 한편으로는 시민 행동의 규모와 격렬함이 가족과 어린
이들에게 새로운 위협으로 인식될 가능성이 있다. 다른 한편으로는 새
로운 정권이 들어서면서 많은 부모가 장시간 집을 비울 가능성이 있다.
대가족이 공동으로 하는 양육의 비중도 더 커질 것이고, 유권자들은 그
공백을 메우기 위해 부모 혼자서는 할 수 없는 일을 지역사회에 위임하
는 선택을 할 것이다. 2020년대 후반이 되면 홈랜드 세대의 요구에 따
라 정부가 처음으로 보편적 보육 서비스와 (기본적이고 표준화됐지만 효과적
인) 소아과 의료 서비스를 제공할 수도 있다.

청소년 과잉보호는 계속 비판받을 것이다. 《자유방목 아이들》의 저자
리노어 스커네이지(Lenore Skenazy)는 정기적으로 과잉보호의 과대성을
설득력 있게 풍자한다.[266] 스커네이지는 미국이 자녀가 집 밖에서 스스
로 무언가를 하게 하는 부모를 처벌해서 오히려 청소년을 유아처럼 만
든다고 주장한다. 그녀는 미국의 이러한 흐름이 "최악을 우선시하는" 또
는 "위태로운" 양육 방식이라고 비난한다. 스커네이지의 표현은 대단히
적절하다. 이러한 방식이 왜 그렇게 깊이 뿌리내렸는지를 잘 설명해주기
때문이다. 스커네이지가 선택한 최악이나 위태로운 같은 수식어는 대다

수 부모에게 과장된 말로 들리지 않는다. 앞으로 10년 동안 이러한 수식어가 부모들이 인식하는 세상을 설명하는 단어가 될 것이다.

시간이 흐르면 홈랜드 세대는 청소년 팝 문화를 더 안전하고, 더 공식적이고, 아마도 기성세대에게는 덜 흥미롭게 보이는 방향으로 지속적으로 변화시킬 것이다. 논란의 여지가 별로 없고 밋밋한, 정치적 올바름의 메시지를 담은 이야기가 디즈니에서 주류인 네트워크 및 스트리밍 서비스로 옮겨질 것이다. 10대 시절 홈랜드 세대의 정치적 성향은 학교의 안전부터 팬데믹 기간 중 마스크 착용과 백신 규정 시행에 이르기까지 전문가들이 위험을 평가해 합의해 내린 냉철한 판단을 지지하는 경향이 강하다. 가장 나이가 많은 홈랜드 세대가 고등학교를 졸업하고 대학교에 들어가면서 젊은 층의 정치적 성향은 부모와 부모가 속한 공동체의 견해를 대체로 지지할 것이다(물론 그들의 부모가 계속 동일한 정치적 공동체에 속해 있을지는 미지수다).

홈랜드 세대가 기성세대를 비판할 때는 주로 자신들이 공동체를 대표하는 입장이 돼서 규칙을 지키지 않고 독단적으로 행동하는 사람을 비난하는 형식이 될 것이다. '캐런(#Karen)'이라는 용어가 이미 무례하고, 공격적이며, 분쟁을 일으키는 사람을 태그하는 온라인 밈으로 사용되고 있다. 자신의 권리만을 중요하게 여기는 캐런들은 예의 바르게 행동하지 않아도 되는 이유를 늘 알고 있다. '캐런 세대'라는 표현은 암묵적으로 부모 또래인 X세대를 지칭하는 말이다.

어떤 사안에 대한 X세대의 반응은 대체로 상호적인 편인데, 그중에는 오늘날 홈랜드 세대의 순종적이고 유순한 성향이 미국의 미래에 위협적이라는 주장도 있다. 블룸버그의 한 칼럼니스트는 이렇게 말한다. "내가 걱정하는 것은 안일함, 즉 질문하지 않고 건전한 반항도 하지 않는 태도다. 권위에 대항하고 적당히 이기적일 줄도 알던 젊은이들에게 무슨 일이 생긴 건가? 이제 그들 대신에 공동체를 뒤흔드는 것을 두려워하는, 규칙에 순종하는 추종자들이 생겼다. 그리고 그들이 어른들에게 반항하는 이유는 어른들이 규칙을 따르지 않는 것에 대한 불쾌감 때문이다."[267]

2020년대에 들어 위기의 시기를 둘러싼 난제들이 점점 심화되면, 홈랜드 세대는 X세대와의 논쟁에 더 이상 관심을 두지 않게 될 것이다. 사건들이 기본적으로 자신들에게 유리하게 해결됐다고 생각하기 때문이다. X세대가 젊은 세대의 행동 방식이 더 낫다고 생각해 수치심을 느껴도 어쩔 수 없다.

홈랜드 세대는 위기에 처한 공동체는 불완전한 규칙이라도 규칙을 따르지 않는 것보다는 규칙을 따르는 것이 생존 확률을 높인다는 사실을 부모 세대보다 훨씬 더 잘 이해한다. 성인이 된 홈랜드 세대는 규칙을 잘 준수하는 세대로 주목받을 것이다. 어쩌면 주목받지 못할 수도 있지만. 아무튼 청소년 폭력 범죄는 지난 수십 년 만에 최저치로 떨어질 수도 있다.

위기의 시기 절정기에 상대적으로 더 젊은 홈랜드 세대는 겁 많은 감시자이자 소소한 조력자가 될 것이다. 집 근처에서 벗어나지 못하는 그들은 재활용 분리수거를 돕고, 컴퓨터를 하고, 노인을 돌보는 등 2차 세계대전 당시 승리를 거둔 미국의 아이들이 정원을 가꾸거나 고철을 모으며 유익한 활동을 했던 것처럼, 21세기 초 유익하고 소소한 도움을 줄 것이다. 이들보다 나이가 많은 홈랜드 세대는 중학교 및 고등학교에 다니며 바쁘게 지낼 것이다. 이들은 한 치 앞도 알 수 없는 불확실한 미래에 대비해 착실하게 어른이 될 준비를 할 것이다. 공부하면서 빠르게 변화하는 뉴스 소식을 주시하며 이 획기적인 역사가 자신들의 미래를 어떻게 변화시킬지 헤드라인에 나오기를 기대할 것이다. 그리고 자신들보다 몇 살 많은 밀레니얼 세대에 대해서도 알게 될 것이다. 그리고 그 밀레니얼 세대가 집단적인 노력에 동참할지 아닐지를 궁금해할 것이다.

성인이 된 홈랜드 세대 젊은이들은 밀레니얼 위기의 절정에서 누가 어떤 역할을 맡게 될지 알지 못할 것이다. 그건 우리도 마찬가지다. 그렇기 때문에 우리는 밀레니얼 세대와 홈랜드 세대의 경계를 확실히 정하기 전에 특정 사건의 결과를 지켜봐야 한다. 여기서 중요한 질문 두 가지가 필요하다. 첫째, 미국인들이 갈등 상황에 직접 참여하는, 다시 말하면 군 입대 나이는 몇 살부터인가? 둘째, 위기의 절정은 언제 발생할 것인가?

입대 나이도 중요하다. 2차 세계대전 당시 전방에 투입될 수 있는 최소 연령은 20세였다. 이 연령은 비슷한 규모의 이전 전쟁과 비교하면 조금 높아졌다. 경험을 쌓고 훈련을 받는다는 점에서 군대 선호도가 높아진 현대 상황을 고려하면, 다음 위기 상황에서는 이 연령 기준이 더 높아질 가능성이 크다. 예를 들어 최근 아프가니스탄과 이라크에서 벌인 9·11 테러 대응 전쟁 당시 군복무 평균연령은 33세였다.[268] 군복무자 중 40세 이상 군인이 25세 이하 군인보다 거의 두 배 가까이 많았다. 대규모 전쟁이 발발하면 이 연령대는 분명 더 낮아질 것이다. 하지만 22~23세 이하 젊은이들의 참여도는 지극히 적을 수 있다.

시기도 중요하다. 역사적으로 보면 출생 집단을 세대별로 구분하는 것은 위기의 절정에 참여했는지 여부다. 위기의 절정이 일찍 찾아오고, 분쟁 상황에 참여할 수 있는 최소 연령 기준이 높아진다면, 밀레니얼 세대와 홈랜드 세대의 경계선이 1~2년 앞당겨질 수 있다. 그렇게 되면 밀레니얼 세대 주기는 조금 짧아질 것이다. 그 반대의 경우라면 세대 경계선은 1~2년 뒤로 이동할 것이고, 밀레니얼 세대의 주기는 조금 길어질 것이다. 늘 그렇듯, 세대 간 경계를 정하는 데 중요한 역할을 하는 것은 우발적 사건들이다.

예를 들어, 침묵 세대를 생각해보자. 이들의 최초 출생 연도(1925년)는 사건의 결과를 알기 전까지는 불확실한 상태로 남겨져 있었다. 이 경우 1924년에 태어난 이들이 2차 세계대전이 절정에 달했던 1944년에 상당수가 군복무를 경험한 마지막 세대였다는 결과를 알게 된 후에야 1925년이 침묵 세대의 시작 연도라는 사실이 명확히 파악되었다.

물론 상황은 다르게 전개됐을 수도 있다. 당시 원자폭탄이 없었고, (군사 전문가들의 예상대로) 미국이 1947년까지 대규모 사상자를 내면서 일본의 섬들을 침공해야 했다면, 젊은 세대 미국인들은 아마도 자신들을 G.I. 세대에 속한다고 생각했을 것이고, 결과적으로 G.I. 세대의 주기는 더 길어졌을 것이다. 지금은 고인이 된 칼럼니스트 러셀 베이커(Russell Baker, 1925년생)는 1945년 8월, 캘리포니아에서 훈련을 받으며 초조하게 침공 명령을 기다리던 수십만 명의 젊은 미군 중 한 명이었다. 그는 일본의 항복 소식을 듣고 기뻐했지만, 한편으로는 자신이 전쟁에 적극적으로 가담한 사람들 집단에서 영원히 멀어지게 됐다는 사실도 깨달았다. 훗날 그는 이렇게 고백했다. "나는 전쟁이 끝나는 것이 싫었다. 나는 영광을 원했다."[269]

언제가 될지는 모르지만, 밀레니얼 위기의 해소는 한 세대에게는 완전한 성인기의 시작을, 다음 세대에게는 청소년기의 끝을 알리는 뚜렷한 경계선을 긋는 일이 될 것이다. 그 선에서, 상대적으로 나이가 더 많은 밀레니얼 세대는 자신이 위기의 시기 속에서 완전한 성인 집단에 속해 있다고 느낄 것이다. 젊은 홈랜드 세대는 다른 통과의례 사건을 찾아야 할 것이다. 세대 고유의 집단 카타르시스를 추구하는 일은 남은 인생 내내 큰 질문이 될 수도, 큰 좌절이 될 수도 있다.

머지않아
봄이 올 것이다

THE
FOURTH
TURNING
IS HERE

10

새로운 새큘럼의 탄생

✕

영원한 겨울도, 찾아오지 않는 봄도 없다.

할 볼랜드(Hal Borland)

1945년 8월 15일, 대일전승기념일에 평화가 선포됐지만, 미국은 여전히 전시체제인 채로 남아 있었다. 항구에는 군함이 가득했고, 고속도로에는 군 호송 차량이, 창고에는 전쟁 물품이, 공공기관에는 전쟁 전문가들이, 공장에는 군수 용품 노동자들이 가득했다. 여전히 군수 용품 제조에 맞춰져 있던 공장 제조 라인은 수백만 명의 퇴역 군인이 일자리를 찾아 고향에 돌아올 즈음이면 가동이 중단될 것으로 예상됐다. 사회는 전쟁 이전의 계급 갈등 상황으로 돌아갈 가능성이 높아 보였다. 유명한 사회학자 군나르 뮈르달(Gunnar Myrdal)은 "노동자의 급진주의화"와 "폭력의 만연화"[1]를 경고했다. 그 첫 번째 위협은 대일전승기념일 몇 달 후에 발생했다. 제너럴모터스(General Motors, GM) 노동자들이 파업하기로 결의한 것이다.

그러나 파업은 무산됐다. '디트로이트 협약'이 체결되면서 GM과 자동차 노동자는 원만한 합의를 이뤘다. 〈포춘〉의 기자들은 "미국 역사상 그 어느 때보다 설득력 있는 노동자 요구였다"[2]며 이 협정을 높이 평가했다. 이 협약을 기점으로 1930년대로 다시 돌아갈 수는 없었다. 새로운 시대, 새로운 팀워크와 신뢰의 시대가 열린 것이다.

황홀하고 가슴 벅찬 승리를 경험한 미국인들은 사회통합이라고 하는 눈부신 이상과 사회갈등이라고 하는 암울한 기억 사이에서 흔들렸다. 미국인은 강력하고 보편적이며 의심의 여지가 없는 어딘가에 소속되기를 원했다. 정부 지도층이 세계 정부를 구상하는 동안, 정치인들은 일반 시민을 위한 집단행동을 이야기했다. 전쟁이 절정에 달했을 때 〈새터데이 이브닝 포스트〉 잡지에는 도전적인 내용의 "일본에 보내는 공개 서한"이 실렸다. "당신네 국민이 무모한 희생으로 목숨을 바칠 때, 우리 국민은 대량고용, 대량생산, 대량유통, 대량소유라고 하는 영광스러운 미래를 위해 싸우고 있다."[3]

전쟁 승리가 눈앞에 다가오자 미국인들은 그러한 희망이 실현되지 않을지도 모른다는 불안에 휩싸였다. 미래를 기대하던 그들은 오늘날에도 여전히 그러하듯, 미래가 최근의 과거와 비슷할 것이라고 생각했다. 그들에게 최근의 과거인, 혹독했던 1930년대와 냉소적이었던 1920년대는 그다지 좋은 기억이 아니었다. 〈포춘〉은 "어거지로 밀어붙이는 방식"과 "성급한 기질"[4]의 부활을 우려하는 기사를 실었다. 편집자들은 1차 세계대전 퇴역 군인들이 참전 용사 혜택을 청원하는 시위를 벌이며 경찰과 대치하는 사진을 실으면서 "블루베리 파이 한 조각으로는 참전 용사의 불만"[5]을 만족시키지 못할 것이라고 경고했다.

많은 경제학자가 새로운 경기침체를 예측했다. 하버드대학 경제학자

섬너 슬리히터(Sumner Slichter)는 "역사상 가장 크게 그리고 가장 빠르게 사라지는 시장"[6]을 경고했다. 미국연구소(Research Institute of America)의 경제학자 레오 체른(Leo Cherne)은 "전쟁 후 환멸감에 빠진 중산층 가정의 … 불안감, 불안정성, 부적응에 빠질 것"[7]이라고 예측했다. 일본을 상대로 승리를 거둔 지 한 달 후, 시사 잡지 〈라이프〉는 미국의 출산율이 급격히 감소할 것이라고 예측했다.[8] 인구 감소와 경제 붕괴를 우려한 연방정부는 뉴딜정책 규모의 일자리 확보 등을 논의하기 위해 약 200여 개의 기관이 참여하는 대규모 회합을 계획했다.

하지만 그럴 필요가 없었다. 활기찬 미국의 모습에 비관론자들은 혼란스러웠다. 참전 용사들은 어떠한 폭동의 기미도 없이 해산했고, 고향에서는 퍼레이드가 끝난 뒤에도 멈추지 않는 따뜻한 환대를 받으며 집으로 돌아갔다. 승전 분위기가 지속되자 케케묵은 정치적 논쟁이나 문화적 논쟁에 다시 불을 붙이려는 사람은 거의 없었다. 다만 돌아온 참전 용사들은 결혼해서 자녀를 낳고, 좋은 집과 좋은 일자리를 얻고 싶어 했다. 전쟁 후 첫 번째 평시 크리스마스까지 실업자 수는 노동 당국이 예측한 수치의 10분의 1에 불과했고, 그때까지도 들뜬 분위기는 지속됐다. 마침내 상황을 우려했던 이들조차 한 발 뒤로 물러났다. 희망을 예언하는 많은 선지자 무리에 〈포춘〉도 가세했다. 〈포춘〉은 "우리는 역사상 그 어느 때보다 훨씬 더 높은 생활수준을 누릴 수 있을 것"[9]이라고 장담했다. 이어 2차 세계대전은 "제한된 자원과의 오랜 싸움에서 인간이 거둔 최고의 승리"[10]라고 했다.

1946년 6월이 되자 전쟁 후 변화된 분위기가 일시적인 것이 아니라는 사실이 분명해졌다. 〈포춘〉은 이렇게 단언했다. "미국의 대호황이 시작됐다. 기존의 잣대로는 그 크기와 규모를 가늠조차 할 수 없다! … 상황은 너무도 광범위하고 복잡해서 이해하기 어려울 것이다. … 1946년 여름의 미국은 1929년이나 1939년과 달리 독특하고 다양한 것으로 가득하다. 이전과 비슷했던 점들은 빠르게 사라질 것이다."[11]

편집자들은 남북 전쟁 직후 월트 휘트먼이 했던 말을 인용해 미국을 향해 이렇게 말했다. "모든 밸브를 열어두고 그냥 내버려둬라. 흔들리고 소용돌이치도록 내버려둬라. 이내 엄청난 추진력이 생길 것이고, 그렇게 되면 멈추려 해도 멈출 수 없을 것이다."[12] 미국의 새로운 붐은 경제 활동뿐 아니라 출산율에도 영향을 미쳤다. 황홀한 승리의 밤에 잉태된 아기들이 1946년 4월 중순에 태어났고 1963년 말, 비극이 국가의 분위기를 바꾸기 전까지는 출산율이 계속 증가했다.

대일전승기념일과 케네디 암살이라고 하는 두 가지 중요한 사건은 "팍스 아메리카나", "좋은 시절", "최고의 시절", "행복한 날들", "미국 고조기" 등으로 불리는 다양한 시대를 아우른다. 이 두 사건 사이의 시간 동안 미국인들의 자신감은 느린 속도로 점점 강해졌다.

초기만 하더라도 베를린 봉쇄, 매카시 청문회, 한국 전쟁 등으로 사회 분위기는 세계 전쟁을 떠올리기라도 하듯 강박적으로 생존주의적 분위기로 돌아가곤 했다. 수레는 여전히 방어 태세로 배치돼 있었고, 총도 뽑아 놓은 상태였다. 아이젠하워 대통령 재임 동안 이러한 경각심은 새로운 안일함으로 바뀌었다. 국가의 번영과 권력이 전 세계에 지배적인 영향력을 행사할 만큼 커지자, 분위기는 호화롭고 사치스럽게 바뀌었다. 케네디의 취임식에서 노년의 시인 로버트 프로스트(Robert Frost)는 "다음 아우구스투스 시대의 영광 … 시와 권력의 황금기"[13]를 선언했다. 2년 후 재클린 케네디는 남편의 행정부를 '카멜롯'에 비유했다. 당시 브로드웨이에서 인기 있었던 뮤지컬 대사를 인용하자면, 마치 "빛나는 한 순간"[14]이 곧 끝나리라는 사실을 알고 있기라도 하듯 말이다.

미국의 고조기는 새롭게 열린 위대한 해의 봄을 맞았다. 초강대국 새 큘럼의 네 번째 전환기가 끝났다. 그리고 밀레니얼 새큘럼의 첫 번째 전환기가 시작됐다.

이 장에서는 밀레니얼 새큘럼의 네 번째 전환기를 넘어 그 이후 다가올 첫 번째 전환기에 대해 살펴볼 예정이다. 먼저 2차 세계대전 이후 미국 고조기의 선례가 됐던 이전의 첫 번째 전환기들의 공통된 특징부터 살펴본다. 그런 다음 21세기 중반까지 어떤 시대가 어떻게 전개될지에 관해 가능한 시나리오를 상상해보겠다. 마지막으로 오늘날 세대들을 이 시나리오에 투영해보겠다. 늘 그렇듯 우리는 다음 첫 번째 전환기가 어떤 모습일지, 그리고 그것이 우리 삶을 어떻게 변화시킬지 알고 싶다.

역사 속 첫 번째 전환기들

옛 시절을 다룬 TV 프로그램과 향수를 불러일으키는 영화들 덕분에 미국 고조기에 관한 기억은 수십 년이 지난 후에도 깊이 남아 있다. 오늘날 노인들은 그 시기를 효과적인 법, 효율적인 대규모 조직, 발전한 과학, 우수한 공립학교, 안정된 직업, 결속력 강한 가족, 통제력 있는 범죄 대처 등의 시절로 기억한다. 정부는 예산 균형을 잘 유지하면서도 원하는 것을 거의 모두 할 수 있었다. 시간이 지날수록 중산층은 늘어나고 빈부 격차는 좁아졌다. 근로자의 생산성과 임금은 대공황 이전 그 어느 때보다도 급속한 속도로 증가했고, 이후의 10년 동안과 비교해도 훨씬 빠르게 증가했다. 경제학자 존 케네스 갤브레이스(John Kenneth Galbraith)는 저서 《풍요한 사회》에서 이제 빈곤은 더 이상 "중요한 문제"가 아니라 "거의 뒷전"[15]이라고 말했다. 1946년 자유 공화당원으로 유명한 해럴드 스타센(Harold Stassen)은 "우리 경제 시스템의 최전방은 과학이나 생산성의 한계가 규정하는 것이 아니라 우리의 정신과 결속력이 만든다"[16]고 말했다. 실제로 미국 농가의 생산성이 크게 늘어 연방정부는 평화 식량 프로그램을 통해 잉여 농산물을 해외의 수천만 명의 굶주린 이들을 돕는 데 사용할 수 있을 정도로 여유가 생겼다.

미국인들은 자신들이 새롭게 주어진 중대한 역할을 맡고 있다고 생각했고, 물리학자 J. 로버트 오펜하이머(J. Robert Oppenheimer)가 "세상은 우리가 걷는 방향대로 바뀐다"[17]라고 한 말을 믿었다. 미국의 저명한 칼럼니스트 월터 리프먼(Walter Lippmann)은 이렇게 말했다. "고대 세계에 로마가 있었고, 근대 세계에 영국이 있었다면, 미래의 세계에는 미국이 있다."[18] 미국인은 이제 경쟁 상대가 없다는 사실을 깨달았다. 일본이 항복하자 처칠은 "지금 이 순간 미국은 세계의 정상에 있다"[19]고 선언했다. 몇 년 후 영국의 역사학자 로버트 페인(Robert Payne)은 미국을 "세계 부의 절반을, 생산성의 절반 이상을, 전 세계 기계의 3분의 2 가까이를 보유한 거인"[20]으로 묘사했다.

미국은 더 강대하고 부유해졌고, 더 멋지게 성장하는 듯 보였으며, 다소 지나치게 온화한 면은 있었지만 공동체의식도 강해지는 듯 보였다. 교회와 자선단체가 다시 유행하기 시작했다. 범죄율과 이혼율도 감소했다. 대문을 걸어 잠그지 않는 시대, 잘 차려입은 젊은이들이 있는 시대, 아이젠하워 대통령이 미국 가족의 행복을 기리는 시대가 열렸다. TV에서 방영된 인기 시트콤 〈앤디 그리피스 쇼(The Andy Griffith Show)〉(1960년)에는 작은 마을의 보안관과 부보안관이 범죄는커녕 가족 간 불화조차 드문 마을에서 하릴없이 농담을 주고받는 장면이 자주 나왔다.

풍요롭고, 질서 정연하고, 가족 중심의 삶을 살아가는 미국인에게는 이제 적절한 주거 공간이 필요했다. 미국 고조기에서 가장 기념비적인 상징인 교외를 살펴보자. 미국의 교외 주거단지를 발명한 이는 윌리엄 레빗(William Levitt)이다. 그는 전쟁 당시 미국 해군의 건설 대대원으로 복역했고, 동료들이 원하는 주택 취향을 잘 알고 있었다. 전쟁 후 미국 전역에서 '레빗 타운'을 모방한 주거단지가 생겨났다. 1950년대에는 새로 지은 주택 다섯 채 중 네 채 이상이 새로운 교외 단지 부지에 지어졌다. 〈포춘〉은 이 새로운 교외 주거단지를 "넓고 고급스러우며 통일감이 있어 수완 좋은 마케터가 살기 좋은 곳"[21]이라고 극찬했다. 전쟁 전까지만 해도 미국인이 흔히 떠올리는 집의 모습은 화장실이 없는 농가나 축축한 연립주택단지였는데, 그에 비하면 교외 주택은 중산층에게 기적이나 다름없었다.

잘 계획된 질서 있는 교외는 어느 작가가 "안보의 시대"라고 불렀던 시대에 접어든 미국에 적합한 생활 방식이었다. 히틀러와 스탈린에 대한 공포가 모든 이의 머릿속에 생생하게 남은 가운데, 냉전 시대의 현실에 대한 경각심이 국가 자신감을 뒷받침했다. 역사학자 폴 존슨(Paul Johnson)은 이렇게 설명한다. "1945년 2차 세계대전이 끝났을 때, 또 다른 전쟁이 일어나지 않으리라고는 아무도 장담하지 못했다. 분쟁과 갈등이 끝없이 지속되는 미래가 펼쳐질 것이라는, 우울한 전망이 지배적이었다."[22] 이러한 위협에 대비하기 위해 미국은 국방이라는 명분으로 역사상 가장 대규모의 연방 재정을 투입해 각 주를 잇는 고속도로를 짓고, 기초 분야 연구기관을 설립하고, 고등교육기관을 확장하고, 수학 및 과학 교과과정을 새롭게 개편했다.

안보에 대한 강박은 대량소비 문화에 그대로 반영됐다. 대부분 소비자는 광고의 영향을 받아 집이며 자동차, 가전제품, 옷 등을 구매하며 그 방식에 만족했다. 대중의 취향이 표준화되면서 대량생산이 촉진됐고, 개인의 요구를 더욱 효과적으로 충족시킬 수 있었으며, 막강한 군대 유지(당시 군대 유지비는 GDP 대비로 봤을 때 현재보다 세 배 가까이 많았다) 같은 생존 기반의 대규모 업무에 자원을 할당할 여유도 더 많이 생겼다. 획일화된 생활 방식은 소비 격차를 줄여 사회적 평등을 촉진하는 데 도움이 됐다. 마치 모두가 잔디 깎는 기계를 공유하는 좋은 이웃의 대열에 동참한 듯 절약하고 협동하는 문화의 기반을 다지는 데도 도움이 됐다. 평시의 징병제에 반발하는 젊은이도 거의 없었다.

미국인 대다수가 국가의 공통 목표를 지지하면서 정치적 당파성도 줄었다. 1950년대 후반이 되자 유권자들은 양 정당의 차이를 모르겠다며 불평하기도 했다. 30대 젊은 급진주의적 노조원이었던 이들이 1950년대 들어 거대한 노조 단체의 관료가 되면서 민주당은 대기업과 '잘 지내는 법'을 터득했다. 공화당은 뉴딜정책과 화해했다. 아이젠하워 대통령은 아직 자유시장을 옹호하는 순수주의자 공화당원들에게 경고를 보냈다. "어느 정당이라도 사회보장제도, 실업보험을 폐지하고, 노동법과 농장 지원 프로그램을 없애려고 한다면, 우리 정치 역사에서 그 정당의 이름은 다시는 듣지 못하게 될 것이다."[23]

정치 이론가 제임스 버넘(James Burnham)은 자본가와 노동자와 정부 사이의 경계선을 없앤 새로운 정치 경제인 "관리주의"[24](managerialism, 조직관리에서 절차 및 투입 중심의 지나친 내부 통제를 줄이고 성과 위주의 관리를 하며, 낭비 요인을 없애고 내부 관리를 혁신해 경비 절감을 추구하는 관리 형태 – 옮긴이)의 승리라고 말했다. 모든 집단이 규제와 장기 계획을 따르고, 주기적인 협정에 합의할 때, 모든 집단이 이익을 얻고 공동의 국가 목표를 달성할 수 있다는 의미였다.

미국 고조기에 모든 합의가 제대로 이루어지게 하려면, 특별한 인성 개발 기술이 필요했다. 사회학자 윌리엄 화이트(William H. Whyte)는 저서 《조직 인간(The Organization Man)》에서 이를 "사회윤리"[25]라고 이름 지었다. 이는 회사나 가족, 공동체의 요구에 쉽고 편하게 '적응'하는 능력이었다. 여러 자기 계발서에서 '조화'를 강조했다. 학교 상담교사들은 학생들에게 전형적인 성역할을 잘 '따르라'고 가르쳤다. 남학생에게는 생계를 책임지는 가장의 역할을, 여학생에게는 가정주부의 역할을 잘 따르라고 했다. 1950년대 후반과 1960년대 초반만 하더라도 청량음료 광고는 자기 해방이나 규칙 파괴를 호소하지 않았다. 그보다는 "친근한 사람이 되세요, 펩시를 마시세요"라든지 "펩시 주세요, 하고 말해보세요" 같이 친근함과 예의를 강조했다. 사회학자 로버트 니스벳(Robert Nisbet)은 저서 《공동체를 위한 탐구(The Quest for Community)》에서 사회 집단이 개인을 대체한 현상을 주요 연구 주제로 다루며 이렇게 말했다. "사회질서가 사회 변화를 대체하는 주요 문제가 됐다."[26]

니스벳은 2차 세계대전 이후 미국이 "평온함과 소속감을 집착적으로 갈망"[27]하는 분위기로 급속도로 변했다며 놀라움을 금치 못했다. 그는 이렇게 말했다. "지금 미국에서 가장 많이 다루어지는 주제는 … 동료들과의 화합, 인종, 문화, 종교, 가족 정체성 확보다." 그러면서 특히 "불과 한두 세대 전만 하더라도 마을, 교회, 계급, 공동체를 겨냥했던 찬란한 문학적 반란이 이제는 거의 무너지다시피 했다"[28]고 지적했다. 1차 세계대전 이후 젊은 작가들과 지식인들이 메인 스트리트를 벗어나려고 노력했던 것과 달리, 당시의 젊은 작가들은 상업 지역을 재발견하기 위해 애를 썼다.

물론 이것이 전부는 아니었다. 고조기 당시 미국은 물질주의와 자만심, 순종주의와 얄팍함 등으로 많은 비판을 받았다.

화이트와 니스벳 자신도 자신들이 파악한 추세를 인정한 것은 아니었다. 다른 많은 이도 비판에 동참했다. 데이비드 리스먼(David Riesman)은 전후 미국을 타인의 인정을 받으려고[29] 자아를 꾸며내는 외부 지향적 성인들의 가련한 집단인 '외로운 군중'으로 묘사했다. 대니얼 벨(Daniel Bell)은 이 시기가 고무적인 이상은 사라지고, 정치인들이 수단을 두고 흥정만 벌일 뿐, 아무도 그 목적에 의문을 제기하지 않는[30] '이데올로기의 종말'이라고 했다. 앨런 밸런타인(Alan Valentine)에게 이 시기는 '순응의 시대'였다. 그는 시민들이 "비행기와 배관설비는 최고의 수준이어야 만족하는데, 정치와 문화는 2류 수준에도 만족한다"[31]고 꼬집었다. 유럽의 비평가들은 더 혹독한 비판을 쏟아냈다. 에리히 프롬(Erich Fromm)은《건전한 사회》에서 미국이 "정상성이라고 하는 전염병"[32]으로 고통받고 있다고 했다. 헤르베르트 마르쿠제(Herbert Marcuse)는《에로스와 문명》에서 미국이 에로스를 철저히 억압하는 바람에 문명을 거의 달성하지 못했다[33]고 말했다.

잊지 못할 비난도 있었다. 1956년 개봉한 영화 〈외계의 침입자〉는 외계인에게 몸을 빼앗겨도 아무도 눈치채지 못하는[34] 로봇 같은 사회를 풍자했다. 몇 년 후, 영화 〈맨츄리안 캔디데이트〉(1962년)는 젊은이들이 자의적 명령에 얼마나 쉽게 세뇌될 수 있는지를[35] 걱정 어린 시선으로 보여줬다. 미국 연방통신위원회(FCC) 회장 뉴턴 미노우(Newton Minow)는 TV를 건전하지만 쓸모없는 프로그램들로 가득 찬 "거대한 황무지"[36]라고 비판했다. 젊은 사회주의자 마이클 해링턴(Michael Harrington)은《또 다른 미국(The Other America)》에 미국의 주류(중산층)가 편협한 양심

에 사로잡혀 있다는 메시지를 담았다.[37]

사람을 둔감하게 만드는 획일성은 늘 비난의 대상이었다. 포크 가수 말비나 레이놀즈(Malvina Reynolds)는 "똑같아 보이는, 그저 그런 작은 상자들"[38]을 노래했다(〈작은 상자들(Little Boxes)〉이라는 곡에서 – 옮긴이). 철학자이자 비평가인 루이스 멈퍼드(Lewis Mumford)는 "획일화된 도로를 따라 일정한 간격으로 반듯하게 배열된, 구분되지 않는 집들이 나무 한 그루 없는 황량한 터에 줄지어 있고, 같은 계층, 같은 소득, 같은 연령대 사람들이 같은 TV 프로그램을 보며, 같은 냉장고에서, 똑같이 맛없는 반조리 식품을 먹는다"[39]며 절망했다.

이러한 비판들이 기억에 남는 이유는 미래의 많은 미국인이 고조기 시대의 사고방식에 당혹스러워할 만한 내용을 상기시키기 때문이다. 그 시대에는 인종차별, 성차별, 만연한 집단적 사고방식, 답답한 형식주의, 키치한 대중문화 등에 대해 사람들이 아무 문제의식을 느끼지 못했던 것 같다. 어떻게 그토록 감수성이 없는 나라에서 승리감에 도취할 수 있었을까?

1990년대, 새큘럼의 정반대 끝에서 이러한 부조화를 잘 표현한 영화가 바로 〈플레전트빌〉(1998년)[40]이다. 영화는 TV에서만 보던, 1950년대 흑백의 삶을 살고 있는 마을로 가게 된 두 X세대 젊은이들의 이야기다. 두 주인공은 로봇처럼 무감각하게 사는 사람들에게 분노, 범법, 예술, 섹스 등의 상황을 맞닥뜨리게 해 자신 안의 본모습을 일깨우고 세상을 총천연색으로 살 수 있도록 해준다. 영화가 끝날 무렵 1990년대의 젊은 관객들은 미국인들이 어떻게 그렇게 집단적으로 절제하며 사는 데 동의했는지 의아해했다.

물론 당시 대다수 미국인의 생각은 전혀 달랐다. 그 시절 사람들에게 미국의 고조기는 삐걱대는 시대착오적 시대가 아니었다. 낙관주의와 기술, 풍요로움과 뚜렷한 집단 목표가 결합된, 지극히 '현대적인' 사회였다.

위기의 시대인 오늘날을 후대 사람들이 이해하는 것보다 어쩌면 1990년대 사람들이 1950년대 미국 고조기를 이해하는 것이 더 쉬울지도 모른다. 물론 보수주의자들은 늘 1950년대에 진한 애정을 품고 있다. 그들은 당시의 낮은 범죄율, 안정된 가정, 전통적인 가치관, (늘 영감을 주는 것은 아니지만) 충분히 많은 교회 등 당시의 미덕을 높이 평가하는 것도 이해할 수 있다. 그러나 진보주의자들도 그 시대를 좀 더 좋은 관점에서 바라볼 필요가 있다. 강력한 노조가 있고, 임금은 상승하고 있으며, 모든 사람의 생활수준이 높아지고, 가족은 현재보다 더 나은 미래를 기대하고, 유권자들은 큰 정부를 신뢰할 뿐 아니라 정부의 전문가들이 하라는 대로 '실제로' 행동하는 그런 세상을 상상해보라.

그리고 미국 고조기가 퇴보하는 인종차별적 태도로 나쁜 평가를 받고 있지만, 그렇다고 해서 그 시대의 모든 것이 저평가돼야 할 필요는 없다. 결과적으로 보면 그 시대를 거치며 미국 흑인들은 절대적 측면에서 보나 상대적 측면에서 보나 백인보다 생활수준이 급격히 향상됐다. 또한 그 시기가 끝날 무렵 유권자들은 남북 전쟁의 결과로 약속은 했지만, 대대적으로 시행되지는 않았던 시민권을 보장하는 연방법을 압도적으로 지지했다. 오늘날 미국인이라면 그렇게 할 수 있을까? 진보주의자들은 '에드 설리번 쇼(The Ed Sullivan Show)' 시절의 보수적인 성 문화에 대한 비판을 재고해야 할 수도 있다. 당시 10대들은 오늘날의 젊은 세대보다 성에 대해 더 열정적이었고, 젊은 성인들은 더 활발한 성생활을 했다. 누가 누구의 세상을 '황무지'라고 부를 자격이 있을까?

2020년대 초반의 모든 미국인, 특히 떠오르는 젊은 세대는 이전의 고조기 시대 미국이 성취한 것을 훨씬 더 잘 이해하게 됐다. 이는 개인의 내적 세계의 완벽함과는 거의 관련이 없다. 그보다는 오늘날 미국인들이 그토록 어렵게 생각하는 외적 세계에서의 집단적 성과와 관련이 있다. 이러한 인식의 변화는 아마도 좋은 현상일 것이다. 그리고 아마도 당연한 일일 것이다. 머지않은 미래에 미국은 비슷한 시대를 맞이할 가능성이 높기 때문이다.

15세기로 거슬러 올라가서 계산해보면, 영미 역사는 지금까지 여섯 번의 첫 번째 전환기인 고조기를 겪었다.

- 튜더 르네상스, 1487~1525년(튜더 새큘럼)
- 메리 잉글랜드, 1597~1621년(신세계 새큘럼)
- 제국의 아우구스투스 시대, 1706~1727년(혁명적 새큘럼)
- 호감의 시대, 1794~1822년(남북 전쟁 새큘럼)
- 재건과 도금 시대, 1865~1886년(강대국 새큘럼)
- 미국 고조기, 1946~1964년(밀레니얼 새큘럼)

이 여섯 시대의 전과 후는 '전쟁 후' 시기였다. 장대한 위기의 시대가 안정되고, 약속의 땅이 생겼으며, 새로운 연대 의식과 방향성을 중심으로 집결한 사회가 생겼다. 이제 사회를 재건하고 승리의 기쁨을 누리거나 패배에서 회복할 때다. 사람들은 모이고, 터전을 꾸리고, 계획을 세우고, 아이를 낳고, 건설적인 일을 하기를 원한다. 사회 분위기는 역동적이다. 사회적 협동 정신을 추구하는 새로운 운동이 지난번 성공을 토대로 진행되다가 고조기가 끝날 무렵 거의 집단 본능으로 더 큰 질서와 결속을 향한 흐름이 이어진다.

고조기는 여름의 하지를 향해 이동한다. 낮이 길어지고 밤이 짧아지는 이 전환기는 사회질서에 대한 수요와 공급이 모두 증가하며 상승하는 시기다. 희망의 시절이자 순수한 기쁨의 계절이다. 셰익스피어는 "4월은 … 세상 만물에 젊음의 기운을 불어넣는다"[41]고 말했다. 전쟁과 죽음의 겨울이 지나간 세상은 탄생을 준비한다. 존 그린리프 휘티어(John Greenleaf Whittier)는 새로운 생명을 가능하게 하는 것은 죽음이라고 말했다. "밤은 낮의 어머니고/ 겨울은 봄의 어머니다./ 그리고 가장 오래된 썩은 더미에/ 가장 푸른 이끼가 달라붙는다."[42] 나무의 새순과 꽃들 사이로 미래를 향한 열망은 배가 된다. 톨스토이에 따르면, "봄"은 "계획과 프로젝트의 시기"[43]다. 새큘럼의 첫 번째 전환기에 병사는 기사 작위를 받고, 왕이 즉위하고, 제국이 선포되고, 성벽이 넓어지고, 교육기관이 설립되고, 아이들은 응석받이가 된다.

새큘럼의 전체적인 리듬에서 첫 번째 전환기는 8장에서 살펴본 다섯 가지 사회적 흐름, 즉 '공동체', '평등', '권위', '영속성', '관습'에 정점을 찍는 시기다. 네 번째 전환기는 이러한 흐름에서 처음으로 역전 현상이 일어나며 이 때문에 주목을 받는다. 위기가 해소된 후에도 사회의 제도는 임시방편으로 급하게 만든 엉성한 모습으로 남아 있다. 이후 첫 번째 전환기에 이르러서야 이러한 흐름은 지속적인 사회질서처럼 보이는 틀 속에서 완전하게 자리를 잡는다. 나무에서 가장 먼저 싹을 틔우는 가지에서 가장 무성한 잎이 맺히듯, 첫 번째 전환기는 네 번째 전환기에서 이제 막 시작된 것을 완성한다.

모든 고조기에는 국가의 결속력이 고조된다. 사람들 사이에 축제가 인기를 끌고, 지난 세 차례 고조기의 투표율에서 볼 수 있듯 정부 참여도가 높아진다. 대중은 국가 발전을 위한 야심 찬 계획을 지지하고 대체로 단일 정당에 이를 실행할 권한을 준다. 지난 네 번의 고조기에서 이 단일 정당은 각각 대서양을 아우르는(영국과 미국 – 옮긴이) 휘그당, 민주공화당, 공화당, 민주당이었다. 이들 정당은 지배적인 정당이 됐다. 특정 계급이나 지역에 기반을 둔 경쟁 정당은 지지도를 잃었으며, 명예혁명 직후 토리당, 1812년 전쟁 후 연방주의자들, 남북 전쟁 후 민주당처럼 반역죄나 분리 독립 주장 등으로 민심을 잃으면 지지도가 추락했다.

경쟁적이던 정치의 잔재는 국가 목표에 있어서 더 이상 중대한 차이를 반영하지 않는다는 점에서 당파성이 줄어든다. 제임스 먼로 대통령은 1817년 취임 연설에서 이렇게 말했다. "연방 전체에서 의견 통일이 이루어지는 것을 보게 돼 기쁩니다. 이제 연방 시스템에 불화는 없습니다."[44] 영국 외교관이자 역사학자인 제임스 브라이스는 1870년대와 1880년대 초 미국을 여행한 뒤 유럽과 비교했을 때 가장 인상 깊었던 것으로 국가 단결력을 꼽았다. "국가 단결력이 가장 인상적이었다 … 사람들은 조화롭게 어울린다. 부유한 사람과 가난한 사람, 농부와 상인, 동양인과 서양인, 심지어 남부 사람까지도 모두 어울린다."[45]

정치적 논쟁은 대체로 건설적이고 냉철했으며 심지어 정중하기까지 했다. 모든 지도자와 조직은 최소한 모든 사람의 이익을 위해 일하는 척이라도 했다. 고조기 이전, 위기의 시기에는 전혀 그렇지 않았으며, 이후 다가올 각성기에도 마찬가지였다.

정부 목표에 관한 새로운 합의가 이루어지면서 정치 지도부를 향한 대중의 신뢰가 강해진다. 그리고 각 가정과 지역사회의 지지 속에 새로운 법률은 더 잘 준수돼 이를 어긴 사람에게 집행할 일도 줄어든다. 정부와 시장은 비교적 쉽게 협력한다. 고조기에는 개인의 권리가 제한적으로 정의되는 경향이 있어서 중요한 사항은 대부분 지자체나 지역 공동체 정서에 따라 결정되며 법원이나 변호사가 결정하는 경우는 적어진다.

일반적으로 고조기는 경기가 좋아지고 인구가 느는 시기다. 위기의 시기 갈등이 해소되면 사람들은 이전에 성장을 가로막았던 장벽이 사라졌다는 사실을 깨닫는다. 사람들은 집과 농장에 필요한 영토를 보장받고 거래에 필요한 시장도 확보한다. 그리고 보조금, 관세, 규제, 수용권(정부가 사유재산을 보상해주고 수용하는 권리 – 옮긴이) 등 정부의 도움으로 새로운 기술을 마음껏 확장할 수 있다. 또한, 채권자, 저축, 한층 광범위하고 심화된 자본 투자 등을 우선시하는 국가정책도 생활수준을 높이는 데 도움을 준다. 재정정책과 통화정책은 주로 인플레이션 완화에 도움이 되는 방향으로 정해진다. 이러한 방침에는 모든 전쟁 부채 전액 상환(재무장관 알렉산더 해밀턴의 강력한 요구에 따라), 금본위제로 회귀(러더퍼드 헤이스Rutherford B. Hayes 대통령이 "정직한 돈"[46]이라고 부른), 예산 균형을 맞출 때까지 감세를 보류하는 것(아이젠하워 대통령이 우선순위로 삼아[47] 당시 보수주의자들을 놀라게 한) 등이 포함된다.

고조기에는 공공보조금을 받은 인프라의 물결이 거세게 밀려온다. 공공의 공간이 재정의되고, 사회 격차가 좁아지고, 행동 양식이 표준화되며, 시장이 통합된다. 미국독립혁명 이후 유료 고속도로, 증기선, 운하 등이 생기기 시작했고, 뉴욕시를 미국 상업 중심지로 탈바꿈한, 약 584 킬로미터에 달하는 기적에 가까운 공학이 적용된 이리 운하(Erie Canal) 건설에 이르러 정점에 달했다. 남북 전쟁 이후에는 시에라네바다를 관통하는 도너 서밋(Donner Summit) 철도와 이스트강을 가로지르는 브룩

클린 다리 등 도시 상징물로 대표되는 철도와 다양한 공공시설이 생겨나기 시작했다. 2차 세계대전 이후에는 고속도로 건설, 댐 건설, 대학교 확대, 도심 곳곳을 공사하며 다니는 불도저 등의 거대한 물결이 휩쓸고 지나갔다. 오늘날 대부분 노년층은 어린 시절이었던 이 시기를 기억할 것이다.

이렇게 생활수준이 향상되고 있음에도 불구하고, 놀랍게도 경제적 불평등은 대공황이 끝난 후에도 계속 감소하거나 적어도 그 이후의 각 성기와 해체기보다는 그 격차 상승 폭이 훨씬 완만했다. 위기의 시기에 생기기 시작한 새로운 사회계약으로 사람들은 더 평등한 조건에서 새 출발을 할 수 있다고 생각했다. 한 팀이 돼서 함께 고생하며 힘겹게 살아남은 이들 중에 자신의 부를 과시하고 싶어 하는 사람은 거의 없으며, 대다수가 이전 시기를 모든 특권을 박탈당할 뻔한 시기로 기억한다.

고조기에는 '조화'가 중요하기 때문에 돈보다는 사회적 평판을 더 중시하는 경우가 많다. 공동체 정신과 시민참여가 모두 활발했던 시기인 1720년대, 1810년대, 1950년대는 미국의 단결력이 더욱 강해졌다. 호감의 시대에 뉴잉글랜드의 자선단체 수는 이전보다 여섯 배나 증가했다.[48] 다양한 사회계층을 아우르는 친목단체 회원 수도 전국적으로 증가했다. 메이슨(The Masons), 오드펠로우즈(Oddfellows), 피티아스 기사단(Knights of Pythias), 공화국의 위대한 군대(Grand Army of the Republic), 엘크스회(Elks), 그레인지(Grange), 노동자 기사단(Knights of Labor), 슈라이너스(Shriners), 콜럼버스 기사단(Knights of Columbus), 산업조직회의(Congress of Industrial Organizations), 마치 오브 다임스(March of Dimes), 미국은퇴자협회(AARP) 등 시민참여로 조직된 이 기념비적인 단체들은 모두 위기의 시기가 끝날 무렵이나 고조기에 만들어졌다.[49] 주로 군복무와 연계된 이 단체들은 형제애 및 대규모 지역사회 봉사를 주요 활동으로 삼았다. 이러한 단체들은 사회계층 내에서 그리고 계층 간에 신뢰를 돈독하게 했다. 사회학자 로버트 퍼트넘은 이러한 현상을 사회자본의 "연결"과 "유대"[50]라고 부른다.

사교활동이 지나치게 중시되다 보니 사람들은 사교성의 원천인 가족 사이의 강한 유대감과 뚜렷하게 구분된 젠더 역할에 특별한 관심을 갖게 된다. 이렇게 전통적인 관점에서 보면 고조기는 가족 중심적인 시대다.

독립혁명에서 승리한 후 연방주의자와 공화주의자 모두는 가족의 올바른 질서를 강조했다. 토머스 제퍼슨이 무한히 펼쳐지는 가족 농장 풍경을 기대한 가운데 공화국의 미덕으로 가정 내 질서를 꼽은 것이다. 여성에게는 가정의 질서를 유지하고 "공화국 어머니"[51]로서 애국적인 자녀를 양육하는 역할이 주어졌다. 역사학자 리처드 화이트(Richard White)에 따르면, 남북 전쟁 이후 빅토리아 시대의 미국은 남편이 가정을 지키고 훌륭하고 순종적인 아내가 가정을 관리하는 가운데 "즐거운 나의 집"이 있는 "가정 질서가 확립된 사회"[52]가 됐다. 진정한 여성성의 숭배 문화에 따르면, 여성은 악덕이 판을 치는 남성 세계를 '길들일 수 있는' 미덕의 책임자로 권한을 부여받았다. 1880년대 미국에서 가장 영향력이 있는 여성이었던 프랜시스 윌러드(Frances Willard)는 기독교여성금주연맹(Women's Christian Temperance Union)의 목적은 "세상을 더욱 집처럼 만드는 것"[53]이라고 선언했다.

윌러드가 추구한 대의명분 중 일부, 가령 금주(윌러드는 이를 '가정 보호'라고 불렀다)나 여성참정권은 그녀가 살아 있는 동안 법으로 제정되지 않았다. '부도덕함' 같은 억압적인 명분은 콤스톡(Comstock) 연방법(앤서니 콤

스톡이 주도한 도덕주의 운동의 결과로 선정적이거나 부도덕하다고 간주되는 출판물 및 예술 작품에 대한 규제법 – 옮긴이)으로 제정됐다.

관습적으로 남성의 가치관에 따라 관리되는 공공 사회는 하향식 통제와 아폴론식 합리성을 추구한다. 공공사업은 국가의 결속력을 과시하는 수단이 된다. 개인에게 자신들이 속한 공동체가 법을 준수하는 가장 훌륭한 곳이라는 확신을 심어주기 위한 이 공공사업 계획은 17세기 후반부터 고조기의 질서 정연한 건축양식, 즉 바로크 양식부터 팔라디안 양식(Palladian), 그루지야 양식(Georgian), 신고전주의, 연방, 그리크 리바이벌(Greek Revival), 제국, 하이 빅토리안(High Victorian), 보자르 양식(Beaux Arts), 현대 및 국제 건축양식에 이르기까지 두루 영감을 줬다.

자연에 대한 인류의 승리, 이성과 기술을 통한 무지와 빈곤 극복에 새롭게 초점이 맞춰지면서 명성과 찬사를 받았다.

식민지 시대인 아우구스투스 시대는 보스턴의 윌리엄 브래틀(William Brattle)에서 버지니아의 윌리엄 버드(William Byrd)에 이르기까지 모든 남성이 자신의 이름 앞에 'FRS'를 자랑스레 붙이고 다녔다.[54] FRS라는 명칭은 그들이 자연에 관한 지식을 쌓기 위해 설립된 런던 왕립학회(Fellow of the Royal Society)의 '친구(Friends)'이며 따라서 과학에 깊은 조예를 가진 '자연의 철학자'라는 것을 의미했다.

1807년, 필라델피아 100주년 기념전시회 개막식에서 그랜트 대통령과 브라질의 페드로 2세 황제가 650톤에 달하는 거대한 콜리스 증기 엔진의 핸들을 돌려 첫 시동을 걸었다. 기계화 시대의 힘을 보여주는 이 전시는 큰 인기를 끌며, 약 1,000만 명의 관람객이 몰려들었다(당시 미국의 인구는 4,600만 명에 불과했다). 1961년, 케네디 대통령은 "10년이 가기 전에 달에 사람을 착륙시키겠다"[55]고 공약하며 미국인의 상상력을 자극했다. 그리고 결국 수십만 공무원의 관리 및 감독하에 3,200톤에 달하는 새턴 V 우주선을 통해 그 목표를 달성했다.

사회가 협력, 규모, 물질적 진보에 새롭게 집착하게 되면 광범위한 지식을 연마하는 방향으로 나아가곤 한다. 이 시대에는 낭만적인 것보다는 고전적인 것을, 개인적인 것보다는 대중적인 것을, 특별한 것보다는 보편적인 것을 선호한다. 규칙이 중요해지고 자발성은 줄어든다.

1940년대 후반과 1950년대에는 건축뿐 아니라 음악, 문학, 시각 예술, 사회과학 등 다양한 분야에서 '형식주의'가 부활했다. 미국인은 모든 고조기 초반에 비슷한 경험을 했다. 1700년대 초로 거슬러 올라가 보면, 식민지 시대 사람들은 알렉산더 포프(Alexander Pope)의 연시 〈어거스틴(Augustan)〉을 읽고, 헨리 퍼셀(Henry Purcell)의 음악을 듣고, 인디고 존스(Inigo Jones)와 크리스토퍼 렌(Christopher Wren)의 균형 잡히고 조화로운 팔라디안 양식의 건축을 최대한 비슷하게 모방하려 했다. 그 시대에 행복한 사회는 개미나 벌 같은 사회적 곤충 집단에 비유되곤 했다. 1717년 보스턴의 목사 벤저민 콜먼(Benjamin Colman)은 이렇게 설교했다. "모든 자연은 부지런하고, 우리 주위의 모든 생물은 저마다 성실하게 제 할 일을 한다. 성실함은 자연에서 보편적인 태도다. 전체적으로 보면, 모든 창조물과 피조물에게는 주어진 일과 봉사해야 할 일이 있다."[56]

대중문화는 관습적이고 감상적인 측면에 집중되곤 한다. 주제와 줄거리는 사회 고정관념을 강화한다. 행복하고 가족 친화적인 결말이 이야기의 표준이 된다. 주류에 속하는 사람이 성공한 이야기는 좋은 소식으로 부각되고, 소외당하고 억압받는 이들이 겪은 일은 나쁜 소식으로 축소된다. 종교는 종파적이고 극단적이며 더러는 파괴적일 수도 있는 내적 세계에 대한 '믿음'보다는 협력적이고 온건하며 더러는 유용하기도 한 외적 세계의 '행위'를 더 장려할 것이다.

돌이켜보면 고조기에는 영웅적 행동이나 맹렬한 운동, 광대 같은 유명 인사가 별로 없다. 미주리 타협이나 복본위제(본위 화폐가 여럿인 금속본위제 – 옮긴이) 같은 그 시대의 정치적 논쟁도 거의 잊혔다. 대신 낙관주의와 사회적 연대의 시대, 진지한 협력은 잘 이루어졌지만 창의적인 독창성은 부족했던 시대로 기억된다. 그 시절은 시대를 초월한 안정적인 공동체와 가족의 시대로 기억된다. 필라델피아와 윌리엄스버그의 네모반듯한 도시부터 테네시에 9제곱킬로미터가 넘게 펼쳐진 통나무집 마을, 버펄로 외각의 화려한 퀸 앤(Queen Anne) 교외 주택단지, 레빗타운의 그저 그런 주택들까지 모두 그 시대를 기억나게 하는 모습이다.

그 시대를 살던 미국인들은 자신들의 삶에 대해 어떻게 생각했을까? 당연히 많은 이가 새로운 황금기를 살고 있다고 생각했거나 적어도 황금기를 바라며 산다고 생각하며 화려하고 과장된 찬사를 쏟아냈을 것이다.

2차 세계대전 직후 미국인들은 자신들을 특별하다고 표현하기를 좋아했다. 미국 건국 직후에도 마찬가지였다. 제퍼슨은 생의 마지막까지도 미국이 특별하다고 믿으며 이렇게 말했다. "지구상에서 이보다 더 평온한 나라는 없다. 이보다 더 법이 온화하고, 더 잘 지켜지는 곳은 없다. 낯선 이를 따뜻하게 맞아주고, 더 친절하게 대접하고, 신성하게 존경받는 곳은 없다."[57] 제퍼슨의 동료 중 '미국의 떠오르는 영광'을 찬미하는 이들이 하도 많다 보니 이런 찬가가 거의 하나의 시적 장르가 될 지경이었다. 제퍼슨의 열렬한 추종자인 조엘 발로(Joel Barlow)는 무려 20년 동안 공을 들여 6,000행에 달하는 애국 서사시[58] 〈콜럼비아드

(Columbiad)〉를 쓰기도 했다. 이 시는 찬사도 많이 받았지만, 그에 못지않게 조롱도 많이 받았다.

찬사와 별도로 조롱을 받다 보니 불가피하게 풍자와 비판도 뒤따랐다. 사람들이 스스로를 높게 평가하는 시대에만 있는 취약함은 자명하다. 바로 집단 자만심이다. 집단 자만심만큼이나 비평가를 유혹하는 소재도 드물다. 미국 고조기 역시 많은 비판을 받았다. 이전의 고조기도 마찬가지로 많은 비판을 들었으며, 대체로 그 이유도 비슷했다. 물질적 성취는 이루었지만, 안일한 물질주의, 집단적 순응, 고매한 문화와 높은 이상의 타락 등의 시대였다는 것이 주로 그 이유다.

남북 전쟁 후 이러한 비판은 우리가 그 시대를 설명하는 용어인 도금 시대에도 고스란히 반영돼 있다. "도금 시대(The Gilded Age)"는 1873년 마크 트웨인과 찰스 더들리 워너가 쓴 소설 제목[59]이기도 하다. 소설은 그 시대를 황금기라고 생각하게 했던 많은 요소가 실은 허상에 불과하며 황금처럼 보이게 도금한 시대라는 것을 암시하는 줄거리를 담고 있다. 소설이 발표되자 유명한 소설가들과 학자들도 소설에 공감했다. 월트 휘트먼, 윌리엄 딘 하우얼스, 헨리 애덤스, 찰스 프랜시스 애덤스 등과 전쟁 후 급속도로 잘살게 된 중산층에 뒤처졌다고 느꼈을 점잖은 '머그웜프'(Mugwumps, 당의 방침을 따르지 않는 상류층을 가리키는 정치 은어 – 옮긴이)들도 여기에 합류했다. 호감의 시대에도 비슷한 주제가 당시 고위 성직자들(대부분 뉴잉글랜드 연방주의자들)에게 반향을 일으켰다. 한 성직자는 "넓고 얇게 퍼진"[60] 상업주의를 한탄했고, 또 다른 성직자는 "예술의 우아함을 모두 부식시키는"[61] 민주주의를 한탄했다.

이러한 현대의 비판 중 고조기의 기념비적인 발전을 심각하게 방해한 것은 없었다. 대부분 소수 정당 소속의 반체제 인사나 사회의 주류 바깥에 있는 문화 엘리트들이 제기한 비판일 뿐이다. 그러나 시간이 지나면 이러한 비판은 더욱 강력한 항의로 바뀌고, 이 항의는 고조기를 무너뜨릴 정도로 강력해질 수 있다. 이것이 바로 두 번째 전환기인 각성기의 시작이다. 이 저항을 주도하는 것은 고조기에 어린 아이였다가 성인이 된 예언자 원형이 될 것이다.

그러나 고조기를 넘어가면 우리는 이야기를 너무 앞서가게 된다. 그래서 고조기에 좀 더 머물도록 하겠다. 역사를 안내자 삼아 이제 밀레니얼 위기가 끝난 후 미국의 모습에 초점을 맞춰보자.

다음 첫 번째 전환기: 시나리오

다음 첫 번째 전환기는 현재의 네 번째 전환기가 해소되면 시작된다. 지금까지 살펴본 바와 같이 이 해소는 2030년대 초반에 이루어질 가능성이 가장 크다. 미래를 좀 더 구체화하기 위해 그 시점을 2033년으로 잡아보겠다. 그리고 세대 주기와 전환기 주기가 길어지는 최근 추세가 앞으로도 계속 이어진다고 가정해보자. 그러면 이 전환기는 23년간 지속될 것으로 예상할 수 있다. 따라서 2033년부터 2056년까지를 첫 번째 전환기의 시작과 종료 시점으로 볼 수 있다.

앞으로 10년 동안에는 시작되지 않고, 이후 23년 동안 멈추지 않을 이 시대에 관해 우리는 무엇을 구체적으로 말할 수 있을까?

대부분 미래학자에게 이 질문을 하면 그들은 대체로 경제, 인구, 환경 등 새로운 양적 제약에 따라 새로운 기술적 역량이 더해질 것이라는 좁은 의미의 답을 내놓을 것이다. 그리고 그게 거의 전부다. 이런 미래 예측은 마치 현재의 우리가 갑자기 다른 세상으로 옮겨진다면, 그 세상에 어떻게 대처할 것인지를 예측하는 것과 비슷하다. 표준적인 미래 접근 방식의 단점은 매우 분명하다. 이러한 접근 방식은 변하지 않는 정적인 사회나 기껏해야 과거와 같은 방식으로 진화할 사회에 미래의 비전을 덧씌우는 것에 불과하다.

하지만 사회는 정적이지 않으며, 오랫동안 같은 방향으로 변화하지도 않는다. 그래서 역량과 제약조건을 토대로 한 기존의 표준 접근 방식은 계속 실패해왔다. 1950년대에 20년 후의 미래를 내다보기 위해 이 접근법을 사용했을 때, 1970년대에 일어난 놀랍고 새로운 모든 현상을 설명하는 데 실패했다. 1970년대에 이 접근 방식을 다시 사용했을 때도 1990년대 미국이 어떻게 될지 거의 말하지 못했다. 20년 전 오늘날 미국이 어떤 모습일지에 대해 제대로 언급한 미래학자가 없었다는 사실은 두말할 필요도 없다.

20~30년 후의 미래를 예측하려면, 가장 중요하게 생각해야 하는 점이 있다. 바로 미래 세계의 성인들은 나이가 들었을 뿐, 본질적으로 우리와 같을 것이라는 점이다. 따라서 이 퍼즐을 푸는 첫 번째 비결은 오늘날 모든 연령대의 세대가 나이가 들면 행동 방식과 태도가 어떻게 변할지 파악하는 일이다. 그다음 퍼즐은 아마도 다음 세대 어린이들이 미래의 어른들에게서 어떤 방식으로 양육될지 파악하는 일이다. 이러한 퍼즐을 풀려면 과거에 이러한 변화가 어떻게 발생했는지, 어떤 변화가 예측 가능한 리듬으로 반복되는지, 이 리듬이 어떤 방식으로 사회적 분위기를 전환하는지에 관한 역사적 이해가 필요하다. 요컨대, 새큘럼의 작동 방식을 이해해야 한다.

이러한 이해가 뒷받침됐을 때, 우리 사회가 직면하게 될 미래 세상의 종류보다는 '그 세상과 마주하게 될 우리 사회의 종류가 더 중요하다'는 사실을 알게 된다. 달리 말하자면, 우리 주변 세상이 어떻게 변할지를 예측하는 것보다 우리 자신이 어떻게 변할지를 예측하는 것이 더 도움이 된다는 의미다.

미국은 2040년이나 2050년이 되면 지금과는 전혀 다른 세상을 맞닥뜨리게 될 것인가? 의심할 여지가 없다. 아마 상상도 하지 못할 정도로 달라져 있을 것이다.

실제로 2030년대 이후 위기의 시기가 어떻게 해소되는지에 따라 세계에서 미국의 정치적, 경제적, 기술적 역할이 근본적으로 달라질 것이다. 역사를 보면 늘 에크피로시스는 엔트로피가 역전되는 결정적 순간이지만, 동시에 그 시기가 채 끝나기도 전에 사회를 예기치 못한 방향으로 몰고 가기도 한다. 7장에서 살펴본 바와 같이, 네 번째 전환기를 정의하는 시민 간 갈등이나 강대국 간 갈등을 보면 이러한 갈등은 가장 사기를 진작하고 의기양양한 순간부터 가장 파멸적이고 비극적인 순간에 이르기까지 대단히 광범위한 결과로 이어진다.

역사적 기록에 따르면, 지난 여섯 차례에 걸친 영미권의 네 번째 전환기들은 매 순간 대체로 성공적인 해결책을 만들었다. 이후 우리가 논의할 내용에서도 지금의 네 번째 전환기가 성공적인 해결책을 내릴 것이라고 가정할 것이다. 그렇다 하더라도 재앙이 일어나지 않으리라는 보장은 없다. 여섯 차례로는 표본 사례가 부족하고, 꼬리 위험(통계상 정규분포도 양쪽 끝부분에서 발생할 수 있는 위험으로, 발생 가능성은 낮아도 평균값과 차이가 커 전체에 큰 영향을 줄 수 있는 위험 – 옮긴이)이 크며, 다른 국가에서 이 전환기가 안 좋게 끝난 사례도 알고 있다. 네 번째 전환기가 실패로 막을 내릴 가능성도 분명히 존재하며, 이 부분은 나중에 다시 다루도록 하겠다.

요약하자면, 오늘날의 관점에서 보면 미래의 세상에 관한 그 어떤 예측도 불확실해 보이지만, 미국의 기본적인 사회 분위기에 관해서는 좀 더 신뢰할 만한 예측이 가능하다. 따라서 신뢰할 만한 전망은 새큘럼의 리듬을 지침으로 삼아야 할 것이다.

이제 미래의 모습을 살펴보자. 다가올 봄에 미국의 삶은 어떤 모습일지 상상해보자.

좋은 시나리오

이 새로운 시대에서 가장 두드러지는 점은 대다수 미국인에게는 낯설게 느껴질 국민 통합 정서일 것이다. 국가가 위기에서 승리하도록 만들기 위해 희생된 삶과 재산과 더불어 위기의 시기 절정에 대한 기억은 여전히 모든 이의 마음속에 생생하게 남아 있을 것이다. 국가를 상징하는 상징물과 제복들이 정기적으로 기념되고 널리 전시될 것이다. 국가 소식은 긴밀하게 전달될 것이다. 투표율은 2020년대와 마찬가지로 높은 수준을 유지할 것이다. 평시지만 미국 의회부터 지역사회에 이르기까지 모든 공동체 구성원은 사적인 이익보다 집단의 목표를 우선시할 것이다.

위기 이후, 새로운 국가체제에 대한 충성심이 정치 정당의 첫 번째 원칙이 될 것이다. 네 번째 전환기가 내전으로 정점을 찍는다면, 첫 번째 전환기의 유권자들은 패배한 세력, 즉 공화당이나 민주당 지지자들을 광막한 곳으로 내몰 것이다. 강대국 간 전쟁이 벌어지면 전쟁에 가장 반대했거나, 적과 긴밀한 관계를 유지한 진영은 의혹의 먹구름 속에 남을 것이다.

최근 위기의 정점에서 이미 좁혀진 논쟁의 범위는 평시에는 더욱 좁아질 것이다. 합법적인 테두리 내의 모든 정치 세력, 특히 양 정당 모두 새로운 체제를 지키고 강화하려면 물리적으로 파괴된 것을 재건하는 것뿐 아니라 공공기관을 다시 설계하고 현대화해야 한다는 사실에 동의할 것이다. 정치적 논의는 목적이 아니라 수단에 집중될 것이다.

거의 모든 위기의 시기 절정 시나리오가 그러했듯, 재건과 재설계가 필요한 곳은 미국만이 아닐 것이다. 자유세계에 속하는 대부분 국가 역시 첫 번째 전환기를 맞을 것이다. 트루먼독트린과 마셜플랜의 선례를 따라, 미국은 다시 한번 리더십을 발휘하고 도움을 줘야 할 것이다. 다시 한번 미국은 각성한 자기 이익으로 동기를 부여받을 것이다. 평화롭고, 번영하고, 민주적인 위기 이후의 세계에 큰 투자를 함으로써 미국은 시민들이 갈망하던 '공포로부터의 자유'를 장기적으로 누리게 될 것이다.

다음 세계적 첫 번째 전환기가 시작되면, 가장 절실하게 필요한 것은 혼란의 소용돌이에 빠진 세계를 진정시키는 일이다. 새로운 평화협정 체결, 임시정부 수립, 난민 재정착, 파괴된 도시 재건, 동맹의 공식화, 국경 재설정 등이 필요하다. 필연적으로 미국은 모든 과정에서 중요한 역할을 맡게 될 것이며, 그 역할에는 아마도 공격적인 국가 건설도 포함될 것이다. 이 과제들을 방치하면 그동안 일궈온 다른 모든 일이 위험에 빠질 수도 있기 때문에 미국은 과제를 수행해야 한다는 압박감을 상당히 느낄 것이다.

하지만 위기 이후 승리를 거머쥔 국가들이 아무리 신중하게 관리한다고 해도, 역사적으로 보면 평화에 대한 끊임없는 위협에 경계를 늦추지 말아야 한다. 이러한 위협은 야망을 포기하지 않은 적대국이나 국제 문제에서 독자적으로 영향력을 행사하려는 옛 동맹국으로부터 발생할 수 있다. 새로운 분쟁이 발생하면 미국은 세계 질서의 규칙이나 범위를 재확인하는 연합의 주도자가 될 가능성이 높다. 이 재확인 과정은 늘 그랬듯 전쟁처럼 치열하고 걸핏하면 교착상태에 빠질 것이다. 인내심은 높고 열정은 낮을 것이다. 장기 주기 이론가 모델스키와 톰프슨은 새로운 세계는 권력이 "규칙을 정할 수 있다"고 말한다. 물론 그럴 수 있다. 하지만 반드시 그 대가를 치러야 할 것이다.

세계의 장기적인 미래와 미래의 전쟁 발발 가능성을 고려할 때, 미국과 동맹국들은 2022년 우크라이나 대통령 젤렌스키의 대담한 호소를 다시 상기할 것이다. 미국과 동맹국들은 집단 안보를 위한 새로운 동맹과 새로운 기관을 만들 것이고, 그 과정에서 어쩌면 전례 없이 강력한 강제 수단을 동원할 수도 있다. 이러한 강제 조치에는 핵 확산 방지를 위한 엄격한 감시, 국제 공유지를 훼손하는 오염물질 배출이나 자원 추출에 대한 규제나 부과금 설정, 신속하고 분산된 상업 거래의 시대를 처리할 수 있는 재편된 통화정책·조세협정·무역협정 등이 포함될 수 있다.

오늘날 이러한 목표 대부분은, 가령 악한 핵 보유 국가를 규제하거나 탄소 절감을 위한 국제적 예산을 마련하는 일은, 가능성 없는 꿈처럼 보인다. 하지만 다음 첫 번째 전환기가 오면 이러한 목표들은 현실이 될 수 있다. 필요한 것은 소수의 강대국이 이러한 규칙을 주도적으로 제안하고 설득해 대다수 국가가 동참할 수 있게 하는 일이다. 2030년대에 미국과 동맹국들에게는 두 가지 목표를 실현할 기회와 의지가 있을 것이다.

미국 유권자들은 장기적 이익과 잘 맞고 자국의 주권을 포기하지 않는 한, 미국이 국제 무대에서 역할이 확대되는 것을 지지할 것이다. 하지만 국제 집단 안보는 대다수 유권자에게 설득력이 없을 것이고, 일부는 이러한 조치를 제국의 부패한 포용이라고 비난할 것이다. 2030년대 후반이 되면, 미국인들은 가까운 곳에서 일상을 되찾는 데 집중할 것이고 공동체의 범위가 넓어지는 것을 달가워하지 않을 것이다. 심리적으로는 여전히 분쟁이나 갈등에 대비하는 상태여서 이미 동원이 해제된 군인이라 하더라도 시민들은 평화를 원하는 외교관보다는 싸우려는 전사들을 더 신뢰할 것이다.

이렇게 불안한 분위기 속에서 애국심을 열정적으로 강조한다면, 심한 불안과 외국인 혐오 분위기가 생길 수도 있다. 위기의 절정에서 딥페이크와 해킹을 이용한 가짜 뉴스를 막기 위해 이미 시행된 바 있는 뉴스 및 소셜미디어에 대한 정부의 규제가 더욱 노골적인 검열로 강화될 수 있다. 감시 기술로 거의 무한대에 가깝게 수집된 개인행동 및 통신 자료로 정부 당국은 거의 모든 국민의 사생활도 엿볼 수 있을 것이다. 국가 감시자나 조사원들이 국제금융시장과 이해관계가 있는 재벌이나 정치 충성도가 비정상적인 유명인을 심문할 것이다. 이 심문에 대해 부정적 평가가 내려지든 그렇지 않든, 평범한 사람들은 공동체 규범에서 벗어나지 않으려고 주의를 기울일 것이다.

이것이 첫 번째 전환기의 초기 패턴으로 보인다. 공동체에 대한 충성도의 강도가 새큘럼의 최고조에 이를 때, 공동체 권위도 그 경계가 넓어진다. 스페인 함대 위기 직후 가이 포크스(Guy Fawkes)의 악마적인 화약 음모 사건(1605년 영국 상원 개회식에 의회 건물을 폭파해 잉글랜드의 제임스 1세 및 의원의 암살을 모의한 사건 – 옮긴이)에 대해 반(反)가톨릭 대응이 나타났다. 명예혁명 직후에는 세일럼(Salem) 마녀 열풍이 일어났다. 미국독립혁명 위기 직후에는 반(反)프랑스 정책으로 생긴 외국인 선동법(Alien and Sedition Acts, 1798년 제정된 법으로 외국인의 미국 국적 취득 및 미국 내에서의 행동을 제한하는 내용 – 옮긴이)에 대한 논란이 거셌다(토머스 제퍼슨은 이 법을 "마녀의 군림"[62]이라고 불렀다). 2차 세계대전 직후에는 조지프 매카시 상원의원과 반미활동위원회(House Committee on Un-American Activities)가 주도한 반공 청문회로 대중의 우려가 확산했다. 극작가 아서 밀러(Auther Miller)는 이 청문회를 세일럼 마녀재판에 비유했다. 밀러의 작품 《시련》에서 세일럼의 장관이 마녀재판 판사에게 경고하는 대목이 나온다. "지금 이 나라는 이 법정을 몹시 두려워합니다." 그러자 판사가 대답한다. "그렇다면 지금 이곳에는 몹시 죄책감을 느끼는 사람이 있다는 의미겠군요. 당신은 이곳에서 심문받는 것이 두렵습니까?"[63]

첫 번째 전환기 후반인 2040년대 무렵에는 국가 분위기가 자신감이 넘치고 낙관적인 분위기로 조금씩 바뀔 것이다. 그때쯤이면 새 정권은 미국인 대다수가 갈망하는 것을 실현해 새 정권의 정당성을 증명할 것이다. 미국인들은 더욱 안정적인 사회를 원할 것이고, 새 정권은 범죄율을 낮추고 사회 무질서를 바로잡는 방식으로 이를 해결할 것이다. 미국인은 더 풍요로운 삶을 원할 것이고, 새 정권은 높은 실질임금 상승을 통해 이를 실현할 것이다. 미국인은 가족 및 공동체와 더 많은 시간을 보내고 싶어 할 것이고, 정권은 출산율 회복과 시민 단체의 유대감 강화로 이를 실현할 것이다.

국내 정치는 국내외에서 성취감이 자만심으로 이어지고, 심지어 승리감에 도취하기도 할 것이다. 정당 간 의견 차이는 계속 좁혀질 것이다. 어느 쪽도 미국이 나아가고 있는 방향에 근본적인 불만을 표출하지 않을 것이며, 다만 어떻게 하면 더 빨리 발전할 수 있는지에 대한 의견 차이만 다소 있을 것이다. 2050년대 초반이 되면 미국은 처음으로 진보를 당연하게 받아들일 것이다.

미국인들은 첫 번째 전환기에서 자주 그러했듯, 이전의 네 번째 전환기에 경제를 가로막았던 장애물을 제거함으로써, 경제성장률이 더 빠르게 진행되고 있다는 사실에 특별한 자부심을 느낄 것이다.

밀레니얼 위기 절정기 동안 정치 지도자들은 수십 년 동안 집행된 비효율적인 보조금, 님비(NIMBY) 규제, 기존의 기업에 유리했던 여러 가지 경쟁 장벽 등 중요한 부분을 총점검하고 개편했을 것이다.

교육, 의료, 통신, 금융, 건설 등을 포함한 대규모 사회 부문 사업은 GDP의 약 절반을 차지한다. 이들 부문은 생활수준 향상에 걸림돌이 되곤 한다. 물가가 근로자의 평균소득보다 더 빠르게 상승하기 때문에 이런 부문은 주로 마이너스 생산성으로 이어지는 경우가 많다. 이 모든 것이 다음 첫 번째 전환기에서 변화할 것이다. 은행, 대학, 주택부터 병원, 대형 제약사, 소셜미디어에 이르기까지 수많은 산업이 비상 시기에 누렸던 활력을 되찾을 것이다. 새로운 정책의 기틀이 마련되면 임금이 상승하고, 공공 예산은 안정을 되찾고, 거대하고 새로운 경제 영역이 다시 혁신적으로 열릴 것이다.

특히 건설 부문은 변화와 더불어 더욱 확장될 것이다. 건축업자들은 저렴한 주택을 원하는 부모 세대의 억눌렸던 수요를 충족해야 할 것이다. 1950년대와 그 이전인 1870년대 이후 교외 거주가 증가하면서 번화하게 된 도시 고용 중심지 인근에 주거단지를 조성하려면 적극적인 토지이용 관리가 필요하며, 이는 최근 국가 전쟁에서 전략 기획자로 활약한 수많은 참전 용사가 있는 국가에서는 어려운 문제가 아닐 수도 있다. 또한, 밀레니얼 위기 때 시작된 공공사업 재개에 추진력을 더하기 위해 거의 80년 만에 처음으로 인프라 관련 지출이 급증할 것이다. 엔지니어, 도시 관리자, 계약업체 등이 협력해 학교가 가깝고 교통시설이 잘 갖춰진, 현대적이면서도 동시에 목가적인 마을을 저렴한 비용으로 제공할 방법을 찾아낼 것이다.

2040년대에는 보통의 가족이 원하는 것을 더 효율적으로 생산하는 방향으로 재편된 미국 경제가 국민의 생활수준을 급격히 끌어올릴 것이다. 오늘날과 비교했을 때 미국의 보통 가정은 더 나은 주거 환경, 더 나은 교육수준, 더 건강한 삶을 누릴 것이며, 가처분소득도 더 많아지게 될 것이다. 주택, 지역사회 인프라, 국방 등에 대한 정부의 총투자비용도 늘어날 것이다. 그러나 이 투자비용은 저축률 상승과 빅토리아식 재정정책을 선호하는 보수파가 정한 국가정책으로 충당될 것이다. 미국인들은 다시 한번 미래를 위해 투자하는 국가에 부담을 느끼기보다는 오히려 힘을 얻을 것이다.

무엇보다도 이 풍요의 혜택은 대체로 한층 더 많아진 중산층에게 돌아갈 것이다. 2040년대에는 부와 소득의 불평등 수준이 역사상 크게 예외적이었던 2010년대 후반 수준보다는 감소할 것이다.

불평등 감소는 두 단계에 걸쳐 이루어질 것이다. 첫 번째 단계는 갑작스럽게 시작될 것이고, 위기의 절정 시기에 촉발된 인플레이션 및 동원, 경제 규제와 더불어 진행될 것이다. 두 번째 단계는 첫 번째 전환기의 변화된 경제정책 및 환경정책에 따라 점진적으로 진행될 것이다. 최저임금 상승으로 소득 증가가 급속하게 진행돼 완전고용이 이루어지면 국가 소득에서 근로자 소득이 차지하는 비중이 확대될 것이다. 이민율은 2008년 금융위기 이전보다 훨씬 낮은 수준을 유지할 것이고, 이민자 감소는 저숙련 노동자의 임금을 효과적으로 끌어올릴 것이다. 자본 소득과 상속에 대한 포괄적 과세가 이루어져 중산층의 세금 부담은 줄어들 것이다. 사회복지제도는 빈곤층이 아닌 노인에게는 상대적으로 덜 관대해지고, 젊은 근로자 가정에는 상대적으로 더 관대해질 것이다.

다음 첫 번째 전환기에 미국 중산층은 21세기의 사회적 윤리가 복귀하면서 더욱 강화될 것이다. 오늘날과 비교했을 때 개인은 얼마나 많은 돈이나 권력을 소유하고 있는지보다 친구, 동료, 지역사회와 얼마나 조화롭게 어울리고 봉사하는지에 따라 평가될 것이다. 자원봉사와 자선단체의 르네상스 시대가 도래할 것이다. 교회들은 예배에서 지역사회 발전으로 초점을 바꾸면서 감소 추세였던 교인 수를 늘릴 것이다. 기업은 1인 계약직 위주의 허슬 경제체제에서 벗어나 팀워크를 활용한 협업 경제체제를 수용할 것이다. 개방형 사무실과 넉넉한 복리후생 제도는 1인실 사무실과 자율적인 현금 지급에 기반한, 기존의 지배적이었던 고용모델 형태에서 벗어나게 할 것이다. 한때 쓸모없다고 여겼던 민간부문 노조가 부활할 것이다.

미국 중산층의 부활은 단순히 경제적 힘의 결과만은 아닐 것이다. 그것은 사회적 힘의 결과기도 하다. 이는 공동체와 소속감, (덜 좋게 표현하자면) 조화로운 동질성에 대한 미국의 새로운 집착이 반영된 결과일 것이다. 퍼트넘은 수년 동안 미국이 시민 신뢰의 부활, 다시 말하면 '나'에서 '우리'로 복귀할 준비가 돼 있다고 주장했다. 2030년대와 2040년대는 그간 오랫동안 예측으로만 존재했던 "상승 추세"[64]가 마침내 실현될 것이다.

사회윤리가 강화되면서 전통적인 가족 역할이 다시 강조될 것이고, 이전의 모든 첫 번째 전환기와 마찬가지로 다음 첫 번째 전환기 역시 가족이 중요시되는 시대가 될 것이다.

오늘날의 위기가 시작된 이후 지난 15년간 가족은 이미 나름의 상승 추세를 경험하고 있었다. 행복한 가정이 대중문화에서 칭송받고, 10대들의 이상이 되고 있다. 오늘날 대가족 형태의 가족제도는 미국 역사상 그 어느 때보다 더 많은 청년이 뒷받침하고 있다. 다음 첫 번째 전환기에는 중대한 변화와 더불어 가족생활이 미국 사회생활의 중심이 될 것이다. 밀레니얼 위기가 해소될 때까지 대가족 형태는 핵가족을 대체하는 필수적인 가족 형태가 될 것이다. 젊은이들은 핵가족을 원하지만 현실적으로 쉽지 않을 것이며, 위기가 해소되면 그때 젊은 층은 핵가족을 형성하기 시작할 것이다. 그리고 몇 년 내지 수십 년이 지난 후에야 핵가족 문화가 홍수처럼 밀려들 수도 있다.

대부분 인구학자에게 익숙한 전쟁 후 베이비붐 현상은 가족 형성과 출산이 지연된 후에 발생한다. 가족을 만들고 출산하는 것을 미루는 현상은 위기의 시기 특징일 뿐 아니라 불안정한 정부와 불확실한 미래가 특징인 위기 이전 시기의 특징이기도 하다. 2차 세계대전 이후 미국의 베이비붐은 출산이 가능한 다양한 연령대의 두 세대가 아이를 갖기로 결정한 결과였다. 40대 중반에 출산 대열에 합류한 전기 G.I. 세대부터 고등학교를 갓 졸업하고 가정을 꾸린 젊은 침묵 세대 신혼부부에 이르기까지 두 세대에서 가능한 모든 연령대가 출산을 서두르면서 비슷한 시기에 부모가 됐다. 다음 첫 번째 전환기가 시작되면 밀레니얼 세대와 홈랜드 세대에서 가족 구성이 급증하는 양상을 보일 수도 있다.

모든 네 번째 전환기가 그러했듯, 2030년대 후반과 2040년대의 베이비붐 세대는 공공정책의 혜택을 받을 가능성이 높다. 이번에는 저렴한 가격에 토지를 구입하는 것이 불가능할 것이다. 하지만 제대한 군인을 위한 새로운 혜택이 가구 형성에 경제적 도움을 줄 것이며, 미국 고조기에 유행했던 청년 근로자를 위한 '생활 임금' 같은 개념을 지지하는 정책이 나와 도움을 줄 것이다. 현재 민주당과 공화당 모두에서 지지하는 환급형 육아비 세액공제(부모가 어린 자녀를 돌보는 비용에 대한 세금 공제정책 - 옮긴이) 같은 출산장려 혜택이 유권자들에게 광범위한 지지를 받을 것이다.

밀레니얼 시기의 위기는 영미권 역사상 처음으로 국가의 합계출산율(한 여성이 평생 낳을 것으로 예상되는 평균 자녀 수 - 옮긴이)이 대체출산율(대체수준출산율이라고도 하며, 이는 현 세대의 부부가 그들 자신을 대체하기 위해 가져야 할 자녀 수를 의미하는 인구통계학 용어로, 일반적으로 유아 사망률이 적은 선진국의 대체출산율은 2.1 정도다 - 옮긴이) 아래로 떨어진 네 번째 전환기다. 실제로 전 세계 대부분 국가의 합계출산율이 대체출산율 아래로 내려간 것은 사상 처음 있는 일이다. 점점 더 많은 국가가 출산을 장려하기 위해 풍부한 출산 보너스 정책을 제공하고 있다. 다음 첫 번째 전환기에는 미국이 사회민주주의 틀 안에서 출산율을 높이기 위한 전 세계적인 노력에 적극 참여할 것이다. 이 새로운 '지속 가능한' 복지국가에서 아이를 낳지 않기로 한 개인은 행복이 다소 감소할 수 있지만, 미래의 세금에 기여할 시민을 낳아 키우기로 한 사람은 다소 더 나은 삶을 살 수 있을 것이다.

이전의 첫 번째 전환기에서는 가족생활과 자녀에 관한 새로운 관심이 늘 젠더 역할의 격차를 넓히곤 했다. 이 격차는 거의 확실하게 다시 벌어질 것이다. 남은 네 번째 전환기를 거치면서 많은 청년이 부모 세대가 당연하게 여겼던 젠더 역할(여성은 가정을 꾸리고 남성은 집을 장만하는)을 맡을 기회를 얻지 못할 것이다. 첫 번째 전환기에 그 기회가 오면 청년들은 이러한 역할을 다시 받아들일 것이다. 그리고 그렇게 함으로써 청년들은 1860년대 후반과 1940년대 후반 청년들이 느꼈던 것처럼, 희망찬 새 시대를 만드는 데 도움이 되고 있다고 느낄 것이다. 이미 오늘날 정체된 젠더혁명의 논의 속에 몇몇 사회학자는 밀레니얼 세대가 궁극적으로 "평등한 본질주의(egalitarian essentialism)"를 선호할 수 있다고 말한다. 공적 영역에서는 동등한 권리를 보장하고, 사적 영역에서는 별도의 역할을 위한 공간을 만든다는 의미다. 국가정책이 만들어질 무렵에는 밀레니얼 세대의 이러한 접근 방식이 어떻게 작동할지 알게 될 것이다.

이제 이 모든 흐름이 어디로 향하는지 살펴보자. 다음 첫 번째 전환기가 절정에 달할 때, 즉 2050년대 중반이 되면 미국은 어떻게 달라져 있을까?

그때는 모든 것이 변화될 것이며, 대부분 미국인은 지금보다 더 나은 삶을 살게 될 것이다.

이러한 변화는 질서와 사회 유대감을 위해 새롭게 설계된 도시며 마을 등 국가의 외형에서 가장 뚜렷하게 드러날 것이다. 새로운 인프라로 동네는 더 살기 좋아지고, 직장은 더 안전해지며, 교통수단은 더 빨라지고, 공공장소는 더 청결해지고, 학교는 더 잘 운영될 것이다. 엄청난 규모로 지속 가능성이 관리되고 유지될 것이다. 엔지니어와 건축가들은 교외 지역이나 도시 광장, 건물 옥상 등에 나무와 물과 녹지를 성공적으로 만들 수도 있다. AI 기반의 유비쿼터스 센서로 사람과 차량의 흐름은 원활하게 조율될 것이다.

사람 사는 모습에도 합의와 사회적 규율이 적용될 것이다. 입법부는 당파적 분노가 가라앉고 더욱 예의 있는 모습이 될 것이다. 마을에서 가족들은 서로를 더 잘 보살펴줄 것이다. 거리에서는 범죄율이 낮아지고, 폭동은 거의 일어나지 않을 것이고 일어난다 해도 감시망을 피해 은밀히 일어날 것이다. 대학가는 새로운 정권에 필요한 기술을 익히려는 학생들로 강의실이 붐빌 것이다. 가정에서는 무탈하게 자란 아이들이 저항운동을 벌인 이들, 반란군, 성자 등 안정된 세계에는 어울리지 않는 이들을 상상 속에서나 만날 것이다.

미국에서 최고의 지도자 자리를 차지할 새로운 세대는 합리적인 낙관주의자일 것이다. 위기가 절정에 달한 이후 일이 잘못될 수도 있다는 생각에 과거 지향적이었던 기존 세대와 달리, 이 새로운 리더들은 아직 오지 않은 원대한 미래를 꿈꾸는 미래 지향적 사고로 추진력을 얻을 것이다. 그들은 이미 수많은 국가적 어려움을 극복한 이들일 것이다. 그러니 멈출 이유는 없을 것이다. 그들은 모든 첫 번째 전환기에 흥분과 환희를 불러일으키는 희망, 인류가 자연을 정복하리라는 희망을 공유할 것이다.

60대에 접어든 자신감 넘치는 기술 전문가 세대가 사회를 이끌고 40대에 접어든 젊은 전문가 세대가 조력하는 이 사회는, 다음 첫 번째 전환기가 끝날 때쯤이면 경이로운 세상을 만들어낼 것이다.

현재의 우리는 그 경이로움이 무엇일지 상상만 할 수 있다. 어쩌면 노화의 가장 주범인 만성 질병을 치료해 수명을 연장하는 획기적인 의학 기술을 누구나 이용하는 것일 수도 있다. 아니면 전 세계에 초고속 와이파이와 온라인 교육을 무료로 제공해 개발도상국이 기초 제조업과 고수익 농업으로 빈곤에서 벗어나게 하는 일일 수도 있다. 단기적으로는 기후공학을 활용하고, 장기적으로는 원자력·지열·해양열 내지 우주 기반의 태양열 발전을 통해 대규모 탄소제로 에너지 생산을 달성하는 등 지구 기후 관리에 놀라운 발전을 이룰 수도 있다. 또한 유전자공학, 하이퍼루프(차세대 이동 수단으로 꼽히는 기술로, 진공 상태의 튜브 안에서 이동해 마찰력을 줄임으로써 속도를 극대화하는 기술 – 옮긴이), 바이오 프린팅(3D 프린터를 이용해 인간의 생체 조직을 제작하는 기술 – 옮긴이)부터 스마트 더스트(군사시설, 공항 등 주요 시설부터 지하철, 사무실 등의 일상 공간에 이르기까지 먼지처럼 뿌려놓으면 최첨단 무선 네트워크를 통해 온도, 빛, 진동, 성분 등을 감지하는 초소형 센서 – 옮긴이), 나노봇, 퀀텀 컴퓨팅(원자의 양자역학적 효과를 기반으로 방대한 용량과 초병렬 계산이 동시에 가능한 컴퓨터 – 옮긴이)에 이르기까지 오늘날에는 그저 유행에 지나지 않는 다양한 기술이 그때쯤이면 현실이 될 수도 있다.

다음 첫 번째 전환기에는 자연을 정복하는 것보다 더 흥미로운 것은 자연을 이해하고자 하는 인류의 오랜 소망을 이루는 일이 될 것이다. 여기서도 2050년까지 미국이 중국과의 경쟁에서 새로운 영역을 개척하는 모습을 상상할 수 있다. 화성에 세운 영구 정착지나 수성에 건설한 지하 공장, 금성의 구름 위에 띄운 공동체 시설이나, 외계 행성을 탐사하기 위한 유인 비행 등을 생각해볼 수 있다.

미국인들은 이렇게 거대한 업적을 되돌아보면서 세계 역사에서 자신들이 차지하는 위치에 집단 자부심을 느낄 수도 있다. 그들은 첫 번째 전환기를 맞이할 때마다 한 가지 대담한 질문을 반복할지도 모른다. 미국, 그리고 더 나아가 전 세계가 새로운 번영의 시대로 나아갈 수 있을까? 아우구스투스 시대에 버금가는 번영을 이룰 수 있을까?

아우구스투스 통치 기간(기원전 27년에서 기원전 14년으로 추정)에 로마 시민들은 자신들이 쇠퇴와 분쟁, 전면전의 시대를 끝내고 국외에는 평화를, 국내에는 화합을, 제국 전체에는 전례 없는 풍요와 시민의식의 시대를 열었다는 사실에 자부심을 느꼈다. 21세기 중반의 미국인도 같은 감정을 느낄 수 있다. 아우구스투스 시대와 마찬가지로, 거대한 공공사업에 집착할지도 모른다. 개인보다는 공동체의 위상을 높이는 건축양식에 매료될 수도 있다. 어쩌면 미국을 진보의 정점에 올려 역사를 새로 쓸 수도 있다. 전통적이고 규범을 존중하는 문화와 타락하고 특별한 것보다는 이상적이고 보편적인 것을 추구하는 작가와 예술가를 선호할 수도 있다. 아마 그들은 인간의 고통을 해결해야 할 문제로 여길 것이다. 그리고 행복한 결말이 아닌 이야기는 좋아하지 않을 수도 있다.

그러나 앞에서 살펴봤듯, 세속적 만족감이 커질수록 비판의 물결도 거세질 것이다. 이 모든 것이 첫 번째 전환기의 패턴이다. 그렇다. 누군가는 우리가 무엇을 얻었는지는 잘 알지만 무엇을 잃었는지도 살펴봐야 하지 않느냐고 말할 것이다. 그들은 눈부신 공공사업 뒤에 쫓겨난 이웃들을 볼 것이다. 잘 통제되는 공공질서 뒤에 침해당한 시민의 자유와 사생활을 볼 것이다. 강력한 국제 동맹 뒤에 억압당하는 외국인을 볼 것이다. 공격적인 자연의 지배 뒤에 도사리고 있는 자연의 재앙을 볼 것이다. 비평가들은 황금기에 승리의 도취감에 젖은 이들과는 달리, 이 모든 성취에서 어두운 이면을 발견할 것이다. 그들은 낙관주의, 공동체, 프로메테우스적 영웅주의보다는 안일함, 순응주의, 파우스트적 맹목성을 보게 될 것이다.

이런 비판이 제기될 즈음이면 첫 번째 전환기가 거의 끝날 것이다. 미국인들이 더 이상 겨울로 되돌아가는 것을 두려워하지 않을 때, 봄 자체도 거의 끝나게 될 것이다. 새큘럼의 모든 전환기가 마찬가지다. 우리가 그 계절에 있다는 사실을 완전히 이해하자마자 그다음 계절로 넘어간다. 또는 각 계절은 우리가 여전히 이전 계절에 머물러 있다는 착각으로 인해 앞으로 나아간다. 헤겔의 가장 유명한 비유, "미네르바의 올빼미는 황혼이 질 무렵에야 날개를 펼친다"[65]는 말이 이를 잘 표현하고 있다.

안 좋은 시나리오

분명히 밝혀두자면, 다음 첫 번째 전환기에 관한 대략적인 예측은 단지 그 시대에 관한 인상을 주기 위한 주제일 뿐이다. 경험과 기록에 따른 실제 역사는 특이한 스캔들, 전쟁, 유명 인사, 발명품 등 구체적인 무작위성으로 채워질 것이다. 이 예측이 대략적인 주제라고는 하지만 자칫 낙관적이라는 오해를 받을 수도 있다. 우리가 미래를 엿보는 것은 미래가 과거와 비슷할 것이라는 기본 전제를 토대로 한다. 가장 중요한 전제는 국가가 심각한 어려움을 겪으며 위기가 절정에 달하고, 그 절정이 대체로 성공적으로 해결되는 이전의 네 번째 전환기들의 패턴을 따른다는 것이다.

영미권의 경우, 모든 네 번째 전환기의 어려움이 대단히 심각한 수준이었다. 모두 최소한 국가를 위협하는 수준이었다. 이는 중요한 문제다. 국가적 어려움이 심각할수록 첫 번째 전환기가 시작됐을 때 세상은 더 큰 변화를 겪게 된다. 지금 겪는 어려움이 비교적 약하다면, 앞으로 우리가 살게 될 세상은 상대적으로 덜 변화할 것이다. 이는 지금 살고 있는 세상을 어떻게 생각하느냐에 따라 좋은 결과일 수도 있고 나쁜 결과일 수도 있다. 적어도 지금 당장은 상황이 훨씬 더 나빠질 위험은 줄어들지만, 공동체에 활기를 불어넣고 제 기능을 하지 못하는 제도와 체제를 치유할 기회도 줄어들기 때문이다.

이 장의 앞부분에서 걱정스러운 질문을 제기했다. 현재 위기 상황에서 겪는 이 심각한 어려움이 혹시 이번에는 성공적으로 해결되지 못하면 어떻게 될 것인가 하는 질문이었다. 이 질문에 우리는 여러 가지 시나리오를 떠올릴 수 있으며, 그중 어떤 시나리오는 정신이 번쩍 들 정도로 냉철하다.

가능성을 하나의 스펙트럼으로 놓고 봤을 때 가장 어두운 끝에서는 대량살상무기가 무분별하게 배치되고, 핵 공격이 맞붙어 일어나는 전쟁을 상상할 수 있다. 분명 이 시나리오는 어떤 전환기에서도 발생할 수 있다. 1945년 이후 전 세계는 약 5년에 한 번꼴로 16차례의 '아슬아슬한' 핵전쟁 위기를 경험했다. 위기의 시대가 절정에 달하면 이 확률은 분명 높아질 것이다. 전쟁은 더 큰 이해관계를 두고 벌어질 것이다. 국가들이 자국의 생존이 위태롭다고 느낄 가능성도 커진다. 오해가 빚어지고 잘못된 판단이 내려질 가능성이 커지면서 긴장도 고조될 것이다. 지도자들은 서로에게 후퇴를 강요하기 위해 '미친 척'을 할 수도 있다. 최악의 사태인 핵전쟁이 벌어지면 환경 파괴는 말할 것도 없고, 인명·산업·공공 서비스에 치명적인 피해가 생기면서 전 세계가 불행의 늪에 빠질 것이다. 인류와 문명이 살아남는다 해도, 잃어버린 것을 회복하려면 수십 년 어쩌면 한 세기 전체가 걸릴 수도 있다.

어떤 이들은 이렇게 끔찍한 재앙을 초래할 가능성이 조금이라도 있다면, 정치 지도자들이 네 번째 전환기의 절정을 막기 위해 가능한 모든 조치를 해야 한다고 주장할 수도 있다. 문제는, 이 조금의 가능성만으로는 모든 지도자가 적극적으로 행동하도록 설득할 명분이 되지 않는다는 사실이다. 특히 다른 지도자들이 대치 상황에서 후퇴할 준비가 돼 있다고 판단하는 경우에는 더더욱 그렇다.

더 정확히 말하자면, 세계는 우리가 구상한 대로 위기 이후 일종의 국제 집행기관을 설립해 핵전쟁 가능성을 제거하려 할 수도 있다. 그렇게 하려면 사실상 전 세계가 반드시 네 번째 전환기의 절정을 겪어야 한다. 지금의 추세로 볼 때 이러한 국제체제가 없다면, 핵전쟁 가능성은 1년에 약 1퍼센트로 추정된다.[66] 그리고 이 위험은 더 커질 것이다. 점점 더 많은 국가에서 핵무기 및 다른 유형의 대량살상무기, 가령 생화학무기나 나노로봇무기 등을 보유하고 있기 때문이다. 시간이 흐를수록 이 누적 확률은 불가피하게 커질 수밖에 없다. 또 다른 새큘럼(90년)이 끝날 무렵에는 이 확률이 4분의 3을 넘을 수도 있다. 따라서 네 번째 전환기의 위험을 받아들이는 것이 인류에게는 가장 덜 위험한 길일 수도 있다. 단기적으로는 분명 재앙이 생길 가능성이 크다. 하지만 장기적으로 보면 그 확률은 줄어든다. 네 번째 전환기는 국가적 차원에서뿐 아니라 전 세계적 차원에서도 제도적 엔트로피를 역전시키는 역할을 한다. 이런 의미에서 보면, 지금 네 번째 전환기의 위험을 감수하는 것은 덜 위험한 국제사회를 위한 투자가 될 수도 있다.

네 번째 전환기가 실패할 또 다른 가능성을 살펴보면, 대규모 대량살상무기로 인한 파괴는 발생하지 않지만, 미국이 피해를 입고 쇠퇴한 국가가 되는 것이다. 몇몇 시나리오에 따르면, 이러한 결과가 생길 수 있다. 일단 미국이 강대국 간 힘겨루기에서 패배할 수 있다. 아니면 파괴적인 내전으로 지치고 분열할 수도 있다. 어쩌면 미국은 이 물리적으로는 피해를 입지 않고 온전하지만 정치구조가 심각하게 훼손될 수도 있다. 가령 자유선거 제도를 잃거나, 기본적인 시민의 자유를 잃거나, 중앙정부가 주(州)정부 및 지방정부에 대한 통제 장치를 모두 잃는 등 정치구조가 심각하게 망가질 수 있다.

네 번째 전환기의 또 다른 실패 가능성으로, 이 세 가지 시나리오가 모두 나타날 가능성도 생각해볼 수 있다. 예를 들어, 국내 정치적 분열로 미국의 국력이 치명적으로 약화한 상태에서 강대국 간 전쟁이 일어날 수도 있다. 아니면, 다른 강대국의 거센 개입으로 내전이 발발할 수도 있다. 어쩌면 위기의 절정에서 절망에 빠진 시민들이 국가가 무정부

제4의 대전환

상태로 추락할까 봐 두려워 권위주의적 통치에 복종할 수도 있다. 최악의 시나리오에서 미국은 산산조각 나거나 점령당했을 것이다. (실패한 상황에서) 가장 좋은 시나리오는 미국이 온전한 상태고 기능적으로도 돌아가지만, 국력이 약해지고 사기가 저하된 상태가 될 것이다.

이 시나리오 중 하나라도 발생한다면, 이는 영미 역사상 최초로 실패로 끝나는 네 번째 전환기가 되거나 최소한 첫 번째 전환기는 미국이 잃어버린 것을 회복하는 데 전념하는 시기가 될 것이다. 역사적으로 유일하게 유사한 사례는 남북 전쟁 이후의 남부처럼 내전에서 패배한 진영의 결과를 국가적 규모에 대입해 상상하는 것이다.

이는 미국인들에게 분명 불행한 결과다. 하지만 오늘날의 세계에서는 이 불행이 다른 민족에게도 불행이 될 수 있다. 갑자기 제 기능을 못하고 약해진 미국이 전 세계와 동반 추락할 수도 있다. 전 세계의 기술혁신과 경제성장률이 떨어질 수도 있다. 무역 및 국제분쟁에 관한 국제법의 권위가 약화할 수도 있다. 항공 및 해상 안보가 약해지고, 전 세계테러리스트와 해적들이 판을 칠 수도 있다. 국제금융, 경제, 에너지 비상사태에 대비한 방어책이 무력화될 수도 있다. 무엇보다도 전 세계 민주주의 국가들이 의존하고 있는 강력한 안보 보장이 사라져 많은 국가가 막강한 독재자들에게 무방비로 노출될 수도 있다.

미국이 전 세계의 미래에 없어서는 안 될 존재라는 말이 아니다. 다른 민주주의 국가들도 현재 미국이 하고 있는 국제 규칙 제정 및 집행 능력을 기를 수 있다. 하지만 그런 능력을 빠르게 기를 수는 없을 것이다. 그런 능력을 갖춘 국가가 등장하기 전까지는 전 세계가 수십 년 동안 상대적인 무정부 상태에서 생존해야 한다. 그렇다면 당분간은 미국과 세계다른 국가들의 역사적 계절은 서로 밀접하게 관련이 돼 있다. 미국이 위기의 시기에 실패한 후에 세계의 다른 국가들이 낙관적인 첫 번째 전환기를 맞으리라고는 상상하기 어려우며, 그 반대의 경우도 마찬가지다.

이제 우리가 생각한 첫 번째 전환기 시나리오로 돌아가 보자. 위기의 시기를 성공적으로 해결한 결과가 아닌, 실패한 결과에 따른다면 어떻게 달라질까?

의심할 여지없이 이는 국제사회와 미국이 직면한 도전 과제를 크게 변화시킬 것이다. 미국인들은 전례 없는 번영으로 인한 잉여를 투자하고 발전하는 대신, 생활수준을 위기의 시기가 시작되기 전으로 회복하려고 힘겹게 노력해야 할 수도 있다. 승리한 동맹국 연합을 이끄는 대신, 승리한 적대국 연합에 맞서기 위해 악전고투할 수도 있다. 조심스럽게 가장 끔찍한 시나리오까지 생각해본다면, 미국인들은 지속 가능한 지역사회를 개발하고 다른 행성으로 유인 탐사선을 보내는 대신, 방사능으로 오염된 토양에서 살아남을 수 있는 강한 작물을 선택하고, 핵겨울을 견딜 단열 대피소를 건설해야 할 수도 있다.

그렇다. 성공이냐 실패냐는 중요하다. 어느 방향으로 가느냐에 따라 다음 첫 번째 전환기에서 미국인은 전혀 다른 삶을 살 것이고, 전혀 다른 국가 목표를 향해 나아가게 될 것이다. 이 부분은 의심의 여지가 없다.

하지만 대부분 시나리오에서 사회적 분위기는 비슷할 것이다. 다른 모든 첫 번째 전환기와 마찬가지로, 실패 이후의 시대는 여전히 공동체, 협력, 정치적 결속력, 기존의 규범을 중요한 과제로 삼을 것이다. 특히 새로운 가정을 꾸리고, 도시와 경제 인프라를 건설하거나 재건설하고자 하는 욕구가 강해질 것이다. 이 모든 것은 2차 세계대전과 같은 위기에서 패배나 파괴를 경험한 국가들 사이에서 뚜렷하게 나타난 패턴이다.

실패 이후 세대 역학 관계도 대체로 비슷하다. 패배 이후에도 영웅 원형은 위기 이후의 정치권에서 상대적으로 큰 역할을 계속 맡게 될 것이다. 예술가 원형은 계속해서 건설적인 조력자 역할을 할 것이다. 위기의 시기 이후에 태어난 예언자 원형은 다음 각성기를 촉발하는 역할을 계속하게 될 것이며, 승리가 아닌 패배를 경험한 사회라면 이러한 추세가 더욱 거세질 수 있다. 예를 들어, 1970년대 독일과 이탈리아의 청년 시위운동은 유럽에서 가장 과격하고 폭력적이었다. 이렇게 격렬한 반응의 원인을 한 가지 꼽자면, 아마 두 역사에서 지배적 역할을 했던 영웅 원형에 대한 불신이 크기 때문일 것이다. 이 불신 때문에 젊은 층은 영웅 원형 세대를 비정상적인 도전과 경멸로 대할 가능성이 높다.

새큘럼의 사계절은 내구성이 강하다. 다양한 잠재적 결과가 있지만 리듬은 변하지 않는다. 가을이 지나면 겨울이 오고, 겨울이 지나면 봄이 온다. 복잡성 이론의 언어로 표현하자면 새큘럼은 넓은 끌림 영역(attractor basin)을 가진 시스템이다. 즉, 예상치 못한 사건이 현실 결과에 어떤 영향을 미치든, 시간이 흐르면서 사회적 순환은 스스로를 재확인하는 경향이 있다는 말이다.

무엇이 사회적 분위기를 거의 같은 패턴으로 계속 이끌고 있는가? 언제나 그렇듯 세대 고령화의 추진력이다. 다가오는 첫 번째 전환기를 앞두고, 다시 원래의 생각으로 돌아가 보자. 미래 세상의 어른들은 주로 우리가 될 것이다. 다만 지금보다 나이가 더 든 우리일 것이다.

이제, 나이 든 우리 자신을 만나보자.

다음 첫 번째 전환기: 세대들

네 번째 전환기의 끝부터 다음 첫 번째 전환기가 끝날 때까지, 세대 별자리는 4분의 1씩 순환하게 된다. 한 세대는 사라지고 새로운 세대가 등장한다. 동일한 패턴이 인간 삶의 네 단계에서도 진행된다. 세대는 한 단계씩 앞으로 이동할 것이다. 원형의 변화하는 조합을 생각해보면 2040년대의 세계가 2020년대의 세계와 왜 달라지는지 그리고 어떻게 달라지는지를 알 수 있다.

이전 장에서와 마찬가지로 가장 오래된 세대부터 가장 젊은 세대 순으로 살펴보도록 하겠다. 먼저 후기 노년층의 세 세대, G.I. 세대(영웅 원형), 침묵 세대(예술가 원형), 베이비붐 세대(예언자 원형)를 살펴볼 것이다.

그다음 젊은 네 세대인 X 세대(노마드 원형), 밀레니얼 세대(영웅 원형), 홈랜드 세대(예술가 원형), 새로운 예언자 세대(예언자 원형)를 살펴보겠다. 지금 한창 활동적인 이 네 세대가 다음 첫 번째 전환기 내지 고조기의 세대 별자리를 구성하게 될 것이다. 그리고 각각의 세대는 저마다의 삶에서 새로운 단계에 진입하게 될 것이다. X 세대는 노년기로, 밀레니얼 세대는 중년기로, 홈랜드 세대는 젊은 성인으로, 새로운 예언자 세대는 어린이로 삶의 단계를 경험할 것이다.

우리는 첫 번째 전환기가 2033년에 시작해 23년 후인 2056년에 끝난다고 가정한다. 해당 연도의 인구 수치는 미래 인구 전망(United Nations projection, 중간 변형)의 최신 자료를 토대로 한다.

후기 노년기 세대: G.I. 세대, 침묵 세대, 베이비붐 세대

2033년에 첫 번째 전환기가 시작되면 아마도 109세 이상이 될 G.I. 세대는 몇천 명 정도에 불과할 것이다. 하지만 지난 위기의 결과가 아직 기억에 생생하게 남아 있는 현재에 미국인들은 국가의 고난을 함께했던 이들에게 정중한 경의를 표할 것이다. 이전에도 비슷한 일이 있었다.

2차 세계대전이 끝난 후, 링컨과 악수했다고 알려진 남북 전쟁 참전 용사 제임스 하드(James Hard)는 1953년 109세의 나이로 세상을 떠날 때까지[67] 신문에 인터뷰 기사가 자주 실리곤 했다. 아이젠하워 대통령은 마지막 남은 남북 전쟁 참전 용사 앨버트 울슨(Albert Woolson)이 1956년 106세의 나이로 사망하자[68] 애도하며 부고를 발표했다. 부고에는 "연방 군과의 마지막 개인적 연결 고리를 잃었다"[69]는 애도문이 실렸다.

첫 번째 전환기에 살아남은 G.I. 세대에게 최근 미국의 상황에 관해 질문하면 그들은 미국이 위기의 절정기를 맞았을 때 젊은 세대들이 힘을 모았다는 사실에 그다지 놀라지 않을 수도 있다. (제임스 하드가 미국이 "일본을 물리칠 것"[70]이라는 사실을 믿어 의심치 않았다고 말했던 것처럼) 또 다른 G.I. 세대는 자신들이 목격한 모든 역사의 면면에 놀라움을 금치 못할 수도 있다. 2030년대 후반이 되면 그들은 모두 세상을 떠날 것이기 때문에 지금이 그들의 목소리를 들을 수 있는 마지막 기회가 될 것이다.

한편 침묵 세대(91~108세)는 다음 첫 번째 전환기에 약 300만 명이 남을 것이다. 미국이 다음 고조기에 접어들면, 미디어에서는 진지하면서도 스타일리시했던 뮤지컬 스타며 영화배우들이 이 시대를 떠나는 것을 추모할 것이다. 반면 미술관과 순수예술 전시회는 아낌없는 후원자 세대가 세상을 떠나면서 기부자가 점점 줄어들 것이다.

이미 어린 시절부터 세계대전과 대공황의 기억으로 상처받은 침묵 세대는 최근 겪은 위기의 시기를 절망과 고통의 감정으로 회고할 것이다. 남북 전쟁을 겪은 타협 세대나 인지조례 위기를 경험한 계몽주의 세대와 마찬가지로, 침묵 세대 역시 분쟁의 양 당사자에 자녀나 손주가 있었을 수도 있다. 그리고 그들은 더 이상 존재하지 않는 옛 정권을 발전시키기 위해 평생을 바쳤을 수도 있다. 상당수는 최근 위기 이후 국가의 통제가 더욱 강해졌다고 느끼며, 이에 다소 불안해할 수도 있다. 그들은 자신들의 손자나 증손자 세대인 새로운 시대의 청년들이 직면한 어려움을 이해하고 공감할 것이다.

2050년대 중반에 첫 번째 전환기가 끝나는 것을 지켜볼 침묵 세대는 100~200명 정도로 지극히 소수일 것이다.

2033년에도 베이비붐 세대(73~90세)는 약 4,200만 명으로 여전히 상당한 존재감을 드러낼 것이다. 이들의 신념은 그 어느 때보다 뜨겁게 타오를 것이고, 여전히 목소리를 낼 것이다. 베이비붐 세대는 70~80대가 돼서도 여전히 상원의원, 학자, 방송에 자주 초대되는 스타일 것이며, 여전히 미국에서 가장 많이 인용되는 말을 남기는 인물이 될 것이다. 이들은 자신의 의견을 명확히 밝히며, 자신의 머릿속에 있는 유아독존적이고 긴 지적 탐구의 세계로 청취자들을 데리고 갈 것이다.

다음 첫 번째 전환기에 접어든 미국에 베이비붐 세대 대통령이 탄생할 수도 있다. 하지만 몇 년 후만 지나도 고조기의 유권자들은 더 이상 은발의 투사를 원하지 않을 것이다. 베이비붐 세대를 대통령으로 선택하지 않았다면, 유권자들은 실용주의자, 즉 X 세대를 국가 지도자로 선택하게 될 것이다.

노마드 원형인 이 최고 지도자는 아마도 나이 든 예언자 세대에게 위기의 시대는 끝났고 대립의 시대도 지나갔다는 사실을 상기해줘야 할 것이다. 트루먼 대통령이 미국 고조기 시절에 화려한 언변의 선교자 세대 두 명을 이긴 것도 바로 이 방법이었다. 1946년 11월, 미국광산노동조합 위원장인 존 L. 루이스가 트루먼에게 탄광 노동자들의 파업을 막아볼 테면 막아보라고 했고, 트루먼은 정말로 파업을 막았다. 결국 구세대인 루이스는 자신의 입장을 철회했다. 훗날 트루먼은 이렇게 회상했다. "루이스는 포기해야만 했다. 아마 버티기 어려웠을 것이다. 설령 깡패라 해도 버티지 못했을 것이다."[71] 6년 후, 트루먼은 맥아더를 해임할 때도 배짱 있는 태도를 보였다. 트루먼은 그를 "미스터 프리마돈나, 고위 인사, 파이브 스타 맥아더"[72] 등 비꼬는 호칭으로 불렀는데, 당시는 젊은 의원이 맥아더 장군의 연설을 "신의 말씀"[73]에 비유하던 분위기였다. 2030년대 중반, 몇몇 유명한 베이비붐 세대도 비슷한 상황에 직면할 수 있다. 그들은 자신들의 오랜 경력이 협박에 주눅 들지 않는 X세대에게 갑작스럽게 끝났다는 사실을 깨닫게 될 수도 있다.

다음 첫 번째 전환기 초반에도 베이비붐 세대의 의견은 여전히 중요할 것이다. 하지만 시간이 흐르고 베이비붐 세대가 고령화되면, 그 수가 줄면서 자연스럽게 그들의 중요도도 줄어들 것이다. 실제로 이렇게 변화되는 부분을 제거하며 생각하는 방식은 네 번째 전환기에서 첫 번째 전환기로 이행하는 과정에서 미국인의 감정 변화를 설명하는 유용한 방법이다. 예를 들어, 베이비붐 세대의 두드러지는 특징을 미국의 사회적 분위기에서 하나씩 제거한다고 가정해보자. 그들의 개인주의, 열렬한 행동, 가치와 문화에 대한 집착, 비현실적 성향 등이 차근차근 빠져나간다고 생각해보자. 젊은 세대 대부분은 이러한 변화를 받아들이겠지만 살아남은 베이비붐 세대는 대부분 그렇지 않을 것이다. 베이비붐 세대의 눈에 남은 것은 젊은 시절에 비해 훨씬 단조롭고 얄팍해진 국가, 계획과 낙관주의만 무성한 국가, 개성과 지혜는 무참할 정도로 부족한 국가일 것이다.

베이비붐 세대는 자신들이 일군 뉴에이지 문화유산이 위대한 흐름으로 추앙받게 된다는 사실에 감사하겠지만, 대다수는 그 문화유산이 영혼 없는 밈과 알고리즘으로 변해버린 것을 보고 마음이 식을 것이다. 어쩌면 이미 그렇게 변하고 있는지도 모른다. 모든 세대에게 뼈아픈 교훈이 한 가지 있다. 특히 다음 첫 번째 전환기가 끝날 때까지 살게 될 250만 명의 베이비붐 세대에게는 더더욱 큰 충격일 것이다. 바로 사회가 변화하려면 새로운 것을 받아들일 공간을 만들기 위해 낡은 것을 없애야 한다는 사실이다. 다가올 시대에 영향력을 줄여야 하는 것은 바로 베이비붐 세대다.

노년의 X 세대

다음 첫 번째 전환기가 시작될 때 X 세대(52~72세)는 약 8,400만 명으로 미국에서 두 번째로 많은 성인 세대가 될 것이다. 이 시기가 끝날 무렵에 X 세대는 75~95세가 되며 약 4,700만 명으로 그 순위가 세 번째로 내려갈 것이다. X 세대는 그 기간에 대통령, 대법관, 의회 위원장, 대기업 CEO, 고액 정치 기부자, 거물 자선가 등 당대의 주요 국가 지도자 세대가 될 것이 분명하다.

　그러나 '열정적인' 정치 세대인 X 세대는 고위 공직에 오래 머물지 못할 가능성이 크다. 전환기 초기에 그들은 얼마 전 위기의 시기가 끝났다는 사실을 인정하지 못하고 지도자 자리를 열망하는 노년의 베이비붐 세대와 맞붙어야 한다. 전환기 후반에는 위기가 생기지 않는 세상을 만들고자 열의를 태우는 야심 찬 젊은 밀레니얼 세대에게 밀려날 수 있다. 그 사이의 기간에 존경받는 군 통수권자를 포함한 X 세대 국가 지도자들은 미국의 수습, 재건, 회복을 위한 중요한 시간을 갖게 될 것이다.

　X 세대는 이전의 베이비붐 세대 지도자들과 달리, 세상을 완벽한 곳으로 만들기 위한 논쟁은 벌이지 않을 것이다. 그들은 사회가 기본적으로 다시 '돌아가기만' 한다면, 설령 불완전하거나 부도덕한 수단을 동원

한다고 해도 만족할 것이다. X 세대는 국가안보, 인프라, 임금, 국민 건강처럼 실체가 있고 명백한 공동체 목표에 집중할 것이다. 그런 다음 각각의 목표가 모든 사람에게 적용되도록 계획하고 협상할 것이다. 그들은 해외 동맹부터 도시 재건에 이르기까지 모든 과정을 동기가 아닌 결과로 평가할 것이다. X 세대 지도자들은 애국심이나 인류애라는 명분으로 자신의 행동을 정당화할 수도 있겠지만, 결국 성공은 특정 사람들이 임무를 완수하는 데 달려 있다는 사실을 잊지 않을 것이다. 이들에게는 개인적 신념이나 원칙보다는 충성심과 명예가 더 중요할 것이다.

또한, X 세대는 자신들 뒤를 이을 밀레니얼 세대 리더들과 달리 국가(또는 세계)가 실존하는 위험으로부터 안전해질 수 있다고 생각하지 않을 것이다. X 세대는 더 크고 강력한 시민 기관을 원하는 후배들의 계획을 잘 알고 있고, 더러는 감탄할 수도 있다. 그러나 그 계획을 신뢰하지는 않을 것이다. 어린 시절부터 극도로 경계심이 많았던 X 세대는 자신들의 복지를 오류가 생기기 쉬운 기술이나 사이보그 시스템에 절대 맡기지 않을 것이다. 이들에게 개인은 생존을 위해 주체성과 선택권을 반드시 가져야 하는 존재다. 영화 〈탑건〉에서 톰 크루즈가 연기한 매버릭의 말을 인용하자면, "(중요한 것은) 비행기가 아니라 조종사다."[74] X 세대는 기술과 공동체의 힘이 점점 커지는 시기에 자신들의 관점이 과거 전사 시절에나 통하던, 구시대적이고 반항적인 것으로 낙인찍힐 수 있다는 사실을 잘 알고 있다. 그럼에도 그들은 굽히지 않고 자신들의 길을 갈 것이다.

노년층으로서 그리고 국가 지도자로서 X 세대의 가장 중요한 공헌은 아마도 자기 자신들을 위한 특별한 요구를 하지 않는 것인지도 모른다. 위기의 시기가 절정에 달하면, X 세대는 세금 인상을 수용하고, 공공 혜택 축소를 받아들이고, 가치가 하락할지도 모르는 채권에 투자할 것이다. 다음 첫 번째 전환기에는 공공 보상에 대한 기대치가 낮아져 젊은이들과 미래를 위한 공공지출 및 민간지출 비중이 늘어날 수 있다. 2030년대와 2040년대에 중요한 공공 프로젝트가 등장할 때마다, 이 프로젝트를 감당하기 위해 누가 희생했는지를 묻는 미국인은 많지 않을 것이다. 기성세대는 알 것이다. 하지만 그들은 아마도 그 비밀을 자신들만 알고 있을 것이다.

다음 첫 번째 전환기에서 X 세대는 노년기에 접어든 노년기 세대의 역사적 각본을 따를 것이다.

노년기에 예언자 세대를 대체한 노련한 노마드 세대는 사회 변화의 속도를 늦추고, 과거의 고된 노력보다는 단순함과 생존에 초점을 둔다.

노년의 노마드 세대는 거창한 대의명분이나 이념에 휘둘리지 않고 사회를 진정시키고, 위기의 시기가 가져다준 결과를 받아들이며, 그 영광(또는 잿더미)을 바탕으로 효과적인 시민 질서를 구축한다. 기능적인 사회 절차를 신뢰하는 이 세대는 어린이를 보호하고 사회의 장기적 미래를 수호하는 일을 최우선 과제로 삼는 노인이 된다. 이들은 후배 세대에 비해 세계의 진보에는 덜 경외감을 느끼고, 제도적 오만이 초래할 수 있는 잠재적 결과는 더 우려한다. 엘리자베스 1세와 조지 워싱턴의 황혼기는 비록 새큘럼은 달라도 노마드 원형의 모습을 잘 보여준다. 여전히 영리하고 모험적인 전사였던 두 사람은 책임감에 짓눌려 신중해졌고, 어렵게 얻은 평화를 지키려 노력하면서 우아하게 '구시대'의 태도를 보여줬다. 허영심이나 자만심을 드러내지 않았으며, 더 적극적이고 자신감 넘치는 후배들에게 더러 저항하면서도 친절한 태도를 잃지 않았다.

여전히 부정적 이미지로 낙인찍힌 노년의 노마드 원형은 다른 세대에게 낡고, 부패하고, 더러운 반동적인 존재로 보일 수도 있다. 하지만 대중의 관심이 노인을 위한 보상보다는 젊은이들을 위한 투자에 더 집중되는 시대에도 노년의 노마드는 스스로를 위해 거의 아무것도 추구하지 않았다.

역사학자 존 데모스(John Demos)와 세레인 부콕(Serane Boocock)은 아우구스투스 시대의 나이 든 기사도 세대를 향해 "슬픈 퇴행"[75]의 시대라고 비꼬면서, "불쾌하고 … 거의 퇴화한"[76] 노년이라고 훈수를 뒀다. 역사학자 데이비드 해킷 피셔(David Hackett Fischer)에 따르면, 미국독립혁명 이후 워싱턴의 동료들을 두고 "나이가 존중받는 시대에는 젊었고, 젊은이가 환호받는 시대에는 늙은, 불행한 운명"[77]이라고 말했다. 노마드 원형 중 많은 이가 말년에는 존 애덤스처럼 "나를 위한 화려한 무덤, 동상, 기념비는 절대 세워지지 않을 것"[78]이라고 확신하는 자조적인 비관론자가 됐다.

거의 한 세기가 지난 1900년경, 역사학자 앤드루 아켄바움(Andrew Achenbaum)은 도금 세대 노인들이 "꼰대"나 "구닥다리"로 불리며 "전례 없는 평가절하"[79]를 겪고 있다고 말했다. 젊고 유명한 의사 윌리엄 오슬러(William Osler)는 사회 발전에 속도를 내려면 60세 이상의 노인들은 "마취제를 사용해 평화롭게 퇴장하라"[80]는 말을 농담 반 진담 반으로 공개적으로 했지만, 이 발언에 항의하는 도금 세대 노인들은 거의 없었다. 미국 고조기 시절도 마찬가지다. 미국이 높은 경제성장률을 뽐낼 때 잃어버린 세대 은퇴자들은 높은 빈곤율을 기록했지만, 이에 항의하는 이는 거의 없었다. 게다가 더욱 놀랍게도 1964년 사회보장 혜택을 줄이겠다고 공약한 베리 골드워터(Barry Goldwater)에게 투표한 노년층이[81]

젊은 세대보다 훨씬 많았다.

중년의 밀레니얼 세대

다음 첫 번째 전환기가 시작될 무렵 밀레니얼 세대(28~51세)는 약 1억 1,300만 명으로, 미국에서 가장 규모가 큰 성인 세대가 될 것이다. 이 시기가 끝날 무렵 밀레니얼 세대는 51~74세로 그 수는 1억 700만 명으로 줄어들어 두 번째로 규모가 큰 집단이 될 것이다. 첫 번째 전환기 대부분 기간에 밀레니얼 세대는 가장 큰 유권자 집단이자 지배적인 중년의 부모 세대가 될 것이다. 그리고 거의 이 시기 내내 밀레니얼 세대는 주지사, 국회의원이 가장 많은 세대가 될 것이다. 첫 번째 전환기의 후기인 2040년대 중반에는 대통령직을 포함한 고위직에서 가장 빠른 성장세를 보일 것이다.

앞부분에서 우리는 다음 첫 번째 전환기 내내 베이비붐 세대의 특성이 꾸준히 감소할 것이라고 말했다. 하지만 이는 이야기의 절반에 불과하다. 베이비붐 세대의 특징이 지속적으로 빠져나가는 사회 분위기 속에서 밀레니얼 세대의 특징인 사회성, 팀워크 능력, 공감대 형성, 진보에 대한 믿음, 기술과 규모에 대한 신뢰, 인간 본성에 대한 낙관주의가 꾸준히 더해질 것이다. 즉, 이 기간에 밀레니얼 세대의 영향력은 증가하고 반대로 베이비붐 세대의 영향력은 감소할 것이다. 융의 관점에서 봤을 때, 2050년대 초반에는 내면세계의 이상주의는 약해지고, 개인주의는 정점에 달할 것이다. 반면 외적 세계의 물질주의는 여전히 강할 것이고, 공동체의 중요성은 정점에 달할 것이다.

밀레니얼 세대가 지배적인 정치 세대로서 고위직에 오르는 시기는 더 이를 수 있다. 밀레니얼 세대 첫 대통령은 언제 나올까? 만약 양당이 계속해서 그다지 인상적이지 않은 나이 많은 후보를 내세운다면, 네 번째 전환기 후반에 밀레니얼 세대 대통령이 나올 수도 있다. 하지만 대체로 유권자들은 국가비상상황에서는 나이 든 지도자를 선택하는 경향이 있으며, 미국은 남은 2020년대에 이런 비상상황을 많이 겪을 수 있다. 첫 번째 전환기 초반에 밀레니얼 세대 후보들은 위기의 시기에 지도자로나 지휘관으로 두드러진 활약을 한 X 세대나 베이비붐 세대에게 자리를 내줘야 할 수도 있다. 2040년대 초반이 돼서야 밀레니얼 세대 중 가장 나이 많은 세대가 대통령이 될 확률이 급격하게 높아지기 시작한다.

2030년대 초반에는 많은 밀레니얼 세대가 활력 넘치는 모습과 시민 정신으로 유권자들에게 깊은 인상을 주며 선거에서 승리할 것이다. 첫 번째 전환기가 2033년에 시작되면 전기 밀레니얼 세대는 1953년 G.I. 세대가 하원에서 처음으로 다수 의석을 차지했던 때[82]와 같은 나이가 될 것이다(G.I. 세대가 과반수 의석을 확보한 이후 이 흐름은 1975년까지 지속됐다).

밀려오는 밀레니얼 세대의 물결이 본격적으로 기성세대인 X 세대를 대체할 때, 그 충돌은 1800년 토머스 제퍼슨이 존 애덤스의 업적에 도전하거나, 1960년, 존 F. 케네디가 드와이트 아이젠하워의 업적을 비판하는 것과 비슷한 분위기일 것이다. 젊은 영웅 세대의 대의명분은 자신감 넘치고, 합리적이며, 낙관적이고, 원대한 야심으로 보일 것이다. 나이 든 노마드 세대의 대의명분은 불안하고, 소심하며 불확실해 보일 것이다. 이 시대 초반에 노마드 세대 지도자들에게 잘 통했던 신중한 생존주의는 더 이상 효력이 없을 것이다. 첫 번째 전환기가 진행되면서 미국인들의 집단적 주장은 점점 더 강해질 것이다. 그들은 단순히 국력만 기르는 국가가 아니라 사회 빈곤과 불행과 무지를 없애고, 지구 환경을 치유하고, (영화 〈스타 트렉〉의 표현을 인용하자면) "어느 국가도 가 보지 않은 곳으로 대담하게 나아가기를" 원할 것이다. 그들은 밀레니얼 세대가 주도하는 미국을 원할 것이다.

밀레니얼 세대가 주도권을 잡으면 공동체를 향한 열망은 단순한 열망에 그치지 않을 것이다. 공동체는 모든 것을 아우르는 삶의 방식이 될 것이다. 오늘날 포모를 두려워하는 20대 후반의 젊은 성인들이 50대 후반이 되면 그 누구도 단절감이나 소외감을 느끼지 않도록 만들어진 포괄적인 AI 알고리즘을 주도적으로 감독하게 될 것이다. 동료들과 피드백을 끊임없이 주고받으면서 저마다의 열망, 의견, 취향 등이 건설적인 중간값을 향해 순탄하게 나아갈 것이다. 그때쯤이면 마케팅산업과 엔터테인먼트산업은 완전히 통합될 것이고, 디즈니 만화 속편 같은 메시지를 전달할 것이다.

그러나 개인의 삶이 상호 시너지 효과를 발휘하게 만드는 사회의 이면에는 놀라운 집단적 성취를 이루는 잠재력이 도사리고 있다.

2050년대 초반이 되면 밀레니얼 세대의 세속적 열망 상당 부분이 디지털 계획으로 전환돼 21세기 문명을 특징짓는 네트워크화된 구조와 성과로 통합될 것이다. 밀레니얼 세대는 생산성 향상 봇부터 공동 메모리 스테이션, 행동을 최적화해주는 향정신성 의약품, 알고리즘을 이용한 군중 제어, 글로벌 정부 계획위원회, 기후 제어를 위한 거대한 장치 등에 이르기까지 모든 것을 아우르는 경이로운 기술 및 사회조직에 큰 자부심을 가질 것이다. 그러나 첫 번째 전환기가 그 끝을 앞두고 있다고 하더라도 50대나 60대 중 속도를 늦춰야 한다고 생각하는 사람은 거의 없을 것이다. 대다수는 아직 우주 시대 구조물이 충분히 만들어지지 않은 이 상황에서 추가로 해야 할 일이 너무 많다고 생각할 것이다.

다음 첫 번째 전환기의 밀레니얼 세대는 중년에 접어든 영웅 원형의 역사적 각본을 따를 것으로 예상된다.

중년에 접어든 자신감 넘치는 영웅 세대가 노마드 세대를 대체하면서, 활기차고 건설적인 사회규범의 윤리를 확립한다.

위기의 시기 이후 찬사에 귀를 기울이는 중년의 영웅 세대는 고조기에서 낙관적인 공공계획 수립자이자 제도 설립자가 된다. 이들은 위기의 시기에 나라를 구했다. 이제는 국가의 역량을, 어쩌면 세계의 역량을 강화하고, 개발하고, 풍요롭게 하고, 영광스럽게 하려고 노력하고 있다. 그들은 과학부터 종교, 정치, 예술에 이르기까지 삶의 모든 영역을 조직적이고 합리적으로 만든다. 그들은 목표를 이루기 위해 기술을 동원하고 발전의 정도를 측정하기 위해 양적지표를 신뢰한다. 권력의 정점에 서면 그들은 문명이 새로운 진보의 문턱을 넘기를 기대한다. 나이 든 세대와 젊은 세대는 자신들이 이 시대에서 가장 유능하고, 적어도 반성할 줄 아는 세대라고 생각한다.

그들이 성취한 강력한 윤리체제가 다른 세대의 존중을 받으면서 중년의 영웅 원형은 국가 지도자로 일찍 승진한다. 이들은 자신들이 이전의 노마드 세대보다 큰 조직을 더 잘 운영할 수 있다고 확신한다. 그리고 더 젊은 예술가 원형 세대의 지지를 당연하게 여긴다.

당연히 중년의 영웅 세대는 고조기에 자신들의 정치적 야망과 공적 에너지 대부분을 쏟아부었다. 아서 왕 시대에는 새로운 왕조를 만들었고, 엘리자베스 1세 시대에는 새로운 제국을 건설했으며, 명예혁명 시기에는 풍요롭고 계몽된 신세계 문명의 기반을 마련했다. 벤저민 콜먼은 아우구스투스 시대를 보내면서 명예혁명을 함께한 동료들에게 말했다. "일어나서 활동하라. 행동하라. 결실을 맺으라. 그것이 기쁨으로 가는 길이다."[83] 그의 세대는 노예제도를 법제화하는 대가를 치르기는 했지만, 식민지 최초로 안정적이고 순조로운 지배계급을 형성했다.

호감의 시대에 제퍼슨은 국민에게 "공동의 선을 위한 공동의 노력"[84]을 촉구했지만, 중년의 공화당 동료들은 정부에는 '활기'를, 사회에는 '질서와 조화'를, 과학에는 '유용성과 합리성'을, 상업에는 '풍요'를 요구했다. 미국 고조기 시대에 케네디는 "인류 공동의 적인 폭정, 빈곤, 질병, 전쟁에 맞서는 투쟁"[85]에 동참하고자 하는 중년의 G.I. 세대, 즉 새로운 세대의 원대한 포부를 밝혔다.

성인이 돼 부상하는 홈랜드 세대

다음 첫 번째 전환기가 시작될 무렵 홈랜드 세대(4~27세)는 약 9,900만 명으로 대부분 아직 어린이일 것이다. 전환기가 끝날 무렵 이들은 약 27~50세가 되며, 그 수는 약 1억 7,000만 명에 달해 미국에서 가장 규모가 큰 성인 세대로 부상할 것이다. 그 사이에 이들은 대부분 고등학교와 대학을 졸업하고, 새로운 직장에 들어가고, 새롭게 가정을 꾸리며, 자녀를 출산할 것이다. 첫 번째 전환기가 막바지에 다다르면 이들은 초·중·고등학교의 학부모 세대 주축이 될 것이다. 가장 신세대인 이들은 CEO, 국회의원, 장군 및 제독, 가장 큰 유권자 집단으로 부상할 것이다.

홈랜드 세대는 첫 번째 전환기 초반에는 국가적 일에 크게 관여하지 않을 것이다. 이들이 역할을 맡기에는 너무 어리기 때문이다. 2033년에도 홈랜드 세대의 60퍼센트는 여전히 어린이다. 10년 후에도 가장 나이가 많은 홈랜드 세대는 30대 중반 정도며, 절반 정도는 아직 학교 졸업전이거나 직장에 취직하기 전일 것이다. 그러나 젊은 성인이 돼서도 홈랜드 세대는 주위의 시선을 끌지 않으려 할 것이다. 그들에게 침묵은 자라면서 몸에 밴 신중한 습관일 수도 있고, 여전히 엄격한 규칙을 강요하는 기성세대에 대한 현명한 대응책일 수도 있다. 위기의 시기 직후에 이 젊은 세대는 이기적으로 보이거나, 어리석은 실수를 저지르거나, 다른 사람을 실망시키지 않으려고 노력할 것이다.

홈랜드 세대는 삶의 초반에 기존의 관습을 수용할 것이다. 대체로 안전 수칙을 준수하고, 추문이나 불명예는 피하고, 중요한 자격증을 취득하려 노력하고, 가족의 삶에 집중하고, 모범적인 시민, 직원, 배우자, 이웃이 되려고 노력할 것이다. 유명한 청소년 스타들도 대중을 실망시키지 않기 위해 언행을 조심할 것이다. 젊은 정치 지도자로서는 대중의 합의를 지지할 것이고 그렇지 않은 이들이라 하더라도 예의 바르고, 정보에 정통하며, 건설적인 사람이 될 것이다. 이들은 직업을 선택할 때 새로운 정권 구축에 도움이 되는 안전한 직장을 찾을 것이고, 기여도에 따라 충분한 보상을 받을 수 있는 새로운 기술을 익힐 것이다.

첫 번째 전환기에 새로운 시민 질서가 구체적인 틀을 만드는 동안 밀레니얼 세대는 그들의 원대한 비전에 가장 큰 관심을 둘 것이다. 밀레니얼 세대 밑에서 일하는 홈랜드 세대는 시스템이 전반적으로 잘 돌아가게 하는 전문가, 기술자로 역할을 맡게 될 것이다. 기성세대가 정한 광범위한 시민적 목표나 경제적 목표에 대해 홈랜드 세대는 대체로 익명의 팀으로 재료, 엔지니어링, 프로그램, 비용 문제부터 사용자 만족에 이르기까지 모든 세부적인 일을 맡게 될 것이다.

이 젊은 세대는 다른 세대에 비해 다양한 연령대, 다양한 견해의 사람들과 소통하는 데 능숙할 것이다. 이러한 재능을 바탕으로 홈랜드 세대는 예술과 엔터테인먼트 분야에서 강력하고 우아하며 신선한 존재가 될 것이다.

홈랜드 세대는 자신도 모르게 그 시대 일상의 패러다임이 될 모범적 이미지, 즉 미래의 세대가 2040년대 미국의 '영원한' 모습으로 간직하게 될 이미지를 규정할 것이다.

첫 번째 전환기가 끝나갈 무렵, 이들은 중년에 접어들면서 삶의 지향점에 점점 당혹감을 느낄 가능성이 크다. 밀레니얼 세대가 여전히 더 큰 규모의 공공사업을 주장하는 와중에 홈랜드 세대는 의구심을 품기 시작할 것이다. 거대한 계획에 도사리고 있는 잠재적 위험에 편협한 시각을 가지고 있다는 의심과 더불어 거대 프로젝트에 투입되는 인적 비용에 대해서도 새로운 문제의식을 느낄 것이다. 또한, 이들 대다수가 젊은 시절의 맹목적인 신뢰와 위험을 감수하지 않았던 태도를 후회하게 될 것이다. 홈랜드 세대는 새로운 리더 세대로 부상한 밀레니얼 세대와 연대 의식을 느끼지 못할 것이다. 이들은 이후 최고의 지도자 자리에 오를 준비를 하면서 이전 세대와는 전혀 다른 감정을 느낄 수도 있다. 그 감정은 아마 깊은 불확실성일 것이다.

다음 첫 번째 전환기의 홈랜드 세대는 젊은 성인에 접어드는 예술가 원형의 역사적 각본을 따를 것으로 예상된다.

청년기에 접어든, 감수성이 예민한 예술가 세대가 영웅 세대를 대체하면서, 그들은 사회적으로 평온한 시기에 전문 지식을 공유하고 협동심을 발휘하는 든든한 조력자가 된다.

위기의 시기 이후 사회질서가 견고해지는 시기에 예술가 세대는 성인이 된다. 자기 마음대로 행동할 여유가 거의 없는 이 '상속자 세대'는 일찌감치 정해진 인생 경로를 밟기 시작한다. 어릴 때부터 사회적 기대에 부응하는 데 익숙한 이 세대는 영웅 세대의 야심 찬 새 정권 건설을 도우면서 이를 통해 자신들도 새 정권 수립에 기여했다는 영광을 어느 정도 누릴 수 있기를 바란다. 그러나 예술가 세대는 영웅 세대를 열심히 도우면서도 자신들만의 진정한 역할을 찾기 위해 신중하게 탐색한다. 이러한 노력은 전문성에 대한 경외심(영웅 세대가 이룬 외부 세계의 업적을 강화하며)과 양심 및 감정의 비판적 표현(영웅 세대의 내적 한계를 드러내며)으로 이어진다.

처음 두 번의 고조기에서 르네상스 시대의 젊은 성인들은 그 시대에서 가장 교육을 많이 받고 가장 모험심이 부족한 세대로 여겨졌다. 식민지 시대인 아우구스투스 시대에는 계몽주의 세대의 화려한 대학 졸업생들이 자신들을 "유순하고 공부를 좋아하는"[86] 세대라고 칭송했다. 이후 이들은 의학, 법학, 정치 분야에서 미국 최초로 진정한 의미의 전문가 집단이 됐다.

호감의 시대에는 타협 세대 젊은이들이 성인이 됐다. 존 퀸시 애덤스가 "평화롭게 침묵하는 것이 우리의 의무"[87]라고 말한 것처럼 정말 타협적인 세대가 된 것이다. 새로운 개척지에서 이들은 모험가라기보다는 정착민이나 모험가 루이스와 클라크(제퍼슨의 명령으로 미국 일대를 탐험한 모험가 – 옮긴이)가 그러했듯 공무원의 모습에 더 가까웠다.

도금 시대의 진보 세대는 유난히 예의 바른 청년들이었다. 어떤 이는 이들을 "조화로운 조합, 유쾌한 대칭, 모든 좋은 특징이 적절한 비율로 조합된"[88] 세대라고 표현하기도 했다. 미국 고조기에 침묵 세대는 문제를 일으키지 않았으며 그저 자신들의 '회색 플란넬 정장'(슬론 윌슨의 소설을 영화화한 〈회색 양복을 입은 사나이〉(1956년)에 관한 이야기로, 영화 속에서 직장 생활, 가족 문제, 사랑 문제로 갈등하는 중년의 남성을 의미 – 옮긴이)에 대해 불안한 농담만 했다. 그들은 스스로를 "테크노크라트"라고 자랑스럽게 부르며 정부와 대기업에서 주요 직책을 맡았다.

새로운 예언자 세대

새로운 예언자 세대(2030~2052년에 출생)는 추측만 가능하다. 아직 태어나지도 않았고 세대 명칭도 정해지지 않았다. 최근 새큘럼 패턴에 따르면, 이들의 첫 번째 출생 연도는 네 번째 전환기가 끝나기 4년 전이 될 것이고, 마지막 출생 연도는 다음 첫 번째 전환기가 끝나기 약 3년 전이 될 것이다. 2056년 무렵에 이들은 4세에서 26세의 연령대로 미국에서 약 1억 500만 명의 세대를 이룰 것이다.

새로운 예언자 세대는 위기의 시기 이후 새로운 세대 어린이들이다. 절반은 밀레니얼 세대가, 절반은 홈랜드 세대가 부모가 될 것이다. 첫 번째 전환기가 끝날 무렵에 이들은 초등학교부터 대학교까지 다양한 연령대로 학교에 다니고 있을 것이다.

모든 예언자 세대 어린이들은 부모와 가족을 위협하는 절박한 국가적 위험이 해결되지 않은 시절을 기억하지 못한다는 공통점이 있다. 이 아이들은 평화로운 세상, 새롭게 만들어진 질서를 적극적으로 수호하고 새로운 구성원에게 아낌없는 관심을 주는 세상에서 안정된 분위기를 누릴 것이다. 2030년대 초반까지만 해도 적대적 세력에 맞섰던 사회 에너지의 상당 부분이 2030년 이후에는 가정과 따스함, 새 정권의 첫 번째 결실에 집중될 것이다.

이러한 분위기는 양육 방식에도 중대한 영향을 미칠 것이다. 다만 이 모든 과정이 한꺼번에 이루어지지는 않을 것이다. 다음 첫 번째 전환기 초반에는 오늘날의 홈랜더 아이들과 마찬가지로 보호를 많이 하는 양육 방식이 유지될 가능성이 크다. 이후에는 전반적인 사회적 분위기가 점차 개방적으로 바뀌면서 양육 방식도 더 편하고 여유로워질 것이다. 전기 새로운 예언자 세대의 주 양육자가 될 후기 밀레니얼 세대는 자녀가 어릴 때는 특히 엄격한 양육 방식을 선택할 것이다. 후기 새로운 예언자 세대의 주 양육자가 될 홈랜드 세대는 자녀가 10대가 되면 더 관대해질 것이다. 홈랜드 세대 부모들은 자신들이 자란 방식과는 다른 방식으로 자녀를 양육하게 된 것을 기쁘게 여길 것이다.

새로운 예언자 세대는 밀레니얼 위기에 생긴 아이들로 인식될 것이고, 스스로도 그렇게 생각할 것이다. 다음 첫 번째 전환기가 끝날 무렵, 기성세대는 이들을 건강하고, 교육수준이 높으며, 의지가 강하고, 잠재력이 무한한 존재로 보게 될 것이다. 새로운 예언자 세대는 아무것도 바라지 않도록 길러졌을 것이다. 그들의 기억 속에 미국은 전 세계에 평화를 가져오고, 번영하고, 사회적 분열을 화합시키고, 자연을 관리하고, 질병과 무지와 침략에 맞서 효과적으로 노력하며, 큰 불만 없이 큰 성공을 거둔 국가일 것이다. 그리고 그들의 부모는 자녀들에게 자신들의 업적을 상기시키며 이 모든 발전으로는 충분하지 않으며, 우리가 일군 것을 더 높게 쌓으려고, 우리가 시작한 것을 훌륭하게 마무리하게 하려고 너희를 키우고 있다고 말할 것이다.

이 모든 상황을 생각하며 새로운 예언자 세대는 궁금해할 것이다. 어떻게 살아야 하는가?

다음 첫 번째 전환기의 새로운 예언자 세대는 어린 시절에 접어든 예언자 세대의 역사적 각본을 따를 것으로 예상된다.

철없는 어린이인 예언자 세대는 예술가 세대를 대체하면서 강한 어른들이 만든 안전한 세계에서 자유를 누리며 성장한다.

첫 번째 전환기의 낙관적인 분위기는 어린이에게 투영되며 출산율 증가, 가족생활을 중시하는 문화, 장기적인 투자로 이어진다. 위기의 시기 이후 질서 있는 세상에서 부모들은 안전한 분위기 속에서 자녀 양육에 더 많은 시간을 할애하고, 새로운 세대에게 새로운 자유를 선사한다. 그러나 첫 번째 전환기의 어른들은 물질적인 것들을 공급하는 데는 효과적일지 몰라도 도덕적 모범을 보이는 데는 그다지 효과적이지 못하다. 질서가 잘 잡혀 있지만 정신적으로는 냉담한 사회에서 자란 아이들은 열정적인 내면의 삶을 키워나간다. 그들은 (시민적 행동과의 연결 고리인) 아버지보다는 (개인적 가치와의 연결 고리인) 어머니와 더 강한 유대감을 형성하는 경향이 있다. 밝은 미래가 예상되는 이 아이들은 삶에서 더 많은 것을 열망하게 된다.

엘리자베스 시대이자 르네상스 시대의 청교도 세대 아이들은 국가적 승리와 새로운 상업제국을 물려받은 세대로, 역사학자 데이비드 레버렌츠(David Leverenz)는 이들을 "비교적 좋은 어머니"와 "거리감이 있는 … 엄격한 아버지가 섞인"[89] 아이들로 묘사했다. 아우구스투스 시대의 각성 세대 아이들은 상대적으로 풍요로운 시대에 자랐으며, 역사학자 게리 내시(Gary Nash)는 이들을 부모 세대의 세상에 "반이성적, 반과학적 … 도덕주의적"[90] 태도를 보이는 세대로 묘사했다. 영국에서 온 한 방문자는 호감의 시대에 초월 세대 자녀들을 보고 "두드러지게 대담하고 진취적인"[91] 아이들이라고 했다. 역사학자 조지프 켓은 "1790년 이후 어린이의 세계에 추가된 요소들이 점차 자유를 증진하는 방향으로 나아갔다"[92]고 말했다.

역사학자 메리 케이블은 도금 세대의 선교자 시대 아이들이 "통제됐지만 즐겁고 자유로운 분위기 속에서 긴 소풍을 즐기는 것처럼"[93] 자랐다고 말한다. 중산층 어머니들은 어린 아들에게 소공자 같은 고급 옷을 입혔다. 제인 애덤스는 어린 시절 또래 친구들이 "신물이 나게 특혜를 받았다"[94]고 회상했다. 미국 고조기에 안정적이고 풍요로운 가정에서 자란 베이비붐 세대 아이들은 의무는 거의 없고 자유가 실컷 주어지는 환경에서 자랐다. 이들 세대 이전이나 이후 세대 아이들은 집에서 어머니가 아이들의 요구를 들어주지 못하는 환경에서 자랐다. 1960년대에 학계에서는 아버지와의 관계에 문제가 있는 아이들을 "양가적인(ambivalent)"[95](케네스 케니스턴Kenneth Keniston), "오이디푸스 콤플렉스적 적대감이 있는"[96](루이스 퓨어Lewis Feuer), "부친 살해" 성향[97]이 있는(헨리 맬컴) 아이로 설명하기도 했다. 어린 베이비붐 세대는 (후기 베이비붐 세대인 셰릴 머서의 표현을 빌리자면) "행복하고, 쉽고, 복잡하지 않고, 순조로운, 마치 애니메이션 시트콤 〈젯슨 가족(The Jetsons)〉의 삶처럼 될"[98] 자신들의 미래를 지루하게 생각했다.

드디어 첫 번째 전환기가 끝났다. 각 원형의 별자리가 새롭게 정렬됐다. 두 번째 전환기가 시작되면 밀레니얼 세대는 노년층으로, 홈랜드 세대는 중년층으로, 새로운 예언자 세대는 젊은 성인층으로 삶의 단계를 옮겨갈 것이고, 새로 태어난 아기들은 이제 어린이가 될 것이다.

하지만 첫 번째 전환기에서 촉발된 세대의 힘은 끝나지 않을 것이다. 오히려 두 번째 전환기가 시작되면 그 힘은 이제 발휘되기 시작한다.

2050년대 중반에 성인이 되기 시작하는 새로운 예언자 세대가 던질 질문으로 돌아가 보자. 우리는 어떻게 살아야 하는가?

새로운 예언자 세대의 부모인 밀레니얼 세대는 그 답이 자명하다고 생각할 것이다. 첫 번째 전환기가 끝날 무렵의 지도자 세대도 그 답이 명백하다고 생각할 것이다. 그들은 모두 새로운 예언자 원형이 자신들의 발자취를 충실히 따를 것으로 생각할 것이다.

1730년대, 부모들은 떠오르는 각성 세대가 상업, 노예제도, 제국에 대한 부모들의 이상을 따를 것이라고 생각했다. 그들은 조너선 에드워즈처럼 "거의 모든 것에서 신성한 영광"[99]을 묵상할 수 있는 "고독한 공간"인 숲속을 걸으며 명상에 심취한 젊은이에게는 거의 관심을 두지 않았다. 마찬가지로, "지금 내가 알고 있거나, 들어봤거나, 살고 있는 수준을 초월하는 신 앞에서 정직하게 살았던 과거 시대"[100]의 사람들을 상상했던 존 울먼(John Woolman)에게도 별로 관심이 없었다.

1820년대, 떠오르는 초월 세대의 부모들은 자녀들이 질서가 잘 잡힌 공화국의 합리주의에 대한 부모 세대의 이상을 따를 것으로 생각했다. 1822년, 제퍼슨은 "현재 미국의 젊은 남자 중에 유니테리언(Unitarian, 삼위일체 교리를 거부하고 예수 그리스도의 신성을 거부하는 교파 – 옮긴이)으로 죽지 않을 사람은 없다"[101]고 예언하기도 했다. 당시만 해도 미국 전역을 휩쓸 중생 복음주의 운동이 임박했음을 알지 못했다. 아마 그들은 윌리엄 로이드 개리슨(William Lloyd Garrison) 같은 청소년들이 머지않아 건국 헌법을 "죽음과의 언약, 지옥과의 계약"[102]이라고 부른다는 사실을 알게 된다면 무척 놀랄 것이다.

1960년대에도 비슷한 분위기가 있었다. 당시 주도권을 쥔 G.I. 세대는 떠오르는 베이비붐 세대가 더 큰 폰티악 자동차를 디자인하고, 국방부에서 일하며, 우주의 행성을 식민지로 삼을 것이라고 생각했다. 1965년 〈타임〉은 10대들이 "황금시대의 가장자리에 있다"[103]고 선언했고, 2년 뒤에는 대학생들을 "병충해 없는 세상과 스모그 없는 도시를 만들고, 저개발 국가를 풍요롭게 하고, 빈곤과 전쟁에 종지부를 찍을"[104] 활기찬 건설자라고 묘사했다. 심지어 G.I. 세대에서 가장 뛰어나고 가장 똑똑한 기자들조차 그들에게 무슨 일이 벌어질지 전혀 예상하지 못했다.

이쯤 되면 의심의 여지가 없다. 새로운 예언자 세대가 어떻게 살아야 하는지 질문을 던질 때쯤이면 두 번째 전환기가 이미 진행 중일 것이다.

2050년대 후반부터 2070년대까지를 상상해보자면, 처음에는 새로운 예언자 세대 청년층의 도전으로 촉발된 각성기에 머지않아 나이 든 홈랜드 세대들이 멘토와 지원자 역할을 하며 동참할 것이다. 대학가에는 시위가, 도시에는 폭동이, 군대에는 불복종이, 가정에는 다툼이 확산할 수 있다. 젊은이들 사이에서 규칙 위반은 일상처럼 될 수 있다. 유토피아적 생활 방식에 대한 실험이 증가할 수 있다. 더 높은 가치를 추구하는 젊은이들이 부모 세대가 만든 사이버 시대의 수정궁에서 완전히 벗어나려 할지도 모른다. 어떤 상황이 전개되든 사회는 산산조각 날 것이다.

결국 국가 지도자 자리에서 은퇴한 밀레니얼 세대는 자의든 타의든 패배를 인정해야 할 것이다. 그때쯤이면 좌뇌적 사고를 기반으로 조화로운 네트워크 유토피아를 꿈꾸던 그들의 비전은 불명예스럽게 무너졌을 것이다. 그들은 평생을 더 큰 행복과 더 확고한 지배력을 위해 노력했다. 그러나 그 시점에서 그들의 앞길은 상당 부분 폐허가 돼 있을 것이다.

그들의 자녀들은 다른 접근 방식을 선호할 것이다. 자녀 세대에게 중요한 것은 일이 아니라 신념일 것이다. 모두를 위한 전문 지식이 아니라 개인을 위한 구원일 것이다. 넓은 고속도로가 아니라 작은 문과 좁은 길일 것이다. 밀레니얼 세대는 이러한 방식을 이해하지 못할 것이며, 그런 방식을 선택한 젊은이들조차 이해하지 못할 것이다. 밀레니얼 세대는 자신들은 어린 시절에 베이비붐 세대 부모와 가까웠는데, 지금은 왜 자녀들과 그렇게 가깝게 지내지 못하는지 궁금해할 것이다. 그리고 홀로 그램으로 표시된 데이터와 모델을 응시하며 왜 이런 결함이 생겼는지 곰곰이 생각할 것이다. 그러면 이번에는 데이터와 모델이 그들을 응시할 것이다.

2080년대와 2090년대는 미국이 또 다른 세 번째 전환기, 즉 분열과 표류가 특징인 새로운 해체기에 접어들 것이다. 고위 지도층인 홈랜드 세대는 2040년대의 시민 결속력이 이상하게 사라진 것을 걱정하며 불확실한 시대를 관리할 것이다. 그리고 2100년경에는 다음 네 번째 전환기가 시작될 것이다. 이 시대에는 또 다른 영웅 세대가 성인이 되고, 70대 초반의 새로운 예언자 세대가 국가 지도자 자리를 맡게 될 것이다. 우리는 이 위기의 절정이 어떤 모습일지 상상하기 어려우며, 미국이 여전히 중요한 위치를 차지하고 있다 해도, 미국이 정상의 자리에 오를 수 있을지 추측할 수 없다.

이 시기가 되면 정말 많은 것이 우리의 상상을 초월할 것이다.

흥망성쇠를 거듭하는 모든 국가와 제국과 동맹도, 번영할지 쇠퇴할지 모를 모든 경제도, 대중을 열광하게 하다가 사라질 모든 유명인, 정치인, 설교자도 모두 우리 상상의 영역 밖에 있다.

상상의 범위를 넘어서는 기술은 지금 우리가 기계와 연결된 방식, 우리가 서로 연결된 방식, 그리고 좋든 나쁘든 기계와 기계가 연결된 방식을 재구성할 것이다.

하지만 변하지 않을 한 가지 현실은 상상할 수 있다.

바로 원형의 본질이다.

세대의 리듬이다. 그리고 사계절을 거치며 순환하는 역사다.

어쩌면 그때도 새큘럼은 존재할지도 모른다.

에필로그

하탈리(Hatalii)로 불리는 나바호족 주술사가 둥근 호건(나바호족 원주민이 거주하는, 둥근 지붕과 둥근 형태의 집 – 옮긴이)의 평평한 흙바닥에서 지름이 약 3미터가량 되는 원 안에 색색의 모래를 채로 쳐내며 복잡한 패턴을 만든다. 이미지가 형태를 갖추면서 점점 네 개의 사분면이 드러난다. 각 사분면은 인생의 한 단계와 기간을 상징하며 각각 관련된 새나 식물 또는 예이(Yei)라 부르는 영적인 존재가 장식돼 있다. 주술사들은 그림 테두리에 원을 그려 그림을 완성한다. 그런데 테두리 원을 그릴 때 항상 네 번째 사분면은 남겨둔다. 이는 고대 그리스인들이 에크피로시스라 불렀던 죽음과 재생의 순간을 의미한다. 나바호족 전설에 따르면, 이 순간은 인간이 결코 완성할 수 없으며, 오직 신만이 완성하고 신만이 원을 닫을 수 있다.

나바호족 주술사들은 수백 년 동안 이 그림을 그려온 조상들에게서 그림 그리는 법을 배워왔다. 대부분 전통적인 민족과 마찬가지로, 이들은 삶의 순환성뿐 아니라 삶에는 적절한 재현이 필요하다는 사실도 받아들인다. 나바호족 세대들은 선조들이 비슷한 원을 그렸다는 사실을 알고 있으며, 후손들도 이 원을 그리기를 바란다. 나바호족은 과거를 재현하는 의식을 하면서 미래를 예측한다. 따라서 모래 그림은 시간을 초월한다.

이 모래 그림을 그리는 목적은 무엇일까? 보존용이나 감상용이 아니다. 주술사들은 해가 뜨면 작업을 시작하고, 해가 지기 전까지 모든 그림을 지우고 호건에서 모래를 없애야 한다. 이 그림은 오히려 정화 의식이 중심이다. 이 그림은 아픈 이를 치유하거나 사기가 떨어지고 혼란에 빠진 부족의 힘을 회복시키는 역할을 한다. 주술사는 영적 세계와 교감한 후 안 좋은 자연의 힘을 달래고, 사람이나 공동체가 적절한 계절의 리듬을 회복하는 데 필요한 적절한 그림을 찾아낸다.

이러한 관습은 나바호족에게만 있는 것이 아니다. 티베트의 불교 승려들도 수 세기에 걸쳐 내려온 치유 의식을 지키며 생생한 색상을 사용해 나바호족의 그림과 놀랍도록 유사한 사면 모래 그림을 그린다. 나바호족과 티베트 승려의 치유 관행은 여러 전통사회에서 흔히 볼 수 있는 상보성, 균형, 자연 에너지 회복 같은 원칙을 토대로 한다.

현대는 그 어느 때보다 치유가 필요한 시대다. 다른 대부분 현대 국가와 마찬가지로 미국 역시 사기가 저하되고 혼란에 빠져 있다. 지난 15년 동안 전 세계에서 불행을 나타내는 여러 지수가 급증했다. 이 비애의 원인은 고난이 아니라 목적 없는 고난이다. 우리는 더 넓은 공동체와 공간적 단절감을 느낀다. 부모와 자녀에게서도 시간적 단절감을 느낀다. 선형적 역사는 우리를 새로움과 진보를 향해 끝없이 갈망하는 욕망에 묶어둔 채, 우리보다 먼저 살아온 이들과 우리 사이의 유대감을 파괴한다. 우리는 우리 다음에 올 사람들과도 이런 일이 똑같이 반복되리라고 생각한다. 하탈리가 나바호족의 병든 아이들을 보살피듯, 우리의 균형과 유대감이 회복될 때까지 현대 세계 전체를 모래 그림 한복판으로 초대하지 않는 한 말이다.

우리가 괴로운 이유는 두려워하는 역사의 계절에 접어들었기 때문이다. 우리는 네 번째 전환기가 위기의 계절이며, 우리 삶에 원치 않는 고통스러운 변화를 가져올 수 있다는 사실을 잘 알고 있다. 하지만 곰곰이 생각해보면, 우리는 과거와 선형적으로 연결된 미래를 더 두려워한다. 선형적 미래는 우리를 행복하게 해주지 않을 것이고, 그 어떤 경우에도 지속 가능하지 않다. 요컨대, 네 번째 전환기를 경험하는 것보다 더 나쁜 상황은 아예 네 번째 전환기가 없는 것이다.

그렇다면 네 번째 전환기를 피하는 것이 불가능하거나 바람직하지 않다면 어떻게 해야 할까?

고대의 지혜를 따르고 우리의 행동 방식을 역사의 계절에 맞춰야 한다. 겨울이면 겨울에 맞게 살아야 한다. 다가올 봄에 공동체가 강해질 수 있도록 대비하면서 사나운 폭풍우가 몰아치는 계절에 가능한 한 고통을 최소화하며 버텨야 한다. 오는 겨울을 막을 수는 없지만, 더 좋은 겨울을 보낼지 더 혹독한 겨울을 보낼지는 정할 수 있다. 그러나 겨울이 도래했다는 사실을 먼저 인정하지 않으면 아무것도 할 수 없다. 겨울을 인정해야만 명확하게 보고, 책임감 있게 계획을 세우고, 효과적으로 행동할 수 있다.

계절을 알면, 주변 사람들을 도울 가장 좋은 방법을 정할 수 있다. 우리는 어머니일 수도 있고, 청소년일 수도 있으며, 할아버지일 수도 있다. 우리는 CEO, 수리공, 국회의원, 경찰, 간호사일 수도 있다. 우리가 누구든, 어떤 역할을 하든 우리 자신에게 묻고 싶다. 겨울을 잘 보내려면 어떻게 그 역할을 해야 할까?

우리 세대의 역할도 생각해보자. 우리가 속한 세대는 우리를 개별적으로 정의하지는 않을 수도 있다. 그러나 우리와 비슷한 나이대의 친구나 동료 대부분은 그 세대로 정의할 수 있다. 따라서 설령 자기 자신이 또래집단과 다르다고 생각되더라도, 자신이 속한 집단적 삶의 궤적을 잘 이해해야 한다. 결국 우리는 남은 생애 동안 그들과 함께 살아야 할 운명이기 때문이다.

이 책에서 모든 세대는 네 가지 기본적인 원형 중 하나에 속하며, 각 원형은 기본적인 삶의 주기 대본에 따라 역사에서 고유의 역할을 한다. 우리는 모두 어느 한 세대에 속하며, 따라서 어느 한 원형에 속한다. 다가오는 역사의 계절이 우리 개인의 미래에 어떤 의미가 있는지 생각해보면서 동시에 우리 세대의 미래에는 어떤 의미가 있는지도 생각해야 한다. 우리 세대에게 무엇을 기대할 수 있는가? 우리 세대에 약점이 있다면 어떻게 해야 이 약점을 피할 수 있는가? 우리 세대에 강점이 있다면 어떻게 해야 최대한 활용할 수 있는가?

먼 미래를 내다볼 때, 각 원형이 후손에게 물려줄 긍정적 유산을 생각하는 것도 도움이 된다. 이를 통해 각 원형이 잠재력을 완전히 실현했을 때 달성할 수 있는 목표에 관한 낙관적 관점을 얻을 수 있다. 영웅 원형은 주로 공동체, 풍요로움, 기술 분야에서 유산을 남긴다. 예술가 원형은 예술, 문자, 전문성, 적법한 절차에 유산을 남긴다. 예언자 원형은 가치, 비전, 종교를 유산으로 남긴다. 노마드 원형은 생존, 명예, 자유를 유산으로 남긴다. 앞에서 살펴봤듯, 이 네 원형 사이에는 자연스럽고 순환적인 상호 보완성이 존재한다. 영웅 원형이 없다면, 하나의 문명은 공동체로서 결속하거나 물질적 발전을 누리지 못할 것이다. 예언자 원형이 없다면, 정신이 죽고 도덕성이 눈멀게 될 것이다. 예술가 원형이 없다면, 문명은 최고 수준으로 표현하며 번성하지 못할 것이다. 노마드 원형이 없다면, 문명은 아예 생존하지 못할 것이다.

현대의 청중에게 어떤 형태의 규범적 역할을 제시해도 설득력이 떨어질 것이다. 역사의 계절에 대해 생각하는 것이 달갑지 않듯, 우리가 되고 싶은 대로 되지 못하게 막는 모든 것에 저항감이 든다. 우리는 우리 역할의 창의성이 저해되는 것을 두려워한다. 선조들의 생각은 전혀 달랐다. 그들은 사회적 역할이 우리가 선택한 것이든 아니든 우리가 사는 데 필요한 기준을 제시한다고 믿었다. 그리고 그 기준에 맞추려고 노력할 때 창의적으로 된다고 생각했다. 사회적 역할 없이 오직 충동대로만 산다면 창의적이거나 진정성 있는 사람이 될 수 없으며, 선조들의 생각대로 우리의 본질조차, 우리가 누구인지조차 알 수 없게 된다.

이러한 선조들의 관점을 가장 설득력 있게 보여주는 것이 《바가바드 기타(Bhagavad Gita)》다. 현자 바샤(Vyasa)가 작곡한 이 시는 기원전 1,000년 후반에 더 큰 서사시(《마하바라타》-옮긴이)의 일부로 만들어졌다 (이후 힌두교 주요 경전에 포함되면서 《바가바드 기타》가 따로 분리됐다-옮긴이). 이 시에서 시간은 계절과 순환으로 묘사되며, 각 주기는 더 큰 우주의 주기의 일부다. 시간의 모든 주기와 그 시간 안에 일어나는 모든 일을 지배하는 가장 중요한 원칙은 다르마(Dharma, 인도의 종교에서 중요한 개념으로 불교에서는 '법'으로 번역되며, 유지하는 것, 지지하는 것이라는 의미가 있다-옮긴이)다. 고대 힌두인들은 다르마가 우주 전체를 설명하는 동시에 규범이라고 믿었다. 인간에게 있어서 다르마는 우리의 본질과 목적에 대한 안내자 역할을 하며, 우리가 누구인지, 어떤 사람이 돼야 하는지에 관한 길을 제시한다.

《바가바드 기타》는 거대한 군대를 이끌고 큰 전투를 앞둔 고귀한 젊은 전사 아르주나(Arjuna)를 소개하며 무대를 시작한다. 아르주나는 적의 지도자들을 보며 두려움에 사로잡힌다. 적의 지도자 상당수가 자신의 가족이었기 때문이다. 그가 느끼는 두려움은 지극히 현대적인 두려움으로 보인다. 그는 곧 벌어질 대학살을 생각하며 자기혐오와 절망감에 사로잡힌다. 그는 자신의 전차를 모는 기사(우연히도 그 기사는 크리슈나였다)에게 자신의 대의명분이 정당함에도, 어떻게 신들이 자신의 편을 위해 적을 죽이려는 자신의 욕망을 승인할 수 있는지 묻는다.

아르주나의 질문에 대한 대답이 이 《바가바드 기타》의 나머지 대부분을 차지한다. 크리슈나가 시적인 담론으로 전하는 《바가바드 기타》는 윤리적 문제와 영적 문제를 다양하고 광범위하게 다루고 있다. 그 과정에서 크리슈나는 사회적 역할과 역사의 계절성과의 연관성에 관해 명확한 메시지를 전달한다.

크리슈나는 아르주나에게 말한다. 그 누구도 자신의 다르마를 저버려서는 안 되며, 아르주나가 맡은 전사의 역할도 마찬가지로 버려서는 안 된다. 아르주나는 자신의 역할을 충실히, 명예롭게, 인간다운 방식으로 수행해야 한다. 아르주나가 거부한다면 결코 좋은 일은 없을 것이다. 다른 누군가가 그 역할을 수행할 것이고, 그렇게 되면 불의가 승리할 것이다. 그리고 아르주나는 자신의 의무를 다하지 않았으므로 비난을 면치 못할 것이다. 크리슈나는 삶과 죽음은 걱정하지 말라고 말한다. 오직 자신의 영혼만을 걱정하라고 말한다. 어차피 모든 인간은 죽을 운명이기에 삶과 죽음은 인간들에게 끝도 없이 찾아올 것이다.

더 나아가 크리슈나는 아르주나에게 이렇게 말한다. 개인의 다르마는 역사의 질서와 우주의 질서와 인간의 이해를 뛰어넘는 방식으로 연결돼 있다. 저마다 선택하든 선택하지 않든 주어진 역할이 있으며, 이 역할은 가능한 한 완벽하고 이타적으로 수행돼야 한다. 사람들이 다른 사람의 역할을 대신하려고 하거나, 가시적인 결과를 얻으려고 자신의 역할을 소홀히 할 때 혼란이 발생한다. 인간은 자신이나 타인을 위한 행동이 궁극적으로 어떤 결과를 가져올지 알 수 있는 위치에 있지 않으므로, 결과는 신경 쓰지 마라. 대신 모든 시간을 통해 모든 일을 연결하는 무한히 복잡한 망을 유념하라. 그리고 다른 모든 존재의 목적에 균형과 완벽함을 가져다줄 자신의 역할을 어떻게 하면 잘 수행할 수 있는지에 집중하라.

삶이 극한의 선택지로 가득하다는 사실을 이해하기 위해 아르주나 같은 전사가 될 필요는 없다. 현대와 고대를 막론하고 모든 인간은 그러한 선택의 기로에 서 있다. 우리는 온갖 애를 쓰며 미래를 내다보지만, 어떤 선택이 최선이라고 장담할 수는 없다. 현대인이 고대인과 다른 점이 있다면, 모든 것을 처음부터 스스로 해결하려고 노력한다는 점이다. 선형적 발전을 믿는다면 우리에게 과거는 쓸모없고, 도움도 되지 않으며, 미래는 어떤 일이 일어날지 모르는 텅 빈 미스터리로 남을 것이다.

고대인들에게는 현대의 분석 수단이 없었다. 그러나 그들은 시간의 자연적 리듬을 깊이 이해했다. 그들은 일련의 사건들이 계절 패턴에 따라 진행되며, 설명할 수는 없지만 직관적으로 알 수 있는 방식으로 복잡하게 얽혀 있다는 사실을 감지했다. 그들은 신, 주술사, 가족을 통해 이를 이해했다. 그들은 모든 상황에서 인간이 어떻게 행동해야 하는지를 알려줘 공동체를 수호하도록 만든, 사회적 역할을 통해서도 그 사실을 이해했다. 언제나 그러했듯 상황은 변하리라는 사실을 모두가 알고 있었다. 주기는 순환하리라는 사실도 모두 알고 있었다. 현재 일어나는 일은 멈출 것이고, 이전에 일어났던 일이 다시 시작되리라는 사실을 그들은 알고 있었다.

현대인들은 이러한 관점을 잃어버렸다. 우리의 신과 주술사는 더 이상 예전과 같은 숭배를 받지 않는다. 우리의 가족은 여러 가지 면에서 여전히 강하지만, 자녀들에게 어떤 지혜를 남겨야 하는지는 더 이상 확실하지 않다. 우리의 사회적 역할 즉, 가족·직장·이웃에서 우리가 하는 역할들은 고대인들이 그랬던 것처럼 형성적 영향을 미치지 못한다. 우리의 역할은 더 이상 우리를 형성하거나 정의하지 않는다. 우리가 필요에 따라 그 역할을 형성하고 재정의할 뿐이다. 그래서 우리의 역할은 현재와는 다른 미래를 더 이상 대비하지 않는다.

이 모든 변화는 현대의 명백한 성공에서 비롯됐다. 우리는 현대 세계가 시간과 자연의 주기에서 우리를 영원히 해방했다고 가정하기 때문에, 이 현대 세계가 역사를 무한한 선형의 길 위에 놓았다고 결론짓는다. 그래서 망설임 없이 고대 전통의 지혜와 의식을 버린다.

하지만 근대성은 정말 성공했는가? 우리를 해방했는가?

여러 가지 면에서는 분명히 그렇다. 그리고 다른 여러 가지 면에서는 그렇지 않다. 근대성의 실패 중 역사적으로 가장 중요한 것은 새큘럼의 등장이다. 인간의 긴 생애 리듬과 일치하는 이 사회적 시간의 계절 리듬은 고대 세계에서는 거의 드러나지 않았다. 역설적이게도 약 6세기 전 서유럽 사회에서 발생한 근대성의 시작과 함께 이 패턴이 되살아났다. 다른 고대 주기와 달리 새큘럼은 근대성이 강해지면서 약화하지 않고 오히려 더 강해졌다. 특히 근대성이 가장 초기에, 가장 확고하게 자리 잡은 미국에서 새큘럼이 가장 강력하게 성장했다.

새큘럼의 계절성을 이끈 것은, 새큘럼 그 자체와 마찬가지로, 근대가 도래하기 전까지는 거의 휴면 상태에 있던 사회적 세대다. 사회적 세대는 자신이 속한 사회를 개혁하고 발전시키기 위해 노력하면서 새큘럼의 동지와 하지, 추분과 춘분을 형성하고, 봄·여름·가을·겨울의 주기적 반복 패턴을 만든다.

세대의 변화 리듬 역시 수 세기에 걸쳐 더욱 강력해졌다. 그 과정에서 사회적 세대 자체의 자의식도 강해졌다. 지난 수백 년간 사회적 세대 집단은 자신들에 관해 이야기하고, 글을 쓰고, 스스로 이름을 붙이고, 마케팅 브랜드를 만들고, 정기적인 설문조사를 통해 집단 의견을 평가하고, 사회와 정치를 어떻게 변화시킬지 추측하기 시작했다.

고대인들은 삶의 단계를 매우 잘 알았다. 그러나 사회적 세대에 대한 인식은 희박했다. 여기서 우리는 현대의 일반적 흐름과 상반되는 사회적 삶의 리듬을 한 가지 발견할 수 있다. 고대인들은 세대에 관해 잘 몰랐다. 그러나 우리는 알고 있다.

사회적 세대와 각 세대의 원형이 계속 강화되면, 현대사회는 전통적 역할이 제공할 수 없는 독특한 기회를 얻는다. 바로 우리 역사와 조상과의 관계를 재정립할 수 있다.

세대는 우리를 역사와 이어준다. 우리 세대가 이 삶의 단계에서 역사의 계절을 맞이한 첫 번째 집단 내지 유일한 또래집단이 아니라는 사실을, 역사는 상기해주기 때문이다. 우리보다 먼저 살다 간 이들 역시 역사적 계절을 맞았다는 사실을 우리는 알고 있다. 아마도 우리는 그들에게서 무언가를 배울 수 있을 것이다. 또한 우리 뒤를 이을 후손들도 그렇게 할 수 있다는 사실을 우리는 알고 있다. 어쩌면 우리는 후손들이 역사의 계절을 준비하는 과정을 도울 수 있을지도 모른다.

또한, 세대는 우리를 가족과 이어준다. 인생의 어느 단계에서 이 역사적 계절을 경험한 선조들이 있다는 사실을, 가족은 상기해주기 때문이다. 우리는 그들이 어린 시절에 무슨 일을 겪었는지, 자녀를 키우면서 무슨 일이 일어났는지, 삶의 방향을 바꾸게 된 결정적 순간은 무엇이었는지 궁금해할 수도 있다. 어쩌면 우리 자신과 자녀, 부모님 사이에서 뭔가 유사점을 찾을지도 모른다.

사실 우리 대부분은 가족을 통해 놀라운 역사적 시간을 직접적이고 개인적으로 접했다. 문제는 그 시간이 얼마나 놀라운지 이해하는 일이다.

예를 들어, 1965년에 태어난 X 세대 여성이 있다고 생각해보자. 먼저 이 여성에게 어렸을 때 개인적으로 알게 된 가장 나이 많은 사람이 누구인지 물어본다고 가정해보자. 아마 이 여성이 가장 처음 접한 노년층은 1890년대 중반에 태어난 잃어버린 세대인 조부모나 증조부모였을 가능성이 크다. 그렇다면 이 X 세대 여성이 얼마나 오래 살지 상상해보자. 이 여성이 최소한 90세(2055년)까지 살다가 손주나 증손주를 만나게 된다고 생각해보자. 이 손주나 증손주는 최소한 2130년까지 살 것이다.

이제 총시간을 계산해볼 차례다. 이 X 세대 여성이 어렸을 때 개인적으로 알게 된 가장 나이가 많은 사람의 생애 첫 순간부터 이 여성이 세상을 떠나기 전 개인적으로 알게 될 가장 나이가 어린 사람의 마지막 순간까지의 총시간을 생각해보자. 이 기간을 이 여성의 개인적 역사라고 한다면, 이 여성의 역사는 1895년부터 2130년까지, 즉 235년에 이르는 긴 세월이 될 것이다. 여러분도 각자 인생을 계산해보길 바란다. 아마 비슷한 수치가 나올 것이다.

235년은 긴 시간이다. 대부분 우리의 개인적 역사는 미국의 역사만큼이나 길다. 우리가 살아온 시간에서 겪은 모든 절기, 즉 각성기와 위기의 시기를 생각하고, 앞으로 겪게 될 모든 전환기를 고려하면 상당히 긴 시간이다. 한때 우리를 돌봐주던 사람들과 언젠가 우리가 돌보게 될 사람들의 삶에서 이러한 경험의 전체 범위를 들여다보면, 자연스럽게 구조와 유사점과 교훈을 찾게 될 수밖에 없다.

나바호족 주술사처럼 우리도 역사의 계절성을 주목하게 될 수도 있다. 선조들의 삶을 통해 우리 삶에 도움이 되고 후세에게 그 힘을 전수할 방법을 찾으려 노력할 수도 있다.

크리슈나에게 깨달음을 얻은 젊은 전사 아르주나처럼, 우리도 시공간을 초월하고 우리의 완벽한 이해를 뛰어넘는 인간과 사건 사이의 상호연결성을 인식하게 될지도 모른다. 그 시점에서 우리는 끊임없이 분석만 하던 방식에서 깊은 직관으로 눈을 돌릴 수도 있다. 그리고 단순한 질문을 던질 수도 있다. 일어나는 모든 일에서 가장 중요하고 지속적인 패턴은 무엇인가? 그 안에서 나는 어떤 역할을 할 수 있는가?

오늘날 역사의 겨울에서는 우리가 추구하는 명료함이 일상의 소란스럽고 격렬한 사건의 폭풍으로 흐려질 가능성이 크다. 이 사건들이 헤드라인을 가득 채우고, 소셜미디어를 점령하고, 대화에 침투해 우리 주의를 분산한다. 다음 계절이 찾아와야만 현재 우리가 겪고 있는 일의 의미를 온전히 이해할 수 있을 것이다. 또한, 수많은 역사적 계절이 지나야만 시간이 일시적인 모든 것을 걷어내고 추린 계절 자체의 전형적인 패턴을 보게 될 것이다.

그때가 되면 우리는 이븐 할둔이 근대성의 태동기에 주목한 사실을 이해하게 될 것이다. "물방울이 다른 물방울을 닮는 것보다 과거가 미래를 더 닮았다."[1]

이 책은 단발성 프로젝트의 결과물이 아니다. 30년 이상에 걸친 다층적인 사고와 논의를 아우르며 이전의 많은 책을 담은 최신 단계다. 따라서 이 책을 집필하면서 가장 먼저 인정해야 할 것은 이 작업의 초기 프로젝트에 참여한 모든 분께 진 빚이다. 무엇보다도 이 책의 선구자 역할을 한 여러 책, 특히 《세대(Generation)》(1991년), 《13세대(13th Gen)》(1993년), 《네 번째 전환기(The Fourth Turning)》(1997년), 《밀레니얼의 부상(Millennials Rising)》(2000년)의 공동 저자인 윌리엄 스트라우스와 공동 작업을 할 기회를 얻게 된 점에 깊이 감사한다. 또한, 이 책을 만드는 데 도움을 준 모든 학자, 편집자, 친구들에게도 큰 빚을 졌다.

두 번째 감사의 빚은 독자들에게 졌다. 수년 동안 나와 연락하며 통찰과 관찰을 아낌없이 나눠준 독자들에게 감사한다.

여러 세대의 각본이 겹치면서 만들어진 역사를 원형적(archetypically)으로 생각하는 방식은 사람들의 옷차림이나 말투를 꼼꼼히 관찰하는 습관처럼 후천적인 취향이다. 가벼운 관찰과 이런저런 비교에서 시작해 정치에서 대중문화에 이르기까지 변화하는 주변 환경을 살피다 보면 모든 것에서 중요한 패턴을 발견하게 된다. 혼자서 또는 스트라우스와 함께 세대와 역사에 관한 책을 쓰고 기사를 기고하면서 얻은 가장 큰 축복은, 이러한 취향을 갖게 된 독자들의 열렬한 피드백이었다. 이 독자들의 피드백은 내게 많은 영감과 동기를 줬다. 그들에게 일일이 답장하지 못한 점을 용서해주길 바란다.

오랜 독자들 중 특히 언급하고 싶은 몇 분이 있다. 이 책에 인용된 자료의 출처를 찾는 데 큰 도움을 준 스티브 바레라와 에일린 매컬러에게 감사의 말을 전한다. 기술과 복잡성 이론에 관해 조언을 해준 피트 마르케비츠와 존 런들에게 감사한다. 초기 연구를 도와준 테일러 만과 짐 굴딩에게도 고맙다는 말을 전한다. 또한, 수년 동안 포럼 회원들과 이메일을 주고받으며 소통을 도와준 데이비드 카이저, 마크 앤터니, 데이브 소히기언, 제니퍼 매콜럼에게도 감사한다.

특히 내 오랜 친구이자 오랜 독자인 글렌 호턴에게도 감사의 인사를 전한다. 호턴은 플로리다에 있는 자신의 집을 아낌없이 제공했고, 덕분에 몇 주 동안 아무 방해도 받지 않고 글 쓰는 데 전념할 수 있었다. 프랭클린 루스벨트에게 샹그릴라가 있었다면, 내게는 글렌의 호젓한 피난처 열쇠가 있었다.

모든 작가는 인정하고 싶지 않을 정도로 오랜 친구의 조언과 통찰력에 의존한다. 나는 리처드 잭슨, 제럴드 코닉, 존 몰딘 세 사람의 공로를 인정하고 싶다. 인구학, 역사, 법률, 군사, 경제, 시장 등에 관한 이 세 사람의 깊이 있는 지식 덕분에 이 책을 훨씬 더 좋은 책으로 만들

수 있었다.

내가 몸담은 조직인 헤지아이(Hedgeye)에도 특별한 감사를 표한다. 특히 이 책을 완성하는 데 필요한 모든 시간과 지원을 아끼지 않은 헤지아이의 리더, 키스 맥컬러프와 마이클 블룸에게 감사한다. 지적으로 영감을 얻을 수 있는 환경을 만들어준 각 분야 동료들에게도 감사한다. 내 모든 고객에게도 감사한다. 그들은 내가 제공한 지식 못지않게 세상이 돌아가는 방식에 관해 내게 많은 가르침을 줬다.

헤지아이의 인구통계 팀원들에게도 감사한다. 나와 매일 함께 일하는 빅토리아 헤이스, 제니퍼 쉔, 크리스천 포드, 매슈 어헌 모두 감사한다. 이들의 노력으로 인간의 태도 및 행동 추세의 변화에 관한 정보를 매일 파악할 수 있었고, 덕분에 책의 완성도를 높일 수 있었다. 이들은 책을 완성해가는 중요한 순간에 나를 도와주고 내가 사실을 바로잡을 수 있도록 했다.

이 책은 사이먼앤슈스터(Simon & Schuster) 편집팀, 특히 프리실라 페인턴과 메건 호건의 도움을 크게 받았다. 이 편집팀의 전문적인 조언이 없었다면, 이 책의 가독성은 매우 떨어졌을 것이다. 오랜 에이전트이자 내가 유일하게 함께하고 싶었던 에이전트인 라페 사갈린에게도 깊이 감사한다. 그의 온화하면서도 지속적인 독려와 조언이 없었다면, 이 책은 결코 나오지 못했을 것이다.

그리고, 매번 이런 노력을 따뜻하게 응원해준 가족들에게도 깊은 감사의 마음을 전한다. 특히 나의 두 번째 샹그릴라라고 할 수 있는, 시에라산 오두막에서 일하도록 배려해준 사촌 마고 가르시아와 커크 위버에게 고맙다는 인사를 전한다. 무엇보다도 이 책이 완성되는 동안 저녁과 주말이 없는 삶을 불평 없이 견뎌주고 지지해준 직계 가족에게 깊은 감사를 전한다. 내가 없는 동안 모든 일이 제대로 돌아가도록 해준 아내 지젤라, 내 아이들 조지아, 너새니얼, 데스티니, 페이스, 메건, 에바 모두 감사한다.

주

주석에는 인용문, 설문조사, 책, 영화, 노래 제목과 관련된 참고 자료 및 중요한 사실에 관한 출처가 포함돼 있다. 주석에 언급된 책이나 논문과 관련한 전체 참고 정보는 참고 문헌에서 확인 가능하다.

1. 지금은 겨울이다

1   "미국이 무너지고 있다": Axios poll 설문조사 결과 (2021년 1월 11-13일에 실시); 다음에서 논의됨. "4 in 5 Say US Is Falling Apart," *The Hill*, January 14, 2021. ⟨01⟩

2   "미국이 민주주의를 상실하고 있다": the New York Times-Siena College Research Institute(2020년 10월 15-18일에 실시) 설문조사 결과; 다음에서 논의됨. "Americans Are Afraid. Not for Themselves, but for the Country," *New York Times*, November 1, 2020.

3   "미국은 지금 위기다": Global Strategy Group (2021년 6월 24-28일에 실시) 설문조사 결과; 다음을 참조 *GBAO Navigator*, June 2021.

4   "미국인이어서 무척 자랑스럽다": "Record-Low 38% Extremely Proud to Be American," Gallup, June 29, 2022.

5   평균 기대수명은 … 더 낮은 수치로 떨어졌다: 2021년 출생한 집단의 기대수명은 다음을 참고할 것. *Mortality in the United States, 2021*, Report No. 456, NCHS Data Brief, U.S. Centers for Disease Control and Prevention, December 2022, p. 2. 1900년 이전 자료는 다음을 참조, *United States Life Tables, 2020* 71, no. 1 (National Vital Statistics Report, U.S. Centers for Disease Control and Prevention, August 8, 2022), pp. 51-53.

6 "트루시니스": Stephen Colbert가 *The Colbert Report*에서 용어를 만들고 정의함. October 17, 2005.

7 성경에 나오는 바벨탑: Jonathan Haidt, "Why the Past 10 Years of American Life Have Been Uniquely Stupid," *Atlantic,* April 11, 2022.

8 "국가가 아무리 멍청해져도": Eugene Robinson, "How Dumb Can a Nation Get and Still Survive?" *Washington Post,* October 7, 2021.

9 "돌이킬 수 없는 곳을 지난 시점": Thomas B. Edsall, "How to Tell When Your Country Is Past the Point of No Return," *New York Times,* December 15, 2021.

10 "부정적 경험" 또는 "미국인의 슬픔 지수": 다음을 참조, Clifton, *Blind Spot.*

11 대중가요 가사: 다음을 참조, Brand, Acerbi, and Mesoudi, "Cultural Evolution of Emotional Expression in 50 Years of Song Lyrics."

12 신문 헤드라인: 다음을 참조, Rozado, Hughes, and Halberstadt, "Longitudinal Analysis of Sentiment and Emotion in New Media Headlines Using Automated Labeling with Transformer Language Models."

13 "절망의 죽음": 다음을 참조, Case and Deaton, *Deaths of Despair and the Future of Capitalism.*

14 부모가 30대나 40대에 벌었던: 다음을 참조, Chetty et al., "The Fading American Dream."

15 아버지보다 돈을 더 많이 버는 젊은 남성은 절반 미만이다: 위의 책.

16 잘살고 있다고 생각하는: "Generation X Is the Least Likely to Believe They'll Get Rich One Day," *Fast Company,* July 21, 2021; 다음 논의도 포함. FastCompany-Harris survey (2021). 저자는 미출간 교차분석 조사 자료를 분석했다.

17 "반드시 민주주의체제에서 살아야 한다": Mounk, *The People vs. Democracy* (2018), p. 105.

18 국가 운영 방식으로 "나쁘다" 또는 "매우 나쁘다": 위의 책, pp. 107, 110.

19 "불안정성(precarity)": 구글 엔그램으로 파악한 두 단어 사용 역사; 'precarity'는 2008년 이전에 거의 사용되지 않다가 현재 'affluence' 단어 사용의 절반 가까이 사용 빈도가 증가했다.

20 국제무역은 위축됐고: 다음을 참조, "Trade (% of GDP)" or "Exports of Goods and Services (% of GDP)," World Bank online; World의 연간 데이터에 따르면, 1970년 이후 두 지표에서 모두 2008년에 정점을 찍었다.

21 무역장벽은 강화됐으며: 다음을 참조, *Report on G20 Trade Measures,* World

Trade Organization, November 14, 2022, Chart 3.6, "Cumulative trade coverage of G20 import-restrictive measures on goods in force since 2009," p. 25.

22 세계적으로 민주주의 국가의 수는 … 독재정치 국가 수가 늘고 있다: 다음을 참조, *Democracy Report 2022: Autocratization Changing Nature?*, V-Dem Institute, 2022, Figure 3, p. 13; Figure 4, p. 14; and Figure 8, p. 18. 다음을 참조, also *Freedom in the World 2022*, Freedom House, 2022, p. 4.

23 덜 움직이며: 다음을 참조, William Frey, "Despite the Pandemic Narrative, Americans Are oving at Historically Low Rate," Brookings Institution, November 30, 2021, Figure 5.

24 최대한 가족 가까이 머문다: 다음을 참조, "A Majority of Young Adults in the U.S. Live with Their Parents for the First Time since the Great Depression," Pew Research Center, September 4, 2020.

25 집을 사기보다는 자격증을 취득하며: 청년 고등교육 이수율 증가에 관한 자료는 다음을 참조, Table 104-20, "Percentage of persons 25 to 29 years old with selected levels of educational attainment, by race/ethnicity and sex: Selected years, 1920 through 2017," Digest of Educational Statistics online, National Center for Education Statistics, U.S. Department of Education, https://nces.ed.gov/programs/digest/d17/tables/dt17_104.20.asp, accessed November 2022. 청년 자기 주택 소유율 감소에 관한 자료는 다음을 참조, Acolin, Goodman, and Wachter, "A Renteror Homeowner Nation?," Exhibit 2, "Homeownership Rate by Age Group, U.S. Decennial Census and American Community Survey (1900-2014)," p. 147.

26 비슷한 계층끼리만: 다음을 참조, Mare, "Educational Homogamy in Two Gilded Ages"; 다음을 참조, also "Equality in Marriages Grows, and So Does Class Divide," *New York Times*, February 27, 2016.

27 결혼하는 비율이 높아지고 있다: 다음을 참조, Figure MS-2, "Median age at first marriage: 1890 to present," Marital Status Visualizations, Historical Marital Status Tables, U.S. Census Bureau, November 2022.

28 (인종이나 민족과의 상관관계보다는 덜 하지만) 점점 더 밀접해지고 있다: 다음을 참조, Jackson and Holzman, "A Century of Educational Inequality in the United States."

29 건강과 장수와 더욱 밀접한 상관관계: 다음을 참조, Case and Deaton, "Life

Expectancy in Adulthood Is Falling for Those Without a BA Degree, But as Educational Gaps Have Widened, Racial Gaps Have Narrowed."

30 1930년에 태어난 미국인 중 … 더 오래 살 것으로 예측됐다: 다음을 참조, National Academy of Sciences, *The Growing Gap in Life Expectancy by Income*.

31 출산율이 감소: 다음을 참조, FRED 온라인 사이트에서 1960년 이후 연간 총출산율(TFR) 자료. (the St. Louis Federal Reserve Bank의 경제 자료).

32 주택 소유 비율이 줄어들고: 다음을 참조, Acolin, Goodman, and Wachter, "A Renter or Homeowner Nation?"

33 스타트업 역시 감소: 청년 스타트업에 관한 자료, 다음을 참조 Table 3, "Share of New Entrepreneurs by Age Group," in "Who Is the New Entrepreneur? New Entrepreneurs in the United States, 1996-2021," Kauffman Foundation, October 2022, 스타트업이나 소규모 기업의 일자리 점유율 감소에 관한 자료, 다음을 참조 Akbar Sadeghi, "Business Employment Dynamics by Age and Size of Firms," U.S. Bureau of Labor Statistic, January 2022, slides 3 and 11.

34 "범접할 수 없는 해자로 둘러싸인 성": Buffett, 전체 인용문: "In business, I look for economic castles protected by unbreachable 'moats,'" 회장이 주주들에게 보내는 연례 편지 1995, 다음 웹사이트에서 확인 https://www.berkshirehathaway.com/.

35 "경쟁은 패자들이나 하는 것": Thiel, "Competition Is for Losers," *Wall Street Journal*, September 12, 2014.

36 "그들이 듣고 싶어 하는 뉴스": Will Farrell as Ron Burgundy, in *Anchorman 2*, movie, directed by Judd Apatow (2013).

37 "거대 정당": Mason, *Uncivil Agreement*, pp. 15, 23.

38 국가에 지속적인 피해: "Amid Campaign Turmoil, Biden Holds Wide Leads on Coronavirus, Unifying the Country," Pew Research Center, October 9, 2020.

39 옳음과 그름 사이의 투쟁: 위의 책.

40 폭력도 정당화될 수 있다: 다음을 참조, the Washington Post-University of Maryland poll (conducted online, December 17-19, 2021), question 12; poll discussed in "1 in 3 Americans Say Violence Against Government Can Be Justified, Citing Fears of Political Schism, Pandemic," *Washington Post*,

January 1, 2022.

41 3분의 2는 향후 선거 결과에 따라 폭력이 발생할 수도 있다: 다음을 참조, CBS News Poll (conducted August 29-31, 2022), question 29; 다음 논의도 참조 "Rising Numbers of Americans Concerned About Political Violence: Poll," *The Hill,* September 5, 2022.

42 "민주주의의 세계적 후퇴": 다음을 참조, Diamond, "Facing Up to the Democratic Recession"; 다음도 참조 Larry Diamond, "We Have Entered a New Historical Era," 2022년 4월 11일 Freeman Spogli가 Institute for International Studies에서 한 연설.

43 민주주의에 대한 젊은 세대의 불만족도가 높아지고 있다: Foa, Klassen, Wenger, Rand, and Slade, *Youth and Satisfaction with Democracy: Reversing the Democratic Disconnect?,* p. 1.

44 영어권의 부유한 국가들에서: 위의 책, p. 12.

45 조국이 옳은 방향으로 나아가고 있다: 다음을 참조 NBC News Survey (conducted by Hart Research Associates-Public Opinion Strategies, August 12-16, 2022), question 4, p. 3; 설문조사 논의는 다음을 참조 "Record Percentage Says US Headed in Wrong Direction: NBC Poll," *The Hill,* August 21, 2022.

46 미국 최고의 전성기가 올 것: 위의 책, question 16b, p. 15.

47 경제적으로 "더욱 악화"할 것: "Economic Attitudes Improve in Many Nations Even as Pandemic Endures," Pew Research Center, July 21, 2021, p. 4.

48 "국가적 쇠퇴의 조짐": Hunter, Bowman, and Puetz, *Democracy in Dark Times,* p 18.

49 미국 투표율은 100년 만에 가장 높은 수치를 기록: 다음을 참조, "National Turnout Rates 1789-Present," US Elections Project, https://www.electproject.org/national-1789-present, accessed November 2022.

50 선거운동에 개인의 기부와 자원봉사가: 1990년부터 2022년까지 "선거 비용" 및 "대규모 기부 대 개인 기부" 동향 데이터는 다음을 참조, Open Secrets, www.opensecrets.org.

51 시민 문해력은 … 가파르게 상승하고 있다: Annenberg Civics Knowledge Survey의 연간 결과는, 2021년 9월 14일에 발표된 "Americans' Civics Knowledge Increases During a Stress-Filled Year," 보고서에서 확인할 수 있다. 해당 정보는 Annenberg Public Policy Center에서 제공됐다.

52 (한 주제에 관해 ⋯ 이해하고 느끼는) 당파적 동질성: 다음을 참조, Druckman and Levy, "Affective Polarization in the American Public." 다음을 참조, also Mason, "'I Disrespectfully Disagree,'" and Mason, *Uncivil Agreement*.

53 "미국 정부는 ⋯ 완전한 이쪽이 아니면 완전한 저쪽이 될 것": Lincoln, "A House Divided," 링컨이 1858년 6월 16일 일리노이주 스프링필드에서 한 연설, in Basler (ed.), *The Collected Works of Abraham Lincoln,* vol. 2, pp. 461- 69.

54 "민주주의가 위협받고 있다": 다음을 참조, the New York Times-Siena College poll (conducted October 9-12, 2022); 여론조사 논의는 다음을 참조 "Voters see Democracy in Peril, but Saving It Isn't a Priority," *New York Times,* October 18, 2022.

55 미국인 절반 ⋯ 임박했다고 생각했다: Garen J. Wintemute et al., "Views of American Democracy and Society and Support for Political Violence: First Report from a Nationwide Population-Representative Survey," medRxiv preprint submission; survey discussed in "Half of Americans Anticipate a U.S. Civil War Soon, Survey Finds," *Science,* July 19, 2022. 다음 자료도 참조, Economist-YouGov poll (conducted August 20-23, 2022); 다음 자료에서 논의됨. "Two in Five Americans Say a Civil War Is At Least Somewhat Likely in the Next Decade," *YouGovAmerica,* August 26, 2022.

56 "폭포를 향해 가고 있다": Strauss and Howe, *The Fourth Turning*, p. 2.

57 〈새로운 탄생〉: *The Big Chill*, 영화, Lawrence Kasdan 감독 (Carson, 1983).

58 "큰 정부의 시대는 끝났다": 클린턴, 미국 의회 합동 회의 시작 전에 미국 상황에 관한 연설, 1996년, 1월 23일; 문서 보관 the American Presidency Project (UC Santa Barbara).

59 《메가트렌드(Megatrends)》: Naisbitt, *Megatrends*.

60 《권력이동》: Toffler, *Powershift*.

61 "미국의 섹스 시간": 다음 표현은 잡지 기사에서 사용되며 널리 알려졌다: "Sex O'Clock in America," *Current Opinion,* August 1913, 저자가 이름을 밝히지는 않았으나 저널리스트 William Marion Reedy (1862-1920)의 글로 알려져 있다. 글은 다음과 같이 시작한다: "성 히스테리와 성 담론의 물결이 이 나라를 침공한 것 같다."

62 "전능한 달러": 이 말은 워싱턴 어빙이 〈The Creole Village〉(1837)에서 최초로 사용한 것으로 알려져 있다; 이 표현이 뚜렷하게 대중화된 것은 1840년대와

1850년대다(구글 엔그램 참고).

63 "백인의 야만성": 벤저민 프랭클린은 팩스턴 보이즈(The Paxton Boys)를 "야만
적인 백인"이라고 했다. 다음에서 인용됨. Hindle, "The March of the Paxton
Boys."

64 "크게 패배할 것"이라고 예측: 다음 기사에서 링컨이 인용된 것을 확인할 수 있
다. Joel Achenbach, "The Election of 1964 and the Last Temptation of
Abraham Lincoln," *Washington Post,* September 11, 2014; 다음 자료도 참
조 White, *Emancipation, the Union Army, and the Reelection of Abraham
Lincoln.*

65 "구조적 장기침체": 이 표현은 한센이 미국경제협회 연례 회의에서 대통령 연설
을 소개하며 언급한 표현(December 28, 1938); 연설문은 다음에서 확인할 수 있
다. Hansen, "Economic Progress and Declining Population Growth."

66 "부채 디플레이션": 이 용어는 다음에서 소개됐다. Fisher, "The Debt-Deflation
Theory of Great Depressions."

67 전 세계적으로 경제적 안정을 약속하는 정당은 늘고: Manifesto Project에서 수
집한 1945년 이후 50여 개국 1,000개 이상의 정당에 관한 자료; 분석 글은 다음
을 참조 the *Economist,* in "How the West Fell Out of Love with Economic
Growth," *Economist,* December 11, 2022.

68 30개국의 정부가 온라인 여론을 조작하기 위해 키보드 부대를 동원했다: 다음
을 참조, "Thirty Countries Use 'Armies of Opinion Shapers' to Manipulate
Democracy—Report," *Guardian,* November 14, 2017.

69 〈특수부대 전랑2〉: movie, directed by Wu Jing (Wu Jing, 2017).

70 "중국을 화나게 하는 자, 누구든 죽는다": Marketing tagline cited in "Disney'
s Troubles Show How Technology Has Changed the Business of Culture,"
Economist, January 19, 2023.

71 "인류 역사에는 신비스러운 순환이 있습니다": 루스벨트, 대통령 후보 재지명 수
락 연설, Philadelphia, Pennsylvania, June 27, 1936; 문서 보관 the American
Presidency Project (UC Santa Barbara).

72 "더 멀리 되돌아볼수록": Churchill, 다음에서 인용. Kegley, "Neo-Idealist
Moment in International Studies?"

73 "시간과 시간의 흐름은": Aeschylus, *The Eumenides,* line 286.

74 "신비에의 참여(participation mystique)": Cited throughout (영어로는 "mystic
participation") in Lévy-Bruhl, *Primitive Mentality.*

75 "신이나 영웅을 통해 처음 드러났다": Eliade, *The Myth of the Eternal Return,* p. 34.

76 "18세기 철학자들의 천국": 다음을 참조, Becker, *The Heavenly City of the Eighteenth-Century Philosophers.*

77 "이 진보는 필연적으로 어떤 목표를 향해 진행돼야 한다": Acton, Ward, Prothero, and Leathes (eds.), *The Cambridge Modern History,* editors' introduction.

78 "섭리가 곧 진보다": Lord Acton, cited in Butterfield, *Man on His Past,* pp. 137-38.

79 "진보를 믿지 않는 것은": 위의 책, p. 338, ff. 1.

80 오직 "악인만이 사방으로 쏘다닌다": Augustine of Hippo, *The City of God,* book 12, chapter 13, p. 355.

81 "역사의 종말": 다음을 참조 Fukuyama, *The End of History and the Last Man.*

82 "호모데우스": 다음을 참조 Harari, *Homo Deus.*

83 초인류적 "특이점": 다음을 참조, Kurzweil, *The Singularity Is Near.*

84 "진정한 주기는 … 스스로 생겨난다.": Schlesinger, Jr., *The Cycles of American History,* p. 27.

2. 시간의 계절

1 "태어나서 죽을 때까지 가장 긴 인간의 수명 길이": Censorinus, *De Die Natale,* chapter 17: *"Saeculum est spatium vitae humanae longissimum partu et morte definitum." De Die Natale Liber,* 생일 책(The Birthday Book)으로 번역되기도 하는 이 책은 센소리누스가 그의 후원자 퀸투스 카에렐리우스(Quintus Caerellius)의 생일에 선물로 준 책이다.

2 황금기: Publius Virgilius Maro, *Aeneid,* Book VI, lines 792-93. 다음을 참조, also Reckford, "Some Appearances of the Golden Age," pp. 79-87.

3 자신들의 시대가 … 살고 있다고 생각했다: Rose, "World Ages and the Body Politique," p. 138.

4 "자연의" 새큘럼: 다음을 참조, Censorinus, *De Die Natale,* chapter 17.

5 이후 이 게임은 다시는 재개되지 않았다: 다음을 참조, Zosimus, *New History*

(Historia Nova), Book 2.

6 "우리 앞에 1세기가 열렸습니다!": 에라스뮈스가 뷔데(Budaeus)에게 보낸 편지, February 21, 1517, 다음에서 인용됨 Jean Lafond, *"Reflexions sur deux fins de siecle: les seizieme et dix-septieme siecles,"* in Citti, *Fins de Siecle*, p. 128.

7 새로운 시간이 시작되었네: John Dryden, "The Secular Masque" (1700).

8 인간의 불멸성을 성취: 다음에 논의된 내용을 참조, Chonaill, "Why may not man one day be immortal?'"

9 "유구한 발전"의 새 시대: Godwin, *Enquiry Concerning Political Justice*, book I, chapter VIII, "Human Inventions Susceptible of Perpetual Improvement."

10 "아득한 세월의 길이": Rümelin, *Reden und Aufsatze*.

11 "충만하고, 향기롭다": Ralph Waldo Emerson, "Considerations by the Way," in Emerson, *The Conduct of Life* (1860). 다음을 참조, *The Collected Works of Ralph Waldo Emerson*, p. 195.

12 "100년 단위의 세기(century)가 아니라": Cournot, *Considerations sur la marche des idees et des evenements dans les temps modernes*, p. 105.

13 "왕위를 생각하지 않을 때": Gourmont, 다음에서 인용됨 Maurice Penaud, *"Remy de Gourmont et la notion de fin de siecle,"* in Citti, *Fins de Siecle*, p. 307.

14 "파시즘의 세기": Benito Mussolini, "Fascism" *("Fascismo")* article published in the first edition of the Italian Encyclopedia, vol. 14, in 1932; 대필 작가가 저술에 참여했다고 알려져 있으며, 최소한 일부는 조반니 젠틸레(Giovanni Gentile)가 저술한 것으로 알려져 있다.

15 "미국의 세기": Henry Luce, "The American Century," *Life*, February 17, 1941.

16 "평범한 이들의 세기": Henry Wallace, "The Price of Free World Victory," 1942년 5월 8일 뉴욕, Free World Association에서 한 연설. 연설 녹음본은 다음을 참조, American Rhetoric Online Speech Bank.

17 《전쟁 연구(Study of War)》를 집필: 다음을 참조, Wright, *Study of War*.

18 "낭만적으로 여기게끔": 위의 책, p. 230.

19 "교대 리듬(alternating rhythm)": 토인비는 다음 책에서 역사상 모든 시대의 전쟁과 평화 주기를 설명한다, *A Study of History*, vol. 9 (1954), pp. 234-87; he

focuses on the modern West on pp. 234-60.

20 다섯 번에 걸친 이 주기: 위의 책, Table I, p. 255.

21 "전쟁을 말로 들어서만 알고 있는": 위의 책, p. 322.

22 "탐색 전쟁": Farrar, "Cycles of War," pp. 161-79.

23 역사학자 리처드 로즈크랜스(Richard Rosecrance): 다음을 참조, Rosecrance, "Long Cycle Theory and International Relations."

24 "전쟁 주기가 몇 번이고 반복해서 일어났다": Rosecrance, *International Relations: Peace or War?,* p. 302.

25 15세기 이후 형성된: Hopkins and Wallerstein, "Cyclical Rhythms and Secular Trends of the Capitalist World Economy: Some Premises, Hypotheses, and Questions," in Hopkins and Wallerstein (eds.), *World-Systems Analysis.*

26 "규칙성과 반복성": Modelski, *Long Cycles in World Politics,* p. 34.

27 이 속성을 "폐쇄성"이라고 지칭했다: 위의 책. pp. 112-13.

28 "네 세대의 연결성": 위의 책. p. 116.

29 "이 관례는 세계 시류의 주요 지표가 된다.": 위의 책. p. 34.

30 "존경과 찬사, 모방": 위의 책. p. 153.

31 "경제, 문화, 지정학을 동시에 변화시킨다.": Thompson, *Power Concentration in World Politics,* p. 76.

32 "역사의 급행열차": Marx, 다음에서 인용 Gerhard Masur in "Crisis in History," in Wiener (ed.), *Dictionary of the History of Ideas,* vol. 1, p. 594.

33 "이전 상태로 복귀하는 것을 불가능하게 만드는 것": 위의 책, p. 594.

34 "시스템의 규범적 기틀의 활성화": Modelski, *Long Cycles in World Politics,* p. 119.

35 "이러한 재활성화 운동의 순간": Wallace, "Revitalization Movements," p. 267.

36 "모든 시간과 공간에 무작위로 일어난다": Wuthnow, "World Order and Religious Movements," in Bergesen (ed.), *Studies of the Modern World-System,* p. 57.

37 "최소한 헤로도토스(Herodotus) 이후부터": 위의 책., p. 73.

38 "역사의 짐을 스스로 드러나게 할 땅": Hegel, *Philosophy of History,* p. 86.

39 "우리의 두려운 여정은 끝났습니다": Walt Whitman, "O Captain! My Captain!" (1865).

40 남북 전쟁이 "제2의 미국독립혁명"이 될 것이라고 선언: Beard and Beard, *The*

Rise of American Civilization, vol. II, chapter XVIII, p. 52.

41 수차례 재사용됐고 가장 최근에는: McPherson, *Battle Cry of Freedom*, p. ii.

42 뉴딜을 "제3의 미국독립혁명"이라고 했다: Degler, *Out of Our Past*.

43 "1780년대 후반, 1860년대 후반, 1930년대 중반이 그 순간이다": Ackerman, *We the People: Foundations*, p. 44.

44 "어쩌면 미국의 네 번째 공화국으로 이어질지도 모른다.": Walter Dean Burnham, "The Fourth American Republic?," *Wall Street Journal*, October 16, 1995.

45 "네 번째 공화국" 예언에 동조하고 있다: 사례를 보려면 다음을 참조, James V. DeLong, "The Coming of the Fourth American Republic," AEI, April 21, 2009.

46 "1670년에서 1700년까지를 미국 최초의 혁명기": Richard Maxwell Brown, "Violence and the American Revolution," in Kurtz and Hutson (eds.), *Essays on the American Revolution*, p. 87.

47 "북부인 중에 그 답을 의심하는 사람은 거의 없었다.": McPherson, *Battle Cry of Freedom*, p. 854.

48 "1960년대의 인권 시위, 대학가의 소요, 도시의 폭동 등을 합한 것": Bushman, *From Puritan to Yankee*, p. 187.

49 "선과 악, 옳고 그름": Bellah, *The Broken Covenant*, p. xvi.

50 "신념과 가치관을 깊이 재조정하며": McLoughlin, *Revivals, Awakenings, and Reform*, p. xiii.

51 "새로운 질서"를 세우는 기초가 됐다: 위의 책., p. viii.

52 매클로플린의 네 번의 각성 이론을 지지하는: Fogel, *The Fourth Great Awakening & the Future of Egalitarianism*.

53 "네 번째 대각성기": 위의 책, pp. 9-10.

54 "각성운동의 … 거의 없다.": Hatch, "The Origins of Civil Millennialism in America."

55 수십 년에 걸친 "사회적 재건": Fukuyama, *The Great Disruption*, chapter 16, "Reconstructions Past, Present, and Future."

56 "문화적 분수령": Commager, *The American Mind*, p. 42.

57 "불타는 듯한 경험": Hofstadter, *Age of Reform*, p. 166.

58 2030년 무렵의 "국제 전쟁" 단계에 가까워지고 있다: Thompson, *Power Concentration in World Politics*, table 10.1, p. 232.

59 "2020년대 후반"에 강대국 간의 전쟁: Goldstein, "The Predictive Power of Long Wave Theory, 1989-2004."

60 "역사는 국가의 기억이다.": Kissinger, *A World Restored*, p. 331.

3. 삶의 계절

1 "집단 감정" 내지는 "사회적 응집력": Khaldun, *The Muqaddimah*, p. 123.

2 이 주기를 다섯 단계로 나누었다: 위의 책., pp. 141-42.

3 예측 가능한 세대의 변화가 주도한다: 위의 책., pp. 105-6.

4 "가장 위대한 최고의 역사 철학": Toynbee, 다음에서 인용됨 Dhaouadi in "The Ibar."

5 "네 부분으로 구분된다": Jung, "The Stages of Life" (*"Die Lebenswende,"* first published in 1931), in Jung, *Modern Man in Search of a Soul.*

6 "1년의 계절과 인간 삶의 계절의 연관성": Levinson, *The Seasons of a Man's Life*, p. 7.

7 "결정적 순간": Mannheim, "The Problem of Generations," in *Essays on the Sociology of Knowledge*, p. 310.

8 "젊었을 때 … 없는 것이다.": 이 말은 여러 버전이 있으며 (19세기 초반에) 일부는 청년기에 공화당 지지자가 되는 것을 의미하고, (19세기 후반에) 일부는 청년기에 사회주의자가 되는 것을 의미한다. 정확한 기원에 관해서는 논쟁이 있다. 다음을 참조, Garson O'Toole, "If You Are Not a Liberal at 25, You Have No Heart. If You Are Not a Conservative at 35 You Have No Brain," Quote Investigator website.

9 사회 변화의 속도를 조절하는 주체: Comte, *The Positive Philosophy of Auguste Comte.*

10 "사회 구성원이 된": Mill, *A System of Logic, Ratiocinative and Inductive* (1843), vol. II, p. 589.

11 "삶에서 가장 왕성했던 시기가 부분적으로 겹치는": Wilhelm Dilthey, cited in Marías, *Generations*, p. 55.

12 특별한 세대 이론: For Mannheim 다음을 참조 "The Problem of Generations," in *Essays on the Sociology of Knowledge;* Ortega y Gasset 에 관한 부분은 다음을 참조 *Man and Crisis;* Mentré 관한 부분은 다음을 참조

Les Generations Sociales.

13 "과거를 지배하는 자가 미래를 지배한다.": Orwell, *1984*, p. 30.

14 "전체 역사로 가는 왕도": Esler, *Generations in History*, p. 152.

15 "원하든 원하지 않든": Wolfe, *You Can't Go Home Again*, chapter 45, pp. 758-59.

16 "이 나라에 '잃어버린 세대' 같은 것이 있다면": 위의 책.

17 모든 세대는 "태어나고, 살고, 죽기" 때문이다: Ferrari, *Teoria dei periodi politici* ("Theory of Political Periods"), p. 7.

18 "구체적인 역사적 문제를 동일하게": Mannheim, "The Problem of Generations," in *Essays on the Sociology of Knowledge*, p. 304.

19 "생물학적으로나 역사적으로 동년배": Ortega y Gasset, in Marías, *Generations*, p. 98.

20 "60년대를 70년대에 경험했다": Merser, *Grown Ups*, p. 98.

21 "분기점을 알아야 한다.": Marías, *Generations*, p. 102.

22 "특정 기본 개념에 만장일치의 합의": Comte, *The Positive Philosophy of Auguste Comte*.

23 "세대의 세계관": 다음을 참조 discussion of Wilhelm Dilthey in Marías, *Generations*, especially p. 52.

24 10대 후반과 20대 초반: 사례를 보려면 다음을 참조, "How Birth Year Influences Political Views," *New York Times*, July 7, 2014; "The Politics of American Generations: How Age Affects Attitudes and Voting Behavior," Pew Research Center, July 9, 2014. 다음 자료도 참조 Ghitza, Gelman, and Auerbach, "The Great Society, Reagan's Revolution, and Generations of Presidential Voting."

25 X 세대 신입생 두 명 중 한 명은 반대로 대답했다: 각 항목에서 "필수 또는 매우 중요한 목표"에 체크한 신입생 비율은 1967년 가을 학기부터 매년 추적할 수 있다. 다음을 참조 *The Freshman Survey*, conducted annually by the Higher Education Research Institute, 다음 자료를 토대로 함 UCLA, https://heri.ucla.edu/cirp-freshman-survey/.

26 "우리가 누구인지를 묻는 것과 같다.": Marías, *Generations*, p. 106.

27 지시받는 구성원, 억압받는 구성원: Peterson, in *"Die Literarischen Generationen"* ("Literary Generations") (1930), cited by Marías, *Generations*, p. 106.

28 "미리 정해진 주요 궤적": Ortega y Gasset, in Marías, *Generations,* p. 94.

29 각 세대가 "본질적인 운명": Mannheim, "The Problem of Generations," in *Essays on the Sociology of Knowledge,* p. 306.

30 "인간 존재의 드라마를 완성한다.": Heidegger, *Being and Time,* p. 366. 영어로 번역된 전체 문장은 다음과 같다: "존재(Dasein)의 중대한 운명은 그 '세대'와 함께 존재의 완전하고도 진정한 모습을 형성한다. The fateful destiny of Dasein in and with its 'generation' constitutes the complete, authentic occurrence of Dasein."

31 밀레니얼 세대를 표지에 실으면서: "The Me, Me, Me Generation," *Time cover,* May 20, 2013.

32 〈타임〉 표지에 X 세대가 등장했다: "Twentysomething," *Time cover,* July 16, 1990.

33 〈타임〉은 베이비붐 세대를 커버에 실었다: "Twenty-five and Under," *Time cover,* January 6, 1967.

34 "나는 맛있는 음식이 있는 곳에서 굶어 죽고 싶다": Thomson, quoted by Tim Page, in "Virgil Thomson: the Composer in Review," *Washington Post,* April 7, 1996.

35 비슷한 세대의 흐름이 진행된다는 사실을 확인했다: 다음을 참조 Strauss and Howe, *The Fourth Turning,* pp 69-72.

36 (사고, 직관, 감정, 감각): Carl Gustav Jung, "A Psychological Theory of Types" (*"Psychologische Typen,"* first published in 1921), in Jung, *Modern Man in Search of a Soul.* 융은 이 네 가지 성향을 '내향적'과 '외향적' 성향으로 다시 구분해 여덟 가지 성향으로 확장했다; 이는 마이어스-브리그스(Myers-Briggs) 패러다임의 기본 개념이 된다.

37 마이어-브리그스(Myers-Briggs)의 "성격유형 지표": Myers, *The Myers-Briggs Type Indicator.*

38 '족장, 광대, 주술사, 사냥꾼': Thompson, *At the Edge of History,* p. 108.

39 "메시지를 가지고 돌아오는 것이다.": Campbell, *The Power of Myth,* p. 123.

40 "보편적 진리": Mumford, *The Brown Decades,* p. 3.

41 "우리는 이상적인 아이들이 필요하다.": Spock, *The Common Sense Book of Baby and Child Care,* p. 321.

42 "아이들을 늘 보호해야만 한다는 관념이 싫다": Blume, *Letters to Judy,* p. 273.

43 "좋은 가치관과 좋은 시민의식": Bill Clinton, State of the Union Address,

January 23, 1996; text archived in the American Presidency Project (UC Santa Barbara).

44 세대의 연속성을 "지붕의 기와": François Mentré, 다음에서 인용됨 Marías, *Generations*, p. 155.

45 "가치관은 무덤까지 함께 가는 경우가 많다.": Namenwirth and Bibbee, "Change Within or of the System: An Example from the History of American Values."

46 세대의 연속성에 따라 규칙적으로 일어나는 정치체제의 변화: 다음을 참조, Book VI, chapters 5-9, of Polybius, *The Histories*.

47 네 세대의 리듬에 따른: Ibn Khaldun, *The Muqaddimah*, pp. 105-6.

48 1859년, 에밀 리트레(Émile Littré)가 제안했다: Littré, *Paroles de Philosophie Positive* ("Words of Positive Philosophy").

49 1874년 이탈리아 역사가 주세페 페라리가 또 다른 주기를 제시했다: Ferrari, *Teoria dei periodi politici* ("Theory of Political Periods").

50 1930년 자신의 개인 성격유형 이론을 세대의 연속성에 적용했다: Wechssler, *Die Generation als Jugendreihe und ihr Kampf um die Denkform* ("Generations as a Succession of Youth Groups and Their Conflict Over Forms of Thinking").

51 4단계 "물리적 세대 주기": Toynbee, *A Study of History*, vol. 9 (1954), pp. 234-87.

52 네 분야의 이론으로 발전시켰다: Marías, *Generations*. For the four-generations theory, 다음을 참조 pp. 177-79.

53 "AGIL 이론"으로 널리 알려진: AGIL은 다음 네 가지 기능적 단계를 나타내는 약어다: adaptation(적응); goal attainment(목표 달성); integration(통합); latency(유지). 다음을 참조, Parsons, *The Social System*, chapters 2-3. 더 간결하고 명확하게 보려면, 특히 로버트 베일스(Robert Bales)가 AGIL 모델에 기여한 부분을 보려면, 다음을 참조, Swanson, *"Review of Working Papers in the Theory of Action."*

54 "IvI"(기관Institutions vs 이상Ideals): Huntington, "American Ideals versus American Institutions."

55 "세대 메커니즘": Modelski, *Long Cycles in World Politics*, p. 116.

56 "시간의 수레바퀴를 잘 보여준다": Namenwirth, "Wheels of Time and the Interdependence of Value Change in America."

4. 미국 역사의 계절

1 "인간 세계의 재발견": 다음을 참조, Michelet, *History of France,* vol. VII; Burckhardt, *The Civilization of the Renaissance in Italy.*

2 북유럽인과 개신교도: 1700년과 1755년 영국 본토 식민지 자유 거주민의 민족 기원에 관한 추정 자료를 보려면, 다음을 참조, Boyer, Clark Jr., Halttunen, Kett, Salisbury, Sitkoff, and Woloch, *The Enduring Vision,* Figure 4.1, p. 99. 1790년 미국 최초 인구 조사 추정 자료를 보려면, 다음을 참조, Purvis, "The European Ancestry of the United States Population, 1790."

3 영국보다 미국에서 더 표준어로 사용하게 됐다: Boorstin, *The Americans: The Colonial Experience,* part 10, "The New Uniformity," p. 269.

4 "지붕 위의 기와": Mentré, cited in Marías, *Generations,* p. 155.

5 그러다가 서서히 변하기 시작했다: 2001 스페이스 오디세이*2001: A Space Odyssey,* 영화, Stanley Kubrick 감독(Kubrick, 1968); 시계태엽 오렌지 *A Clockwork Orange,* 영화, Stanley Kubrick 감독(Kubrick, 1971); 슬리퍼 *Sleeper,* 영화, Woody Allen 감독(United Artists, 1973); 스타워즈*Star Wars,* 영화, George Lucas 감독(Lucasfilm, 1977); 미지와의 조우*Close Encounters of the Third Kind,* 영화, Steven Spielberg 감독(Columbia and EMI, 1977); *E.T.,* 영화, Steven Spielberg 감독(Amblin Entertainment, 1982).

6 "미국의 모든 정권의 권위가 바닥으로 떨어진": Donald, "An Excess of Democracy."

7 미래는 〈매드맥스〉의 … 범람하는 세상이었다: 매드맥스*Mad Max* 영화 시리즈 (1979-present); 블레이드 러너*Blade Runner,* 영화, Ridley Scott 감독(The Ladd Company et al., 1982); 터미네이터*Terminator* 영화 시리즈 (1984-present); 매트릭스*The Matrix* 영화 시리즈 (1999-present).

8 세 사람을 미국 역사상 "가장 효율적인" 리더로 꼽는다: 설문조사 결과 순위와 결과를 보려면, 다음을 참조, "Historical rankings of presidents of the United States," Wikipedia.

9 디스토피아적인 어두운 면도 있었지만: Huxley, *Brave New World;* Orwell, *Animal Farm;* Orwell, 1984.

10 강력하지만 억압적인 공동체: 헝거게임*The Hunger Games* 영화 시리즈 (2012-present); 엘리시움*Elysium,* 영화, Neill Blomkamp 감독 (Tristar Pictures et al., 2013); 더 서클*The Circle,* 영화, James Ponsoldt 감독

(EuropaCorp et al., 2017).

11 "인류 역사에서 썰물과 밀물처럼": Schlesinger, Jr., *The Cycles of American History*, p. 23.

12 "진보"와 "보수" 시대: Schlesinger, Sr., *Paths to the Present*.

13 "공적 에너지"와 "사적 관심": Schlesinger, Jr., *The Cycles of American History*, p. 25.

14 한 시기당 약 15년: 위의 책., p. 30.

15 "우리는 여섯 번째 정당체제로 가고 있다": Burnham, *Critical Elections and the Mainsprings of American Politics*, p. 135.

16 "재편 주기는 약 40년 정도였다.": Schlesinger, Jr., *The Cycles of American History*, p. 35.

17 삶의 두 단계마다 한 번씩 정권 재편이 일어난다: Paul Allen Beck, "A Socialization Theory of Partisan Realignment," in Niemi, *The Politics of Future Citizens*. 다음도 참조 Beck, "Young vs. Old in 1984: Generations and Life Stages in Presidential Nomination Politics."

18 1900년에서 1920년 사이 하락률과 비슷하다: Richard L. McCormick, "Political Parties," in Greene (ed.), *Encyclopedia of American Political History*, p. 20.

19 수동적이고 억압된 소수당은 태양의 그림자를 반영하기만 한다: Lubell, *The Future of American Politics*, pp. 191-92.

20 100년간 볼 수 없었던 수치: 다음을 참조, "National Turnout Rates 1789-Present," US Elections Project, https://www.electproject.org/national-1789-present, accessed November 2022.

21 국가 정당의 당파심은 통상적 기준을 넘어섰으며: 다음을 참조, Druckman and Levy, "Affective Polarization in the American Public." 다음도 참조 Mason, "'I Disrespectfully Disagree,'" and Mason, *Uncivil Agreement*.

22 "역사적 기류의 변화"를 발견: Klingberg, "The Historical Alternation of Moods in American Foreign Policy."

23 자신의 주기를 설명한다: 위의 책.; Klingberg, *Cyclical Trends in American Foreign Policy Moods*.

24 "K-파동(K-cycles)"라고 하는 유명한 경제학 이론: Described in Kondratieff, *The Long Waves in Economic Life*.

25 S형의 혁신 곡선은 두 차례의 연속적인 K-파동 기간에 펼쳐진다: Perez, *Technological Revolutions and Financial Capital* (2002), ch. 5, "The Four

Basic Phases of Each Surge of Development."

26 자본주의가 시간이 흐를수록 불평등을 심화한다: Piketty, *Capital in the Twenty-First Century,* p. 34.

27 역사적 평등화 기제: Categorized in Parts II-V in Scheidel, *The Great Leveler.*

28 "혁명의 시기와 초기 국가 건설 시기": Lindert and Williamson, *Unequal Gains,* p. 90.

29 (인구조사국에서 조사한 … 최저치로 떨어졌다: 다음을 참조, "Poverty Rates Using the Official and Supplemental Poverty Measures: 2009 to 2021," in *Poverty in the United States:* 2021, Current Population Reports (September 2022), U.S. Bureau of the Census, Figure 4, p. 7.

30 "전쟁이나 사회적 분쟁, 혁명 등과 같은 과정을 거쳐 줄어든다.": Milanovic, *Global Inequality,* p. 98.

31 《나 홀로 볼링(Bowling Alone)》: Putnam, *Bowling Alone: The Collapse and Revival of American Community.*

32 사상 최고치를 기록한 해: 다음을 참조, Putnam, *The Upswing,* Figure 1.1 on p. 10 and Figure 1.2 on p. 13.

33 "여론조사가 기록된 이래로 최대": Burnham, *The Current Crisis in American Politics,* p. 295.

34 그가 조사한 지표의 무궁무진한 다양성: 다음을 참조 Putnam, *Bowling Alone,* Section II, "Trends in Civic Engagement and Social Capita."

35 1987년 실시된 한 설문조사에 따르면: Cited in 위의 책, p. 25.

36 "붕괴'와' 재건의 역사다.": 위의 책.

37 주로 1910년부터 1940년 사이: 위의 책., p. 254.

38 "얽매이지 않은 연속적인 두 세대": 위의 책., p. 259.

39 "국가 통합 의식과 애국심이라고 하는 전시 시대정신": 위의 책., p. 267.

40 미국독립혁명과 남북 전쟁 기간 직후: 다음을 참조, Skocpol, *Civic Engagement in American Democracy,* p. 33.

41 투표율과 정치참여율이 증가하는 것이 그 예다: 다음을 참조, "National Turnout Rates 1789-Present," US Elections Project, https://www.electproject.org/national-1789-present, accessed November 2022.

42 "오랜 세월 시민의식이나 애국심이 결여됐던 부모 세대": Putnam, *Bowling Alone,* p. 133.

43 새뮤얼 홉킨스 애덤스(Samuel Hopkins Adams)의 소설 《불타는 청춘(Flaming Youth)》: Adams, *Flaming Youth*.

44 〈페이톤 플레이스〉: Metalious, *Peyton Place*.

45 공적인 자리에서 물러나: Friedan, *The Feminine Mystique*.

46 "벤저민 스폭 박사가 있던 1950년대": Cable, *The Little Darlings*, p. 105.

47 (고등학교 졸업반을 대상으로 한 설문조사에서는 약 70퍼센트 이상이 원하는 시기에 가족을 꾸리는 것이 "대단히 중요하다"고 답했다): 다음을 참조, Figure 19 in Hawkins et. al., *State of our unions: 2022*.

48 가족을 꾸리기에 이상적인 시기에서 몇 년 늦어지더라도: 다음을 참조, Figure 3 in *Shifting Life Milestones Across Ages: A Matter of Preference or Circumstance?* (Stanford Center on Longevity, 2018).

49 "가족과 자녀"가 "인생에서 중요한 의미": *What Makes Life Meaning ful? Views from 17 Advanced Economies* (Pew Research Center, November 18, 2021), p. 16.

50 X 세대나 베이비붐 세대가 그 나이 때 생각했던 것보다: Pepin and Cotter, "Separating Spheres? Diverging Trends in Youth's Gender Attitudes About Work and Family." 다음도 참조 "Young Men Embrace Gender Equality, but They Still Don't Vacuum," *New York Times*, February 11, 2020.

51 미국 역사상 가장 낮은 출산율: 2018년, 미국의 총출산율(TFR)은 1,730명으로, 1976년도 최저치인 1,738명보다 낮은 수준으로 떨어졌다. (1960년 이후) TFR 연간 데이터는 FRED 온라인 자료를 참고함(the St. Louis Federal Reserve Bank의 경제 데이터).

52 1980년대에는 출산율이 급속히 회복됐고: 1800년 이후 총출산율 추이를 보려면, 다음을 참조, Coale and Zelnick, *New Estimates of Fertility and Population in the United States*, p. 73.

53 이민자의 수 역시 새큘럼의 리듬에 맞춰 변한다: 1800년 이전의 이민자 추이와 총출산율 추이를 보려면, 다음을 참조, Strauss and Howe, *Generations*, appendix B.

54 미국 역사상 평균 이민자 수가 마이너스를 기록한 유일한 10년: 다음을 참조, National Academy of Sciences, Engineering, and Medicine, *The Economic and Fiscal Consequences of Immigration* (2017), Table 2-2, p. 48.

55 미국의 순 이민자 비율은 2008년 이전 20년 동안 인구 대비 이민자 비율의 절반을 조금 넘는 정도로 감소했다: 1990년부터 2007년까지 평균 순 이민자 수

(미국 인구 100명당)는 4.5명이었으나 2008년 이후는 2.7명이다. 다음을 참조, "Data That Supplement Information" (Excel files) for *The Demographic Outlook: 2022 to 2052* (U.S. Congressional Budget Office, July 27, 2022) 또는 이 자료 이전의 기록 참고.

56 "제대로 무장하지 않고": *New York Gazette* in 1749, in Bridenbaugh, *Cities in Revolt*, p. 113.

57 수 세기 동안 일반적인 폭력 범죄는 감소 추세였으며: Roth, *American Homicide*.

58 사회적 신뢰도의 기본 지표와 반비례: 위의 책., Introduction.

59 금주령이 실시되면서 알코올 소비량은 더 감소했다: 미국의 1인당 알코올 소비량에 관한 자료를 보면, 980~981년, 1906~1910년, 1830~1840년에 주기적으로 정점에 도달했음을 알 수 있다; 다음을 참조, *the First Statistical Compendium on Alcohol and Health* (National Institute on Alcohol Abuse and Alcoholism, February 1981); *NIAAA Quick Facts* (CSR, Inc., periodic); Burnham, "New Perspectives on the Prohibition 'Experiment' of the 1920s"; Blocker, Jr., *American Temperance Movements;* and the statistical appendix to Rorabaugh, *The Alcoholic Republic*. 1740년대 후반과 1750년대가 알코올 소비의 또 다른 전성기였다는 증거는 다음을 참조, Rorabaugh, *The Alcoholic Republic*, and Bridenbaugh, *Cities in Revolt*, ch. 3.

60 다른 향정신성 물질(대부분 각성제, 마취제, 환각제)도 비슷한 추이를 보인다: 마약 소비 동향을 보려면, 다음을 참조, Morgan, *Drugs in America: A Social History, 1800-1980* (1981) and Courtwright, *Dark Paradise: Opiate Addiction in America before 1940* (1982).

61 "마약을 단호히 거부하는 사회 이미지": David Musto in "Drug Use? America Can't Seem to Remember When," *Washington Post*, August 27, 1990.

62 "주도적인 지식인은 정치인이었으며 주로 정치를 고민했다.": Edmund Morgan, "The American Revolution Considered as an Intellectual Movement," in Schlesinger, Jr., and White (eds.), *Paths of American Thought*, p. 11.

63 "30년대의 종교적 공황": Handy, "The American Religious Depression, 1925-1935."

64 "미국 종교 역사상 그 어느 때보다": Ahlstrom, *A Religious History of the American People*, vol. 1, p. 442.

65 "더 높은 의식"을 향한 첫걸음: Ferguson, *The Aquarian Conspiracy*.

66 쇠망치로 부수는 퍼포먼스를 벌였다: 다음을 참조, Kate Wheeling, "When Michigan Students Put the Car on Trial," *Smithsonian Magazine*, April 2020.

67 "반란의 핵심": Hobbes, *Behemoth or The Long Parliament*, p. 58.

68 그 이후로도 1740년대, 1830년대, 1880년대, 1960년대에 대학가: 각성 세대, 초월 세대, 선교자 세대, 베이비붐 세대의 집단 일대기는 다음에서 인용됨. Strauss and Howe, *Generations*.

69 "어느 정도 예측 가능한 리듬": Barkun, "Communal Societies as Cyclical Phenomena."

70 "잔소리하거나 기도하거나, 설교하거나, 반대하려고": Emerson, "The Chardon Street Convention" (1884), in Emerson, *The Collected Works of Ralph Waldo Emerson*.

71 "칼을 품고 태어난 젊은이들": Emerson, *Historic Notes of Life and Letters in New England* (1883), in Emerson, *The Collected Works of Ralph Waldo Emerson*.

72 "깨끗한 생활 운동 주기": Engs, *Clean Living Movements*, p. 267.

73 "배부른 자의 철학": Cao Yu, quoted in *The Observer*, April 13, 1980.

74 일부 지표에서는 전례 없는 감소를 암시하는 징후: 다음을 참조, Public Religion Policy Institute (PRRI), *The 2020 Census of American Religion* (2021).

75 개인의 "변화(conversion)"와 공공의 "약속" 사이의: Bellah, *The Broken Covenant*, pp. 31–32.

5. 우연성, 복잡성, 세계 역사

1 "여우는 많은 것을 알지만, 고슴도치는 큰 사실 하나를 안다.": Berlin, *The Hedgehog and the Fox*, p. 91.

2 이 주기가 "세대"에 따라 움직이며 이는 "신비로운" 현상: 1936년 1월 27일 루스벨트, 대통령직 재지명 수락 연설; 연설문 문서 보관 the American Presidency Project (UC Santa Barbara).

3 보상이나 처벌에 예측 가능한 방식으로 대응: 다음을 참조, Hume, *An Enquiry Concerning Human Understanding*, section VIII, "Of Liberty and Necessity," Part II.

4   클링버그가 지적했듯: Klingberg, "The Historical Alternation of Moods in American Foreign Policy."

5   비유를 해보자: 이 비유는 다음에서 확인할 수 있다. Lewis, *Flash Boys*, p. 198.

6   모델스키는 긴 주기에 관한 연구(그는 이를 '크로노매크로폴리틱스 chronomacropolitics'라 칭했다)를 자연 주기 연구(크로노바이올로지 chronobiology)에 비유했다: George Modelski, "The Study of Long Cycles," in Modelski (ed.), *Exploring Long Cycles*, pp. 1-2.

7   "혼돈의 가장자리에서": Packard, *Adaptation Toward the Edge of Chaos*.

8   잠바티스타 비코(Giambattista Vico)나 독일 철학자 헤겔: 다음을 참조, Vico, *Principi di Scienza Nuova* ("Principles of New Science"), 다음을 참조 Hegel, *Phanomenologie des Geistes* ("The Phenomenlogy of Mind") (1807).

9   포유류 종의 약 3분의 2: Kendall, Prendergast, and Bjørnstadt, "The Macroecology of Population Dynamics: Taxonomic and Biogeographic Patterns in Population Cycles."

10   페로몬과 행동 신호로 조절될 수 있다고 추측한다: Miettinen, "Cyclical Metapopulation Mechanism Hypothesis: Animal Population Cycles Are Generated and Driven by a Population-Wide Hormone Cycle."

11   "또래라는 다리를 건너는 것이다.": Schowalter, "Childhood Circa 1995," *Wall Street Journal*, February 9, 1995.

12   평균연령이 21세에서 28세로 상대적으로 높았다: 다음을 참조, Wrigley et al., *English Population from Family Reconstitution*, p. 135.

13   대부분 소녀들이 10대 후반이 되도록 사춘기를 맞지 못했다: 다음을 참조, Wood, *Dynamics of Human Reproduction*, pp. 416-17 and p. 437, Figures 9.18, 9.19.

14   유럽보다 최소 2세 이상 어렸다: 다음을 참조, Haines, "Long Term Marriage Patterns in the United States from Colonial Times to the Present."

15   '사춘기'라는 용어를 널리 알리면서: Hall, *Adolescence*.

16   남녀 모두의 결혼연령 역시 사상 최저로 낮았으며: U.S. Census Bureau, "Figure MS-2 Median age at first marriage: 1890 to present" (2022).

17   29세로 사상 최고치를 기록하고 있다: 위의 책.

18   오늘날에는 역사상 가장 높은 27세가 됐다: 다음을 참조, Figure 3 in Mathews, "Mean Age of Mother, 1970-2000," and Osterman et al., "Births: Final Data for 2020," p. 4.

19 자신보다 나이 많은 가족 구성원(주로 부모)과 함께 산다: 다음의 표 참조 "Financial Issues Top the List of Reasons U.S. Adults Live in Multigenerational Homes," Pew Research Center, March 24, 2022, p. 12.

20 18세에서 24세 사이의 미국인을 지칭하는 새로운 용어인 "성인 모색기(emerging adulthood)": Arnett, "Emerging Adulthood."

21 평균연령은 53세에서 59세로 약 6세가량 많아졌다: 다음을 참조, "Generations of American Leaders," https://www.lifecourse.com/goal/overview.php.

22 1974년 이후 태어난 사람: 다음을 참조, "Generation Y" (editorial), *Advertising Age*, August 30, 1993, 'Y 세대'라는 용어는 당시 10대를 지칭하던 표현으로 1974년부터 1980년 사이에 태어난 모든 사람으로 정의됐다.

23 "Y 세대는 우리가 그들에 대해 더 깊이 알기 전까지만 존재한 임시 존재였다.": 작가는 Matt Carmichael, 다음에서 인용 "From GIs to Gen Z (Or is it iGen?): How Generations Get Nicknames," NPR, October 6, 2014.

24 미국 전체 평균의 3분의 2 수준으로 회복되기 시작했다: 다음을 참조, Lindert, *Unequal Gains*, pp. 203-4.

25 1866년부터 1872년까지에 걸쳐 치러진 네 차례의 선거: 다음을 참조, Leadership Shares at the Generations of American Leaders interactive database at Lifecourse Associates, https://www.lifecourse.com/goal/overview.php.

26 "경쟁의 법칙": Carnegie, The *"Gospel of Wealth" Essays and Other Writings*, pp. 2-3.

27 "결과가 어찌 됐건 소신대로 행동한": Conkling, in speech nominating Ulysses Grant for a third term as president, June 5, 1880.

28 "실용주의자": 제임스의 강의 참조, 이 강의는 제임스의 *Pragmatism*으로 출판됐다.

29 "도금 시대를 도금한 사람들": Geoffrey Blodgett, "Reform Thought and the Genteel Tradition," in Morgan (ed.), *The Gilded Age*, p. 56

30 "민주주의 국가에서는 새로운 세대가 곧 새로운 국민이다.": Tocqueville, *Democracy in America*, p. 448.

31 "땅은 살아 있는 세대의 소유다.": 토머스 제퍼슨이 제임스 메디슨에게 보내는 편지, 1789년 9월 6일, 다음에서 편지 자료를 확인할 수 있다. the Papers of Thomas Jefferson at Princeton University.

32 "한 세대와 다른 세대의 관계는 한 독립적인 국가와 다른 국가와의 관계와 같다":

위의 책.

33 "1820년 세대": 다음을 참조, Spitzer, *The French Generation of 1820*.

34 프랑스에서는: Kalman, "*Faisceau* Visions of Physical and Moral Transformation and the Cult of Youth in Inter-war France."

35 독일에서 "1871년 세대": 다음을 참조, Krol, *Germany's ConScience*, p. 77.

36 "배고픈 40년대": Hamerow, *Restoration, Revolution, Reaction*, p. 75.

37 "피와 철": Bismarck, in a speech at a meeting of the budget commission of the Prussian Parliament, September 30, 1862, quoted in Greusel, *Blood and Iron*, p. 159.

38 19세기 모든 세대 중에 가장 성적으로 억눌린 세대: 다음을 참조, Hale, Jr., *Freud and the Americans*, p. 29.

39 "1914년 세대": 다음을 참조, Wohl, *The Generation of 1914*.

6. 겨울 연대기

1 "그때 미국에 무슨 일이 일어났습니다.": 상원의원 대니얼 이노우에(Daniel K. Inouye)가 의회 합동 회의에서 한 연설, 다음에서 발췌함. the *Congressional Record*, vol. 141, no. 157 (October 11, 1995).

2 전쟁이 끝난 후 실시된 여론조사에서: Settersten et al., "Two Faces of Wartime Experience: Collective Memories and Veterans' Appraisals in Later Life."

3 로퍼(Roper) 여론조사에 따르면: Gelernter, *1939: The Lost World of the World's Fair*, p. 27.

4 "우울한 날들이 온다,": William Cullen Bryant, "The Death of the Flowers," 1825.

5 "하늘의 물과 인간의 마음이 돌로 변하는": Victor Hugo, *Les Misérables*, p. 158.

6 "패배한 빛과 승리한 어둠": Algernon Charles Swinburne, *Atalanta in Calydon* (1865), chorus, stanza 1.

7 미국인 대다수는 추축국 리더들을 재판 없이 즉결 처형하기를 원했으며: Berinsky, *In Time of War*, p. 38.

8 지지율은 하락하지 않았다: Kalmoe, *With Ballots and Bullets*, chapter 6, "Weighing the Dead."

9   "날마다 축제": Hemingway, *A Movable Feast.*

10   "쇼는 더 커지고, 건물은 더 높아지고": Fitzgerald, 다음에서 인용 Turnbull, *Scott Fitzgerald,* p. 183.

11   썰물처럼 빠져나간 시기: Allen, *Only Yesterday,* chapter 12.

12   100만 명 이상의 미국인이 신용거래로 주식을 매수했다: 위의 책, p. 260.

13   "하드보일드 시대의 고통스러운 환멸": 위의 책, p. 296-97.

14   "우리가 두려워해야 할 것은 오직 두려움 그 자체": 루스벨트의 첫 취임 연설, 1933년 3월 4일; 다음에 문서 자료가 보관돼 있다 the American Presidency Project (UC Santa Barbara).

15   언론이 늘 부정적인 것은 아니었다: 다음을 참조, Katznelson, *Fear Itself,* chapter 7.

16   "경제 왕당파"의 "탐욕"과 "욕심": 루스벨트 재선 수락 연설, 1936년 6월 27일; 다음에 문서 자료가 보관돼 있다. the American Presidency Project (UC Santa Barbara).

17   "나는 그들의 증오를 환영한다!": 루스벨트 뉴욕 매디슨 스퀘어 가든 연설, 1936년 10월 31일; 다음에 문서 자료가 보관돼 있다. the American Presidency Project (UC Santa Barbara).

18   "이 나라의 3분의 1": 루스벨트 뉴욕 매디슨 스퀘어 가든 연설, 1937년 1월 20일; 다음에 문서 자료가 보관돼 있다. the American Presidency Project (UC Santa Barbara).

19   "우리는 선전포고도 없이 자행되는 군사 전쟁, 경제 전쟁에 분노하고 있습니다.": 루스벨트 1939년 의회 연례 연설, 1939년 1월 4일; 다음에 문서 자료가 보관돼 있다. the American Presidency Project (UC Santa Barbara).

20   "단결된 국가로서 우리의 민주주의는 이제 행동에 돌입했다.": Roosevelt, March 15, 1941, cited in Katznelson, *Fear Itself,* p. 306.

21   "하룻밤 새 우리는 … 마침내 단결된 국민": Walter Lippmann, December 9, 1941, 위의 책에서 인용됨., p. 316.

22   완전한 시민권 획득을 보장: 다음을 참조, Euell A Neilsen, "The Double-V Campaign (1942-1945)," blackpast.org, July 1, 2020.

23   "창조의 주역들": Acheson, *Present at the Creation.*

24   "네 가지 자유" … "세계 모든 곳"에서 지켜져야 한다: 1941년 루스벨트 연두교서, 1941년 1월 6일; 다음에 문서 자료가 보관돼 있다. the American Presidency Project (UC Santa Barbara).

25 "이 전쟁은 가장 강력하고 가장 끈질기게 치러져야 하며": 1945년 루스벨트 연두교서, 1945년 1월 6일; 다음에 문서 자료가 보관돼 있다. the American Presidency Project (UC Santa Barbara).

26 "명백한 운명(manifest destiny)": John L. O'Sullivan, editor of the *Democratic Review*, in the journal (April 1859). 다음을 참조 Pratt, "The Origin of 'Manifest Destiny.'"

27 역사학자 조앤 프리먼(Joanne Freeman)의 표현을 빌리자면: Freeman, *The Field of Blood.*

28 노스캐롤라이나 휘그당 두 의원의 증언에 따르면,: 두 사람은 윌리 맹검(Willie Mangum)과 데이비드 아웃로(David Outlaw)다. 위의 책, pp. 158-59.

29 "시대는 무디고 비열하다.": John Greenleaf Whittier, "For Righteousness' Sake (Lines Inscribed to Friends Under Arrest for Treason Against the Slave Power)" (1856).

30 해리엇 비처 스토(Harriet Beecher Stowe)의 《톰 아저씨의 오두막》: Stowe, *Uncle Tom's Cabin.*

31 "우리는 서로를 너무도 증오했기에": Chesnut, *A Diary from Dixie,* entry for March 12, 1861, pp. 18-20.

32 "이제 미국에는 두 부류만 남았습니다. 반역자와 애국자": Grant, in letter to his father in 1861, quoted in Kalmoe, *With Ballots and Bullets,* p. 75.

33 "야만적이고 잔인한 정책": 리(Lee) 장군이 남부 연맹 장관 제임스 세든(James A Seddon)에게 보낸 편지, 1863년 1월 10일, 1863, 문서 자료는 the Lee Family Digital Archive에 보관돼 있으며, 리 가문 디지털 아카이브는 Stratford Hall, Stratford, Virginia에 있다.

34 "자유 안에서 잉태된 새로운 국가": 링컨, 게티즈버그 연설, 1863년 11월 19일, 연설문은 다음에서 확인 in the American Presidency Project (UC Santa Barbara).

35 "채찍으로 흘린 (노예의) 피 한 방울 한 방울이": 링컨, 두 번째 취임 연설, 1865년 3월 4일; 연설문은 다음에서 확인 the American Presidency Project (UC Santa Barbara).

36 "링컨을 우리 민주당의 일원이라고 말해야 할 때다": 루스벨트가 역사가이자 저널리스트인 클라우드 보워스(Claude Bowers)에게 보낸 편지, 1929년 4월 3일, 다음에서 인용 Rietveld, "Franklin D. Roosevelt's Abraham Lincoln," p. 13.

37 "자유 세상과 노예 세상 사이의 죽음을 건 싸움": 부통령 헨리 월러스(Henry

A. Wallace)의 연설, "Century of the Common Man", New York City, 1942년 5월 8일, in American Rhetoric, online speech bank, https://www.americanrhetoric.com, accessed November 2022.

38 "친애하는 국민 여러분, 지난 2년간": 루스벨트의 1944년 연두교서, 1944년 1월 11일; 문서는 다음에 보관돼 있다 the American Presidency Project (UC Santa Barbara).

39 "칼에 의한 구제": Abigail Adams, 다음에서 인용 Yazawa, *From Colonies to Commonwealth*, pp. 90-91.

40 "공격으로 결정해야 할 것": "George III's Official Correspondence 1772-1780," in Georgian Papers Programme (partnership of the Royal Collection Trust and King's College London), https://georgianpapers.com, accessed November 2022.

41 "폭정과 억압과 살인이": Abigail Adams, 다음에서 인용 Yazawa, *From Colonies to Commonwealth*, pp. 90-91.

42 "지금은 인간의 정신을 시험하는 때다": Paine, *The American Crisis*, no. 1 (December 19, 1776), first line.

43 19명의 노예가 탈출했다: "The Practice of Slavery at Monticello," the Jefferson Monticello website (Thomas Jefferson Foundation), https://www.monticello.org, accessed November 2022.

44 이 전투는 미국에서 벌어진 모든 전투 중 가장 큰 규모: 다음을 참조, Hoock, *Scars of Independence*, p. 316.

45 흑인과 백인을 모두 합한 약 7만 5,000명의 충성파와 함께: 다음을 참조, Jasanoff, *Liberty's Exiles*, p. 6 and appendix.

46 "전쟁은 끝났지만 참혹함은 지속됐다": Kulikoff, "Such Things Ought Not to Be.'"

47 1744년 이후부터 1790년까지 미국의 1인당 소득은 20~30퍼센트 감소했다: 다음을 참조, Lindert and Williamson, *Unequal Gains*, chapter 3, "When Did Colonial America Get Rich."

48 "대륙회의는 악용당하고, 비웃음거리가 되고, 거의 모든 기업의 원성을 샀다.": Rush, quoted in Taylor, *American Revolutions*, p. 319.

49 의회에 출석하는 대의원도, 회의에 참석하는 의원도 거의 없었다: 위의 책.

50 "명백하고 유일한 목적으로": Endorsement by the Continental Congress, according to Larson and Winship, *The Constitutional Convention*.

51 "공화국입니다. 여러분이 지킬 수만 있다면": 프랭클린, 필라델피아 제헌회의 대의원(및 서명자) 제임스 맥헨리(James McHenry)가 듣고 일기에 적은 인용문, 1787년 9월 18일; 다음을 참조, Josh Levy, "'A republic if you can keep it': Elizabeth Willing Powel, Benjamin Franklin, and the James McHenry Journal," *Unfolding History*, blog of the U.S. Library of Congress on its manuscript holdings, January 6, 2022.

52 나이도 젊은 편이었다: 엘킨스(Elkins)와 맥키트릭(McKitrick)은 메릴 젠슨(Merrill Jensen)이 파악한 연방주의 지도자 아홉 명과 반연방주의 지도자 아홉 명을 조사했다. 그 결과 연방주의 지도자 중 여섯 명이 1742년 이후에 태어났고(평균 출생 연도 1744.0) 반연방주의 지도자 중 두 명이 1742년 이후(평균 출생 연도 1734.8)에 태어났다는 사실을 발견했다. Elkins and McKitrick, "The Founding Fathers: Young Men of the Revolution," pp. 202-3.

53 지방에 연고를 두고 활동하는 지역 지도자들: 잭슨 터너 메인(Jackson Turner Main)은 1784년에서 1788년까지 주 대표 투표를 검토하며, 대표 의원을 '범세계적 성향' 의원과 '지역적 성향' 의원으로 구분했다. 전자에서 40세 미만은 47퍼센트에 달하는 반면, 후자에서는 그 비율이 32퍼센트에 불과했다. Main, *Political Parties Before the Constitution*, p. 377.

54 "맙소사, 완전히 잊고 있었네요!": 해밀턴(Hamilton)의 이 발언은 다음을 참조, Duffield, *The God of Our Fathers*, p. 15; 다음도 참조 Chernow, *Alexander Hamilton*, p. 236.

55 "정치와 전쟁을 공부해야 한다": 존 애덤스(John Adams)가 애비게일 애덤스(Abigail Adams)에게 보낸 편지, 1780년 5월 12일; 문서 보관 the Adams Family Papers (An Electronic Archive), Massachusetts Historical Society.

56 10명 중 아홉 명은 뉴잉글랜드나 체서피크(버지니아와 메릴랜드)에 살았다: 다음을 참조, Galenson, "The Settlement and Growth of the Colonies," tables 4.1 and 4.2, pp. 170-71.

57 10퍼센트에 달하는 엄청난 수: 다음을 참조, Mandell, *King Philip's War*, p. 164.

58 이후 30년 동안 북부와 서부의 마을들이 제대로 자리 잡지 못했다: 위의 책, pp. 167-68. 코튼 매더(Cotton Mather)가 *Magnalia Christi Americana*에서 언급한 바에 따르면, 필립 왕 전쟁으로 파괴된 마을 대부분이 다시 정착했다.

59 "버지니아주 시민 선언(Declaration of the People of Virginia)": 너새니얼 베이컨의 불만 선언문 이미지는 다음에서 확인할 수 있다. Colonial Williamsburg

Foundation, at the Encyclopedia Virginia, 온라인 사이트 https://
encyclopediavirginia.org/, accessed November 2022.

60 남부 식민지에서 흑인이 차지하는 비율은: 다음을 참조, Galenson, "The
Settlement and Growth of the Colonies," tables 4.1, 4.2, 4.3, and 4.4, pp.
170-73.

61 1776년의 영웅들보다 "정확히 100년 앞서": 제퍼슨은 토머스 매슈(Thomas
Mathew)의 새로 발견된 원고를 소개한다, in Mathew, *The Beginning,
Progress and Conclusion of Bacon's Rebellion in Virginia in the Years
1675 and 1676,* first page.

62 《은발의 투사(The Gray Champion)》: 호손의 단편소설 제목, *Twice-Told
Tales.*

63 "나는 사람들의 영혼으로 창문을 만들지 않을 겁니다.": 프랜시스 월싱엄 경
을 통해 엘리자베스 1세의 이 말이 널리 알려짐. 다음을 참조, "Quotes in
Context: Elizabeth I," in "History in the (Re)Making," www. https://
thehistoricalnovel.com/2018/04/10/quotes-in-context- elizabeth-i/,
accessed November 2022. Another version credited to Francis Bacon is
that Elizabeth was "not liking to make windows into men's hearts and
secret thoughts"; 다음을 참조 Bucholz and Key, *Early Modern England
1485-1714,* p. 126.

64 "신의 입김에 그들이 산산이 흩어졌다He blew, and they were scattered": 다
음 라틴어 책에서 번역함: "1588. *Flavit Jehovah et Dissipati Sunt.*"

65 전투 가능한 연령대 사람 10명 중 한 명을 징집해 군복무를 시켰다: 다음을 참조,
Bucholz and Key, *Early Modern England 1485-1714,* p. 150.

66 "내 몸은 힘없고 약한 여성의 몸이지만": 다음을 참조, Bucholz and Key, *Early
Modern England 1485-1714,* p. 146. 이 연설은 여러 가지 버전의 기록이 있
다. 다음을 참조, "Quotes in Context: Elizabeth I," in "History in the (Re)
Making," www.https://thehistoricalnovel.com/2018/04/10/quotes-in-
context-elizabeth-i/, accessed November 2022.

67 급진적인 휘그당이 처음 사용한 말: 다음을 참조, Hertzler, "Who Dubbed It
'The Glorious Revolution'?"

68 "프랑스의 늑대": 제3대 요크 공작, 요크의 리처드(Richard Plantagenet Duke
of York)의 대사 ("프랑스의 여자 늑대, 그러나 프랑스 늑대보다 더 사악한"),
Shakespeare, *Henry VI, Part 3,* Act I, Scene 4.

69 최소한 1만 명 이상의 병사들을 죽였다: 역사학자들이 가장 많이 인용하는 사망자 수는 2만 9,000명이며, 가장 적게 인용하는 사망자 수는 (대부분의 사망자가 나온) 랭커스터 가문 사망자 9,000명이다. 보수적으로 추정하면 두 가문의 군대가 합해서 약 5~6만 명이었고, 이 중 약 1만 명이 사망한 것으로 추정된다. 다음을 참조, James Ross, "The Battle of Towton (1461): a 550-year retrospective" (2011) lecture at the UK National Archives, or essay at https://cdn.nationalarchives.gov.uk/documents/towton.pdf, accessed Nov 2022.

70 남성 50명 중 한 명이 사망하는 엄청난 수였다: 1460년 영국의 추정 인구는 약 200만 명이었다. (Maddison in *The World Economy*, Table B-13, p. 247에서 1500년 인구 209만 6,000명 추정치 참조) 절반은 남성이었고, 남성 중 절반은 15세에서 50세 사이였다. 따라서 1만 명의 사망자는 이들 남성 인구의 약 2퍼센트에 해당한다.

71 많은 사망자를 낸 전투: 한 가지 비견할 만한 전투는 솜 전투로 전투 첫날 (1916년 7월 1일) 사망자 수는 약 2만 명으로 추정된다. 이는 타우턴 전투의 두 배에 해당하지만 1916년 당시 영국의 인구는 20배 더 많았다.

72 역사가들이 "새로운 군주"라 불렀던: 다음을 참조, Gunn, "Politic History, New Monarchy and State Formation."

73 "영국의 피는 땅의 거름이 될 것이고": Bishop of Carlisle, in Shakespeare, *Richard II*, Act IV, Scene 1.

74 사회들의 규모도 다양했다: 1940년 미국의 인구를 보려면, U.S. Census Bureau에서 10년마다 실시한 주민 인구 총계를 참고, 1680년 북아메리카 본토의 영국 식민지 인구는 다음을 참고. Gelenson, "The Settlement and Growth of the Colonies: Population, Labor, and Economic Development," Table 4.1, p. 170. 1500년 영국 인구는, 다음을 참고 Maddison, *The World Economy*, Table B-13, p. 247.

75 자녀의 절반이 성인이 되기 전 죽는 것: 대부분 현대사회 초기에는 태어나서 15세까지 생존하는 비율이 약 50퍼센트였다. 다음을 참조, "Mortality rates of children over the last two millennia," in Our World in Data, https://ourworldindata. org, accessed November 2022.

76 이미 더 건강하고 풍요로운: 1774년, 미국 식민지의 가구평균소득은 잉글랜드와 웨일즈의 가구평균소득보다 약 50퍼센트 더 높았고, 더 균등하게 분포됐다. 다음을 참조, Lindert and Williamson, *Unequal Gains*, p. 37.

77 1860년대에는 미국 아이들의 사망률이: 1860년 15세 생존율(백인만)은 다음

에서 발췌 Hacker, "Decennial Life Tables for the White Population of the United States, 1790 – 1900"; 1940년 15세 생존율(백인만)은 다음에서 발췌 U.S. Public Health Service, *United States Life Table and Actuarial Tables: 1939 – 1941* (1947); 2020년 15세 생존율은 다음에서 발췌 U.S. Centers for Disease Control and Prevention, *United States Life Tables, 2020* (National Vital Statistics Report, U.S. Centers for Disease Control and Prevention, August 8, 2022).

78 기술이 없는 미국 노동자의 평균임금은: 1790년부터 2020년까지 비숙련자 임금을 연도별 소비자물가지수로 조정한 자료. 두 자료 모두 다음에서 발췌했다. MeasuringWorth, https://www.measuringworth.com; accessed Nov 2022.

79 엘리아스 카네티(Elias Canetti)는 저서《군중과 권력》에서 군중에 관한 오래된 네 가지 규칙을 이야기한다: Canetti, *Crowds and Power,* part 1, "The Crowd."

7. 밀레니얼 위기

1 "우드로 윌슨은 거짓말을 했고, 국민은 죽었다": Kagan, *The Jungle Grows Back,* p. 19.

2 "계속 춤을 춰야 한다.": "Prince Finally Explains His Dancing Comment," *New York Times,* April 8, 2010.

3 "그 사실이 거품을 만든다.": 이 말은 영화 〈빅쇼트〉에서 투자가가 마이클 버리(크리스찬 베일 역)에게 한 대사다. *The Big Short,* 영화, 감독 Adam McKay (Regency Enterprises and Plan B, 2015).

4 "눈은 피로 물들었습니다.": 오바마. 대통령 취임 연설, 2009년 1월 20일; 문서는 다음에 보관돼 있다. the American Presidency Project (UC Santa Barbara).

5 '현재 미국이 가는 방향'에 대한 대중의 불만은 최고조에 달했다: 다음을 참조, "Satisfaction with the United States," Gallup, 2022.

6 "정치는 다른 수단을 가지고 지속하는 전쟁": Foucault, *"Society Must Be Defended,"* p. 16.

7 "전투를 통한 심판": "Rudy Giuliani Says 'Trial By Combat' Remark Before Capitol Violence Was 'Game of Thrones' Reference," *Deadline,* January 14, 2021.

8 "죽도록 싸우지 않으면": Trump, 다음에서 인용 "Incitement to Riot? What Trump Told Supporters Before Mob Stormed Capitol," *New York Times*, January 10, 2021.

9 펜실베이니아주의 선거 결과에 반대하는 안건을 표결에 부쳤다: 다음을 참조, "How Members of Congress Voted on Counting the Electoral College Vote," *Washington Post*, January 7, 2021.

10 승리가 어쩌면 또는 확실히 합법적이지 않았을 것: 다음을 참조, "Toplines and Crosstabs December 2021 National Poll: Presidential Election & Jan 6th Insurrection at the US Capitol," University of Massachusetts Amherst Poll, December 28, 2021.

11 약 30명은 노골적으로 "도둑맞은 선거": 다음을 참조, "See Which 2020 Election Deniers and Skeptics Won in the Midterm Elections," *New York Times*, November 9, 2022.

12 3분의 1 정도만이 의회의 승인을 얻었다: 다음을 참조, "See Everything the White House Wanted, and Everything It Got," *New York Times*, October 20, 2022.

13 100년간 투표 참여율 중에 가장 높았다: 다음을 참조, "National Turnout Rates 1789-Present," US Elections Project, https://www.electproject.org/national-1789-present, accessed December 2022.

14 정치를 "옳고 그름 사이의 투쟁": 다음을 참조, "Amid Campaign Turmoil, Biden Holds Wide Leads on Coronavirus, Unifying the Country," Pew Research Center, October 9, 2020.

15 지지하지 않는 정당이 승리하면 국가에 "지속적인 해를 끼칠 것": 위의 책.

16 "독재국가" 또는 "사회주의 국가"로 점차 변화시킬 것이라는 사실": Hunter, Bowman, and Puetz, *Democracy in Dark Times*, p 18.

17 지난 10년 전과 비교했을 때 표현의 자유가 "줄었다"고 말하는 사람: 다음을 참조, "America Has a Free Speech Problem," *New York Times*, March 18, 2022.

18 상대편 정당을 협박하거나 해치려는 의도: 다음을 참조, Rachel Kleinfeld, "The Rise in Political Violence in the United States and Damage to Our Democracy," 1월 6일 발생한 미국 국회의사당 공격을 조사하기 위한 특별위원회에서 나온 증언, March 31, 2022; Carnegie Endowment for International Peace 웹사이트에서 확인할 수 있다. 다음 자료도 참조 Kleinfeld, "The Rise of

Political Violence in the United States."

19 공격도 증가하고 있다: 위의 책.

20 사설 경호원을 고용해, 지출하는 비용이 수십만 달러에 달하는 것으로 알려졌다: 다음을 참조 "Lawmakers Confront a Rise in Threats and Intimidation, and Fear Worse," *New York Times,* October 1, 2022.

21 상당수는 자칭 '민병대' 운동: 다음을 참조, Kleinfeld, "The Rise of Political Violence in the United States."

22 지역구별로 표가 나뉘는 현상은 100년 만에 최저치로 줄고 있다: 다음을 참조 "Vital Statistics on Congress," Brookings Institution, February 8, 2021.

23 주 선거와 지역 선거에서도 이러한 현상이 더욱 두드러지게 나타난다: 다음을 참조 "Decline in Ticket-Splitting Reaches Beyond Congress," *Roll Call,* May 26, 2021.

24 "중대한 변화"나 "완전한 개혁"이 필요하다: 다음을 참조, "Many in U.S., Western Europe Say Their Political System Needs Major Reform," Pew Research Center, March 31, 2021.

25 파시즘 또는 바이든 대통령 표현에 따르면, "준파시즘"이다: "Biden Says 'Extreme MAGA Philosophy' Is Like 'Semi-Fascism,'" *The Hill,* August 25, 2022.

26 민주당이 집권 중일 때 민주당 지지자가 정부를 신뢰하는 정도보다 훨씬 강했다: 다음을 참조, Davide Morisi, "Republicans Trust the Government More Than Democrats Do Under Their Own Presidents," LSE Phelan United States policy blog hub, October 31, 2019.

27 "그 결과도 현실이 된다.": Thomas and Thomas, *The Child in America,* p. 572.

28 저소득층 유권자보다 민주당을 지지하는 비율이 더 높았다: 다음을 참조, Thomas Piketty, "Brahmin Left vs Merchant Right: Rising Inequality & the Changing Structure of Political Conflict," in Gethin, Martínez-Toledano, and Pikkety (eds.), *Political Cleavages and Social Inequalities,* p. 35.

29 비백인(특히 히스패닉 계열)의 표는 점점 더 많이 얻고 있다: 다음을 참조, Bowman and Goldstein, *The Exit Polls,* p. 7; 다음 자료도 참조 "Voters Of Color Are Backing the GOP at Historic Levels," CNN, July 17, 2022.

30 백인 대학 졸업자들이 다른 모든 비백인보다 더 큰 비중을 차지하는: 다음을 참조, "The Key Insights from Our First Poll of the 2022 Midterms," *New York*

Times, July 16, 2022.

31 같은 제목으로 책도 출간했다: Bishop, *The Big Sort.*

32 더 피하고 싶은 대상이 정치 성향이 다른 사람: 다음을 참조, "American Democracy in Crisis: The Fate of Pluralism in a Divided Nation," Public Religion Research Institute, February 19, 2019.

33 격전지 또는 혼조세를 … 2020년에는 여덟 곳에 불과했다: 다음을 참조, Dr. Randal S. Olson, "The Shrinking Battleground: Every 4 Years, Fewer States Determine the Outcome of the Presidential Election," January 13, 2015, https://randalolson.com/2015/01/12/the-shrinking-battleground-presidential-elections/, 그리고 "What Are Battleground States?," at Taegan Goddard's Electoral Vote Map, https://electoralvotemap.com/what-are-the-battleground-states/, both accessed December 2022.

34 "트라이펙타 정부(trifecta governments)"가 … 최고치를 기록했다: 다음을 참조, "State government trifectas," Ballotpedia (온라인에 주기적으로 업데이트됨), 그리고 Karl Kurtz, "A Significant Decline in Divided Government," *The Thicket at State Legislatures,* National Conference of State Legislatures blog, November 7, 2012.

35 2004년에는 48명이, 2020년에는 58명이 살았다: 다음을 참조, "For Most Americans, the Local Presidential Vote Was a Landslide," *Daily Yonder,* December 17, 2020.

36 전국 카운티의 83퍼센트 지역에서 이겼다: 다음을 참조, "How Democrats Are Losing the War for Counties," UVA Center for Politics, October 13, 2021.

37 트럼프를 지지하는 유권자가 선거 결과를 부정할 확률: 다음을 참조, Blake Hounshell, "Was Election Denial Just a Passing Threat," *New York Times,* November 28, 2022.

38 사람들의 뿌리 깊은 (정당) 충성도, 사회적 습관, 인생 목표에 따라서도 지역 색깔이 나뉜다: 다음을 참조, "America Has Two Economies—and They're Diverging Fast," Brookings Institution, September 19, 2019.

39 미국의 블루존(민주당 지역)은 더 부유하고, 더 건강하며: 다음을 참조, Case and Deaton, "The Great Divide: Education, Despair, and Death."

40 경제적 불평등이 더 심하고: 다음을 참조, "Blue Districts Have More Income Inequality Than Red Ones," *Axios,* June 6, 2018.

41 이웃과 더 친밀하며: 다음을 참조 Brueckner and Largey, "Social Interaction

and Urban Sprawl"; 다음을 참조 also "Where to Hear 'Hi, neighbor!': in the Suburbs," *Los Angeles Times,* November 27, 2006.

42 자선 모임이 더 많고: 다음을 참조, "The Most And Least Charitable States In The U.S. In 2017," *Forbes* (Dec 4, 2017).

43 더 재미있게 즐길 거리가 많고: 다음을 참조, Bishop, *The Big Sort,* pp. 152-55.

44 더 저렴하게 누릴 것이 많다: 다음을 참조, Ronald Brownstein, "America Is Growing Apart, Possibly for Good," *Atlantic,* June 24, 2022.

45 세 개의 의석이 이동하면서: 다음을 참조, "Redistricting 2021: Red States, Blue Voters," Brookings Institution, September 30, 2021.

46 마케터들은 정치적 성향에 따른 브랜드 선호도를 조사해: 다음을 참조, "Trader Joe's Democrats and Walmart Republicans: Modeling US Elections Using Chain Stores," *Towards Data Science,* a Medium publication, September 28, 2020.

47 "정치 성향이 맞는 곳으로 가서 투표할 것이다.": 다음을 참조, "Redfin Predicts a More Balanced Housing Market in 2022," Redfin, November 18, 2021.

48 "큰 위기가 오고 있다.": 다음을 참조 "'The Big One Is Coming' and the U.S. Military Isn't Ready," *Wall Street Journal,* November 4, 2022).

49 푸틴이 우크라이나를 침공하지 않았을 것: 2022년 2월 23일과 24일에 진행한 여론조사에 따르면, "미국 유권자의 62퍼센트는 트럼프 전 대통령이 계속 대통령직에 있었다면 푸틴이 우크라이나를 침공하지 않았을 것"이라고 답했다, 여론조사 기관 the Harvard Center for American Political Studies (CAPS)-Harris Poll 2022년 23-24일 실시; 다음을 참조 "62 Percent of Voters Say Putin Wouldn't Have Invaded Ukraine If Trump Were President: Poll," *The Hill,* February 25, 2022.

50 정치 분열도 더 커지고, 국가의 위상은 떨어질 것: 다음을 참조, "Looking to the Future, Public sees an America in Decline on Many Fronts," Pew Research Center, March 21, 2019.

51 미국인 3분의 2가 "국가 쇠퇴의 징후"를 느끼고 있다: Hunter, Bowman, and Puetz, *Democracy in Dark Times,* p 18.

52 "미국이 잘못된 방향으로 가고 있다"고 생각하거나: 다음을 참조, "Our Nation, Diverse and Divided," *Wall Street Journal,* December 27, 2019.

53 "현재 미국이 가고 있는 방향"에 불만족스럽다고 답했다: 다음을 참조, "Satisfaction with the United States," Gallup, 2022.

54 아메리칸 드림이라고 말했던: Adams, *The Epic of America*, p. 195.

55 30년간 미국인의 평범한 삶의 수준이 점점 하락할 것: 다음을 참조, "Looking to the Future, Public sees an America in Decline on Many Fronts," Pew Research Center, March 21, 2019.

56 자신들보다 자신들의 "경제 상황이 더 나빠질 것": 다음을 참조, "Economic Attitudes Improve in Many Nations Even as Pandemic Endures," Pew Research Center, July 21, 2021.

57 "현재의 재정 상태"에 만족하지만: 다음을 참조, "Historic Shift in Americans' Happiness Amid Pandemic," NORC at the University of Chicago, June 2020.

58 70대에도 경제적 이유: 다음을 참조, "Looking to the Future, Public sees an America in Decline on Many Fronts," Pew Research Center, March 21, 2019.

59 거의 절반 가까운 사람들은 혜택이 아예 없어질 것이라고 생각한다: 위의 책.

60 "미국의 경제 시스템이 최고 부유층에게만 유리하게 돌아가며": Hunter, Bowman, and Puetz, *Democracy in Dark Times*, p 11.

61 "평범한 미국인을 희생시키면서 이익을 추구할 때가 많다": 위의 책., p 12.

62 시간이 흐를수록 민주주의가 약화된다고 말한다: 다음을 참조, "Yahoo! News Survey—January 6th," YouGov, June 10-13, 2022.

63 "미래에는 미국이 민주주의 국가가 되지 못할 것": 위의 책.

64 "또 다른 내전 위기가 닥칠 수 있다": 다음을 참조, "New Poll Shows Majority of Americans Worried About Another U.S. Civil War," Engagious, October 1, 2020.

65 내전이 "일어나지 않을 것"이라고 말하는 사람보다 "일어날 것"이라고 말하는 사람이 더 많다: 다음을 참조, "Will the U.S. Have Another Civil War?" Zogby, February 4, 2021.

66 "국가로부터 분리돼야 한다": 다음을 참조, "New Initiative Explores Deep, Persistent Divides Between Biden and Trump Voters," UVA Center for Politics, September 30, 2021.

67 "정부에 대한 폭력은 어떤 경우에도 정당화될 수 없다"고 말하는 미국인이 90퍼센트에서 62퍼센트로 줄었다: 다음을 참조, Washington Post-University of Maryland poll, December 17-19, 2021.

68 "의회나 법원의 제약을 받지 않고": 다음을 참조, "New Initiative Explores Deep, Persistent Divides Between Biden and Trump Voters," UVA Center

for Politics, September 30, 2021.

69 65세 이상은 10명 중 한 명만이: 다음을 참조, "Yahoo! News Survey—January 6th," YouGov, June 10-13, 2022.

70 40세 이하의 유권자들은 60세 이상 유권자가 20년 전 40대였을 때보다: Mounk, *The People Vs. Democracy,* pp. 105-10.

71 "우린 미국이야, 개자식아.": "A Senior White House Official Defines the Trump Doctrine," *Atlantic,* June 11, 2018.

72 "중산층을 위한 외교정책": "Real Talk About a Foreign Policy for the Middle Class," *Washington Post,* May 20, 2021.

73 그 자체에 주기적 종결의 씨앗을 품고 있다: Klingberg, "The Historical Alternation of Moods in American Foreign Policy."

74 이 두 나라를 부정적 시각으로 보는: 다음을 참조, "Views of Russia and Putin Remain Negative Across 14 Nations," Pew Research Center, December 16, 2020; "Unfavorable Views of China Reach Historic Highs in Many Countries," Pew Research Center, October 6, 2020.

75 대만이 침략당하면: Smeltz et al., *A Foreign Policy for the Middle Class,* p. 31.

76 성인 93퍼센트가 지금의 가족생활에 만족한다고 답했다: 다음을 참조, "Americans Largely Satisfied with 10 Personal Life Aspects," Gallup (April 8, 2019).

77 조부모, 부모, 성인이 된 자녀가 함께 사는 가족의 비율은 지난 수십 년간 비율 중 가장 높으며: 다음을 참조, Pew Research Center, "Financial Issues Top the List of Reasons U.S. Adults Live in Multigenerational Homes" (March 24, 2022).

78 자신의 직업: 다음을 참조, "Satisfaction with job or housework," GSS Data Explorer (2022), https://gssdataexplorer.norc.org/trends, accessed November 2022.

79 결혼 생활: 다음을 참조, "Happiness of marriage," GSS Data Explorer (2022).

80 자녀들의 초·중·고 교육: 다음을 참조, "K-12 Parents Remain Largely Satisfied with Child's Education," Gallup (August 26, 2021).

81 "미국인들은 가족과 가까운 공동체의 삶에 놀라울 정도로 만족하고 있다.": 다음을 참조, "AEI Survey on Community and Society," American Enterprise Institute (February 2019).

82 1970년대 갤럽이 설문조사를 실시한 이후 가장 큰 수치다: 다음을 참조, "Satisfaction with Own Life Five Times Higher Than with U.S.," Gallup (January 31, 2022).

83 "역사의 끝"에 도달했다: Fukuyama, *The End of History and the Last Man*.

84 "동떨어지고 고립된" 미국: Washington, in Washington and Rogers, *Washington's Farewell Address to the People of the United States, 1796*, p. 22.

85 미국이 이전에도 이러한 "교착의 시대"를 지나온 적이 있으며: 다음을 참조, Fiorina, *Unstable Majorities*, chapter 9.

86 휘그당이나 토리당 그 어느 쪽도 살아남을 수 없으며: Greene, 다음에서 인용 Hoock, *Scars of Independence*, p. 319.

87 "스탈린 델라노 루스벨트(Sralin Delano Reesevelt)": Arch Republican William Randolph Hearst, 다음에서 인용 Kennedy, *Freedom from Fear*, p. 277.

88 1857년 불황: Huston, *The Panic of 1857 and the Coming of the Civil War*.

89 1772년 런던 신용위기: Sheridan, "The British Credit Crisis of 1772 and The American Colonies."

90 1672년 재무부의 전면 중지 사태: Li, "The Stop of the Exchequer and the Secondary Market for English Sovereign Debt, 1677 – 1705."

91 역사상 최대 규모의 재정적자를 냈다: 2007년 이후 미국 연방정부의 채무 증가 공개 자료는 다음을 참조, "Historical Tables," U.S. Office of Management and Budget (online). 2002년 이후 연방준비제도의 자산 증가에 관해서는, 다음을 참조, FRED online (economic data from the St. Louis Federal Reserve Bank). 과거 회계연도 연방 예산 총잔액에 관한 자료는 다음을 참조, OMB "Historical Tables."

92 성장세를 멈추고 점차 감소하기 때문이다: 2020년부터 2040년까지 모든 '선진국'의 20~64세 총인구 예측 추세는 다음 자료에 따름. "World Population Prospects 2022" (medium fertility variant), United Nations Population Division.

93 미국의 민주주의는 61위였다: 이는 다음 출처의 자료에 따른 것이다. Freedom House's "Total Global Freedom Score" 2022년 11월 기준, https://freedom house.org/.

94 한 연구소는 이런 민주주의를 "후퇴하는 민주주의"라고 부른다: 다음을 참조, "Global State of Democracy Report 2021," International IDEA, 2021.

95   또 다른 연구소는 "아노크라시(anocracy)": 다음을 참조, "Polity Project," Center for Systemic Peace, https://www.systemicpeace.org/polityproject. html, accessed November 2022.

96   "이는 미국이 생각보다 내전 상황에 가까이 와 있음을 의미한다.": Walter, in "Is Civil War Coming to America?" *New York Times* (Jan 18, 2022).

97   아무도 내전 가능성을 예측하지 못했으며 "모두 놀랐다": 다음을 참조, "Are We Really Facing a Second Civil War?," *New York Times,* January 6, 2022.

98   "그 누구도, 아무리 똑똑한 사람도, 많이 배운 사람도 이런 일이 일어나리라고는 예측하지 못했다.": Adams, *The Education of Henry Adams,* p. 42.

99   "항공 93편 선거": Publius Decius Mus, "The Flight 93 Election," *Claremont Review of Books,* September 5, 2016.

100 "트럼프의 다음 쿠데타는 이미 시작됐다": "Trump's Next Coup Has Already Begun," *Atlantic,* December 6, 2021.

101 "이제 미국은 파시즘의 합법화 단계에 있다": "America Is Now in Fascism's Legal Phase," *Guardian,* December 22, 2021.

102 "미국은 모두 하나가 되거나, 모두 남이 될 것이다": Lincoln, "A House Divided" speech at Springfield, Illinois, June 16, 1858, in Basler (ed.), *The Collected Works of Abraham Lincoln,* vol. 2, pp. 461-69.

103 1870년 이후 선진국 20곳을 대상으로 한 연구: Funke, "Going to Extremes: Politics After Financial Crises, 1870 – 2014."

104 불평등이 심화하며, 시민 불안이 커지는 현상: 다음을 참조, "A Vicious Cycle: How Pandemics Lead to Economic Despair and Social Unrest," International Monetary Fund, October 16, 2020.

105 "평화적 분리 독립은 매우 드물다.": 다음을 참조, "Secession," Centre for Constitutional Studies, July 4, 2019, https://www.constitutionalstudies. ca/2019/07/secession/, accessed December 2022.

106 "이미 시작됐는지 아닌지는 아무도 모릅니다": "제3차 세계대전은 '이미 시작됐는지도 모른다' 젤렌스키의 발언" NBC News, March 16, 2022.

107 55퍼센트에서 80퍼센트로 증가했다: 다음을 참조, "The Global Expansion of Authoritarian Rule," Freedom House, February 2022, p. 4.

108 독재국가에 사는 사람의 비율이 49퍼센트에서 70퍼센트로 증가했다: 다음을 참조, "Democracy Report 2022," V-Dem Institute, March 2022, p. 6.

109 가파르게 하락하고 있다: 다음을 참조, "Trade (% of GDP)" 또는 "Exports of

Goods and Services (% of GDP)," World Bank online, 1970년 이후 세계 연
간 데이터 시리즈에서 두 측정 기준에 다르면 2008년에 정점을 찍었다.

110 인접한 국가들 사이의 장벽 수는 16개에서 90개로 다섯 배나 증가했다: 다음
을 참조, "As Migration Is Rising, So Are Border Barriers," *Deutsche Welle*,
August 13, 2021.

111 미셸 부커(Michele Wucker)의 말대로: Wucker, *The Gray Rhino*.

112 네 개의 "적"이자 "경쟁국": 다음을 참조, "Annual Threat Assessment of
the US Intelligence Community," Office of the Director of National
Intelligence, April 9, 2021.

113 "인도-태평양 나토(NATO)": "Spectre of 'Indo-Pacific NATO' accelerates
China's Decoupling from the West," *Financial Times*, March 26, 2022.

114 "중국의 질서"와 "서구의 혼돈"을 비교: 다음을 참조, "Xi's New Slogan for
China's Trajectory: 'Time and Momentum Are on Our Side,'" Mercatus
Institute for China Studies, July 9, 2021.

115 "시간과 기세는 우리 편이다.": 다음을 참조, "The Long Game: China's Grand
Strategy to Displace American Order," Brookings Institution, August 2,
2021.

116 "미국의 주적은 미국 자신이다.": 다음을 참조, "Beijing's Visions of American
Decline," *Politico*, March 11, 2021.

117 즉각 전쟁을 벌이자고 제안했다: 다음을 참조, "The 'Foreign War Panacea,'"
New York Times, March 17, 2011.

118 "피할 수 없는 전쟁이나 일어날 가능성이 큰 전쟁": Kennan, *The Cloud of
Danger* (1977), p. 202.

119 "어둠 속에 무엇이 숨겨져 있는지는 아무도 모른다.": Lukacs, *The Duel*, p. 214.

120 "왜 단치히를 위해 죽어야 하는가?": *"Mourir pour Danzig?," L'Oeuvre*, May 4,
1939.

121 "새로운 제도, 새로운 동맹": "Text of Zelensky Virtual Address to Congress,"
Washington Post, March 16, 2022.

8. 우리 사회는 어떻게 변화할 것인가

1   전쟁 이후 미국은 단수 명사가 됐다: 구글 엔그램의 자료를 토대로 비교한 결과

1865년부터 미국을 단수형으로 표기한 "The United States is"이 미국을 복수형
으로 표기한 "The United States are"을 급격히 앞지르기 시작했고, 1874년부터
는 계속 앞질렀다.

2 "인간과 우주와의 관계에 있어서 혁명적 변화": 스팀슨의 1945년 5월 31일 일기,
임시 위원회와 초청된 과학자들에게 보내는 메시지가 기록돼 있다. 일기 사본은
다음에서 확인할 수 있다. http://www.doug-long.com/stimson.htm.

3 1945년에 이르러서는 미국 정부가 미국 공장 및 자본 시설의 무려 40퍼센트를
소유했다: 다음을 참조, Hooks, "The Weakness of Strong Theories," pp. 37-
38.

4 "콜럼버스의 후손들이여!": Colonel David Humphreys, *A poem, on the
happiness of America: addressed to the citizens of the United States* (1786).

5 "한 줄기에서 나온 과학과 한 줄기에서 나온 도덕…": Timothy Dwight,
Greenfield Hill: a poem, in seven parts (1794).

6 "자유의 제국": 제퍼슨은 이 표현을 자주 사용했다. 예를 들어 1780년 12월 25일,
조지 로저스 클라크(George Rogers Clark)에게 보낸 편지에 이 표현이 있다, 자
료는 다음에서 확인할 수 있다. Founder Online, U.S. National Archives.

7 "개인주의는 사라지고 있으며, 다시는 돌아오지 않을 것이다.": Rockefeller, 다음
에서 인용 Topik, *Global Markets Transformed,* p. 102.

8 "우수한 수준의 공공 평화를 구축": McNeill, *The Pursuit of Power,* p. 117.

9 "전쟁은 국가를 만들었고, 국가는 전쟁을 만들었다.": Tilly, "Reflections on the
History of European State-Making," p. 42.

10 "전장을 위해 구축된 기계 조직": Ellis and Maginn, *The Making of the British
Isles,* title of chapter 4.

11 "전쟁의 결과로 국가는 더욱 강해진다": Hegel, 다음에서 인용됨 Porter, *War
and the Rise of the State,* p. xvi.

12 "내적 평정(internal pacification)": Giddens, *The Nation-State and Violence,*
chapter 7, p. 181.

13 전근대 사회보다 약 10배에서 100배 정도 낮은 수준이다: 다음을 참조, Pinker,
The Better Angels of Our Nature, chapter 3.

14 사람들이 자제력과 '문명'에 익숙해지는 방식: Elias, *The Civilizing Process.*

15 "사람들이 굴하지 않고 싸울 수밖에 없는 이해관계": Becker, "The Dilemma of
Modern Democracy," p. 19.

16 영구적이거나 중대한 이해관계에 관한 치명적인 굴복: 위의 책.

17 "같은 상황에서 발생하는 공통적 산물이다.": Sumner, *A Study of the Sociological Importance of Usages, Manners, Customs, Mores and Morals*, p. 13.

18 "외부 갈등이 내부 결속력을 높인다": Putnam, *Bowling Alone*, p. 267.

19 이러한 성향이 인간에게 유전적으로 내재해 있다고 믿는다: Pagel, *Wired for Culture*, 특히 6장 마지막 부분의 주장을 살펴보라.

20 "강도 소굴" 실험: Sherif, "Experiments in Group Conflict" in *Scientific American*, November 1956. 심리학자 엘리자베스 호퍼(Elizabeth Hopper)의 다음 자료도 참조, "What Was the Robbers Cave Experiment in Psychology?," ThoughtCo, November 21, 2019, https://www.thoughtco.com/robbers-cave-experiment-4774987, accessed November 2022.

21 "가장 폭력적인 충돌을 촉발하기에 충분하다.": In Madison, *The Federalist Papers* (1787-88), no. 10; text archived online at U.S. Library of Congress.

22 "이타적인 집단이 이기적인 집단을 이긴다.": Wilson and Wilson, "Rethinking the Theoretical Foundation of Sociobiology," p. 345.

23 "서로의 지킴이가 된다.": Solnit, *A Paradise Built in Hell*, p. 3.

24 "지역 공동체에서 리더 역할을 하는 등": Bauer et al., "Can War Foster Cooperation?," p. 250.

25 "조국을 위해 잃을 목숨이 하나밖에 없다는 사실이 안타까울 뿐이다.": Seymour, *Documentary Life of Nathan Hale*, p. 310.

26 "그 보답으로 우리는 국가에 무엇을 해줄 것인지 자문해야 할 때입니다.": 1884년 5월 30일 메모리얼 데이에 홈스가 뉴햄프셔주 킨에서 존 세지윅(John Sedgwick) 장교의 공화국의 위대한 군대(Grand Army of the Republic) 제4소대 앞에서 한 연설, 이 연설은 다음에 수록돼 있다, *The Occasional Speeches of Justice Oliver Wendell Holmes*.

27 취임 연설, "국가가 나에게 무엇을 해줄 수 있는지 묻지 말고…": "국가가 당신을 위해 무엇을 해줄 수 있는지 묻지 말고, 당신이 국가를 위해 무엇을 할 수 있는지 물어보라." 이 유명한 말은 케네디가 1961년 1월 20일 취임 연설에서 한 말이다; 자료 보관 the American Presidency Project (UC Santa Barbara).

28 "전쟁은 우리에게 단 하나의 가장 큰 순간이었으며, 지금도 그렇습니다.": Kennedy, quoted in Renehan, *The Kennedys at War*, chapter 1.

29 "전쟁이 우리에게 준 강인함과 회복력을 길러주지 못합니다.": 위의 책.

30 "정당이나 정치적 이해관계를 떠나 단결할 수 있어야 합니다.": 1963년 6월 11

일 케네디가 백악관에서 시민의 권리에 관해 미국 국민에게 보낸 보고서; 문서는 다음에 보관돼 있다. John F. Kennedy Presidential Library and Museum (Boston, Massachusetts).

31 "전쟁에 상응하는 도덕": James, "The Moral Equivalent of War."

32 "국가를 지탱하는 반석": 위의 책.

33 "전쟁이 계속 존재해야 한다고 믿는다.": 위의 책.

34 대단히 "역설적": 위의 책.

35 자신의 세대가 했던 것처럼 그렇게 적극적으로 나서지는 않을 것: 올리버 웬들 홈스, "군인의 신념(The Soldier's Faith)", 1895년 5월 30일, 메모리얼 데이에 하버드대학교에서 한 연설, *The Occasional Speeches of Justice Oliver Wendell Holmes.*

36 "정부에서 나왔습니다. 제가 도와드리겠습니다": 1970년대 이후 레이건 대통령이 한 말로 알려져 있다. 1968년 8월 12일 기자회견 영상 자료가 남아 있다. 자료는 다음에서 확인할 수 있다. Ronald Reagan Presidential Foundation & Institute (online).

37 "정부는 없다. 나는 너희를 죽이러 왔다": Ian Morris, "In the Long Run, Wars Make Us Safer and Richer," *Washington Post*, April 25, 2014; 다음을 참조 also Morris, *War! What Is It Good For?*, p. 17.

38 "상당히 중요한 사회적 재편이 이루어진": Kennedy, *Freedom from Fear*, p. 377.

39 "1870년의 자신감 넘치고, 목적의식이 있으며, 체계화된 국가": Nevins, "A Major Result of the Civil War."

40 "역사상 그 어떤 혁명보다도 급진적이고 사회적인 변화였다.": Wood, *Radicalism of the American Revolution*, pp. 5-6.

41 2010년 들어 이로 인한 사망률이 급증했다: 다음을 참조, Case and Deaton, *Deaths of Despair and the Future of Capitalism.* 다음도 참조, Case and Deaton, "Rising Morbidity and Mortality in Midlife Among White Non-Hispanic Americans in the 21st Century."

42 1930년 대공황 초기에도 이로 인한 사망률이 급증했다: 다음을 참조, "Long-Term Trends in Deaths of Despair, from the Long-Term Capital Project," Joint Economic Committee of the U.S. Congress, September 2019.

43 "인간이 싫어하는 것은 고난의 필요성을 느끼지 못하는 것이다.": Junger, *Tribe*, p. xxi.

44 친절과 우정, 협동 정신 등이 크게 강화된다: Fritz, *Disasters and Mental Health*; pp. 28-44에서는 "고통받는 자들의 공동체"라는 표현을 언급하며 공동체 유대감 형성과 신경증적 행동 완화를 소개하고 있다.

45 "왜 대규모 재난이 정신 상태를 건강하게 만드는가?": 위의 책., p. 1.

46 이 연관성을 연구하는 사회과학 학문이 등장했다: 다음을 참조, Gelfand, *Rule Makers, Rule Breakers*, 연구와 관련해 많은 참고 자료가 있으며, 특히 4장을 참조할 것.

47 "친사회적 성향과 문화적 성취에 기여할 뿐 아니라": 제프 그린버그 (Jeff Greenberg)의 "죽음의 현저성(Mortality Salience)"은 바우마이스터(Baumeister)와 보스(Vohs)가 편집한 다음 백과사전에 수록돼 있다, *Encyclopedia of Social Psychology*, pp. 592-93.

48 개인의 안전을 위협하는 것이 감지되면 그 사회는 더욱 밀접해진다: 다음을 참조, Gelfand, *Rule Makers, Rule Breakers*, chapter 4.

49 대가족과 확대가족에 있어서 그야말로 폭발적인 르네상스 시대를 다시 맞고 있다: 다음을 참조, Pew Research Center, "Financial Issues Top the List of Reasons U.S. Adults Live in Multigenerational Homes" (March 24, 2022).

50 녹색과 파랑이었다: 다음을 참조, Melleuish, "Of 'Rage of Party' and the Coming of Civility."

51 "미래 세대가 겪을 범국가적 위기에 대처": 루스벨트가 1936년 4월 25일 뉴욕에서 열린 제퍼슨의 만찬 자리에서 한 연설; 자료는 다음에 보관돼 있다. the American Presidency Project (UC Santa Barbara).

52 "민병대 열풍": Royster, *A Revolutionary People at War*, chapter 1, "*Rage Militaire.*"

53 이른바 "조직화 된 전쟁"으로 전환: Nevins, "A Major Result of the Civil War."

54 "이 프로그램에 참여하는 이들이 서로를 알아볼 수 있도록 해달라": Roosevelt, quoted in Katznelson, *Fear Itself*, p. 229.

55 "법이 약속하고도 실제로 지키지 못한 것을 이행한다. 바로 모든 이의 평등이다.": Survivor cited by Junger, *Tribe*, pp. 43-44.

56 상위 5퍼센트의 전체 소득 비중은 3분의 1로 감소했다: 다음을 참조, Putnam, *Bowling Alone*, p. 271.

57 국내 테러로 인한 사망자 및 기소당한 사람의 수가 급증했다: Seth G. Jones, "The Evolution of Domestic Terrorism," 이 자료는 2022년 2월 17일 범죄, 테러, 국토 안보에 관한 하원의 사법 소위원회의 진술로 확인할 수 있다; 다음

자료도 참조, "Terrorism in America 18 Years After 9/11," *New America*, September 2019.

58 "누구도 소외되지 않는 국가를 만들기 위해": Roosevelt, 다음에서 인용. Perkins, *The Roosevelt I Knew*, p. 109.

59 사회적 지위를 얻으려고 돈을 추구하는 사람이 그 반대의 경우보다 훨씬 더 많다: 다음을 참조, Ridgeway, "Why Status Matters for Inequality," especially p. 2.

60 "내 상사가 개자식이라는 사실을 유일하게 이해해 줄 백악관 사람": 노스캐롤라이나 공장 근로자, 다음에서 인용. Kennedy, *Freedom from Fear*, p. 297.

61 더 좋은 일자리를 얻어 다른 주로 이사하는 퇴역 군인들이 많았다: 다음을 참조, Lee, "Military Service and Economic Mobility." 373쪽과 375쪽 통계표 참조.

62 귀환한 참전 용사 약 절반이 대학에 입학하거나 기술 교육을 받았는데: 다음을 참조, *75 Years of the GI Bill: How Transformative It's Been* (U.S. Department of Defense, January 9, 2019).

63 1950년의 평균임금은 41퍼센트, 1955년에는 64퍼센트까지 증가했다: 다음을 참조, United States Bureau of the Census, "Series D 722-727. Average Annual Earnings of Employees: 1900 to 1970," *Historical Statistics of the United States, Colonial Times to 1970, Part 1* (1975), p. 164.

64 요크타운 전투 당시 대륙군(미국과 프랑스 연합군)의 5분의 1을 차지했던: 다음을 참조, Lanning, *Defenders of Liberty*, chapter 15, "The Assessment: Numbers, Influence, Results."

65 연방군의 10분의 1을 차지하고 있었기 때문이다: 다음을 참조, "Black Soldiers in the U.S. Military During the Civil War," Educator Resources, U.S. National Archives.

66 인원이 부족한 반군 부대를 채우는 사안: 다음을 참조 Levine, *Confederate Emancipation*, p. 4.

67 "항상 가장 강력한 충격의 결과였다.": Scheidel, *The Great Leveler*, p. 6.

68 "늘 보고 믿던 것을 쉽게 불신하는 사람은 없기 때문이다.": Temple, in "An Essay Upon the Original and Nature of Government" (written in 1671), 이 에세이는 다음에 포함돼 있다, *The Works of Sir William Temple*, p. 98; 명확한 표현을 위해 편집됐다.

69 "권력은 총구에서 나온다.": Mao Zedong in 1938, in Mao Zedong, *The Little Red Book*, p. 36. 마오쩌둥이 이 말을 처음 한 것이 1927년이라는 의견도 있다.

70 "강압적인 권력의 개입이 없으면 자신의 이익을 위해": 워싱턴이 존 제이에게 보내는 편지, 1786년 8월 1일. 다음 자료의 웹 에디션으로 확인할 수 있다. Philip B. Kurland and Ralph Lerner (eds.), *The Founders' Constitution*, a joint venture of the University of Chicago Press and the Liberty Fund, https://press-pubs.uchicago.edu/founders/, accessed Nov 2022.

71 "눈앞의 위험보다 등 뒤의 위험이 훨씬 더 크기 때문이다.": Adams, 다음에서 인용 Hoock, *Scars of Independence*, p. 188.

72 '권위(authority)'라는 단어가 '자유(liberty, freedom)'보다 두 배 이상 자주 등장한다: *The Federalist Papers* (1787-88)에서 사용된 단어 횟수를 토대로 함; 자료는 다음 온라인 사이트에서 확인할 수 있다. U.S. Library of Congress. Variants of "authority" appear 373 times; variants of "freedom," 7 times; variants of "liberty," 168 times.

73 "무기를 고르는 기준은 무해성이 아니다.": Stevens, 다음에서 인용 Miller, *Thaddeus Stevens*, p. 182.

74 "남부 전역을 초토화": 위의 책.

75 "전쟁은 잔인하며, 이 사실은 바뀌지 않는다": 셔먼이 조지아주 애틀랜타 시장과 시의원에게 보내는 편지, 1864년 9월 12일, Sherman, *Sherman's Civil War*, pp. 707-9.

76 "항상 '연방'의 정서로 되돌아간다.": 위의 책.

77 만약 그렇게 하지 않았다면 연방은 무너졌을 것이고: 링컨이 매슈 버차드 (Matthew Birchard)와 다른 이들에게 보내는 편지 1863년 6월 29일, in Smith, *The Writings of Abraham Lincoln*, pp. 406-10.

78 "약하고 무능한 정부에서 나온다는": 루스벨트 노변담화, 1938년 4월 14일; 다음에 자료가 보관돼 있다. the American Presidency Project (UC Santa Barbara).

79 "내게 자유 아니면 죽음을 달라!": 헨리가 2차 버지니아 회의에서 한 연설 중 발언. 1775년 3월 23일, 오랜 세월이 흐른 후 다음에 기록됐다 Wirt, *Sketches of the Life and Character of Patrick Henry*, p. 123.

80 "각자도생하는 수밖에 없다": 1776년 7월 4일, 선언문에 서명하는 프랭클린에 관한 '일화'로 언급된 인용문, in Sparks, *The Works of Benjamin Franklin*, vol. I, p. 408.

81 "먼 미래를 내다보는": Hamilton, in *The Federalist Papers* (1787-88), no. 34; 다음에서 온라인 자료로 확인할 수 있다. U.S. Library of Congress.

82 "무한하고, 정의할 수 없고, 끝이 없으며, 영원한": 클레이 Clay, 1850년 2월 5-6

일, 콜턴에 있는 미국 상원에서 한 연설, (ed.), *The Works of Henry Clay*, p. 844.

83 시민의 가능성 영역을 개방한다: 다음을 참조 Olson, *The Rise and Decline of Nations, especially* chapter 7.

84 "비전이 명확해지며, 야망이 길러지고, 성공을 이룰 수 있다.": Keller, *Helen Keller's Journal, 1936-1937*, entry for December 11, 1937.

85 〈자유의 노래(The Liberty Song)〉: John Dikinson의 노래, 1768. 디킨슨 노래의 역사는 다음에서 볼 수 있다. Dickinson College Archives & Special Collections.

86 〈자유의 미국(Free America)〉: Joseph Warren의 노래, 1774. 가사는 다음에서 확인할 수 있다. Song of America, https://songofamerica.net/.

87 〈딕시(Dixie)〉: Daniel Decatur Emmett의 노래, 1859. 가사는 다음에서 확인할 수 있다. Song of America, https://songofamerica.net/.

88 〈공화국 전투 찬가(Battle Hymn of the Republic)〉: 윌리엄 스테프(William Steffe)의 음악, 1850년대, 줄리아 워드 하우(Julia Ward Howe) 작사, 1861, 그리고 하우가 *The Atlantic*에 발표함, February 1862.

89 〈떠나간 많은 이(Many Thousand Gone)〉: 작자 미상. 미국 발라드 배경 정보, 가사, 샘플 녹음은 다음 웹사이트를 참조, https://balladofamerica.org/many-thousand-gone/,accessed November 2022.

90 〈왜 우리는 싸우나〉: 미국 전쟁부(US Department of Warpd)서 총 7편의 영화를 제작했으며, 프랭크 캐프라와 아나톨 리트박(Anatole Litvak)이 감독을 맡았다 (1942-1945).

91 〈신이여 미국을 축복하소서(God Bless America)〉: Irving Berlin 노래, 1918, 1938년에 수정됨.

92 〈이 땅은 당신의 땅(This Land Is Your Land)〉: Woody Guthrie 노래, 1940.

93 〈카사블랑카〉: "Casablanca", 영화, Michael Curtiz 감독 (Warner Bros., 1942).

94 〈지상에서 영원으로〉: "From Here To Eternity", 영화, Fred Zinneman 감독 (Columbia Pictures, 1953).

95 〈휘파람을 불며 일하라(Whistle While You Work)〉: Frank Churchill 작곡, Larry Morey 작사, 영화 〈백설공주와 일곱 난쟁이(Snow White and the Seven Dwarfs)〉 삽입곡으로 만든 노래 (Walt Disney Productions, 1937). 가사는 다음에서 확인할 수 있다. lyrics.com.

96 〈긍정적으로 생각하기(Ac-Cent-Tchu-Ate the Positive)〉: Harold Arlen 작곡,

Johnny Mercer 작사, Bing Crosby 노래 (1944). 가사는 다음에서 확인할 수 있다. lyrics.com.

97 〈무지개 너머(Over the Rainbow)〉: "Over the Rainbow," Harold Arlen 작곡, Yip Harburg 작사, Judy Garland 노래, 다음 영화의 삽입곡으로 쓰였다. *The Wizard of Oz,* Mervyn LeRoy 감독 (1939). 가사는 다음에서 확인할 수 있다. lyrics.com.

98 〈감성적 여정(Sentimental Journey)〉: Les Brown과 Ben Homer 작곡, Bud Green 작사, Doris Day 노래, 1944. 가사는 다음에서 확인할 수 있다. lyrics. com.

99 〈즐거운 나의 집(Home Sweet Home)〉: Sir Henry Bishop이 작곡한 이 곡은 1823년 John Howard Payne의 다음 오페라 *Clari, or the Maid of Milan*에 사용됐다. 1852년 정식으로 발표된 이후 인기를 얻었다.

100 만화가 토머스 내스트(Thomas Nast)가 처음으로 산타클로스를 그린 그림이: "Santa Claus in Camp," 커버 일러스트 *Harper's Weekly,* January 3, 1863.

101 〈화이트 크리스마스(White Christmas)〉: Irving Berlin 노래, Bing Crosby 노래; 다음 영화의 삽입곡, *Holiday Inn,* Mark Sandrich과 Robert Allen 감독 (Paramount Pictures, 1942).

102 "미국이 파시즘과 싸우는 데 필요한 노래": "'White Christmas' Was the Song America Needed to Fight Fascism," *Washington Post,* December 25, 2021.

103 "우리 생애 최고의 날들": "The Best Years of Our Lives", 영화, William Wyler 감독 (Samuel Goldwyn Productions, 1946).

104 "위기가 닥치면, 누가 진정한 친구인지 알 수 있다.": 매직 존슨(Magic Johnson)의 말.

105 《립 밴 윙클》: 이 이야기는 워싱턴 어빙(Washington Irving)의 다음 책에 최초로 수록됐다. *The Sketch Book of Geoffrey Crayon, Gent,* 1819부터 1820까지 시리즈로 출간됐다.

106 "이제 이 나라에 다시는 그런 시대는 오지 않을 것이다.": Silas Lapham, in Howells, *The Rise of Silas Lapham,* p. 20.

107 "내가 태어난 나라에 사는 것 같지 않다.": Ticknor, *Life, Letters, and Journals of George Ticknor,* p. 397.

108 "내가 내 조국의 이방인이 된 기분이다": For a 2019 survey, 다음을 참조 "Anger at the News," Axios Survey Monkey poll (October 17-20, 2019). For 2021, 다음을 참조 "Competing Visions of America: An Evolving Identity or a

Culture Under Attack?," Public Religion Research Institute. For 2022, 다음을 참조 "Our Precarious Democracy: Extreme Polarization and Alienation in Our Politics," University of Chicago Institute of Politics.

109 "형언할 수 없는 두려움이 엄습한다. 신이여, 우리에게 지혜와 강건함을 주소서.": Adams, *The Works of John Adams: Volume 2*, p. 338.

9. 우리 삶은 어떻게 달라질 것인가

1 "우주적 낙관주의": Miller, *The New England Mind: The Seventeenth Century*, pp 37-38.

2 "우리를 현자처럼 … 행동하게 해달라.": Adams, 다음에서 인용 Maier, "Coming to Terms with Samuel Adams."

3 '참된 종교와 선한 도덕'을 국가 기조로 삼는: 다음을 참조, Strout, *The New Heavens and New Earth*, pp. 67-68.

4 "신의 심판대 앞에서": 줄리아 워드 하우가 쓴 "The Battle Hymn of the Republic"에 나오는 표현; published by Howe in *The Atlantic*, February 1862.

5 "세상에 가장 큰 해악을 끼치는 건": Adams, 프레더릭 밴크로프트(Frederic Bancroft) 일기에서 애덤스의 말이 인용됐고, 이 일기의 일부는 1955년 12월 출간됐다. Jacob E. Cooke, "Chats with Henry Adams," *American Heritage*, December 1955.

6 "기독교인이나 신사처럼 점잖게 싸우지 않았으며": 매리언에 관한 영국 장교의 발언은 다음 책에서 인용, Whitney, *The Colonial Spirit of '76*, p. 296.

7 "불은 금을 시험하고": Seneca the Younger, *De Providentia* (*"Ignis aurum probat, miseria fortes viros"*).

8 "어마어마한 규모의 웅장한 프로젝트를 야심 차게": Esler, *The Aspiring Mind of the Elizabethan Younger Generation*, p. 165.

9 "행복한 혁명": Mather, cited in Miller, *The New England Mind: From Colony to Province*, p. 159.

10 "오랫동안 억눌린 세대 간의 긴장이 완화되고": T. H. Breen, "Transfer of Culture: Chance and Design in Shaping Massachusetts Bay, 1630-1660," in Breen, *Puritans and Adventurers*.

11 "인간의 모든 위대함은 우리 안에 있다.": Colonel David Humphreys, *The Glory of America; or Peace Triumphant over War* (1783).

12 "자녀를 억압해야 할": Cotton Mather, *The Young Man's Preservative* (1701).

13 "책임지고 가정 내 모든 무질서를 관리하라": 다음을 참조, Edmund Morgan in "Puritan Tribalism," in Morgan, *The Puritan Family*.

14 "혁명의 요람에 갇혀 있었다": Clay, 다음에서 인용됨, Peterson, *The Great Triumvirate*, pp. 8-9.

15 "월계관 없는 승리를 거뒀다.": 웹스터가 1843년 6월 17일 벙커힐 기념비 제막식에서 한 헌정 연설, 연설문은 다음을 참조, American Battlefield Trust (online).

16 "절대적으로 복종하는 문화": 언급된 외국인은 프랑스에서 온 조르주 피슈(Georges Fisch), 다음에서 인용됨 Smith and Judah, *Life in the North During the Civil War*, pp. 309-11.

17 "폭풍우가 몰아치는 바깥세상으로부터": Kett, *Rites of Passage*, p. 116.

18 88세에 도달한 비율은 불과 7퍼센트였다: 출생 연도에 따른 생존율 추정치는 모두 인간 생명표를 기반으로 한 다운로드 가능한 분석 도구인 "The Longevity Visualizer"에서 도출했으며, 이 도구는 다음 기관에서 발행하고 제공한다. Office of the Chief Actuary, U.S. Social Security Administration.

19 "잃어버린 세대": Hemingway, *A Movable Feast*, p. 74.

20 "죽도록 술만 마신다": 위의 책.

21 《태양은 다시 떠오른다》: Hemingway, *The Sun Also Rises*, 1926.

22 "나이를 먹는다고 현명해지지 않는다. 다만 신중해질 뿐이다.": Hemingway, *A Farewell to Arms*, chapter 35.

23 "군산복합체": 아이젠하워, 라디오 및 텔레비전에서 미국 국민에게 전하는 작별 연설, 1961년 1월 17일; 문서 자료는 다음에 보관돼 있다. the American Presidency Project (UC Santa Barbara).

24 "더 큰 행보를 할 때": 케네디, ("이제 더 큰 걸음을 내디딜 때입니다") 1961년 5월 25일, 국가 긴급 요구에 관한 의회 특별 메시지; 문서는 다음에 보관돼 있다. the American Presidency Project (UC Santa Barbara).

25 "공포가 수면 위로 올라와 폭발하는 것을 봤다.": 틸리히, 휴스턴 스미스(Huston Smith)와의 인터뷰, *Search for America* (Season 2, 1959) video series, episode 16 ("Human Fulfillment"). 다음을 참조, Huston Smith archives, http://hustonsmith.org/SfA.htm.

26 "들판이든 가정이든 국가든": "Antrobus," 와일더의 대사, 다음 연극 3막, *The*

Skin of Our Teeth.

27 "딱히 별다른 이유도 없이 미친 짓을 한 세대가 있었던가?": Cowley, *A Second Flowering*, p. 248.

28 "가장 위대한 세대": Brokaw, *The Greatest Generation*.

29 "이 나라를 다시 움직이게 하겠다": Senator John F. Kennedy, Remarks at Salem, Ohio, Stadium, October 9, 1960); 문서 보관 the American Presidency Project (UC Santa Barbara).

30 "그들은 시험을 마주하고 이겨내는 데 익숙하다.": 다음을 참조, "America's Mood Today," *Look*, June 29, 1965.

31 대거 사임하거나 낙선했다: 하원에서 G.I. 세대 점유율은 1973년 58.5퍼센트에서 1975년 46.8퍼센트로 10퍼센트 이상 하락했고, 젊은 침묵 세대에게 과반수 의석을 빼앗겼다; 다음을 참조 "Generations of American Leaders," https://www.lifecourse.com/goal/overview.php.

32 "무력하고 가엾은 거인": 닉슨, 동남아시아 상황에 관한 대국민 연설, 1970년 4월 30일; 문서는 다음에 보관 the American Presidency Project (UC Santa Barbara).

33 "큰 의미를 담은 아름다운 단어": 부시, 뉴올리언스 공화당 전당대회에서 대통령 후보 지명 수락 연설, 1988년 8월 18일; 문서는 다음에 보관돼 있다. the American Presidency Project (UC Santa Barbara). 전체 인용문: "그리고 이것이 크고 아름다운 의미를 지닌 단어, 공동체의 개념입니다."

34 "조지 베일리가 태어나지 않았다면": Angel "Clarence," in 멋진 인생 *It's a Wonderful Life*, 영화, Frank Capra 감독 (Liberty Films, 1946).

35 저널리스트 게일 쉬이(Gail Sheehy) 덕분에: Sheehy, *Passages*.

36 〈타임〉에서 당시 젊은이들의 중요한 특징을 다룬 심층 에세이를 냈다: "The Younger Generation," *Time*, November 5, 1951.

37 평범한 젊은이들은 서른 살이 되면: 다음을 참조, Easterlin, *Birth and Fortune*, Chapter 2, "The Economic Fortunes of Young Adults."

38 대다수 은퇴한 노년층보다 더 잘살게 된다: 1959년, 가족 구성원 중 25-34세의 중위 소득은 65세 이상의 소득보다 약 두 배 높았고, 가족이 아닌 개인의 경우 세 배 높았다. 다음을 참조, "Income of Families and Persons in the United States: 1959," *Current Population Reports: Consumer Income*, Series P-60, no. 35 (U.S. Bureau of the Census, January 5, 1961), p. 25.

39 미국 역사상 그 어느 세대보다도: 다음을 참조, Strauss and Howe,

Generations, p. 284.

40 "행운의 세대": 다음을 참조, Easterlin, *Birth and Fortune*, Chapter 1, "Accident of Birth: Generation Size and Personal Welfare."

41 "소수의 행운아들(the lucky few)": Carlson, *The Lucky Few*.

42 노년층은 청년층보다 훨씬 가난했다: 1959년, 18-64세의 공식적인 빈곤율은 17.0퍼센트, 65세 이상의 빈곤율은 35.2퍼센트였다. 다음을 참조, "Historical Poverty Tables: People and Families—1959 to 2021," Current Population Survey (2022), U.S. Census Bureau.

43 순자산 중앙값이 다른 연령대 순자산 중앙값을 넘어섰고: 다음을 참조, "Changes in U.S. Family Finances from 2007 to 2010: Evidence from the Survey of Consumer Finances," *Federal Reserve Bulletin 98*, no. 2 (June 2021): 17.

44 "어른들에게서 본 것을 축소한 버전이었다.": Frank Conroy, "My Generation," *Esquire*, October 1968.

45 "다른 사람의 인정": Manchester, *The Glory and the Dream*, p. 578.

46 "기술직 세대": 위의 책, pp.778-79.

47 텐더 트랩(The Tender Trap): 영화, Charles Walters 감독 (Metro-Goldwyn-Mayer, 1955). 또한, "(Love Is) The Tender Trap," 이 노래는 영화를 위해 만들어졌다(1955).

48 "우리는 평소처럼 눈에 띄지 않게 그 간극 자체를 점령했다.": Wade Greene, "Fiftysomething—and in Charge," *New York Times*, January 2, 1990.

49 쟁쟁한 후보들과의 "격차" 때문에 "난쟁이" 취급을 받았다: 다음을 참조, "Will Hart's Demise Give Us the Late, Late Mario Scenario?," *Washington Post*, May 24, 1987.

50 "이력은 화려하지만 표현력은 부족하다": "Richard Lugar: A Resume in Search of Rhetoric," *Washington Post*, February 3, 1996.

51 "수천 개의 작은 요새가 있는 세상이 된다.": Walzer, *Spheres of Justice*, p. 39.

52 젊은 입법자였던 시절 밀어붙여 통과된: 다음을 참조 Strauss and Howe, *Generations*, p. 284.

53 "우리 시대의 마지막 바보들": Tilly, 다음에서 인용, Putnam, *Bowling Alone*, 2020, p. 255.

54 "인생의 80퍼센트는 보여주기 위한 것": Allen, 다음에서 인용, "He's Woody Allen's 1-1-Silent Partner," *New York Times*, August 21, 1977.

55 "식사를 마쳤다": Harry "Rabbit" Angstrom, in Updike, *Rabbit Is Rich*, p.

629.

56　"나는 좋은 사람인가?": Ryan, 라이언 일병 구하기 *Saving Private Ryan,* 영화, Steven Spielberg 감독 (Dreamworks, Paramount, Amblin Entertainment, and Mutual Film,1998).

57　"계속 쌓아 올리세요, 어머니. 우리가 다 무너뜨릴 테니!": David Brackman, "My Generation," *Esquire,* October 1968.

58　"접히거나, 맞물려 돌아가거나, 절단되기": 1964년 버클리 자유연설운동(Free Speech Movement)에서 인기를 끈 포스터 문구("나는 접히지도, 비틀리지도, 훼손되지도 않을 것이다"), 다음에서 인용됨. Gerstle, *The Rise and Fall of the Neoliberal Order,* p. 100.

59　'자큐스'에서 자쿠지를 즐기는 세대로 바뀌었다고 해도: Gitlin, *The Sixties,* p. 433.

60　베이비붐 세대가 정점을 먼저 찍고, 이후 급속히 쇠퇴한 것: 출생 그룹별로 분석 CPS(인구조사) 중간 가계소득 데이터는 다음을 참조, Howe and Elliott. "A Generational Perspective on Living Standards," Figure 2, p. 102.

61　1943년에 태어난 베이비붐 세대의 90퍼센트: 다음을 참조, Chetty et al., "The Fading American Dream."

62　"베이비붐 세대는 흐름을 완전히 숙지했다": Russell, *The Master Trend.*

63　"혼자 사는 기술": Klinenberg, *Going Solo.*

64　"구도자 세대": Roof, 다음을 참조, *A Generation of kers.*

65　젊은 층보다 중년층에서 훨씬 높게 치솟았다: 1990부터 2020년까지, 45-54세 연령대의 '좌절로 인한 사망'(자살, 알코올 관련 사망, 약물 관련 사망을 모두 합한 것) 비율이 퍼센트와 퍼센트포인트 모두에서 가장 크게 증가했으며, 54-64세 연령대가 두 번째로 높은 증가율을 보였다. 다음을 참조, *Long-Term Trends in Deaths of Despair,* Social Capital Project, Report No. 4-19, Joint Economic Committee of the U.S. Congress (September 2019), data supplement tables (Excel file).

66　오토바이 사고로 인한 30세 미만 미국인의 사망률은 50세 이상 미국인 사망률의 다섯 배였는데: 미국 교통부(U.S. Department of Transportation)의 사망자 분석 보고 시스템(FARS) 데이터에 '사망자 현황: 오토바이 및 ATVs' (연령대와 성별 구분)이 시간대별로 요약돼 있다. 미국 고속도로 안전보험연구소(Insurance Institute for Highway Safety)와 고속도로 사망데이터연구소(Highway Loss Data Instiualte)가 온라인으로 집계한 자료를 참조할 것. https://www.iihs.

org/topics/fatality-statistics/detail/motorcycles-and-atvs#age-and-sex.

67 생활 습관과 관련한 만성질환 발병률이 더 높다: 65세 이상 집단의 만성질환 유
병률 상승에 관한 최근의 훌륭한 자료는 다음을 참조, Zheng, "A New Look at
Cohort Trend and Underlying Mechanisms in Cognitive Functioning."

68 약 3분의 1이, 특히 후기 베이비붐 세대는: 다음을 참조, "Millions of Baby
Boomers Are Getting Caught in the Country's Broken Retirement System,"
Washington Post, May 4, 2020. 다음 설문조사 결과도 참조, GOBankingRates
survey, tabulated by age in Sean Dennison, "64% of Americans Aren't
Prepared for Retirement—and 48% Don't Care," Yahoo! News, September
23, 2019.

69 베이비붐 세대는 다른 세대보다 동의하는 비율이 낮았다: 다음을 참조, Metlife,
2011 Metlife Study of the American Dream (survey conducted in 2011 by
Strategy First Partners and Penn Schoen Berland).

70 "훌륭한 가치관"을 심어주는 것: 다음을 참조, Allianz, The Allianz American
Legacies Pulse Survey (survey conducted in 2012 by Research Now),
https://www.allianzlife.com/-/media/files/allianz/documents/ent_1371_
n.pdf, accessed November 2022.

71 베이비붐 세대는 미국 하원에서 24년 동안 다수의 입지를 누렸으며: 다음을 참
조, "Generations of American Leaders," https://www.lifecourse.com/goal/
overview.php.

72 "역사상 가장 윤리적인 행정부": 대통령 당선인으로서 클린턴, 1992년, 다음에서
인용 "Ethical Issues Facing the White House," *New York Times,* November
3, 1996.

73 "절차적 공화국": Sandel, "The Procedural Republic and the Unencumbered
Self."

74 공식적으로 선전포고를 한 테러리스트 분파 단체를 지원했다: 선언문은 버나딘
돈(Bernardine Dohrn)이 녹음하고 익명으로 라디오 방송국에 보내졌다; 다음
을 참조, "The Americans Who Declared War on Their Country," *Guardian,*
September 20, 2003.

75 조지 월리스(George Wallace)에게 표를 주는 비율이 다른 연령대보다 두 배나
높았다: 다음을 참조, Lipset and Ladd, Jr., "The Political Future of Activist
Generations."

76 "나는 시스템을 바꾸려고 온 것이 아니라 시스템을 걷어차 버리려고 왔다":

Gingrich, quoted in "Adding Aye of Newt," *New York Times,* March 23, 1989.

77   베이비붐 세대가 주도권을 잡은: 베이비붐 세대는 1994년 선거에서는 하원에서, 2000년 선거에서는 상원에서 과반수 의석을 차지했다; 다음을 참조, "Generations of American Leaders," https://www.lifecourse.com/goal/overview.php.

78   기억에서 사라지고 있음을 인정했다: 다음을 참조, "As Leaders, Boomers Are a Bust," *New York Times,* June 27, 2014.

79   진실은 자신이 피해자라고 인식하는 사람의 "생생한 경험"을: Crenshaw, 다음에서 인용, "Intersectionality at 30: A Celebration Hosted by the Department of Gender Studies," London School of Economics and Political Science, https://www.lse.ac.uk/gender/events/2018-19/lt/Intersectionality-at-30-A-Celebration, accessed November 2022.

80   "많은 이가 나와 같은 방식으로 생각하기 때문이다.": Trump, 다음에서 인용, Kurt Andersen, "How America Lost Its Mind," *Atlantic,* September 2017.

81   "책도 없고, 연설도 없고, 대화도 없고, 생각도 없던": Emerson, 전체 인용문: "1790년부터 1820년까지, 미국에는 책도, 연설도, 대화도, 사상도 없었다." 다음에서 인용됨. Wood, *Empire of Liberty,* p. 543.

82   1950년대에 인기를 끌었던 … 주도자가 늘 되고 싶어 했다: 구글 엔그램에서 두 구문의 사용 기록을 확인할 수 있다. "파워 엘리트(power elite)"라는 말은 1950년대에 가장 빠르게 사용 빈도가 증가해 1970년에 정점을 찍었다. 반면 "문화 엘리트(cultural elite)"라는 말은 1990년에 가장 빠르게 사용 빈도가 증가해 2004년에 정점을 찍었다.

83   오늘날 대가족 르네상스 현상은: 다음을 참조, Pew Research Center, "Financial Issues Top the List of Reasons U.S. Adults Live in Multigenerational Homes" (March 24, 2022).

84   "그들 세대가 직면하게 될 결과": Carstensen, "Baby Boomers Are Isolating Themselves as They Age," *Time,* May 12, 2016.

85   '활동적인'이나 '자격이 있는' … 더 많이 사용되고 있다: '연장자(senior)'라는 말의 사용 빈도는 2002년 이후 4분의 1정도 줄어든 반면, '노인(elder)'라는 말의 사용은 같은 기간 3분의 1 증가했다. 이 정보는 구글 엔그램을 통해 확인할 수 있다.

86   "지혜를 사회에 다시 기여하는 현자": Schachter-Shalomi and Miller, *From*

Age-ing to Sage-ing, p. 20.

87 '할멈'이나 '마녀': 이 두 단어는 1980년 이후 사용 빈도가 약 네 배 증가했다. 이 정보는 구글 엔그램을 통해 확인할 수 있다.

88 "우리를 창조적으로 다시 꿰매주는 기능을 하는": Halifax, 다음에서 인용 Schachter-Shalomi and Miller, *From Age-ing to Sage-ing* (2008), p. 83.

89 "이 망가진 지구": Warren, "Why Be Concerned About Hell?," PastorRick. com, accessed November 2022.

90 "이 세대는 운명과 마주하고 있다.": 루스벨트, 1936년 6월 27일 펜실베이니 아주 필라델피아에서 진행된 대통령 재지명 수락 연설; 자료 보관 American Presidency Project (UC Santa Barbara).

91 "신께 감사하게도 오직 물질적인 것들": 루스벨트, 1933년 3월 4일 대통령 취임 연설; 자료 보관 American Presidency Project (UC Santa Barbara).

92 "종교적 각성의 불길을 통해 사회적, 정치적, 경제적으로 해결책을 찾지 못할 문제는 없다": 1938년 1월 17일 루스벨트가 미국연합감리교회(United Methodist Council)에 보내는 환영 편지; 문서 보관 American Presidency Project (UC Santa Barbara).

93 "상업주의 세대에서 이상주의 세대의 출현": Churchill, *Mr. Crewe's Career*, p. 53.

94 "더 높은 사회적 도덕성": Addams, *Democracy and Social Ethics*, p. 70.

95 "미덕과 악덕, 선과 악에 관한 초기의 전제": Howe, *Confessions of a Reformer*, p. 17.

96 "공공의 문제에 도덕을 적용하는 예언자들": Santayana, *Character and Opinion in the United States*, pp. 4-5.

97 "큰 정치적 문제는 본질적으로 큰 도덕적 문제": Bryan, *The First Battle*, p. 344.

98 "링컨 이후 어떤 미국인 지도자도 따르지 않던 젊은이들이": Schlesinger, Jr., *The Crisis of the Old Order*, p 19.

99 "낙원, 엘리시움, 천국, 신의 도시, 밀레니엄 등의 이름으로": Berenson, *Aesthetics and History*, p. 137.

100 엄청난 베스트셀러였던 할 린지(Hal Lindsey)의 《마지막 위대한 행성 지구 (The Late Great Planet Earth)》: Lindsey and Carlson, *The Late Great Planet Earth*.

101 《신들의 전차?(Chariots of the Gods?)》: Däniken, *Chariots of the Gods?*.

102 "인류를 위대한 변화로 이끄는 … 직관을 지닌 세대": Redfield, 다음에서 인용

"Prophecy Fulfilled: The Celestine Sequel," *Newsweek*, June 23, 1996.

103 "저녁 어스름이 사위면": Longfellow, 이 문구는 1875년, 롱펠로가 보든대학 (Bowdoin College) 50주년 행사에서 읽은 시 〈Morituri Salutamus〉에 나오는 표현이다.

104 베이비붐 세대는 미국의 방향에 대해 다른 세대보다 더 우울하게 전망했다: 다음을 참조, "Baby Boomers: The Gloomiest Generation," Pew Research Center (June 25, 2008).

105 "모든 참혹함과 절멸까지도 동반할 수 있는 전쟁을 선택하겠다.": Witherspoon, 다음을 인용, Roche, *The Colonial Colleges in the War for American Independence*, p. 29.

106 "전쟁이 찾아내고, 부수고, 뒤집게 내버려두라": 1862년 에머슨이 기록한 일기 내용으로 다음에서 발췌함. Masur (ed.), *The Real War Will Never Get in the Books*, pp. 133-34.

107 연방정부의 전체 수입보다 지출이 더 커질 것이다: CBO는 2045년 GDP 대비 사회보장 및 의료보험 프로그램 지출은 14.7퍼센트, 순이자 지출은 5.5퍼센트, 연방 총세입은 18.7퍼센트가 될 것으로 예상한다. 다음을 참조 *The 2022 Long-Term Budget Outlook* (U.S. Congressional Budget Office, July 27, 2022).

108 "예상치 못한 수확의 축제를 향해 가는 중이다.": Karpel, *The Retirement Myth*, chapter 16, "Owl Mountain," pp. 229-44.

109 "고대인의 모습으로": In "The Gray Champion," 다음의 단편에 수록. Hawthorne, *Twice-Told Tales* (1837).

110 "빛나는 강철에 새겨진 불같은 복음": Julia Ward Howe가 작사한 노래 "The Battle Hymn of the Republic"; 1862년 2월 *The Atlantic*이 발표.

111 "뉴딜정책 이사야": Term coined by H. L. Mencken, in "The New Deal Mentality," *American Mercury 36* (May 1936).

112 "부러운 죽음": 처칠이 하원에서 한 추도사 (1945년 4월 17일); 다음을 참조, "What Mackenzie King's Diaries Reveal About the Day Franklin Delano Roosevelt Died," *Maclean's*, April 21, 2020.

113 〈조찬 클럽〉: *The Breakfast Club*, 영화, John Hughes 감독 (A&M Films,1985).

114 〈세인트 엘모의 열정〉: *St. Elmo's Fire*, 영화, Joel Schumacher 감독(Channel-Lauren Shuler, 1985).

115 더글라스 코플랜드가 자신의 또래 친구들과 이전의 베이비붐 세대 사이의 크나큰 격차를 냉소적으로 다룬 소설: Coupland, *Generation X*.

116 〈타임〉지의 상징적인 표지 사진: "Twentysomething," *Time* cover, July 16, 1990.

117 출산율은 대공황 이전의 최저치 수준으로 떨어졌다: 1971년, 미국의 총출산율 (TFR)은 2.01명으로 이전 최저치인 2.12명(1936년)보다 낮아졌고, 1976년에는 1.74명으로 하락해 2018년까지 최저 수준을 유지하고 있다. TFR 연간 데이터 (1960부터) FRED 온라인 사이트 (St. Louis Federal Reserve Bank의 경제 데이터) 그리고 (1917년부터 1959년까지 부분 추정치) 자료를 참고할 것. "Natality Statistics Analysis: United States, 1963," Vital and Health Statistics, NVSS, series 21, no. 8, U.S. Department of Health, Education, and Welfare (March 1966), Table 1.

118 '어린이 모습의 실종': Postman, *The Disappearance of Childhood*.

119 〈로즈메리의 아기〉: *Rosemary's Baby*, 영화, Roman Polanski 감독 (William Castle Enterprises, 1968).

120 〈엑소시스트〉: *The Exorcist*, 영화, William Friedkin 감독 (Hoya Productions, 1973).

121 〈이츠 얼라이브〉: *It's Alive*, 영화, Larry Cohen 감독 (Larco Productions, 1974).

122 〈옥수수밭의 아이들〉: *Children of the Corn*, 영화, Fritz Kiersch 감독 (Los Angeles Entertainment Group et al., 1984).

123 "평범함의 물결": National Commission on Excellence in Education, *A Nation at Risk: The Imperative for Educational Reform* (April 1983).

124 〈벅시 말론〉: *Bugsy Malone*, 영화, Alan Parker 감독 (Goodtimes Enterprises and Robert Stigwood Organization, 1976).

125 "우리는 쓸모없어!": 웨인 캠벨(Wayne Campbell, 마이크 마이어 역)과 가스 앨가 (Garth Algar, 다나 카베이 역)의 영화 속 대사, *Wayne's World*, 영화, Penelope Spheerls 감독 (Lorne Michaels, 1992).

126 "경멸받을 만한 자질을 기꺼이 인정하는 세대": Leavitt, 다음에서 인용, Kanter and Mirvis, *The Cynical Americans*.

127 대학 학위를 가진 젊은이들의 비율은: 다음을 참조, Kurt Bauman, "College Completion by Cohort, Age and Gender, 1967 to 2015," U.S. Census Bureau Working Paper 2016-04 (March 4, 2016), Figure 1.

128 "경제적으로 … 개발하는 것": 각 항목에 "필수 또는 매우 중요하다고 생각하는 목표"에 체크한 신입생의 비율은 1967년 가을 학기부터 매년 추적할 수 있다. 다음을 참조, UCLA 소재 Higher Education Research Institute에서 매년 실

시하는 신입생 설문조사 *The Freshman Survey*, https://heri.ucla.edu/cirp-freshman-survey/.

129 "베트남의 유령들은 아라비아 사막의 모래더미 아래에서 안식을 찾았다.": Bush, 다음에서 인용, "Has America Had Enough of War?" *Financial Times,* May 7, 2021.

130 미국 기업들은 시가총액을 기준으로 봤을 때 세계 최고의 자리에 올랐고: "국내 상장 기업의 시가총액 (GDP 대비 비율) Market capitalization of listed domestic companies (% of GDP)," World Bank online; 1975년 이후 카운티 및 국가 그룹별 연간 데이터. 2018년 이후 전체 '고소득' 시가총액에서 미국이 차지하는 비중은 55퍼센트 이상으로 1983년 이후 가장 높다.

131 중소기업도 군대와 더불어 대중의 높은 평가를 받게 됐다: 1970년대 이후 매년 12곳 이상의 기관에 대한 대중의 '신뢰도' 점수는 갤럽의 온라인 자료 참고; 2022년 대중 신뢰도에서 '매우 많이' 또는 '상당히 많이' 신뢰한다고 답한 기관은 '군대'와 '중소기업'이었다. 이 두 기관은 1970년대 후반이나 1980년대 초반 이후 신뢰도가 상승한 유일한 기관이자 현재 신뢰도 점수가 50퍼센트를 훨씬 넘는 유일한 기관이다.

132 로베트 벨라(Robert Bellah)는 이러한 믿음 방식을 젊은 간호사 실라(Sheila) 의 이름을 따 "실라이즘(Sheilaism)"이라고 불렀다: Bellah et al., *Habits of the Heart,* chapter 9, "Religion."

133 상원이나 주(州)정부를 장악하기에는 아직도 몇 년은 더 남았다: 다음을 참조, "Generations of American Leaders," https://www.lifecourse.com/goal/overview.php.

134 TV가 배출한 최초의 대형 스타인: Fox, in *Family Ties* (NBC sitcom, 1982-89).

135 모든 대통령 선거에서 공화당에 더 많은 표를 던졌는데: 다음을 참조, "How Birth Year Influences Political Views," *New York Times,* July 7, 2014, 그리고 Pew Research Center, "The politics of American generations: How age affects attitudes and voting behavior" (July 9, 2014). 다음 자료도 참조, Ghitza, Gelman, and Auerbach, "The Great Society, Reagan's Revolution, and Generations of Presidential Voting," Figure 11, p. 19.

136 X 세대는 잃어버린 세대 이후 가장 공화당 성향이 두드러졌다: 다음을 참조, "Generations of American Leader," https://www.lifecourse.com/goal/overview.php.

137 1960년대 초반에 태어나: 다음을 참조, Culhane et al., "The Emerging Crisis

of Aged Homelessness."

138 "절망에 빠진 중년의 죽음": Case and Deaton, *Deaths of Despair and the Future of Capitalism*.

139 약 10명 중 한 명은 계약직이나 일용직: 다음을 참조, Prudential, "Gig Economy Impact by Generation" (survey conducted in 2017 by Harris Poll Online).

140 임시직 X 세대의 3분의 2는: 다음을 참조 위의 책.

141 X 세대 중 부모보다 더 많은 소득을 올린 비율은 절반에 불과했고: 다음을 참조, Chetty et al., "The Fading American Dream."

142 X 세대의 가구당 중간 소득은 같은 연령대 베이비붐 세대보다 약간 낮은 편으로: 인구조사국 CPS (Census) 중위 가계소득 데이터를 출생 집단별로 분석한 자료, 다음을 참고할 것. Howe and Elliott, "A Generational Perspective on Living Standards," Figure 2, p. 102.

143 현재 X 세대는 미국 전체 실물자산 및 금융자산의 약 30퍼센트를 소유하고 있는데: 다음을 참조 "Distribution of Household Wealth in the U.S. since 1989," in Distributional Financial Accounts (online), Board of Governors of the U.S. Federal Reserve System.

144 X 세대는 다른 세대보다 경제적 걱정을 "더 많이"하고 있다: 다음을 참조, "5 Generations' Financial Priorities During COVID-19," *The Ascent,* April 14, 2020, a Motley Fool publication, survey conducted in 2020 by Pollfish.

145 "그때가 되면 상황에 따라 해결하겠다": 퇴직 준비를 하고 있느냐는 질문에 응답자 중 46퍼센트가 이렇게 대답했다. 다음을 참조, Allianz, "Generations Apart: How Boomer and Generation Xers Are Facing Their Financial Futures" (survey conducted in 2015 by Larson Research and Strategy Consulting), https://www.allianzlife.com/-/media/files/global/documents/2016/06/16/20/50/ent-1743-n.pdf, accessed November 2022.

146 자신들의 세대가 부모 세대보다 더 가난하다는 사실에 동의했다: "Generation X Is the Least Likely to Believe They'll Get Rich One Day," *Fast Company,* July 21, 2021; includes discussion of Fast-Company-Harris survey (2021); author analyzed unpublished cross-tabbed survey data.

147 자신을 '하층민'이라고 여기는 이들이 매우 많으며 '상류층'으로 여기는 이들은 매우 적다: 위의 책.

148 《부자 아빠, 가난한 아빠》: Kiyosaki and Lechter, *Rich Dad Poor Dad*.

149 "부자가 되는 목표를 이룰 가능성": "Generation X Is the Least Likely to

Believe They'll Get Rich One Day," *Fast Company*, July 21, 2021.

150 X 세대가 다수였으며: 국회의사당 폭동 참여자 나이 구성에 관해서는 다음을 참조, Robert A. Pape and Keven Ruby, "The Capitol Rioters Aren't Like Other Extremists," *Atlantic*, February 2, 2021.

151 45~65세 미국인(특히 백인)이 공화당에 투표할 가능성: 다음을 참조, 2022년 대선 투표 의향에 관한 여론조사 NPR/PBS NewsHour/Marist Poll(2022년 4월 26일); 또한 Votecast 온라인의 "출구조사 및 AP 선거 예측 도구에 따른 다양한 그룹의 투표 방식"(2022년 11월 10일)에서 2022년 연령별 분석 자료 참고.

152 "X 세대가 사회에 준 가장 큰 선물: 불평": "These TV Shows Have Figured Out Gen X's Greatest Gift to Society: Grouchiness," *Washington Post*, October 16, 2017.

153 "다른 사람이 자신을 어떻게 생각하는지에도 크게 신경 쓰지 않는다": "Generation X: America's neglected 'middle child,'" Pew Research Center (June 5, 2014).

154 "역겨워서 물러서는 것과": 영화에 나오는 "삐딱한 전략" 카드 메시지, *Slacker*, 영화, Richard Linklater 감독 (Detour Filmproduction, Orion Classics, 1990).

155 "소시오패스 세대": Gibney, *A Generation of Sociopaths*.

156 낭비한 젊은 시절을 ⋯ "제2막이 없는 세대"라고 불렀다: Fitzgerald in 1931, 다음에서 인용, Frederick J. Hoffman, "Some Perspectives on the 1920s," in Fine and Brown (eds.), *The American Past*.

157 "기분이 나쁘면 부도덕한 것이다.": Hemingway, *Death in the Afternoon*, p. 13.

158 "평생 나쁜 아이였어요.": 맥스 퍼킨스(Max Perkins)가 전하는 울프(Wolfe)의 유언 Cowley, *A Second Flowering*, p. 185.

159 "정신적 구루병과 영혼의 뒤틀림": Cornelia Comer, in "A Letter to the Rising Generation," to which Randolph Bourne responded, in "The Two Generations," *Atlantic*, February and May 1911.

160 정신 연령이 12세 미만으로 나오면서: 다음을 참조, Boorstin, *The Americans: The Democratic Experience*, pp. 220-23.

161 "자기중심적 세대": 루스벨트, 취임 연설 1933년 3월 4일; 문서는 다음에 보관, the American Presidency Project (UC Santa Barbara).

162 "마틴, 바튼, 피시": Congressmen Joseph W. Martin (1884-1968), Bruce Fairchild Barton (1886-1967), and Hamilton Fish III (1888-1991).

163 "의심과 패배의 시기": Cowley, *Exile's Return,* p. 306.

164 공화당 성향의 잃어버린 세대는 상대적으로 매우 늦은 시기인 1941년에야 의회 의석과 주지사 과반수를 차지했고: 다음을 참조, "Generations of American Leaders," https://www.lifecourse.com/goal/overview.php.

165 어린 시절부터: 영화, 위험한 게임*WarGames,* John Badham 감독 (United Artists, 1983); 최후의 스타파이터*The Last Starfighter,* Nick Castle 감독 (Lorimar, 1984); 다크 나이트 라이즈*The Dark Knight Rises,* Christopher Nolan 감독 (Warner Bros. et al., 2012); 월드워Z*World War Z,* Marc Forster 감독 (Skydance et al., 2013); 매드 맥스*Mad Max,* George Miller 감독 (Kennedy Miller, 1979); 나는 전설이다*I Am Legend,* Francis Lawrence 감독 (Village Roadshow et al., 2007).

166 "나는 우리의 미래를 엿봤어.": Valedictorian (Ione Skye Lee), 금지된 사랑*Say Anything,* 영화, Cameron Crowe 감독 (Gracie Films, 1989).

167 "거칠기로 유명한 죽은 자들의 긴 목록": Slater, 다음에서 인용 Howe and Strauss, *13th Gen,* p. 206.

168 〈기숙사 대소동〉: *Revenge of the Nerds,* 영화, Jeff Kanew 감독 (Interscope Communications, 1984).

169 "혹독한 역풍은 없을 것이다": Linklater, 다음에서 인용, "Slackers," *Boston Phoenix,* October 11, 1991.

170 〈핫 텁 타임머신〉: *Hot Tub Time Machine,* 영화, Steve Pink 감독 (New Crime Productions, Metro-Goldwyn Mayer, United Artists, 2010).

171 "백인 러시아 귀족": Coupland, 다음에서 인용, Strauss and Howe, *The Fourth Turning,* p. 289.

172 어른들은 더 많은 시간을 들여 아이들을 더 정성껏 보호하기 시작했다: 부모가 자녀와 함께 보내는 시간이 늘어남에 따라, 다음을 참조, Sandberg and Hofferth, "Changes in Children's Time with Parents."

173 "아이들은 특별하다"라는 표현: 1970년 이후 이 표현의 사용 빈도를 보려면 구글 엔그램을 참고할 것.

174 자녀의 출산 과정에 아버지가 동참하는 일: 다음을 참조, Leavitt, *Make Room for Daddy.*

175 사랑스러운 어린이가 등장하는 영화가 인기를 끌기 시작했다: 베이비붐*Baby Boom,* 영화, Charles Shyer 감독 (Metro-Goldwyn-Mayer and United Artists, 1987); 뉴욕 세 남자와 아기*Three Men and a Baby,* 영화, Leonard Nimoy 감

독 (Touchstone et al., 1987); 우리 아빠 야호*Parenthood,* 영화, Ron Howard 감독 (Universal, 1989).

176 아동 유기, 가출, 부모의 폭력 등이 급격하게 개선됐음을 알 수 있다: 다음을 참조, Finkelhor and Jones, "Why Have Child Maltreatment and Child Victimization Declined?"

177 거의 모든 지표가 1990년대 중반부터 2010년대 중반까지 현저하게 감소했다: 1991년부터 2019년까지 흐름은 다음을 참조, "Youth Risk Behavior Surveillance System (YRBSS online)," U.S. Centers for Disease Control and Prevention.

178 주로 10대 후반에서 … 급격하게 감소했다: 1993년부터 2021까지 전반적인 흐름은 다음을 참조, "Violent crime is a key midterm voting issue, but what does the data say?," Pew Research Center (October 31, 2022).

179 30세 미만 남성의 교도소 수감률은 절반으로 감소했다: 연령대별 남성 수감률 추이는, 다음을 참조, *Prisoners in 2001* (and in subsequent years), an annual publication from the Bureau of Justice Statistics, U.S. Department of Justice.

180 1983년에는 25퍼센트: 고등학교 졸업생을 대상으로 한 1974, 1983, 2003년 설문조사는 다음을 참조, "The Mood of American Youth," published by the National Association of Secondary School Principals (NASSP).

181 20대 초반의 성인들이 부모와 대화하고 시간을 보내는 비율이 그들의 부모 세대보다 훨씬 많은 것으로 나타났다: 다음 분석 자료를 참조, Morning Consult survey in "Young Adulthood in America: Children Are Grown, but Parenting Doesn't Stop," *New York Times,* March 13, 2019. 다음 분석 자료도 참조, AARP survey of young adults and Boomers in "AARP The Magazine Generations Study," AARP (January 2013).

182 평균 숙제량이 두 배나 많았음에도 불구하고: 2014-2017년과 2003-2006년 및 1990년대 중반의 15-17세 청소년을 대상으로 한 시간 사용 조사 데이터에 관한 Pew의 분석; 각각 평균 숙제 시간이 1시간, 44분, 30분인 것을 확인할 수 있다. 다음을 참조 "미국 청소년의 시간 사용 방식은 변화하고 있지만 남학생과 여학생 간의 차이는 지속되고 있다" Pew Research Center (February 20, 2019).

183 고등학교 AP시험 응시자도 두 배나 늘었다: 다음을 참조, *The 7th Annual AP Report to the Nation* (CollegeBoard, February 9, 2011); 온라인 사이트 www. collegeboard.org.

184 밀레니얼 세대의 학업성취도는 모든 수준에서 이전 세대를 앞질렀으며: 교육수준 증가에 관해서는 다음을 참조. "표 104-20, 인종/민족 및 성별에 따른 25-29세 중 특정한 수준의 교육적 성취를 한 사람의 비율: 선택 연도, 1920년부터 2017년까지," 다음을 참고, Digest of Educational Statistics online, National Center for Education Statistics, U.S. Department of Education, https://nces.ed.gov/programs/digest/d17/tables/dt17_104.20.asp, accessed November 2022.

185 '자원봉사'의 비율이 급증했다: UCLA에 위치한 고등교육연구소에서 매년 실시하는 신입생 설문조사에서 지난 1년간 '자원봉사'를 '자주' 또는 '가끔' 했다고 대답한 대학 신입생 비율을 확인할 수 있다. 다음 웹사이트 참조, https://heri.ucla.edu/cirp-freshman-survey/.

186 가족 친화적인 디즈니 애니메이션: 라이온 킹The Lion King, 영화 (Walt Disney, 1994) 그리고 니모를 찾아서Finding Nemo, 영화(Walt Disney, 2003).

187 실질소득은 부모 세대가 같은 연령일 때보다 뒤처졌으며: 1980년대 초반에 태어난 집단에 관한 초기 데이터에 따르면, 1960년대와 1970년대에 태어난 집단에 비해 부모보다 소득이 높은 사람의 비율이 약간 더 적은 것으로 나타났다. 다음을 참조, Chetty et al., "The Fading American Dream: Trends in Absolute Income Mobility since 1940."

188 X 세대보다 더 뒤처진 것으로 나타났다: 출생 집단별로 분석한 인구조사국 CPS(Census) 중위 가계소득 데이터를 참고할 것, in Howe and Elliott, "A Generational Perspective on Living Standards," Figure 2, p. 102.

189 부의 축적에서도 뒤처지고 있기는 마찬가지다: 전체 가구 자산에서 차지하는 비중으로 볼 때, 2022년 밀레니얼 세대가 차지하는 비중은 같은 나이의 X 세대 (2003년)와 거의 비슷한 수준이다. 다음을 참조 "Distribution of Household Wealth in the U.S. since 1989," in Distributional Financial Accounts (online), Board of Governors of the U.S. Federal Reserve System.

190 가장 낮은 수준이다: 1900년부터 2014년까지 연령대별 주택 소유 비율은, 다음을 참조, Acolin, Goodman, and Wachter, "A Renter or Homeowner Nation?," Exhibit 2, "Homeownership Rate by Age Group, U.S. Decennial Census and American Community Survey (1900-2014)," p. 147.

191 성인에게 자신의 재정 상태를 밝히기를 꺼리는 이유: "Financial Taboo Survey," TD Ameritrade (July 2019); Harris가 2019년 2월 13일부터 20일까지 실시한 설문조사에 관한 토론.

192 밀레니얼 세대는 기성세대보다 휴가를 덜 즐기는 편이다: 다음을 참조, "Vacation Shaming in the Workplace: Millennials Most Likely to Feel Guilt for Taking Time Off Work," Enterprise Holdings (March 4, 2016); 2016년 Alamo Family Vacation Survey(2016년 1월 Research Now에서 실시)의 설문조사 데이터에 관한 토론.

193 젊은 G.I. 세대 비중과 거의 비슷한 수치다: "대공황 이후 미국 청년 대다수가 처음으로 부모와 함께 살고 있는 것으로 나타났다." Pew Research Center (September 4, 2020).

194 가족에게 매달 재정 지원을 받는다고 응답했다: "자립 실패; 미국인들은 여전히 휴대폰, 가스, 식료품, 건강보험을 부모에게 의존하고 있다" Cision Newswire, June 20, 2018; 무작위로 표본을 추출한 패널에서 GfK가 집계한 국가 재정 보안 지수 설문조사 응답에 관한 논의.

195 위험한 생존 경쟁을 하는 곳으로 생각한다: 헝거게임*The Hunger Games,* 영화 시리즈 (Color Force, Studio Babelsberg, and Good Universe, 2012-); 다이버전트*Divergent,* 영화, Neil Burger 감독 (Red Wagon Entertainment and Summit Entertainment, 2014); 오징어 게임, Netflix TV 시리즈 (2021-).

196 빚을 덜 지고 산다: "미국 부채의 고령화"에 관한 인구조사국 Census Bureau 및 Equifax 데이터 분석 자료를 참고할 것, Research and Statistics Group, Microeconomic Studies, Federal Reserve Bank of New York (February 12, 2016), p. 10.

197 비슷한 사회, 경제적 계층 내에서 결혼하는 '호모가미(Homogamy)' 현상: 다음을 참조, Mare, "Educational Homogamy in Two Gilded Ages: Evidence from Intergenerational Social Mobility Data"; 다음을 참조, also "Equality in Marriages Grows, and So Does Class Divide," *New York Times,* February 27, 2016).

198 집중력을 높이기 위해 애더럴(Adderall)이나 리탈린(Ritalin) 같은 각성제 및 정신 흥분제의 처방: "Attention-Deficit/Hyperactivity Disorder Medication Prescription Claims Among Privately Insured Women Age 15-44 Years: United States, 2003-2015," Morbidity and Mortality Weekly Report, 67(2), U.S. Centers for Disease Control and Prevention (January 19, 2018).

199 밀레니얼 세대의 연애와 성생활의 현저한 감소: 다음을 참조, Kate Julian, "Why Are Young People Having So Little Sex?," *Atlantic,* December 2018; 다음을 참조, also "'There isn't really anything magical about it': Why More

Millennials Are Avoiding Sex," *Washington Post,* August 2, 2016.

200 남성과 여성, 정치적 성향과 … 동의할 가능성이 높다: "SPLC Poll Finds Substantial Support for 'Great Replacement' Theory and Other Hard-Right Ideas," Southern Poverty Law Center (June 1, 2022), Section 2; SPLC and Tulchin Research가 2022년 실시한 설문조사.

201 STEM 커리큘럼과 전문직 준비 과정에 투자하는 시간을 대폭 늘리고: 다음을 참조, "The Most-Regretted (and Lowest-Paying) College Majors," *Washington Post,* September 2, 2022); 다음도 참조 Ben Schmidt, "College Majors 2019 Update" (August 28, 2020), 다음 웹사이트에서 확인할 수 있다. http://benschmidt.org/post/2020-08-25-college-majors-2019-update/, accessed November 2022.

202 최근 무교라고 말하는 미국인 중에 밀레니얼 세대의 증가세가 가파르게 이어지고 있다: "미국에서 기독교의 쇠퇴가 빠른 속도로 지속하고 있다"는 주제로 분석한 연령대별 종교 소속 추세, Pew Research Center (October 17, 2019).

203 G.I. 세대 이후 가장 민주당 성향이 강한 젊은 유권자 집단이다: 다음을 참조, "How Birth Year Influences Political Views," *New York Times,* July 7, 2014, 그리고 Pew Research Center, "The politics of American generations: How age affects attitudes and voting behavior" (July 9, 2014). 다음도 참조, Ghitza et al., "The Great Society, Reagan's Revolution, and Generations of Presidential Voting," Figure 11, p. 19.

204 밀레니얼 세대의 약 60퍼센트가 민주당에 투표했다: CNN의 여러 웹사이트에서 연령별로 분류한 2006년 이후 전국 선거 및 중간 선거, 에디슨(Edison) 출구 결과 조사를 온라인으로 확인할 수 있다.

205 '개인'에 중점을 … '공동체'에 힘을 싣는 정당을 압도적으로 선호한다: 다음 설문조사 참조, "The Millennial Generation: Who They Are & How the GOP Can Connect with Them," LifeCourse Associates and the Congressional Institute (2015), Figure 4, p. 11; survey conducted in November 2014 by LifeCourse Associates.

206 사회주의는 자본주의만큼이나 인기가 높은데: "Socialism as Popular as Capitalism Among Young Adults in U.S.," Gallup (November 25, 2019).

207 '민주적 사회주의자'를 공직 인사로 지지하거나 지지할 용의가 있다고 답했다: 다음을 참조, *US Attitudes Toward Socialism, Communism, and Collectivism,* Victims of Communism Memorial Foundation (October 2019); results and

discussion of survey conducted in 2019 by YouGov.

208 스스로를 '중도 성향'이라고 답한 비율이 나이 든 유권자보다 많았고: "젊은 세대와 기성세대 간의 당파적, 이념적 격차가 더 커지고 있다." Pew Research Center (March 20, 2017)

209 밀레니얼 세대는 … 망가져 있으며: New York Times/Siena College Research Institute (conducted July 5-7, 2022)에서 실시한 설문조사, 23번 질문, "미국의 정부 시스템을 전면 교체해야 한다고 생각하는가, 아니면 대대적인 개혁이 필요하다고 생각하는가, 아니면 약간의 변화가 필요하다고 생각하는가, 아니면 변화가 필요 없다고 생각하는가?"

210 어느 한쪽에 막강한 권한을 부여하고 새로운 정권의 수립을 방해하는 선례와 절차를 폐기해야 해결책을 찾을 수 있다: Yahoo! News Survey (conducted by YouGov, June 10-13, 2022) 설문조사, 24번 질문, "다른 정부 부처의 개입을 줄이면서 정책을 만들 수 있는 더욱 강력한 지도자가 있다면 미국이 더 나아질 것인가 아니면 더 나빠질 것인가?"

211 "똑똑한 양 떼": Deresiewicz, *Excellent Sheep*.

212 "조직형 아이들(Organization Kids)": David Brooks, "The Organization Kid," *Atlantic*, April 2001.

213 "선량한 미국인으로서, 제 역할을 다할 것을 약속합니다.": 보스턴 시장 James Michael Curley가 이끄는 어린이 합창단이 다음에 소개됐다. Manchester, *The Glory and the Dream*, p. 89.

214 "빛나는 대학 졸업생들": Cowley, *Exile's Return*, p. 276.

215 청소년 범죄율, 사고로 인한 사망률, 자살, 알코올중독 등이 모두 감소했다: 다음을 참조, Strauss and Howe, *Generations*, pp. 266-67.

216 한 세대 내에서 일어난 가장 큰 학력 상승이었다: 다음을 참조, Goldin and Katz, "Human Capital and Social Capital: The Rise of Secondary Schooling in America: 1910-1940"; 다음도 참조, Strauss and Howe, *Generations*, p. 267.

217 "동료 사회": Fass, *The Damned and the Beautiful*, chapter 3, "The World of Youth: The Peer Society."

218 "갇힌 세대": 다음을 참조, Geoffrey Helman, "The Trotskyists," *New Yorker*, December 16, 1939.

219 "공산주의는 20세기 미국주의다": 다음에서 인용됨, Cohen, *When the Old Left Was Young*, p. 142.

220 "흘러라 컬럼비아강이여, 흘러라": "Roll On, Columbia, Roll On," 노래, Woody

Guthrie (1941).

221 "미래를 위한 젊은이는 만들 수 있다.": 루스벨트, 1940년 9월 20일 펜실베이니아 대학교 연설; 문서 보관 American Presidency Project (UC Santa Barbara).

222 1932년에는 80퍼센트의 투표율을: 다음을 참조, Campbell, Converse, Miller, and Stokes, *The American Voter*, p. 155.

223 "젊은이들의 목표가 바뀌었다": 루스벨트, 미국의 젊은 민주당 클럽에 관한 라디오 연설, 1935년 8월 24일; 문서 보관 American Presidency Project (UC Santa Barbara).

224 이들의 평균연령은 26세였다: 다음을 참조, Smith, "Populational Characteristics of American Servicemen in World War II."

225 "세계 최고의 아이들": 마셜, 다음에서 인용, 로널드 레이건 공화당 전당대회 연설, 1988년 9월 15일.

226 이는 1971년, 투표 연령을 18세로 하향 조정한 이후 가장 높은 투표율이다: 미국 선거 프로젝트 US Elections Project에서 집계한 연도별 미국 연령대별 투표 참여율을 참조, https://www.electproject.org/home.

227 "내가 생각하는 '갱스터'의 새로운 의미는": 다음을 참조, "The Story Behind How Kendrick Lamar Became the King of West Coast Rap," *Mic*, May 27, 2015.

228 《있을 수 없는 일이야》: Lewis, *It Can't Happen Here*.

229 "어른들이 어린 시절 했던 무모한 장난들이 지금은 불법이거든요.": Dylan Roche, at the Helium Comedy Club, September 10, 2016, archived at https://www.youtube.com/watch?v=X-JJWku8_6Q, accessed November 2020.

230 2018년에는 총출산율이 이전 최저점(1976년) 아래로 떨어지면서: 2018년, 미국의 총출산율(TFR)은 1,730명으로 이전 최저치인 1,738명(1976년)보다 낮은 수준으로 떨어졌다. 다음을 참조, TFR 연간 데이터 (1960년 이후) on FRED online (the St. Louis Federal Reserve Bank의 경제 데이터).

231 이민자 수가 급감하면서: 2000년 이후 순 이민자 비율(미국 인구 100명당)을 보려면, 다음을 참조, "Data Underlying Figures" (Excel file) for *The Demographic Outlook: 2022 to 2052*, U.S. Congressional Budget Office (July 27, 2022).

232 히스패닉 계열보다는 아시아 계열이 많으며: 다음을 참조, "Key findings about U.S. immigrants," Pew Research Center (August 20, 2020).

233 가정에서 영어를 모국어로 사용하는 이민자 가정도 점차 늘고 있다: 위의 책.

234 부모가 자녀와 함께 보내는 평균 시간이 지속적으로 증가하고 있다: 2000년대 초반부터 자녀와 함께 보내는 시간이 지속적으로 증가하고 있다는 증거, 특히 교육 수준이 낮은 어머니들 사이에서 이런 현상이 두드러진다, 다음을 참조, Prickett and Augustine, "Trends in Mothers' Parenting Time by Education and Work from 2003 to 2017."

235 다른 목적의 시간을 줄이고 있다: 다음에서 인용한 자료 참조, Claire Cain Miller, "The Relentlessness of Modern Parenting," *New York Times,* December 25, 2018.

236 X 세대 이혼율은 계속 감소하고 있다: X 세대 이혼율 감소에 관해, 다음을 참조, Cohen, "The Coming Divorce Decline."

237 50년 만에 처음으로 증가하고 있다: 인구조사국CPS (Census)의 "18세 미만 아동의 거주 형태"에 관한 데이터에 따르면 1960년 부모와 함께 사는 아동의 비율은 87.7퍼센트였으며 5년 간격으로 감소해 2005년에는 67.3퍼센트로 최저치를 기록했고, 이후 2020년에는 70.4퍼센트로 증가했다. 다음을 토론을 참조, Nicholas Zill, "Growing Up with Mom and Dad: New Data Confirm the Tide Is Turning," Institute for Family Studies, June 18, 2021.

238 자녀와 함께 동영상과 TV를 시청한다고 답했다: 다음을 참조, "Making Screen Time Family Time," Screen-Media (Q4, 2020), Chart 3.1, "Frequency of co-viewing sessions," p. 6.

239 절반 이상이 엄격한 복장 규정을 정해두고 있다: 다음을 참조, 표 233.50, "다양한 안전 및 보안 조치를 갖춘 공립학교의 비율: 선택된 연도 1999-2000년부터 2017-18년까지" Digest of Educational Statistics online, National Center for Education Statistics, U.S. Department of Education, https://nces.ed.gov/programs/digest/d19/tables/dt19_233.50.asp, accessed November 2022.

240 〈페리스의 해방〉: *Ferris Bueller's Day Off,* 영화, John Hughes 감독 (Paramount, 1986).

241 낙태율이 그 어느 때보다도 낮다는 점에서 미루어 보면 그렇다: 낙태율(임신 건당 낙태 건수)은 2016년에 18.3퍼센트로 최저치를 기록한 후 2020년 20.6퍼센트로 상승했다. 두 수치는 1974년부터 2011까지 그 어느 해보다 훨씬 낮은 수치다; Guttmacher Institute 연간 데이터, Wikipedia ("abortion statistics in the United States"). 1973년과 그 이전에 불법 낙태가 이 비율에 미친 영향은 추정만 가능하지만, 상당히 컸을 것으로 보인다. 다음을 참조, Krannich, "Abortion in

the United States: Past, Present, and Future Trends."

242 10대 임신율의 급격한 감소: 모든 10대 연령대에서 지속적인 출산율 감소에 관해서는, 다음을 참조, *Births: Final Data for 2020,* vol. 70, no. 17, National Vital Statistics Report, U.S. Centers for Disease Control and Prevention (February 7, 2022), p. 13.

243 유아 및 아동 사망률이 지속적으로 감소하고 있다: 영아 사망률과 아동 사망률의 지속적인 감소에 관해서는, 다음을 참조, *Deaths: Final Data for 2019,* vol. 70, no. 8, National Vital Statistics Report, U.S. Centers for Disease Control and Prevention (July 26, 2021), Figure 2, p. 7, Table 5, p. 31.

244 2019년 아동 빈곤율은: 다음을 참조, "Expanded Safety Net Drives Sharp Drop in Child Poverty," *Washington Post,* September 11, 2022.

245 괴롭힘이나 싸움, 각종 사건이나 사고로 피해를 당하는 학생의 수: 학교 범죄 및 안전 지표*Indicators of School Crime and Safety: 2017,* National Center for Education Statistics U.S. Department of Education (March 2018)에서 1995년부터 2015년까지 급격한 감소를 확인할 수 있다.

246 이들의 가장 큰 걱정은 학업 성적이었는데: 다음을 참조, "Most U.S. Teens see Anxiety and Depression as a Major Problem Among Their Peers," Pew Research Center (February 20, 2019), p. 8, "About six-in-ten teens say they feel a lot of pressure to get good grades."

247 블록버스터 애니메이션들의 주제: 겨울왕국*Frozen,* 영화 (Walt Disney, 2013); 인사이드 아웃*Inside Out,* 영화 (Walt Disney, 2015); 엔칸토*Encanto,* 영화 (Walt Disney, 2021).

248 최근 스탠퍼드대학에서 유명한 실험인 '마시멜로 테스트': 다음을 참조, Carlson et al., "Cohort Effects in Children's Delay of Gratification."

249 정신과 의사나 심리 상담가를 찾아가 자살 충동을 호소하며 치료를 받는 아이들이 늘고 있다: 다음을 참조, *Protecting Youth Mental Health: The U.S. Surgeon General's Advisory,* U.S. Surgeon General, U.S. Public Health Service (2021), pp. 8-10.

250 천식이나 면역질환이 생긴다: 다음을 참조, "Trends in Allergic Conditions Among Children: United States, 1997-2011," NCHS Data Brief, no. 121, U.S. Centers for Disease Control and Prevention (May 2013).

251 독서량은 더 많아졌지만 독서를 즐기지는 못하게 되며: 독서에서 즐거움을 덜 느끼는 9-13세 아동에 관한 자료는, 다음을 참조 "연방 데이터에 따르면 독서에

재미를 느끼는 어린이들이 줄고 있다" Pew Research Center (November 12, 2021); 15-17세 학생이 숙제를 더 많이 하는 것에 관한 자료는, 다음을 참조, "미국 10대들이 시간을 보내는 방식은 변하고 있지만, 남학생과 여학생의 차이는 여전하다." Pew Research Center (February 20, 2019).

252 만성적인 수면 부족을 겪는다: 다음을 참조, "Why Teens Need More Sleep, and How We Can Help Them Get It," *Washington Post,* January 18, 2022.

253 꿈꾸는 10대 청소년이 점점 줄고 있다: 다음을 참조, Mann et al., *Dream Jobs? Teenagers' Career Aspirations and the Future of Work.*

254 "모든 것이 개인화되고 소형화"됐다고: David Brooks, "Will Gen-Z Save the World?," *New York Times,* July 4, 2019.

255 폴리네시아 공주처럼: 모아나*Moana,* 영화 (Walt Disney, 2016).

256 "친절 대사": "Kid of the Year" *Time cover,* March 7, 2022, "Ambassador for Kindness: Orion Jean, 11."

257 "요즘 아이들은 왜 이렇게 따분하게 착한 걸까?": Katie Agnew, "Why Are Today's Children Such Boring Goody Goodies?" *Daily Mail,* January 11, 2016.

258 "우리 부모님을 설명할 때 가장 먼저 떠오르는 단어는": Eisler, *Private Lives,* p. 29.

259 "부모의 권위 재확립": *Literary Digest,* 다음에서 인용됨, *Fass, The Damned and the Beautiful,* p. 37.

260 "순응 정신을 심어주는 것에 관한 새롭고도 명백한 주장": Rodgers, in Hiner and Hawes (eds.), *Growing Up in America,* p. 130.

261 "총체적 해결책": 위의 책 참조, p. 130.

262 1928년 행동심리학자인 존 왓슨(John B. Watson)의 베스트셀러: Watson, *Psychological Care of Infant and Child.*

263 아이가 조랑말에서 떨어져 죽는 장면: 바람과 함께 사라지다*Gone With the Wind,* 영화, Victor Fleming 감독 (Selznick International Pictures and Metro-Goldwyn Mayer, 1939).

264 "전쟁이 일어나지 않았던 때는": Frank Conroy, "My Generation," *Esquire,* October 1968.

265 "요즘 세대는 … 순응할 준비가 돼 있다.": "The Younger Generation," *Time,* November 5, 1951.

266 정기적으로 과잉보호의 과대성을 설득력 있게 풍자한다: Skenazy, *Free-Range*

Kids.

267 "공동체를 뒤흔드는 것을 두려워하는, 규칙에 순종하는 추종자들이 생겼다.": Allison Schrager, "Gen Z Is Too Compliant to Achieve Greatness," *Bloomberg Businessweek,* February 14, 2022.

268 군복무 평균연령은 33세였다: 다음을 참조, Committee on the Assessment of Readjustment Needs of Military Personnel, Veterans, and Their Families, *Returning Home from Iraq and Afghanistan: Assessment of Readjustment Needs of Veterans, Service Members, and Their Families* (Institute of Medicine of the National Academies, the National Academy Press, 2013).

269 "나는 전쟁이 끝나는 것이 싫었다.": Baker, *Growing Up,* pp. 228, 230.

10. 새로운 새큘럼의 탄생

1 "폭력의 만연화": Gunnar Myrdal, "Is American Business Deluding Itself ?" *Atlantic,* November 1944.

2 "설득력 있는 노동자 요구였다": *Fortune; all Fortune* citations in this chapter are from July, August, or December of 1945 or from January and June of 1946.

3 "대량고용, 대량생산, 대량유통, 대량소유": *Saturday Evening Post,* 다음에서 인용됨, Alan Brinkley, "For America, It Truly Was a Great War," *New York Times Magazine,* May 7, 1995.

4 "어거지로 밀어붙이는 방식"과 "성급한 기질": "The Job Before Us," *Fortune,* July 1945, p. 111.

5 "참전 용사의 불만": *Fortune,* 1945-46.

6 "가장 빠르게 사라지는 시장": Sumner H. Slichter, "Jobs After the War," *Atlantic,* October 1944, p. 87.

7 "전쟁 후 환멸감에 빠진": Leo Cherne, "The Future of the Middle Class," *Atlantic,* June 1944, p. 79.

8 미국의 출산율이 급격히 감소할 것이라고 예측했다: *Life* forecast cited in Jones, *Great Expectations,* pp. 18-19.

9 "역사상 그 어느 때보다 훨씬 더 높은 생활수준을 누릴 수 있을 것": "Not Peace But a Sword," *Fortune,* January 1946, p. 97.

10 "제한된 자원과의 오랜 싸움에서 인간이 거둔 최고의 승리": 위의 책.

11 "이전과 비슷했던 점들은 빠르게 사라질 것이다.": "The Boom," *Fortune*, June 1946, pp. 97-99.

12 "이내 엄청난 추진력이 생길 것이고, 그렇게 되면 멈추려 해도 멈출 수 없을 것이다.": 위의 책., p. 262.

13 "시와 권력의 황금기": Robert Frost, "The Gift Outright." (취임식에서 직접 낭독한 것은 아닌) 이 시는 다음의 온라인 사이트에서 확인할 수 있다. John F. Kennedy Presidential Library and Museum.

14 "빛나는 한순간": 재클린 케네디(Jacqueline Kennedy), 시어도어 화이트(Theodore H. White)와의 인터뷰 "For President Kennedy an Epilogue," *Life*, December 6, 1963.

15 "거의 뒷전": Galbraith, *The Affluent Society*, p. 323.

16 "과학이나 생산성의 한계가": Harold E. Stassen, "Jobs and Freedom," *Atlantic*, March 1946, p. 49.

17 "세상은 우리가 걷는 방향대로 바뀐다": J. Robert Oppenheimer, "Prospects in the Arts and Sciences," *Bulletin of the Atomic Scientists* 11, no. 2 (February 1955): 44. 이 에세이는 컬럼비아대학(Columbia University) 200주년 축하 연설문으로 사용됨, 1954년 12월 26일.

18 "미래의 세계에는 미국이 있다": Walter Lippmann, 다음에서 인용, Alen Brinkley, "For America, It Truly Was a Great War," *New York Times Magazine*, May 7, 1995.

19 "세계의 정상에 있다": 윈스턴 처칠(Winston Churchill)l, 하원 연설, 1945년 8월 16일; 연설문은 다음의 온라인 사이트에서 확인할 수 있다. UK Parliament Hansard.

20 "전 세계 기계의 3분의 2": Robert Payne, 다음에서 인용, Halberstam, *The Fifties*, p. 116.

21 "수완 좋은 마케터가 살기 좋은 곳": *Fortune*, 1945-46.

22 "끝없이 지속되는 미래가 펼쳐질 것이라는": Paul Johnson, "Another 50 Years of Peace?," *Wall Street Journal*, May 5, 1995.

23 "우리 정치 역사에서 그 정당의 이름은 다시는 듣지 못하게 될 것이다": Dwight D. Eisenhower, 아이젠하워가 에드거 뉴튼 아이젠하워에게 보내는 편지, 1954년 11월 8일; #1147 문서는 드와이트 아이젠하워 대통령 서류로 보관돼 있다. 서류는 다음 기관의 온라인 사이트에서 확인할 수 있다. Dwight D. Eisenhower

Memorial Commission.

24 "관리주의": Burnham, *The Managerial Revolution.*

25 "사회윤리": Whyte, *The Organization Man,* p. 6.

26 "사회 변화를 대체하는 주요 문제가 됐다": Nisbet, *The Quest for Community,* p. 24.

27 "평온함과 소속감": 위의 책., p. 25.

28 "불과 한두 세대 전만 하더라도": 위의 책., p. 22.

29 타인의 인정을 받으려고: Riesman, *The Lonely Crowd.*

30 정치인들이 수단을 두고 흥정만 벌일 뿐, 아무도 그 목적에 의문을 제기하지 않는: Bell, *The End of Ideology.*

31 "정치와 문화는 2류 수준에도 만족한다": Valentine, *The Age of Conformity,* p. 83.

32 "정상성이라고 하는 전염병": Fromm, *The Sane Society,* chapter 2, "The Pathology of ormalcy."

33 에로스를 철저히 억압하는 바람에 문명을 거의 달성하지 못했다: Marcuse, *Eros and Civilization.*

34 외계인에게 몸을 빼앗겨도 아무도 눈치채지 못하는: 외계의 침입자*Invasion of the Body Snatchers,* 영화, Don Siegel 감독 (Walter Wanger Productions, 1956).

35 자의적 명령에 얼마나 쉽게 세뇌될 수 있는지를: 맨츄리안 켄디데이트*The Manchurian Candidate,* 영화, John Frankenheimer 감독 (M.C. Productions, 1962).

36 "거대한 황무지": Newton Minow, 뉴턴 미노우, 미국 방송협회에서 한 연설, 1961년 5월 6일; 연설문 자료는 다음에서 확인할 수 있다. American Rhetoric Online Speech Bank.

37 편협한 양심에 사로잡혀 있다는 메시지를 담았다: Harrington, *The Other America.*

38 "똑같아 보이는": "Little Boxes," 노래, Malvina Reynolds (1962); Pete seeger 녹음 (1963). 가사는 다음에서 확인할 수 있다 lyrics.com.

39 "똑같이 맛없는 반조리 식품을 먹는다": Lewis Mumford in 1961, 다음에서 인용됨, Halberstam, *The Fifties,* p. 140.

40 〈플레전트빌〉: *Pleasantville,* 영화, Gary Ross 감독 (New Line Cinema, 1998).

41 "만물에 젊음의 기운을 불어넣는다": William Shakespeare, "Sonnet 98."

42 "가장 푸른 이끼가 달라붙는다": John Greenleaf Whittier, "A Dream of Summer" (1847).

43 "계획과 프로젝트의 시기": Leo Tolstoy, *Anna Karenina* (1878), part II, chapter 13.

44 "이제 연방 시스템에 불화는 없습니다": James Monroe, 제임스 먼로의 첫 대통령 취임 연설, 1817년 3월 4일; 문서는 다음에 보관돼 있다, American Presidency Project (UC Santa Barbara).

45 "심지어 남부 사람까지도 모두 어울린다": Bryce, *The American Commonwealth*, vol. 3, part 5, "Illustrations and Reflections," chapter 96, "The Strength of American Democracy," p. 349.

46 "정직한 돈": "우리의 모토는 모두를 위한 정직한 돈과 무료 학교입니다. 어느 한 쪽을 파괴하는 인플레이션과 다른 한쪽을 파괴하는 종파적 간섭이 없어야 합니다." 헤이스, "오하이오주 로렌스 카운티 매리언 연설 1875년 7월 31일" 다음을 참조, Howard, *The Life, Public Services, and Select Speeches of Rutherford B. Hayes,* p. 256.

47 아이젠하워 대통령이 우선순위로 삼아: 아이젠하워 연방의회 연두교서, 1953년 2월 2일; 문서는 다음에 보관돼 있다, American Presidency Project (UC Santa Barbara).

48 자선단체 수는 이전보다 여섯 배나 증가했다: 다음을 참조, Wood, *Empire of Liberty*, p. 486.

49 모두 위기의 시기가 끝날 무렵이나 고조기에 만들어졌다: 국가별 정치 단체 및 친목 단체의 창립일 목록을 보려면, 다음을 참조, Skocpol, *Diminished Democracy,* Table 2.1, pp. 26-28.

50 사회자본의 "연결"과 "유대": 다음을 참조, Putnam, *Bowling Alone*, pp. 22-24.

51 "공화국 어머니": 다음을 참조, Kerber, "The Republican Mother," 그리고 Reinier, "Rearing the Republican Child."

52 "가정 질서가 확립된 사회": White, *The Republic for Which It Stands*, p. 139.

53 "세상을 더욱 집처럼 만드는 것": Francis Willard, 위의 책에서 인용., p. 165.

54 모든 남성이 자신의 이름 앞에 'FRS'를 자랑스레 붙이고 다녔다: 명단 목록을 보려면, 다음을 참조, "Colonial fellows of the Royal Society of London, 1661-1788" in *Notes and Records of the Royal Society of London,* vol. 8, no. 2 (April 1951).

55 "10년이 가기 전에 달에 사람을 착륙시키겠다": 케네디, 의회 합동회의 연설, 1961년 5월 25일; 문서는 다음 기관의 온라인 사이트에서 확인할 수 있다, John F. Kennedy Presidential Library and Museum.

56 "주어진 일과 봉사해야 할 일이 있다": Benjamin Colman in *A Sermon at the Lecture in Boston After the Funerals of those Excellent & Learned Divines*, published by Samuel Gerrish & Daniel Henchman in 1717.

57 "신성하게 존경받는 곳은 없다": Thomas Jefferson, 다음에서 인용됨, Wood, *Empire of Liberty*, p. 485.

58 6,000행에 달하는 애국 서사시: Barlow, "The Columbiad" (1807).

59 1873년 마크 트웨인과 찰스 더들리 워너가 쓴 소설 제목: Twain and Warner, *The Gilded Age*.

60 "넓고 얇게 퍼진": William Dunlap, 다음에서 인용됨 Wood, *Empire of Liberty*, p. 572.

61 "예술의 우아함을 모두 부식시키는": Andrews Norton, 위의 책에서 인용됨., p. 573.

62 "마녀의 군림": 제퍼슨이 존 테일러(John Taylor)에게 보낸 편지, 1798년 6월 4일, 다음에서 인용됨, "Jefferson on the Reign of Witches," *Harper's*, July 4, 2007.

63 "당신은 이곳에서 심문받는 것이 두렵습니까?": Miller, *The Crucible*, p. 62.

64 오랫동안 예측으로만 존재했던 "상승 추세": Putnam, *The Upswing*. 다음을 참조, chapter 1, "What's Past is Prologue."

65 "미네르바의 올빼미는 황혼이 질 무렵에야 날개를 펼친다": Hegel, *Elements of the Philosophy of Right*, p. 14.

66 핵전쟁 가능성은 1년에 약 1퍼센트로 추정된다: 매년 핵전쟁 발생 위험에 관해서는, 다음을 참조, Martin Hellman in "An Existential Discussion: What Is the Probability of Nuclear War?," *Bulletin of the Atomic Scientists*, March 18, 2021.

67 1953년 109세의 나이로 세상을 떠날 때까지: James Albert Hard (July 15, 1843–March 12, 1953).

68 1956년 106세의 나이로 사망하자: Albert Henry Woolson (February 11, 1850–August 2, 1956).

69 "연방군과의 마지막 개인적 연결 고리를 잃었다": Eisenhower, 다음에서 인용, "Last Union Army Veteran Dies," *New York Times*, August 3, 1956.

70 미국이 "일본을 물리칠 것": 다음의 기사 스크랩 자료를 참조, James Hard at the Monroe County Library System website, https://www.libraryweb. org/~digitized/scrapbooks/James_Hard_scrapbook.pdf, accessed November 2022.

71 "아마 버티기 어려웠을 것이다. 설령 깡패라 해도 버티지 못했을 것이다": Truman, 다음에서 인용, O'Neill, *American High,* p. 89.

72 "파이브 스타 맥아더": Truman, 다음에서 인용, "This Day in History: Truman Dismisses MacArthur," Truman Library Institute (April 11, 2016).

73 "신의 말씀": Dewey Jackson Short (R-MO), 다음에서 인용, Patterson, *Grand Expectations,* p. 230.

74 "(중요한 것은) 비행기가 아니라 조종사다": Maverick (Tom Cruise) 탑건; 매버릭 *Top Gun: Maverick,* 영화, Josef Kosinski 감독 (Skydance et al., 2022).

75 "슬픈 퇴행": 인크리스 메더(Increase Mather)의 전체 인용문은 다음과 같다: "현대 세대와 40년 전의 세대를 비교해보면, 모든 이의 관점에서 뚜렷한 퇴보의 증거를 볼 수 있습니다." 메더의 설교, "언약의 백성의 중대한 관심사를 하나님께 돌려드리는 것" 또는 뉴잉글랜드 보스턴 제2교회에서 한 설교에서 발췌한 내용. 1679년 3월 17일.

76 "불쾌하고 … 거의 퇴화한": Demos and Boocock, "Old Age in Early New England."

77 "젊은이가 환호받는 시대에는 늙은": Fischer, *Growing Old in America,* p. 88.

78 "기념비는 절대 세워지지 않을 것": 애덤스가 벤저민 러시(Benjamin Rush)에게 보낸 편지, 1809년, 다음에서 인용, Haraszti, *John Adams & the Prophets of Progress.*

79 "전례 없는 평가절하": Achenbaum, *Old Age in the New Land,* p. 54.

80 "마취제를 사용해 평화롭게 퇴장하라": Osler, "Valedictory Address at Johns Hopkins University," February 22, 1905, in Roland (ed.), *Sir William Osler, 1849-1919,* pp. 11-30.

81 베리 골드워터(Barry Goldwater)에게 투표한 노년층이: "Election Polls—Vote by Groups, 1960-1964," Gallup (archived July 26, 2011).

82 G.I. 세대가 하원에서 처음으로 다수 의석을 차지했던 때: 1951년 주지사, 1953년 하원의원, 1959년 상원의원 자리를 다수 차지한 G.I. 세대. 다음을 참조 "Generations of American Leaders," https://www.lifecourse.com/goal/overview.php.

83 "일어나서 활동하라. 행동하라. 행동하라.": Colman, 다음에서 인용됨, Miller, *The New England Mind: From Colony to Province,* p. 414.

84 "공동의 선을 위한 공동의 노력": 토머스 제퍼슨 첫 취임 연설, 1801년 3월 4일; 문서는 다음에 보관돼 있다, American Presidency Project (UC Santa Barbara).

85 "폭정, 빈곤, 질병, 전쟁에 맞서는 투쟁": 존 F. 케네디, 취임 연설, 1961년 1월 20일; 문서는 다음에 보관돼 있다, American Presidency Project (UC Santa Barbara).

86 "유순하고 공부를 좋아하는": "1699년 5월 1일, 윌리엄앤메리대학 학생들의 연설" *William and Mary Quarterly* 10, no. 4 (October 1930): 다섯 번째 연설 마지막 부분, p. 337.

87 "평화롭게 침묵하는 것이 우리의 의무": 존 애덤스가 〈컬럼비안 센티넬 (Columbian Centinel)〉 신문사에 보낸 편지 (1793), in Bemis, *John Quincy Adams and the Foundations of American Foreign Policy,* p. 36.

88 "모든 좋은 특징이 적절한 비율로 조합된": 선데이 스쿨(Sunday school) 연사, 대니얼 와이즈(Daniel Wise), in Kett, *Rites of Passage,* p. 120.

89 "거리감이 있는 … 엄격한 아버지가": Leverenz, *The Language of Puritan Feeling,* p. 3.

90 "반이성적, 반과학적 … 도덕주의적": Nash, *The Urban Crucible,* p. 133.

91 "두드러지게 대담하고 진취적인": 영국인 방문자는 윌리엄 폭스(William Faux) 였다, 다음에서 인용됨 Furnas, *The Americans,* p. 591.

92 "점차 자유를 증진하는 방향으로 나아갔다": Kett, *Rites of Passage,* p. 60.

93 "통제됐지만 즐겁고 자유로운 분위기 속에서": Cable, *The Little Darlings,* p. 105.

94 "신물이 나게 특혜를 받았다": Addams, *Twenty Years at Hull-house,* p. 73.

95 "양가적인(ambivalent)": Keniston, *Young Radicals,* p. 55.

96 "오이디푸스 콤플렉스적 적대감이 있는": Feuer, *The Conflict of Generations,* p. 470.

97 "부친 살해" 성향: Malcolm, *Generation of Narcissus,* p. 56.

98 "행복하고, 쉽고, 복잡하지 않고, 순조로운": Merser, *Grown Ups,* p. 88.

99 "거의 모든 것에서 신성한 영광": Edwards, 다음에서 인용, Richard L. Bushman, "Jonathan Edwards as Great Man: Identity, Conversion, and Leadership in the Great Awakening" in Brugger (ed.), *Our Selves/Our Past.*

100 "지금 내가 알고 있거나, 들어봤거나, 살고 있는 수준을 초월하는": Woolman, 다음에서 인용, Cady, *John Woolman*, p. 27.

101 "유니테리언(Unitarian)으로 죽지 않을 사람은 없다.": 제퍼슨이 벤저민 워터하우스(Benjamin Waterhouse)에 보낸 편지, 1822년 6월 26일, 다음 기관의 웹사이트에서 확인할 수 있다, the National Archives.

102 "지옥과의 계약": Garrison, "Address of the Executive Committee of the American Anti-Slavery Society," *Anti-Slavery Examiner*, no. 12 (1845).

103 "황금시대의 가장자리에 있다": "Students: On the Fringe of a Golden Era," *Time*, January 29, 1965.

104 "빈곤과 전쟁에 종지부를 찍을": "Man of the Year: The Inheritor," *Time*, January 6, 1967.

에필로그

1 "물방울이 다른 물방울을 닮는 것보다 과거가 미래를 더 닮았다": Ibn Khaldun. *The Muqaddimah*, p. 12.

다른 언어권의 문헌을 참고할 경우에는 대체로 영어로 번역된 텍스트를 사용했으며, 텍스트가 번역되지 않았거나 제목만 언급된 경우에는 원문을 그대로 사용했다. 미국 하원 또는 상원, 주지사 등에 대한 정보는 저자의 "미국 지도자 세대(Generations of American Leaders)"의 대화형 데이터베이스에 기록된 숫자를 기준으로 했다. 이 데이터베이스에는 1789년 이후 모든 미국 하원, 상원, 주지사, 대통령, 부통령, 대법관의 이름, 출생 및 사망 날짜, 재임 기간, 소속 정당을 포함하여 35,000여 명의 미국 지도자들에 대한 자료가 담겨 있다. "미국 지도자 세대"의 데이터베이스 링크는 다음과 같다: https://www.lifecourse.com/goal/overview.php.

별도로 명시하지 않은 한, 1950년 이후 특정 연도의 세대별 인구수에 대한 모든 수치는 미국인구조사국(U.S. Census Bureau)에서 제공하는 최신 연령 및 성별, 연간 미국 거주 인구 추정치에서 도출했다. 10장에서 미래 연도의 세대별 인구수에 대한 모든 추정치는 유엔인구국(Population Division of the United Nations)에서 제공하는 "세계인구전망 2022(World Population Prospects 2022)"의 추정치(미국의 출산율 변화의 단일연령 기준, 합산)를 참고했다.

Achenbaum, W. Andrew. *Old Age in the New Land: The American Experience Since 1790*. Johns Hopkins University, 1978.

Acheson, Dean. *Present at the Creation: My Years in the State Department*. W.W. Norton, 1969.

Ackerman, Bruce. *We the People: Foundations*. Harvard University, 1991.

Acolin, Arthur, Laurie S. Goodman, and Susan M. Wachter. "A Renter or Homeowner Nation?" *Cityscape* 18, no. 1 (2016): 145-157.

Acton, Lord J. D., A. W. Ward, G. W. Prothero, and Stanley Leathes (eds.). *The Cambridge Modern History*. Macmillan, 1905.

Adams, Henry. *The Education of Henry Adams*. Ignacio Hills, 2009. First published 1918).

Adams, James Truslow. *The Epic of America*. Little, Brown and Company, 1931.

Adams, John. *The Works of John Adams, Second President of the United States, With a Life of the Author, Notes and Illustrations: Volume 2*. Charles C. Little and James Brown, 1850.

Adams, Samuel Hopkins. *Flaming Youth*. Boni & Liveright, 1923.

Addams, Jane. *Democracy and Social Ethics*. Macmillan, 1902.

Addams, Jane. *Twenty Years at Hull-house, with Autobiographical Notes*. Macmillan, 1910.

Ahlstrom, Sydney E. *A Religious History of the American People* (2 volumes). Yale University, 1972.

Allen, Frederick Lewis. *Only Yesterday: An Informal History of the 1920s*. Harper and Row, 1931.

Arnett, Jeffrey Jensen. "Emerging Adulthood: A Theory of Development from the Late Teens Through the Twenties," *American Psychologist* 55, no. 5 (May 2000): 469-80.

Augustine of Hippo (Saint Augustine). *The City of God* (translated by Marcus Dods). Hendrickson, 2009.

Baker, Russell. *Growing Up*. Memoir, 1982.

Barkun, Michael. "Communal Societies as Cyclical Phenomena," *Communal Societies* 4 (Fall 1984): 35-48.

Basler, Roy P. (ed.). *The Collected Works of Abraham Lincoln* (8 vols.). Rutgers University, 1953.

Bauer, Michal, Christopher Blattman, Julie Chytilová, Joseph Henrich, Edward Miguel, and Tamar Mitts. "Can War Foster Cooperation?" *Journal of Economic Perspectives* 30, no. 3 (Summer 2016): 249-74.

Baumeister, Roy F., and Kathleen D. Vohs (eds.). *Encyclopedia of Social Psychology*. Sage Publications, 2007.

Beard, Charles, and Mary Beard. *The Rise of American Civilization*. The MacMillan Company, 1927.

Beck, Paul Allen. "Young vs. Old in 1984: Generations and Life Stages in Presidential Nomination Politics," *PS: Political Science and Politics* 17, no.

3 (Summer 1984): 515-24.

Becker, Carl L. *The Heavenly City of the Eighteenth-Century Philosophers*. Yale University, 1932.

Becker, Carl. "The Dilemma of Modern Democracy," *The Virginia Quarterly Review* 17, no. 1 (Winter 1941): 11-27.

Bell, Daniel. *The End of Ideology: On the Exhaustion of Political Ideas in the Fifties*. Free Press, 1960.

Bellah, Robert N. *The Broken Covenant: American Civil Religion in Time of Trial*. University of Chicago, 1992.

Bellah, Robert N., Richard Madsen, William M. Sullivan, Ann Swidler, and Steven M. Tipton. *Habits of the Heart: Individualism and Commitment in American Life*. Harpercollins, 1985.

Bemis, Samuel Flagg. *John Quincy Adams and the Foundations of American Foreign Policy*. A.A. Knopf, 1949.

Berenson, Bernard. *Aesthetics and History*. Pantheon, 1948.

Bergesen, Albert (ed.). *Studies of the Modern World-System*. Academic Press, 1980.

Berinsky, Adam J. *In Time of War: Understanding American Public Opinion from World War II to Iraq*. University of Chicago, 2009.

Berlin, Isaiah. *The Hedgehog and the Fox*. Princeton University, 2013. First published 1953.

Bishop, Bill. *The Big Sort: Why the Clustering of Like-Minded America Is Tearing Us Apart*. Mariner Books, 2009.

Blocker, Jack S. *American Temperance Movements: Cycles of Reform*. Twayne, 1989.

Blume, Judy. *Letters to Judy: What Your Kids Wish They Could Tell You*. Putnam, 1986.

Boorstin, Daniel J. *The Americans: The Colonial Experience*. Vintage, 1958.

Boorstin, Daniel J. *The Americans: The Democratic Experience*. Random House, 1973.

Bowman, Karlyn, and Samantha Goldstein. *The Exit Polls: A History and Trends over Time, 1972-2020*. American Enterprise Institute, 2022.

Boyer, Paul S., Clifford E. Clark, Jr., Karen Halttunen, Joseph F. Kett, Neal

Salisbury, Harvard Sitkoff, and Nancy Woloch. *The Enduring Vision: A History of the American People* (eighth edition). Cengage Learning, 2013.

Brand, Charlotte O., Alberto Acerbi, and Alex Mesoudi. "Cultural Evolution of Emotional Expression in 50 Years of Song Lyrics." *Evolutionary Human Sciences* 1, e11 (2019).

Breen, T. H. *Puritans and Adventurers: Change and Persistence in Early America*. Oxford University, 1980.

Bridenbaugh, Carl. *Cities in Revolt: Urban Life in America, 1743-1776*. Oxford University, 1955.

Brokaw, Tom. *The Greatest Generation*. Random House, 2000.

Brueckner, Jan K., and Ann G. Largey. "Social Interaction and Urban Sprawl," *Journal of Urban Economics* 64, no. 1 (July 2008): 18-34.

Brugger, Robert J. (ed.). *Our Selves/Our Past: Psychological Approaches to American History*. Johns Hopkins University, 1981.

Bryan, William J. *The First Battle: A Story of the Campaign of 1896*. W.B. Conkey, 1896.

Bryce, James Bryce (Viscount). *The American Commonwealth (3 volumes)*. Macmillan, 1888.

Bucholz, Robert, and Newton Key. *Early Modern England 1485-1714* (3rd edition). John Wiley & Sons, 2020.

Burckhardt, Jacob. *The Civilization of the Renaissance in Italy*. First published in 1860 as *Die Kultur der Renaissance in Italien*.

Burnham, J. C. "New Perspectives on the Prohibition 'Experiment' of the 1920s,"*Journal of Social History* 2, no. 1 (Fall 1968): 51-68.

Burnham, James. *The Managerial Revolution*. John Day Company, 1941.

Burnham, Walter Dean. *Critical Elections and the Mainsprings of American Politics*. W.W. Norton, 1970.

Burnham, Walter Dean. *The Current Crisis in American Politics*. Oxford University, 1982.

Bushman, Richard L. *From Puritan to Yankee: Character and the Social Order in Connecticut, 1690-1765*. Norton, 1970.

Butterfield, Herbert. *Man on His Past*. Cambridge University, 1969.

Cable, Mary. *The Little Darlings: A History of Child Rearing in America*.

Scribner, 1975.

Cady, Edwin Harrison. *John Woolman*. Washington Square Press, 1965.

Campbell, Angus, Philip E. Converse, Warren E. Miller, and Donald E. Stokes. *The American Voter*. John Wiley & Sons, 1960.

Campbell, Joseph. *The Power of Myth*. Doubleday, 1988.

Canetti, Elias. *Crowds and Power* (translated from the German by Carol Stewart). Farrar, Straus and Giroux, 2021. Originally published as *Masse und Macht* in 1960.

Carlson, Elwood. *The Lucky Few: Between the Greatest Generation and the Baby Boom*. Springer, 2008.

Carlson, Stephanie M., Ozlem Ayduk, Catherine Schaefer, Nicole Wilson, Yuichi Shoda, Lawrence Aber, Anita Sethi, Philip K. Peake, and Walter Mischel. "Cohort Effects in Children's Delay of Gratification." *Developmental Psychology* (2018).

Carnegie, Andrew. *The "Gospel of Wealth" Essays and Other Writings*. Penguin, 2006. "The Gospel of Wealth" essay originally published in 1901.

Case, Anne, and Angus Deaton, "Rising morbidity and mortality in midlife among white non-Hispanic Americans in the 21st century," *Proceedings of the National Academy of Sciences* (November 2, 2015).

Case, Anne, and Angus Deaton. *Deaths of Despair and the Future of Capitalism*. Princeton University, 2020.

Case, Anne, and Angus Deaton. "Life Expectancy in Adulthood Is Falling for Those Without a BA Degree, but As Educational Gaps Have Widened, Racial Gaps Have Narrowed." *PNAS* 118, no. 11 (2021).

Case, Anne, and Angus Deaton, "The Great Divide: Education, Despair, and Death." *Annual Review of Economics* 14, (2022): 1-21.

Censorinus. *De die natali liber ad Q. Caerellium* ("The Birthday Book Dedicated to Quintus Caerellium"). 238 AD. Passages translated by the author from the Latin text edited by Nicolaus Sallmann, 1983.

Chernow, Ron. *Alexander Hamilton*. Penguin Random House, 2004.

Chesnut, Mary Boykin (ed. by Isabella D. Martin and Myrta Lockett Avery). *A Diary from Dixie*. D. Appleton and Company, 1905.

Chetty, Raj, David Grusky, Maximilian Hell, Nathaniel Hendren, Robert

Manduca, and Jimmy Narang, "The Fading American Dream: Trends in Absolute Income Mobility since 1940." *Science* 356, no. 6336 (April 28, 2017): 398–406.

Chonaill, Siobhan Ni. "'Why May Not Man One Day Be Immortal?': Population, Perfectibility, and the Immortality Question in Godwin's Political Justice" *History of European Ideas* 33, no. 1 (2007).

Churchill, Winston. *Mr. Crewe's Career.* Macmillan, 1908.

Citti, Pierre (ed.). *Fins de Siecle ("Ends of the Century").* Université de Bourdeaux, 1990.

Clifton, Jon. *Blind Spot: The Global Rise of Unhappiness and How Leaders Missed It.* Gallup, 2022.

Coale, Ansley J., and Melvin Zelnick. *New Estimates of Fertility and Population in the United States: A Study of Annual White Births from 1855 to 1960 and of Completeness of Enumeration in the Censuses from 1880 to 1960.* Princeton University, 1963.

Cohen, Philip N. "The Coming Divorce Decline." *Socius: Sociological Research for a Dynamic World* 5, (2019): 1–6.

Cohen, Robert. *When the Old Left Was Young: Student Radicals and America's First Mass Student Movement, 1929–1941.* Oxford University, 1993.

Colton, Calvin (ed.). *The Works of Henry Clay: Comprising His Life, Correspondence and Speeches,* Volume 3. G. P. Putnam's Sons, 1904.

Commager, Henry Steele. *The American Mind: An Interpretation of American Thought and Character Since the 1880s.* Yale University, 1950.

Comte, Auguste. *The Positive Philosophy of Auguste Comte* (2 volumes; edited and translated from the French by Harriet Martineau). John Chapman, 142, Strand, 1853.

Coupland, Douglas. *Generation X: Tales for an Accelerated Culture.* St. Martin's, 1991.

Cournot, Antoine Augustin. *Considerations sur la marche des idees et des evenements dans les temps modernes ("Considerations on the Advance of Ideas and Events in Modern Times").* Harchette, 1872.

Courtwright, David T. *Dark Paradise: Opiate Addiction in America Before 1940.* Harvard University, 1982.

Cowley, Malcolm. *Exile's Return*. Norton, 1934.

Cowley, Malcolm. *A Second Flowering: Works and Days of the Lost Generation*. Viking, 1973.

Culhane, Dennis, Dan Treglia, Thomas Byrne, Stephen Metraux, Randall Kuhn, Kelly Doran, Eileen Johns, and Maryanne Schretzman. "The Emerging Crisis of Aged Homelessness." Available on Actionable Intelligence for Social Policy: AISP online, University of Pennsylvania (2019).

Däniken, Erich von. *Chariots of the Gods?* Putnam, 1968.

Degler, Carl. *Out of Our Past: The Forces That Shaped Modern America*. Harper & Row, 1970.

Demos, John, and Sarane Spence Boocock. "Old Age in Early New England," in Demos and Boocock (eds.). *Turning Points: Historical and Sociological Essays on the Family*. University of Chicago, 1978.

Deresiewicz, William. *Excellent Sheep: The Miseducation of the American Elite and the Way to a Meaning ful Life*. Free Press, 2014.

Dhaouadi, Mahmoud, "The *Ibar*: Lessons of Ibn Khaldun's Umran Mind," *Contemporary Sociology* 34, no. 6 (2015).

Diamond, Larry. "Facing Up to the Democratic Recession." *Journal of Democracy* 26, no. 1 (January 2015): 141–55.

Donald, David. "An Excess of Democracy: The American Civil War and the Social Process." *The Centennial Review* 5, no. 1 (Winter 1961): 21–39.

Druckman, James, and Jeremy Levy. "Affective Polarization in the American Public." Northwestern IPR Working Paper Series, WP–21–27 (May 17, 2021).

Duffield, George, Jr. *The God of Our Fathers: An Historical Sermon*. T.B. Pugh, 1861.

Easterlin, Richard A. *Birth and Fortune: The Impact of Numbers on Personal Welfare* (second edition). University of Chicago, 1980.

Eisler, Benita. *Private Lives: Men and Women of the Fifties*. Franklin Watts, 1986.

Eliade, Mircea. *The Myth of the Eternal Return* (translated from the French by Willard R. Trask). Princeton University, 1954.

Elias, Norbert. *The Civilizing Process: Sociogenetic and Psychogenetic*

Investigations (translated from the German by Edmund Jephcott). Blackwell, 1982. Originally published in 1939.

Elkins, Stanley, and Eric McKitrick. "The Founding Fathers: Young Men of the Revolution." *Political Science Quarterly* 76, no. 2 (June 1961): 181-216.

Ellis, Steven G., and Christopher Maginn. *The Making of the British Isles: The State of Britain and Ireland, 1450-1660.* Routledge, 2013.

Emerson, Ralph Waldo. *The Collected Works of Ralph Waldo Emerson.* Bybliotech, 2014.

Engs, Ruth Clifford. *Clean Living Movements: American Cycles of Health Reform.* Praeger, 2000.

Esler, Anthony. *The Aspiring Mind of the Elizabethan Younger Generation.* Duke University, 1966.

Esler, Anthony. *Generations in History: An Introduction to the Concept.* William and Mary College, 1982.

Farrar, Jr., L. L. "Cycles of War: Historical Speculations on Future International Violence," *International Interactions* 3, no. 2 (1977): 161-79.

Fass, Paula S. *The Damned and the Beautiful: American Youth in the 1920s.* Oxford University, 1977.

Ferguson, Marilyn. *The Aquarian Conspiracy: Personal and Social Transformation in the 1980s.* J.P. Tarcher, 1980.

Ferrari, Giuseppe. *Teoria dei periodi politici ("Theory of Political Periods").* G. Bernardoni, 1874.

Feuer, Lewis, *The Conflict of Generations: The Character and Significance of Student Movements.* Basic Books, 1969.

Fine, Sidney, and Gerald S. Brown (eds.). *The American Past: Conflicting Interpretations of the Great Issues.* Macmillan, 1970.

Finkelhor, David, and Lisa Jones. "Why Have Child Maltreatment and Child Victimization Declined?" *Journal of Social Issues* 62, no. 4 (2006): 685-716.

Fiorina, Morris P. *Unstable Majorities: Polarization, Party Sorting, and Political Stalemate.* Hoover Institution, 2017.

Fischer, David Hackett. *Growing Old in America.* Oxford University, 1977.

Fisher, Irving. "The Debt-Deflation Theory of Great Depressions."

Econometrica 1, no. 4 (October 1933): 337–57.

Foa, R. S., A. Klassen, D. Wenger, A. Rand, and M. Slade. *Youth and Satisfaction with Democracy: Reversing the Democratic Disconnect?* Centre for the Future of Democracy, Cambridge University, November 2020.

Fogel, Robert William. *The Fourth Great Awakening & the Future of Egalitarianism.* University of Chicago, 2000.

Foucault, Michel. *"Society Must Be Defended": Lectures at the College de France, 1975–1976.* Picador, 2003.

Freeman, Joanne B. *The Field of Blood: Violence in Congress and the Road to the Civil War.* Farrar, Straus and Giroux, 2018.

Friedan, Betty. *The Feminine Mystique.* Norton, 1963.

Fritz, Charles E. *Disasters and Mental Health: Therapeutic Principles Drawn from Disaster Studies.* University of Delaware Disaster Research Center, 1996.

Fromm, Erich. *The Sane Society.* Fawcett Publications, 1955.

Fukuyama, Francis. *The End of History and the Last Man.* Free Press, 1992.

Fukuyama, Francis. *The Great Disruption: Human Nature and the Reconstitution of Social Order.* Free Press, 2000.

Funke, Manuel, Moritz Schularick, and Christoph Trebesch. "Going to Extremes: Politics After Financial Crises, 1870–2014," *European Economic Review* 88 (September 2016): 227–60.

Furnas, J. C. *The Americans: A Social History of the United States, 1587–1914.* G.P. Putnam's Sons, 1969.

Galbraith, John Kenneth. *The Affluent Society.* Houghton Mifflin, 1958.

Galenson, David W. "The Settlement and Growth of the Colonies: Population, Labor, and Economic Development," in Stanley L. Engerman and Robert E. Gallman, *The Cambridge Economic History of the United States,* Volume I, The Colonial Era. Cambridge University, 1996.

Gelernter, David. *1939: The Lost World of the Fair.* Free Press, 1995.

Gelfand, Michele. *Rule Makers, Rule Breakers: How Tight and Loose Cultures Wire Our World.* Scribner, 2018.

Gerstle, Gary. *The Rise and Fall of the Neoliberal Order: America and the World in the Free Market Era.* Oxford University, 2022.

Gethin, Amory, Clara Martínez-Toledano, and Thomas Piketty. *Political Cleavages and Social Inequalities: A Study of Fifty Democracies, 1948 – 2020.* Harvard University, 2021.

Ghitza, Yair, A. Gelman, and Jonathan Auerbach. "The Great Society, Reagan's Revolution, and Generations of Presidential Voting," *American Journal of Political Science* (September 1, 2022).

Gibney, Bruce Cannon. *A Generation of Sociopaths: How the Baby Boomers Betrayed America.* Hachette, 2017.

Giddens, Anthony. *The Nation-State and Violence.* University of California, 1985.

Gitlin, Todd. *The Sixties: Years of Hope, Days of Rage.* Bantam, 1987.

Godwin, William. *Enquiry Concerning Political Justice.* Oxford University, 2013. Originally published 1793.

Goldin, Claudia, and Lawrence F. Katz. "Human Capital and Social Capital: The Rise of Secondary Schooling in America: 1910-1940." *The Journal of Interdisciplinary History* 29, no. 4 (Spring 1999): 683-723.

Goldstein, Joshua S. "The Predictive Power of Long Wave Theory, 1989-2004," in T. C. Devezas (ed.). *Kondratieff Waves, Warfare and World Security.* IOS, 2006.

Greene, Jack P. (ed.). *Encyclopedia of American Political History.* Scribner, 1984.

Greusel, John Hubert. *Blood and Iron: Origin of German Empire as Revealed by the Character of Its Founder, Bismarck.* Shakespeare Press, 1915.

Gunn, S. "Politic History, New Monarchy and State Formation: Henry VII in European Perspective." *Historical Research* 82, no. 217 (August 2009): 380-92.

Hacker, J. David. "Decennial Life Tables for the White Population of the United States, 1790 – 1900," *Historical Methods: A Journal of Quantitative and Interdisciplinary History* 43, no. 2 (April 2010): 45-79.

Haines, Michael R. "Long Term Marriage Patterns in the United States from Colonial Times to the Present." Historical Paper 80, National Bureau of Economic Research, 1996.

Halberstam, David. *The Fifties.* Villard Books, 1993.

Hale, Nathan G., Jr. *Freud and the Americans: The Beginnings of Psychoanalysis in the United States, 1876-1917.* Oxford University, 1971.

Hall, Stanley G. *Adolescence: Its Psychology and Its Relations to Physiology, Anthropology, Sociology, Sex, Crime, Religion and Education.* D. Appleton and Company, 1904.

Hamerow, Theodore S. *Restoration, Revolution, Reaction: Economics and Politics in Germany, 1815-1871.* Princeton University, 1967.

Handy, Robert T. "The American Religious Depression, 1925-1935," *Church History* 29, no. 1 (March 1960): 3-16.

Hansen, Alvin H. "Economic Progress and Declining Population Growth." *The American Economic Review* 29, no. 1 (March 1939).

Harari, Yuval Noah. *Homo Deus: A Brief History of Tomorrow.* HarperCollins, 2017.

Haraszti, Zoltán. *John Adams & the Prophets of Progress.* Harvard University, 1952.

Harrington, Michael. *The Other America: Poverty in the United States.* Macmillan, 1962.

Hatch, Nathan O. "The Origins of Civil Millennialism in America: New England Clergymen, War with France, and the Revolution." *William and Mary Quarterly,* 31, no. 3 (July, 1974), 407-30.

Hawkins, Alan J., Jason S. Carroll, Anne Marie Wright Jones, and Spencer L. James. *State of Our Unions: 2022. Capstones Vs. Cornerstones: Is Marrying Later Always Better?* The National Marriage Project. 2022.

Hawthorne, Nathaniel. *Twice-Told Tales.* 1837.

Hegel, Georg Wilhelm Friedrich. *The Phenomenology of Mind* (translated from the German by J.B. Baillie). Andesite Press, 2017. Originally published as *Phänomenologie des Geistes* in 1807.

Hegel, Georg Wilhelm Friedrich. *Elements of the Philosophy of Right* (translated from the German by Tim Newcomb). Newcomb Livraria, 2020. Originally published as *Grundlinien der Philosophie des Rechts* in 1820.

Hegel, Georg Wilhelm Friedrich. *Philosophy of History* (translated from the German by J. Sibree). Cosimo, 2007. Originally published as *Vorlesungen über die Philosophie der Weltgeschichte* in 1837.

Heidegger, Martin. *Being and Time* (translated from the German by Joan Stambaugh). State University of New York, 2010. Originally published as *Sein und Zeit* in 1927.

Hemingway, Ernest. *The Sun Also Rises*. Scribner, 1926.

Hemingway, Ernest. *A Farewell to Arms*. Scribner, 1929.

Hemingway, Ernest. *Death in the Afternoon*. Charles Scribner's Sons, 1932.

Hemingway, Ernest. *A Movable Feast*. Scribner, 1964.

Hertzler, James R. "Who Dubbed It 'The Glorious Revolution?,'" *Albion: A Quarterly Journal Concerned with British Studies* 19, no. 4 (Winter 1987): 579-85.

Hindle, Brooke. "The March of the Paxton Boys." *William and Mary Quarterly* 3, no. 4 (October 1946).

Hiner, N. Ray, and Joseph M. Hawes (eds.). *Growing Up in America: Children in Historical Perspective*. University of Illinois, 1985.

Hobbes, Thomas. *Behemoth or The Long Parliament*. The University of Chicago, 2014. Originally published in 1681.

Hofstadter, Richard. *Age of Reform*. Vintage, 1955.

Holmes, Oliver Wendell, Jr. *The Occasional Speeches of Justice Oliver Wendell Holmes* (ed. by Mark DeWolfe Howe). Harvard University, 1962.

Hoock, Holger. *Scars of Independence: America's Violent Birth*. Broadway Books, 2017.

Hooks, Gregory. "The Weakness of Strong Theories: The U.S. State's Dominance of the World War II Investment Process." *American Sociological Review* 58, no. 1 (February 1993): 37-53.

Hopkins, Terrence, and Immanuel Wallerstein (eds.). *World-Systems Analysis: Theory and Methodology*. SAGE Publications, 1982.

Howard, J. Q. *The Life, Public Services, and Select Speeches of Rutherford B. Hayes*. Robert Clarke & Co., 1876.

Howe, Frederic. *Confessions of a Reformer*. Charles Scribner's Sons, 1925.

Howe, Neil, and Bill Strauss. *13th Gen: Abort, Retry, Delete, Fail?* Vintage, 1993.

Howe, Neil, and Diana Elliott. "A Generational Perspective on Living Standards: Where We've Been and Prospects for the Future," in Federal Reserve Bank of St. Louis and the Board of Governors of the Federal Reserve

System (ed.), *Economic Mobility: Research and Ideas on Strengthening Families, Communities, and the Economy* (2016).

Howells, William Dean. *The Rise of Silas Lapham.* Houghton Mifflin, 1884.

Hugo, Victor. *Les Miserables* (translated by Charles E. Wilbour). Random House, 1992. Originally published in 1862.

Hume, David. *An Enquiry Concerning Human Understanding.* Dover, 2004. Originally published in 1748.

Hunter, James Davison, Carl Desportes Bowman, and Kyle Puetz. *Democracy in Dark Times: The 2020 IASC Survey of American Political Culture.* Finstock & Tew, 2020.

Huntington, Samuel P. "American Ideals Versus American Institutions." *Political Science Quarterly* 97, no. 1 (Spring 1982): 1–37.

Huston, James L. *The Panic of 1857 and the Coming of the Civil War.* Louisiana State University, 1987.

Huxley, Aldous. *Brave New World.* Chatto & Windus, 1932.

Ibn Khaldun. *The Muqaddimah: An Introduction to History* (abridged; introduced and translated from the Arabic by Franz Rosenthal). Princeton University, 2005. Text first written in 1377.

Jackson, Michelle, and Brian Holzman. "A Century of Educational Inequality in the United States." *Proceedings of the National Academy of Sciences,* July 27, 2020.

James, William. *Pragmatism: A New Name for Some Old Ways of Thinking.* Longmans, Green, 1907.

James, William, "The Moral Equivalent of War." Lecture 11 in William James. *Memories and Studies.* Longman Green and Co., 1911; pp. 267–96.

Jasanoff, Maya. *Liberty's Exiles: American Loyalists in the Revolutionary World.* Alfred A. Knopf, 2011.

Jones, Landon Y. *Great Expectations: America and the Baby Boom Generation.* Coward, McCann & Geoghegan, 1980.

Jung, Carl Gustav. *Modern Man in Search of a Soul* (selected Works of C.G. Jung, translation from the German by W.S. Dell and Cary F. Baynes). Martino Fine Books, 2021.

Junger, Sebastian. *Tribe: On Homecoming and Belonging.* HarperCollins, 2016.

Kagan, Robert. *The Jungle Grows Back: America and Our Imperiled World.* Vintage, 2019.

Kalman, Samuel. "*Faisceau* Visions of Physical and Moral Transformation and the Cult of Youth in Inter-war France," *European History Quarterly* 33, no. 3 (July 2003): 343–66.

Kalmoe, Nathan P. *With Ballots and Bullets: Partisanship and Violence in the American Civil War.* Cambridge University, 2020.

Kanter, Donald L., and Philip H. Mirvis, *The Cynical Americans: Living and Working in an Age of Discontent and Disillusion.* Jossey-Bass, 1991.

Karpel, Craig S. *The Retirement Myth: What You Must Know to Prosper in the Coming Meltdown.* HarperCollins, 1995.

Katznelson, Ira. *Fear Itself: The New Deal and the Origins of Our Time.* Liveright, 2013.

Kegley, Charles W., Jr., "Neo-Idealist Moment in International Studies? Realist Myths and the New International Realities." *International Studies Quarterly* 37 (1993).

Keller, Helen. *Helen Keller's Journal, 1936-1937.* Doubleday, Doran, 1938.

Kendall, Bruce E., John Prendergast, and Ottar N. Bjørnstadt, "The Macroecology of Population Dynamics: Taxonomic and Biogeographic Patterns in Population Cycles." *Ecology Letters* 1, no. 3 (November 1998): 160-64.

Keniston, Kenneth. *Young Radicals: Notes on Committed Youth.* Harcourt, Brace & World, 1968.

Kennedy, David M. *Freedom from Fear: The American People in Depression and War, 1929-1945.* Oxford University, 1999.

Kerber, Linda. "The Republican Mother: Women and the Enlightenment: An American Perspective." *American Quarterly* 28, no. 2 (Summer 1976): 187–205.

Kett, Joseph F. *Rites of Passage: Adolescence in America, 1790 to the Present.* Basic Books, 1977.

Kissinger, Henry. *A World Restored: Metternich, Castlereagh and the Problems of Peace 1812-1822.* Weidenfeld & Nicolson, 1957.

Kiyosaki, Robert, and Sharon L. Lechter. *Rich Dad Poor Dad.* Warner, 2000.

Kleinfeld, Rachel, "The Rise of Political Violence in the United States." *Journal* of Democracy 32, no. 4 (October 2021): 160-76.

Klinenberg, Eric. *Going Solo: The Extraordinary Rise and Surprising Appeal of Living Alone*. Penguin, 2012.

Klingberg, Frank L. "The Historical Alternation of Moods in American Foreign Policy." *World Politics* 4, no. 2 (January 1952): 239-73.

Klingberg, Frank L. *Cyclical Trends in American Foreign Policy Moods: The Unfolding of America's World Role*. University Press of America, 1983.

Kondratieff, Nikolai D. *The Long Waves in Economic Life* (translated from the German by W. F. Stolper). Martino Fine Books, 2014. Originally published as *Die Langen Wellen der Konjunktur* in 1926.

Krannich, Richard S. "Abortion in the United States: Past, Present, and Future Trends." *Family Relations* 29, no. 3 (July 1980): 365-74.

Krol, Reinbert. *Germany's Conscience: Friedrich Meinecke: Champion of German Historicism*. Bielefeld: transcript Verlag, 2021.

Kulikoff, Allan. "'Such Things Ought Not to Be': The American Revolution and the First National Great Depression," in Andrew Shankman (ed.), *The World of the American Revolution and Republic: Land, Labor, and the Conflict for a Continent*. Routledge, 2014, pp. 134-64.

Kurtz, Stephen G., and James H. Hutson (eds.). *Essays on the American Revolution*. Institute of Early American History and Culture, 1973.

Kurzweil, Ray. *The Singularity Is Near*. Viking, 2005.

Lanning, Michael Lee. *African Americans in the Revolutionary War*. Citadel Press, 2021. Originally published in 2000.

Larson, Edward J., and Michael P. Winship. *The Constitutional Convention: A Narrative History from the Notes of James Madison*. Random House, 2005.

Lears, T. J. Jackson. *No Place of Grace: Antimodernism and the Transformation of American Culture, 1880-1920*. University of Chicago, 2021. Originally published in 1981.

Leavitt, Judith Walzer. *Make Room for Daddy: The Journey from Waiting Room to Birthing Room*. University of North Carolina, 2009.

Lee, Chulhee. "Military Service and Economic Mobility: Evidence from the American Civil War." *Explorations in Economic History* 49 (2012): 367-79.

Leverenz, David. *The Language of Puritan Feeling: An Exploration in Literature,*

Psychology, and Social History. Rutgers University, 1979.

Levine, Bruce. *Confederate Emancipation: Southern Plans to Free and Arm Slaves During the Civil War*. Oxford University, 2006.

Levinson, Daniel J. *The Seasons of a Man's Life*. Ballantine Books, 1978.

Lévy-Bruhl, Lucien. *Primitive Mentality* (translated from the French by Lilian A Clare). Macmillan, 1923.

Lewis, Michael. *Flash Boys: A Wall Street Revolt*. W. W. Norton, 2014.

Lewis, Sinclair. *It Can't Happen Here: What Will Happen When America Has a Dictator?* Doubleday, Doran, and Company, 1935.

Li, Ling-Fan. "The Stop of the Exchequer and the Secondary Market for English Sovereign Debt, 1677-1705." *The Journal of Economic History* 79, no. 1 (March 2019): 176-200.

Lindert, Peter H., and Jeffrey G. Williamson. *Unequal Gains: American Growth and Inequality Since 1700*. Princeton University, 2016.

Lindsey, Hal, and Carole C. Carlson. *The Late Great Planet Earth*. Zondervan, 1970.

Lipset, Seymour Martin, and Everett C. Ladd, Jr., "The Political Future of Activist Generations," in Philip G. Altbach and Robert S. Laufer (eds.). *The New Pilgrims: Youth Protest in Transition*. David McKay, 1972.

Littré, Émile. *Paroles de Philosophie Positive ("Words of Positivist Philosophy")*. A. Delahays, 1859.

Lubell, Samuel. *The Future of American Politics*. Doubleday, 1952.

Lukacs, John. *The Duel: The Eighty-Day Struggle Between Churchill and Hitler*. Yale University, 2001.

Maddison, Angus. *The World Economy*. Development Centre Studies: Organisation for Cooperation and Development, 2006.

Maier, Pauline. "Coming to Terms with Samuel Adams." *The American Historical Review* 81, no. 1 (February 1976): 12-37.

Main, Jackson Turner. *Political Parties Before the Constitution*. W.W. Norton & Company, 1974.

Malcolm, Henry. *Generation of Narcissus*. Little, Brown and Co., 1971.

Manchester, William. *The Glory and the Dream: A Narrative History of America, 1932-1972*. Little Brown, 1974.

Mandell, Daniel R. *King Philip's War: Colonial Expansion, Native Resistance, and the End of Indian Sovereignty.* John Hopkins University, 2010.

Mann, Anthony, Venessa Denis, Andreas Schleicher, Hamoon Ekhtiari, Terralynn Forsyth, Elvin Liu, and Nick Chambers, *Dream Jobs? Teenagers' Career Aspirations and the Future of Work.* Organisation for Economic Cooperation and Development, 2020.

Mannheim, Karl. *Essays on the Sociology of Knowledge* (edited and translated by Paul Kecskemeti). Routledge, 1952.

Mao Zedong. *The Little Red Book: Quotations from Mao Tse-Tung.* Foreign Language Press, 2012. First published, 1966, with forward by Lin Piao.

Marcuse, Herbert. *Eros and Civilization: A Philosophical Inquiry Into Freud.* Beacon Press, 1955.

Mare, Robert D. "Educational Homogamy in Two Gilded Ages: Evidence from Intergenerational Social Mobility Data." *Annals: AAPSS* (January 2016): 117–39.

Marías, Julián. *Generations: A Historical Method* (translated from the Spanish by Harold C. Raley). University of Alabama, 1970. Originally published as *El metodo histórico de las generaciones* in 1967.

Mason, Lilliana. "'I Disrespectfully Disagree': The Differential Effects of Partisan Sorting on Social and Issue Polarization." *American Journal of Political Science* 59, no. 1 (January 2015): 128–45.

Mason, Lilliana. *Uncivil Agreement: How Politics Became Our Identity.* University of Chicago, 2018.

Masur, Louis P. (ed.) *The Real War Will Never Get in the Books: Selection from Writers During the Civil War.* Oxford University, 1993.

Mathew, Thomas. *The Beginning, Progress and Conclusion of Bacon's Rebellion in Virginia in the Years 1675 and 1676* (1705). Reprinted with an introduction by Thomas Jefferson in the Richmond (VA) *Inquirer* in 1804; published in *American Colonial Tracts Monthly*, no. 8 (December 1897).

Mathews, T. J., and Brady E. Hamilton, "Mean Age of Mother, 1970–2000." *National Vital Statistics Reports* 51, no. 1 (December 11, 2002).

McLoughlin, William G. *Revivals, Awakenings, and Reform.* University of Chicago, 1978.

McNeill, William H. *The Pursuit of Power: Technology, Armed Force, and Society since A.D. 1000.* University of Chicago, 1982.

McPherson, James M. *Battle Cry of Freedom: The Civil War Era.* Oxford University, 1988.

Melleuish, Greg. "Of 'Rage of Party' and the Coming of Civility." *M/C Journal* 22, no. 1 (2019).

Mentré, François. *Les Generations Sociales ("Social Generations").* P. Mersch, L. Seitz & Cie., 1920.

Merser, Cheryl. *Grown Ups: A Generation in Search of Adulthood.* New American Library, 1987.

Metalious, Grace. *Peyton Place.* Julian Messner, 1956.

Michelet, Jules. *History of France* (19 volumes). First published in 1867 as *Histoire de France.*

Miettinen, Janne. "Cyclical Metapopulation Mechanism Hypothesis: Animal population cycles are generated & driven by a population-wide hormone cycle." ResearchGate Project Page (update: June 22, 2022).

Milanovic, Branko. *Global Inequality: A New Approach for the Age of Globalization.* Harvard University, 2016.

Mill, John Stuart. *A System of Logic, Ratiocinative and Inductive.* John W. Parker, West Strand, 1843.

Miller, Alphonse B. *Thaddeus Stevens.* Harper and Brothers, 1939.

Miller, Arthur. *The Crucible.* Penguin, 1976.

Miller, Perry. *The New England Mind: From Colony to Province.* Harvard University, 1953.

Miller, Perry. *The New England Mind: The Seventeenth Century.* Harvard University, 1939.

Modelski, George (ed.). *Exploring Long Cycles.* Lynne Rienner, 1987.

Modelski, George. *Long Cycles in World Politics.* Macmillan, 1987.

Morgan, Edmund. *The Puritan Family: Religion and Domestic Relations in Seventeenth-Century New England.* Harper & Row; 1944, 1966.

Morgan, H. Wayne. *Drugs in America: A Social History, 1800-1980.* Syracuse University, 1981.

Morgan, Howard Wayne (ed.). *The Gilded Age.* Syracuse University, 1970.

Morris, Ian. *War! What Is It Good For?: Conflict and the Progress of Civilization from Primates to Robots*. Farrar, Straus and Giroux, 2014.

Mounk, Yascha. *The People vs. Democracy: Why Our Freedom Is in Danger and How to Save It*. Harvard University, 2018.

Mumford, Lewis. *The Brown Decades: A Study of the Arts in America, 1865–1895*. Harcourt Brace & Co., 1931.

Myers, Isabel. *The Myers-Briggs Type Indicator*. Consulting Psychologists Press, 1962.

Naisbitt, John. *Megatrends: Ten New Directions Transforming Our Lives*. Warner Books, 1982.

Namenwirth, J. Zvi. "Wheels of Time and the Interdependence of Value Change in America." *Journal of Interdisciplinary History* 3, no. 4 (Spring 1973): 649–84.

Namenwirth, J. Zvi, and Richard C. Bibbee. "Change Within or of the System: An Example from the History of American Values." *Quality and Quantity* 10 (1976): 145–64.

Nash, Gary B. *The Urban Crucible: Social Change, Political Consciousness, and the Origins of the American Revolution*. Harvard University, 1979.

National Academy of Sciences. *The Growing Gap in Life Expectancy by Income: Implications for Federal Programs and Policy Responses*. National Academies Press, 2015.

National Academy of Sciences, Engineering, and Medicine. *The Economic and Fiscal Consequences of Immigration*. National Academies Press, 2017.

Nevins, Allan. "A Major Result of the Civil War." *Civil War History* 5, no. 3 (September 1959): 237–50.

Niemi, Richard G., and Associates. *The Politics of Future Citizens*. Jossey-Bass, 1974.

Nisbet, Robert. *The Quest for Community: A Study in the Ethics of Order and Freedom*. ISI Books, 2010. Originally published in 1953.

Olson, Mancur. *The Rise and Decline of Nations: Economic Growth, Stagflation, and Social Rigidities*. Yale University, 1982.

O'Neill, William L. *American High: The Years of Confidence, 1945–1960*. Free Press, 1986.

Ortega y Gasset, José. *Man and Crisis* (translated from the Spanish by Mildred Adams). W.W. Norton & Company, 1962. Originally published as *En Torno a Galileo* in 1942.

Orwell, George. *Animal Farm*. Secker and Warburg, 1945.

Orwell, George, *1984*. Secker and Warburg, 1949.

Osterman, Michelle J. K., Brady E. Hamilton, Joyce A. Martin, Anne K. Driscoll, and Claudia P. Valenzuela. "Births: Final Data for 2020." *National Vital Statistics Reports* 70, no. 17 (February 7, 2022).

Packard, Norman H. *Adaptation Toward the Edge of Chaos*. University of Illinois at Urbana-Champaign, Center for Complex Systems Research, 1988.

Pagel, Mark. *Wired for Culture: Origins of the Human Social Mind*. W. W. Norton, 2012.

Paine, Thomas. *The American Crisis*. Sixteen numbered pamphlets (various printers), published 1-776-83.

Parsons, Talcott. *The Social System*. Free Press, 1951.

Patterson, James T. *Grand Expectations: The United States, 19451974*. Oxford University, 1996.

Pepin, Joanna R., and David A. Cotter. "Separating Spheres? Diverging Trends in Youth's Gender Attitudes About Work and Family." *Journal of Family and Marriage* (2017).

Perez, Carlotta. *Technological Revolutions and Financial Capital: The Dynamics of Bubbles and Golden Ages*. Edward Elgar Publishing, 2002.

Perkins, Frances. *The Roosevelt I Knew*. Penguin, 2011. Originally published in 1946.

Peterson, Julius, *"Die Literarischen Generationen"* ("Literary Generations"), in Emil Ermatinger (ed.). *Philosophie der Literaturwissenschaft*. Junker & Dünnhaupt, 1930.

Peterson, Merrill D. *The Great Triumvirate: Webster, Clay, and Calhoun*. Oxford University, 1987.

Piketty, Thomas. *Capital in the Twenty-First Century*. Harvard University, 2017.

Pinker, Steven. *The Better Angels of Our Nature: Why Violence Has Declined*. Penguin, 2012.

Polybius. *The Histories* (translated by Brian McGing and Robin Waterfield). Oxford University, 2010.

Porter, Bruce D. *War and the Rise of the State: The Military Foundations of Modern Politics*. Free Press, 1994.

Postman, Neil. *The Disappearance of Childhood*. Delacorte, 1982.

Pratt, Julius W. "The Origin of 'Manifest Destiny.'" *The American Historical Review* 32, no. 4 (July 1927): 795–98.

Prickett, Kate C., and Jennifer March Augustine. "Trends in Mothers' Parenting Time by Education and Work from 2003 to 2017." *Demography* 58, no. 3 (April 2021).

Purvis, Thomas L. "The European Ancestry of the United States Population, 1790: A Symposium." *The William and Mary Quarterly* 41, no. 1 (January 1984): 85–101.

Putnam, Robert. *Bowling Alone: The Collapse and Revival of American Community* (revised and updated). Simon & Schuster; 2000, 2020.

Putnam, Robert D. *The Upswing: How America Came Together a Century Ago and How We Can Do It Again*. Simon & Schuster, 2020.

Reckford, Kenneth J. "Some Appearances of the Golden Age." *The Classical Journal* 54, no. 2 (November 1958): 79–87.

Reinier, Jacqueline S. "Rearing the Republican Child: Attitudes and Practices in Post-Revolutionary Philadelphia." *William and Mary Quarterly* 39, no. 1 (January 1982): 150–63. Renehan, Edward J. *The Kennedys at War: 1937–1945*. Doubleday, 2002.

Ridgeway, Cecilia L. "Why Status Matters for Inequality." *American Sociological Review* 79, no. 1 (2014): 1–16.

Riesman, David. *The Lonely Crowd: A Study of the Changing American Character*. Yale University, 1950.

Rietveld, Ronald D. "Franklin D. Roosevelt's Abraham Lincoln," in William D. Pederson and Frank J. Williams (eds.). *Franklin D. Roosevelt and Abraham Lincoln: Competing Perspectives on Two Great Presidencies*. M.E. Sharpe, 2003.

Roche, John F. *The Colonial Colleges in the War for American Independence*. Associated Faculty Press, 1986.

Roland, Charles G. (ed.). *Sir William Osler, 1849-1919: A Selection for Medical Students*. Hannah Institute, 1999.

Roof, Wade Clark. *A Generation of Seekers: The Spiritual Journeys of the Baby Boom Generation*. Harpercollins, 1993.

Rorabaugh, W. J. *The Alcoholic Republic: An American Tradition*. Oxford University, 1979.

Rose, H. J. "World Ages and the Body Politique." *Harvard Theological Review* 54, no. 3 (July 1961): 131-40.

Rosecrance, Richard. *International Relations: Peace or War?* McGraw-Hill, 1973.

Rosecrance, Richard. "Long Cycle Theory and International Relations." *International Organization* 41, no. 2 (Spring 1987): 283-301.

Roth, Randolph. *American Homicide*. Harvard University, 2009.

Royster, Charles. *A Revolutionary People at War: The Continental Army and American Character, 1775-1783*. University of North Carolina, 1979.

Rozado, David, Ruth Hughes, and Jamin Halberstadt. "Longitudinal Analysis of Sentiment and Emotion in New Media Headlines Using Automated Labeling with Transformer Language Models." *Plos One,* October 18, 2022.

Rümelin, Gustav. *Reden und Aufsätze ("Speeches and Essays")*. Laupp, 1875.

Russell, Cheryl. *The Master Trend: How the Baby Boom Generation Is Remaking America*. Springer, 1993.

Sandberg, John F., and Sandra L. Hofferth. "Changes in Children's Time with Parents: United States, 19811997." *Demography* 38, no. 3 (August 2001): 423-36.

Sandel, Michael J. "The Procedural Republic and the Unencumbered Self." *Political Theory* 12, no. 1 (February 1987): 81-96.

Santayana, George. *Character and Opinion in the United States: With Reminiscences of William James and Josiah Royce and Academic Life in America*. Charles Scribner's Sons, 1920.

Schachter-Shalomi, Zalman, and Ronald S. Miller. *From Age-ing to Sage-ing: A Revolutionary Approach to Growing Older*. Balance, 2008.

Scheidel, Walter. *The Great Leveler: Violence and the History of Inequality from the Stone Age to the Twenty-First Century*. Princeton University, 2017.

Schlesinger, Arthur M., Jr., *The Crisis of the Old Order, 1919-1933*. Houghton Mifflin, 1957.

Schlesinger, Arthur M., Jr. *The Cycles of American History*. Houghton Mifflin, 1986.

Schlesinger, Arthur M., Jr., and Morton White (eds.). *Paths of American Thought*. Houghton Mifflin, 1963.

Schlesinger, Arthur M., Sr. *Paths to the Present*. Macmillan Company, 1949.

Settersten, R. A., Jr., C. Recksiedler, B. Godlewski, and G.H. Elder, Jr. "Two Faces of Wartime Experience: Collective Memories and Veterans' Appraisals in Later Life," in A. Spiro III, R. A. Settersten, Jr., and C. M. Aldwin (eds.). *Long-Term Outcomes of Military Service: The Health and Well-Being of Aging Veterans*. American Psychological Association, 2018, pp. 19–36.

Seymour, George Dudley. *Documentary Life of Nathan Hale: Comprising All Available Official and Private Documents Bearing on the Life of the Patriot*. New Haven, 1941.

Sheehy, Gail. *Passages: Predictable Crises of Adult Life*. E.P. Dutton, 1976.

Sheridan, Richard B. "The British Credit Crisis of 1772 and The American Colonies," *The Journal of Economic History* 20, no. 2 (June 1960): 161-86.

Sherif, Muzafer. "Experiments in Group Conflict," *Scientific American* 195 (November 1956): 54-58.

Sherman, William T. *Sherman's Civil War: Selected Correspondence of William T. Sherman, 1860-1865* (ed. by Jean V Berlin and Brooks D. Simpson). University of North Carolina, 1999.

Skenazy, Lenore. *Free-Range Kids*. John Wiley & Sons, 2009.

Skocpol, Theda. *Diminished Democracy: From Membership to Management in American Civic Life*. University of Oklahoma, 2003.

Skocpol, Theda, and Morris P. Fiorina (eds.). *Civic Engagement in American Democracy*. Brooking Institution, 1999.

Smeltz, Dina, Ivo Daalder, Karl Friedhoff, Craig Kafura, and Emily Sullivan. *A Foreign Policy for the Middle Class—What Americans Think*. The Chicago Council on Global Affairs, 2021.

Smith, George Winston, and Charles Judah. *Life in the North During the Civil War*. University of New Mexico, 1966.

Smith, Mapheus. "Populational Characteristics of American Servicemen in World War II." *The Scientific Monthly* 65, no. 3 (September 1947): 246–52.

Smith, Steven B. *The Writings of Abraham Lincoln*. Yale University, 2012.

Solnit, Rebecca. *A Paradise Built in Hell: The Extraordinary Communities That Arise in Disaster*. Penguin, 2010.

Sparks, Jared. *The Works of Benjamin Franklin: with notes and a life of the author* (10 volumes). Oxford University, 1840.

Spitzer, Alan Barrie. *The French Generation of 1820*. Princeton University, 1987.

Spock, Benjamin. *The Common Sense Book of Baby and Child Care*. Duell, Sloan and Pearce, 1946.

Stowe, Harriet Beecher. *Uncle Tom's Cabin; or, Life Among the Lowly*. John P. Jewett and Company, 1852.

Strauss, William, and Neil Howe. *Generations: The History of America's Future, 1584 to 2064*. Morrow, 1991.

Strauss, William, and Neil Howe. *The Fourth Turning: An American Prophecy*. Broadway, 1997.

Strout, Cushing. *The New Heavens and New Earth: Political Religion in America*. Harper & Row, 1973.

Sumner, William Graham. *A Study of the Sociological Importance of Usages, Manners, Customs, Mores and Morals*. Ginn and Company, 1906.

Swanson, G. E. "Review of *Working Papers in the Theory of Action: by Talcott Parsons; Robert F. Bales; Edward A Shils*." *American Sociological Review* 19, no. 1 (February 1954: 95–97.

Taylor, Alan. *American Revolutions: A Continental History, 1750–1804*. W.W. Norton, 2016.

Temple, Sir William. *The Works of Sir William Temple: In Two Volumes*. London, 1720.

Thomas, W. I., and D. S. Thomas. *The Child in America*. A.A. Knopf, 1928.

Thompson, William Irwin. *At the Edge of History: Speculations on the Transformation of Culture*. Harper & Row, 1972.

Thompson, William R. *Power Concentration in World Politics: The Political Economy of Systemic Leadership, Growth, and Conflict*. Springer International, 2020.

Ticknor, George. *Life, Letters, and Journals of George Ticknor: Volume 2.* S. Low, 1876.

Tilly, Charles. "Reflections on the History of European State-Making," in Tilly (ed.). *The Formation of National States in Western Europe.* Princeton University, 1975.

Tocqueville, Alexis de. *Democracy in America* (edited and translated from the French by Harvey C. Mansfield and Delba Winthrop). University of Chicago, 2000. Originally published as *De La Démocratie en Amérique* in 1835 (vol. 1) and 1840 (vol. 2).

Toffler, Alvin. *Powershift: Knowledge, Wealth, and Violence at the Edge of the 21st Century.* Bantam Books, 1990.

Tolstoy, Leo. *Anna Karenina.* Originally published serially in 1878.

Topik, Steven C., and Allen Wells. *Global Markets Transformed: 1870–1945.* Harvard University, 2012.

Toynbee, Arnold J. *A Study of History* (12 volumes). Oxford University, 1934–1961.

Turnbull, Andrew. *Scott Fitzgerald.* Grove Press, 1962.

Twain, Mark, and Charles Dudley Warner. *The Gilded Age: A Tale of Today.* American Publishing Company, 1873.

Updike, John. *Rabbit Is Rich.* Alfred A. Knopf, 1981.

Valentine, Alan Chester. *The Age of Conformity.* H. Regnery Company, 1954.

Vico, Giambattista. *Principi di Scienza Nuova ("Principles of New Science").* Stamperia Muziana, 1744.

Wallace, Anthony F. C. "Revitalization Movements." *American Anthropologist* 58, no. 2 (April 1956): 264–81.

Walzer, Michael. *Spheres of Justice: A Defense of Pluralism and Equality.* Basic Books, 1983.

Washington, George, and Bruce Rogers. *Washington's Farewell Address to the People of the United States, 1796.* Houghton Mifflin, 1913.

Watson, John B. *Psychological Care of Infant and Child.* W.W. Norton, 1928.

Wechssler, Eduard. *Die Generation als Jugendreihe und ihr Kampf um die Denkform ("Generations as a Succession of Youth Groups and Their Conflict Over Forms of Thinking).* Quelle & Meyer, 1930.

Wells, Ida B., Frederick Douglass, Irvine Garland Penn, and Ferdinand L. Barnett. *The Reason Why the Colored American Is Not in the World's Columbian Exposition.* University of Illinois, 1999. Originally published by Ida B. Wells in 1893.

White, Jonathan W. *Emancipation, the Union Army, and the Reelection of Abraham Lincoln.* Louisiana State, 2014.

White, Richard. *The Republic for Which It Stands: The United States During Reconstruction and the Gilded Age, 1865-1896.* Oxford University, 2017.

Whitney, David C. *The Colonial Spirit of '76: The People of the Revolution.* Encyclopedia Britannica, 1974.

Whyte, William H. *The Organization Man.* Simon and Schuster, 1956.

Wiener, Philip P. (ed.). *Dictionary of the History of Ideas* (4 volumes). Charles Scribner's Sons, 1968.

Wilder, Thornton. *The Skin of Our Teeth.* Harper & Brothers, 1942.

Wilson, David Sloan, and Edward O. Wilson, "Rethinking the Theoretical Foundation of Sociobiology." *The Quarterly Review of Biology* 82, no. 4 (December 2007): 327-48.

Wirt, William. *Sketches of the Life and Character of Patrick Henry.* James Webster, 1817.

Wohl, Robert. *The Generation of 1914.* Harvard University, 1979.

Wolfe, Thomas. *You Can't Go Home Again.* Tingle, 2022. Originally published by Harper & Row in 1940.

Wood, Gordon S. *Radicalism of the American Revolution.* Knopf Doubleday, 1993.

Wood, Gordon S. *Empire of Liberty: A History of the Early Republic, 1789-1815.* Oxford, 2009.

Wood, James W. *Dynamics of Human Reproduction: Biology, Biometry, and Demography.* Aldine de Gruyter, 1994.

Wright, Frank Lloyd. *A Testament.* Horizon Press, 1957.

Wright, Quincy. *Study of War.* University of Chicago, 1942.

Wrigley, E. A., R. S. Davies, J. E. Oeppen, and R. S. Schofield. *English Population History from Family Reconstitution 1580-1837.* Cambridge University, 1997.

Wucker, Michele. *The Gray Rhino: How to Recognize and Act on the Obvious Dangers We Ignore*. St. Martin's, 2016.

Yazawa, Melvin. *From Colonies to Commonwealth: Familial Ideology and the Beginnings of the American Republic*. John Hopkins University, 1985.

Zheng, Hui. "A New Look at Cohort Trend and Underlying Mechanisms in Cognitive Functioning." *The Journals of Gerontology: Series B* 76, no. 8 (October 2021): 1652–63.

Zosimus (fl. 490–520 CE), *New History (Historia Nova)*. Green and Chaplin, 1814.

거대한 역사의 순환과 새로운 전환기의 도래

제4의 대전환

제1판 1쇄 인쇄 | 2024년 8월 22일
제1판 1쇄 발행 | 2024년 8월 30일

지은이 | 닐 하우
옮긴이 | 박여진
펴낸이 | 김수언
펴낸곳 | 한국경제신문 한경BP
책임편집 | 윤효진
교정교열 | 김기남
저작권 | 박정현
홍   보 | 서은실·이여진
마케팅 | 김규형·박도현
디자인 | 권석중
본문디자인 | 디자인 현

주   소 | 서울특별시 중구 청파로 463
기획출판팀 | 02-3604-590, 584
영업마케팅팀 | 02-3604-595, 562   FAX | 02-3604-599
H | http://bp.hankyung.com   E | bp@hankyung.com
F | www.facebook.com/hankyungbp
등   록 | 제 2-315(1967. 5. 15)

ISBN 978-89-475-4971-4 03900